케인스 평전

자본주의를 살려낸 한 천재의 삶

찰스 H. 헤시온 지음 / 허창무 옮김

지식산업사

케인스 평전
자본주의를 살려낸 한 천재의 삶

초판 제1쇄 인쇄   2008. 5. 15.
초판 제1쇄 발행   2008. 5. 20.

지은이 찰스 H. 헤시온
옮긴이 허창무
펴낸이 김경희
펴낸곳 ㈜지식산업사

     본사 | (413-082) 경기도 파주시 교하읍 문발리 520-12
           전화 (031) 955-4226~7 팩스 (031) 955-4228
     서울사무소 | (110-040) 서울시 종로구 통의동 35-18
           전화 (02) 734-1978, 734-1958
     인터넷한글문패   지식산업사
     인터넷영문문패   www.jisik.co.kr
     전자우편   jsp@jisik.co.kr
     등록번호   1-363
     등록날짜   1969. 5. 8.

책값은 뒤표지에 있습니다.

ISBN 978-89-423-3073-7 (03990)

이 책을 읽고 문의하고자 하는 이는 지식산업사 전자우편으로 연락 바랍니다.

이튼 졸업 당시의 케인스(1902).

아버지 존 네빌 케인스(1905).

어머니 플로렌스 에이다 케인스(1905).

1889년의 케인스 가(家)의 세 자녀들. 왼쪽부터 마거릿(4, A. V. 힐), 제프리(2), 메이너드(6). 괄호 안의 숫자는 당시 나이.

12살 때의 메이너드 케인스.

영국국채협상 기간의 케인스 부부(《뉴욕 데일리 뉴스》 제공).

런던 자택의 서재에서
존 메이너드 케인스.

버지니아 울프와 메이너
드 케인스(서식스의 몽크
스하우스에서, 1932).

조지 버나드 쇼와 케인스
(피츠윌리엄 박물관 계단
에서, 1935).

케인스 부부와 카를 멜히오어 부부. 케인스는 1차 세계대전 패전국을 위한 식량보상 문제를 논의하는 회담에서 적국의 대변인인 멜히오어를 만난 뒤로 계속 우정을 나누었다. 케인스는 그의 사후 출간된 회고글 〈멜히오어: 패배한 적〉에서 멜히오어에게 사랑의 감정을 느꼈으나 이것은 '정신적'이었다고 밝히고 있다.

영국의 전기작가 리튼 스트레이치(왼쪽)와 미술가 덩컨 그랜트. 스트레이치는 잘생기고 매력 넘치는 청년 덩컨에게 반해 '친밀한' 우정을 나누었고, 케인스와 삼각관계에 빠지기도 했다. 이들 모두는 사교집단 블룸즈버리 초기의 주요 구성원들이었다.

역자의 말

　이 책은 브루클린 대학의 경제학 교수이자 《경제발전론》을 쓴 찰스 H. 헤시온이 1984년에 저술하여 뉴욕 맥밀런 출판사에서 펴낸, 20세기 최고의 경제학자 존 메이너드 케인스의 생애를 탐구한 평전을 완역한 것이다. 역자가 케인스의 전기를 번역하게 된 동기는 이미 출간된 《케인스 경제학의 이해》(지식산업사, 1987)를 번역하면서 단편적으로 알게 된 그의 인류애와 더 나은 세계를 이룩하고 그 문화를 증진시키려 하는 그의 노력, 나아가서는 박애정신으로 충만했던 다양한 그의 인간성을 철저히 알고 싶었기 때문이다.

　이 책의 절반 정도는 케인스가 배우고 사색하고 창안하여 마침내 굳건하게 구축한 그의 경제이론을 설명했으며, 다른 반은 그의 생애 자체, 곧 이튼과 케임브리지에서 보낸 학창시절, 당시 영국 식민지였던 인도성에서 보낸 관리시절, 파리강화회담에서 영국 경제수석 대표로서, 또 그 뒤 언론인과 《이코노믹 저널》의 편집인으로서 활동했던 시절, 케임브리지 킹스 칼리지 강사와 연구원·회계관으로서 모교를 위하여 헌신했던 시절, 그 밖에 제2차 세계대전이 끝날 무렵 국제통화기금(IMF)과 세계은행(IBRD) 설립초안의 하나가 되었던 국제청산동맹안(Proposals for International Clearing Union)을 영국 대표로서 작성했던 시절 등, 그의 전 생애를 통하여 일관되게 보여준 독창성의 원인을 규명하는 데 초점을 맞추고 있다.

저자는 이 점을 거의 모든 천재들에게서 흔하게 발견되는 동성애적 성향이라고 규정하고, 이른바 '열정적 인식'이라는 이성과 감정의 결합을 통해서 그러한 천재성이 발휘된다고 말한다. 다시 말하면 동성애 또는 양성애적 성격에는 여성적 요소인 직관력과 남성적 요소인 추리력이 적절히 함께하면서 상호 보완작용을 통하여 놀라운 독창성을 발휘한다는 것을 사상적 심리학적 역사적 고증을 통하여 밝히려고 했다.

여기서 잠깐 그의 애정편력을 살펴보면, 고등학교 시절부터 대학을 졸업할 때까지, 대체로 10대 후반과 20대는 동성애 기간이었고, 사회활동을 많이 했던 30대는 양성애 기간이었으며, 1925년 리디아와 결혼한 뒤부터는 이성애 기간이었다고 말할 수 있다. 그 기간에 따라 차이는 있겠지만 그의 전 생애 동안 이 세 가지 유형의 애정이 그에게 늘 함께 했었다고 말할 수 있다.

어떤 사람들은 이미 지난 시대의 인물을 되새기고, 현대 경제문제를 치유하기에는 상당 부분 그 효능이 감퇴한 이론을 다시 거론하는 것은 큰 의미가 없다고 생각할지 모른다. 그러나 우리들이 지금도 애덤 스미스나 카를 마르크스를 읽고, 또 퇴계와 율곡과 다산을 읽고, 소동파(蘇東坡)를 읽으며 그 위대한 선각자들의 생애와 사상에 감동과 희열을 느끼는 것은 인류가 문화를 영위하는 한 지속될 수밖에 없다는 견지에서 뜻이 있는 것이다. 케인스도 강조했듯이, 이렇듯 문화의 전통을 지키는 것은 문화 단절을 막고 인류 발전과 번영에 이르는 길이기 때문이기도 하다.

1969년 노벨경제학상이 처음 제정된 이래 1980년대 말에 이르기까지 첫 수상자인 노르웨이 프리시 교수와 네덜란드의 얀 틴베르헨 교수를 비롯하여, 폴 새뮤얼슨, 제임스 미드, 군나르 뮈르달, 하이에크, 밀턴 프리드먼 등 현대의 거의 모든 경제학 대가들이 하나같이 케인스의 이론을 재해석하거나 그 이론에 반론을 제기하면서 그 자신의 이론을 전개한 대가로 노벨상을 수상했다는 사실을 보더라도, 케인스는 수정자본주의 이론의 제창자로서 세계 경제학계에 거대한 발자취를 남겼다.

뿐만 아니라 그는 다채로운 삶을 살다 간 한 자유인의 측면에서도 두고두고 세대를 초월하여 우리들에게 삶의 방법과 지표를 제시하리라고 믿는다. 케인스라는 인물은, 실제로 일생 동안 변함없이 영국 자유당의 정치적 신조를 추종하였듯이, 영원한 자유인이었고 사회개량주의자였으며, 오만한 자를 배척하고 약한 자와 불쌍한 자를 도왔던, 인간미 넘치는 개성의 소유자이기도 하였다. 또 그는 창조적 파괴자로서 대단한 모험심과 지적 자신감으로 고전학파 경제학에 반기를 들고 마침내는 고전학파 경제학 이론의 상당 부분을 수정하는 데 성공했다. 케인스의 또 다른 특징은 그의 놀라운 예견력에서 나타난다. 탁월한 선견지명 가운데서 두드러진 예는 1910년대 말 제1차 세계대전이 끝날 즈음 그가 '파리강화회담'에 참석하여 유럽부흥계획과 독일의 배상문제를 협의할 때 이미 유럽 경제 공동체(EEC)와 '마셜플랜'의 효시가 되는 안을 제안했던 사실에서 찾을 수 있다.

그가 여러 번 술회하였듯이, 그는 경제학을 인간이 행복을 추구하기 위한 궁극적인 수단으로 다루었던 것이지 목적으로 삼았던 것은 아니다. 오히려 그가 인생에서 최상의 목적으로 삼았던 것은 문학과 음악과 미술을 포함한 예술 전반에 온갖 정열을 끊임없이 쏟으면서 창조적 작업에 몰두하는 것이었다. 아울러 영구적인 세계평화와 사회발전을 위해서 국경과 종교와 이념까지도 초월하여 헌신적으로 봉사했던 점도 그의 삶의 한 목표였다고 말할 수 있다.

우리에게 감동이란 무엇인가? 무미건조한 일상에서 눈시울을 뜨겁게 하고 가슴을 흔들 만큼 기쁨을 주는 것, 그것은 무엇인가? 그러한 예를 나는 케인스의 전기에서 찾을 수 있다. 그가 국제통화기금과 세계은행 창립총회에 참석하여 마지막으로 토했던 현하(懸河)의 웅변을 끝내고 나갈 때 전 세계 각국의 정상급 대표들이 일제히 기립박수를 보내고 예찬의 노래를 불러주었던 그 감동적인 장면을 상상하면서 말이다.

나는 이미 15년 전에 이 책을 매일경제신문사에서 《왜 아직도 케인스인가》라는 제목으로 번역 출간한 바 있다. 그 사이 번역을 시작했던 때의 풋풋한 정열을 되새기면서 이 책을 뒤적거릴 때마다 가끔 발견되는 오역을 바로잡아야겠다는 간절한 소망을 간직해왔다. 그러던 즈음 지식산업사 김경희 사장님의 흔쾌한 응낙으로 개정판을 내놓게 되었다. 원문에 지나치게 충실하려다 보니 빚어진 우리말 표현이 다소 생경해진 곳이나 난해한 시문(詩文)의 경우도 이 기회에 정성껏 바로잡으려고 노력했다.

끝으로 이 책의 독자들에게 옮긴이가 이미 번역해 놓은 《케인스 경제학의 이해》를 참고삼아 읽어 보실 것을 부탁드리고 싶다. 케인스의 사상이나 그 시대의 경제정책을 좀더 쉽게 이해하는 데 도움이 될 것이다. 특히 이 책 10장의 내용을 이해하는 데는 《케인스 경제학의 이해》 12장이 유용할 것이다. 거듭 참고하시기 바란다.

2008년 3월
허창무

서 문

나는 1976년 풀브라이트 장학금을 받고 아일랜드에 있을 때 존 메이너드 케인스의 창조적 삶에 대한 전기를 쓰기 시작했다. 그 임무에서 잠시 떠나 영국의 케임브리지에서 휴가를 보내면서 아내와 나는 킹스 칼리지와 케임브리지 대학 도서관에서 케인스의 젊은 시절에 관한 미간행 자료를 많이 보게 되었다. 우리 두 사람은 마이클 홀로이드가 쓴 리튼 스트레이치에 관한 탁월한 전기라든지, 다른 많은 세부사항들과 함께 케인스의 양성애에 관한 사실을 알려준, 케인스의 조카 밀로 케인스 박사가 편집한 매혹적인 《존 메이너드 케인스에 관한 수필집》과 같은 이전의 간행물들에 익숙해졌다. 로이 해러드 경*은 케

---

* 로이 해러드(Roy Harrod, 1900~1978): 동태성장론과 거시경제학 이론을 개척한 영국의 경제학자. 미국의 경제학자인 E. D. 도마와 함께 작성한 해러드–도마 경제성장 모형으로 유명.

인스의 공식적인 전기에서 주인공의 성적(性的) 특질을 다루면서 서술은 매우 신중하였다. 최근에 발간된 케인스의 화폐경제학에 관한 가장 훌륭한 책 가운데 하나에서, 저자(J. C. 길버트)는 오늘날에도 케인스의 복합적인 성격에 초점을 맞춘 전기 한 편을 또 써야 한다고 주장하는 한편, "그의 양성애가 (성격과) 많은 관련이 있는지는 현재 공공연한 문제점"*이라고 말한다. 이 책은 미국의 문예비평가인 고(故) 라이오넬 트릴링 경(1905~1975)이 몇 년 전에 다음과 같이 말한 견해에 따라 바로 그 문제를 설명하고 있다. 곧 감정이 없는 창조적 정신과 실제적이고 인간다운 개성 사이의 관계를 지향하는 호기심보다 더 유용한 호기심은 없다는 것이다.

이 책을 쓰면서, 나는 신경과학자들이 케인스의 인지 방식을 어떻게 묘사하였는지 파악하고 증명하고자 케인스가 쓴 여러 가지 글들을 원문대로 분석하였다. 이러한 목적 때문에 원문에서 인용한 부분이 상당히 많았다. 이렇게 하여 독자들이 케인스의 문필력을 더 잘 이해할 수 있도록 하는 것이 내가 바라는 바이기도 하다.

케인스와 케인스 경제학의 복잡성은 물론이고 동성애와 인간의 창조성에 관한 심리학 문헌을 깊이 있게 탐구하는 과정에서, 나는 원고의 전부 또는 일부를 관대하게 읽어 준 고(故) 아리에티 박사, 불딩 교수, 갤브레이스 교수, 막스 러너 교수, 맥 교수, 매즐리시 교수, 로덴버그 박사와 싱어 박사 등의 도움을 받았다. 또한 알퍼스, 베스딘, 페이웰, 해링턴, 슈커, 칸 교수, 영국 케임브리지의 로빈슨 교수에게서 여러 가지 도움을 받았다. 위에 말한 여러 사람들의 조언으로 상당히 많은 도움을 받았으나, 이 책에 제시된 설명과 사실 묘사에 대해서는 그 어느 누구도 책임이 없으며 모든 책임은 오로지 나 자신에게 있다.

다음에 열거하는 연구기관들, 즉 영국 케임브리지의 킹스 칼리지와

---

* J. C. Gilbert, Keynes's Impact on Monetary Economics, London:Butterworth, 1982, 7~16쪽.
　— 저자

트리니티 칼리지의 도서관, 케임브리지 대학 도서관, 영국 국립도서관의 원고관리부, 허버트 후버 도서관, 뉴욕 공립도서관의 헨리 W.와 앨버트 A. 버그 소장품, 프린스턴 대학 도서관, 프랭클린 D. 루스벨트 도서관, 뉴욕 주립대학 스토니 브룩 도서관, 예일 대학 도서관 등의 사서들이 베풀어준 훌륭한 도움에 대하여 감사드릴 수 있음을 또한 기쁘게 생각한다.

원고를 효율적으로 처리하고 바로잡는 데 지극히 유익한 제안을 해준 맥밀런 출판사의 담당 편집자인 에드워드 T. 체이스와 도미니크 안푸소에게 감사드린다. 마지막으로 아내 마리는 특히 친절하고 사려 깊은 격려를 아낌없이 주었다. 아내는 기초연구를 매우 많이 해 주었으며 저술에 관한 대단히 많은 개선점을 제시했다. 그리고 아침식사를 할 때 이 책에 대한 나의 멋진 착상을 너무 많이 들어서 아마도 공동집필자로 볼 수 있을 것이다.

일러두기

1. 이 책은 찰스 H. 헤시온이 쓴 《*John Maynard Keynes — a personal biography of the man who revoutionized capitalism and the way we live*》(Macmillan Publishing Company, 1984)를 완역한 것이다.
2. 본문의 주는 독자의 이해를 돕고자 옮긴이가 붙인 보충설명으로 긴 것은 하단에 각주로 처리하였다. 단, 대괄호〔 〕안의 글은 원서의 설명이다.
3. 본문 하단의 각주에서 저자가 작성한 것은 각주의 끝에 '저자'라고 적어 역자의 설명과 구분했다.

서 론

말뜻으로 볼 때 '케인스'라는 단어 [발음상 "brains"와 운이 맞다]는 서방세계의 정치론, 그리고 어쩌면 소련의 정치론에서조차 가장 비중 있는 정서적인 이름이다. 이러한 사실은 케인스가 20세기에서 가장 격렬했던 몇 차례의 경제논쟁의 중심인물이었기 때문에 놀랄 일은 아니다. 1919년 베르사유 조약 체결 뒤 케인스는 조약에 관한 자신의 견해 때문에 한편에서는 격찬을 받았는가 하면 다른 한편에서는 크게 비난받았다. 즉 1930년에 그는 한편에서는 구제자로 간주됐으나, 다른 한편에서는 뉴딜정책과 함께 그의 이름은 신성모독과 동의어였다. 1944년 그는 브레턴우즈에서 열린, 그 유명한 화폐정책에 관한 회의에서 중심 역할을 하였는데, 그 회의 결과는 다시 한번 찬성과 반대라는 대립되는 평가를 받게 되었다. 이른바 케인스 혁명의 여파로, 그가 죽은 뒤에도 그의 이름과 관련된 '신경제학'에 관한 널리 알려진 견해는 끝없는 논쟁거리가 되어 왔다. 예를 들면 케인스의 사진이 1965년 12월 《타임》의 표지를 장식했으며 몇 주 뒤에는 《비지니스 위크》에서 케인스 이론에 바탕을 둔 1964년 케네디-존슨 세금 삭감으로 말미암은 경기 회복에 찬사를 보냈다. 조금 뒤 미국의 자치경제에서 케인스 학파와 유사한 정책을 제도화하면서 "우리는 지금 모두 케인스 학파의 신봉자"라고 닉슨 대통령은 선언했다. 곧 정치 경제학적 상황은 바뀌어서 '인플레이션'의 시작과 '스태그플레이션'의 암울한 현상으로 1970년대에는 케인스의 위신과 명성이 급격히 추락하게 되었다. 전례 없었던 재정적자와 걷잡을 수 없는 인플레이션에 봉착하여 프리드리히 폰 하이에크 같은 비판자들은 "케인스의 마귀"를 몰아내야 한다고 쓰면서 케인스를 18세기의 악명 높은 통화팽창론자인 존 로(John Law)에 빗대었다.

영국에서도 역시 케인스 경제학과 케인스 추종자의 경제학에 대한 격렬한 논쟁이 소용돌이쳤다. 이 "고난의 시대"의 영국에서 한 화폐경제학자는 "영국은 케인스 혁명으로 말미암아 잠시 동안 호황을 누렸으나 오랜 동안 큰 대가를 치러야만 했다"는 결론을 내리지 않을 수 없다는 것을 알고, 케인스 경제학은 그 대가를 치를 수 없을 만큼 "너무나 비싼 사치재"가 아닌가 하고 생각했다.

케인스와 케인스 경제학이 공공정책에 너무나 깊이 연루된 점은, 그와 그의 업적에 대한 전문적인 토의를 많이 할 것이라는 기대를 하게 된다. 그리고 이에 대한 많은 논의가 있었다. 실제로 1930년대와 1946년 케인스가 죽은 뒤 여러 해 동안 아마도 카를 마르크스를 제외하고는 어느 경제학자보다도 케인스에 관한 책과 논문이 많이 쓰였다. 이 작품들 대부분은 주로 케인스 경제학이나, 케인스의 《고용, 이자와 화폐에 관한 일반이론》(General Theory of Employment, Interest and Money, 이하 《일반이론》) 개념과 이른바 케인스 학파의 개념의 차이점에 관한 것들이었다. 이러한 작품들 속에는 언제나 그의 다양한 개성에 대한 강렬한 호기심이 보였지만, 1947년 오스틴 로빈슨 경의 회고록과 1951년의 로이 해러드 경의 공식 전기가 나올 때까지는 케인스의 생애에 대한 전면적인 조사는 없었다. 그 이후 케인스 생애와 성격에 관하여 간행된 새로운 자료는 우리들에게 그의 모든 면을 재발견하게 하고 있다. 특히 마이클 홀로이드가 저술한 리튼 스트레이치 전기에서 묘사된 젊은 케인스의 아주 놀라운 모습이나, 그리고 케인스의 조카가 쓴 《존 메이너드 케인스에 관한 수필집》에 서술된 그의 다양한 면모와 폭넓은 취미에 관한 것 등이다. 케인스에 관한 이 연구에서 나는 특히 이 후기의 분석들과 경제학자이자 저술가이며 정치인으로서 그의 독창성에 관한 나의 탐구 결과, 현재 알려진 그의 성격을 설명하는 데 주안점을 두었다. 이러한 그의 생애에 대한 재평가는 필요하고 시의적절하다. 나중에 설명하겠지만 그 사람에 대한 완전한 이해 없이는 현재 그의 경제학이 던지는 시사점을 충분히 이해할 수 없기 때문이다.

1951년 해러드가 쓴 전기가 세상에 나왔을 때 케인스의 '블룸즈버리'(Bloomsbury)의 일부 동료들은 별로 탐탁치 않게 여기면서 저자는 케인스의 본모습을 잘 모른다고 불평했지만, 비평가들은 대체로 좋은 평가를 내렸다. 케인스와 오랫동안 절친한 동료였던 킹슬리 마틴은 "이 책은 케인스 경의 전기이다. 다른 사람이 메이너드의 생애에 관하여 써야 할 것이다"고 한 친구의 말을 인용하였다. 좀더 뚜렷하게 표현하자면 해러드는 블룸즈버리와 사도회(使徒會)의 성생활에 대해 단지 가볍게 다루었다. 케인스가 죽은 뒤 5년도 채 못 되어서 그 책을 썼으므로 해러드가 그 문제를 다루는 데 신중했던 것은 이해할 만하다. 그러나 케인스의 생애에 관해 옥스퍼드 대학 회고록에서 지적된 것과 같이, "이러한 것(성생활)에 대한 취향과 습관에 관한 서술은 1951년 이후 바뀌었다."

해러드와 로빈슨은 경제학자와 정치인으로서 케인스의 지대한 업적을 부각시키려는 경향이 있다. 이들 저자들은 공인(公人)으로서의 케인스에 관한 우리들의 지식을 쌓는 데 크게 기여했지만 케인스의 어린 시절, 특히 그의 사생활을 다루는 데는 그리 성공하지 못했을 뿐만 아니라 그의 삶의 발전단계를 만년의 업적과 결부시키는 데도 성공하지 못했다. 근년에 오스틴 로빈슨 경과 도널드 모그리지가 엮은 《케인스 기록모음집》의 발간은 학자들이 인간 케인스와 그의 작품을 좀더 깊이 이해할 수 있게 해준다.

케인스와 같은 복잡한 작가이자 과학자의 전기를 쓰는 일은 정말 도전해 볼 만한 일이다. 왜냐하면 그 전기는 서방세계의 구조와 문화에 큰 변혁이 있던 시기에 그가 펼친 좀더 겉으로 드러난, 공적인 활동에 대한 것뿐만 아니라 주관적이고 상상력이 풍부한 인생에 관한 것도 담아야 하기 때문이다. 한 작가의 독창성의 내밀한 측면을 이해하려면 그의 작품과 "그 작품을 만들어 낸 의식과 그 의식이 작용했던 세계"를 관련지어야 한다고 헨리 제임스는 우리들에게 가르쳐주었다.

어떤 중요한 관점에서 메이너드 케인스를 이해하려면 그가 살았던 시대의 새로운 경제적·문화적 발전에 대한 케인스 개인의 인식과 반응의 내면 체험과 심리 체험을 연구하는 것이 필요하다. 다른 어느 것과의 관계를 파악하지 않고 어떤 한 가지 사실을 조사하려고 하는 것은 헛되고 무익한 일이다.

윌리엄 버틀러 예이츠는 언젠가 "가면 뒤에는 언제나 진짜 얼굴이 있다"고 말했다. 메이너드 케인스의 생애를 둘러싼, 신화와 전설이란 가면을 뚫고 그의 진정한 인간적 면모를 재발견할 때가 왔다.

차 례

1장 어릴 때와 초등학생 시절

오! 인간의 신비로움이여. 그 심원한 곳에서
그대의 영광은 나오고, 나는 넋을 잃고 있다.
그러나 순진한 어린 시절 나는 보노니
그 어떤 바탕 위에 서 있는 당신의 위대한 모습을.
그러나 이를 나는 안다. 그대 자신에게서 위대함은 나오고,
그대가 주어야 하며 그 어느 누구도 받을 수 없음을.
† 윌리엄 워드워즈의 <서곡> 가운데서

    1983년은 이 세계가 낳은 20세기의 가장 위대한 두 경제학자, 케인스와 슘페터의 탄생 100주년을 기념하는 해이며, 또한 가장 유명한 사회주의자인 마르크스가 죽은 지 100년이 되는 해이다. 마르크스는 슘페터가 오스트리아의 시골 읍에서 태어나기 약 한 달 전인 1883년 3월 14일에 런던에서 사망했으며, 케인스는 그해 6월 5일, 조용하고 목가적인 케임브리지 시에서 태어났다. 그와 그의 가족이 케임브리지 시와, 그 시에서 유명한 케임브리지 대학과 오랜 동안 관계를 맺어 왔기 때문에 케인스는 진실로 그 둘의 아들이라고 말할 수 있을 것이다. 지금도 하비 로드(Harvey Road) 6번지에 있는, 그가 자란 집은 케임브리지 대학에서 걸어다닐 수 있는 거리에 있다. 그의 아버지인 네빌 케인스는 첫 아들이 태어날 무렵에 케임브리지 대학의 논리학과 정치경제학 강사였으나, 1910년부터 1925년까지는 그 대학의 최고 행정관리인 사무처장을 지냈다. 그의 어머니, 플로렌스 에이다는 케임브리지 뉴넘 칼리지의 초창기 졸업생이었고, 케임브리지 시의 사회활동 개척자였다. 또한 케임브리지의 첫 여성 시의원이었으며, 나중에 시장이 되었다. 1882년까지는 케임브리지 대학의 학감이나 조교는 결혼이 허용되지 않았다. 케인스 부부는 그 금지사항이 해제되었던 해에 결혼한 첫 부부 가운데 한 쌍이었다. 그래서 메이너드가 이듬해에 태어났을 때, 그는 두 사람의 케임브리지 대학 졸업생이 결혼하여 낳은 첫 아들이라고 당연히 주장할 수 있었으리라.

    메이너드는 그들 부부의 장남이었다. 그가 태어난 지 1년 반이 지나서 딸 마거릿이 태어나고, 1887년에는 차남 제프리가 태어나서 드디어 안락한 중산층 가정을 이루었다.

    케인스가(家)의 가정생활을 알아보기 전에, 그 조상의 뛰어난 점을 고려해야 한다. 애넌 경(卿)은 가계가 "역사의 시"(History of Poem)라고 쓴 적이 있고, 실제로 케인스가의 가계는 영국의 연대기 가운데서 가장 다채롭고 흥미로운 것 가운데 하나이다. 메이너드 케인스가 학생

때 가계도를 그렸는데, 거기에는 전에 노르망디에 있는 한 영지의 영주였던 기욤 드 카뉴가 첫머리에 있었다. 그 영주의 봉사에 대한 답례로서 윌리엄 1세(노르만 왕조 때의 초대 영국 왕)는 노샘프턴셔의 한몫의 토지를 잉글랜드에 있는 이 가문의 시조에게 주었고, 바이요의 주교 또한 현재 케임브리지 시에서 겨우 8킬로미터 떨어진, 케임브리지 주의 바튼 마을에 있는 상당한 양의 토지를 그에게 주었다. 그 가문의 중심지는 노스데번의 윙클리 케인스가에 있었다. 거기에서 케인스 가계는 15세대 정도 계속해 내려왔다. 초기의 케인스가는 플랜태지닛 왕조(1154~1485, 헨리 2세로부터 리처드 3세까지 영국을 통치한 왕조)와 튜더 왕조(1485~1603, 헨리 7세에서 엘리자베스 1세까지 계속된 영국의 왕조)의 사람들이었다. 그리고 그들의 영향력은 호스테드 – 케인스라든가, 밀턴 – 케인스와 같은 잉글랜드의 지방 이름들에서 지금도 찾아볼 수 있다. 그들은 엘리자베스 시대의 탁월한 로마가톨릭교도들이었으며, 종교적 박해기간에도 그 신앙을 지킴으로써 그들의 지적인 독립성을 보여주었다. 케인스가의 아들 하나를 제외하고 모두가 예수회 사제가 되었던 시기가 있었다. 그 가운데 가장 유명한 종교적 인물은 존 케인스 신부[1625?~1697]였다. 그는 리지 대학의 논리학 교수이자 학장이었다. 그는 잉글랜드에 예수회 대학 두 곳을 설립했으며 잘 알려진 종교적 저작물의 저자였다.

한참 뒤에 리처드 케인스라는 한 가문이 성공회에 융화되었다. 그러나 그 후 리처드(Richard)라는 이름을 5대째 계승한 다른 리처드가 다시 비국교도가 되었으며, 브렌트퍼드에서 조합교회(개신교의 한 종파)의 목사로 일했다.

네빌 케인스의 조부는 4대 동안 가문의 본거지가 있었던 솔즈베리에서 자랐으며, 거기에서 고급 솔을 제조하는 사업을 시작했고 시의 업무에 적극적이었다. 그의 아들 가운데 한 사람인 또 다른 존은 이 사업에서 방향을 바꿔 장미와 달리아의 상업화에 매달렸는데 그 사업에서 크게 성공하였다. 그가 영국 서부에 철도가 건설되고 있었을 때 현명한 토지 투자로 재산을 불렸다고 메이너드 케인스는 믿었다. 1853년 그의 첫 부인이 죽자 존은 곧 애나 메이너드 네빌과 결혼하였으며, 이들의 결합으로 메이너드의 아버지가 태어났다.

그 가족의 모계 또한 종교적인 배경을 가지고 있었다. 그러나 케인스 가문만큼의 사회적 지위를 획득하지는 못했다. 플로렌스의 아버지 존 브라운 목사는 시인 번스(스코틀랜드에서 가장 위대한 시인)의 먼 후손이었다. 그는 맨체스터에서 가장 가까운 볼턴 르 무어에서 자랐다. 그의 아버지는 그곳에서 장화와 구두 제조업을 하고 있었는데, 그것은 그의 가문이 200년 동안 영위해 온 가업이었다. 가정환경 때문에 그는 일찍이 학교를 그만두어야 할 형편이었지만, 1851년 랭커서 인디펜던트 대학에 진학할 장학금을 얻었다. 그리고 졸업하자마자 맨체스터의 파크 교회 목사가 되었다. 나중에 30년 이상 성직자로서 성실하게 임해 왔던 베드퍼드에 있는 버니언 교회[또는 비국교도의 교회당]의 보좌 목사가 되어 달라는 초청을 수락하였다. 그동안 존 버니언의 가장 권위 있는 전기와 청교도의 교리에 관한 다른 책들도 썼다. 그리고 유명한 설교사가 되었다. 1859년에 안나 헤이든 포드와 결혼해서 세 아들과 세 딸을 두었는데, 메이너드의 어머니 플로렌스는 맏이였다.

가문의 역사는 그러하였고, 케인스가 쪽으로 불가사의한 해인 1066년까지 거슬러 올라가면 그 속에 많은 저명한 이름들을 발견할 수 있다. 메이너드 자신이 조상의 위업에 대한 흥미 있는 세부사항을 관찰하면서 조상들이 죽었으면서도 한편으로는 매력적으로 살아 있는 것이 아닌가 하고 가끔 이상하게 생각하였다.

케인스가와 브라운가의 역사를 이렇게 묘사한 것을 보면 메이너드의 부모가 비국교도였다는 것과, 애넌 경이 지적했던 복음교회파가 그렇게 많은 탁월한 영국의 지식인들을 배출했다는 것을 분명히 알 수 있다. 이 집단은 소수의 부유한 복음교회 가문인 클래펌 교파로 구성되어 있고, 클래펌 교파는 많은 유사한 퀘이커 교도와 유니테리언 교도 가문에 결합되었다. 19세기에 그들은 노예제도 반대운동을 전개했으며, 후에 여러 가지 자유주의적이고 박애적인 대의를 위하여 일했다. 1871년 전까지는 이런 유형의 비국교도들이 대학에서 학위를 받을 수 없었으나, 그 뒤 이런 제약이 사라진 다음에는 이 집단의 구성원들은 학문에 종사했으며, 대영제국이 19세기 후반에 영토를 확장했을 때 케임브리지나 옥스퍼드를 졸업한 그들은 전문직이나 해외의 공무원직에서 더 많은 고용 기회를 찾을 수 있었다. 사실 이 학구적 중산층은 영국 역사의 안정기에 그 사회의 안정을 위한 중추적인 역할을 했다고 애년 경은 주장한다. 이 계층은 일반적으로 인정된 제도의 점진적 개혁을 받아들이게 되었으므로, 지적인 사색의 세계와 정부(政府)라는 현실세계 사이로 옮겨다닐 수 있었다.

케인스 부모도 끼어 있는, 이 비국교도 집단의 사회적 가치는 무엇이었는가? 기본적으로 빅토리아 시대에 대부분의 지식인들과 같이 계시된 종교에 대한 그들의 신앙심은 약해지고 있었지만, 그들은 매우 도덕적인 사람들이었으며, 그들의 도덕체계는 대부분 청교도의 윤리에서 나왔다. 러셀은 네빌 케인스를 "도덕을 첫째로 하고 논리를 둘째로 하는 진지한 비국교도"라고 기억했다. 러셀이 결코 편견 없는 관찰자는 아니었지만 그 말은 인정해야 한다. 케인스의 어머니는 가문의 역사 속에서 자신의 부모가 "높은 도덕기준과 지적인 노력"을 요구했다고 말한다. 케인스 가문이 아이들을 기르면서 강조한 가치와 규범은 다음의 기술에서 분명해질 것이다.

네빌 케인스는 번성하는 솔즈베리 가족의 유일한 아이였다. 그는 아머셤 홀 학교와 런던 대학 부속 단과대학에서 교육을 받았다. 그리고 수학 장학금으로 펨브룩 칼리지[케임브리지]에 진학하여 거기서 1875년에 '선임 도학자'(senior moralist)가 되었으며, 이듬해에 그 대학의 평의원이 되었다. 6년 뒤에 케임브리지의 여자대학, 뉴넘 칼리지의 첫 졸업생인 플로렌스 브라운을 신부로 맞이하여 기혼자 학감들의 첫 전성기에 들어갔다. 이듬해 메이너드가 태어나고 얼마 안 되어 네빌 케인스는 《형식논리학의 연구와 실천》을 출간했다. 그것은 여러 판을 찍었으며 그로 말미암아 그는 상당히 인정받게 되었다. 1890년에는 《정치경제학의 범위와 방법》 1판이 나왔다. 이 책은 주제에 대한 균형 잡히고도 권위 있는 접근방법으로 호평받았으며 케임브리지 대학은 그 가치를 인정하여 이듬해에 그에게 박사학위를 수여하였다. 1884년에서 1911년까지 그는 도덕학 강사직과 지역시험 및 강의단(講義團)의 서기직을 맡았다. 이 일은 1911년까지 계속되었다. 박사학위를 받을 때 그는 그 대학의 이사로 선출되었고 곧 명예서기가 되었다. 1910년에는 대학 총괄 사무처장을 맡아서 1925년까지 이 직책을 지냈다.

네빌의 이력은 대략 그러하였다. 그러나 한 인간으로서, 아버지로서 그는 어떤 사람이었는가? 놀랍지도 않게 그의 생애와 개성에 대해서 그 정체를 가장 잘 밝혀주는 평가 가운데 하나는, 아버지의 90회 생일과 부모의 결혼 60주년을 맞아 메이너드 자신이 내린 것이었다. 그러나 어떤 사람들은 그 평가가 객관성을 잃었다고 느낄지도 모른다. 그의 업적을 맨 처음 논평하면서 케인스는 "33년 동안 케임브리지에 있었던 관리자 가운데 가장 훌륭한 관리자였으며, 내 판단으로는 그 기간 동안 대학이 그 전이나 그 뒤 어느 때보다도 더 좋은 곳이 되었다. 완전한 질서, 현학적인 것이나 형식에 치우친 흔적이 없는 정확성, 대학을 위하여 존재하는 기관들. 그러나 이런 것이 요즈음에는 그 반대인 것 같다"고 말했다. 그리고 그의 아버지가 간섭이나 구속 없이 과학과 학문을 위한 틀을 만들어냈으며, 한편으로 아버지 자신이 최고 수준의 학식을 갖추고 있었음을 케인스는 관찰했다. 그는 계속하여 다음과 같이 아버지를 묘사하였다.

내가 그를 알기 전에 그는 우아했고, 중기 빅토리아의 삶의 고급 취향을 지닌 사람이었으며, 스윈번(영국 시인), 메러디스(영국 소설가)와 입센을 읽었다. 윌리엄 모리스 벽지(壁紙)와 새의 깃털을 구입하고, 겸손하고 근면했다. 그러나 어느 정도 부유하고 꽤 사랑을 즐겼으며 신중하게 설정된 한도 안에서 다소 사치스러웠고, 매우 너그러웠고 사교적이었다. 또한 사람 초대와 포도주, 운동경기와 소설, 극장과 여행을 좋아했다.

그러나 편두통은 일에 대한 가능성을 더 어둡고 낙담케 하는 것 같았다. 따라서 아주 서서히 그의 사랑하는 아내와 가족의 품으로 물러남으로써 일을 가로막는 검은 그림자는 조금씩 커졌다. 그러나 고정된 습관과 단추를 단 구두는 언제나 꼭 같았다. 그는 완전히 존경스럽고 신뢰할 수 있는 부모가 되었으며 너그럽고 겸양하며 수줍어했다. 사람들이 그들의 의지와 판단에 따르도록 내맡겨 두었으나 그 자신의 조언을 숨기지 않는 분이었다.

그 사람에 대한 개략적인 묘사는, 네빌 케인스가 오랫동안 사랑하는 가족의 성공과 비극을 성실하게 기록한 일기장의 여러 페이지들 속에서 대부분 증명되었다. 그의 삶의 방식은 어떤 점에서는 청교도적이었지만, 날마다 일한 시간들을 꼼꼼하게 기록하고 매년 말에 재정상태를 주의 깊게 계산한 조직적인 사람이었다[그의 연간 수입의 반 이상이 투자에서 나왔으며, 그 투자 금액의 대부분은 상속받았다]. 그러나 옥스퍼드 대학의 정치경제학 교수직에 신청하기를 거절했고, 앨프리드 마셜 같은 그의 친구들이 끈질기게 권유한, 새 경제 잡지 《이코노믹 저널》의 편집인직을 거절한, 상당히 염려하고 조심스러우며 겸손한 사람이었다. 그는 그의 장남처럼 모험심이 많은 사람은 아니었으나, 그가 대학교의 복잡한 행정사무나 시험답안을 채점하고 평가하는 피곤한 일상 업무에 종사하지 않을 때는 골프 치기, 우표와 나비 수집, 화초 기르기에 여가시간을 활용했다. 그러나 언제나 사랑하는 부모가 되는 시간을 찾았으며, 사려 깊은 독서나 아이들과 함께 운동경기를 함으로써 그들의 성장하는 마음을 북돋워주는 시간을 찾았다. 아이들의 가치와 그의 가치가 상충할 수 있었던 원천은 뒤에 검토할 것이다.

《더 타임스》가 쓴 것과 같이 한 시기의 여자가 되기를 거절했던 우아한 빅토리아 왕조의 숙녀, 그의 아내 플로렌스는 사랑과 기질의 완전한 결합을 그와 함께 이루었다. 플로렌스는 열일곱 살의 나이에 1기생의 한 사람으로 뉴넘 칼리지에 다녔으며, 졸업과 결혼 뒤에는 케임브리지에서 가장 바쁜 사회사업가가 되었다. 1916년에 발간된 명사록에는 "이곳에 플로렌스가 손을 대지 않았던 사회운동 또는 공공운동은 거의 없다"고 적혀 있다.

1894년에 벌써, 나중에 케임브리지 복지협회로 알려진 자선기구협회의 서기가 되었고 여러 해 동안 그 일을 계속했다. 20세기가 시작되는 해 영국에서 처음으로 '청소년 직업 소개소'를 설립하는 데 공헌하였고, 가난한 사람들에게 수술치료를 받도록 해주었으며, 만성결핵 환자들을 위한 팹워스 마을 정착 사업단을 꾸리는 데 개척자가 되었다.

1912년에 전국 여성 노동조합 결성에 참여했으며, 1925년까지 전국여성회의의 의장과 총재로 봉직하였다. 지극히 협조적으로 새로운 직위와 의무를 기꺼이 그리고 유능하게 받아들였다. 예를 들면 1914년에 시의회에 선출된 첫 여성의원이 되었으며, 1932년 금혼식을 기념하는 해에 케임브리지 시장에 선출되었다. 그 시의 민속박물관 설립자 가운데 한 사람이었을 뿐만 아니라 BBC방송에도 관여했으며 라디오에 마지막으로 출연한 것이 92세의 나이였다니! 해러드가 다음과 같이 말하는 것도 아주 당연하다. "플로렌스가 지닌 실제적인 인간성이 젊은 메이너드의 정신에, 때때로 비참한 현실로부터 멀리 떨어진 사회철학자들의 추상적인 학설보다도 더 깊은 인상을 심었다. 메이너드는 그 어머니의 활동 속에서 고통받는 사람들에게 효과가 나타나고, 위안을 주는 케임브리지의 개혁정신을 볼 수 있었다." 킹스 칼리지 예배당의 추모예배에서 그녀를 위해 부른 윌리엄 블레이크*의 찬가는 얼마나 적절한 것이었던가![그녀는 1958년 2월에 96세로 서거했다.]

30

나의 투혼(鬪魂)이 멈추지 않듯

칼날 또한 내 손에서

잠들지 않을지니

영국의 초록빛 쾌적한 땅에

우리가 예루살렘 세울 때까지.

메이너드의 부모는 유능한 사람들이었을 뿐만 아니라 아이들을 유능하게 길렀다. 메이너드보다 두 살 어린 마거릿은 어머니처럼 사회사업에 관여하게 되었으며, 뒤에 유명한 생리학자이자 노벨상 수상자가 된 트리니티 칼리지의 연구원인 아치볼드 비비안 힐과 결혼하였다. 메이너드보다 4년 아래인 제프리는 럭비 학교에 다닌 뒤 장학금으로 펨브룩 칼리지에 갔다. 그는 뛰어난 외과의사가 되었으며, 제1차 세계대전 때는 육군의무단의 외과전문 소령이었고, 제2차 세계대전 때는 공군 소장이었다. 블레이크 작품의 편집으로 세계에 널리 알려졌고 비망록의 해제자(解題者)이기도 하였다. 그는 기사 작위와 많은 명예학위를 받았으며, 유명한 생물학자 다윈의 손녀이자 조지 다윈 경의 딸인 마거릿과 결혼했다. 이 결혼으로 네 아들을 낳아서 케인스-다윈 집안의 결합을 명예롭게 했다.

케인스 집안에서 그들의 어린아이들과 친구들을 위하여 지었던 하비 로드에 있는 집은 겉보기에는 틀림없이 빅토리아풍이었다. 제프리는 "그 집과 작은 정원이 매력과 개성은 없었으나, 장소는 엄격하지 않은 우리들의 수준에는 적합했다"고 사람들에게 말한다. 다소 어두

---

* 윌리엄 블레이크(William Blake, 1757~1827): 영국의 시인, 화가. 런던에서 출생. 낭만주의 시대의 시인이며 신비주의자. 산업혁명의 모순을 비판한 급진사상의 소유자였음. 대표작 《Songs of Innocence》(1789)에서 순진한 어린이가 생각하는 것과 같은 인생을 묘사했음.

운 부엌의 벽은 그들이 거기에 사는 동안 한 번도 바꾸지 않았던 짙은 남색과 진홍색 모리스 벽지로 덮여 있었다. 가구는 "평범했으나 안락했고" 그림들은 그 시대의 "관습을 따른" 것이었다. "우리 집의 환경은 현대적인 것이나, 신기한 것에 관한 어떤 심미적인 자극도 우리들의 팽창하는 의식에 미치지 못했다." 그러나 이러한 환경은 그 가족의 학구적인 사회와의 접촉으로 상쇄되었다. 그들의 가정에 사치 없는 중류계급의 안락과 안전은 있었으나 이러한 면이 그 온화하고 협조적인 성향보다는 중요하지 않았다.

역사가들에게 1830년부터 1870년까지 빅토리아 시대의 형성기 동안 영국인들의 감정과 사고방식은 주로 중산계급의 특징을 드러냈다. 중산계급이 정치적·재정적으로 뛰어났으므로 문화의 가치관 설정에 관한 한 그 계급의 사회적 영향력은 결정적이었다. 초기 빅토리아 시대의 사람들은 그들의 시대를 과도기나 심각한 위기의 하나로 여기는 경향이 있었다. 즉 그들은 거대한 기술적·산업적 변화의 시대에 나타날 수 있는 노동자·농민들의 반란을 두려워하거나 프랑스 대혁명 같은 가공할 사회적 폭발의 가능성을 두려워하면서 정치적 혁명의 조짐 가운데 살고 있다고 느꼈다. 경제와 과학이 빠르게 발전하면서 불안감과 종교적 회의를 부채질하게 되자 이러한 긴장은 더욱 심해졌다. 지적인 세계, 기독교 교회, 사회질서가 모두 커다란 위험 속에 있는 것으로 보였고, 오직 진지하고 도덕적인 헌신적 생활만이 그것들을 지킬 수 있다고 생각했다. 그러한 진지함은 초기의 복음운동과 청교도주의에 수반하는 선행주의(善行主義) 및 다른 분별 있는 덕을 갖춘 청교도주의의 부활로서 상당히 강화되었다.

이 초기 빅토리아 시대의 중요한 지적 요소는 합리성과 개인 이익, 이념을 강조한 벤담주의였고 그것은 공리주의의 주된 윤리로 발전했다. 벤담은 사회생활의 질서를 세우는 데 감정의 타당성과 동정(同情)의 유효함을 부인했다. 그러나 존 스튜어트 밀, 찰스 디킨스(1812~1870,

영국 작가)와 월터 배젓(1826~1877, 경제학자며 사회학자) 같은 후기 빅토리아 시대 사람들은 동정심과 자선적인 행동을 회복하려고 했다.

일반적으로 빅토리아 시대의 중산계급은 진보를 숭배하였고, 그들의 개인주의 문화에서 개인적 성공과 존경할 만한 사회적 지위는 숭배의 대상이 되었다. 즉 그들은 완고한 낙관주의, 도덕적이고 지성적인 문제에서 단호한 독단주의, 강한 힘에 대한 분명한 존경과 주로 칼라일*에게 영향을 받은 영웅 숭배에 대한 두드러진 경향과 점점 쇠잔해 가는 초자연적 신앙에 대한 신념을 대신할 도덕적 필요성을 보여주었다. 이 빅토리아 시대의 세계에서 생활은 성실하였고 엄격하였다. 그러나 케인스 가족은 가혹하고 경쟁적인 생존을 위한 투쟁을 피했다. 왜냐하면 가정은 생활의 중심지로서, 집안의 천사인 '어머니'가 일하고 지지하며 많은 어린이들을 데리고 있는 곳으로 보았기 때문이다. 물론 그 시기에 여성의 지위향상과 가정생활은 정숙한 척하고 성적인 욕구를 억제하는 측면이 있었는데, 그것은 중산계급 문화에서 매우 흔한 일이었다. 이러한 모든 것은 비평가들이 매우 강렬하게 느끼는 다른 한편의 특징과도 밀접하게 관련되어 있었다. 즉 그것은 다름 아닌 빅토리아 시대 사람들의 도덕 순응적 위장, 그리고 애매함 속에 분명히 나타났던 위선이었다. 이러한 단점들은 억압하는 관습에 대항하여 반란을 일으킨 뒤 여러 세대에 걸쳐 특별히 비난받고 거부되는 것이었다.

사람들이 알고 싶어하는 것만큼 메이너드의 어린 시절에 관한 자료가 충분하지는 않지만, 그래도 그의 발달하는 지성과 독창성을 길러준 환경의 요소들을 얼마간 알 수 있다. 다행히 그의 아버지가 자라나는

---

* 토마스 칼라일(Thomas Carlyle, 1795~1881): 영국 비평가 · 역사가. 스코틀랜드 출생. 엄격한 청교도 가정에서 자라고 17세에 에딘버러 대학에 입학, 독일의 관념철학과 문학을 연구함. 이후 《실러 전기》와 괴테의 《빌헬름 마이스터》를 번역해 영국에 소개했다. 그는 사회개혁의 수단으로 혁명을 지지하고 총명한 영웅적 지도자의 필연성을 역설했다. 주요 저서: 《프랑스 혁명사》, 《의상철학》, 《영웅 숭배론》.

자식에 관하여 관찰한 것을 성실하게 기록한 일기를 다년간 보관하였다. 메이너드가 태어난 첫해부터 병약한 아이였다는 것은 이 자료나 다른 자료를 볼 때 분명하다. 그의 부모는 메이너드가 태어난 날부터 기뻐하였다. 그리고 커가면서 그가 재잘거릴 수 있었을 때 매우 귀엽고 예쁘고 매력이 있었다. 그러나 메이너드는 고집이 세어서 그의 보모 두 사람은 아이를 버린다고 부모를 탓했다. 그가 태어난 지 일 년 반이 되기도 전에 아버지는 "작고 귀여운 폭군이 우리들을 뒤에서 여기저기 끌고 다니면서 모든 명령에 복종하도록 한다. 그리고 아이 방으로 가야 할 때 내가 섭섭하게도 그는 자주 운다"고 썼다.

아이를 몹시 사랑하는 부모는 그가 성취하는 모든 것을 적어 두었다. 그가 일 년 반이 되었을 때 귀엽게도 자신을 "소년"이라고 부르기 시작했다. 그리고 구경꾼에게 재빨리 입을 맞추었다. 네빌은 "생후 18개월이 모든 나이 가운데 가장 싫고 귀찮다"고 하는 영국 정치가 리처드 코브덴의 말을 인용하면서 "여하튼 바로 지금 그 나이가 우리들에게는 모든 나이 가운데 가장 매혹적이고 유쾌한 것 같다"고 했다.

케인스가의 두 번째 아이 마거릿이 1885년 2월 4일에 태어났을 때, "어린아이(메이너드)가 사정이 위급할 땐 재치가 있어야 함을 깨닫는 것 같아 보였다. 그는 특히 온종일 즐거웠으며, 매우 하소연하듯이 갓난아기에게 '어떻게 하는가' 하고 묻곤 했다"고 아버지는 기록했다.

메이너드는 두 살이 되기 전에 칼디코트의 그림 이야기책을 매우 좋아하게 되었다. 그래서 그 책들을 가지고 아이 방으로 달아나서 몸짓으로 그림들의 뜻을 다 나타내었다. 메이너드가 약 21개월 되었을 때 보모 앞에서 알파벳을 외워 읽었다. 이때 그는 대단히 호기심이 많아, 걸어가면서 모든 구멍과 구석을 쑤시기도 하고, 가끔 부모로부터 달아나기도 하고, 크게 웃어서 모든 이웃들을 놀라게 하기도 했다.

그의 부모는 바빴지만 아이들에게 신경을 많이 썼는데, 예를 들면 일요일은 정원에서 아이들과 함께 놀았다. 아이들을 파티에 데리고 가고 대학교의 사교 행사에도 데리고 갔다. 아버지는 메이너드가 첫 파티에서 돌아왔을 때, "즐겁게 지내고 밝은 얼굴로 흥분했다"고 적었다. 그는 이제 2년 반이 되어 귀엽게 《꼬마 보(Bo)가 엿보다》와 《누가 울새를 죽였는가?》를 외울 수 있었다. 아이들은 크리스마스 때 베드퍼드에 있는 조부댁인 맨스에서 주의를 끄는 중심인물이었다. 아버지는 이때 메이너드가 놀이에서 점점 더 많은 상상력을 보여주고 있다고 말했다.

메이너드의 건강은 예측할 수 없었는데 그 때문이든 아니든 메이너드는 기르기가 쉽지 않아 까다롭고 때때로 버릇까지 없는 아이일 수도 있었다. 그래서 한번은 아버지가 팔을 때렸다. "맞은 자국이 부풀어 올라서 오래 갔다. 나는 곧 내 가혹한 짓을 후회했다. 그날의 나머지 시간에 그는 즐거웠고 상냥하였다." 1885년 11월, 다시 전과 같이 "메이너드는 버릇이 없어져서 나는 손바닥으로 때리겠다고 위협했다. '제발' 하고 그는 말했으나 드디어 그 위협은 실행에 옮겨졌다. 그러고 나서 그는 측은한 표정으로 아빠가 때린 자리에 입을 맞추어 달라고 엄마에게 말하였다. 이 벌이 바람직한 효과가 있었지만, 나는 그 방법을 반복하고 싶지 않다."

이때 메이너드의 생각에서 가장 큰 걱정거리는 아이들이 하루 대부분을 그들 방에 있어야 한다는 아버지의 주장이었다. 부모는 바쁘게 살았으며 훌륭한 빅토리아 시대인들처럼 가정생활에서 규율과 질서의 중요성을 강조했다. 아버지 케인스는 아들이 집을 배회하거나 그의 사무실 '치우는 일'을 원하지 않았다. 특히 그는 사무실 치우는 일을 불평했다. 가끔 메이너드는 부모 가운데 다른 한쪽을 반대하여 한쪽 부모하고만 놀면서 아버지의 요청에 대하여 저항할 때 어머니의 지원을 구하곤 하였다. 다음의 사건이 말해 주듯이 사실 아이를 다루는 데 부모 사이에 불화가 자주 있었다.

메이너드가 거의 세 살이 되었을 무렵 케인스 부인은 집과 멀리 떨어진 어머니 집에 계속 머물렀다. 어머니가 집에 없을 때 메이너드가 감기를 앓고 있었으나, 너무나 말을 듣지 않아서 벌을 받아야 한다고 아버지는 생각했다. 뒤에 그는 부인에게서 온 편지를 다음과 같이 일기장에 적어 놓았다. "내 아들이 감기가 너무 오래 계속되니 매우 섭섭합니다. 나는 그 애가 아버지와 아주 사이좋게 지내야 한다고 생각합니다. 그래야 그 애는 다루기 힘들게 되지 않을 것입니다. 만일 내가 집에 있었다면, 당신이 그 애를 매질하지 못하게 했을 것입니다. 그 아이가 온종일 아이 방에 있을 때 좋은 아이가 될 수 없는 것처럼 느낀다는 것을 나는 알고 있습니다." 존 네빌은 "규율을 유지해야 하는 것은 아버지이지만 그 아이는 규율을 좋아하지 않는다"고 덧붙였다.

결국 부모는 메이너드에게 더 많은 행동의 자유와 자의식의 성장을 더 많이 표현할 기회를 허용해야 함을 알았다. 부모의 의견 불일치 뒤에 곧 변화의 모습이 분명해졌다. 메이너드의 세 번째 생일에 아버지는 이렇게 썼다. "사랑하는 우리 아이의 세 번째 생일이다. 그는 지금 아주 작은 어린이다. 우리들은 그 아이를 집의 어느 곳에도 스스로 어떤 심부름이라도 하도록 보낼 수 있다. 그 아이에게 심부름을 시키면 가장 좋아한다."

메이너드가 세 살이었으므로 아침 식사와 정찬을 부모와 함께 하는 것이 허용되었다. 식탁에서 '재미있고 짧은 말'로 부모를 계속 기쁘게 했다. 이야기 가운데 언급되는 것을 주의하여 들은 뒤에 그것들을 외우곤 했다. 한번은, 독일의 젊은 황제가 호전적인 연설을 해서 그 결과 어떤 주식[유가증권] 가격이 증권거래소에서 하락했다는 소식을 아버지가 어머니에게 말했는데 이를 메이너드가 들었다. 나중에 우리들은 그 아이가 평소 자신의 방법으로 보모인 루이자에게 그 정보를 퍼뜨리는 것을 들었다. 황제가 연설을 한 뒤 바로 그날 저녁 권위 있는 자리에 모인 모든 사람들이 당황했다고!

1887년 3월 25일에 케인스가의 셋째 아이인 제프리가 태어났다. 아버지는 곧 "팔팔한 아이의 표본이다" 또 "얼마나 사랑스럽고 귀여운 아이인지!"라고 그의 일기장에 자랑스럽게 적고 있다. 한편 메이너드는 이제 '작은 새우'라고 아버지의 일기에 언급되고 있다[네빌 자신은 키가 약 160센티미터였다].

그의 부모의 견해로 보면 메이너드의 행동은 나아지고 있었지만, 좋은 습관에서 나쁜 버릇으로 되돌아가는 점도 있었다. 1887년 9월의 일기장 기록은 다음과 같다.

새우는 오늘 아침 버릇없이 굴었다. 매를 맞아야 했다. 작은 새우는 처음의 꾸지람에는 침착했고, 첫 번째 매를 때릴 때는 결판을 낸다고 생각하면서 웃었지만, 곧 슬프게 울기 시작했다. 그러자 내 마음은 몹시 괴로웠다. 아내도 울먹였다. 그 일로 너무 괴로워서 그 뒤로는 온순해졌다고 그 애는 나중에 어머니에게 말했다. 나는 그 일이 아이에게 도움이 되었다고 생각한다. 작은 새우는 그날 매우 괴팍하게 시작했지만 나중엔 유쾌하였다. 깊은 애정이 있는 어린 아이다. 그 처벌이 끝난 뒤 그는 비정한 아비에게 매우 다정하게 입맞추었다.

메이너드는 뒤에 어머니에 대한 사랑을 아버지에게 들려주면서, 어머니가 "매우 현명한 사람"이라고 말했다. 또한 "어머니는 굉장히 친절해요. 아버지도 친절하지만 어머니만큼 친절하지는 못해요"라고 말하기도 했다. 어머니는 세상에서 "가장 친한 친구"였다. 아버지는 다음 번 차례였으나, 차이가 좀 났다. 메이너드가 여덟 살 때 어머니를 "도피성(城)"*이라고 불렀다. 메이너드는 여덟 살 된 해에 어머니를 그전까지의 여섯 배가 넘도록 사랑한다고 주장했는데 그것을 네빌은 일기장에 적고 있다. 그의 어머니와의 관계에서 가장 놀라운 표현이

---

* 실수로 살인한 사람을 보호하는 6개의 성읍. 구약성서 〈여호수아〉에 나옴.

1891년 11월 7일의 네빌의 일기에서 발견된다. "그가 바라는 인물은 어머니이고, 여하튼 모든 점에서 어머니를 닮기를 바란다." 그는 부모를 너무나 사랑하여 "우리들에게서 떠나는 것을 결코 원치 않는다. 그래서 그는 우리들이 죽을 때까지 결혼하려 하지 않는다"고 여섯 살 때 한 말도 아마 여기에 관련이 있을 것이다.

어머니를 "세상에서 가장 친한 친구"라고 한 메이너드의 말은, "어머니에게 선택과 편애를 받는다는 사실을 아는 사람들은, 그들의 생애에서 남다른 자신감과 흔들리지 않는 낙관주의를 갖게 된다는 증거가 된다. 그러한 속성들은 흔히 영웅의 특질과 같아 보이고 또 그러한 속성을 지닌 이에게 실제 성공을 가져다준다"는 프로이트의 진술을 상기시킨다. 더 나아가서 독창성을 연구하는 일부 학자들은 어머니의 사랑이 어린 아들에게 특별한 영향력을 준다고 믿는다. 독창성에 관한 전문가 고완(J. C. Gowan)이 "사람은 가장 사랑하는 사람에 대한 영감의 부산물로서 독창성을 얻는다"고 기술하면서 다음과 같이 덧붙여 말하고 있다. "네 살에서 일곱 살까지 어머니와 애정적으로 가까운 남자 아이들과 아버지와 유난히 가까운 여자 아이들은 비슷한 능력을 가진 다른 소년 소녀들보다 더 창조력이 있다. 이 기간에 아이는 환상 세계와 실제 세계 사이의 다리를 자유롭게 넓힘으로써 다른 성을 가진 부모의 따뜻한 애정에 감응한다. 아이의 생각을 소중히 하는 어른의 애정은, 아이를 자극하고 격려하여 그 아이가 창의적인 생각을 하게 하고 돋보이게 한다. 정서의 뒷받침은 아이를 부추겨서 과거의 경험에서 자유로운 생각을 끌어내어 잠재의식에서 반쯤 잊혀진 생각을 되찾도록 한다. 이와 같이 그는 이 분야에 더 깊이 빠져들어, 부모의 몰인정과 부정적인 판단에 따라 그 노력이 억눌러지는 다른 아이들보다 더 독창적인 착상을 할 수 있게 된다." 앞으로 보겠지만, 메이너드의 어머니와 할머니는 그에게 사랑과 관심을 많이 주었다. 사실 케인스 부인은 실제로 그의 일생 동안 아들의 업적에 관한 기사와 신문

표제를 오려내 만든 철을 간직했으며, 반대로 메이너드는 그의 어린 시절과 성년 시절 동안 매우 자주 어머니에 편지를 썼다.

그가 어린 시절에 책을 읽고 이야기를 듣기 시작했을 때, 많은 보모들이 메이너드에게 천한 돼지나 다른 동물들에 대한 이야기를 읽어주거나 들려주었던 것 같다. 빅토리아 시대 보모들의 이야기는 아이들에게 복종심을 심어주는 데 집중되어 있었다. 아버지는 킹슬리의 동화 《물의 아이들》을 즐겨 읽어주었고, 특히 아들의 행동이 아주 만족스럽지 못할 때 그 이야기의 교훈을 강조하곤 했다. 어느 날 메이너드는 "아빠가 그 책을 얻지 못했다면 좋았을 텐데. 저를 아빠가 좋아하는 대로만 행동하는 아이로 생각하세요?"라고 소리쳤다.

어린 메이너드의 말투는 한결같이 '계속해'였다. 가까이 살았던 할머니는 그를 매우 좋아했고, 자기 친구들에게 손자가 귀엽게 반복하여 말하고 장난하게 두었다. 그는 유난히 쾌활했고 네다섯 살인데도 재치가 있었다. 예를 들면 할머니의 한 친구가 집을 떠나면서 "네가 너무 나이 들어 내게 입맞춰 줄 수 없으면 어떻게 하지"라고 인사를 하면, 그는 당당하게 "오! 결코 그렇게 될 만큼 너무 나이 들지는 않을 거야" 하고 대답했다.

메이너드의 아버지는 그가 약 다섯 살이 되었을 때 《이상한 나라의 앨리스》와 그림(Grimm) 형제의 동화를 잠자기 전에 읽어주기 시작했다. 메이너드는 "책을 읽어주면 즐거워하는 아이"였다. 그는 결코 한 순간도 주의가 산만하지 않으며, 요점도 절대 놓치지 않는다고 아버지는 기록했다. 이때 또 하나 좋아했던 것은 《헤드콘의 마녀와 작은 리머스》였다.

다섯 살 반이 되자 메이너드는 퍼스 학교 가까이 있는 유치원에 다니기 시작했다. 그는 매우 활발하였지만 건강은 좋지 않았다. 그가 여섯 번째 생일을 막 지냈을 무렵 류머티즘 열병에 걸려서 심장의 고통을 호소했다. 주치의가 휴양을 권유했고 그의 회복은 빨랐다. 그러나

이 심장마비는 성년기 심장병의 원인이 되었을지도 모른다. 그의 아버지의 말에 따르면, 한번은 그의 눈이 끊임없이 깜박거리고 때때로 뒤집혀서 흰자위가 보이곤 했다. 그 지역의 의사가 이 경련을 무도병(舞蹈病)의 가벼운 증상이라고 진단하고, 그가 압박을 당하거나 흥분해서는 안 된다고 경고했다. 그의 부모는 그가 늦게 학교에 가야 하고 야외에서 더 많은 시간을 보내야 한다는 것에 동의했다. 결국 완전히 유치원을 그만두고 나서 어머니와 고용된 선생이 집에서 그를 가르쳤다. 여섯 살이 되어 메이너드는 옳고 그름을 구별하기 시작했다. 메이너드는 자기가 버릇없는 아이일지도 모른다고 생각했다. 그보다도 그에게는 부모가 제프리는 버릇없다고 말하지 않도록 하는 것이 중요했다. 이러한 나이쯤에는 누이나 남동생을 보호하는 일종의 행동양식이 나타난다는 것을 누구나 알아볼 수 있다. 마거릿이 아팠을 때 그는 울었고, 제프리가 납이 포함되었다고 생각한 페인트 물을 얼마쯤 마셨을 때 메이너드는 매우 감정을 드러내어 눈물을 흘렸다.

빅토리아 시대의 중산계급 가정에는 일반적이었지만, 케인스네도 가끔 게임을 즐겼는데 특히 성탄절 때 그러하였다. 그들은 몸짓놀이 따위를 했고, 네빌은 가족을 즐겁게 하기 위하여 모든 식구가 참가하는 연극을 만들어내곤 했다. "행복한 짝"이라는 이름을 붙여 짜맞춘 한 연극은 세 아이를 울렸다고 그는 말한다. 확실히 그런 놀이는 모든 아이들의 상상력을 키우는 데 도움이 되었다. 먼 곳으로 떠나는 소풍과 케임브리지 강에서 한 노젓기, 겨울의 얼음지치기와 여름의 짧은 여행으로 짜인 그 가족의 여가생활은 참으로 그들에게 이상적인 것이었다.

메이너드의 부모는 그들이 할 수 있는 모든 방법으로 아이들이 스스로 할 수 있는 취미를 길러주었다. 아버지는 그들의 우표수집을 도와주었고, 메이너드가 누에에 대한 호기심을 보였을 때, 어머니는 그가 누에 기르는 것을 도왔다. 그 자신 열렬한 독서가였던 아버지는 계속해서 메이너드에게 스티븐슨의 《보물섬》이나 램의 《셰익스피어 이야기》, 그리고 디킨스의 《크리스마스 송가》를 모두 아이 자신의 읽을거리에 더하여 읽어주었다. 메이너드의 행동은 가끔 아버지를 걱정시켰다. 언젠가 네빌은 메이너드에게 한 친구가 점심 먹으러 왔을 때 그가 평소처럼 행동하지 않고 있다고 지적했다. "그것은요, 정말 힘들었어요. 저는 그렇게 하려고 며칠간 준비했어요. 저는 언제나 그렇게 큰 힘을 들일 수는 없어요" 하고 메이너드는 대답했다.

메이너드의 지능 발달은 점점 더 빨라지고 있었다. 일곱 살에 시를 소리내어 읽는 데 큰 기쁨을 느끼고, 여덟 살에 부모를 따라 극장에 가서 〈햄릿〉의 한 장면을 보았다. 베드퍼드에 있는 할아버지 댁의 연례 크리스마스 파티에서 모든 게임에 참가하였고, 그 자신이 시를 충분히 지을 수 있었다.

케임브리지에서 케인스가는 페너(Fenner)의 크리켓 운동장 가까이서 살았다. 메이너드는 어려서 능란한 선수는 되지 못했지만, 경기를 지켜보고 점수를 기록하면서 많은 시간을 보냈다. 그가 참가하였고, 그의 이웃을 선도하였던 운동의 하나는 자전거 타기였는데, 가끔 제프리와 함께 시 주위를 오래도록 타고 돌아다녔다. 그런데 아홉 살이었을 때 하비 로드에서 핸섬마차(말 한 필이 끄는 2인승 이륜 포장마차)와 그의 자전거가 충돌한 사건이 있었다. 그는 크게 다치지는 않았으나 찢긴 손가락을 주치의의 마취제로 치료받기 위하여 미친 듯이 달려갔다고 그의 동생은 회상한다. 그는 가벼운 상처를 입었으나 그 다친 손가락은 결국 보기 흉하게 되었다. 동생은 뒤에, 이 사건으로 그가 사람들의 손에 대하여 일생 동안 관심을 가졌던 사실을 설명할 수 있을지도 모른다고 추측했다. 하지만 메이너드 자신은 사람의 손이 개성의 신비를 푸는 실마리라고 생각했다.

다소 일찍 발달한 것으로 보이는 개성 하나는 대담무쌍하거나 위험을 무릅쓰는 의지였다. 케인스가의 옆집에 살았던 소년 시절의 친구

프랭크 스미스는 그가 피우고 있었던 불꽃을 떠올렸다. 메이너드가 스미스의 집에서 만든 폭죽 하나에 용감하게 불을 붙여서 그것이 귀를 멍하게 하는 굉음을 내면서 폭발했던 것 같다. 스미스는 케인스가 휩싸이는 연기 밖으로 웃으면서 조용히 걸어나오는 것을 보고 놀랐다. 안전에 대한 메이너드의 무관심이 자전거 사고를 일으킨 요인이었다고 스미스는 말했다. 그는 더 나아가서 메이너드가 낚시질에 싫증이 나자 가지고 있던 모형극장에 큰 기쁨을 느꼈던 것 같다고 회상했다 [이것은 누구도 이 모형극장을 가지고 있었다는 것을 언급한 적이 없었기 때문에 매우 흥미로운 추억이다]. 케인스는 나이가 들어서도 연극예술에 엄청난 매력을 느끼고 있었다.

형제들과의 관계에서 부분적으로 나이와 개성 때문에 메이너드는 항상 우월한 사람이었다. 따라서 그보다 네 살 아래인 동생 제프리는 다소 비참하게 회상했다. "형의 지적이고 힘찬 개성의 그림자 밑에서 내 모든 어린 시절을 보냈다. 그러나 불친절하거나 횡포를 부린 것은 아니었다. 그 차이는 형이 우리들보다 몇 살 더 먹은 덕분으로 우리들을 이끌었다기보다는 오히려 정신과 육체의 타고난 강점에 의하여 앞장서는 자연스러운 상황의 결과였다. 우리들은 가깝지는 않았다. 형에 관한 내 생각은, 월등하다는 것이지만 거리감이 느껴지는, 존경하는 지인(知人)에 대한 것이었다."

메이너드보다 두 살 아래인 마거릿은 어린이로서 그와 더 동등한 관계였다. 그러나 마거릿은 메이너드의 특권을 부러워하는 마음으로 보았다. 제프리는 형에 대하여 아무런 질투를 느끼지 않았다고 강조했으며 어떤 가족 다툼도 떠올리지 않았다.

"메이너드의 주도권은 인정되었다. 우리들은 행복을 어지럽힐 싸움을 할 아무런 이유도 없었다." 그러나 다른 곳에서 "메이너드는 우리 모두에게 존경을 받았다"고 말하면서도 "때때로 어린 우리들에게는 형이 밤늦게 자도 어른들에게 꾸지람을 듣지 않고 오전 내내 아침식사를 하러 내려오지 않는 습관을 볼 때 너무 많은 배려를 받고 있다"고 생각했다고 덧붙여 말했다.

늦게까지 침대에서 일어나지 않는 메이너드의 습관은 사실 아버지와 불화의 원인이 되었다. 부모는 그가 어리고 병들었을 때는 이런 습관을 묵인했다. 그러나 어린 시절 내내 이런 습관이 계속 되자 네빌은 가끔 메이너드를 꾸짖곤 했다. 늦잠 자는 습관에 관한 아버지와 아들의 태도 차이는 아마도 메이너드가 그 이후에 어버이의 어떤 가치나 빅토리아 시대의 많은 관습과 단절하는 원인이 되었다.

그는 또한 침대에서 시를 읽는 것에 익숙했다. 일곱 살에 그는 침대에서 롱펠로(1807~1882, 미국 시인)의 시를 읽고 있었고, 이런 일은 일생 동안의 습관이 되었다. 그는 매우 활동적이고 잠자리에서 일어날 때는 안절부절못하는 소년이었지만, 성품의 수동적인 면, 곧 빅토리아 시대 사람들의 눈에는 여성에게 더 알맞다고 생각되는 내면적이고 상상력이 풍부한 측면도 있었다. 간단히 말해서 그는 양성 사이의 중간 길로 내려가는 남녀한몸(Hermaphrodite)의 방향으로 성장했다.

케인스가와 브라운가는 오래된 성직자 집안이었지만 아이들에 대한 종교교육은 엄격하지 않았다. 어린이들이 베드퍼드에 있는, 외할아버지 브라운 목사 댁을 방문하면 아침기도는 관례였고, 안식일을 엄격하게 준수하는 규칙이 있었다. 반면에 집에서는 종교의식에 대해서 더 자유로운 자세를 취했다. 아이들이 어렸을 때 케임브리지에서 가족은 일요일 아침마다 임마누엘 교회당의 예배에 참석했다. 그것은 아마도 틀에 박힌 것은 아니었지만, 아이들이 조합교회의 목사를 좋아하고 그의 짧은 예배에 대해서 감사한다는 것을 아버지가 알아챘음은 우리들에게 자식에 대한 어버이의 자상함을 잘 설명해 준다. 알려진 바와 같이 메이너드는 가끔 많은 관심을 가지고 매우 지성 있는 설교에 귀를 기울였다. 그러나 그의 동생이 회상하듯이, 그는 종교에 대한 지적인 관심을 보인 반면 열일곱, 열여덟인 형이나 누이와 같이 힘들이지 않고 자연스럽게 불가지론(不可知論)의 정신상태로 빠지기도 했다. 어린 아이들이 일요일 예배에 안 나가게 되었지만 부모는 많은 이야기나 걱정도 하지 않고 그들이 하는 대로 따랐다. 메이너드나 동생들도 각자 자기 생각대로 했으며, 종교 문제에 관한 어떤 압력도 받지 않았다는 것은 확실했다.

네빌과 그의 아내는 빅토리아 시대의 뛰어난 사람들이었을 뿐만 아니라 진지한 사람들이었다. 저명한 윤리학도인 시지윅(1838~1900, 영국 윤리학자)과 그 당시에는 혁명적으로 여겨졌던 경제학의 연구방법을 제안한 마셜의 절친한 친구로서, 그들은 사회개혁과 발전에 대한 계획을 세우는 데 매우 적극성을 띠었다. 예를 들면 이미 이야기했던 케인스 부인의 사회복지 활동에 더하여 그들은 1888년에 조직된 '케임브리지 윤리협회'의 주요한 회원들이었고, 진정한 창설자들이었다. 이 협회는 당시 영국에서 일었던 더 널리 퍼진 운동의 일부였다. 협회의 목적은 진보사상을 증진하고, 개혁가들에게 '인간선'(人間善)에 관한 합리적 개념을 갖추게 하며, 무엇보다도 시민들 사이에 선량한 인격의 성숙을 조장하는 것이었다. 이런 일과 아버지가 대학과 관련된 결과로 메이너드는 성장하면서 가장 능력 있고 유명한 케임브리지의 학회원들과 많은 대화를 나눌 수 있는 유리한 처지에 있었다. 이런 격식 없는 이야기나 사귐은 분명 관례에 따르는 방법이 아니라, 그 자신의 지적인 뜻을 더 따르는 도덕의 발달에 도움이 되었다.

그가 여덟 살 반이 되었을 때, 굿차일드 씨가 교장이었던 케임브리지의 성 페이스 예비학교에 통학생으로 다니기 시작했다. 처음에는 다른 소년들보다 훨씬 더 어렸기 때문에 반에서 꼴찌였다. 그는 지능이 천재라는 아무런 증거도 보여주지 못했다. 사실 몇 선생들은 그의 부주의를 지적했다. 병이 다시 그의 학업을 방해했고, 그 때문에 오랫동안 학교에 결석해야만 했다. 성 페이스 예비학교의 초급 학년에서 그는 심하게 말을 더듬거리고 있었다. 아마도 경쟁적인 압박 때문이었을

44

것이다. 그러나 선생들은 곧 산수와 대수학에 대한 그의 소질과 풍부한 어휘력에 대해서 말하고 있었다. 첫 학기말까지 정말 그는 반에서 수석으로 올라갔다.

교육은 심지어 방학중에도 끊임없이 계속되었다. 지능 향상에 집중했던 아버지는, 친구와 메이너드가 걸어가면서 친구는 셜록 홈즈의 이야기를 들려주곤 했으나, 그는 애스가드[이것은 스칸디나비아 전설에 신들이 살았다는 하늘의 궁전이었다]로부터 전해 오는 이야기를 말하곤 했다고 우리들에게 (그의 일기에서) 들려준다. 이러한 모든 노력은 뛰어난 성과로 나타났다. 메이너드가 열한 살 때까지 그는 학급의 1등이었다. 1894년 12월에 그는 다시 1등이 되었다. 수학 선생은 그가 참으로 훌륭한 학업을 달성했지만, "곧 피로해지고 어려운 일에 부딪히면 인내심을 갖지 못한다"고 덧붙여 말했다. 성 페이스 예비학교를 마칠 때 교장은 메이너드의 능력을 매우 높이 평가하여 다른 소년들보다 정신과 육체가 훨씬 뛰어나다고 말했다.

그의 체력에 대한 마지막 이 말은 그의 만성적인 병력의 결과로 볼 때 놀라운 말이 될 것이다. 그러나 메이너드는 사춘기가 되어서는 건강했다. 지금 그는 매우 빨리 성장하기 시작하여 6개월이 지나서 8센티미터나 자랐다. 이제 그는 이미 작은 새우가 아니었다. 그는 참으로 나이에 견주어 컸으며, 대단히 원기 왕성하여 학교에서 그의 친구들이 위엄에 눌려 바라보았다. 그는 친구 가운데 한 아이를 그의 노예로 만들어서 그 노예 친구가 거리를 좀 두고, 그의 뒤에서 걷도록 명령했고, 학교에서 돌아올 때는 그의 책을 가지고 오게 했다.

예비학교 졸업 무렵 이튼 학교의 장학금을 타는 것이 그와 부모의 가장 중요한 목표가 되었다. 아들의 진보를 갈망한 그들은 입학시험 준비를 위해 특별 가정교사를 고용했다. 메이너드는 아침 7시에 일어나 식사 전에 공부를 했다. 그래서 그때는 잠꾸러기라고 불리던 것을 좋아했음에도 예정되지 않은 시간에 시험치는 것에 익숙해졌다. 전날 아팠음에도 그는 사흘에 걸친 시험에 합격하였다. 사실 20명이 뽑힌 가운데 10등이었는데, 수학에서 1등이었다.

드디어 이튼에 왔다! 그는 킹스 칼리지의 왕실 장학금을 받는 학생이 되었으며, 근본적으로 대학교에 입학하려는 과정에 있었다. 그의 부모는 너무 기뻤다. 재능을 타고난 아들을 위하여 그들의 지칠 줄 모르는 노력은 보상받았다. 1897년 6월 28일에 메이너드의 아버지는 일기에 "사랑하는 아들이 어떤 경우에도 이제 더 이상 나와 함께 공부하지 않으리라는 것이 슬픔이다"라고 썼다.

생각해 보면 사람들은 메이너드 케인스가 몇 가지 점에서 부모의 영향을 많이 받았다는 것을 알 수 있다. 그는 이성(理性)과 상상력, 지능과 감성을 함께 육성하는 방법으로, 또 더 성장하고 성숙함에 따라 그 자신의 타고난 천재성을 성취하고 발휘할 수 있도록 양육되었고 교육받았다. 그러나 유전 때문이건 환경 때문이건 또는 둘 사이의 상호 작용 때문이건, 그의 일생에서 두드러진 특성이 된 동성애의 본능을 그는 성인이 되어서까지 지니게 되어 있었다.

현대 정신과 의사들에 따르면 "일반적으로 동성애의 기질은 어린 시절 일찍이 발생한다"고 한다. 그런 관점에서 보면 케인스가의 가정 생활에서 어떤 요소들이 메이너드의 성적 본능을 조성하였는가 하는 의문에 대해서는 실험적인 설명의 기초가 되는 메이너드 케인스의 의료기록이 하나도 없기 때문에 실제로 대답하기가 매우 어렵다. 그의 경우는 가깝게 지낸 어머니와, 정서상 거리감이 있었던 아버지와의 관계에서 생긴 경우는 아닌 것 같다. 다른 한편으로 어린 시절에 그는 병약하고 의지하는 아이였으며 어머니에게 너무 애착을 느꼈다. 반면에 아버지는 엄한 사람이었다. 아버지가 이 민감한 소년에게 가끔 벌을 주었던 것이 그가 오이디푸스 콤플렉스를 해소하지 못하고 더 '안전한' 동성애의 대상으로 옮겨갔을 가능성이 있다.

올바른 성적(性的) 활동을 별도로 하고, 메이너드의 부모가 그의 남성의식에 반드시 어떻게 영향을 미쳤는가? 사내다움과 여자다움에 관한 최근 연구에서 상당한 사람들이 양쪽 부모의 특성을 배우거나 습득하며, 그 결과 성(性)의 견지에서 그들이 '자웅양성'(androgynous)*으로 불릴 수 있음을 보여주는 것 같다. 그러한 연구에 따르면, 자웅양성의 부모를 둔 대부분 아이들 대부분은 자웅양성의 경향이 있다. 메이너드의 경우에 부모가 다소 자웅양성이었던 것처럼 생각된다. 아버지는 다소 고지식하여 친구인 마셜이 그에게 적극 권유한, 학문적 진보를 위한 기회를 받아들이지 않았던 내향적인 성격의 남성이었다. 동시에 그는 독서, 연극, 화초재배, 나비수집과 인생의 의미심장한 면과 관계되는 모든 활동 그리고 빅토리아 시대의 '여성'과 관련되었던 모든 활동에 상당한 관심을 가졌다. 이와 대조적으로 케인스 부인은 영국의 20세기 초 신여성의 대표자였다. 활동적인 사회사업가였던 부인은 자전거에서 몇 번 떨어져 남편의 충고를 듣고도 시 주위로 자전거를 타고 돌아다녔다. 부인에 관해서 기술한 것을 보면, 더 근엄한 몇몇 이웃들이 케인스 부인을 '남성적'이라고 생각할 만한 외모와 특성을 그녀가 그 개성 속에 겸비했던 것 같다. 요약하면 그 당시 메이너드의 부모는 두드러진 자웅양성의 특성을 가졌던 것 같았다. 그리고 그는 이러한 요소들을 사회화하는 과정에서 습득하였다. 또한 형제자매 가운데 장남이라고 너무 귀여워하여 성격을 버렸고, 동성애 성향에 원인이 됐을 출생순서가 갖는 특성에 따른 다른 요인들이 있었다. 다음에 계속되는 장들에서 아마도 그의 동성애의 성향을 북돋웠고, 자웅양성에 대한 경향을 강화했던, 이튼 학교와 케임브리지 대학, '블룸즈버리' 환경에서 받은 다른 영향들을 언급할 것이다.

---

* J. T. Spesnce and R. L. Helmreich, *Masculinity and Femininity: their psychological dimensions, correlates, and antecedents*, Austin:University of Texas press, 1978, passim. — 저자

2장 경제학자며 예술가의 청년시대의 초상

영국의 예비학교나 사립 중·고등학교에서의 연애는 반드시 동성애를 뜻한다.
이성과의 연애는 멸시받고 외설적인 것으로 다루어진다.
많은 소년들이 이러한 성적 도착에서 회복되기 어렵다.
영국 사립 중·고등학교 제도는 천성적으로 동성애를 하는 모든 사람을 위하여
적어도 변치 않는 열 사람의 의사(擬似) 동성연애자들을 만들어 낸다.
이들 열 가운데 아홉은 내가 그랬던 것처럼 온전하게 순결하고 감상적이었다.
† 로버트 그레이브스(Robert von Ranke Graves) 《모든 것에 대한 작별》 가운데서

윈저성 가까이에 있는 템스 강가의 유명한 학교인 이튼에 다니면서, 젊은 케인스는 개성의 발달에 결정적으로 중요한 인생의 한 과정에 있었다. 그는 일반적으로 사춘기와 일치하는 14세에서 19세까지의 시기를 이 사립학교에서 보냈다. 가끔 문제를 일으키는 인생의 단계에서 젊은이들은 새로운 학업에 직면할 뿐만 아니라 에릭슨*의 말에 따르면 동료들에 대한 성실성도 지녀야 한다. 이 시기는 메이너드에게 매우 중요했다. 왜냐하면 사춘기는 성적으로 성숙하는 결정적인 전환기이기 때문이다. 가정에서 그의 동성애의 발생에 영향을 끼쳤던 성향이 학교에서 강화되었는가? 또는 그 반대로 약화되었는가? 어느 쪽이든 그의 자웅양성의 특성에 어떤 결과를 가져왔는가?

케인스가 이 학교에서 사귀었던 수만큼 많은 친구가 고향에는 없었던 것 같다. 실제 그가 만났던 재능 있는 젊은이 몇몇은 그 뒤로 오랫동안 그의 친구로 남았다. 물론 이튼은 그에게 엄청난 지적 중요성을 띠고 있었다. 가넷(1892~1981, 식물학 전공의 영국 소설가)이 뒤에 쓴 것과 같이 "이튼은 케인스에게 중요했다. 왜냐하면 그에게 인생의 비밀에 대한 기초 지식을 가르쳤기 때문이다. 이튼은 케임브리지의 학구적인 가정의 분위기 속에서 그가 알았던 세계보다 더 크고, 더 자유롭고, 더 부유한 세계를 그에게 보여주었다. 그것은 고원(高遠)한 사색과 학문 그리고 고상하고 뛰어나지만 자기만족이 없는 노력의 세계였다." 이튼에서 케인스는 평범한 삶이 고원한 사색에 꼭 필요한 것은 아니라는 것을 배웠다고 그는 다소 비꼬듯이 덧붙였다.

특히 영국인이 아닌 독자들은 여기에서 이튼에 대한 몇 가지 사항을 알고 넘어가야 할 것 같다. 1440년 헨리 6세가 세운 고색창연한 이 학교는 사람들에게 영국 지배계급의 상징이 되었다. 사람들이 교육상 특권이라고 느낄지 모르지만 이튼은 공무원을 포함한 다양한 직업을

---

* 에릭 에릭슨(Erik Erikson, 1902~1994): 독일 프랑크푸르트 출신의 미국 정신분석학자. 프로이트의 이론을 어린아이의 행동에 응용했음.

위하여 부유한 사람들의 자제들을 교육시키는 데 대단한 성공을 거둔 것 같다. 정말 이 학교에서는 영국 총리가 많이 나왔는데 그 수는 월폴 이래 45명 가운데 18명이었다. 뿐만 아니라 그 유명한 이튼의 운동장 에서는 나라의 전쟁에서 싸울 사람들에게 준비교육을 시키고 있었다.

메이너드는 이튼에서 사회적 지위가 있거나 적어도 가문이 부유한 많은 선배들과 사귈 수 있었다. 학교생활과 복장은 학생들의 사회적 출신과는 상관없이 신사가 되게끔 만들어져 있었다. 비평가들은 영국 의 사립학교가 속물들을 길러내고 가끔 미울 정도로 계급을 의식한다 고 주장했다. 이튼 학교 기숙사 사감인 매코넬은 이러한 비판을 인정 하면서도 다음과 같이 학교를 변호하고 있다. "이튼 학교 출신들은 흔 히 다른 사람들을 배척하는 낡은 습성에 젖어 있지만 그것은 가정교 육이나 가문에 대한 속물근성이 아니다. 다른 어떤 학생들보다도 이튼 학교 학생들은 직함을 가지고 사는 것을 배운다. 그들은 직함에 짓눌 리지 않고 여러 개의 직함이 정상적인 인간에게는 합리적이다는 것을 재빨리 배운다. 또한 그것은 재산에 대한 속물근성이 아니다. 이튼 학 교 출신자들은 다시 한번 바로 그 부자들과 함께 생활해야 한다. 이튼 은 돈으로 행복을 살 수 없고 부의 과시가 감명을 주지 못하는 장소의 하나다."

이튼 학교 학생들은 집안이 부유했기에 정말로 엄격한 시험과 리포 트 작성 실습이 있었던 것 같다. 부모의 사회적 지위나 재산과는 상관 없이 자격이 없는 소년은 결국 떨어져 나갔다. 주마다 있는 평가와 학 기말 시험 때문에 학생들은 꾸준히 공부해야 했다. 성적통지표는 정기 적으로 학과 선생과 가정교사에게 전해지고 마지막에는 별도로 부모 의 손에 들어온다.

많은 사람들이 잘 알고 있는 이튼 전통의 하나는 교실과 실습장에 까지 연미복을 입고 오는 것이다. 이 제복은 그 무렵 런던 신사복의 최소한의 통상적 표준복장의 일종으로 19세기에 착용되었다. 자체 영재교육 제도로서 ['팝'(Pop)이라고 잘 알려진] 이튼 소사이어티 회원들은 한층 더 눈에 띄는 옷을 입고 다녔는데, 메이너드는 3학년 때 여기에 뽑혔다. 그 회원들은 깃을 세운 상의와 흰 나비 넥타이를 매고 다녔다. 그들은 검은 리본으로 연미복을 매고 단춧구멍에 습관처럼 꽃을 꽂고 다닌다. 모든 것 가운데 가장 정교한 것은 조끼인데 '팝' 회원은 거의 다 조끼가 여섯 벌쯤 있다. 마지막 학년 때 메이너드는 "나는 완전한 비둘기색 조끼를 하나 샀습니다. 연분홍색 점이 있는 연한 자주색입니다. 와이콤비에 다니는 여동생에게 소식 전해 주시기 바랍니다"라고 집으로 편지를 썼다[그의 여동생은 그 당시 와이콤비 애비 학교에 다니고 있었다]. 케인스 집안 사람들은 이 기간 동안 매일 아침 단춧구멍에 꽂는 신선한 꽃을 그에게 보냈다.

그러나 이튼은 단지 학생들의 복장을 규정하였을 뿐 아니라 훨씬 더 큰 영향을 주고 있었다. 하디(Jonathan Gathorne－Hardy)가 주장하던 것과 같이, 그 학교는 학생들이 오랜 기간 사회와 떨어져 있는 동안 그들이 필요한 모든 것을 채우는 완전한 사회가 되기도 하였다. 그들은 합리적인 계획 아래서 함께 활동하며 공통의 목표를 가지고 있었다. 이들 학교는 학생들이 1년의 3분의 2 동안 감독 한 명 아래에 있으므로 강한 사회화 효과가 있다. 더욱이 사립학교는 남녀공학이 아니므로 학생들의 성적 충동이 가장 왕성한 때에 이성교제를 막아버린다. 이러한 성적충동을 다른 것으로 해소하기가 어려운 점으로 보아 사립학교가 현재도 그렇고 과거에도 세상에서 가장 성적 분위기를 자아내는 장소라는 것은 놀랄 일이 아니다. 사립학교 생활은 수많은 소설과 전기에서 입증되었듯이 매우 정열적이고 낭만적인 체험의 하나이다.

메이너드가 이튼에 간 것은 그에게는 새로운 경험이자 도전이었다. 왜냐하면 그는 매우 오랫동안 집을 떠나서 홀로 있은 적이 없었기 때문이다. 부모도 마찬가지로 장남과 떨어져 있는 것이 걱정스러운 일이었다. 그들이 가장 바라는 것은 그가 일처리를 잘하는 것이었다. 정말이지 그가 학교에 가자마자 케인스 부인은 남편에게 이렇게 썼다. "내 사랑하는 어린 아들에게 전해주세요. 케이에스(KS: King's Scholar)가 되도록 노력해야 한다고[이는 말하자면 이튼을 졸업하는 즉시 킹스 칼리지에 가는 장학금을 얻는 것을 말함]." 부모의 재정상태는 좋은 편이었으나 부유하지는 못했으므로, 앞으로 보게 되듯이, 메이너드가 이 명예를 얻도록 하는 데 많은 신경을 썼다.

1897년 초가을, 케인스 부모는 메이너드에게 새 옷을 맞춰 입힘으로써 이튼의 첫 학기 취학 준비를 하였다. 그는 9월 22일에 입학할 예정이었다. 그러나 입학하기 며칠 전 병이 나서 사흘 뒤에야 도착했다. 케인스 부인은 윈저성까지 따라와서 그가 자리잡는 것을 보고서야 떠났다. 그녀는 남편에게 이렇게 썼다.

사랑하는 우리 아들이 훨씬 더 건강해진 것 같고, 내가 떠날 때 아들이 여느 때보다 거의 피로를 느끼지 않았다고 말했다는 소식을 들으면 당신이 무엇보다도 기뻐하실 줄로 압니다. 그런데 매키 양은 메이너드가 그를 맡은 상급생 [맥나튼]보다도 몸집이 더 크다고 말합니다. 상급생들에게 봉사하는 하급생*들이 그들을 담당하는 상급생들에게 두들겨 맞고 일반적으로 학대받는다는 인상을 가지고 있는 듯한 어머님[메이너드의 할머니]에게 이 말은 위안이 됩니다.

메이너드가 그를 맡은 상급생보다도 컸다는 점이 이튼에서 좋은 출발을 하는 데 매우 유리하게 되었다. 그는 단지 급우들보다 몇 개월 빨리 태어났지만, 목소리는 이미 변성기를 지났다. 그의 큰 키와 더불어 이러한 특징은 학생들에게 지도자나 대변인과 같은 인상을 주기에 충분한 것이었다.

---

* 봉사담당 하급생(Fag): 영국의 사립학교에서 상급생의 잔심부름을 하는 등 봉사자로 일하는 하급생.

재능 있는 아들에 대한 케인스 집안의 걱정은 그가 이튼에 도착하기 전에 나타났다. 케인스 박사는 킹스 칼리지에 가서 갓 이튼의 교사가 된 러벅을 졸라 아들의 지도교사가 되게 하였다. 러벅은 높이 평가받아 추천되었으며, 그 선택은 옳았음이 밝혀졌다. 그는 끊임없이 그 어린 학생에게 수학에만 전념하지 말고 더 넓게 교양을 쌓도록 격려했다.

메이너드는 일단 안정을 하고 일주일에 한 번씩, 어떤 땐 더 자주 부모에게 편지를 쓰기 시작했다. 그것은 그가 약 일곱 살 때부터 시작한 습관이었다. 이 편지들은 글씨가 작고 읽기 쉬웠고, 문법이 틀리지도 않았다. 그것은 나이에 비하여 놀라운 성숙성을 보여준다. 그는 그 편지들 끝에 변함없이 "사랑하는 아들로부터"라고 썼다. 아버지에게 보내는 편지는 여러 주제에 대해 썼으며, 과목에 따라 등급을 매기고 예제를 넣는 등 학교 성적 대해서 특히 솔직했다. 어머니에게 보내는 편지는 그의 건강, 의복, 그 밖의 다른 문제들에 대한 사연을 많이 담고 있었다.

한번은 아버지에게 네 쪽짜리 편지를 썼는데 한 시간 뒤에 조금 전 편지에 또 다른 세 가지 사실을 덧붙이는 편지를 다시 써 보냈다. 그는 때때로 "지난 며칠 동안 내가 쓴 편지의 양은 내 상상을 뛰어넘는다"거나 "나는 두 번째 장을 쓰기 시작하면서 정말 덕이 높다고 생각한다"고 자랑했다. 다른 때에는 "삶이 순조롭다고 여기는 자신과 편지의 양에 대해 놀란다"고 비관했다.

사람들은 그가 성적에 쏟은 정력에 감명을 받는다. 그는 각 과목 경쟁자에 대해서 아버지에게 끊임없이 늘어놓았다. 그가 공부하는 열성과 거기에 쏟는 시간은 많은 동기생들에게 충격이 되곤 했다. 그는 보통 하루에 10시간씩 공부하곤 했다. 한 편지에서 그는 이렇게 말했다. "누구나 일에 전념하면 8분 동안에 많은 일을 성취할 수 있습니다."

한 주제에서 다른 주제로 옮겨가는 그의 놀라운 능력과 후년에 많은 논평을 이끌어 냈던 저술의 속도와 질은, 의심할 것 없이 그가 이튼에서 받은 엄격한 훈련 덕에 길러졌다. 이 모든 노력은 일찍이 그가 재학시절에 소기의 성과를 나타냈다. 그는 첫 학기인 10월까지 이미 두 주마다 내는 성적 순위에서 그가 속한 반에서 수석을 차지했으며, 첫 학기에 그가 세 단계를 뛰어넘었는데도 학기말에는 고전문학에서 1등, 수학에서 2등이었다. 그가 쓴 시는 첫 학기에 모범작으로 제출되었다. 이 전통적인 실습에서 우수한 작문과 수학 해법은 옅은 남색 교표가 그려진 질 좋은 종이에 복사되어 도서관에 보관되었다.

첫 학기를 마치면서 그는 자기만의 방을 획득한 학생들을 위한 토론회인 '챔버 팝' 회원에 선출되었다[이튼의 신입생은 큰 방이나 침실에서 잤으나 반면에 상급생에게는 개인 방이 따로 할당되었다]. 우수한 성적 통지표가 사랑하는 부모에게 계속 전달되었다. 러벅은 이 통지표에서 메이너드는 "체육이건 그 밖의 다른 일이건 학교의 모든 일에 건전한 관심을 가지고 있습니다"라고 알렸다.

불행하게도 그 다음 학기에는 홍역 때문에 지난 학기처럼 뛰어난 성적은 올리지 못하였다. 그러나 그는 챔버의 실장으로 선출되었고 하급 수학상(數學賞)을 받았다. 칭찬을 아끼지 않았던 지도교사는 "메이너드는 넘치는 영광을 한몸에 받고 당신에게 돌아갈 것입니다"라고 그의 아버지에게 편지를 썼다.

메이너드의 부모는 사람을 지치게 하는 이러한 학문 연마에서 벗어나 잠시 쉴 수 있도록 학기말에는 특히 그와 마거릿을 런던의 연극 공연에 데리고 갔다. 부자는 또한 이튼과 해로 학교의 시합경기를 보기 위하여 런던에서 만났으며, 그때 부모는 연한 남색 기념장과 꽃을 들고 우산 장식술을 달고 있는 화려하고 젊은 이튼 학생이라고 자랑스럽게 그를 평했다. 후에 아버지는 그를 희극 극장에 데리고 가서 〈알지 경 부부〉를 보았다. 부모는 메이너드의 건강에 대해서 끊임없이 신경을 썼다. 1898년 가을의 일기에는 다음과 같이 쓰여 있다. "메이너드는 기분이 좋은 상태였지만 얼굴 근육에 조금씩 경련이 일어났다."

정기적으로 극장에 가는 것 말고도, 근년에 그는 또한 로이스톤이나 셰링엄 또는 가까운 고그마고그 골프장에서 아버지나 친구들과 가끔 골프를 쳤다. 그는 시지윅 교수가 1901년에 죽기 조금 전까지 함께 골프를 쳤고, 교수와 나누는 대화도 골프만큼 즐겼다고 말했다. 1900년 여름에는 가족과 함께 코니시 해안에 있는 틴타겔로 가서 6주간 휴가를 보냈다. 이때야말로 그가 학교에 있는 동안 할 수 없었던 독서를 즐길 수 있었다. 그는 레키가 쓴 《18세기 역사》를 읽었다. 아버지는 그가 역사에 적잖은 매력을 느끼고 있다는 것을 알았다.

이튼에서 지낸 세월이 빠르게 지나감에 따라 그는 계속해서 추가로 학업 성적에 대한 상을 탔다. 1899년에 그는 사립학교에서 흔히 있는 논제인 〈제국(帝國)의 의무〉에 관한 논문으로 높은 점수를 받았다. 그 주제는 그가 인생의 후반기에 그것에 대하여 매우 심오한 개인적인 지식을 얻은 주제였다. 그해에 그는 상급 수학상 수상 예정자 명단의 첫머리에 올라 있었다. 다음해에 그는 그것을 받았다. 케인스에게는 다양한 상급생들이 있었고, 그 중에는 학생들이 '지도자'(master) 또는 '재판관'(beak)이라 불렀던 상급생들도 있었다. 그들 상급생들은 대부분 케인스에게 호감을 가졌으나 메이너드가 [그의 아버지에게 보낸 편지 속에] X군이라고 쓴 한 상급생이 있었다. 메이너드는 그를 매우 우둔하다고 생각했고, 이 상급생 또한 메이너드에게 좀 적대적인 생각이었다. 메이너드가 1900년 6월에 작성한 그의 선배들에 대한 보고서는 "학교에 좀 도발적인 학생이 있습니다. 그가 학과에 참석하고 있을 때 노트를 읽어보십시오. 수업 시간에 그는 옆에 앉은 학생에게 늘 말하려 합니다. 다른 학생들은 그가 아마도 보잘것없는 지적인 자만심으로 자신을 특권 있는 학생으로 여긴다고 생각합니다"라고 그는 적고 있다. 메이너드의 선생이 아는 한 이것은 확실히 소수의 의견이었지만, 약간의 자기도취증과 자만심이 메이너드의 동성애적인 경향과 일치하는 것이었다.

메이너드는 고등학교 학업에서 놀라운 다양성을 보여주었다. 고전문학에 뛰어났을 뿐만 아니라 역사에서는 그의 반에서 1등이었고, 3학년 때는 '리처드 상'이 주어지는 영어과목 논문쓰기에서 경쟁하였다. 그 논제는 미리 학생들에게 알려졌다. 그것은 스튜어트 왕가였는데 그에게 아주 매력 있는 주제는 아니었다. 그러나 시험을 치르는 도서관에서 3시간 만에 그는 22쪽에 달하는 논문을 써서 상을 탔다.

메이너드가 이튼을 졸업하기 1년 전, 아버지는 다가올 시험에서 그의 성공 가능성에 대하여 걱정하게 되었다. 그는 일기에 이렇게 털어놓았다. "메이너드는 내 지시에 따라 하루에 약 3시간씩 꾸준히 공부하고 있다. 나는 마치 내가 경주나 상금이 붙은 권투시합에 대비하여 그를 훈련시키고 있는 것 같다." 하루 이틀 후에 그는 또 이렇게 썼다. "아들은 오전 중에 공부한다. 그러나 저녁에 한 시간 더 공부할 생각은 하지 않는다. 나는 톰라인[Tomline, 이튼 제일의 수학상]을 탈 수 있는 유일한 기회가 그에게 있다는 것과 이번 방학 때 교과서 공부를 열심히 할 것을 확신한다." 그는 메이너드의 지도교사인 허스트 선생이 체계적으로 충분히 공부를 시키지 않아서 그가 이 결점을 보완하려 한다고 믿었다. 아버지의 걱정은 컸다. 그는 메이너드보다 훨씬 더 걱정하고 있었다. 그는 이튼의 아들 지도에 대해 케임브리지에 있는 다른 학교 지도교사에게 얘기했다. 메이너드 또한 그 지도교사에게 말했다. 아버지는 계속 안절부절못하였다. "다가오는 시험[6월의 톰라인 시험, 7월의 졸업 자격시험, 12월의 킹스 칼리지 입학시험]에 충분히 대비해서 아주 열심히 공부해야 한다고 생각할 때, 내가 바라는 만큼 메이너드는 공부에 열중하지 않는다. 아마도 내가 너무 많이 기대하는 것 같다." 나중에 알려진 사실인데 메이너드는 '톰 라인상'과 '휴일 과제상'을 다 같이 받았다.

고등학교의 지도교사들은 소수의 학생들에게 정규과정 이외에 특별교육을 시키는 시간이 있었는데, 이것을 '개별지도'라 불렀다. 러벅 선생은 이 목적을 위하여 크루니의 성 버나드(12세기 승려 시인)의 라틴 어 시를 몇 편 선정하여 번역하도록 했다. 그 과제는 메이너드의 흥미 를 확 끌어서 이튼에서 남은 시간을 번역하는 데 바치게 했다. 그리고 1년 뒤 문학회에서 버나드에 관한 평론의 독회를 열었다. 아버지는 메 이너드가 중세기 라틴어 시에 보인 관심을 매우 자랑으로 여기어 그 사실을 일기에 적었다. 메이너드는 사실, 아마도 아버지가 알고 있었 던 것보다도 더 은밀하고 정서적인 흥미를 느끼고 있었다. 즉 버나드 의 《세상을 경멸함에 관하여》라는 제목의 책 속에는 "단지 한쪽 성 (性)과의 성교(性交)"에 반대하는 많은 시가 있었다. 메이너드는 그것에 대하여 "아, 슬프다! 전 세계가 이런 더러운 습관에 빠져 있다니!" 하 고 비탄에 잠겼다. 그렇지만 지도교사는 아버지에게 메이너드의 노력 에 대해 칭찬으로 가득 찬 편지를 썼다.

아들이 우수한 성적을 거둔 것에 축하드립니다. 나는 그가 성공하리라고 확신합니다. 그는 모든 일에 관여하는 정력을 가지고 있는 것 같고, 동시에 어떤 일이건 단순히 취미 삼아 하지 않는 것 같습니다.

나는 그 결과에 대하여 정말 놀랐다고 고백합니다. 그는 확실히 놀라울 정 도로 잘하고 있습니다. 어느 누구도 그보다 더 좋은 보답을 받을 자격이 없었 습니다. 그가 성적을 받아들이는 태도는 독특합니다. 언제나 똑같이 조용하고 솔직하고 겸손하게 자신의 성공이 가져다주는 모든 기쁨을 나타냅니다. 나는 그가 무리하지 않았기를 바랐고, 기쁘게도 그가 완전한 휴식을 취하기 시작 했다고 생각합니다.

다행히도 메이너드는 당연히 취해야 할 휴식을 취했다. 가족은 그해 에 곤충채집을 하러 스위스로 여행을 떠났다.

졸업하기 두 해 전에 젊은 케인스는 새로운 업적을 쌓았다. 그는 학기말에 더 수준 높은 자격시험을 치르도록 4년 동안 매년 60파운드씩 지불되는 챔버린 상을 탔다. 게다가 그는 역사·수학·영어 논문에서 1등을 하였다. 연말에 이튼에서 얻은 최고의 영예가 이틀간의 경축일에 영광스럽게 그에게 수여되었다. 그는 '수학과 고전문학'으로 케임브리지 대학 킹스 칼리지 장학생으로 선발되었으며, 거의 동시에 이튼 소사이어티(Pop)의 회원으로 선발되었음도 알았다. 이 모임은 학생들의 자체 선발기구로서 학교를 관리하는 데 중요한 의무를 수행했다. "'팝'에 선출된다는 것은 인격에 대한 엄격한 시험입니다. 왜냐하면 여기에는 한 학생이 의무를 다하지 않고 특권을 누릴 수 있는 위험이 있기 때문입니다. 그가 그 인생의 다른 어떤 때에도 이보다 더 많은 명성을 얻거나 영광스러운 의복을 지금보다 더 많이 입을 것 같지는 않습니다"라고 기숙사의 사감은 기록했다.

이튼에서 메이너드가 받은 많은 상품은 그 관습대로 책이었다. 그가 선택한 일품(逸品)과 그것들의 장정에 대하여 아버지와 장황하게 토의했다. 다음은 그가 선택한 책들이다. 여섯 개의 기니금화로 각각 호화 장정한 《찰스 1세와 크롬웰》, 무두질한 염소가죽으로 된 여덟 권의 제브(Jebb)의 《소포클레스》*, 반 무두질한 염소가죽으로 된 《브라우닝 전집》 아홉 권, 출판용 제본으로 된 에드먼드 버크(1729~1797, 아일랜드 태생의 영국 작가)의 작품집 열두 권, 반점이 있는 송아지 가죽으로 된 매튜 아널드(1822~1888, 영국 시인, 교육자)의 평론집 두 권, 송아지 가죽으로 된 토머스 매콜리**의 《영국사》 네 권, 스펜서***의 저작

---

* 소포클레스(Sophocles, B.C. 496~406): 그리스의 극시인 아이스킬로스, 에우리피데스와 함께 그리스의 3대 비극시인임. 대표작으로 《안티고네》, 《오이디푸스 왕》, 《아이다스》, 《엘렉트라》 등이 있음.

** 토머스 매콜리(Thomas Babington Mcaulay, 1800~1859): 영국의 역사가, 정치가. 케임브리지 대학에서 수학. 대표작 《영국사》가 있음.

*** 허버트 스펜서(Herbert Spencer, 1820~1903): 영국의 철학자. 다윈의 진화론에 따라 생물학, 심리학, 사회학, 윤리학 등 광범위한 부분에 걸쳐 불가지론(不可知論) 철학을

품 여섯 권 등이다. 이러한 책들 말고도 그는 이전 학기 중에 받은 다른 책들을 가지고 있었는데, 그것들은 칼라일의 《프랑스 혁명사》두 권, 《테니슨 시집》열여섯 권과 여덟 권의 워즈워스 시집들이었다. 상상력을 키워주는 두 가지, 곧 역사와 시에 대한 책이 이 목록에 가장 많다는 것을 그냥 지나쳐서는 안 된다. 그는 이것들을 그의 서가에 보탰는데, 그 서가는 그가 매우 좋아했던 케임브리지의 서적상 구스타브 데이비드에게서 처음으로 책을 산 열두 살 때부터 늘려 온 것이다. 이튼에 있을 때 그는 계속해서 《앨딘》과 《엘제비어》를 사들였다[그것은 호화판 고전임]. 1902년 10월 케임브리지로 돌아갈 때까지 모두 합하여 329권이 넘었다.

아버지는 그가 노력하는 데 큰 도움이 되었고, 때때로 케임브리지 대학 도서관에서 책을 빌려와 그를 도왔다. 그러나 그렇다고 해서 그의 학업 성적의 권위가 떨어지는 것은 아니다. 네빌이 시지윅의 《정치경제학 원리》 신판을 편집했을 때 그는 메이너드에게 그것을 읽히고 교정을 보도록 했다. 그렇게 하는 것은 미래의 경제학자에게 좋은 훈련이었다.

이튼의 마지막 학년에도 그는 이미 얻은 명예에 만족하지 않았다. 왜냐하면 그는 세 개의 특별 과정을 택했기 때문이다. 그것은 에이비 램지의 루크레티우스(B.C. 94~55, 로마의 철학자)와 마틴의 역사, 그의 옛 지도교사인 허스트의 수학 강의였다. 그러고 나서 러벅과 개인 학습으로서 아이스킬로스(B.C. 525~456, 그리스의 극작가)의 《코에포로이》를 읽었다. 그는 과중한 학과 공부에도 불구하고 학생활동과 학교의 자치활동에 매우 활발히 참여했다. 1학년 때에는 상급생 시중드는 하급생으로서 오래된 이튼의 전통에 따라, 하급생 지도학생이나 상급생

___

수립. 그의 불가지론과 공리주의는 세기말 문학에 큰 영향을 줌. 《제일원리론》, 《사회학원론》 등의 저서가 있다.

이 목소리를 길게 끌면서 '학생 기립!' 하고 외칠 때까지 그는 식탁에서 기다리다가 급히 뛰어나가야 했다. 그는 농담을 즐기고 실내에서 노래부르기 등에 참가하면서 이 모든 것을 침착하게 받아들였다. 1학년 때의 어떤 기회에 그는 〈세 개의 푸른 병〉이라는 노래를 불렀는데, 대단히 잘 불러서 다른 학생들도 그 노래를 즐겨 부르게 되었다. 그즈음의 행복하고 유쾌했던 시절에 그는 샴페인을 처음 알게 되었고 오랫동안 그 맛을 즐겼는데 얼마나 좋아했던지 말년에는, 샴페인을 더 많이 마시지 못했던 것을 유일하게 후회한다고 말한 것으로 유명하다.

이 무렵 그는 학교생활과 세상사에 관한 예리한 비평을 적은 상세한 편지들을 아버지에게 보냈다. 그리고 예배시간의 형편없는 설교에 특히 혐오감을 느껴서 다음과 같이 썼다. "교목실장이 오늘 설교했습니다. 정말로 그에게 설교를 맡겨서는 안 됩니다." 훨씬 강한 필치로 "오늘 아침 저는 설교로 인하여 고통을 받았습니다. 제가 지금까지 들은 것 가운데 가장 나쁜 설교라고 가슴에 손을 얹고 단호히 말할 수 있습니다. 설교는 지루해서 사람들을 잠들게 하고, 또 그 설교는 진부해서 사람들을 졸립게 합니다. 그러나 여기에는 제가 그 설교에 대하여 의견을 표현할 수 있는 격식을 차린 언어는 없습니다. 나는 25분 동안 앉아서 고민하였습니다"라고 적기도 했다.

그러나 메이너드는 때때로 설교를 인정했다. 벤슨의 막내동생으로 목사인 로버트가 설교를 했다. "저는 그가 머리를 빗질하지 않았음을 알고는 곧 그가 설교를 잘할 것이라고 생각했습니다."

그는 또 다른 기회에 윈저성에서 돌아오면서 그 유명한 찰스 다윈의 형제인 조지 다윈을 만났다. "저는 그 여행의 끝무렵 다윈 교수와 짧은 대화를 나눴습니다. 그분의 손을 보니 마치 그분이 꼭 원숭이의 후예 같다는 생각이 들었습니다." 이 표현은 그가 일생 동안 손에 대해서 품고 있었던 강박관념을 반영하는 또 다른 언급이었는데 손에 대해서 그가 지녔던 집념의 증거는 더 많다.

이들 편지의 제목 가운데는 그가 이튼에 있었을 때(1899~1902)에 일어난 보어전쟁(Boer War: 1899~1902년 영국과 남아프리카의 네덜란드계 이주민인 보어인들 사이에서 벌어진 전쟁)에 관한 것도 있다. 전쟁에 대한 그의 태도는 싹트기 시작하는 판단의 독립성을 밝혀준다. 전쟁의 열기가 그 학교에서 고조되었을 때, 교장은 학생들에게 의용군에 참가하기를 권했다. 메이너드는 그의 아버지에게, 자기와 아는 대부분의 사람들을 포함하여 그 학교의 6학년 학생 전원과 학생들 대다수가 그 전쟁에 참가했다고 알렸다. 많은 선생들도 또한 자원 입대했다. 케인스의 아버지는 그의 결정에 영향을 끼치려고 하지 않았다. 그는 입대 여부를 완전히 아들에게 일임했다. 찬반을 신중하게 고려한 후 메이너드는 결국 입대하지 않기로 결정하고 이렇게 말했다. "예비훈련이 지독하게 귀찮은 일입니다. 학생들은 일찍 수업을 끝내고 곧장 훈련장으로 가야 하므로 아침식사도 제대로 들지 못합니다. 그렇게 냉혹해서야! 조국을 위해서 아침밥을 먹지 못하고 지내는 것보다 조국을 위해서 죽는 편이 더 쉽다는 것에 우리 모두는 동의합니다. 신병이 130명쯤 있습니다."

　중요한 전쟁터인 마페킹에서 이기고 전세가 영국에 유리하게 되었을 때 그는 "전 국민은 우리들이 '이튼에서 조직된 누더기'라고 불리는 것을 특별히 좋아했습니다. 신문들은 그러한 현상을 마음에서 우러나는 열렬한 감사라고 부릅니다!" 그의 회의적인 태도는 그가 보어 편이라는 사실을 보여주었다. 그는 윈저성 가까이에 있는 그 도시에서 이 승리의 기쁨을 기술하는 가운데, 군중에 대해 다소 속물적이고 중상류 계급다운 자신의 견해를 나타냈다. "남자들은 술에 취하여 비틀거리고 있었고, 부녀자들은 말할 수 없이 불쾌하고 상스러웠습니다." 그리고 같은 편지 아래 부분에서 "윈저읍은 로열오크에 피어난 곰팡이입니다"라고 썼다. 이것만이 노동자계급과 관련된 것을 그가 아는 체하는 예가 아니라는 점, 1900년 6월 17일 아버지에게 쓴 또 하나의 편지를 보면 알 수 있다. 그 속에서 그는 학교 가까운 읍, 슬라우에서 기차 사고가 발생하여 많은 사람이 불구가 된 끔찍한 사건을 자세히 말한 뒤 이렇게 덧붙여 썼다. "부상자의 대부분은 윈저 경마를 보러 가던, 지극히 불쾌한 인간쓰레기들입니다." 이 편지에 나타난 태도는 세기말 영국사회의 계급간 갈등을 드러내고, 케임브리지의 지식계층 속에서 살았던 젊은 케인스의 제한된 삶을 반영한다.

케인스가 이튼에서 활발하게 참여했던 또 다른 학생활동은 토론하기였다. 사실 그 활동에 참가한 결과 그는 대중 연설가로서 상당한 솜씨를 계발하고 있었다. 일단 팝(Pop)에 선출되어 그는 "여자들이 남자들보다 규율을 지키는 데 더 적합하다"는 명제로 첫 연설을 했다. 그리고 후에 "오래된 교육기관들은 우리들의 존경을 받을 만한 가치가 있다"고 확언하기도 했다. 그는 또 다른 때에 비망록 없이 15분 동안 글래드스턴의 결의에 대하여 연설했다. 그리고 자신있게 덧붙였다. "나는 진상을 대부분의 사람들보다 더 잘 알고 있다"고. 그는 "세상형편에 관한 엄청난 횟수"의 연설에 대하여 언급하고 있으며 다른 곳에서는 "나는 지금까지 조금도 겸손한 마음으로 낯선 청중들 앞에 서 보지 못했다"고 말했다. 그 다음에 그는 "위는 예복을 입고 아래는 반바지를 입고 검은 비단 양말을 신고" 버크가 그 학교를 대표하여 청중들에게 한 연설을 비난하라는 요청을 받았다[그런데 그는 결코 그 연설을 완전하게 이해하지 못했다].

케인스는 지금까지 실제로 그 학교의 잡역부와 같았다. 그가 상급학년 때 아마도 그의 재정문제 해결 능력 때문에 학생들과 선생들로 구성된 학교 백화점의 운영위원으로 선출되었던 것은 놀랄 일이 아니다. 그는 어떤 사람들은 잘 알고 있는 경향에 대하여 그의 아버지에게 "나는 그.위원으로 임명될 때 아버님처럼 그 모든 일을 어쩔 수 없이 해야 된다고 알고 있습니다"라고 불평하였다. 같은 해에 그는 이튼의 중요기관인 학교 도서관을 개선하는 데 봉사했다. 그것은 [자치 형태로] 여러 기숙사에서 규율과 일반 복지를 책임지고 있는 선발된 학생들로 꾸려진 이튼의 핵심적인 조직이었다. 케인스는 그의 반 친구 하나가 이렇게 말할 정도로 그들을 놀라게 했다. "우리 모두에게 그토록 아름다운 생활을 영위하고 있는 것처럼 보였던 그가 더러운 일도 결코 마다하지 않았다는 점이 대단히 비범했다." 지난 수개월 동안 학교에서 맡은 또 다른 임무는 학교 체육 업무를 관리하는 체육위원회의 일이었다.

그는 튼튼한 체격이 아니었고, 이 몇 해 사이 여러 가지 잔병으로 괴로움을 당했지만 매우 끈질기게 학교 체육의 주기적인 과업을 수행하고 또 즐겼다. 그는 첫 2년간은 노젓기를 많이 했다. 운동을 피하는 학생들을 '드라이 봅'(dry bob: 이튼 학교의 크리켓 부원이라는 속어)이라고 부르는데 그는 그러한 '드라이 봅'은 아니었던 것이다. 그는 때때로 일주일 내내 노를 저었다. 그러나 1901년 봄에 그는 '추돌경기'[bumping races: 이 관습은 매우 유명하다. 왜냐하면 좁은 강에서 한 보트가 경주하면서 앞서가는 보트를 따라 잡을 때 앞서가는 보트는 뒤에 오는 보트가 지나가도록 옆으로 비켜주어야 하기 때문이다]에 참가할 필요가 없었던, 강 위에 떠 있는 첫 번째 보트들 가운데 한 보트 안에 있는 노를 사용하면서 노젓기를 점점 줄이기 시작했다. 이 보트경주는 5월에 있을 예정이었다. 그때는 그가 목표로 하고 있었던, 최고의 수학상이 걸린 톰라인 시험이 있기 직전이었다. 그는 분명히 그의 정력을 빈틈 없이 배분하고 있었다. 더욱이 부모는 그의 건강이 걱정되어 그가 노젓기를 그만두기를 원했다.

그 결과 케인스는 관심을 이튼식 축구경기(Wall game)로 옮긴 것 같았다. 이 경기는 이튼에 특유한 조직적인 신체상해(身體傷害)의 한 형태로 노젓기보다 더 힘들고 잔인할 정도로 난폭한 경기였다. 그는 이들 경기를 마치고, 땀을 흘리며 극도로 지쳐 거의 숨을 제대로 쉴 수 없을 정도가 되어 나오고는 했다. 한번은 그가 볼을 잡고, 합하여 32스톤[약 200킬로그램]이 나가는 거대한 적수 세 사람이 그를 다소 움직이게 하려고 애쓰고 있었다[이때 그의 몸무게는 약 63킬로그램이었다]. "가벼운 몸무게에도 자기 편에 크게 공헌했던 기량이 뛰어난 성벽"이라고 이튼 편년사(編年史)에 그를 묘사한 것은 놀랄 일이 아니다. 아마도 이러한 경기들 가운데 어느 한 가지 경기 때문에 그의 무릎에 부스럼이 났다. 그러나 그는 그 학교의 우승기를 차지할 때까지 계속했다. 그의 어머니는 이 무자비한 운동에서 오는 긴장 때문에 이 무렵 그의 심장의 통증이 도졌다고 생각하는 경향이 있었다.

이튼에서의 마지막 해에 그는 보트로 되돌아왔다. 그러나 이제 그것은 수중경기 규칙에 따라 하는 크리켓 경기와 다름없었다. 그가 참가했던 다른 운동들은 핸드볼의 일종인 파이브스(fives)와 스쿼시, 때때로 골프 치기였다. 그는 계속하여 크리켓 시합을 깊고 열렬하게 관전하는 사람이었다. 그 가운데 몇 경기로 그는 몸과 마음이 지쳐버렸다.

이튼에서 메이너드의 사교생활은 언제나 바빴다. 동성애 성향이 있는 상당히 많은 학생들이 사립학교에서 받은 거친 처우와는 달리, 그는 결코 동료 학생들의 괴롭힘을 당하거나 위협을 받거나 하지는 않았다. 아마도 그의 큰 키와 그가 운동경기에 활발하게 참여했던 점이 그의 급우들의 불친절한 주의를 피하는 데 도움이 되었을 것이다. 1901년 1월에 그가 17세가 되었을 때 그의 키는 거의 180센티미터쯤 됐다. 가족사진을 보면 그가 귀여운 아이였다는 것을 알 수 있다. 그러나 이튼의 젊은 학생으로서 꼭 용모가 수려한 학생은 아니었다. 그는 주의를 끌었지만, 입술은 두껍고 겉보기에 감각적이었으며, 코는 다소 길고 코끝이 약간 위로 젖혀져 있었다[학생들은 그 코 때문에 그를 '돼지코'라고 부르게 되었다]. 그러나 눈은 밝고 따뜻한 푸른 눈이었다. 그의 얼굴은 미소지을 때 특히 매력이 있었다. 그는 장난과 명랑한 분위기를 좋아했기 때문에 늘 웃었다. 홀로이드에 의하면 아주 묘하게도 그는 "육체적으로 혐오감을 일으킨다는 형언할 수 없는 강박관념으로 고통을 받았다." 학교생활의 끝무렵에 그는 작은 코밑 수염을 길렀는데 그 후 일생 동안 그렇게 하고 다녔다.

이튼 학교에서의 사교 생활은 거의 학구적인 노력만큼이나 성공적이었다. 그는 좋은 친구가 몇 있었고 많은 다른 사람들의 존경과 호감을 받고 있었다. 그의 가장 가까운 급우는 스위딘뱅크였는데, 그는 매우 크고 아주 잘생긴 젊은이였다. 그의 용모는 미남이었고, 코는 둥글게 활 모양을 했으며, 금발에다가 숱이 많았다. 목소리는 조금 날카롭고 소년다웠다. 그는 그의 신변에 우아하고 지적인 외관을 지니고 있었다. 달변이라기보다는 말수가 적었고, 말할 때는 단어들을 정확하게 발음하였는데 그의 독립적인 신념과 성실한 인품이 묻어났다. 그리고 흠 잡을 데 없는 유머감각까지 겸비한 그는 메이너드에게 마치 "사람들의 진실한 왕"인 것처럼 생각되었다.

또 다른 소중한 친구는 로빈이라고 불리던 로버트 해밀턴 던더스였다. 스코틀랜드의 청교도 교리와 현대 사상이 기묘하게 혼합된 그는 "멋지게 조각된 로마인의 얼굴을 하고 있었고, 메이너드가 언제나 칭찬했던 훌륭한 유머감각을 내보이면서 투박하고도 간결하게 자기의 생각을 말하였다. 던더스는 매우 거칠 수도 있었지만 케인스의 언쟁능력이 언제나 그에게 필적하였다. 성년이 되어 그는 옥스퍼드 예수교회의 연구생[또는 그들이 잘못 불리는 대로 하면 '학생']이 되었다. 그가 거기에 있을 때 그를 알고 지냈던 철학자인 아이어 교수는, 그가 실제로 동성애를 했는지는 의심스럽지만 "정서로는 동성연애자"였다고 말한다. 그 교수는 대학생들이 그러한 지식을 알고 싶어하건 말건 그들에게 성에 관한 지식을 가르치는 신기한 습관을 몸에 익혔다. 학생들의 불평을 받자마자 학교 당국은 그가 분명히 "그 습관을 버리리라"는 희망에서 그에게 강제로 안식일 휴가를 떠나도록 했다.

그랑빌 해밀턴[나중에 '프로비'로 개명했다]은 메이너드의 또 다른 친구였다. 귀족 출신인 이 젊은이 또한 잘 생겼고, 몇 가지 증거로 판단하건대 동성연애에 빠지기 쉬운 매력이 있었다. 그의 부모에게 쓴 편지에서 메이너드는 "해밀턴이 보인 최근의 변화는 여성스러운 옷을 입는 것입니다. 그는 낮 동안 밖에 나가 유행에 관한 기사를 읽으면서 모든 시간을 허비했습니다"라고 썼다.

이튼에서 가장 총명했던 케인스의 친구 가운데 한 사람은 딜리언 녹스였다. 그는 몇 사람의 훌륭한 복음교회파 주교들 가운데의 한 주교의 아들이었고, 그 주교들 가운데서 가장 유명했던 사람이 몬시뇰 로널드 녹스였다. 녹스는 유능한 고전학자였으며 킹스 칼리지의 연구원으로서, 또 메이너드의 동료로서 현장 연구를 계속했다. 그의 학문적 영예는 그에게 매우 쉽게 찾아와서 그는 기지와 매력을 뽐내면서 충분한 여가를 보낼 수 있었다. 인생의 만년에 그는 전시나 평화시 정보업무로 국가에 오랫동안 봉사했다. 케인스의 친구들 가운데 또 한 사람은 W. 호프존스인데, 그는 뒤에 이튼으로 돌아와서 기숙사의 사감과 출판 책임자로서 봉직했다. R. H. 라이트풋과 J. M. 덩컨 그 두 사람은 후에 신앙생활에 들어가기도 하였다.

메이너드는 몇몇 상류계급 출신 친구들과 어울려 다님으로써 그의 고귀한 가문에 대하여 약간 자부심을 갖게 되었다. 케인스 가계에 관한 그의 어머니의 강렬한 관심이 틀림없이 이러한 심리에 영향을 미쳤을 것이다. 따라서 그가 기분이 좋을 때 메이너드는 이러한 성향에 대한 해학적인 환상에 젖곤 하였다. 집에 도착하기 전에 그는 미리 다음과 같은 전보를 쳤다. "[때가 되면] 역의 승강구를 빛낼 것입니다. 구역 역장인 앨버트 에드워드에게 붉은 모직천을 마련하도록 일러두십시오." 또한 그는 '플랑드르 왕가의 후예'라는 표시로 머리 문자인 JMK를 서명용으로 사용하곤 했다. 이러한 일은 그가 그의 가계를 조사해 보았더니 귀족계급의 선조를 가졌음을 믿게 되었다는 사실을 예시하는 것이었다.

이튼에 있을 때 이성교제는 많지 않았다. 그는 종종 노처녀 워드 양과 저녁을 함께 했는데, 그 노처녀는 동부 아프리카에서 선교 의사로 일하다가 이튼 학교의 이웃으로 은퇴해 있었다. 그는 그 노처녀와 교제하면서 작가인 험프리 부인의 딸을 만났다. 그는 그녀를 매우 유쾌하고 흥미있는 여인이라고 말했으나 이 소개의 결과로 아무 일도 없었다. 간단히 말하면 이튼에서 그의 연애는 고작 이런 정도였지만 대체로 그의 친한 남자 친구들과의 교제에 한정되어 있었다.

그는 이제까지 매우 뛰어난 학업성적을 받으면서 그 학교의 최고 학년인 6학년이 되었으므로 거의 배타적으로 은밀히 이들 친구들과 교제를 즐길 수 있었다. 메이너드는 자치활동을 하는 급우들과 함께 협동하면서 자신의 상당히 훌륭한 시골집에서 하는 것처럼 그 학교에서 생활하고 있었다고 해러드는 말한다. 예를 들면 1901년 12월에 그가 팝에 선출된 것과 킹스 칼리지 장학금을 탄 것을 축하하여 그는 친구들을 위한 저녁식사를 마련했다. 그의 아버지는 그 축제를 위하여 클라레 적포도주 네 병을 그에게 보냈고, 이에 더하여 그들은 수프와 생선, 필라프 요리, 칠면조, 메추라기, 자두 푸딩, 저민 고기 파이, 간으로 만든 파이, 후식, 그리고 커피를 클라레, 모젤 포도주, 샴페인과 곁들어 먹었다. 그러나 이 향연에 나온 음식물이 그 학교에서 늘 나오는 것이라고 생각해서는 안 된다. 집으로 보낸 수많은 편지에서 그는 음식물과 불기 없는 방의 난방에 대하여 불평했다. 학교생활은 그에게 아주 쾌적한 것은 아니었고 그의 행동 또한 언제나 모범은 아니었다. 사실 어떤 경우에 그는 이 일기의 기록이 밝혀주는 대로 떳떳하게 징계받았다. "나는 지난 목요일 작은 공 하나를 홀에서 던졌기 때문에 슈트 선생에게 지독하게 얻어맞았습니다. 그는 내가 더 많이 던지려 할 것이라고 말했습니다. 그는 내 눈 속을 보고 그것을 알아차릴 수 있었습니다. 그렇게 때리는 것은 그에게는 큰 기쁨을 주지만 나에게는 크게 해가 되지 않습니다." 케인스가 명예롭지 못한 것을 학교 선생의 가학적인 동기나 만족감 때문으로 돌리는 것은 이 젊은 나이에도 그의 심리적인 지각이 예민하다는 것을 암시한다.

이 시기에 영국의 사립학교에서 유행했던 것으로 보이는 과외활동의 한 가지는 동성연애였다. 그러한 문화적 사실을 이해하려고 하는 데는 인습에 얽매이지 않는 형태의 성생활이 유럽사회에서 역사가 오래라는 것을 인식해야 한다. 과거로 멀리 갈 것도 없이 19세기에도 유럽대륙의 많은 거대한 수도에서 동성애는 발견되었다. 그러나 중기 빅토리아 시대의 영국에서는 아마도 사립학교가 상류계급 문화에서 중심지가 되었기 때문에 그러한 성행위는 의식(儀式)이라는 특별한 성격을 띠었다. 이 동성애의 변형은 미소년에 대한 이상 성욕의 형태였다. 즉 소년이나 젊은이에 대한 성인남자의 사랑이다. 그러한 성향이 있는 대부분의 남자들이 동성애를 실천하고 있지는 않았다. 오히려 그들은 욕망을 억누르고 승화시키는 것을 자랑했다. 그리고 어떤 사람들은 그들의 행위가 아주 이상하다고는 깨닫지 못했다. 대개 그들의 동성연애는 정서적이고, 즉흥적이며, 수줍어하며, 심약하고, 특히 천진난만하게 그리고 거의 참을 수 없을 만큼 고상하다는 말들로 표현되었다.

이 의식은 어떤 다른 나라에도 알려지지 않은 정도로 영국의 상류계급에서는 제도화되어 있었다. 사립학교와 오래된 대학들이 상류계급의 젊은이들을 사회화하는 데 중요한 구실을 했기 때문에 이러한 결과가 나왔다. 이들 교육기관들은 거의 전부가 남성 사회였다. 그리고 거기에 다니는 학생들은 여성과 어떠한 실질적인 교제도 차단된 채 1년의 3분의 2를 학교 안에서 살았다. 이 학생들은 학교 휴일에도 소녀들이 어떠한 것인지 알게 될 만한 시간 여유가 거의 없었다. 보호자가 심하게 따라 다니는 빅토리아 시대의 사회에서는 특히 그러하였다. 자매들은 적어도 학교에 다녀야 한다면 다른 교육기관에 다녔다. 그리고 남학생이 다니는 학교에 몸을 나타내는 것은 금기였다.

학교에 관한 빅토리아 시대의 전기와 회고록에는 이들 외로운 소년들이 맺은 우정으로 가득 차 있다. 톰 브라운의 《학창시절》에서부터 알렉 워의 《젊음의 희미한 모습》에 이르기까지 사립학교를 주제로 하는 소설 가운데 최고의 걸작들은 몸집이 큰 학생들과 작은 학생들 사이의 강한 애정을 서술하고 있다.

이 학생들이 받은 교육은 대체로 성경과 고전 언어와 고전문학에 대한 공부에 기초를 두고 있었다. 정말 어떤 영리한 학생들은 고전문학을 매우 잘 알고 있어서 그들의 낭만적인 애정을 정당화하는 구절들을 그리스 문학작품으로부터 인용할 수 있었다. 고대 그리스인의 우정이나 정신적인 우정의 이 윤리성 속에서는 남자에 대한 남자의 사랑은 여자에 대한 남자의 관능적인 사랑보다도 더 고매한 정신적인 사랑으로 여겨졌다. 그러한 우정은 영문학에서는 테니슨의 《만가》(挽歌)에서 영원불멸의 존재로 남게 되었는데, 그 작품은 아서 할람에 대한 정신적인 우정에 대하여 테니슨이 바치는 찬사였다. 학생들의 도덕성에 영향을 끼친 이 고전문학에 대한 전반적인 문제는 19세기 중기에 영국에서는 철저하게 토론되지 못했다. 존 애딩턴 사이먼스(1840~1893, 영국 비평가)는 《현대윤리의 문제》라는 저술에서 그 문제를 제기했으나 또 다른 권위자인 그 유명한 옥스퍼드의 벤자민 조위트(1817~1893, 영국 고전문학자) 박사는 젊은이들의 사랑에 대한 이들 작품들 속의 모든 논급이 단지 비유일 뿐이며, 따라서 현상을 바꾸려는 아무런 조치도 취해지지 않았다고 주장했다.

케인스의 이튼 시절은 그의 사춘기와 일치했다. 그러므로 리튼 스트레이치가 사립학교에 다니면서 그랬던 것과 마찬가지로 케인스가 이 기간 동안 어떠한 성향의 동성애를 했든지 간에 그것이 사실임은 분명해 보인다. 메이너드가 그와 가장 친한 젊은이였던 스위딘뱅크에게 깊이 빠진 것은 순수한 정신적인 사랑과 같은 것이었다. 그것이 육체관계로 바뀌지는 않았던 것 같으나 스위딘뱅크가 후에 그와 동료 학생과의 관계 때문에 옥스퍼드의 베일리얼 기숙사 당국에서 곤란을 겪었다는 것은 알려진 일이다. 케인스가 스위딘뱅크에게 다정하게 말을 걸었던 것처럼 두 사람이 사랑의 표현으로 편지를 주고받았다는 증거는 많다. 이러한 현상은 놀랄 일이거나 별난 일이 아니다. 프로이트 스스로도 성욕도착자의 성적인 목적을 기술하는 가운데서 "동성애의 경우가 이성애의 경우보다 단순한 감정의 표현이 훨씬 더 잦다"고 말하고 있다.

케인스가 다른 남성과 최초로 육체 관계를 가진 것은, 그와 딜리언 녹스가 인생에 필요한 것이 무엇인가 하는 문제를 두고 지적으로 그리고 성적으로 실험하기로 결심한 이튼의 최고 학년 때였다. 녹스는 어린 시절을 어렵게 보냈다. 그는 여덟 살 때 어머니를 여의고 여러 가지 청교도 교리를 강요했던 홀로 된 대고모(大姑母)에게 자랐다. 녹스는 이튼에서 가문의 신앙과 결별하고 대단한 불가지론자가 되었다. 케인스는 그로부터 6년 후 덩컨 그랜트에게 보낸 편지에서 녹스와의 실험에 대한 비밀을 폭로했다. 케인스는 편지에서 스위딘이 밤 시간 대부분을 긴 대화로 보냈는데, 스위딘은 그러한 대화를 하는 가운데 메이너드에게 그의 과거 생활에 대한 이야기를 자세히 들려주었다. "나도 그에 대한 답으로서 오래전에 이튼에서 있었던 딜(Dil)과 나의 관계에 대하여 이야기했어. 나는 지금까지 사람이 그렇게 놀라고 시샘하는 모습을 결코 보지 못했어. 스위딘은 그 충격에서 결코 헤어나지 못할 듯 보였어. 이튿날까지 이따금 낄낄대더라고. 분명히 자기가 딜과 같이 하기를 바랐고 그러한 행위가 전혀 문제가 되지 않을 것이라고 믿으면서도 감히 그렇게 할 용기가 없었던 거지. 그리고 스위딘이 아주 비슷한 짓을 한 것은 겨우 1년 전이잖아. 우리들이 만날 때까지 그의 비밀을 다 털어놓을 수 없어."

녹스는 그 후 우연히 결혼하여 두 아들을 두었다. 큰아이는 그의 대부였던 케인스의 이름을 따라 메이너드라고 이름 지었다. 영국은 제1

차 세계대전 때에 암호 해독자로서 녹스의 천재성과 직관 덕으로 아주 중대한 독일의 신호기 부호를 해독할 수 있었고, 제2차 세계대전 때는 나치의 암호 만드는 방법을 해명하는 데 주요한 역할을 했다. 1943년에 그가 죽었을 때, 메이너드는 《더 타임스》의 사망기사에다 "특히 중요한 문제, 곧 애정과 이성을 제외하고는 모든 것에 회의적이었던 사람"이라고 그의 옛 친구를 묘사했다.

메이너드는 그의 낭만적인 사랑과는 별도로 행복했던 이튼 시절에 다른 많은 사교활동을 했다. 예를 들면 셰익스피어협회에 참석해 즐기고 우울한 데인과 오델로 역을 맡아 대본 읽기와 연기 하기를 즐겼다. 또한 사람들이 집으로 보낸 그의 편지의 행간을 읽어 보면 그가 은밀하게 동성연애를 한 사람이라는 것을 일별할 수 있다. 한 예로서, 휴가를 맞아 집으로 돌아왔을 때 그는 춤을 추지 않기로 굳은 결심을 했는데 그것은 춤추는 기회에 여자와 더 많이 사귀게 될 것이었지만 그는 그렇게 하는 것을 지극히 혐오했기 때문이다. 던더스에게 보낸 편지에서 "나는 교양 있는 기술로 춤추기를 모면했다. 나는 얼마나 그럴듯하게 거짓말을 되풀이했던가!"라고 썼다. 그가 때때로 이중 생활을 영위하고 있다고 느꼈던 것 또한 의미심장하다. 여동생에게 쓴 편지 한 켠에 케인스는 "사람들은 어떤 의미로 완전히 다른 두 가지의 생활, 곧 가정생활과 학교생활을 하는 것 같고, 네가 그중 한 가지 생활을 하고 있을 때 다른 한 가지는 일상적인 것보다 좀더 박진감 있는 꿈에 지나지 않는 것 같다"고 썼다.

그의 격앙된 생활양식에도 불구하고 그가 다량의 독서를 하고 있었다는 것을 또한 알 수 있다. 그는 메리 콜먼드리의 《붉은 수프》, 조지 메러디스의 《리차드 페버랠의 시련》, 토머스 드 퀸시*의 《어느 아편

---

* 토머스 드 퀸시(Thomas De Quincy, 1785~1859): 워즈워드, 콜리지 등 낭만파 문학인들과 교유한 영국의 비평가. 옥스퍼드 대학에서 수학(중퇴)하면서 숙명적인 아편 중독자가 되어 이 때문에 평생을 고생함.

중독자의 고백》및 로버트 브라우닝의 《반지와 책》과 같은 서적을 즐겨 읽었다. 가장 흥미로운 것은 그가 수학을 연구하면서도 시를 계속 좋아했다는 점이다. 뇌의 편재화를 연구하는 현대 학자들에 따르면 논리학과 수학에 관한 두뇌작용은 주로 좌뇌에서 담당하지만 반면 시의 창작에 관한 작용은 우뇌에 더 관계있다고 한다. 메이너드는 이 무렵 그의 양쪽 뇌를 열심히 함양하고 있었다. 시의 길이를 비교하는 내용으로 아버지에게 쓴 케인스의 편지에서 우리들은 두 가지 자질이 나란히 나타나고 있음을 알 수 있다. "나는 어제 몇 개 시의 길이를 비교하는 조사를 좀 했습니다. 가장 긴 시들을 대상으로 한 것입니다. 그러나 나는 전체적으로 그 조사 결과에 놀랐습니다.

가장 긴 시는 대략 4만 행에 이르는 윌리엄 모리스(1834~1896, 영국 시인이며 공예가)의 《지상의 낙원》입니다.

그 다음이 스펜서의 《선녀여왕》(3만 5632행)이고 순서대로 나열하면 《반지와 책》(2만 1116행), 《캔터베리 이야기》(1만 7386행), 《일리아드》(1만 5692행), 천국과 연옥 및 지옥편으로 구성되어 있는 단테의 《신곡》(1만 4408행), 풍자시 《휴디브라스》(1만 1445행), 《실낙원》(1만 665행), 그리고 《아이네이스》(9898행)입니다. 저는 《오디세이》를 보지 않았습니다만 어림잡아 1만 1000행에서 1만 2000행쯤 될 것입니다."

그러나 이튼에서 이 모든 흥미진진한 취미들도 점점 종막이 가까워오고 있었다. 그는 이튼 학교에서 마지막 시험을 치르고 있는 도중에 아버지에게 쓴 편지에서 "저는 이제 매우 우울한 단계에 와 있습니다. 지난 밤 저는 제가 다른 어떤 것보다도 더 거기에 남게 되기를 갈망했던 팝에서 감사장을 받았습니다. 이튼은 제가 당연히 받아야 하는 것보다도 더 많은 친절을 저에게 베풀어주었습니다"라고 말했다.

다녀야 할 대학에 관한 중대한 결정은 이미 반년 전에 내려졌다. 마틴과 허스트 두 지도교사는 트리니티 칼리지에 갈 것을 주장했다. 허스트는 킹스 칼리지가 수학이 떨어지기 때문에 메이너드의 주요 관심사인 수학을 공부하는 데는 좋은 환경이 되지 못할 것이라고 강조했다. 전반적인 문제를 담당하는 개인교사 러벅은 킹스 칼리지 쪽으로 기울어져 있었다. 킹스 칼리지는 메이너드가 또한 강하게 선호하는 곳이었다. 유일한 문제는 그가 받은 챔버린 상이 이튼-킹스 장학금에 합당한가 하는 것이었다. 러벅은 합당할 것이라는 소식을 킹스로부터 들었다. 그리고 나서 그가 수학과 고전문학으로 이튼의 킹스 장학생으로 선발되었다는 중대한 소식이 도착했다. 그것은 분명히 케임브리지였다. 옥스퍼드에 관해서는, 그는 어떤 일이 있어도 거기에 가기를 원치 않았다.

그는 이튼에 입학했을 때보다 훨씬 더 성숙하고 발전된 사람으로 이튼을 떠났다. 이중적 성의식이 있었고 사춘기가 된 그는, 일반적으로 이성애를 하는 사회에서 스스로 성의 주체성을 찾아야 했다. 그렇게 적응하는 데 영향을 미친 것은 그가 육체적으로 매력적이 아니라는 것에 대한 지속적인 믿음이었다. 1906년 말에 그는 리튼 스트레이치에게 다음과 같이 고백하고 있다. "나는 언제나 고통받아 왔어. 그리고 내가 육체적으로 불쾌감을 준다는 변함없는 강박관념 때문에 앞으로도 언제나 고민하겠지. …… 그 생각은 아주 고정되고 변함없어서 어떤 것, 확실히 어떤 이유로도 그런 관념을 누그러뜨릴 수는 없어."

정신의학자인 알프레드 아들러가 '기관열등감'(器官劣等感)이라고 이름 붙인 이러한 의식은 그의 동성애적 성향을 부추겼을지 모른다. 그러나 앞에서 보았듯이 가정 환경에서 비롯된 다른 요인들이 아마도 여기에 훨씬 더 중요한 역할을 했을 것이다. 어쨌든 그의 이러한 자아상(自我像)의 약점은 외모가 더 잘생긴 젊은이에게 그가 성적으로 빠져듦으로써 그의 육체적 열등감을 보상하게 하는 소지를 심어주었다. 어떤 경우이건 그는 성질과 취미가 그와 비슷한 친구를 발견함으로써 그의 성적 기질에 적응했다. 동시에 그는 학업과 체육과 자치활동을 통하여 그 자신보다 더 남성적인 어른들 및 또래 소년들과 의미 있고 편리한 관계를 이룰 수 있었다. 확실히 그가 우수한 지성과 큰 키를 활용했던 개성 속에는 보상하는 힘이 작용하고 있었다. 예를 들어 그가 지도자의 역할을 담당한 것 또한 한 인간으로서 그의 성장에 도움이 되었다. 줄곧 그는 그의 자존심과 전반적인 재능을 북돋우어 주었던 동정적인 교사들과 사랑하는 부모의 지지를 받았다.

상류계급의 특권과 부수입, 학교를 관리하는 팝과 같은 주요 단체의 일원으로 선출되는 것에 어울리는 권능, 그곳의 심미적인 분위기 등으로 그 학교는 많은 학생들에게 "매혹적인 정원"과 같았다. 사교적인 영향은 매우 깊어서 그들이 그 교사(校舍)를 떠난 뒤에도 오래도록 "영원한 청년"으로 남도록 그들에게 마술을 걸었다. 메이너드보다 늦게 뽑힌[1918년] 이튼 학교 졸업생인 브라이언 하워드와 해럴드 액튼은 1920년대 옥스퍼드와 케임브리지 대학의 무대에서 돋보였던 남녀한 몸의 '태양처럼 빛나는 어린이'*와 같은 제일가는 '멋쟁이'의 실제 보기이다.

케인스가 그 학교에 다니던 시절에는 지성으로 멋부리는 풍조가 더한층 성행했다. 그래서 이튼은 그가 동성애 경향을 나타내는 데 중요한 공헌을 했지만, 거기에는 보상하는 이점도 조금 있었다. 교육기관으로서 이튼은, 운동과 인격형성을 지나치게 강조한 몇몇 사립학교에서 매우 흔히 볼 수 있었던 이른바 "아널드 병충해"(the Anoldian blight)라고 하는 것에 굴복하지 않았다. 이튼은 지적 업적을 존중하고 장려했다. 그래서 케인스는 몇몇 매우 유능하고 헌신적인 선생들의 도움으로 그 나라의 수많은 영리한 학생들과 경쟁해야만 했다. 어린 시절 빅토리아풍의 가정교육 덕택으로 그는 과업과 의무를 수행하기 위한 그

---

* 독일어 직역으로 '태양의 아이'(Sonnen‐Kind, Kind der Sonne)로서 흔히 자유로운 시적 묘사를 위해 사용된다. 특히 그리스 신화에 나오는 사랑과 미의 여신 아프로디테가 양성적(兩性的)이며 동성애적 경향을 지닌, 아직도 순진한 '태양의 아이'를 타협할 수 없는 적수로 여기면서도 동시에 그에게 사랑의 화살을 겨눔으로써 풀리지 않은 원한에 대해 복수한다는 신사적인 의미를 나타냄.

의 능력을 간직하고 개발했다. 그는 한마디로 그 학교에서 명확한 사회상과 사회규범과 마주쳤다. 그리고 독특한 그 자신의 방식으로 거기에 응했다. 곧 그는 전 생애에 걸쳐 많은 학교 친구들에 대하여 그리고 이튼의 전통에 대하여 애정을 가졌지만 '졸업생'(old boy)으로만 남지는 않았다. 그는 새로운 경험을 위한 능력의 배양을 멈추지 않았고 그런 능력을 잃지도 않았다. 그는 케임브리지에서 더 많은 자기 개발을 하도록 그에게 도전한 인물들과 사상을 발견할 운명에 놓여 있었다.

3장 케임브리지 킹스 장학생

내가 알기로는 케인스의 지성이 이제까지 가장 예리하고 가장 명료하였다.
그와 논쟁할 때 나는 죽음의 위험을 무릅쓰고 있는 것처럼 느꼈다.
그리고 무언가 좀 바보스러운 감정이 들지 않고는 좀처럼 토론에서 벗어나지 못했다.
나는 때때로 그렇게 대단한 재치 속에는
틀림없이 심오한 사상이 결여되었다고 생각하는 경향이 있었으나,
지금은 그런 느낌이 오류였다고 생각한다.

† 버트런드 러셀의 《자서전》에서

가족이 케임브리지에 살고 있었지만 메이너드가 대학 신입생이 되어 맨 처음 그 아름다운 대학 도시에 왔을 때 그는 틀림없이 감격했을 것이다. 물론 그곳은 우리들이 오늘날 알고 있는 것과는 매우 딴판이었다. 여행자들은 왕의 열병식에서 서로 떼밀지 않았으며 도로교통은 자동차보다는 말이 담당하고 있었고 마차들이 기차역에서 그 대학까지 방문객들을 실어나르고 있었다. 거리는 조용하고 학생들의 복장은 대체로 촌스러웠지만, 특권계급의 문화적 분위기가 존재하고 있었다. 녹색의 플러시천에 박힌 보석처럼, 오래된 그 대학 건물들은 완만하게 뻗어 있는 케임브리지와 그 주변 들판 위로 높이 솟아 올라, 지성과 인간정신의 진지한 탐구를 위해서 비할 데 없는 배경을 이루고 있었다. 리튼 스트레이치는 그러한 분위기의 영향을 잘 이해하여 이렇게 적었다.

"케임브리지의 진정한 매력은 은밀함이다. 구석구석에서 어슬렁거리는 매력은 사람에게 갑자기 다가오고 서서히 좁은 거리로 내려가서 해가 갈수록 무르익는다. 작은 강과 그 강가의 잔디와 버드나무들, 오래된 정원의 늙은 나무들, 희미한 잔디 볼링장, 얼핏 보면 처마의 돌림띠나 작은 탑처럼 보이는 구불구불한 샛길, 양지바른 초원으로 통하는 조금 어두운 빈 터 …… 이런 것들 속에 케임브리지의 매력은 살아 있다."

그 당시에 교육기관으로서 케임브리지가 성공한 비결은 전적으로 그 학교의 강의나 실험실에서만 발견해야 할 것이 아니라 대학생 자신들 간의 사상과 감정에 관한 공개되고 친밀한 의견 교환의 기회가 충분히 있었다는 데에서 찾아야 했다. 우리들이 관심을 기울일 만한 가치가 있는 대학들에는 학생단체가 전부 남학생으로만 구성되어 있어서 여성들은 다른 교육기관에 다녔다. 왜냐하면 이러한 제도는 남녀 공학 이전의 시대에 존재했기 때문이었다. 이 대학생들은 그들의 사교 클럽이나 토론클럽에서 솔직하고 공개적으로 서로를 평가할 수 있었고, 진리와 자유로운 담화에 대한 오래된 케임브리지의 이상에 따라 반대되는 견해에 대해서도 진지하게 이해하며 토론할 수 있었다. 애년 경이 지적한 바와 같이 빅토리아 시대가 끝날 무렵에 나타나고 있었던, 세대간의 관계에 대해서 새로운 견해를 수립하는 데 선도자였던 사람은 위대한 케임브리지 대학의 학감 가운데 한 사람이었던 로이스 디킨슨이었다. 디킨슨은 차터하우스 사립학교에서 어려운 시절을 보낸 후 진학하였다. 그는 미래에 무엇을 할 것인가를 전혀 확신하지 못했던 감수성이 강한 청년이었다. 그는 케임브리지에서 오스카 브라우닝에게 마음이 끌렸고 그에게서 용기를 얻었다. 오스카 브라우닝은 이튼에서 해임된 교사였으나 지금은 젊은이들에게 자신감을 갖게 함으로써 그들을 위해서 그의 공감을 보여주고 있었다. 디킨슨은 이러한 격려로 공부를 계속하여 의학사 학위를 받고 그 후 킹스의 평의원이 되었다. 그는 평의원의 자격으로 "청소년들은 이미 어른들에게 무시되거나 억눌림을 당하게 되지는 않았다. 그러므로 그들을 보호하고 격려하며 친구가 되도록 해야 한다"는 새로운 기풍을 전도하기 시작했다. 그는 포스터와 다른 열두 명이 그들의 잠재력을 실현하도록 격려하고 지원함으로써 그의 철학을 실천하였다. 그가 케임브리지를 "우정과 진리의 도시"라고 표현했을 때 그는 이런 사제관계를 염두에 두고 있었다. 포스터의 문학적 재능은 그 신비한 영향력에 대하여 훨씬 더 큰 효력을 발휘했다. 즉 "정신과 육체, 이성과 감정, 작업과 오락, 인공 건축물과 자연풍물, 유쾌한 웃음과 진지한 성찰, 예술과 인생 등 다른 곳에서는 대조를 이루는 개념들이 케임브리지에서 하나로 융합되었다. 인간과 책은 서로를 보강했고, 지성과 일손은 애정으로 결합되었으며, 사색은 정열이 되었고, 토론은 사랑으로 심화되었다."

그의 개성이 발전기에 있었던 이 단계에서 그러한 환경은 메이너드에게 대단히 중요했다. 그가 확고한 지식의 기초와 사회문제나 공무상에 필요한 상당한 능력을 갖추었을 때, 그의 동성애적인 경향으로 보아서 그는 아마도 인생을 겨우 견뎌낼 정도의 적응력에 도달해 있었다. 그는 아직도 성적 주체성을 확인해야 했고, 그의 인생의 작품이 어떻게 될 것인가에 대한 문제에 부딪쳐서 해결책을 찾아야 했으며, 에릭 에릭슨의 말로 표현하면 그러한 주체성의 수호자로서 이바지할 사상과 인생철학을 계발하지 않으면 안 되었다. 이 자아 성장의 과정이 "서로를 긍정하는 것" 가운데 하나이므로 그가 자아를 실현하려면 다른 중요한 것들을 확인해야 했다. 아주 묘하게도 복잡한 방법으로 그는 성적 주체성에서 자기를 뒷받침했던 사상을 습득했다. 그러나 그는 그 후 학교를 떠날 때까지 그의 직업적 주체성에 대해서는 만족할 만한 해답을 얻을 수 없었다.

케임브리지에서는 그 당시에 하급생들에게 개인 하숙을 허용하는 것이 관례로 되어 있었으나, 킹스 장학생들이 1학년일 때에는 예외였다. 학교 당국은 "통로"에 있는 혼잡한 숙소에 그들을 함께 데려왔다. 명목상 그들은 왕립재단에 속해 있었으나, 그들의 방은 전혀 훌륭하지 못했다. 메이너드의 방은 작았으나 다소 주목할 만한 사람들과 이웃하고 있었다. 2층에는 리버풀 출신인 친절하고 열광적인 럭비 선수가 있었는데, 그는 나중에 저명한 경제사학자가 될 페이였다. 그는 역사학 우등졸업시험에 대비하여 공부하고 있었다[이 시험은 우등으로 학사학위를 받기 위한 특별시험임]. 그리고 그는 사회·경제 문제에 관심이 있었으므로 그들은 곧 좋은 친구가 되었고 흥미진진한 토론에 열중하였다. 대청을 건너서는 나중에 킹스의 평의원 지위에 선출될 수학 장학생인 페이지가 있었다. 2층 페이의 옆방에는 로빈 퍼니스가 있었는데, 그는 메이너드의 가장 좋은 대학 친구가 되었다. 그는 문학가로서 메이너드의 취미와 마찬가지인 잡담과 일화를 즐겼던, 오락을 좋아하는 사람이었다. 1층에는 옛 이튼 학생이었던 J. W. 카프론이 있었고, 그는 그 당시 '공중부양'(空中浮揚)에 몰두하였던 괴짜였으며 뒤에 각료가 되기도 했다.

1학년 때 메이너드가 가장 많이 공부한 과목은 수학이었다. 대학에서는 일주일에 사흘씩 오전 9시에 크라이스츠 칼리지(1505년에 설립된 케임브리지 소속의 한 대학)의 특별연구원인 E. W. 홉슨에게 그 과목을 배울 수 있도록 해주었다. 메이너드는 결코 아침에 일찍 일어나는 사람이 아니었으나 그럭저럭 제시간에 수업에 들어가고 있었다. 케임브리지에서는 그 밖에 다른 것에 대한 관심도 많았으므로 그의 모든 시간을 수학에만 바치지는 못했으며 최고 수학자의 지위에 오른 적도 없었다. 건강을 유지하고자 그는 옛날에 좋아했던 노젓기를 다시 시작해서 1학년 때 예비경주에서 우승컵을 획득했다.

메이너드가 시간을 대부분 할애했던 것은 그가 관여한 다음과 같은 여러 단체들이었다. 즉 월폴 토론회, 킹스와 트리니티 칼리지에서 뽑은 열 사람으로 구성된 연합모임인 디셈비리, 그 대학에서 가장 오래된 문학회인 아페닌회, 교정 내외에서 그가 가끔 대변하는 자유주의 클럽 로이스 디킨슨회, 열렬한 장서 취미에 몰두할 수 있었던 바스커빌 클럽, 마지막으로 그가 자주 연사로 나섰던 대학교 토론회인 학생클럽 등이었다. 그가 이들 단체활동에 참여했던 때는 때때로 아침식사 시간이었으며 어떤 경우에는 낮 동안이었고, 또 어떤 열띤 토론이나 흥미있는 토론에 참여해서는 새벽 3시까지 깨어 있은 적도 있었다. 존 네빌은 평소와 같이 불만을 나타냈다. "메이너드는 일주일에 다섯 번 토론회에 참여하는데 그건 너무 많다. 그는 아직도 데이비드네 가게[그가 자주 찾는 서점]에서 돈을 쓰고 있다. 이제 막 [처음에는 분명히 애덤 스미스의 소유였던] 세 권으로 된 호화로운 버질 판과 약 스무 권으로 된 엘지비어(1540~1617, 네덜란드의 출판업자) 판 한 질을 샀다." 그의 아버지가 언급하고 있지 않는 점은, 그가 강의를 들으러가면 늘 그랬던 것처럼 논문을 쓰도록 고무될 수 있다는 것이었다. 그가 '시간'에 대하여 쓴 논문은 1학년 학생으로서는 매우 박식한 작품이었다.

그는 기분전환을 위해서 다른 사람들과 함께 브리지 놀이를 즐겼는

데, 특히 옛 이튼 친구인 스티븐 게이즐리와 하는 것을 좋아했다.

게이즐리는 "브리지와 포트, 브랜디와 소다" 놀이의 대가였다. 그리고 메이너드는 세상물정에 밝은 사람이기나 한 것처럼 몹시 좋아했던 카드놀이에 자주 끼었다. 그는 카드놀이에 능숙한 사람이 아니었지만 번갯불처럼 빠른 두뇌회전으로 그 놀이를 했다. 그는 그의 독창성을 눈에 띄게 증명하는 새로운 발상을 위하여 모험을 즐겨 무릅썼다고 해러드는 말한다. 그의 흥미를 돋운 또 한 가지 카드놀이는 혼자서 하는 것이었는데, 그가 그 놀이를 한 이유는 두 번 연속 득점하는 승률을 계산하는 데 '확률이론'을 적용했기 때문이기도 하다.

로이스 디킨슨[애칭으로 골디]은 메이너드가 그 대학에 다니던 시절에는 가장 영향력이 큰 학감 가운데 한 사람이었다. 그는 역사와 정치학을 가르쳤고, 1896년에는 《그리스인의 인생관》이라는 책이 처음으로 출판되어 그에게 폭넓은 호평을 안겨주었다. 골디는 그 책에서 최고의 사랑의 형태로서 동성애라고 하는 순수한 정신적 연애에 대한 신념을 자세히 설명했다. 그가 그리스와 플라톤에 대해서 매력을 느낀 것은 그 자신의 이중의식에서 비롯된 것 같은데, 그러한 기질은 그가 죽은 뒤에도 남들에게 알려지지 않았다. 골디는 사후에 출간된 자서전에서 그의 인생이 성적인 불화(不和)에 집중되었다는 것을 인정하였다. 인생을 회고하면서 그는 "내가 인생과 세계에 대해서 지녔던 모든 통찰력은 나의 우정에 뿌리박혀 있었다. 우정은 내 지적인 생활과 영적인 생활에 깊은 감명을 주어서 나를 오늘날과 같은 인간이 되게 하였다. 만약 어떤 사람이 내가 성취했던 어떤 업적을 평가한다면 오로지 그 업적을 가능케 했던 정열 또한 평가해야 한다"고 기술하였다. 겉보기에는 그의 따뜻한 동정심과 예민한 지각이 그 원인인 것처럼 보이는 그의 동성애는 페티시즘(fetishism: 이성의 몸의 일부나 옷 따위로 성적 만족을 얻는 변태심리)이라는 괴상한 형태였는데, 그것은 친구들이 장화를 신고 그의 위에 올라 서거나 밟아서 그를 즐겁게 해 주곤 했기 때문이다.

"내 정서가 사랑과 결혼이라는 정상적인 생활에서 오는 만족 대신 다른 것을 주기를 주저하곤 했다. 나는 타고난 절름발이와 같은 인간이다. 의지와 개성의 결점에서 오는 자극을 통해서 많은 정상인들이 그들의 인생을 이루어가는 것보다도 더 많은 것을 얻었을지도 모른다. 내 스스로 인생에 대해서 어떻게 생각하든 간에 그것은 치욕적인 것은 아니며 오히려 그 반대이다. 때론 인생이 비극으로 보이지만 결코 천박하지는 않았다"라고 디킨슨은 서술했다.

메이너드에게는 킹스 칼리지의 친구들 이외에도 그와 절친한 다섯 명의 트리니티 칼리지 친구들이 있었다. 그들은 버지니아와 바네사 스티븐 자매의 형제인 토비 스티븐, 나중에 바네사 스티븐과 결혼할 클라이브 벨, 학구적인 생활양식으로 '정적주의자'(quietist: 17세기 후반의 일종의 종교적 신비주의)라고 불리었던 색슨 시드니-터너, 레너드 울프, 스코틀랜드 왕위에 대한 잠재적인 권리주장자였으나 역사에는 뒷날 《탁월한 빅토리아 시대 사람들》과 다른 책들의 저자로 알려진 리튼 스트레이치인데, 그는 리차드 경과 스트레이치 부인 사이에서 태어난 열세 자녀들 가운데 한 아이였다.

스트레이치는 메이너드가 케임브리지 대학에 있을 때 이 사람들 가운데서 그에게 가장 큰 영향을 주었으며 또 그와 가장 가까웠다. 그는 메이너드보다 세 살 위로 그의 아버지가 일흔을 넘고 스트레이치 부인이 마흔일곱이던 1880년에 태어났다. 그의 어머니는 아들의 어린 시절에 오스카 와일드의 모습처럼 페티코트를 입히고 머리를 길게 늘어뜨리게 했다. 왜냐하면 그렇게 하는 것이 더 예뻐 보인다고 생각했기 때문이다. 리튼은 유년 시절부터 섬세한 아이였으며, 그 뒤로는 다소 엉뚱한 소년이었다. 그는 또한 그의 어머니에게 정성을 다해 효도했다. 그의 만성적인 병과 불안감은 부분적으로 그보다 일곱 살 아래인 남동생 제임스가 태어났기 때문일지도 모른다.

리튼의 어머니는 열정적으로 엘리자베스 시대의 문학에 관심을 가졌으며, 겨우 세 살 된 그에게 셰익스피어의 작품을 읽어주었다. 그리고 어린 그에게 프랑스 문학을 가르쳤다. 어린아이로서 그는 여러 누이들과 함께 책을 읽거나, 농담을 하거나, 장난을 치면서 대부분의 시간을 보냈다. 아버지 리처드 경과는 다소 소원한 편이었는데 그는 인도 관리로서 뛰어난 경력의 소유자였으며 은퇴 후에는 기상학과 또다른 과학 분야의 관심사에 몰두하였다.

리튼은 한 권위 있는 사립 초등학교에 다녔다. 그러고 나서 리밍턴 고등학교에 다녔는데, 그는 거기서 또래들에게 많은 시달림을 받았으며, 잘생긴 운동선수들과 처음으로 정신적인 연애를 경험했다. 다음에 그는 옥스퍼드에 입학할 수 있기를 기대하면서 리버풀 대학 부설 학교를 2년간 다녔다. 그러나 옥스퍼드의 베일리얼 칼리지에 입학하지 못하고 대신 케임브리지의 트리니티 칼리지에 갔다.

그가 이중 성의식을 지녔다는 것은 분명하며, 그의 특성은 그가 찬양하는, 자신과 동성인 사람들에 대한 정서적 의존성에서 나타난다. 그는 변덕스러웠고 내성적이었다. 이러한 개성들에 별난 외모까지 더해져 사람들에게 인기 있는 사람이 되지 못했다. 그는 이때 팔다리는 거미처럼 길었고, 코는 컸고, 눈은 온화했으며 덥수룩한 코밑 수염에 이는 비참하게 말 이빨을 닮았다. 타고난 근시, 창백한 안색, 지나치게 꼼꼼한 태도로 그는 매력적인 사람이 절대 아니었다. 그의 고통을 더해주는 것은 목소리였는데 뒤에 변성이 되어서는 말의 한 구절이 끝날 때 높은 음조를 띠었고 그의 억양에는 격한 감정이 들어 있는 것 같았다. 정말 그는 가끔 다른 사람이 말한 것에 대해서 불만이나 회의를 표시할 때 이런 식으로 발음했다.

엄밀히 검토해 보면 리튼은 두 얼굴을 보여주었다. 얼굴 하나, 곧 해러드가 보는 유일한 면모는 친구로서 타인을 동정하고 관용하고 이해하는 그의 능력이었다. 그는 좋아하는 사람에 대해서 인내하고 교화하고 자비심을 느끼는 사람이었다. 그러나 홀로이드는 예리한 심리적 안목으로 그를 평가하면서 다음과 같이 말한다.

"그가 지지하는 인도주의는 대다수의 인간, 곧 추한 자, 지루한 자, 우둔한 자, 야심 있는 자, 세력이 있는 자, 평범한 자들에 대한 통렬한 경멸에 반하여 성립되고 유지되었다. 그가 좋아하는 인간들에게 지대한 온정과 친절을 아낌없이 베풀었듯이, 이러한 부류의 인간들에게는 남을 의식하지 않는 어린애와 같은 엉뚱한 야만성과 매우 거칠고 무뚝뚝한 행동으로 대응했다."

'거짓 사랑 유희(동성애를 의미)'를 계속하는 동안 리튼은 극도로 불안하였고 자기 자신에 대하여 회의하거나 그 자신의 가치를 과소평가하는 경향이 있었다. 다른 한편으로 메이너드는 실패보다는 성공을 축하하는 경향이 더 많은 외향적인 사람이었다. 리튼은 그리스도의 열두 제자에 관하여 혁명 같고 성상(聖像)을 파괴하는 것 같은 격렬한 논문, 〈그리스도인가 아니면 캘리밴(《템페스트》에 나오는 반인반수의 노예)인가?〉와 〈센랩의 회담〉과 같은 논문을 써서 기독교를 비난했다. 그러나 홀로이드가 지적한 것과 같이, 이 논문들은 자기 방식에 맞지 않는 것으로 낙인 찍은, 빅토리아 시대의 엄격한 도덕 그 자체를 비난하는 것들이었다. 메이너드와 리튼이 오스카 와일드가 동성애를 했다는 사실을 알았다는 것과, 또 1885년의 라보세르(1831~1912, 영국 정치가이며 문필가) 수정법안에 따라서 '다른 남성과의 음탕한 행위'는 1년간 금고 또는 징역에 처할 수 있었다는 것을 간과해서는 안 된다. 더욱이 와일드의 추문이 있었을 때 영국의 많은 동성연애자들은 대단히 놀라서 그들이 당분간 영국을 떠나 있는 것이 현명한 처사라고 생각했던 것은 잘 알려진 일이다. 리튼과 그의 친구들은 와일드의 사건에 대하여 분명한 논평은 거의 하지 않았으나, 그것은 적어도 드레퓌스 사건*이 정치적 행동에 대한 그들의 생각에 영향을 끼친 것만큼, 성행위에 대한 그들의 생각에도 커다란 영향을 미쳤음에 틀림없다. 이러한 것들이 리튼과 메이너드의 관심사였다. 그리고 이에 더하여 그들은 앞에서 언급한 단체들의 회원이 될, 교정 안의 참신하고 용모가 아름다운 학생들에게 관심을 가졌다. 해러드는 자신이 쓴 케인스 전기에서 그들은 "확실한 친화성"을 가지고 있었다고 기록하고 있으나, 전체적인 빅토리아 시대의 문화에 대항하여 반란을 일으키는 문학적·종교적 이유가 그들의 동성애적인 반항의 요인임을 무시하고 있다.

에릭 에릭슨에 의하면 이념과 한 사람의 동료를 확인하는 행위는 주체성을 찾는 사춘기 후기에 중요한 역할을 한다. 에릭슨의 이 개념은 이 시점에서 매우 관련이 깊다. 왜냐하면 메이너드는 그의 복잡한 동성애적 성질 때문에 아마도 그 누구 이상으로 동성애의 도움을 필요로 했기 때문이었다. 케임브리지 대학에서 '사도회' 또는 그저 '모임'이라고 더 잘 알려진 '케임브리지 회화 모임'이 대학 시절의 그를 위하여 이러한 역할을 해 주었다.

이 모임은 세인트 존스 칼리지에서 시작되어 그 당시 믿을 만한 두 강자(強者)인 프레더릭 모리스와 존 스털링의 지도하에 1820년 트리니티 칼리지로 옮겨졌다. 그 모임은 아주 신중하게 회원을 선발하였던 비밀모임이었다. 말하자면 회원 수를 12명 이하로 제한했다. 그들은 토요일 저녁 빗장을 잠근 문 뒤에서 만났다. 그러고는 차를 마시고 구운 빵에다 지중해에서 잡은 멸치젓을 발라먹은 후 논문을 읽고 토의하곤 하였다. 그 회원들 중 유명 인사를 꼽으라면 테니슨, 아서 하람, 제임스 클라크-맥스웰, 그리고 후기의 버트런드 러셀과 앨프리드 노스 화이트헤드 등이었다. 그 모임은 회원을 까다롭게 선발함으로써 여

---

* 드레퓌스 사건: 1894년 프랑스 군부세력이 유대인을 탄압하려고 당시 유대인으로 프랑스 육군 대위였던 드레퓌스를 독일에 군사기밀을 팔았다고 날조하여 반역죄로 구속한 사건. 결국 이 사건은 군부의 조작된 음모로 드러나 그는 1899년 석방되었다.

러 세대에 걸쳐 그 특성을 유지해 왔다. 본질적으로 그것은 상호간의 절대적인 성실성을 통하여 진리와 자기 계발을 추구하는 선택된 자들의 비밀 우애단체였다.

제일 주요한 사도회의 신조는, 사람들이 어떻게 생각하든 그것과는 상관없이 속세를 초월하여 진리를 추구하고 대의(大義)를 증진하는 것이었다. 회원이 아닌 사람은 "현상"(Phenomena)이라고 불리었다. 사도회만이 실재하는 세계였으며, 그 밖의 모든 것은 환영(幻影)이었다. 사실 이 모임은 종교적 교리와 그 의식의 신비성 및 그 신경(信經)의 신조가 해학적으로 요약된 한 회원의 다음과 같은 말처럼 매우 종교적이었다. "세계는 하나의 위대한 사상이다. 그리고 나는 세계를 사유(思惟)하고 있다." 입회자는 맹세하는 대신에 "고래" 즉 정어리를 먹었는데 그것은 초기에 그들이 먹었던 지중해산 멸치젓의 대용품이었다. 회원의 자격에는 '태아'[胎兒, 회원 선출의 고려 대상이 되는 사람들]로부터 '천사'[마력에 걸린 집단에 이미 입회하여 그 대학을 졸업했거나 중간에 그 대학을 떠난 사람들]에 이르기까지 등급이 올라가는 계급제도가 있었다. 리튼 스트레이치와 레너드 울프가 첫 학기말까지 메이너드를 조사한 뒤에야 그는 1903년 2월에 사도회 회원으로 뽑혔다. 3개월 후에 그 사실에 놀란 아버지는 일기에 이렇게 적고 있었다. "1학년 마지막 학기 중 메이너드는 그가 사도회 회원으로 선발되었다고 나에게 말했다. 이것은 1학년생에게는 거의 전례가 없는 명예이다. 그는 그 소식을 우리들에게 전하기 위하여 지금 막 휴가를 얻었다."

메이너드가 사도회의 회원이 된 것은 또한 그에게 많은 의미가 있었다. 즉 그는 그의 모든 여생을 통하여 그 모임에 대한 열렬한 충성심을 간직하였기 때문이다.

그해 가을에 이제 갓 서른을 넘은 케임브리지의 젊은 철학자이며 사도회의 주요 회원인 조지 에드워드 무어가 그의 저명한 《윤리학 원리》를 발간했는데, 그 책은 메이너드와 리튼과 다른 급우들에게 영향을 끼쳤다. 무어는 도덕철학자로서 근대의 분석적·언어적인 연구방법을 창도한 학자 가운데 한 사람이었으며, 만일 어떤 사람이 올바른 대답 찾기를 희망한다면 올바른 질문을 하는 것이 중요하다고 주장했다. 그는 '공리주의 윤리학' 또는 '진화론적 윤리학'을 가르치는 것을 거절하고, 이를테면 '선'(善)의 의미는 그 정의를 쉽게 내릴 수 없는 속성을 가진 말이라고 가르쳤다. 결과적으로 선하다는 것은 각각 개별적인 상황에서 직관에 따라 정의가 달라질 수 있다. 따라서 그는 앞에서 언급한 저서의 마지막 장에서 어떤 사물은 그 본질이 선하다고 진술하고 있다.

"우리들이 알 수 있고 상상할 수 있는 것 가운데서 가장 가치 있는 것은 단연 인간의 정교(情交)에서 오는 기쁨과 아름다운 대상에서 오는 특정한 의식의 상태들이라고 대강 묘사할 수 있을 것이다. 그 문제를 자문(自問)해 본 사람은 아마 누구이건 개인적인 애정과 예술 또는 자연의 아름다움에 대한 감상 그 자체가 선이라는 사실을 깨닫게 될 것이다."

케인스는 1938년 가을에 틸턴에 있는 그의 저택에서 친구들에게 읽어준 회고록 《나의 젊은 시절의 신념》(*My Early Beliefs*) 가운데서 그 세대의 사도회원들은 무어가 도덕적 의무에 관한 장(章)에서 서술했던 내용을 무시했다고 회상했다.

"우리들은 말하자면, 무어의 신앙을 수용했지만 그의 도덕은 버렸다. 정말 우리들의 견해로 볼 때 무어의 신앙에서 위대한 장점의 하나는 신앙이 도덕을 불필요하게 했다는 것이었다. 즉 신앙은 자기자신과 궁극적인 것에 대한 사람의 마음가짐을 뜻하고 도덕은 바깥 세상과 매개물에 대한 인간의 태도를 뜻한다."

케인스와 그의 친구들은 행동이나 성취 또는 결과와는 관계없는 '마음의 상태'에 주로 관심을 두었다. 그러한 마음의 상태란 대체로 시간의 '앞' 또는 '뒤'에 매여 있지 않은 영원하고 열정적인 명상 혹은 영적 교섭과 일치한다고 케인스는 말한다. 그는 이 신앙을 종교라고 불렀으며, 이것은 신플라톤 철학과 어떤 관계를 가졌다고 말했다. 그는 계속해서 "따라서 우리들은 성 토머스를 능가한 스콜라 철학으로, 《허영의 시장(市場)》(버니언의 작품에 나오는 시장 이름)에 묘사된 쾌락과 성공으로부터 캘빈파처럼 물러서서 선(善) 그 자체에 플라톤 식으로 전념하면서 교육을 받았으며, 베르테르가 느꼈던 것과 같이 슬픔을 다해 괴로워했다. 우리들이 그 신앙 때문에 거의 언제나 웃음을 잃은 것은 아니었다. 우리들은 극도의 자신감과 우월감 그리고 회개하지 않은 여타의 모든 세인(世人)들을 경멸하는 즐거움을 누렸다"고 말했다.

리튼과 메이너드는 그들의 새로운 구원자에게 도취되어 그들의 세계를 위해서 구원자의 의미를 토로했다. "나는 이성(理性)의 시대가 시작하는 때를 1903년 10월로 거슬러 올라가 잡는다"라고 리튼은 썼으며, 메이너드는 "무어가 '이상'에 관해서 쓴 장(章)의 속세를 초월하는 순수성과 신약성서를 비교할 때, 신약성서는 정치가들을 위한 안내서에 지나지 않는다"고 소리쳤다. 그는 또 다른 장소에서 "무어의 저서는 들떠 있고 기분을 북돋우는 문예부흥의 시작을 알리는 것이었으며 지상에 새로운 천국을 여는 것이었다. 우리들은 새로운 질서 속의 선구자들이었고 아무것도 두려워하지 않았다"고 말했다. 케인스는 이 평론의 뒤에서 "《윤리학 원리》의 기본적인 직관은 너무 근소하고 너무 폭이 좁아서 더 풍부하고 다양한 내용을 제공하는 현실의 경험에 꼭 들어맞지는 않지만, 나는 그 기본적인 직관을 바꿀 어떤 이유도 발견하지 못한다"고 써 그의 열정을 가라앉혔다. 그리고 사람들은 오늘날, 우리들의 작은 집단을 위해서 뿐만 아니라 다른 모든 사람들을 위해서도 초기 에드워드 시대의 보기 드문 업적이었던 '평온한 개인주의' 속에서 안전하게 살 수 없다고 그는 다소 함축성 있게 부언했다.

케인스와 스트레이치는 그들의 새로운 신앙의 결과를 계속해서 궁리했다. 그들은 공리주의적 계산법(최대다수의 최대행복을 추구하는 계산법)의 심리학적 바탕인 쾌락주의를 내던지고 오로지 현재의 경험 속에서 살면서 사회활동을 무시했다. "우리들은 우리 세대 가운데서 벤담(1748~1832, 영국 철학자, 공리주의 제창자)의 전통에서 맨 처음 벗어난 사람들이었으며 아마도 유일한 존재들이었을 것이다"라고 케인스는 썼다. 그러나 그 다음에 그는 재빨리 "물론 적어도 나에 관한 한 외계는 실제로 잊혀지거나 단연코 단절되지는 않았다"고 썼다.

그들은 적(敵)이 기독교를 "현대문명의 내부를 갉아먹어 온 벌레이며 또한 현재의 도덕적 타락에 책임이 있다"고 간주했던 것과 같이, 그들도 늘 적대시했던 기독교보다도 벤담의 전통을 더 나쁜 것으로 생각했다. 참으로 그는 벤담의 계산법은 대중이 지니는 이상(理想)의 질을 파괴하고 있는, 경제적 기준을 과대평가 하는 데 기초를 두는 일반적인 사회의 가치체계라고 결론지었다.

무어의 철학이 리튼에게 전달하는 뜻은 예술과 미학에 대한 의미 이외에도 특별한 개인적인 영향을 미치고 있었다. 그는 불안했기 때문에 지적이고 문화적인 우상으로서 어른을 영웅으로 숭배하는 경향이 있었다. 무어는 그러한 인물로서 리튼이 그렇게도 끈질기게 동경했던 그 신성한 교우에 대한 예언자같이 보였다. 성적인 탈선을 거의 이해하지 못했을 때 그가 우정을 강조했던 것은, "불합리한 빅토리아 시대의 전 기간에 걸쳐 감히 자기 의견을 표명하지 못했던, 그러한 우정에 대한 찬양"을 의미했다. 무어 뒤로는 더 이상 자기를 지지하여 사회에서나 문단에서 그의 입장을 계속 주장해 줄 그러한 철학적 버팀목을 필요로 하지 않았다.

그리고 케인스와 그의 동성애 기질은 어떻게 되었는가? 그것들은 무어의 새로운 진리에서 어떠한 영향을 받았는가? 우리들은 그의 젊은 시절의 신념에 관한 회고록에서 솔직한 대답을 발견할 수 있다. 신앙의 일부로서 일반적인 규범을 무시할 권리를 주장했다고 그는 말했다. "우리들은 완전히 관습적인 도덕과 인습 그리고 전통적인 지혜를 부정했다. 우리들은 말하자면, 엄격한 의미로 보면 부도덕한 사람들이었다." 이러한 것은 아마도 "러시아인의 특질이었지 …… 확실히 영국인의 특질은 아니었다"고 그는 빈정댔고, 이러한 기풍 때문에 그들은 동기와 행동에 대하여 많은 의심을 받았다. "나는 그것이 정당한 의심이라고 생각한다. 그렇지만 나에 관한 한 그러한 기풍을 바꾸기에는 너무 늦었다. 나는 부도덕한 사람으로 남았고 앞으로도 언제나 그러한 사람으로 남을 것이다"라고 그는 다소 애매하게 말했다.

버트런드 러셀은 자서전에서 스트레이치와 케인스가 해석하는 무어주의가 어떤 의미인가를 더 명백하게 설명한다. 즉 "나의 사도회 시절이 지나고 그 모임은 한 가지 점에서 변했다. 조지 트레벨리언과 리튼 스트레이치가 오래 끌어온 논쟁이 있었는데, 두 회원 사이의 논쟁에서 리튼 스트레이치가 전적으로 승리하였다. 리튼 스트레이치 시절 이래로 동성애 관계는 회원들 사이에서 한동안 흔한 일이 되었다. 그러나 우리 때는 그러한 일이 알려지지 않았다."

스트레이치는 사실 그러한 사도회를 바꿔 놓을 수 있는 전략적인 위치에 있었다. 그는 사도회의 서기가 되었고, 옛 서류들을 조사하다가 사도회에는 행위보다는 말로서 분명하게 보여주는, 일종의 관념적 동성애인 고급의 남색(男色) 전통이 있다는 사실을 알게 되었다. 이러한 발견은 그 자신과 그의 젊은 친구 케인스 사이의 가까운 관계 때문에 광범위한 영향을 미치게 되었다.

1904년 가을까지 리튼과 메이너드는 사도회의 주요인물이 되어 있었고 무어의 영향력은 쇠퇴해 가고 있었다. 그들이 매우 뛰어난 지식인들이었다는 사실은 옥스퍼드의 유명한 고고학 교수였던 J. P. 비즐리가 50년 뒤에 증명했다. 해러드가 케인스 전기를 쓰고 있었을 때 그는 비즐리를 만났다. 비즐리는 "내가 그 당시 케임브리지에 갔을 때 만났던 사람들 가운데서 케인스와 스트레이치가 가장 총명했던 사람이라고 생각했다. 그리고 그 몇 해 동안을 되돌아볼 때도 역시 마찬가지였다"고 회상하였다. 해러드는 그에게 어느 한 사람이 다른 한 사람을 이끌고 좌우했는지를 물었을 때, "아니오, 그들은 서로 다르지만 보완하는 동등한 관계로 보였어요"라고 대답했다.

메이너드는 비즐리가 전에 케임브리지를 방문했을 때 스위딘뱅크의 소개로 비즐리와 알게 되었다. 해러드에 의하면 비즐리가 여행을 하던 중 한번은 감기에 걸렸다. 그와 같은 상황에서 자기 몸을 돌보는 데 익숙한 비즐리였기 때문에 자기를 침대에 재우고 여러 가지 약을 주고 하면서 극진히 돌봐주는 케인스를 보면 대단히 놀랐다. 케인스는 그를 어머니처럼 간호했다고 비즐리는 해러드에게 말했는데, 거듭 "어머니처럼"이란 말을 강조했다. 해러드는 허약한 메이너드가 감기와 그에 따르는 악성 질병을 자주 앓았고, 그의 어머니의 사랑스러운 보살핌을 받은 경험이 많았다고 논평하면서 그 이야기를 가식 없이 적고 있다. 그 일에 대한 솔직한 설명은 케인스의 성적 본성을 완전히 무시한 것이며 그의 행동을 오직 그의 어머니의 보살핌 탓으로 돌린 것이다.

케임브리지에서 메이너드의 교우관계는 이즈음 계속해서 깊어졌다. 그 당시나 그들 두 사람 모두 킹스 칼리지의 특별연구원이었던 시절의 수년 동안 그가 좋아했던 동료 가운데 한 사람은 고전학자인 존 셰퍼드 경이었다. 천재 여러 명을 배출해 낸 덜위치 사립학교 출신으로 귀엽고 순진하게 생긴 이 사람은 케임브리지에 와서 무대나 교실 어디서나 그리스 연극을 가르치는 열성적인 교수가 되었다. 교정에서 뛰어난 인물로, 조숙하여 머리가 희끗희끗했으나 놀랍도록 정력적이었고 장난기로 가득했다. 그는 대학교 토론회의 유능한 연사였으며, 메이너드가 회장이 되기 한 해 전에 그 토론회의 회장이 되었다. 애닌 경에 따르면 셰퍼드는 대화와 행동 면에서는 매우 자유분방했으나 다른 남성들에 대한 그의 사랑은 관능적이지 않았다고 한다.

그 대학에서 맞은 첫해에 메이너드는 고전문학에 계속 관심을 가졌으며 아베라르(1079~1142, 프랑스의 신학자, 철학자)에 관해서 논문을 썼고, 성 베르나르(1090~1153, 프랑스의 수도사, 중세기 최상의 설교자)에 관해서는 더 많이 썼다. 그러는 한편으로 그는 홉슨과 킹스 칼리지의 특별연구원이었던 리치먼드와 일주일에 세 번씩 수학을 공부했다. 그는 토론회의 활발한 연사로서 베네수엘라 문제나 영국의 제국주의 그리고 아일랜드 자치문제[그는 그것에 반대했다]를 토론했다. 어머니와 할머니는 이러한 토론들 가운데 한 토론회에서 그가 연설하는 것을 듣고서 썩 잘한다고 생각했다. 그러나 그 후에 그의 아버지는 더욱 비판적이었다. "《그란타》[지방신문]는 토론회에서 메이너드의 마지막 연설을 통렬하게 비판한다. 그들은 그의 논법이 일류였다는 것은 인정하지만 너무 지루하게 말했으며, 수사학적 활력이 지극히 부족하다고 비판한다. 그러한 비판에는 약간의 타당성이 있다. 그리고 그는 발성법이나 웅변술 교습을 받는 편이 좋을 것이다."

그러나 메이너드가 케임브리지 최고 학년 때 존 네빌은 《케임브리지 리뷰》지에 실린, 메이너드의 가치를 인정하는 글을 자랑스럽게 인용했다. "은퇴하는 회장이 한 연설은 냉정하고 논리가 있었으며 또 무엇보다도 정치적 수완에 대한 최고이자 최선의 도덕원리를 고려하는 사항들로 충만해 있었다. 케인스 씨가 은퇴함으로써 우리들이 잃는 것은 평범한 연사가 아니라 어떠한 토론에서도 그 토론의 품격을 높이는 연사를 잃는 것이다. 우리들은 그가 다른 분야에서도 크게 성공하기를 고대한다."

학생으로선 유일하게 앨프리드 노스 화이트헤드의 강의에 참석한 뒤 1904년 여름학기에 케인스는 레너드 울프와 함께 북웨일스 지방을 도보로 여행했다. 그는 이 기간 동안 아침에는 수학공부를 하였고 저녁에는 에드먼드 버크에 관한 논문을 썼다. 그 다음 학기에 그는 그 정치가의 정치사상에 대한 이 논문의 해설로 회원상을 받았다. 메이너드가 인생의 후기에 전통을 사랑했던 사실을 고려한다면, 그가 그 뛰어난 아일랜드 인의 사상에서 찬양할 점을 많이 발견했다는 것은 주목할 일이다.

메이너드보다 더 잔걱정을 많이 하는 아버지는 그의 미래에 대하여 염려했다. 그는 다음과 같이 기록하고 있다.

"나는 바로 지금 메이너드의 미래에 대하여 매우 낙담하고 있습니다. 우리들이 그에게 수학을 공부하도록 한 것이 옳았는지 계속해서 의문이 듭니다. 만약 그가 하루에 여섯 시간씩 규칙적으로 공부한다면야 그것은 틀림없이 옳은 일일 것입니다."

메이너드는 이때 세인트 존스 칼리지 출신의 수학 지도교사와 함께 공부하고 있었다. 아마도 아버지의 제의로 그는 여름에 공무원 시험의 정치경제학 과목을 준비했으며 아버지에게 수시로 의견을 구했다.

그의 아버지와 어머니와 마거릿이 또 한 차례 방학을 맞아 스위스에 갔을 때, 메이너드는 골프에 열중하면서 우등졸업시험에 대비하여 수학과 정치경제학 그리고 역사학을 지독히 열심히 공부했다. 해외에서 귀국한 그의 아버지는 메이너드가 가을학기를 계획하면서 매일 오전 9시 강의에 출석했다는 것을 알았다. "나는 이제 막 제때에 아주 확신에 차서 메이너드를 깨우는 자기 실력을 유쾌하게 이야기하는 대학의 사환을 보았다. 나는 메이너드가 자신 앞에 무엇이 있는지를 겨우 알게 되었다고 생각한다."

아들이 여러 가지 관심사에 너무 많은 시간을 쏟아붓고 있다고 생각한 그는 예방책의 한 가지로서 메이너드를 이너 템플(Inner Temple: 기사단의 성당, 또는 그곳에 있는 영국 법학원)에 들어가도록 했다. 그러나 그 아들은 직업으로서 변호사업을 결코 진지하게 고려하지 않았다. 이때쯤 조지 트레벨리언은 매우 우호적인 편지에서, 메이너드가 탁월한 재능을 타고 난 것으로 보이는 정치학에 대한 준비과정으로서 그리고 자유롭고 귀족적인 입장에서 법률을 연구하도록 그에게 권유했다. 주

94

체적인 직업 선택의 문제는 그가 가장 중요하게 여기고 있는 점이었으나 메이너드는 당분간 결론을 유보하기로 했다.

그 사이 메이너드에게 아서 홉하우스라고 하는 새로운 연인이 트리니티에 나타났다. 훌륭한 지성과 개인적인 매력을 지닌 '호비'는 스트레이치와 케인스에게는 완벽한 태아와 같았다. 그리고 그는 곧 사도가 되었다. 그와 동시에 클레어 칼리지의 신입생인 에드가 덕워스(디커)라는, 용모가 아름다운 학생이 멀리서 나타났는데, 그는 스코틀랜드에서 의학을 공부했었다. 리튼은 그를 금발의 고수머리에 잘 생긴 용모, 아치 형의 코와 매우 즐거운 얼굴 표정을 한 사람이라고 묘사하였다. 그는 덧붙여, "나는 그를 약간 사랑한다. …… 그는 얼굴에 연분홍빛을 띠고 유쾌해 보인다"고 말했다. 디커가 자전거 사고로 다쳤을 때 리튼은 풀이 죽어 그의 충격과 사랑을 시로 표현했다. 그러나 그때 그는 메이너드가 또한 디커에게 매혹당했다는 사실을 발견했다. 디커를 사도회 회원으로 선출하는 데 누가 후원자가 될 것인가에 관하여 그들 두 사람 사이에 치열한 경쟁이 벌어졌다. 승리는 메이너드에게 돌아갔다. 리튼은 홀로 남아 "어떤 우의(友誼)와 어떤 사랑에 대한 말라죽어 버린 희망"을 곰곰이 생각하게 되었다. 그 일이 있은 후 얼마 안 되어 그는 다음과 같이 말하면서 사도회원들 앞에서 케인스에게 전례 없는 맹공격을 퍼부었다.

"어떤 이들은 원하지만 어떤이는 이유를 말할 수 없는 그의 이상한 성격 때문에 시간이 되면 누군가 악질적으로 공격하는 것을 참거나 왜 그런지 말 못할 것이다. 그의 가치 의식과 또 실로 그의 모든 감정에 대한 의식은 완전히 자기 모순적인 모습을 보여준다. 그는 쾌락주의자이며 무어의 추종자이다. 즉 그는 육욕(肉慾)은 없지만 음탕한 사람이며 눈물 없는 사도회원이다."

케인스에 대한 스트레이치의 증오는 대단히 깊어서 케인스는 몇 달 동안 그를 볼 수도 없었고 말을 걸 수도 없었다. 그러나 디커가 그의 경쟁자로부터 떨어져 나갔을 때 메이너드에 대한 그의 동정심은 되돌아와서 그들이 얼마나 많은 공통점을 가지고 있는가를 깨닫기 시작했다. 케인스는 그 사건에 대한 그의 확신과 명백한 정직성으로 매우 깊은 리튼의 신뢰와 우정을 되찾게 되었고 그 두 사람은 때때로 그들이 아무래도 꼭 서로 사랑하는 것이 아닐까 하고 생각했다.

그 당시에 옥스퍼드 대학에 다니고 있었던 그의 옛 이튼 친구 버나드 스위딘뱅크와 주고받은 편지는 메이너드의 성품을 또 한번 통찰할 수 있게 해준다. 그는 1905년 4월 1일의 편지에서 "너에 대한 사랑으로 충만해 있다"라고 썼으며, 계속해서 "플라톤과 셰익스피어가 점점 더 위안이 되고 있어. 정열과 지성의 진정한 결합을 발견하는 일은 왜 그렇게 어려운 것인지. 나의 영웅들은 뜨겁게 느끼고 또 느껴야만 한다. 그러나 그들은 또한 모든 것을 이해해야 하며 또 모든 것 이상을 이해해야 한다. 뜨거운 인식 이외에 가치 있는 것은 무엇인가?"라고 말했다.

이 청년 시절의 신념의 표현은 케인스의 전 생애 동안의 노력에 대하여 많은 것을 예시하거나 미리 말해주는 것이었다. 지성과 감정을 결합하려는 그의 소망은 예이츠가 그의 일기에 쓴 것과 비슷한 생각을 사람들에게 떠올리게 한다. "정열에 도움이 되지 않는 논리라면 진리를 발견할 수 없다."

1923년 노벨문학상을 수상한 그 유명한 아일랜드의 시인(예이츠)은 케인스와 마찬가지로, 숭고한 개성의 활력은 정력과 상상력과 지성을 함께 구사하는 전인(全人)으로부터 발산되어야 한다고 믿었다.

이즈음에 메이너드는 스위딘뱅크를 리튼에게 소개했다. 그리고 이 두 사람은 곧 좋은 친구가 되어 서로 다른 대학에 다니면서 서로 편지도 쓰고 만나기도 했다. 리튼은 그 당시 한동안 가장 심하게 비관주의에 빠져 있었으므로 그러한 교제가 절박하게 필요할 때였다. 그는 워렌 헤이스팅스에 관하여 겉으로 보기에는 지루한 논문을 쓰고 있는 중이었는데, 워렌 헤이스팅스는 논쟁의 중심이 되어 온 18세기 후기의 인도관리였으며 스트레이치 가문과도 관련이 있었다. 스위딘뱅크 또한 베일리얼 칼리지에서 곤란을 겪고 있었다. 해러드는 그 대학의 학감이 어떤 이유들 때문에 언제나 스위딘뱅크에게 다소 불친절하였던 것 같았다고 말한다. 2년 뒤에 그는 분명히 자기 아들과 부당한 관계를 가졌다는 그 백만장자의 고소로 즉결처분되어 그 대학에서 퇴학당하였다. 스위딘뱅크는 깊은 절망에 빠져서 피지군도에 있는 매춘굴의 총감독직에 지원할 의도를 리튼과 메이너드에게 알렸다. 이 위기를 맞아 이 두 사람은 관리들에게 미친 듯이 편지를 쓰고 열심히 그들을 방문하여 그가 그러한 무모한 짓을 그만 두도록 노력을 기울였다. 케인스가 때마침 목사였던 스위딘뱅크의 아버지에게 편지를 쓴 뒤 그는 마침내 마음이 누그러져 그 어리석은 생각을 버렸다. 그러나 이듬해에 그는 영국을 떠나 미얀마에서 공무원으로 일하기로 결심하고 그렇게 했으며 결국 거기서 빛나는 경력을 마쳤다. 그리고 후에 런던에서 국무장관의 고문으로 봉사했다. 마음 둘 곳 없는 리튼은 떠나기 전에 이렇게 편지를 썼다.

"그러나 떠나서 위대한 사람이 되어라. 그리고 흑인들을 통치하고 원숭이들과 공작들 사이에서 즐겁게 지내라."

시간은 킹스 칼리지에서 메이너드에게 빠르게 흘러가고 있었다. 6월에 그는 수학 우등졸업시험에 응시해야 했고, 아직도 해야 할 일이 대단히 많았다. 만일 그 시험에 실패한다면 그의 미래는 불확실해 질 것이다. 스위딘뱅크가 베일리얼 칼리지에서 퇴학당하기 전에 명예학위를 받았다고 메이너드에게 편지로 알렸다. 메이너드는 짧은 시간에 전력을 다해야 했다. 그는 4월까지 하루 여섯 시간씩 그 과목을 공부하고 있었으며, 그가 스트레이치에게 털어놓은 바와 같이 "내가 거기에 매달려 있는 거의 모든 시간을 몹시 싫어한다"고 말했다.

그의 어머니는 시험이 있기 전날 저녁에 편지를 보내 그에 대한 자기의 사랑과 신뢰를 다음과 같이 드러냈다. "나는 한 줄의 인사말을 전해야겠다. 나의 반생 동안 너는 내 생각과 애정 속에서 큰 자리를 차지해 왔단다. 그러므로 오늘 내가 너를 생각하고 너에게 희망을 갖고 있음은 당연한 일이겠지. 전에도 그랬듯이 이번에도 나는 네가 성공하기를 희망하고 또 그렇게 되리라 기대한다. 그러나 다음 주에 그 결과가 어떻게 되든지 나는 너의 대학에서의 이력을 자랑할 것이며 네가 대학 시절을 잘 보냈다고 만족스러워 할 거야."

우등졸업시험은 오래 계속되었다. 곧 나흘간 시험을 치르고 두 주 쉬고 그 다음에 다시 또 나흘간 시험이 뒤따랐다. 드디어 시험이 끝나고 그 명단이 위엄 있는 대학의 평의원 회관에서 낭독되었다. 메이너드가 기대했던 대로 그는 다른 수험생들과 함께 제일급 합격자 가운데 12번째로 분류되었다. 다시 말하면 이 최고 우등급에서 12등이었다. 계속해서 킹스 칼리지에 남아 수학연구원이 된, 두려워할 만한 실력의 페이지(Page)도 겨우 8번째로 분류되었다.

메이너드의 아버지는 크게 안도하여 이렇게 썼다. "대체로 우리들은 만족한다. 대부분의 사람들은 축하하며 어떤 사람은 격려해 준다. 메이너드에 관한 한 킹스 칼리지에 있는 사람들은 매우 기뻐하는 것 같다. 그들은 분명히 메이너드가 나쁜 성적을 내지 않을까 하고 걱정하고 있었다."

다른 말로 표현하면 그가 고귀한 명예는 얻었지만 그 분야에서 다른 사람 모두를 능가하지는 못했다. 수학은 그의 주된 관심사 가운데 하나임에는 틀림없었으나 그것이 그의 평생의 공부는 아니었다. 분명해지는 주체성을 명확하게 하는 일이 아직도 메이너드 앞에 놓여 있었다.

4장 주체성의 탐구자

인간은 자기 자신을 별개의 주체로 감지할 수 있는
'나'라고 하는 동물이라고 정의할 수 있다.
자연 그대로의 상태로 존재하고 그러한 상태를 초월할 수 없는 동물은
자신에 대한 깨달음이 없으며 주체의식을 가질 필요도 없다.

† 에리히 프롬

에리히 프롬*은 인간의 정체성을 주제로 저술하는 가운데 인간은 어머니나 자연과 이어진 '고리'를 끊었기 때문에 자기의 주체의식을 시급하게 발견할 필요성을 느낀다고 하고, 그 주체의식이 없이는 역할을 수행해 나가는 데 희생물이 되거나 정신이상까지도 일으킬 수 있다고 설명했다. 그는 '과거를 청산하는 생활'에 대한 반응으로서 인간의 파괴성이 발전할 가능성을 지적했으며, 에릭슨 또한 그의 저작에서 자아상실의 위험에 마주하여 '채우지 못한 잠재력' 때문에 걱정이 쌓일 수 있다고 말한다. 재능 있고 복잡한 그들의 기질 때문에 또는 그러한 기질에도 불구하고 메이너드 케인스와 리튼 스트레이치는 그들이 살던 시대의 문화계에서 자신의 위치를 설정하는 것이 그리 쉬운 일이 아님을 발견했다. 그들 두 사람 다 총명한 젊은이들이었다. 그러나 메이너드는 정서가 불안한 그의 친구보다는 더 쉽게 직업적 주체의식을 찾았다. 경제학이라는 그의 궁극적인 직업을 향하여 비틀거리며 걷는 케인스의 발자취를 뒤쫓는 것은 가능한 일이다.

1904학년도가 끝나기 전까지 메이너드는 아버지의 권고에 따라 앨프리드 마셜의 《경제학 원리》를 부지런히 공부해 왔다. 그와 거의 동시에 그는 또 다른 경제학 대가인 스탠리 제본스가 쓴 무척 재미난 문체를 발견했는데, 메이너드는 그 대가의 생활과 학문을 보고 그분이 아마도 사도(使徒)다운 사람일 것이라고 결론을 내렸다. 경제학이 자기 마음에 드는지 알아보기 위하여 메이너드가 견본추출을 이용하여 경제학을 연구하고 있었다는 것은 분명하다. 그는 도덕학 또는 경제학의 우등 졸업시험을 치를 것인지를 아버지와 논의했으나 두 과목 모두 시험을 보지 않기로 하고 공무원 시험공부를 하기로 한 먼저의 결심으로 되돌아갔다.

---

* 에리히 프롬(Erich Fromm, 1900~1980): 독일 태생으로 미국에 귀화한 정신분석학자. 멕시코 국립대·뉴욕대 교수. 주요 저서로는 《자유로부터 도피》, 《정신분석과 종교》, 《잃어버린 언어》, 《잊혀진 언어》, 《인간의 마음》 등이 있다.

가을학기가 되어 학교로 돌아온 그는 마셜의 강의를 들었다. 그는 그 유명한 경제학자가 내어준 많은 숙제물을 풀고 있었는데, 마셜은 메이너드의 해답 가운데 몇 개는 훌륭했다고 생각했다. 그는 네빌 케인스에게 이렇게 썼다. "당신의 아들은 우수한 경제학 학습을 하고 있어요. 그가 전문 경제학자가 되기로 결심한다면, 나는 매우 기뻐할 것이라고 그에게 말했어요. 그러나 물론 강요하지는 않을 것입니다." 이 학습에 더하여 그 대학의 또 다른 경제학자인 앨프리드 피구에게서 일주일에 한 번씩 아침식사 시간을 이용해 개인지도를 받았다. 그는 계속해서 책을 샀고 심리학뿐만 아니라 특히 뛰어난 '흄'의 저서들도 많이 읽었다.

이듬해인 1905년 가을에 리튼은 그 대학에서 6년을 보내고 떠났다. 그렇지만 메이너드와 그는 사도회의 형편과 가장 그럴 듯한 '태아'들과 또 누가 누구를 후원하여 회원자격을 얻도록 하고 있는가 하는 것들에 대하여 거의 매일 편지를 주고받았다. 한편으로 이 편지들의 세련됨과 중요성은, "아마도 편지 쓰는 사람에게 실제로 필요한 기질은 의심할 여지없이 여성적인 긴장이다"라고 하는 스트레이치의 의견을 뒷받침해 준다.

메이너드는 그 대학에서 아름다움이나 이기주의와 같은 주제에 관한 논문을 계속해서 읽었고, 또한 〈시간과 절대자〉라는 논문을 바탕으로 옥스퍼드의 조위트 학회에서 토의를 이끌었다. 대략 이 기간에 아리스토텔레스 학회에서 읽은 '자연과 인식의 대상에 대한 실체'에 관한 무어의 논문이 그를 매혹했다. 그러고 나서 성탄절 때 그는 집에서 케인스 가계의 역사를 소리내어 읽음으로써 그의 옛 관심사에 몰두하였다.

1905년 스트레이치에게 보낸 중요한 편지 한 통에서 케인스는 "나는 경제학이 점점 더 만족스러워지네. 그리고 오히려 적성에 맞다고 생각해. 철도를 관리하고, '트러스트'(기업합동)를 조직하고 싶어. 이 일들의 원리를 터득하는 것은 아주 쉬울 뿐더러 매혹적이야"라고 밝혔지만, 그의 관심사는 계속해서 광범위하게 늘어갔다.

그 후 일주일 정도 되어 그는 리튼에게 다시 편지를 써 "마셜이 나더러 경제학자가 되라고 성가시게 굴고는 내 논문이 대의(大義)를 위하여 도움이 된다고 추켜세우는 논평을 쓰고 있어. 그분이 그러는 데 무슨 의도가 있지 않을까? 나는 의심스러워. 만일 내가 원한다면 여기에 고용될 수 있을 거야. 그러나 이곳[케임브리지]에 내가 더 머무는 것은 죽음이나 다름없어. 다만 런던의 관직 생활 역시도 죽음처럼 무의미한 것이 되지 않을까 걱정이야. 그러므로 나는 지금 방황하고 있어"라고 전했다.

부재중인 스트레이치에게 보낸 편지에서 메이너드는 철학자인 무어에게 계속 열중한다고 썼다. "오! 나는 전향했네. 나는 절대적으로 무어와 함께 하며 모든 점에서 즉, 부차적인 특성에서까지도 무어와 함께 하네…… 무엇인가 내 두뇌 속에 들어와서 나는 바로 모든 것을 분명히 알아보았네. 모든 일은 남과 다르게 우주를 직관하는 데 달렸음을 나는 이제 알았네. 전향하지 않고는 세계를 바꿀 희망이 없고 이러한 일은 대단히 절망스럽네. 그것은 논쟁할 일이 아니며, 모든 것은 특별한 인식의 전환에 달려 있네."

매우 활발한 사교활동을 하면서도 케인스는 공무원 시험을 위해 윤리학을 공부하고 있었다. 한편 런던에 있었던 가엾은 스트레이치는 여전히 외롭게 그의 친우가 연애하는 기회를 부러워하며 미래를 꿈꾸고 있었다. "네가 공무원이 되고 안 되고는 실제로 문제가 되지 않는다고 생각해. 그렇지? 만일 공무원이 되지 않는다면 너는 특별연구원이 되어 템플(법학원) 안에 있는 연구실을 차지할 수 있지 않겠니? 너라면 어떠한 경우에도 가능하다는 것, 그것은 매우 유쾌한 일이다. 오, 나의 낙원, 내 상상의 세계는 언제 실현될는지? 만일 우리들이 실론(Ceylon: 지금의 스리랑카)에 있는 울프를 꾀어 들일 수 있다면. 물론 울프를 위한 설비로서 연구실과 손님들의 접견을 위한 부속실들을 포함해서. 너는 그보다 더 완전한 것을 상상할 수 있어? 나는 비극을 쓸 것이고 너는 정치경제학의 혁명을 일으키겠지. 스위딘뱅크는 불어로 시(詩)를 지을 것이며 덩컨은 생각할 수 있는 모든 조합과 변화를 살려 우리들의 초상화를 그릴 것이고 울프는 우리들과 우리들의 작품들을 사정없이 비평하겠지. 청춘의 달콤한 꿈들이여! 그러나 그 꿈들은 과연 얼마나 실현될 것인가!"

리튼은 메이너드의 동성애 사건에 대해서 부러워할 뿐만 아니라 마찬가지로 그의 다른 업적에 대해서도 한결 더 부러워하였다. 메이너드가 처음에 사도회원으로 선발되었을 때 리튼은 이미 그 모임의 주요 인물이었다. 그러나 케임브리지에서 케인스는 계속하여 유니언 토론회와 자유클럽의 회장이 되어 제1급의 명예를 획득하였으나, 그 반면에 리튼은 단지 제2급의 명예만을 얻었을 뿐이다. 케인스가 뒷날 킹스의 연구원이 되는 데 한층 더 야심적이었으나, 리튼은 트리니티에서 그 지위를 결코 얻지 못했으며 어머니의 노력에도 교육위원회는 그를 인정하지 않았다. 한편 케인스는 당연히 비교적 쉽게 공무원 시험에 합격했다. 그들의 옛 우정은 그들 사이의 세속적 성공과 성적(性的)인 성공의 불균형 때문에 훼손되었다. 단지 케인스가 실패했을 때만이 그들의 친교는 이전대로 회복되었다.

1906년 초 헨리 시지윅의 회고록이 나왔을 때, 그것은 즉시 케임브리지 지식층 사이에서 토론의 주제가 되었다. 시지윅은 무어(Moore)보다 몇 년 앞서 케임브리지의 윤리학 및 정치경제학 교수가 되었고 사도회원이었으며 케인스 가문의 좋은 친구였다. 그 책에 대한 메이너드의 반응은 재빨리 나타났다. 그는 스위딘뱅크에게 다음과 같이 썼다.

그 책은 매우 흥미로우나 실망스러운 내용도 담고 있어. 특히 첫 부분은 빅토리아 시대의 정신을 취급하는 역사서로서 매우 중요해. 그러나 너는 그 책을 너 자신 실제로 읽어야 해. 그는 기독교가 진실한지 여부를 알고 싶어했는데 그것이 진실하지 않다고 했고 진실되기를 바란다고 한 것 밖에는 아무 것도 쓰지 않았어.

　그가 과연 우리들에게 관심을 가졌을까. 그리고 우리들 또한 그에게 관심을 가졌을까. 의심스럽다. 그렇다면 그의 양심은 믿기 어렵다. 그의 도덕적 선에 대해서는 의심할 바 없다. 그러나 그 책은 지독하게도 마음을 짓누를 뿐 전혀 친근감이 들지 않고 명확한 필세(筆勢)도 없어. 내가 생각하기에 과거에 그는 친숙한 사상을 지닌 인간이었으나 이제 그는 종교적 회의를 느낄 뿐 어떤 친근한 사상도 지니고 있지 않은 것 같아. 그리고 그는 좀더 빨리 그러한 회의를 실제로 극복했어야 했어. 왜냐하면 그는 사물이란 시초부터 아주 만족스러울 만큼 진실하지는 못하다는 것을 알았기 때문이야. 마지막 부분은 모두 유령과 밸푸어(1848~1930, 영국 총리) 씨에 관한 것이고. 나는 그렇게 단조로운 책이 그토록 흥미진진한 것을 지금까지 결코 발견하지 못했어.

　리튼은 더 명확한 말로 그 책에 대한 반응을 이렇게 요약했다. "그들은 얼마나 무시무시한 시대를 살아왔던가! 그것은 유리상자와 같은 시대였어. 그들의 장식품과 함께 그들 자신도 유리상자 밑에 남겨졌어. 그들이 사람에 대해서나 신에 대해서 어떤 기본 문제에 공정하게 대응하지 않은 것은 처음 보기에는 겁쟁이처럼 보여. 그러나 그것이 그들 자신에게서 나오는 것이건 또는 어떤 사물이나 어떤 다른 사람들을 꿰뚫어보는 것이건 단순히 타고난 통찰력이 부족한 결과라고 나는 믿어. 그들은 유리에 둘러싸여 있었어. 얼마나 참을 수 없었을까! 너는 또한 그들이 거의 모두 육체적으로 성 불능이었다는 사실을 알았니? 시지윅 그 자신, 매튜 아널드, 벤자민 조위트, 프레더릭 리튼, 존 러스킨, 조지 프레더릭 와츠 등. 유리상자를 통하여 성교하는 것은 너무도 어려운 일이야."

　케인스와 스트레이치가 시지윅의 빅토리아 시대 윤리에 대하여 품고 있던 반감은 물론, 리튼이 《탁월한 빅토리아 시대의 사람들》이라는 작품을 쓰기 오래 전에 그들이 옛 생활양식과 그 가치에 대하여 혐오감을 느꼈다는 것을 밝혀준다. 그들의 반항은 진실로 아들이 아버지의 가치를 재평가하는, 유형의 세대간에 느끼는 반항이었다. 로버트 올은 그의 권위 있는 연구논문인 〈1914년의 세대〉 속에서, 이전 세대의 사상과 가치에 대한 반항심이 제1차 세계대전 전의 유럽의 젊은 세대간에 광범하게 퍼져 있었다는 것을 의심할 여지없이 보여주고 있다. 그는 영국에 있는 그러한 현상에 대하여 저술하면서 케임브리지의 "이들 특권을 누리는 젊은 지식인들은 19세기와 빅토리아풍에 대하여 영국 지배계급에 전형적인 자제(自制)의 표현과 바른 예절을 갖추어 반항하고 있었다. 그들은 무어에게서 윤리학을, 웹스에게서 정치학을, 입센과 조지 버나드 쇼에게서 성관계에 대한 몸가짐을, 웰스(H. G. Wells)에게서 그들의 미래상을 배웠으며 예술과 문학관은 로저 프라이와 E. M. 포스터에게서 터득했음이 틀림없다. 그들은 현대식으로 되는 것을 원했다"고 진술한다. 무어가 케인스에게 끼쳤던 영향에 대해서는 이미 앞에서 언급했지만 입센과 쇼와 웰스의 감동적인 사상이 또한 그를 매료했다는 충분한 증거가 있다.

아마도 케인스가 두 번째의 우등졸업시험을 치르지 않고 그 대신 공무원 시험을 준비하기로 결정한 것은 시지윅 시기의 윤리에 대한 이와 같은 불만의 반영이었다. 마셜이 집요하게 졸라댔음에도 그는 (경제학자가 되는 대신) 런던에서 살기로 결심했다. 그는 그의 스승에 대해서 경제학 분야에서는 매우 위대한 사람이라고 생각했지만 "개인적인 품성은 좀 모자란다"고 느끼고 있었다. 다른 한편 그는 마셜 부인이 매력 있다고 느꼈다. 나중에 그가 그 케임브리지 대학 교수를 경제학자로서 찬양하는 전기논문을 쓰고 있었을 때, 그는 해러드에게 마셜은 아주 불합리한 인물이라고 사적인 대화를 하면서 말했다. 그 어른의 교화는 젊은 케인스에게는 분명히 벅찬 것이었다.

이 즈음에 케인스는 버트런드 러셀의 첫째 부인인 앨리스 스미스에게서 초청을 받았는데, 그것은 투스카니로 떠나는 한 독서회의 자동차 여행에서 그가 러셀 부인의 자매인 메리 베런슨과 동행하는 것이었다. 뉴 칼리지의 학생이며 철저한 옥스퍼드의 유미주의자인 제프리 스콧(Jeoffrey Scott)도 그 모임에 참석하게 되어 있었다. 그는 22세로 메이너드보다 한 살 아래였으며 정말로 매우 세련된 인물이었다. 그는 일곱 남매 가운데 막내아들이었고, 그의 아버지는 번창하는 마루 자재업자였으며 어머니는 "유별나게 굳세고 독창적인 인물들이 많은 대가문 출신"이라고들 하였다. 젊은 스콧은 창의성이 매우 풍부하였으며 인습에 얽매이지 않았다. 겉보기에 그는 키가 크고 날씬하고 근시였다. 그의 머리칼은 보통 헝클어져서 자신을 돌보지 않는 지성인 같은 매력적인 인상을 풍겼다. 그는 즐겁게 이야기하기를 좋아하는 사람이었고, 이야기와 재치 있는 대화로 사람들을 밤늦게까지 잡아둘 수 있었던 진정한 이야기꾼이었다. 메이너드는 그러한 즐거운 동료 덕에 휴일의 유혹을 물리칠 수 없었다. 그래서 곧 그들은 여주인의 집에 모였다. 거기서 스콧의 이야기를 듣는 사람들은 레이와 카린 코스텔로[베런슨 부인과 그녀의 첫 남편 사이에서 태어난 딸들], 메리 베런슨 자신, 국제적으로 유명한 미술평론가인 버나드 베런슨 씨 등이었다. 환경은 피렌체가 내려다보이는 아주 멋진 저택인 아이 타티(I Tatti)였는데 그 당시에는 막 세를 주고 있었으나 그 후에는 놀라울 정도로 아름다운 집으로 바뀌었다. 메이너드는 그곳과 그곳에서 지낸 시간을 리튼에게 이렇게 써 보냈다.

"믿을 수 없을 정도로 안락했어. 삼나무와 태양과 달, 경탄할 만큼 아름다운 정원들과 저택들, 그러한 가운데서 우리들은 피렌체 위로 높이 솟아오른 지점으로 매일 소풍하며 이탈리아다운 게으름덩어리가 되어 버렸지. 우리들은 점점 늦게 잠자리에 들고 하루에 다섯 끼를 먹는 방법을 서서히 터득하게 되었다네."

케인스가 그녀를 묘사한 것과 같이 "이탈리아다운 것으로 충만하고 돈이 풍부한" 그 가족의 어머니인 메리 베런슨은 자동차 여행에 들어가는 모든 비용을 지불했으며 심지어 미술관 입장료까지도 지불했다. 그래서 그들은 거의 언제나 웃으면서 아름다운 투스카니의 시골을 자동차로 여행했다.

"이탈리아의 시골은 그야말로 아름답고 인기 있는 것이다. 나는 지금까지 이보다 더 즐거운 일주일을 보낸 적이 없다고 생각한다"

케인스는 겉으로 보기에는 레이 코스텔로와 어느 정도 사랑에 빠진 것 같다. 그러나 스콧은 남을 즐겁게 하는 한편 "나와 레이만을 결코 따로 두지 않으려고 그 자신에게는 최대로 불편한 시도를 함으로써 나를 화나게 한다. 모든 사람들이 가끔 우리들을 따로 있게 하려고 하였으나 그는 전혀 금지한다"고 리튼에게 써 보냈다.

매우 자유로웠던 부인인 메리 베런슨 여사는 결혼에 다소 실망해서 낭만적인 기분풀이를 찾고 있었다. 그 후에 메이너드에게 써 보낸 편지에서 스콧은 부인이 모피스의 밤(그리스 신화에서 꿈의 신과 잠의 신이 즐기는 밤)이라고 부른 저녁에 그와 밀회를 나눴다는 말을 했다. 또 부인은 도버(Dover)에서 그를 다시 만나기를 원한다고도 했다. 그러나 "이것으로도 벅차다. 부인은 그래도 마음씨가 좋은 사람이다. 그리고 나는 내가 꿈속에서 푸른 비단 잠옷을 입고 있는 것을 본다. [그녀는 표준 치수보다 적은 치수의 옷을 동시에 몇 벌 주문하여 런던의 일류 상점들이 즐비한 본드 스트리트 양복점을 즐겁게 한다.] 이것은 얼마나 즐거운 앨리스토 패니스(그리스의 극작가)풍의 비유가 풍부한 세계인가! 그러나 너라면 내 역할을 다르게 했을 것이다. 나는 그러한 상황에 어울리지 않는다. 기회를 포착하여라."

메이너드가 이렇게 이탈리아에서 사치 속에 파묻혀 일주일을 머물렀고 스콧은 한 달을 체류했다. 정말 교활한 메리 여사는 애인을 수년간 자기 곁에 있게 하였다. 후에 스콧은 사서장(司書長)의 소임을 맡아

베런슨 여사의 저택에 돌아왔다. 그리고 그 저택이 수리될 때 그는 건축가로 고용되었다. 진실로 그는 많은 일을 한 사람으로서, 예컨대 계속해서 《인문주의 건축》이라는 유명한 책을 썼는데 그것은 버나드 베런슨이 자신의 저서에서 대량으로 부당하게 베껴썼다고 주장하는 책이었다.

메이너드가 아이 타티를 최초로 방문했던 것에 관하여 말하면, 그 방문은 그와 스콧에게는 유쾌한 휴일이 되었으나 한편으로는 불안하게 하는 계기가 되었다는 것을 알아야 한다. 얼마 뒤에 스콧은 케인스에게 그가 베네치아에서 베런슨 부인의 천진난만한 아이들과 친구가 되도록 초대받았다는 소문을 그 부인이 듣고 있다며 그를 조심하도록 그녀에게 경고하는 편지를 받았다고 편지를 썼다. 스콧은 (부인이 받았다는) 그 편지를 인용하면서 이렇게 계속했다. "이 젊은이는 옥스퍼드에서 오스카 와일드의 한탄스러운 습관을 신봉하는 사람으로 알려져 있다. 그와 내가 이름을 댈 수 있는 그 친구 몇몇은 '가장된 우정'이라는 구실로 가장 부자연스럽고 충격적인 형태의 악을 숨기고 있다. 재미있는 일, 그것이 무엇인가? 당신과 나는 머지않아 결점을 찾아낼 것이다. 만일 당신이 일을 시작하면 나는 당신이 언론계에 소동을 일으키고 내무장관에게 탄원하도록 돌볼 것이다.…… 자신이 악명 높은 인물임을 알게 된 것은 매우 충격일 것이다. 그러나 나는 그 부인이 그 다음의 일을 하는 것은 자기의 의무로 생각할 수 있을 것인가에 대해서는 단지 조금 걱정된다. 나는 만약 다른 사람들 예를 들면, 경찰이 이러한 경고를 받고 있다면 어떨까 하고 생각해 본다."

이탈리아에서 휴일을 보내고 집으로 돌아오는 길에 메이너드는 독일에 잠깐 들러서 거기에서 등산여행을 하고 있는 동생 제프리를 찾아갈 계획을 세웠다. 제프리는 그 계획에 답하여 형을 보면 기뻐할 것이라고 말했으나 그의 형이 자동차 여행을 했다는 것에 대해서는 놀라움과 의아함을 나타냈다. "자동차를 반대하고 자동차 공포증에 걸린 사람으로서 어떤 형태의 자동차 타기도 조롱하였던 형이 모든 자기 원칙을 그렇게 갑자기 바람에 날려 보내고 멸시받고 가증스러운 악마의 작품인 운반구의 하나를 타고 일주간이나 여행을 다녔다는 것은 무엇을 의미하는가? 아마도 그것은 매력이 있는 아름다운 여인에 대한 꿈이다[베런슨 부인이 누구인지 나는 지금까지 들어본 적이 없다]. 그러나 이번 일은 사실 같지 않다. 그리고 나는 형이 기분 전환의 마력에 무조건 굴복해 버린 것이라고 생각하고 싶다."

이 편지로 보아 그 당시 19세였던 제프리가 형의 성(性)적 경향을 알고 이탈리아 여행의 배후에 무엇이 있었던가를 날카롭게 끌어냈다고 결론 지을 수 있다.

메이너드는 영국에 돌아오자마자 공무원 시험을 위하여 역사와 정치학 공부에 온 힘을 쏟았다. 공무원 시험 날짜가 닥쳤을 때 언제나 아들의 건강을 염려하였던 케인스 부인은 8월 3일부터 25일까지 무자비하게 지속된 그 시련의 기간 동안 런던에 아파트를 얻었다. 메이너드는 그가 그들의 대부분을 무능한 패라고 경멸했던 수험생들 가운데 열 번째 안에 들어갈 것을 지금 확신하면서 끝없는 답안지를 열심히 작성해 나갔다. "내가 그들의 대부분을 보았을 때 나는 인도 제국을 몹시 걱정했다"라고 제임스 스트레이치에게 썼고, 리튼에게는 "나는 밤낮으로 그칠 새 없는 여러 종류의 시험을 보느라고 극도로 허약해져서 브랜디에 의존하게 되었네. 오 하느님! 여기서 나는 영국사에 관하여 두세 시간 동안 답안지를 쓰는 사이 잠시 쉬고 있네. 그리고 지난밤에는 겨우 한 시간 반 잤을 뿐이야. 나를 위하여 기도해 주게"라고 말했다.

시험 결과를 기다리고 있는 동안에 케인스는 성(姓)이 스트레이치인 두 사람과 해리 노턴과 함께 휴식도 취하고, 그가 가장 흥미를 느끼는 과목인 확률론에 관한 공부도 할 겸 스코틀랜드로 떠났다. 그는 분명히 킹스의 연구원 장학금 지망자로서 이 주제에 관한 논문을 제출하기로 결심했다. 그 대학은 매년 시험 성적이 우수한 소수의 학생에게만 장학금을 지급했다. 만약 그가 이 장학금들 가운데 하나를 받는다면 공무원직을 택할 필요가 없을 것이다. 장학금 지급액이 비록 소액이라 하더라도 그것을 받는 것은 영예이며, 그가 케임브리지 생활로 돌아올 것을 결심한다고 생각한다면 그것은 그에게 하나의 대비책은 될 것이다. 존 네빌은 메이너드가 '확률'에 관한 공부를 시작한 것을 만족스럽게 여긴다는 것을 알아차리고 그의 공부법이 아주 새롭다고 말했다.

공무원 시험을 주관하는 당국은 시험이 끝난 후까지 각 성(省)에서 새로 보충할 결원의 명단을 발표하지 않았다. 케인스의 흥미를 끄는 것은 단지 재무성과 인도성 두 곳이었다. 1906년 9월 늦게 시험결과가 나왔을 때, 그는 104명의 지원자들이 모인 경쟁에서 2등을 했다. 아버지는 시험준비가 턱없이 부족했던 것을 고려하면 훌륭한 성적이라고 말했다. 오토니메이어가 첫째를 하고 재무성을 택했다. 따라서 케인스는 인도성을 택할 수밖에 없었다. 그는 시험 성적에 격분했다. 그는 경제학 시험에서 8등이었거나 아니면 9등이었고, 수학보다는 영국사에서 더 좋은 성적을 냈으며, 정치학과 논리학, 심리학과 논문에서는 1등이었다. 그의 독특한 평은 "나는 분명히 시험관들보다 경제학에 대해서 더 많이 알고 있었다"는 것이었다.

그때 리튼은 시험 결과에 대한 메이너드의 태도를 훌륭하게 묘사한 재미있는 시를 썼다.

한 사람의 유해(遺骸) 여기 누워 있나니
그는 언제나 의무를 다했으며
식탁예절은 깔끔했고
그가 할 수 있는 만큼 사랑했었네.
자주 농담을 즐겼고, 더듬거렸지만

그의 말에는 늘 요점이 있었으며

예리하고 정중했던 자유주의자요, 비역쟁이,

무신론자이고 통계학자였네.

야심이 없고 명석한 사람이며

법석을 떨지 않는 대변인으로

무어와 러셀의 추종자였네.

사실 그는 모든 점에서,

당대의 특징을 겸비한 자였다.

축복받은 재앙과 저주받은 은총으로

그는 기대했던 1등을

차지했을 뿐만아니라

또 한편으로는 2등도 차지했네.

1등을 하고서는 얌전히 자랑했고

2등을 하고서 그는 죽었네.

— 1906년 9월, 옛 친우 존 메이너드 케인스를 추모하며

그의 편지를 보면 이 기간 동안 케인스의 내면 생활을 잠깐 살펴볼 수 있으나 주목할 만한 중요한 편지는 둘뿐이다. 첫 번째 편지는 1906년 6월 20일자에 리튼 스트레이치에게 보낸 것으로 거기에서 메이너드는 틀에 박히지 않은 견해를 발표하는 문제에 귀착하여, 여러 가지 주제에 관한 그들의 의견이 너무 격렬해서 발표할 수 없지 않을까 하고 문의했다. 그렇게 생각하는 것이 우스운 일이라면 그들이 개혁운동에 참가해야 한다고 그는 말했으나 그들은 그러한 목표를 이루고자 온건하고 점진적인 방법을 사용해야 한다고 촉구했다. 그는 그 문제를 강렬하게 느끼고 있었고 감탄사를 써가며 보수성을 띠는 대중의 태도에 대한 자신의 감정을 나타냈다. 이 편지는 이러한 문제들에 관한 그의 정서의 깊이를 보여주고 그 뒤의 사회개혁에 대한 그의 관심을 설

명해 주는 데 도움이 되기 때문에 중요하다. 더 한층 통렬한 어조를 띠고 있는 두 번째 편지는 약 3년 뒤에 메이너드가 그의 아버지에게 써 보낸 것으로, 집에 도착한 어떤 우편물에 관한 것이었다.

"케임브리지의 의료담당 직원이 보낸 하나의 흥미로운 보고서가 어머니에게 배달되었습니다. …… 그 편지에는 고학년 학생들의 3분의 1이 변형(變形)이라고 적혀 있어요![그들의 기준으로 보면 나도 변형일까요? 의아스럽습니다]"

1906년 가을에 케인스는 하급 사무원으로 채용되어 인도성에서 근무하기 시작했으며 1908년 여름까지 거의 2년간 거기에 있었다. 동시에 그는 '확률' 공부를 하기에 바빴다. 처음에는 업무가 매우 더딘[때때로 그는 하루 평균 한 시간의 공무를 수행했다] 군사국으로 임명되어서, 그가 논문을 작성할 시간은 충분했다. 그의 첫 공무는 에어셔(스코틀랜드 서남부의 주) 종의 황소 열 마리를 봄베이(뭄바이)로 탁송(託送)하는 것이었다. 그는 이 업무와 또 다른 업무들을 상관들이 만족할 정도로 완수해 상관들은 그에게 주재(駐在)사무원 자리를 마련했으나 그는 저녁 시간에 공부를 하려고 했기 때문에 그 자리를 거절하였다.

1907년 3월이 시작될 무렵, 그는 세입통계 및 상무담당국으로 자리를 옮겼는데 그곳에서는 할 일이 많았다. 그는 독일과의 통상협상과 페르시아만에서 있었던 러시아와의 충돌, 또 인도에서 아편 규제에 관한 것 등 그 국으로 들어오는 모든 서류를 읽었다. 그리고 인도에서의 황마무역에 관한 매우 실제적인 외교각서를 준비하였다.

자문위원회에 처음 참석한 뒤 그는 위원들을 경멸하였다. "그 일은 단지 노망든 사람들이 관리하는 일이다. 최소한 참석자들의 반은 분명히 노망들어 쇠약해 보였고 그 나머지 사람들은 말이 없었다."

그는 관료제도에 대해서 못마땅해 하고 이를 비판했지만 자율적인 사람이 늘 그렇듯이 이윽고 이 새로운 국(局)에서는 일을 훨씬 더 좋아하게 되었다. 그래도 그는 인도성의 직책에 대해서 매우 만족하지 못했다. 그래서 1907년 9월경 "나는 이 자리에 완전히 싫증이 나서 사직하고 싶다. 이제 참신한 것은 점차 사라져서 열 시간 중 아홉 시간은 지루하게 보내며 그나마 내 마음대로 할 수 없을 때면 남은 한 시간도 억지스럽게 짜증을 내며 보냈다. 네가 옳다고 확신할 때 너를 무력하게 할 수 있는 사람이 서른 명이 있다고 한다면 정말 미칠 노릇이다"라고 그는 스트레이치에게 알렸다.

메이너드는 이 기간 동안 런던의 세인트 제임스 코트에 플랫식 아파트를 얻어 살고 있었다. 그는 거기에서 리튼이나 다른 사람들과 함께 소풍을 했고 열광적으로 여성참정권을 옹호했다. 또 파리에 가서 덩컨 그랜트를 만났다. 덩컨 그랜트는 '블룸즈버리'(Bloomsbury: 런던의 한 지구. 학자 및 작가들이 많이 살았다) 시절에 메이너드와 리튼과 다른 사람들의 삶에 큰 역할을 할 것이므로 그의 배경을 알아 둘 필요가 있다. 덩컨은 스트레이치를 통하여 케인스와 만났다. 그는 스트레이치 부인의 막내 남동생인 바틀 그랜트 소령의 외아들로서, 메이너드가 태어난 지 거의 2년 뒤인 1885년 1월에 대대로 내려오는 옛집이 있는 로시머처스에서 태어났다. 그의 부모가 아기를 낳으려고 인도에서 그곳으로 돌아왔다. 그러나 덩컨은 어린 시절을 대부분 인도에서 보냈으므로 아(亞)대륙의 색채와 자극은 그에게 오래도록 인상을 남겼다.

초등학교에 갈 만큼 나이가 들었을 때 그는 영국으로 가게 되었고 럭비에 있는 힐스버러 초등학교에 다녔다. 그곳에서는 사촌인 제임스 스트레이치와 루퍼트 브룩(1887~1915, 영국의 시인)이 또래였다. 그는 휴일을 스트레이치와 함께 랭커스터 게이트 69번지에 있는 지나치게 구식인 건물에서 보냈는데 리튼은 어떤 수필에서 그 건물을 매우 익살스럽게 묘사했다. 1899년 봄 기숙학교의 두 학기가 끝난 뒤 그는 통학생으로 세인트 폴 학교에 다니면서 스트레이치와 함께, 또는 휴가를 얻어 영국에 돌아와 있던 그의 부모와 함께 살았다.

세인트 폴 학교에서 덩컨은 군사반에 배치되었는데 그것은 아들이 군인이 돼서 자신의 뒤를 이어야 한다고 하는 아버지의 생각 때문이었다. 그러나 덩컨은 수학에 대한 적성이 조금도 없었다. 그러한 사실은 덩컨이 군인이 될 가능성을 배제했다. 미술 선생은 덩컨이 사생과 회화에 재능이 있음을 알아보았다. 결국 스트레이치 부인이 덩컨의 부모를 설득하여 그를 웨스트민스터 미술학교에서 공부하도록 했다. 덩컨은 거기에서 1902년부터 1905년까지 공부했다. 덩컨은 또한 도로시 스트레이치와 결혼한 프랑스 미술가인 시몽 뷔시의 영향을 받았다. 시몽 뷔시는 그 풋내기 학자에게 특히 옛 거장들의 작품을 베껴 그리도록 하는 조언을 많이 해 주었다. 1904년, 젊은 그랜트와 그의 어머니는 겨울 동안 피렌체에 가 그가 우피치 화랑과 이탈리아의 다른 화랑에서 옛 거장들의 작품을 모사할 기회를 많이 가졌다.

덩컨은 리튼이나 메이너드나 또 다른 대학 친구들에 견주어 교육을 비교적 덜 받았지만 다른 이점이 있었다. 그는 용모가 잘생기고 매력 있는 개성과 매우 훌륭한 지성을 소유하고 있었다. 훗날에 작가인 데이비드 가넷은 그가 알았던 사람들 가운데 그랜트가 가장 유쾌한 친구였다고 술회했다.

그랜트는 아니꼬운 것은 생각하지 않는 명랑한 정신의 소유자였고, 모든 것을 집중해서 관찰하고 즐기며 그러한 것에 관심을 가졌다. 그가 이해했던 사물을 사람들 대다수는 알아보지 못했다. 사람들은 함께 길거리를 걸으면 되었고 이러한 것을 발견해 내는 것은 그였다. 그는 벌어지고 있던 자잘한 극적인 사건 모두를 본능적으로 간파했다. 가넷은 덩컨이 아버지를 닮아서 음악적이며 스코틀랜드의 릴춤과 칼춤을 멋지게 출 수 있었다는 말은 하지 않았다. 그는 방종한 기분으로 남을 흉내내거나 집적거리고, 장난치는 사람이기를 바랐다. 사람들은 메이너드와 리튼 두 사람이 쾌활한 것을 좋아했기 때문에 그가 그 둘의 마음에 들었다는 것을 알 수 있다.

리튼은 그가 아직 어린 소년이었을 때 그의 사촌을 좋아했다. 그러나 더 나이가 들자 그의 우정은 애정의 성격을 더 많이 드러냈다. 그는 레너드 울프*에게 보낸 편지에서 덩컨을 이렇게 묘사했다.

"그의 용모는 솔직하고 대담하며 반드시 난폭한 것은 아니다. 그것은 숨김없는 푸른 눈과 비길 데 없이 색정을 돋우는 입술을 한 완전히 독수리 같은 얼굴이다."

홀로이드의 말에 따르면 리튼이 불안정했던 것은, 그가 자기 개성을 버리고 좋아했던 사람의 개성을 닮으려 했기 때문이다. 그는 자신의 정체성에 혼란이 일고 케임브리지를 떠나 하려던 일에 대하여 혼란을 일으켰으므로, 그 자신을 다른 사람의 주체성 속으로 침잠하려고 했다. "아마도 내가 예술가가 아니라는 것이 진실이다. 그러면 나는 도대체 무엇인가?"라고 그는 썼다.

이러한 기분에 싸여 리튼은 덩컨을 인류에게 알려진 예술가 가운데 가장 독창적인 방법으로 일하는 천재라고 여기게 되었다. 따라서 그는 케인스에게 그의 사촌에 대해 이렇게 썼다. "알다시피 그는 모르는 게 없었고, 아마도 우리들보다 더 훌륭해. 나는 일종의 동경심을 가지고 있어. 사람들이 덩컨에 대하여 지껄이는 말을 들을 때면 내 마음은 비밀스러운 자랑으로 채워져."

덩컨에 대한 리튼의 사랑은 1905~1906년 겨울, 그가 클라이브 벨에게 다음과 같은 편지를 쓴 것으로 잘 드러났다.

"나는 희망도 없이 끝내 사랑에 빠졌어. 나는 너무 큰 희열을 맛보아서 신에게 감사하고 울면서 잠들고 싶어."

그러나 덩컨이 사랑에 응해 주는 것인지 어떤지를 리튼이 의심했을 때 이러한 병적인 쾌감 뒤에는 보통 실망이 뒤따랐다. 덩컨이 실제로

---

* 레너드 울프(Leonard Woolf, 1880~1969): 런던에서 출생. 문인(文人), 출판업자, 정치활동가. 부인인 여류 소설가 버지니아 울프와 더불어 미술가들 및 문학가들로 구성된 블룸즈버리 집단을 형성하는 데 중요한 역할을 했다. 또 활발한 저술활동을 통하여 국내 및 국제정치에 상당한 영향력을 행사했다. 예를 들면 국제연맹과 국제연합 및 복지국가의 기초를 쌓는 정책적 이념에 기여했음.

그를 좋아하지 않았다는 것과 그래서 그를 피하고 싶었다는 요지의 말로 실감이 들 때까지, 리튼은 헤리포드셔(영국 서남부의 주)의 레드버리에서 그 젊은 미술가와 휴일을 함께 보내면서 더없이 행복했다. 그러나 그는 지금 비참하게 되어 죽음까지도 생각했다.

그의 불안에도 불구하고 그해 봄 둘은 함께 프랑스로 떠났다. 덩컨은 파리에서 그림을 그릴 예정이었고, 리튼은 망통에 가서 그의 숙모인 콜빌 부인 집에 머무를 작정이었다. 늙은 과부들과 신체가 마비된 어른들 사이에서 언뜻 보기에 품위 있는 모습을 지닌 그가 거기 있는 동안, 덩컨에게서 덕워스가 자기와 함께 있으며 "나는 덕워스에게, 또 덕워스는 나에게 쏙 빠졌다"고 전해주는 한 편지를 받았다(이 사람은 케인스가 전에 스트레이치에게서 빼앗아간 사람과 동일인인 '덕워스' 또는 '디커'였다). 리튼은 지금 이 복잡한 '새로운 형태'의 동성애에 대하여 의아하게 생각하기 시작했다. 한정(限定)이나 논리도 없이 가능한 모든 순열과 조합으로 생각해도 누가 누구를 사랑했는지 알 수 없었다.

그 불행한 사건으로 무감각해지고 충격을 받은 리튼은 가능한 한 빨리 망통의 먼지를 떨어버렸다.

이 곳은 몹시 불쾌할 만큼 나른하게 하므로 건강을 은근히 해친다고 덩컨에게 편지를 써 보내고 리튼은 파리로 향했다. 도중에 그는 심한 열병에 걸려서 비참하고 낙담하여 의사의 치료를 받으며 며칠을 침대에 누워 있어야 했다. 그는 케인스에게 편지로 새소식을 알렸다. 그리고 그 후 랭커스터 게이트의 집에서 수 주일 더 치료를 받으며 절망 속에 빠져 있다가, 그가 늘 메이너드의 주의를 끌었던 것처럼 그의 고백자 형제에게 다시 편지를 썼다. "그 작은 악당이 나를 당연히 경멸한 것은 나에게는 가장 비열한 불명예야. 그가 나를 눈물나게 하고, 나의 포기와 실패 그리고 슬픈 포옹을 불명예스럽게 했던 것을 나는 참을 수 없어. 나는 전 세계를 뒤흔들어 먼지와 재로 만들고 싶어! 뒈져버려라! 뒈져버려라! 뒈져버려라!"

만약 이 같은 사태가 리튼의 마음을 흔들어 놓았다면 훨씬 더한 불행이 또 오게 되어 있었다. 그는 덩컨을 케인스에게 소개했으나 그들이 서로 매력을 느낀다는 것을 깨닫지 못했다. 실제로 메이너드는 부활절 휴가를 파리에 있는 덩컨의 집에서 보냈고, 1907년 가을에 벨그레이브 로드에 그와 함께 아파트 하나를 얻었다. 리튼이 이 소식을 들었을 때 그는 완전히 기가 꺾였다. 그가 이해하기 어려운 성질과 책임감이 결여된 덩컨의 성격에 대하여 메이너드의 주의를 환기하고, 덩컨에 대한 메이너드의 정열이 부족함을 조롱하면서 두 사람에게 편지를 써 보내고 있는 동안 쭉 그들은 서로 깊숙이 사랑에 빠져 있었다. 그 '배반한 친구'들에게 그가 할 수 있는 가장 좋은 반응은 명백히 애타적이어야 한다고 결론 지으면서 그는 [홀로이드는 케인스가 인생의 어느 때보다도 그 당시를 더 혐오했다고 말한다] 케인스에게 "메이너드, 나는 우리가 너무 오랫동안 친구로 지내왔으므로 이제 와서 친구 사이를 끊을 수 없다고 생각한다. 내가 생각하지 않으려고 하는 몇 가지 사건들이 있다. 너도 그 점에서 나를 돕도록 최선을 다해야 한다. 그리고 너는 내가 너를 동정하며 미워하지 않는다는 것과, 또 네가 지금 여기 있다면 나는 아마도 네게 입맞추어 줄 것이라고 생각해야 한다. 그것은 덩컨이 질투하지 않을 경우에 그렇지만 그가 결코 시기하지는 않겠지!"라고 써 보냈다.

메이너드의 대답은 애절하였지만 간략하였다. "너의 편지는 나를 울린다. 그러나 나는 그것을 받아서 매우 기쁘다." 그는 리튼에게 자기를 찾아오라고 청했으나 거절당하자, 자기와 함께 이사도라 덩컨(1878~1927, 미국의 세계적인 현대 무용가. 프랑스 니스에서 교통사고로 사망)의 춤을 보러가고 싶지 않은가 하고 물어보았다. 리튼은 회신 가운데서 말장난과 초대를 무시하고 그 대신 케인스에게 그가 킹스에 있는 그의 연구실에 놓도록 몇 권의 책을 보냈다고 알렸다. 메이너드는 다시 답장을 써서 그에게 책을 보내준 것에 대해서 감사를 표시하고,

"오, 리튼. 네가 이렇게 행동하다니 정말 훌륭하구나"라고 말했다. 이와 같은 전술이 덩컨에게도 효과가 있었다. 리튼은 가난한 미술가가 런던에서 받고 싶어했던 어떤 미술 교습을 받도록 요금을 지불하겠다고 제안했다. 그러나 덩컨은 "너는 너무 친절해서 내가 울음을 터뜨리게 했다. 나는 네가 그토록 완전하고 착하고 관용한 점에 견딜 수 없으며 나를 그렇게 상반된 감정 속으로 던져 넣은 네가 잔인하다고 생각한다." 덩컨은 분명히 그의 사촌의 위선적인 관용을 꿰뚫어 보았다.

리튼은 덩컨에게 보낸 한 통의 애처로운 편지 속에서 "세상은 너무도 현기증 난다. 실제로 그렇다"라고 썼고, "오! 주님이시여, 주님이시여, 우리들은 왜 이렇게 뒤틀리고 말라붙은 세계에서 살아갑니까? 나는 마치 어떤 사람이 몽블랑 꼭대기에 떨어뜨린 손수건처럼 뒤바뀌고 잘못 놓여졌다는 느낌이 듭니다"라고 탄식하였다. 그는 메이너드와 덩컨의 정사(情事)가 단지 '용두사미'가 되기를 희망하고 있었으나 여름이 되어 그는 곧 그 일이 그렇지 않다는 것을 깨달았다. 그 당시에 덩컨은 스코틀랜드 북쪽 해안에서 떨어져 있는 오크니 제도에 있었다. 그는 메이너드에게 휴일을 보내기에 완전한 장소를 발견했다고 편지했다. "래커위크는 조금 큰 어촌 마을로 해안에서 위로 약 10마일쯤 떨어진 거리에 있어. 그 마을에 이르는 길은 없고 이 지방에서 제일 높은 바위 근처의 깎아지른 듯한 대서양 위 오른쪽에 있다. 그 마을 사람들은 미신을 믿고 근친상간이 너무 흔해 자주 발광한대. 그들 가운데 한 사람이 미국 원주민이고, 다른 사람들은 스페인 무적함대의 잔존자들과 아이슬랜드 무용담에 나오는 영웅들의 피가 섞인 사람들이야. 승려도 교회도 경찰도 전혀 없어. 우리들이 즉시 거기에 가는 것이 좋다고 생각지 않니? 내가 오늘 그 마을을 조사할게."

메이너드는 즉시 이 외딴섬에서 그의 연인과 함께 두 달을 머물렀는데 리튼은 이것을 '밀월여행'이라고 불렀다. 그것은 꼭 막간의 연애극만은 아니었다. 왜냐하면 메이너드가 '확률'에 대해서 사색하고 집필하면서 하루에 다섯 시간을 보내는 동안, 덩컨은 풍경을 스케치하고 지금도 킹스 칼리지에 걸려서 사람들의 눈길을 끄는 친구의 초상화를 그렸다.

덩컨을 잃고 여전히 쓸쓸했던 리튼은 멀리 실론에서 공무원으로 일하고 있었던 케임브리지의 옛 친구인 레너드 울프에게 긴 편지를 쓰는 데 정신을 쏟았다. 그리고 "나는 일주일이 넘게 그들[덩컨과 메이너드]에게서 아무 소식도 듣지 못했지만, 그들이 싸웠거나 서로의 정체를 알아내기 시작했으리라고 기대해. 나는 그들이 함께하자고 부른다면 놀라지 않고 그렇게 할 거야. 신이여! 그들의 결합은 정신나간 짓입니다. 깜짝 놀랐지? 우리들은 다소간 교환하고 결합한다. 나는 결코 메이너드와 사랑에 빠진 적이 없고 홉스와도 결코 교접한 적이 없다. 그러나 이 순간 더 이상 예외를 생각할 수 없다"고 써 보냈다.

2주일이 못 되어 리튼은 그러한 생각이 그저 바람일 뿐이라는 것을 슬픔에 잠겨 인정하였다. "케인스의 정사(情事)는 조금도 싫증나게 하지 않았다. 전원시와 같은 편지들이 오크니 제도에서 와. 쪽빛 하늘과 푸른 바다, 그리고 매우 쾌적한 침실들, 모두 남부럽게 하는 것들이야. 아! 지금 나의 신변에 남은 거라곤 상상력이 전부야. 나는 자의 반 타의 반으로 나돌아다니고, 상상할 수 있는 것들을 곰곰이 생각해. 나는 민감한 젊은이들이 힐끔힐끔 보는 가운데 극장 안을 어슬렁거려. 그리고 침실과 거실 겸용의 나의 아파트에 돌아와 너를 떠올리고 일상의 모습으로 되돌아와서 너에게 편지를 써."

그 가을과 겨울 내내 리튼은 덩컨과 메이너드의 정사 때문에 사랑받지 못했고 버림받았으며 거부당한 느낌으로 지냈다. 그는 그들에 대해서 점점 더 비통하게 느꼈다. 그러고는 레너드 울프에게 보낸 편지에서 갑자기 이렇게 외치기 시작했다. "창자를 꺼내줄 만큼 네가 좋아하는 어떤 사람이 케인스에게 몸을 파는 사실을 알고서 그런 일을 상상하는 고문을 너는 짐작할 수 있어?" 그는 결국 자신의 친구를 오랫동안 비난하는 가운데 가슴속 깊이 가득한 분노를 다음과 같이 터뜨렸다.

나이 많은 케인스에 관해서 말하면 그는 완전히 의기소침해졌어. 그것은 정말로 놀랄 만큼 그의 정체를 드러낸 좌절이야. 만약 언젠가 한 인간 정신의 운이 다한다면 그것은 그의 운이다. 그리고 그는 신에게서 당연한 운명을 받는 거야. 내가 그를 되돌아볼 때 그는 언제나 중요한 단계에서 추악하고 목표가 없었고 자신의 것이 아닌 운명에 대해서 망설이는, 악의를 지닌 마귀였어. 만약 그가 어떤 일을 상상한다면, 인간 행복의 최고조에 달했다고 그가 이 순간에 상상하고 있어야 하는 것이 얼마나 기묘한 일인가! 케임브리지 대학, 통계학, 사랑의 승리, 지칠 줄 모르는 교접. 누가 무엇을 더 바랄 수 있을까? 그의 존재는 가장 얇은 조개껍질과 같다. 그 조개껍질이 견고하다고 믿고 있고, 어느 날 그것이 산산조각으로 부서질 때까지 앞으로도 계속 견고하리라고 믿겠지. 아니 그럴 때에도 그는 조각들을 이어 맞출 수 있을 것이라고 믿을 거야. 그는 허파와 눈, 심장과 생식기를 비롯한 모든 내부 조직을 금속제 대용품으로 바꾸어 영혼의 허무를 끝내려고 할 거야. 그러나 그는 결코 알지 못할 테고, 철걱거리는 금속성을 결코 듣지 못할 거야.

리튼은 케인스와 덩컨의 정사가 빨리 끝나기를 바랐지만 케인스와 미술가인 그의 친구와 나눈 친교는 1914년까지 계속되었다. 그들은 런던의 벨그레이브 로드에 잠시 체류한 뒤 1909년 늦게 피츠로이 스퀘어 21번가 블룸즈버리 지역으로 이사했다. 덩컨은 그곳에 화실을 가지고 있었고, 메이너드는 그가 런던에 올 때 사용할 침실을 하나 가지고 있었다. 메이너드는 인도성을 떠나서 1908년 가을에 경제학 강사로 케임브리지 대학에 돌아왔다. 한편 덩컨은 런던에 머물러 있었다. 그들의 몸이 따로 떨어져 있다는 사실은, 그 미술가가 부지런히 편지 쓰는 사람이 아니었기에 문제를 일으켰다. 케인스는 그에게서 오랫동안 소식을 듣지 못한 뒤 화가 나서 이렇게 쓰곤 하였다. "빌어먹을 놈, 너는 왜 비참한 런던 사람이 되었고 케임브리지 학생은 되지 않았지? 오너라, 그러면 너에게 킹스 채플 안에 화실 하나를 만들어 주겠다."

그들의 관계에서 덩컨이 가까이 다가오지 않고 또 그가 오랫동안 편지를 써 보내지 않을 때면, 메이너드는 그에게서 사랑의 어떤 징표를 열망했거나 자주 낙담했던, 종속적인 사람이었던 것이 분명하다. 반면에 독립성은 덩컨이 지닌 강한 개성이었다. 그는 미술가로서 작품활동에 전념했고, 다른 의무는 그 다음이었다. 1908년에서 1911년까지 그는 매우 많은 작품을 그려냈고 재능을 인정받고 있었으며, 만년에는 영국의 후기인상파 운동에 대한 지도적인 공헌자로 존경받았다.

누구나 기대했을지도 모르는 것과는 반대로 자주 떨어져 있었던 이러한 상황 아래서 그랜트에 대한 케인스의 사랑은 확률에 관한 공부를 고무했다기보다 오히려 방해했다. 아마도 그는 부재중인 그의 연인에게 쓴 수많은 편지에서 꼭 그와 같이 말했다. 따라서 1908년 8월 2일에 그는 "너를 사랑하는 데 거의 온종일을 소비하므로 내 공부 진척도가 매우 보잘것없다. 그것은 애석한 일이다. '확률론'이 너에 대한 생각을 내 마음속에서 몰아내려고도 하지 않고, 내 마음을 아주 잘 차지하지도 못한다"고 기록했다. 그는 자주 덩컨이 런던에서 무엇을 하고 있는가를 생각하면서 거의 온종일을 서성거리곤 하였다. 그는 그해 11월에 독감에 걸려 하비 로드의 집에 돌아와서 그 자신에 대하여 그랜트에게 써 보내면서, "그동안 너는 마치 미국인인 것처럼 런던을 빙빙 돌아다니고 있었구나"라고 말했다.

그는 다행히 그해 연말까지 건강이 회복되어 인도에서 일어났던 사건에 관한 논문 한 편을 쓰면서 많은 공부를 했다. 또 "주로 통계자료의 증명에 관한 공부를 했는데, 그 연구 결과는 실험의 결과를 바라보는 과학자처럼 나를 놀라운 흥분상태로 끌어들여. 여기에 나의 이론이 있어. 즉 통계학이 나의 이론들을 증명하게 될까? 성교를 제외하고는 어떤 것도 그렇게 매혹적일 수 없어. 내가 내 이론들을 꾸며냈다는 것을 모든 사람이 믿을 것이라고 아마도 누구나 예상할 경우보다도 그 숫자들은 훨씬 더 좋은 결과를 나타내 보이고 있다"고 그는 썼다.

그러나 이러한 작업에 감동을 받아 열중했지만 그해가 끝났을 때 그는 다시 기가 죽었다. 왜냐하면 그는 그랜트로부터 열흘 만에 단 한 통의 편지만을 받았기 때문이다. 그는 이렇게 분통을 터뜨렸다. "정말로 너는 편지 쓰기가 몹시 싫은 놈이다. …… 만일 내가 건강하지 않았다면 나는 울었을 것이다." 그는 실망했지만 많은 일을 했으며 그가 쓴 인도에 관한 논문을 출판사에 보냈다고 덧붙였다.

케인스는 1908년에 덩컨에게 보낸 편지들 가운데 하나에서, 그가 케임브리지를 떠나서 2년간 인도성에 있는 동안 어떤 형태의 남색(男色) 또는 동성애가 순조롭게 성숙했으며, 그를 제외하고 실제로 케임브리지에 있는 모든 사람이 공공연한 남색자라는 의견을 피력했다. 그는 몇 달이 지난 뒤 "명백하고 두려운 사실은 제임스 스트레이치? 또는 어떤 사람, 혹은 타인이 그곳에서 동성애를 흠뻑 즐겼다는 것이다. 그 일은 매우 보편적이다. 아무도 그것을 문제삼지 않았다. 모든 사람은 그 자신도 그 가운데 한 사람이었다. 기지와 아름다움과 지성을 갖추었다는 말을 듣는 '태아'가 적어도 여섯 명이나 있다. 그러나 나는 어느 한 사람도 보지 못했다"고 언급했다. 이렇게 말한 것 가운데 몇몇이 낭만적 상상의 산물인지 또는 덩컨 그랜트를 혼내주려고 과장한 것인지 아니면 케인스 자신이 꾸며낸 이야기인지 알 수가 없다. 그는 아마도 그 자신의 사랑과 성실성으로 덩컨에게 감명을 주려고 의도했던 것 같다. 일반적으로 사람들은 제1차 세계대전 앞의 시기보다도 1920년대에 멋부리기와 동성애가 케임브리지와 옥스퍼드에서 더 보편화되고 있었다고 생각한다.

그 유명한 오스카 와일드의 사건에 대해서는 케인스의 편지 속에 놀랍게도 별로 언급되지 않았다. 그 뛰어난 극작가는 1895년에 동성애를 했다는 죄로 유죄판결을 받고 투옥되었다. 케인스가 이 때쯤 덩컨에게 전했던 이 가족 대화의 일단이 보여주는 것과 같이, 와일드[그는 1900년에 파리에서 몸이 쇠약해져서 사망했다]의 삶은 8년 후 아직까지도 케임브리지에서 집중적인 관심의 대상이 되었다.

케인스의 여동생인 마거릿이 1908년 크리스마스 축제 기간 중 가장무도회에 나가려 하고 있었다. 메이너드와 그의 남동생 제프리도 초대받았으나 가지 않았다. 메이너드가 집에 있을 때 아침에 하비 로드에서 마거릿이 "오빠도 오스카 와일드와 같은 차림을 하고 가는 것이 좋겠어!"라고 말했다.

메이너드는 그녀가 가장 무도회에 가면서 자기에게 그렇게 불쾌한 말을 했다고 생각하니 몹시 비위가 상했으나, 나중에 알고 보니 그녀는 그 말은 단지 제프리에게만 하고 있었던 것이다. 케인스는 그의 어머니가 "오 그렇게 하는 것은 두려운 일일 것이야!"라고 말하는 것을 들었고, "그러나 여성들은 그 화제를 피할 수 없다"라고 썼다.

1908년 12월 하순 거의 이맘때 케인스 가족은 다윈 가족과 함께 차를 마셨다. 메이너드는 이와 관련하여 제프리가 마거릿 다윈을 조금은 사랑하는 것처럼 보인다고 적고 그가 그녀를 몹시 좋아했다고 말했다[마거릿과 제프리는 뒤에 결혼했다].

메이너드는 이 때 차를 마시면서, 마거릿 다윈이 오스카 와일드가 도둑질하다 투옥됐냐고 물었더니 마거릿 케인스는 당황해 하면서 모른다고 시치미를 떼었다는 대화를 얼핏 들었다고 말했다.

아마도 마거릿이 그날 아침에 지껄이던 말의 의미를 알았을지도 모른다고 케인스는 결론지었다. 그리고 그는 마거릿 다윈이 마거릿 케인스에게 써 보낸 편지를 읽고, 제프리는 마거릿에게 부(副)목사처럼 비쳤고 자기는 '중국에서 온 선원의 형제'처럼 비쳤다고 덧붙였다. 그로부터 2년이 채 못 되어 '선원의 형제'의 성적인 경향에 관한 문제가 다시 가족의 논의 대상이 되었다. 그래서 케인스는 덩컨 그랜트에게 이렇게 썼다. "나는 일요일에 어머니와 그리고 마거릿과 결혼에 대하여 두려운 대화를 나눴어. 그리고 실제로 내가 어떤 인물인가를 그들에게 인정해야 했어! 그들이 얼마나 이해했을지 모르겠어." 덩컨은 그의 답장에서 "네가 부모님에게 정말 소름 돋는 고백을 했구나!"라고 특별히 언급했다.

1908년 봄에 케인스는 킹스 칼리지의 특별연구원이 되기 위하여 신청하는 논문으로서 확률론에 관한 그의 연구논문을 제출했다. 공교롭게도 그의 연구를 평가하도록 선임된 평가자들은 그가 아는 사람들이었다. 수학자이며 논리학자인 W. E. 존슨은 옛날부터 가족의 친지였으며, 철학자인 앨프리드 노스 화이트헤드는 메이너드가 가르침을 받은 학자였다. 그러나 열다섯 번을 투표한 뒤 그 선택권을 가진 사람들은 메이너드가 아닌 다른 두 지원자를 뽑았다. 그의 부모는 이 결과에 특히 실망했다. 왜냐하면 다른 케임브리지 교수들과 먼저 대화해 본 바에 따라 그들은 그 결과에 대해서 아주 자신을 갖고 있었기 때문이다. 그 두 사람 모두 그의 아들을 적극 지원하는 편지를 써 보냈고, 그의 아버지는 같은 날 두 통이나 편지를 썼다. 케인스 부인은 자신의 편지에서 "우리들은 그들이 매우 잘못된 선택을 했다고 생각하지 않을 수 없구나. …… 그러나 아직 또 한 번의 기회가 있잖니. 우리들은 공무원이란 직업이 멸시받으리라고는 생각지 않는단다. 네가 케임브리지에 있으면 좋겠지만, 우리들이 무엇보다도 바라는 것은 네가 성미에 맞는 업무와 쾌적한 환경에서 최선의 가장 만족스러운 방법으로 너의 인생을 활용하는 기회를 네게 줄 직업을 갖는 것이란다. 그동안은 꾹 참아 보자. 너를 사랑하는 어머니가 몇 자 적어 보낸다"라고 적었다.

케인스의 아버지는 편지에서 만일 케인스가 공무원 생활에 안주해야 한다면 계속 거기에 흥미를 가질 것이고 '큰 성공'을 거둘 것이라고 강조했다. 그는 케인스가 고도의 행정 능력을 지녔고 인도성이나 재무성에서 그 능력을 나타낼 기회가 있으리라는 신념을 표현했다. 메이너드는 그들이 매우 동정 어린 편지를 해준 데 대해서 감사했으나 그의 실패를 쉽게 감수하지 않았다. 그리고 이러한 일들이 보통 그렇듯이 그 결정은 명예나 보수에 영향을 미치지 않고 한 사람의 전 인생 태도에 영향을 미치기 때문에 그가 몹시 실망했다고 말했다. 정부 공무원을 그만둔 뒤 학구적인 생활은 그에게 더욱더 분명히 매력적으로 되고 있었다.

우리들은 그가 스트레이치에게 보낸 화이트헤드를 비난하는 한 편지 가운데서 확률에 대해 연구한 그의 자신감을 볼 수 있을 것이다. 그는 화이트헤드의 보고서가 정당하지 못했다고 단호하게 말했다. 화이트헤드는 케인스의 논문 가운데서 가장 중요한 두 장(章)이 신기했고, 실제로 우수한 검토와 설명이라고 했다. 그러나 케인스가 의심하는 바와 같이, 거기에는 상당히 잘 알고 있는 철학자에게는 새로운 것은 거의 없다고 씌어 있다. 케인스 사고(思考)의 예리함과 설득력은, "만약 전에 발표했던 몇 구절을 화이트헤드 그 자신이 알지 못했다면 내 논문이 진부하다고 말하지 않았어야 했다. 그 이론이 합리적으로 보이기 때문에 전에 틀림없이 씌였으리라는 것은 좋은 추론이 아니다"라고 하는 논평 속에서 볼 수 있다. 하지만 그는 그의 논제가 토의되었다는 것과 지원자를 선택하는 사람들이 새로운 논문보다는 이미 제출한 그의 논문의 개작을 택하기로 했다는 소식을 듣고 분노를 가라앉혔다. 그는 또한 존슨 교수와 오랫동안 상담함으로써 힘을 얻었는데, 존슨 교수는 진실로 확률이론을 이해하는 분이라고 생각했다. 그리고 존슨 교수는 그에게 그 논제에 관한 매우 귀중한 기록 몇 가지를 빌려주었다. 그래서 그는 조사를 끈기 있게 해나가기로 결심하였다.

이렇게 조금 실망스럽던 달[1908년 3월]이 끝날 무렵에 그에게 열병 증상이 나타났다. 5월에 그는 대머리가 되어 가는 것을 걱정하기 시작했다.

케인스는 어머니에게 "탈모 증상에 놀랄 정도에 이르러서 나는 주말이면 머리털이 하나도 없을 것이라고 걱정했어요. 나는 공포를 느껴서 [여왕이 부군(夫君)에게 발라 주었던] 그 유명한 '미시즈 파커스퀸 줄렙'이라고 하는 약을 구입했습니다. 약을 바르면 다음 토요일까지는 새 머리털이 잘 돋아나리라고 기대합니다"라고 편지를 썼다.

더디게 움직이는 인도성의 관료들에게 곤혹스러움을 느꼈으면서도 그는 '인도의 도덕과 물질적 발전'에 관한 연차보고서를 편집하고 많은 관리업무를 취급하면서 1908년 거의 전부를 세입국에서 보냈으며 심지어 그곳에서 보낸 마지막 이틀도 대부분을 그 국(局)의 일을 하면서 보냈다. 그가 인도성에서 서로 이야기했던 대부분의 사람들은 그가 아마도 곧 떠날 것이라고 생각했다. 따라서 그는 '아무 후회 없이' 그렇게 했다고 말했다. 나중에 인도성의 옛 동료가 그에게 이렇게 알려주었다. "우체국에서 전근해 와서 내 뒤를 이은 키시가 일을 잘하고 있어. 그래서 내가 그들을 거의 그리워하지 않는 것처럼 그들도 나를 그리워하지 않네."

1908년 봄에 그는 마셜 교수에게서 좀 불가사의한 편지를 받았다. 그 교수는 편지에서 메이너드가 어쩌면 케임브리지에 돌아오고 싶어 할 것이고, (돌아온다면) 그가 내년에 그 대학의 특별연구원으로 선임될 가능성이 높다는 말을 들었다고 말했다. 마셜은 다소 수수께끼 같은 말씨로, 케인스에게서 일반경제학을 가르치는 강사가 되어 달라고 요청하는 제안이 평의원회에 제출될 것이고, 어떤 재원(財源) 또는 마셜 자신이 마련한 100파운드의 보수가 그에게 지급될 것이라는 소식을 알려주었다. [그 당시에 강사들은 대학교에서 보수를 받지 않고 그들의 강의를 듣는 학생들이 다니는 단과대학에서 개별적으로 일정액의 보수를 받았다. 마셜이 제안한 100파운드는 전적으로 비공식적인 것이었다.] 마셜의 제안은 잠정적인 것이었다. 왜냐하면 그는 조금 있다 교수직을 사직할 예정이었기 때문이다. 그래서 그는 그 후에 개최되는 평의원회에 맡기고 싶지 않았다.

메이너드는 이 애매모호한 제의에 대하여 그의 아버지와 상의했다. 존 네빌은 그가 그 제의를 너무 빨리 수락하지 않도록 주의를 주고, 만약 그가 한 과목의 강의 준비를 해야 한다면 그의 논문을 쓰기 위한 시간을 더 이상 갖지 못할 것이며, 더욱이 그가 인도성에서 근무할 때의 시간만큼도 갖지 못할 것이라고 말했다.

6월에 경제학 평의원회가 열렸을 때 그 평의원회는 다음 학년 동안 강의할 강사가 부족하였다. 마셜 자신은 피구에게 정평 있는 수석강사가 될 기회를 주기 위하여 강의를 하지 않고 있었다. 연하인 피구가 의장에 선출된 데 대하여 화를 냈던 선임 강사 폭스웰도 계속 강의를 맡을 의사가 없음을 시사했다. 더욱 사정이 나빴던 것은 우등졸업시험의 경제학 과목을 가르쳤던 또 한 사람의 선임 강사 맥그리거가 리드 대학의 교수로 이제 막 임명되었던 것이다. 그러므로 강사를 긴급히 보충할 필요가 있었다. 피구가 마셜의 선례에 따라서 두 강사에게 그 자신의 기금으로 200파운드를 지급할 것을 제의했던 것은 이러한 상황에서였다. 그 평의원회는 이 강사직의 하나를 월터 레이턴에게, 또 한 자리는 젊은 케인스에게 제안하였다.

케인스는 그 임무를 수락하고 얼마 안 되어서 마셜에게 편지를 한 통 받았는데, 그는 그 편지에서 "자네가 우리들의 경제학 강사진에 참여하게 되어 정말 기쁘네. 나는 이 강사진이 가장 전도유망한 총명하고 열정적인 사람들로 짜여진 집단이라고 생각하네"라고 말했다. 마셜은 이 뛰어난 인간들의 집단에 대하여 확실히 옳게 생각했다. 강사진은 피구 외에 월터 레이턴[레이턴 경], 존슨, 로이스 디킨슨, 클래펌, 페이, 메러디스 그리고 올스턴으로 구성되어 있었다.

그가 킹스 칼리지의 강사로 임명되고 이틀 뒤에 케인스는 인도성 일을 그만두었다. 그리고 그는 토머스 홀더니스 경이라는 그의 옛 상사에게 보낸 편지에서 "여러 가지 이유로 저는 이렇게 하게 되어 섭섭합니다. 많은 의문과 주저 끝에 결심할 수밖에 없었습니다. 그러나 과학적이고 이론적인 일에 대한 열망과 일생 동안 여기 케임브리지에 있고 싶은 소망 때문에 저는 아마도 그런 결정을 한 것이 옳다고 생각합니다.

"원컨대 제가 세입국에서 맡은 업무를 싫어했다든가 그것에 불만을 품었다고 생각하지 마시기 바랍니다. 저는 그 일을 매우 좋아했고 그 일이나 당신에게서 많은 것을 배웠습니다. 그러나 선택해야 할 일은 완전히 상반된 생활양식 사이에 있었습니다. 전체적으로 볼 때 여하튼 지금 여기서의 생활 방식이 더 좋습니다"라고 말했다.

그의 어머니는 그가 이 재치 있는 사직서를 준비하는 것을 도왔고, 사실 스스로도 자기에게 매우 친절했던 인도성의 상사에게 고마워할 줄 모르는 사람으로 비쳐지고 싶지 않았다.

그는 킹스 칼리지의 강사직을 수락하면서 확실한 금액으로는 대략 200파운드의 연수입만 받게 되어 있었는데, 그 중 100파운드는 생활비로 그의 아버지에게서, 또 100파운드는 피구에게서 받게 되어 있었다. 이에 더하여 그는 강의와 개인지도를 하여 부수입을 얻을 수 있었으나 그렇게 벌 수 있는 돈은 너무나 적었다. 또한 그가 만일 이듬해 킹스 칼리지의 특별연구원으로 선발되면 연 120파운드의 추가 수당을 받게 되어 있었다. 그것은 도박이었다. 그러나 모험을 하는 것이 그의 본성이었다. 만일 그가 특별연구원이 된다 하더라도 인도성을 떠나는 것이 현명한 것인지를 의심했던 그의 아버지는 일기에 이렇게 썼다. "그는 확실성을 던져 버리고 위험을 감수할 것이다. 그렇게 하는 것은 그의 인생계획에 적합한 것이지 나의 인생계획에 적합하지는 않다."

여기에 다시 창조성과 연관된 개성의 특징이 증명된다. 케인스의 경우에 그는 위험한 기회를 경제학의 대가가 되는 기회로 만드는 개인적인 능력을 소유하였다.

그의 친구인 스트레이치가 아직도 가난한 기고가로 고전하고 있었던 것과 달리 그가 스물다섯의 나이에 어떻게 그의 불확실한 직업적 정체성에 도달했는가를 생각할 때 우리들은 그가 그의 아버지라는 사람을 경제학자 역할모델로 삼았다는 사실을 간과해서는 안 된다. 그는 여러 번 그 어른과 주식거래를 의논했다. 더욱이 그가 인도성에서 보냈던 2년은 런던과 공무원 직업에 대한 매력을 경험할 수 있었던 일시정지 기간으로 다소 도움이 되었고, 그동안에도 그는 여전히 확률에 관한 자신의 연구를 계속하고 있었다. 그가 인도성에 있을 동안 달성한 것은 혈통이 확실한 황소를 봄베이에 선적하는 것이 전부였다고 하는 그의 농담에도 그것은 신진 경제학자에게는 매우 값진 경험이었다. 그는 한 정부의 국이 어떠한 일을 하는가를 배웠고 인도문제들, 특히 통화문제에 관심을 갖게 되었으며 그의 비범한 능력을 알게 되었던 정부 관리들과 사귀었는데, 그것은 그의 미래를 위하여 대단히 중요하게 작용했다. 그가 궁극적으로 계발한 직업적 정체성은 찬란하게 그리고 그 자신의 개인적 성향과 개입에 따라서 발전시킨 숨김없고 독창적인 주체성이었다. 한마디로 한 사람의 경제학자로서 지니게 될 그의 주체성은 케인스 자신의 독특한 창조물이었다.

5장 지도교수, 편집자, 재무위원

지도교수의 과업은 세상에서 가장 힘든 일이다.

† J. M. 케인스

케인스는 인도성을 떠나자마자 즉시 케임브리지 대학으로 돌아와서 앞으로 경제학에서 이름을 떨칠 신인 두 사람, 즉 제럴드 셔브와 휴 돌턴을 만나는 기쁨을 누렸다. 제럴드 셔브는 2년간 케인스 밑에서 공부했고 결국 킹스 칼리지의 특별연구원이 되었다. 그래서 그는 메이너드에게 보낸 편지에서 그의 질병에 대해서 묻기도 하고 남색(男色)을 의논하기도 하였다. 돌턴은 그만큼은 케인스의 친구가 되지 못했으나 계속 정진하여 노동당의 요원이 되었고 1945년에서 1947년까지 재무장관을 지냈다.

1908년 후반에 케인스는 또한 자유당 각료이며 문학가였던 오거스틴 비렐의 아들인 프랜시스 프랭키 비렐과 알게 되었다. 그리고 그 두 사람은 여생을 친구로 지냈다. 이때 또 다른 새로운 친구는 조지 멀로리로 덩컨 그랜트와 제프리 케인스와 아주 친하게 되었는데, 그는 열렬한 등산가로 1924년 에베레스트산을 등반하는 도중 불가사의하게 행방불명이 되었다.

그해 가을에 걸린 독감에서 회복된 뒤 메이너드는 논문 집필에 다시 착수하여 그것을 다시 심의해 주도록 제출하였다. 존슨 교수와 화이트헤드는 그가 원고 작성에서 보여준 변화에 대해서 좋은 인상을 받아서, 다음해 3월 그가 킹스 칼리지의 특별연구원으로 선임될 때 그 논문을 통과시켰다. 그리고 킹스 칼리지 특별연구원은 그 생애가 다할 때까지 가지고 있었던 직책이었다. 트리니티 홀의 기숙사감인 E. A. 벡은 이 경사스러운 때에 그의 아버지에게 이렇게 써 보냈다. "당신의 아들이 킹스의 특별연구원이 된 것을 보니 나는 기쁩니다. 지금까지 한 생애의 노고에 대한 보답으로는 큰 것이 아니지만 이제 당신의 아들은 아버지를 아는 모든 사람들의 관심을 끄는 것으로 그의 아버지가 당연히 자위할 만한 자랑거리입니다." 그 생애의 후기에 어떤 사람이 그 아들을 교수라고 불렀을 때, 그의 아버지는 만약 자신이 그러한 보답을 얻지 못했다면, 모욕적인 일을 감당하지 않았을 것이라고 즐겨 말했다.

메이너드가 강의를 시작했을 때 마셜의 탁월한 제자인 앨프리드 C. 피구가 경제학 우등졸업시험을 주재하고 있었다. 처음 그 수험지망자의 수는 적어서 1906년에는 여섯 명이었으나, 1910년에는 이미 25명으로 늘어났다. 교수진도 똑같이 적었으나 유능한 J. H. 클래펌이 프랑스와 독일경제사를 강의하였고, C. R. 페이가 영국경제사와 일반경제학을, H. O. 메러디스가 피구 대신 강의하였다. G. 로이스 디킨슨이 정치학을 열강하였고 W. E. 존슨은 고급경제이론을 가르쳤다. 이것들에 더하여 월터 레이턴은 우리들이 요즘 산업조직과 노동문제라고 부르는 과목을 가르쳤다. 케인스의 전공과목은 화폐, 신용, 가격이었는데, 이 과목은 그가 마셜의 경제학설에 관한 구전(Oral Tradition)을 자세히 설명할 수 있는 과목이었다. 그는 또한 제1차 세계대전이 일어나기 전 수년 동안 일주일에 두 번씩 경제학원리에 관한 한 과목을 주로 가르쳤으며, 일주일에 한 번씩 회사 재무론, 증권거래소론, 화폐시장론 및 외환론에 관한 강의도 했다. 해러드가 적절하게 말했듯이 그는 이 전쟁 전의 기간에 대학교수를 어렵사리 해나갔다. 메이너드는 1909년 1월 19일에 학문적 역할을 하는 무대에 처음으로 섰고 뒤에 그 경험을 그랜트에게 익살맞게 묘사하였다. "나는 오늘 아침 엄청난 세계적인 청중 앞에서 강의를 했다네. 거기에 적어도 15명은 참석했을 것이야. 그러나 상당수는 실제로 거기에 있어서는 안 될 사람들이었으니 나는 그 강의가 그들의 요구에 적합하지 않다고 말해야 했을 것이다."

이 기간 동안 교수뿐만 아니라 저작에도 몰두하였던 그는 지난해에 런던의 웨스트 햄 구역의 사회경제적 조건에 관한 통계적 분석과 상무성이 사용하는 목록번호를 비판하는 각서를 두 편 발표했다. 그는 또한 그해 12월에 《이코노믹 저널》에 기고할 '인도에서 일어난 최근의 경제사건들'에 관한 논문을 작성했는데, 최근에 습득한 그의 전문

지식으로 그 논문을 작성할 수 있었다. 이것이 그가 활자로 출간한 첫 번째 주요 논문이었고, 그것은 루피(인도의 화폐단위)의 외환변동을 다뤘다. 그런데 아주 이상하게도 그 논문은 자동적인 여러 경제력에 의존하기보다는 관리통화를 찬성하는 입장을 취했다. 그는 이듬해 봄에 다시 인도의 경제문제로 귀착하여 《이코노미스트》지에 편지를 여러 통 써서 인도에 대한 영국의 투자 견적이 지나치다고 주장했다. 이러한 가르치는 일과 저술활동에 모두 종사하는 한편, 그는 친구들과 함께 존 셰퍼드가 일요일에 개최하는 토론회를 계속했다. 그 밖에도 사도회에서 격론이 벌어진 기간도 있었는데 그 중에서도 특히 소설가인 H. G. 웰스*의 사상을 찬양한다고 루퍼트 브룩은 비난했으며 제럴드 셔브를 선출한 데 대하여 의견을 달리하였다. 이들 모임에서 케인스는 지적으로 자극을 받았고 또 기분 전환이 되는 일들도 많았다. 그가 덩컨에게 말한 것과 같이 "여기는 많은 일들이 결합되어서 누구든지 혼란스럽다. 나는 실제로 우리들 가운데 누가 어떻게 그 모임에 8주간을 계속해 나가는지 알 수 없다." 사실 그가 미술가 친구에게 보낸 다른 편지들로 판단하건대, 그는 대부분 그 친구가 자기에게 편지를 자주 보내주지 않았기 때문에 낙담했고 슬퍼했다.

가르친다는 것은 때때로 그에게는 괴로운 일이었다. 그러므로 그는 여성을 가르치는 일은 포기하기로 했다. "나는 여성들 마음의 모든 움직임을 미워하는 것 같다. 남성의 마음은 심술궂고 어리석은 경우일지라도 나에게 결코 그렇게 싫지 않은 것 같다." 그러나 그가 여자들에 대해서 더 성숙한 태도를 표명한 것을 본다면 이렇게 말하는 것은 잘못된 언급일 것이다. 그 후 1921년 그는 대학의 여성차별에 강력하게 항의하여 학위수여나 교수직에서 여성들을 빼놓고 남자들만의 무대

---

* H. G. 웰스(1866~1946): 영국의 소설가, 평론가, 역사가. 100편 이상의 공상과학소설을 썼음. 대표작으로 《타임머신》(The Time Machine, 1895), 《투명인간》(The Invisible Man, 1897), 《세계문화사대계》 등이 있음.

가 되도록 해서는 안 된다고 《케임브리지 리뷰》지에 기고했다. 그는 또한 여성이 할 수 있었던 지적 공헌이 인정받지 못했던 것은 남성들에게도 불만스러운 일이라고 생각했다.

부활절 휴가 동안 덩컨과 함께 2주일을 더 베르사유에서 보냈던 그는 외국에 체류하면서 목록 번호에 관한 논문을 써서 그것을 대학에 제출했고, 결국엔 '애덤 스미스 상'을 탔다. 그는 옛 학생시절 학업성적이 좋아 상을 탔던 그때로 되돌아온 듯한 기분이었다. 옥스퍼드의 F. Y. 에지워스* 교수가 이 논문에 대해서 행한 비평을 논평하면서, 메이너드는 또 그의 특유한 잘난 체를 드러냈다.

그는 뒤에 에지워스 교수를 보는 눈이 달라지게 되었지만 덩컨에게써 보낸 편지에서는, "에지워스는 이 논문의 주제에 관해선 뛰어난 권위자인 것 같지만 내가 볼 땐 기대할 게 없는 것 같다. 나는 그가 공격하는 거의 모든 점에서 옳고, 내 논거가 이상한 곳은 전혀 그가 잡아내지 못했다고 확신한다. 그의 비평은 막힌 생각에서 나왔고, 그는 내가 말하고 있었던 점에 적절한 주의를 기울이지 않았을 것이므로 나는 결코 그를 설득할 수 없었다고 느낀다"고 썼다. 이것은 그가 그의 혁신적 생각에 대해 비평자들이 보여준 반응에 관해서 어느 정도 자신을 정당화하기 위한 불평이었다.

그가 갈 학문의 길은 한 저명한 방문자가 봄학기 말경 케임브리지에 나타남으로써 밝아졌다. 제프리 케인스와 몇 친구들은 그들이 대단히 숭배하는 몇 사람의 세계적인 명사들에게 연하장을 보낼 생각을 갖고 있었다. 그렇게 인사를 받은 명사들은 대체로 그러한 행동이 단지 대학생들의 장난일 뿐이라고 생각하면서 회답을 주지 않았다. 그러나 관련된 모든 사람들이 놀랍게도, 제프리가 영국으로 귀화한 소설가

---

* F. Y. 에지워스(Francis Ysidro Edgeworth, 1845~1926): 아일랜드 롱포드에서 출생. 더블린 대학 및 옥스퍼드 대학에서 수학. 영국 경제학회 창설자의 한 사람. 영국통계학회 회장 역임. 《이코노믹 저널》의 편집장으로 일함(1891~1926).

인 헨리 제임스(1843~1916)에게 인사장을 보내어 그를 케임브리지로 초청했다. 그 초청이 수락되자 메이너드 그 자신도 이 사실에 고무되어 제임스를 조찬에 초대했더니, 그는 기꺼이 가겠다고 대답했다.

해리 노턴, 제임스 스트레이치, 덩컨 그랜트, 제럴드 셔브 등은 모두 조찬에 참석하여 이 귀빈을 접대했으나 그 모임은 아주 실패했다. 난처했던 일은 메이너드의 친구들이 모두 그들 자신의 내밀한 관심사에 대하여 끝없이 지껄이고 제임스는 그들 대화 가운데서 거의 한 마디도 알아듣지 못했으며, 또 그들의 대화를 거의 이해할 수 없었다는 것이었다. 뒤늦게 도착한 데스몬드 매카시가 사진발이 잘 받는 시인인 루퍼트 브룩에 관하여 제임스가 하는 이야기에 끼어들었을 때, 그러한 상황은 어느 정도 누그러졌다. 누구에게 들어도 매카시는 시인으로서의 브룩의 재능에 대해서 높이 사지 않았고 그래서 제임스도 "고맙군! 만약 그가 그렇게 사진을 잘 받는다면 그리고 또한 좋은 시인이라면, 나는 내가 뭘 해야 할지 모르겠네"라고 말했던 것으로 전해진다.

7월에 케인스는 휴가차 그의 가족과 함께 등산을 겸해 피레네 산맥으로 떠났다. 그가 적당한 양의 일을 하기 위함이었다. 그는 글을 쓰는 일에 큰 진척을 보지 못했으므로 가족과 함께 있으면 생각할 수도 느낄 수도 없었다고 덩컨에게 변명했다. 그는 또한 덩컨에게 휴양지에 미인이 몇 사람 있으나 모험을 할 최소한의 가능성도 결코 없으며 깊은 향수에 젖어 있다고 말했다. 그는 낙심하여 가족에게서조차도 물러나서 '확률'연구를 하면서 그가 가족과 함께 낮 동안의 소풍을 가지 않으려는 구실로 삼고자 날씨가 흐리길 날마다 바라고 있었다. 곁에 없는 연인을 갈망하면서 그는 그들이 방문했던 아름다운 프랑스 휴양도시 비어리츠를 그나마 감상할 수 있었고 또 거기서 그는 이발사와 사랑에 빠졌다!

피레네 산맥에서 그랜트에게 보낸 편지 가운데서 메이너드는 제프리[그의 동생]가 아주 가망이 없다고 말했다. 메이너드가 죽고 난 뒤 몇 년이 지나서 제프리는 이 오래된 편지 속에 있는 문장과 우연히 마주쳤는데, 길고 빛나는 생애의 마지막에 쓴 그의 자서전에 이렇게 기록되어 있었다. "설령 그 말이 옳다고 하더라도 이것은 너무나 가혹한 판결문 같았다." 메이너드는 덩컨과 교우하면서 제프리가 그에게 부여할 수 없었던 미술에 대한 심미적인 감상력을 배양하고 있었다고 제프리는 설명하고 있다. 그 이유는 특히 제프리 자신의 마음이 완전히 곤충학에 집중되어 있어서 메이너드에게 어떤 관심사도 제공할 수 없었기 때문이다. "그가 이러한 가족과 함께 휴일여행에 온 것은 잘못이었고 결코 다시는 똑같은 잘못을 범하지 않았다." 그러나 메이너드는 결혼 뒤에 태도가 즉시 변했다고 그는 덧붙였다. 곧 전에는 그가 어린 동생에게 거의 주의하지 않았으나 결혼하고 나서 그는 친절하고 애정 있는 형이 되었다.

그해 늦여름 메이너드는 옥스퍼드 주의 버포드에 셋집을 얻었다. 그래서 그는 주의가 산만해지지 않고 '확률론'을 공부할 수 있었다. 어머니와 누이동생뿐만 아니라 매우 많은 친구들이 와서 머물렀기 때문에 그는 교대로 그들과 함께 있어야 했으나 덩컨은 맨 나중에 와서 가장 오래 머물렀다.

가을에 그가 학생들 사이에서 목사와 같이 무사태평한 생활을 하는 것에 대해서 그랜트에게 불평을 털어놓았다. 그는 감기 걸린 것 말곤 아주 건강했으나 과로를 느끼기 시작했다. 아마도 학생들의 개인지도를 맡고 있었기 때문이었으리라. 그는 학생 열여덟 명을 개인지도 하였고 그 일로 60파운드의 추가 수입을 얻을 수 있었다. 그는 이때 "지도교수의 과업은 세상에서 가장 힘든 일이다. 나는 시간마다 경제학을 파는 기계에 지나지 않게 되고 있다. 그러한 일이 효과가 떨어짐을 과장해서 말할 수 없다"고 덩컨에게 알렸다.

그는 이때 홀번에 있는 머서 그래머스쿨(대학 진학의 예비학교)에서 5일간 15파운드를 받고 일하기로 합의했다. 그리고 곧 추가로 부수입을 올릴 또 다른 새로운 기회가 생겼다. 1909년에 그는 트리니티의 경제학과 학생들에 대한 연구감독으로 임명되었다. 이듬해에는 대학교 평의회가 그에게 연간 50파운드의 봉급을 받는 경제학 강사직을 부여하였다. 이에 대하여 "나는 그 대학의 학생들에게 무료로 강의할 것이고 필요하다면 감독도 할 것입니다. 나는 그 조건이 매우 후하다고 생각합니다"라고 그는 아버지에게 편지를 썼다. 그의 수입을 이렇게 보충한 결과 아버지가 그에게 준 100파운드를 포함하여 1909년 말까지 연간 700파운드를 그는 벌어들이고 있었다. 지금의 물가와 변화한 생활수준에서 보면 그 금액은 적어 보이나, 그는 그 돈을 벌기 위하여 매우 열심히 일해야 했다.

그가 이 수년간 케임브리지에서 맡았던, 대학의 혁신적인 중요한 일 가운데 하나는 대학생들을 위한 정치경제학 클럽을 만든 것이었다. 그 클럽은 머지않아 유명한 '월요일 저녁 회합'으로 발전하였다. 그는 여러 대학의 경제학 연구감독들과 의견이 일치하여 가장 유망한 졸업생을 선발하곤 했다. 평소에 한 사람 이상의 다른 지도 교수가 참석하고 대학생 가운데 한 사람이 논문을 읽으면 추첨으로 뽑힌 다른 학생들이 난로 앞에서 그 논문에 대하여 논평하곤 했다. 오스틴 로빈슨의 말에 따르면 케인스 자신도 보통 친절하지만 아주 냉혹한 태도로 요약하여 말하곤 했다.

이 월요일 저녁 회합은 1909년 그것을 처음 시작하면서부터 1937년까지, 제1차 세계대전의 기간을 제외하고는 매 학기 계속되었다. 그는 이런 식으로 만년에 병들어 쓰러질 때까지 각 세대의 케임브리지 경제학자들 가운데 가장 우수한 학자를 식별하게 되었고, 로빈슨이 말했듯이 그들에게 다른 어떤 사람보다도 더 많은 개인적인 영향력을 행사했다. 그는 더 나아가서 이러한 회합들이 훌륭한 훈련이 된다고 주장했다. 그도 그럴 것이 케인스의 앞에서는 누구나 한 번이라도 잘못을 저지르기를 즐겨하지 않았고, 두 번 다시 잘못을 저지르지 않도록 일생 동안 기억했다는 터무니없는 말이 있을 정도였다. 케인스의 이와 같은 모습이 대학생들에게 가혹하고 까다롭게 보이지 않게 하고자, 해 러드가 묘사한 이들 토론회에 대한 인상을 덧붙여 설명할 필요가 있 다. "케인스가 난로 옆 소파의 한 구석에서 다리를 뻗고, 손은 소맷부 리에 쑤셔 넣은 채 다정한 관심을 보여주는 표정을 띠고서 아늑하게 자리잡고 있었다. 그들은 머지않아 잔인한 비판이 나오리라고 생각할 지도 모른다. 당분간 그들이 꾸며낸 이야기를 케인스가 열심히 들으 며, 또 그가 본질적으로 그의 지원과 보호를 받는 그들의 친구라는 인 상을 그들은 갖게 된다." 로빈슨의 묘사는 적절할 뿐만 아니라 믿을 만한 것으로 보인다. 왜냐하면 그 표현은 케인스의 자웅양성의 바람직 한 성질 — 특히 필요하다면 이 세상의 승리자를 얕보고 모욕할 수 있 는 그의 능력 및 자발적 의지와 더불어 패배자에 대한 그의 동정적인 감수성 — 에 대해서 우리들이 이해하고 있는 것과 일치하기 때문이 다. 그러므로 주로 이성애가 행해지는 사회에서 국외자인 동성연애자 로서 그는, 인간사회의 계층 속 위치에 따라 그의 동료들을 다정하게 보기도 했고 비판적으로 보기도 했던 것 같다. 타인들은 그의 인생의 만년에 가서야 그가 지닌 이 괴상한 특성에 주목했다.

로이드 조지의 예산안이 상원에서 부결됨에 따라 1909년에서 1910 년 사이의 겨울에 영국에서는 총선거가 실시되었다. 이때 케인스는 처 음에는 자유주의의 대의를 지지하는 긴 편지를 《케임브리지 데일리 뉴스》에 기고함으로써 자유주의 정치에 관한 그의 옛 관심사로 되돌 아왔고, 그 다음에는 1월에 버밍엄에서 가까운 이스트우스터에서 자 유당 후보로 선거에 출마한, 옛 이튼 친구이자 케임브리지 친구인 에 드워드 영을 후원하여 연설하러 뛰어다녔다. 그는 집으로 "케임브리 지 대학 킹스 칼리지의 특별연구원인 J. M. 케인스는 매일 밤 어디에 선가 연설한다고 광고에 나옵니다"라고 자랑섞인 편지를 어머니에게 보내면서, "나는 대단히 즐거우리라고 생각합니다"고 덧붙였다.

1910년에 두 번 있었던 총선거에서 그는 자유무역을 지지하는 자유 당원으로서, 또 케임브리지 대학의 자유무역협회의 서기로서 관세법 개정론자들과 투쟁했다. 또한 자유당원 자격으로 인도와 보호무역에 관하여 인도 대학생들에게 연설했다. 〈1907~1908년의 인도〉라는 제목의 한 논문에서 그는 "영국의 인도 통치에 대하여 변명하는 사람들은 영국 통치로 인도가 쇠퇴해 간다는 거짓 통계를 뒤엎으려는 또 다른 단순한 통계자료를 아직도 쓸데없이 찾고 있다"고 쓰면서 사실상 영국 인도 통치를 옹호했다. 분명히 이때 케인스에게 정치는 '브리지 놀이'에 대한 제법 괜찮은 대용품 이상이었다. 그리고 적어도 그것은 가르치는 부담에서 벗어나는 기분전환이기도 했다. 왜냐하면 그는 생활의 다양성을 매우 좋아했기 때문이다.

정치 때문에 덩컨과의 교제를 이렇게 잠깐 자제한 뒤에 케인스는 부활절 휴가차 다시 그와 함께 그리스와 콘스탄티노플을 향해 떠났다. 증기선의 선실을 함께 쓰면서, 메이너드는 이오니아해의 배멀미를 피하려고 늦잠을 잤다. 그리고 나중에는 애덤 스미스의 《국부론》(國富論)을 거의 반 가량 읽고 그 책이 훌륭한 책이라는 결론을 내렸다. 그리스에서 그와 덩컨은 파르테논 신전과 테세우스* 사원이 내려다 보이는 방을 썼다. 그리고 그는 그들이 그 나라에서 본 나체 조각을 사진으로 찍어 미술가 친구를 도왔다. 그들을 위하여 요리하는 안내인이 있었고, 메이너드는 지갑을 도둑맞았으며, 그들이 터키에서 목격한 춤추는 탁발승들 때문에 그 휴가는 즐거운 것이었다. 뒷날 케인스는 덩컨에게 "만약 나에게 네가 없었다면 내가 훨씬 더 행복했으리라는 것을 네가 알고 있는지 궁금하다"고 편지를 썼다.

여행에서 돌아온 그해 초여름 호화로운 베런슨 가를 한 차례 방문

---

* 테세우스(Theseus): 그리스 신화에 나오는 아이게우스(Aegeus)의 아들로 괴물 미노타우스(Minotaus)를 퇴치한 영웅.

한 뒤 그는 15파운드를 벌고자 해머스미스에서 학생들에게 시험 보이는 일을 다시 시작하였다. 그는 그 휴가기간이 끝날 무렵 확률에 관한 연구를 좀더 하고자 버포드의 셋집으로 돌아왔다. 때때로 그 논문의 완성이 눈에 보이는 듯 하였으나, 결론에 관한 첫 초안이 완성되는 동안 첫 초안이 결코 잘 되지 않는다고 그는 그 뒤로 아버지에게 털어놓았다. 그는 긴장을 완화하기 위하여 버크셔주의 언덕 높은 초원지나 솔즈베리의 넓은 고원지대로 자전거를 타고 다녔고, 그 뒤로 제임스 스트레이치에게 "나는 노스 다운에서 양치기들이나 젊은 농부들과 히히덕 거리고 노는 일에 열중하면서 나흘을 행복하게 보냈다. 고지대에 사는 사람들은 여기에 있는 사람들처럼 냉정하거나 뾰루퉁하지도 않은 매력적인 사람들이다"라고 말했다.

가을이 되어 그가 킹스에 돌아오니 강의에 덧붙여 어떤 행정업무를 맡도록 요청을 받았다. 즉 그는 정치경제학 특별위원회의 서기로 선출되었고 거의 동시에 그의 아버지는 위원장에 임명되었다. 이렇게 진전된 새로운 사태에 대하여 해러드는 1910년 말경의 케인스 가는 케임브리지 경제학을 장악했다고 말했으나, 그 즈음의 몇 달 동안에 그랜트에 보낸 메이너드의 편지들을 보면 그가 다소 짓눌리고 과로했으며 불만스러운 청년이었다는 인상을 받게 된다. 가을 학기가 되자 그는 "케임브리지 사회가 좀 김빠져 있고, 나는 현재 케임브리지에 많은 즐거움을 느끼지 못하는 것 같다. 그것은 내가 최소한의 사랑이라도 함께 할 사람이 이곳에 없기 때문에 그렇게 생각한다"는 느낌을 덩컨에게 편지로 알렸다. 겉으로 보기에 그는 불안정한 덩컨과의 정사와 그 미술가가 그의 사랑에 응해 줄지의 여부에 대한 의심 때문에 풀이 죽어 있었다. 그는 같은 편지에서 '나는 내가 할 수 있는 한 너 이외의 다른 어떤 사람을 사랑하도록 노력해야 한다'고 바로 밝혔다. 덩컨은 런던에서 다른 젊은이들, 특히 아드리안 스티븐과 외출하고 있었다. 그리고 이러한 일이 케인스를 매우 슬프게 했다.

정서적인 감흥에 대한 욕구가 대단히 강했던 나머지 그는 신입생들의 친구가 되기도 하였다. 이전의 편지를 쓴 후 일주일이 지나서 그는 그랜트에게 "신입생들이 나의 회합에 참석하거나 또는 내가 그들 한 사람 한사람을 서로 알아볼 만큼 충분한 시간이 아직 되지 않았다. 그러나 나는 오늘 오후까지 그들 가운데 한두 사람을 살펴보았는데, 그중에서 다소 색정을 돋우는 한 녀석과 친해졌다. 긴 머리에 벨벳으로 만든 옷을 입었으며, 얼굴은 벽돌색처럼 붉고 다리에는 살이 많으나 매우 참신하다! 또 그런대로 아름답고 극히 잘 간수한 손을 가지고 있으며 대단히 심미적이다. 네가 그들을 좋아하리라고 생각하는가"라고 썼다. 그는 덩컨에게 질투심을 일으키려고 이러한 성적인 기회에 대하여 말하고 있었을까? 그것은 가능한 동기는 되지만 확실하다고 할 수는 없다. 이 기간 그의 정신 상태는 동성연애 사건에 대하여 골디 디킨슨과 나눴던 장시간의 담화를 통해 또한 밝혀진다. 메이너드보다 더 나이 든 그 친구는 그의 인생의 과정에서 그가 사랑했던 모든 사람은 '오입쟁이'임이 밝혀졌다고 메이너드에게 말했다. 오입쟁이라는 말은 케임브리지 동성연애자들이 사용하는 바와 같이 남자 대신에 여자를 사랑했던 남성들을 가리키는 경멸스러운 말이었던 것 같다.

덩컨에게 보낸 먼젓번 편지에서 케인스는 "우리들 모두는 더 빨리 오입쟁이가 되면 될 수록 더 좋다는 것을 확신한다"고 언급했다. 매우 뜻밖에 표현된 이 감상(感想)은 그 자신의 성적 경향의 변화를 예언했던가? 여하튼 그는 아직도 다른 남성에게 강하게 끌리고 있었다. 사실 그의 다음 정사 상대는 [루퍼트와 상관없는] 저스틴 브룩이었는데 메이너드와 그밖의 다른 사람들은 그와 함께 최근에 데번으로 야영하러 갔다. 6월에 메이너드는, 그 여행에서 쾌활한 춤을 추는 숲 속 사슴을 연상케 했던 브룩과 다시 한 번 깊은 사랑에 빠졌다고 썼다.

그는 또한 이때쯤 리말라 사르카르라는 인도 학생과 더 위험한 사랑을 하게 되었다. 그는 그 학생이 클레어 칼리지에 입학하도록 추천했으며 그 학생은 다른 사람들의 충고를 물리치고 입학이 허가되었다. 그 인도인은 그가 케임브리지의 거리를 걸어갈 때 주민들이 그에게 '그 검둥이'라든가 '그 인도인'과 같은 경멸하는 말을 하곤 했다고 케인스에게 불평했다. 메이너드는 그에게 진실로 동정을 느끼고 있었음에 틀림없었으나 결국 그러한 감정이 드러났을 때 그것은 정도를 넘어섰다. 곧 그는 덩컨에게 "그 인도인은 나에게 기묘하고 매력적인 인간이야. …… 나는 오늘 온종일 그에게 가장 격렬한 성적 감정을 느꼈어. 그리고 그 쪽에서도 이런저런 구실로 너댓 번 나를 찾아왔어. 그리고 드디어 그가 다른 어떤 곳에 있을 때는 대단히 비참하다고 말했다. 그가 멀리 떨어져 있을 때 이 세상에서 그의 생각을 자유롭게 털어놓을 수 있는 유일한 상대자는 나이고 나와의 행복한 교제를 위하여 자신이 킹스에 와야 한다는 내용으로 장문의 편지를 적어 보냈어. 그러나 나는 그 인도 녀석이 무슨 생각을 하는지 전혀 확실히 알 수 없다. 만일 그가 다시 여기에서 시간을 보내기 원한다면 미래에 어떤 일이 일어날까? 나는 결국 화요일 저녁 산책하러 나가서 한 소년을 되돌려보냈어"라고 말했다.

지난주 경찰이 민첩하게 움직여 열 사람을 잡아들인 탓에, 그가 했던 것과 같은 행동을 하는 소년들이 줄었다고, 그 소년은 메이너드에게 말했다. 그리고 메이너드는 덩컨에게 공원 연설자들이 마블 아치 (런던 하이드파크에 있는 문)에서 행한 연설에 대하여 적었는데, 그들은 "화장을 한 수백 명의 소년들이 생계를 위하여 여인들과 경쟁하고 있다니!" 하고 한탄했다. 그는 덧붙여 더욱 관습적인 성행위를 하는 사람들에게 당황하고 있다고 염려했다. "런던은 지금 얼마나 장엄한 활동 무대이며 또 얼마나 웅대한 곳인가! 그러나 나는 런던이 그 번영의 절정에 도달했거나 거의 절정에 도달했음에 틀림없다고 생각한다."

이렇게 정서적으로 곤란을 겪었던 여러 달 동안 그는 동시에 점점 더 복잡한 학문적 문제에 스스로 관여했다. 1910년 그는 《왕립통계학회》지에 발표한 그의 평론 때문에 발생한 유명한 통계학자 칼 피어슨과의 논쟁에 참여했다. 그는 그 통계학회지에서 '부모가 알콜에 중독된 어린이들은 그 부모들의 음주 때문에 나쁜 영향을 받는다'는 논리를 부정하는, 피어슨과 E. M. 엘더턴 양의 연구방법을 공격했다. 그 논쟁은 우생학자인 프랜시스 갈턴의 보수적인 제자들과, 환경변화가 사회발전을 촉진할 수도 있다는 논리를 주장하는 마셜·피구·케인스와 같은 사회과학자들 사이에 벌어진 광범한 논쟁의 일부였다. 통계적 추론에 정통해 있는 케인스는 날카롭고 재치 있고 자신 있게 피어슨의 논문을 비판했다. 그는 27세의 나이에 학계에서 가장 권위 있는 인물에게 도전할 수 있었다.

그는 또한 경제학 논문을 발표하고 경제학 강의를 맡고 있었는데, 1911년 초에는 런던정치경제대학에서 인도 재정에 관하여 여섯 차례 강의를 잇달아 했다. 그 강의는 그가 지난해 5월부터 준비해 왔던 과업이었고, 강의 내용으로 볼 때 그가 그 과목에 관하여 첨단을 걷고 있는 전문가임은 분명했다. 이번에는 그가 5월에 왕립경제학회에 발표한 논문을 작성하는 데 그 강의 자료를 이용하였다. 해러드는 그 논문을 "경제학자로서 그의 선구적인 재능을 보여주는 첫 번째 작품"이라고 평가했다. 이들 강화(講話) 가운데서 그는 금환본위(金換本位)의 옹호자로 자처했고, 인도 정부가 맨 처음 그 제도를 대대적으로 채택했어야 한다고 주장했다. 세계의 반이 오래지 않아 실제로 그 화폐본위를 채택할 것이라고 그는 대담하게 예언했다. "나의 신념 속에서 미래의 이상적인 통화개념이 그 제도로부터 발전해 갈 것이다." 따라서 그는 사실상 여생 동안 그의 주의를 끌었던 분야에서 아주 명확하게 화폐개혁자로 등장했다.

이러한 임무를 수행하면서 그는 인도성 관리들의 도움을 많이 받았고 특히 그 기구의 재정 담당 서기이며 실제로 그의 스승이었던 라이오넬 에이브러햄스의 도움을 많이 받았다. 에이브러햄스의 비평을 들고자 그가 쓴 모든 것을 그에게 제출했으며, 에이브러햄스 또한 그 젊은 경제학자의 날로 늘어가는 전문지식을 이용하였다. 또 다시 사람들은 케인스의 능력, 곧 이해력과 타인의 제안과 비판을 그 자신의 개념구조로 바꾸는 그의 재능과 표현법에 주목하게 된다.

1909년 가을에 그는 한 무리의 인도성 관리들을 케임브리지에 데려와 인도 화폐문제에 관하여 앨프리드 마셜과 토의했다. 그 정부기관의 옛 동료들이 미리 그에게 풍부한 정보를 제공했고 그 문제에 대한 그들의 견해도 피력했다. 그의 논문이 발표되기 직전에 에이브러햄스는 그에게 "나는 우리들이 자네에게서 배울 점이 많다고 확신하네. …… 자네는 실무 관리의 관점과 경제학자의 관점을 모두 알고 있어서 유용한 것들에 대해서 훨씬 더 많이 말할 수 있다네"라고 알려주었다.

인도성의 관리들은 대부분 케인스와 의견을 같이했다. 그래서 그는 논문의 복사물을 준비하여 그의 사무소와 인도 정부에서 배포하였다. 그 다음 2년간에 걸쳐 그 논문은 케인스의 첫 번째 완성본인 《인도의 통화와 금융》(Indian Currency and Finance)으로 나타났다.

이제 한 사람의 경제학자로서 그의 재능은 그의 아버지나 타인들이 알아 볼 수 있을 만큼 성장하고 있었다. 이때쯤 존 네빌은 그의 모교인 펨브룩 칼리지의 명예 평의원으로 선출되었다. 앨프리드 마셜은 그에게 축하 인사를 보내면서 "당신의 많은 명예 가운데서 J. M. 케인스의 아버지라는 명예보다 더 위대한 명예는 없다"고 했다. 메이너드의 자존심 또한 이때 결코 무기력하지 않고 매우 높았다. 그의 동생 제프리가 몇 과목의 시험을 잘 치렀다. 그래서 메이너드는 아버지를 통하여 그에게 축하의 말을 다음과 같이 전했다. "우리들은 진실로 놀라운 가족이고 우리들 모두 골고루 시험을 잘 치른다. 아마도 이 왕국에서 가장 좋은 성적을 내는 가족이리라고 나는 생각한다. 오직 시험제도만이 또 200~300년 더 계속된다면 우리 가문이 왕가가 됨으로써 (그 시험제도가) 끝날 것이라고 나는 확신한다."

그는 최근 몇 달 동안 지적이고 정서적으로 활기차게 여러 가지 사건에 휘말린 뒤에 1911년의 부활절 휴가 기간 동안에 열망했던 휴일을 보내기 위해 다시 튀니스와 시칠리아로 떠났다. 이 휴일을 보내는 동안 그는 거의 매일 가족들과 연락을 취했으며 가족들도 그에게 연락을 취했다. 언제나 그의 건강을 염려하는 어머니는 이런 식으로 그에 대한 근심을 드러냈다. 곧 "네가 멀리 떨어져서 무엇을 하는지 모르고 있을 때 나는 좀 까다로워지지 않을 수 없다. 그러므로 너는 날씨에 관해서와 마찬가지로 나에 대해서도 유의해야 한다. 너에 대한 나의 걱정과 아버지를 불안하게 하지 않는다는 네 약속을 잊지 마라. 항상 너를 사랑하는 어머니로부터"라는 내용이다.

아버지의 불안에 대한 어머니의 언급은 앞 단락에서 인용된 것으로 보아서는 애매모호하지만, 인습에 얽매이지 않는 아들의 성적인 행동 때문에 발생하는 상황과 또 그 때문에 일 수 있는 추문에 대하여 메이너드의 아버지가 걱정했다는 것을 추측할 수 있다.

정말이지 집에서 멀리 떨어진 장소에서 덩컨과 휴일을 보내는 케인스의 목적은 그런 어떤 비난이나 의심을 가라앉히기 위한 목적일 수도 있었다고 누구나 추측할지도 모른다. 그러나 그것은 단순한 추측이다. 명백한 것은, 해러드가 주장하는 바와 같이, 케인스가 덩컨을 한 사람의 이상적인 친구로 알고 있을 때인 이 무렵 그들의 정사는 전혀 잘 계속되지 않고 있었다는 점이다. 케인스는 그가 몹시 그리워했던 그의 친구보다 먼저 시칠리아에 갔으나, 나폴리에서 만나기로 다시 약속했다. 그들이 만났을 때 케인스가 덩컨을 하룻밤 멀리 떨어져 지내게 하는, 놀라운 일이 벌어졌다. 왜냐하면 케인스가 크게 기대했음에도 불구하고 그의 연인이 슬퍼 보였고 그를 위하여 솔직한 사랑을 많이 표시할 수 없었기 때문이었다. 뒤에 그들은 화해하여 베런슨 가의 별장인 아이 타티로 그 가족을 방문하러 갔다.

7월에 집에 돌아와서 그의 아버지가 케임브리지의 원예전시회에서 여러 가지 상을 타고 있는 동안, 메이너드는 러시아 무용수들을 바라보면서 코벤트 가든*에 있었다. 정말 그는 일주일에 두 번씩이나 러시아 발레를 보러 갔다. 이에 대한 관심은 해가 갈수록 점점 커졌으며 리디아 로포코바가 런던에 출현하기 전에도 이 발레는 우연히 그의 마음을 강하게 사로잡았다.

그는 요즘 몇 년 동안 신통치 않은 건강 때문에 온전히 야외에서 시간을 보내는 사람이 되지는 못하였으나, 또 그 때문에 그가 하는 일이 크게 방해받지는 않았다. 9월의 후반기에 그는 자유당의 한 기구인 '80인 클럽'이 후원하는 한 모험적 시도로 제럴드 셔브와 함께 아일랜드로 힘든 여행을 떠났다. 이때 자유당원들은 아일랜드의 자치문제로 분열되어 있었다. 메이너드 또한 그 문제에 관하여 분명히 관망하고 있었다. 그의 어머니와 다른 사람들에게 보낸 여러 통의 편지에서 그는 그 소란한 섬을 훑어보고 모든 것에 대한 그의 독특한 혹평으로 문장을 수식하였다. 그는 좀더 느긋하게 여행하려고 그 단체를 떠났다고 그의 어머니에게 말했다. "나는 여러 사람이 함께 모여 하는 생활을 싫어하고 가까이에서 끊임없이 재잘거리는 것과 같은, 많은 사람의 호언장담을 더 이상 들어 줄 수 없었으며, 더 이상의 연설도 참고 들을 수 없었습니다. 그러나 그 생활은 재미있었으며 나는 그 생활을 즐겼습니다." 그는 클레어 군(郡)의 킬라로에서 "우리들은 여기에서 '통치하라 영국이여'와 '신은 아일랜드를 구할지어다'를 연주하는 악대들, 또 조명과 모닥불로 성대한 환영을 받았습니다"라고 그의 어머니에게 알렸다. 반면에 그는 덩컨에게 이렇게 소식을 전했다. "기분이 대단히 우울하며, 너를 볼 수 있고 너에게서 소식을 들을 수 있기를 소원하고 있다. 나는 네가 가까이에서 정치가들과 어울려 지낸 경험이 없다고 생각한다. 그들은 지독한 사람들이다. 나는 그들 가운데 몇 사람은 여

---

* 코벤트 가든(Covent Garden): 영국 런던 중앙의 한 지구로서 오페라극장(the Covent Garden Theatre 또는 the Royal Opera House)으로 유명함.

하튼 쓰레기 같은 사람임에 틀림없다고 생각한다. 그러나 나는 그들이 대중 앞에서 말하고 행동하는 것과 사생활에서 하는 언동이 꼭 같지는 않을 것이라고 내가 이전에 믿었던 점을 확인했다. 그들의 어리석은 행동은 비인간적이다."

그는 아일랜드의 풍경이 매우 매력 있으며 저녁에 특히 그렇다는 것을 발견했다. 그러나 그는 잉글랜드가 더 좋다고 결론을 맺고, "아일랜드의 대부분은 나에게 뜻밖에도 신비스러운 점이 부족한 것 같고, 평화로움이 이 부족한 점을 보상하지 못할 것 같다"고 말했다. 그러나 갈웨이나 아란 제도, 그리고 아마도 코네마라는 낭만적이며 그에게 그리스와 오크니를 생각나게 했다고 덧붙였다. 그는 더욱이 아일랜드에서 그가 좋아하는 정치가들과 사제들, 그 밖의 사람들을 만났다. "나는 내가 아일랜드로 출발하기 전보다 아일랜드의 자치 문제를 훨씬 더 잘 이해하는 사람이 되었다. 그 나라 민족은 지금 전체적으로 번영하고 있으며 20년 전의 상태나 감정이 모두 사라졌음은 아주 명백하다. 그러나 내가 받은 인상은 편지 한 통으로 쓰기에는 너무나 벅차고 복잡하다."

1911년 10월에 그는 왕립경제학회의 공식 기관지인 《이코노믹 저널》의 편집인으로 임명되었다. 출판물을 조금밖에 내지 못한 아직 서른이 안 된 사람에게는 명예롭게도 주목할 만한 영광이었다. 해러드가 아주 적절히 짐작한 대로 틀림없이 마셜의 후원이 결정적이었다. 편집위원들이 임명되었으나 간섭할 필요가 거의 없었으므로 케인스 혼자서 출판을 감독하고 있었다. 유일한 예외는 1919년 F. Y. 에지워스가 공동편집인이 되었을 때뿐인데 그때는 케인스가 재무성의 일로 분주할 때였다.

편집인으로 임명되기 한 달 전 그는 어빙 피셔의 중요한 저서인 《화폐의 구매력》에 대한 의미심장한 평론을 영국 잡지에 발표했다. 그는 그 책의 특징이 지극히 명쾌한 논리와 표현이 탁월한 점에 있고, 그 책은 다른 어떤 책에서 볼 수 있는 것보다도 더 화폐이론을 잘 설명해 준다고 말하면서 그 미국 경제학자의 책을 칭찬했다. 그러나 그는 화폐제도에서 금이 증가하면 자동으로 물가가 오른다는 피셔의 의견을 비판했으며, 환평형(換平衡)의 일정한 크기에 대한 그의 결정논리를 비난했다. 그러나 대체로 그는 화폐개혁에 대한 피셔의 제안을 지지했으며, 물가지수표와 금환본위(金換本位)를 결합한, 그 제안의 주요한 개요는 주의를 기울여 고려할 만한 가치가 있는 것 같고, 만약 그가 그러한 제안으로 일반의 관심을 되살릴 수 있다면 그는 화폐개혁의 진보에 위대한 공헌을 하게 될 것이라고 주장했다.

첫 편집활동은 용감한 부주교 W. J. 커닝엄의 논문 싣기를 거절하는 것과 관련되었다. 그보다 먼저 편집인의 직책을 맡고 있었던 에지워스는 결심하는 데 곤란을 느끼고 부주교의 작품을 승인할 것인가 거절할 것인가를 놓고 동요하였으나, 메이너드는 아무 마음의 거리낌도 없이 아버지에게 이렇게 썼다. "그것은 당연히 거절해야 합니다. 왜냐하면 그것은 도저히 인쇄할 수 없기 때문입니다. 그것은 가장 완전한 찌꺼기이며 경제학과는 조금도 관계없는 것입니다." 대체로 그는 그 경제지를 단출하게 운영했는데 그가 은퇴할 때에 간직한 유일한 장비는 서류와, 그 서류들을 다발로 묶는 바늘 많이 달린 약간의 집게를 넣어둘 책상서랍 하나라고 말했다. 그는 특히 젊은 필자들의 원고를 검토하고 고칠 점을 시사하는 데 많은 시간과 노력을 들였다. 다른 분야에서 그의 책임이 커지고 있었음에도 그는 계속해서 이러한 일을 실행했으며, 그가 맡은 편집자의 직책을 매우 소중한 명예이자 의무라고 생각했다. 그는 인생의 만년에 죽은 동료들이나 또 다른 사람들의 약전(略傳)을 쓰는 데 특히 예리했다. 그는 눈에 띄는 사소한 일에 대해서도 뛰어난 관찰력을 가지고 있었기 때문에 그의 기교를 능가할 사람이 없었다. 그는 모두 합하여 33년간이나 《이코노믹 저널》의 편집자란 지위를 누렸는데 그것은 논쟁을 좋아하는 경제학계에서 그의 학문적 재능에 대한 틀림없는 보증이 되었다.

심리 상태가 나아짐에 따라 케인스는 킹스 칼리지의 재무에 더 깊이 관여했다. 1912년의 벽두에 그의 마음이 훨씬 더 평온한 상태가 되었고 그가 케임브리지에 더욱더 열중하게 된다고 덩컨에게 알렸다. "여기 있는 젊은이들에 관해서 말하자면 나는 그들에게 매일 점점 더 흥미를 잃고 있어. 정말로 그들에게 거의 말을 걸지 않아. 강에서 배를 젓는 한두 녀석이 있어서 제럴드 셔브와 나는 그들을 보러갔네만, 전반적으로 그들보다 더 우둔한 녀석들의 집단은 좀처럼 보기 힘들 거야. 아니면 내가 더 이상 개의치 않는 것일까? 여하튼 케임브리지는 점점 더 내게 일종의 기계처럼 보여. …… 그러나 아직도 연애란 모험을 할 기회는 충분해. 그때까지는 그 기계를 개선해야지. ……"라고 말했다. 그는 아마도 주로 대학의 재무에 관한 자신의 업무에 대하여 말하고 있었다. 그가 재산관리위원회의 위원과 특별연구원직의 선거인으로 임명되기 전해와 그리고 1912년 가을까지 그는 세 가지 혁명적인 제안을 했는데, 그것은 많은 액수의 현금 잔고를 유지하는 데 대해서 이의를 제기한 것과, 주방·식품실·사교실의 관리부문의 계약과 그 직원의 채용조건을 조사할 것, 그리고 무엇보다도 특별연구원의 배당금을 1년에 120~130파운드로 증액할 것에 대한 제안이었다. 이 마지막 제안에 대한 결의는 사실상 재직중인 회계관에 대한 불신임 투표였다. 그리고 그 제안은 폐기되었지만 케인스는 그 대학을 관리하는 위원회의 위원으로 선출되었고, 그 후 회계관의 임면을 다루는 위원회의 위원도 역임했다. 실제로는 영국이 제1차 세계대전에 개입함에 따라 그는 1919년 11월까지 그 대학의 제2회계관직을 맡지 않았다.

그는 부활절 휴가 동안 그와 아주 친밀했던 제럴드 셔브와 함께 또다시 프랑스 관광도시 리비에라에 갔었다. 더욱 뒤늦게 그는 그와 오랜 세월 교신하였던 공무원인 아치 로즈와 승마하러 갔다. 들놀이를 하는 도중에 그들은 에버리에 있는 크라운 호텔에 묵었고, 메이너드는 그 장소를 대단히 좋아해서 친구들이 7월에 그 시설 전부를 인계받도록 조처하였다. 그들, 곧 덩컨 그랜트, 제럴드 셔브, 잭 셰퍼드, 프랭키 비렐, 딜리 녹스, 루퍼트 브룩, 올리비에 자매들과 캐서린 콕스, 아치 로즈, 체스터 퍼비스, 저스틴 브룩, 페렝 베커시, G. H. 루스, 제프리 케인스가 이 유쾌한 곳에 왔다. 그들 대다수가 메이너드의 학창시절 이래 사도회에 가입한 회원들이었다. 단지 최근에야 그는 시인인 루스와 그 대학의 학생인 젊은 베커시를 알게 되었다. 그는 특히 베커시를 좋아했고, 뒤에 부다페스트에서 가까운, 그의 호화로운 집으로 그를 방문했다.

크라운 호텔의 여주인은 방문객들 가운데 몇 사람의 행동에 충격을 받아서 그 결과로 그가 계약한 금액을 초과하여 40파운드의 위자료를 메이너드에게 물렸다. 그것은 확실히 기억할 만한 기회였다. 왜냐하면 에버리에 있었던 사람들은 훗날 그 휴일을 전쟁 전 시대의 평화와 문화를 상징하는 것으로 회상했기 때문이다. 이때의 일들을 상세히 보고하는 것과 다름 없는 편지에서 그는 이성에 대한 그의 심리 상태를 밝히는 또 하나의 진술을 했다. 크라운 호텔의 유리창으로 그는 루퍼트 브룩이 한 여성과 연애하고 있는 장면을 보고서 "오! 이 오입쟁이들. 도대체 어째서 그가 그런 짓을 할 수 있단 말인가" 하고 외치게 되었다.

그해 가을에 그에게 특별한 매력을 느끼게 했던 또 다른 인물이 케임브리지의 무대에 출현했다. 그는 루트비히 비트겐슈타인이라는 멋진 청년으로 유명한 철학자가 될 운명을 타고 났다. 그는 메이너드가 출생하고 6년 뒤인 1889년, 부유하고 교양 있는 빈 가문의 유대인 아버지와 로마 가톨릭을 믿는 어머니 사이에서 태어났고, 가톨릭의 세례를 받았다. 이제 성장한 그는 맨체스터에 가서 공학을 공부했으며, 버트런드 러셀의 수리논리학 강의에 매혹되어 케임브리지 대학에 등록하였다. 총명한 지성과 카리스마를 지닌 개성을 소유한 젊은 비트겐슈타인은 곧 사도회원으로 선출되었다. 그런데 그와 배커시가 모두 동성연애자였다. 메이너드는 정신적인 사랑으로 비트겐슈타인에게 매혹되었다. 그는 덩컨에게 "비트겐슈타인은 대단히 훌륭한 인간이다. 내가 요전에 너를 만나서 그에 대하여 말했던 것은 모조리 사실이 아니다. 그는 굉장히 세련된 인물이다. 나는 그와 함께 있는 것이 정말 좋다"고 편지로 알렸다. 가까운 장래에 그는 한 친구로서 그를 힘차게 돕게 된다.

확률에 관한 연구와는 별도로 케인스는 1912년의 대부분을 《인도의 통화와 금융》을 저술하는 데 열중하였는데 그 책은 그가 2년 동안 일반과목으로 가르쳤던 강의의 결과였다. 그 책의 진지하고 기술적인 분석은 금환본위에 대한 강한 논거로 뒷받침된다. 그는 인도가 화폐문제로 퇴보하고 있다기보다는 통화 발달의 선두에 있다고 주장했다. 인도는 이 금환본위제도 아래 그 환율을 스털링(영국의 파운드화)에 고정시켰으나, 국내통화인 루피는 금으로 태환해 주지 않았다. 그는 이러한 점에서 그 제도가 미래의 이상 통화로서 필요한 요소 한 가지를 포함하고 있다고 주장했다.

케인스의 첫 번째 저서인 이 책은 확실히 정책지향적이었으며, 그 속에는 사람들이 그의 몇몇 다른 저서들에서 발견하는 기존 제도에 대한 날카로운 "비방"은 거의 없었으나 그러한 비방의 전조는 엿보였다. 금환본위에 반대했던 어떤 지도적인 재정가들의 견해를 논의하는 가운데서 그는 "이러한 유형의 재정가들은 금환본위가 실제 경험으로 그들에게 증명될 때까지는 새로운 어떤 제도의 타당성도 인정하지 않을 것이다. 그러므로 그들이 좀처럼 새로운 것을 지지하지 않는 것은 이러한 결과 때문이다"라고 썼다. 다른 한편으로 그는 이 저서와 그의 다른 주요 저서에서 이 점에 관하여 새롭고 다른 것, 곧 사상과 감정을 조합하는 것을 강렬하게 지지하는 입장을 취했다.

그러나 케인스가 당시의 인도 화폐제도를 전부 찬성했다고 생각해서는 안 된다. 그는 그 나라에 중앙은행이 없는 것이 중대한 결점이라고 생각했다. 왜냐하면 정부 회계기관 노릇을 할 공공기관이 없었기 때문이다. 사실상 인도 정부는 그 당시 미국의 제도처럼 재무성이 독립성을 유지하고 있었고, 연방준비제도의 제안자들은 그런 재무성 제도를 매우 비판했다. 그는 내부적으로 인도는 단일 중앙은행을 가지고 있지 못하기 때문에 통화가 거의 탄력이 없다고 말했다. 여하튼 인도가 정부와 결합된 하나의 국가 은행을 가지고 있어야 한다는 것이 그의 지론이었다.

그는 금본위가 금화의 국내유통을 필요로 하지 않는다고 열심히 주장했다. 유형(有形)의 통화를 선호하는 것은 정부가 이러한 통화문제에 관하여 오늘날보다도 더 신뢰받지 못했던 시대의 유물에 지나지 않을 뿐더러 또 영국제도의 비판없는 모방이 유행했던 19세기 이사분기의 유물에 지나지 않는다고 진술했다. 실제로 인도의 경우에는 인도가 귀금속을 애호했던 것이 경제발전에 파멸을 초래했다는 생각을 그는 지니고 있었다. "정부는 경화(硬貨) 취급을 애호하는 일을 조금이라도 조장해서는 안 된다. 그보다는 오히려 정부가 미개하고 비경제적인 습관에 대응하는 조치를 강구해야 한다." 이러한 구절들은 그의 후기 저서에서 흔히 나타나게 된다. 그래서 "금본위에 기초를 둔 그 외환기구를 완성한 유럽이 더 합리적이고 안정적인 기초 위에서 유럽화폐의 가치기준을 통제하는 것이 가능함을 발견할 시기가 머지않아 오게 될 것이며, 우리들은 운이 좋은 탐광자(探鑛者)들과 새로운 화학적 방법, 또는 아시아의 이념의 변화에 따라 우리들의 경제기구의 가장 본질적인 조정을 영구히 방치할 것 같지는 않다"고 말했을 때, 그는 또한 그의 분석 속에 예언적인 어조를 도입했던 것이다. 이러한 문장들은 분명히 그 후 관리통화에 대한 그의 주장을 암시했다.

1913년 초 케인스는 그의 누이 동생인 마거릿이, 트리니티 칼리지의 특별연구원이고 뒤에 노벨상을 탄 생리학자인 아치볼드 비비안 힐과 결혼할 것을 공공연히 약속한 것을 알았다. 그는 누이의 약혼자가 대단히 청교도 같다는 생각을 덩컨에게 털어놓았지만 그래도 누이가 매우 행복하다고 생각했다.

부활절 휴가 동안 그는 이집트에 주재하는 그의 옛 친구인 로빈 퍼니스를 만나려고 혼자서 그곳으로 장기 여행을 떠났다. 그는 무용가인 니진스키와 함께 특별열차로 여행했다고 그랜트에게 말했으며 카이로에서는 우연히 한 여자와 즐겼다고 덧붙였다. 이 비밀이야기는 아주 우발적으로 그리고 그가 오입쟁이들을 비난한 바로 직후에 나왔으므로, 사람들이 흠칫 놀라면서도 사람들이 양성애에 대한 그의 개성의 변화를 경계의 눈으로 보게 한다.

케인스가 이집트에 있는 동안 인도성에서 일할 때의 상사였던 토머스 홀더니스 경에게서 비밀편지를 한 통 받았는데, 그 편지는 신설될 인도 통화에 관한 왕립위원회(인도 통화위원회)의 서기직을 맡아달라는 제의였다. 인도 의회가 금은괴 중개인인 새뮤얼 몬태규 씨를 통해 대량의 은을 비밀구매한 일을 둘러싸고 일어난 독직(瀆職) 사건에 대한 풍문이 일자 이러한 기구를 설치할 필요성이 제기되었고 또 그 기구가 조사를 수행하지 않으면 안 되었다. 이러한 거래상 일어나는 추측을 방지하기 위하여 비밀회사가 생겼다. 그리고 그 거래는 인도성의 표준관행에 따라서 수행되었다. 그렇지만 의회 내의 비평가들은 그 회사의 사원들이 입법부에 있었고, 그들의 직위를 통해 이익을 얻는 방법으로 인도 국무차관과 연관되었다고 주장했다.

동시에 익명의 《런던타임스》 통신원이 유사한 논쟁을 일으키는 주제로 5회에 걸친 긴 기사를 발표했는데, 그는 인도 통화제도의 취급에 대한 비판의 기초를 초기 정부조사에 두었다. 인도 정부가 금의 유통을 장려하지 않고 금본위를 실시했으며 그렇게 함으로써 런던에 있는 통화준비금의 일부로 하여금 계속 이자를 벌어들이게 했다는 것이 이 비난의 요지였다. 이 연재물의 필자는 금 유동비율을 증가시키면 그에 상응하여 그 제도가 더 안정될 것이라고 주장했다.

이 기사가 게재된 결과로 하원에서 많은 문제가 일어났다. 케인스는 이때 라이오넬 에이브러햄스에게 《타임스》 기사의 배후에 누가 숨어 있느냐고 묻는 편지를 썼다. 라이오넬 에이브러햄스는 확실히 모른다고 답하고 금명간 출간될 메이너드의 책에 관하여 찬사를 보내면서, "그러나 당신이 하루 이틀 뒤에 똑같은 편지를 《타임스》에 보낼 수 없겠는가?"라고 묻고는 "정말 들은 바가 거의 없네. 대단히 감사히 생각하겠네"라고 대답했다.

케인스는 고맙게 생각할 겨를도 없이 바로 그날 그 편집자에게 편지 한 통을 보냈다. 그것은 이 손에서 저 손으로 금을 유통시키는 것을 조장하기보다는 준비금을 중앙은행에 집중하는 정부 정책을 위한, 평소와 같이 알기 쉽고 간결한 개요였다. 사실 그는 기존제도인 금환본위를 옹호하고 있었으며 프랑스, 러시아, 오스트리아 - 헝가리, 네덜란드, 일본을 포함한 많은 국가들이 실제로 비슷한 제도를 채택했다고 주장했다. 인도성의 윌리엄 로빈슨은 그 반대 의견에 대한 메이너드의 반박에 열광하여 "그것은 지금까지 나온 진술 가운데서 우리 편에 드는 가장 좋은 진술이다. 내가 유일하게 유감스럽다고 생각하는 것은 《더 타임스》가 금과 은으로 된 활자로 그 신문을 인쇄하지 않았다는 것과 한 편의 특별부록으로 발행하지 않았다는 것이다"라고 편지로 전했다. 《더 타임스》의 통신원을 비난하는 다른 많은 편지가 그 신문사로 배달되었으나 그 신문은 의회의 조사에 찬성하는 사설 캠페인을 끈질기게 지속하였고 결국 성공했다.

케인스는 발의된 위원회의 서기직에 대하여 홀더니스에게 해외전보를 쳐 답변하면서, 그가 그렇게 좋은 직책을 수락한다면 이미 교정쇄에 들어가 있는 《인도의 통화와 금융》을 자유롭게 발간하는 데 지장을 초래하지 않을까 하고 걱정했다. 그러므로 그는 그 새로운 위원회의 의장인 오스틴 체임벌린에게 그 책의 견본을 보냈다. 체임벌린은 그 견본을 검토해 보지도 않고 당장 그 책을 출간하는 것은 메이너드의 자유라고 그에게 통지했다. 정말로 케인스는 이제 서기직보다도 그 위원회의 위원이 되어 달라는 제안을 받았다. 그의 아버지는 이 소식을 듣자마자 일기에 "커다란 명예"라고 적었다. 그리고 그 대학에 있는, 성실한 케인스의 스승은 재빨리 그에게 보내는 축하의 말을 이렇게 썼다.

"친애하는 케인스, 나는 자네가 최근에 구성된 위원회의 최연소 위원이 되었다는 소식을 듣고 기쁘다네. 나는 자네가 어느 누구보다도 더 젊다고 생각한다네. 자네는 그 자리에 적합한 인물일세. 그러나 체력을 관리할 필요가 있을 것이네. 앨프리드 마셜."

그 뒤로 위원회가 회의를 열고 여름 휴회에 들어가기 전에 보수당의 재정문제 권위자였던 체임벌린이 케인스의 책에 관심을 갖고 처음부터 끝까지 읽었다. 그는 케인스에게 사적인 편지를 써서 부분적으로 다음과 같이 말했다. "내 처지에서 그렇게 말할 수 있을는지 모르지만 그 책은 감탄할 정도로 알기 쉽게 씌어져 있더군요. 그러나 나는 그 책에 관하여 당신에게 축하의 말을 해야 할지, 나 자신이 괴로워해야 할지 확실히 모르겠소! 당신은 위원회의 보고서가 빛을 볼 때마다 그 문서의 작성자로 생각될 것이오. 나는 우리들의 비공식 토의에서 밝혀낸 그 위원회의 견해가, 대부분 당신의 연구로 이미 당신이 내린 논증과 결론을 그저 반복한 것임을 알고서 놀랐소."

케인스의 저서는 체임벌린뿐만 아니라 전문 경제학자들의 환호를 받았다. 케임브리지의 존경받는 경제학자인 폭스웰은 길고 열정적인 비평문 가운데서 그것은 "실제로 가장 중요한 것에 대한 때를 맞춘 업적"이며 "그러한 주제에 관한 전형으로서 길이 남을 것"이라고 말했다. 폭스웰은 아마도 베이지홋이나 제본스가 화폐이론과 화폐정책 면에서 경제학에 끊임없는 공헌을 하지 못했는데도 케인스를 그들과 비유하였는데 이것은 잘못이었을 것이다.

회고하건대 케인스의 독창성은 인도의 통화문제에 관한 그의 권위 있는 책에서뿐만 아니라 그가 왕립위원회에 있을 동안 수행한 창조적인 역할에 의해서도 드러났던 듯하다. 그는 이제 막 서른을 넘겼지만 그 위원회의 진행에 참가했던, 그보다 더 나이 많고 경험도 풍부한 공무원들이나 은행가들에게 전혀 위압당하지도 않았고 못해 보이지도 않았다. 그의 동료들 몇 사람은 이전에 인도성에서 그의 상사였고, 또 한 사람 로버트 찰머스 경은 뒤에 재무성에서 그의 상관이 되었다. 그러나 그는 처음부터 그 청문회에서 단연코 돋보였다. 그것은 그가 단지 그 위원회 위원 열 사람 가운데 한 사람이었지만 증인에 대해 그가 한 심문이 거의 전체 6분의 1을 차지했으며, 시종일관 끈질기고 예리한 질문을 했다는 사실이 증명해 주는 바와 같다.

증인들을 심문한 뒤 그 위원회는 두 개의 개혁안을 무시할 수 없었다. 그 하나는 인도에 '금화 주조소'(金貨鑄造所)를 설립하는 것이고 또 하나는 중앙은행 또는 국립은행을 조직하는 것이었다. 라이오넬 에이브러햄스는 후자의 문제에 관하여 각서를 준비했으나 그 위원회의 다른 위원들이 그 안을 받아들일지는 낙관할 수 없었다. "당신이 나의 제일 큰 희망이오" 하고 그는 메이너드에게 써 보냈다.

그 위원회가 8월에 휴회했을 때 케인스와 인도의 유명한 황마 제조업자인 어네스트 케이블 경은 그 위원회가 검토할 국립은행 설립안 작성자로 지명되었다. 케이블 경은 그 은행의 투자에 관한 각서의 개요만 썼으나 케인스는 인도 국립은행 설립안에 대한 모든 면을 다루는 50페이지나 되는 문서를 쓰고 세 가지의 부록을 첨부했다. 그것은 어떤 은행가들에게나 군침을 흘리게 하는 안이었다고 그는 훗날 기록하였다. 결국 그 안이 채택되지는 않았지만 그 왕립위원회 보고서의 부록으로 출판되었다.

위원의 한 사람이었고 인도 정부의 재무장관이었던 R. W. 질리안은 케인스의 작품을 매우 높이 평가했다. "그 문서는 여러 가지 일들을 훌륭하게 해결한다. 과거에 사람들은 단일한 견해가 아니라 서로서로 뒤섞인 환영과 같은 견해들을 많이 가지고 있어서 그것들 전부 또는 몇몇에 대한 비난에 참으로 잘 대응해야 했다. 당신은 이러한 많은 비난들이 얼마나 무관한지를 가장 확실한 방법으로 말했다. 그리고 여하튼 우리들은 지금 한 가지 진지한 문제를 가지고 있다."

케인스는 다른 위원들이 이 안을 검토하도록 하는 데에 기지를 잘 발휘하지 않으면 안 되었다. 왜냐하면 그들 대부분이 인도의 중앙은행 설립에 대하여 열렬한 관심을 보이지 않았기 때문이었다. 이들 가운데 한 사람이 셰퍼지 브라차였고 그는 인도의 재정문제 해결책으로서 계획된 그 안을 강하게 반대했다. 그가 항의한 결과, 현존하는 은행 관행이 계속될 것이며 중앙은행 제도에 대한 어떤 권고도 본문에는 넣지 않을 것이라는 취지로 그 위원회가 작성할 보고서의 절충안이 최종으로 만들어졌다. 케인스는 눈에 띄게 보충자료로 주의를 끄는 방법으로 그 보고서를 작성함으로써 3절과 5절의 최종 수정안에서 자신의 요점을 강조했다.

그는 그 보고서의 이 부분에서 "제안된 종류의 국립은행은 실로 이해가 상반되는 두 가지 일의 합치점에 이르게 할 수도 있다. 하나의 새로운 공공기관이 실제로 어떻게 작용할 것인가 하는 것은 예견하기 어려운 일이다. 그러나 국가기관과 사설기관의 장점들은 여하튼 부분부분으로 결합될 수도 있다"고 기술했다.

그 제도가 인도에 적용되었을 때 그는 각서에서 전반적으로 중앙은행 제도에 관하여 대가다운 이해력을 과시했다. 그는 인도와 미국만이 유독 재할인 시장이 없고, 어음 발행의 탄력성과 할인율 정책이 없으며, 정부은행 대신에 독립된 재무성 제도로 운영하고 있다는 사실에 사람들의 주의를 환기했다. 미국에서는 현재 이러한 결점들을 교정하려는 조치를 취하고 있다고 지적했다. 곧 그 당시에 연방준비제도가 의회에 의해서 설립되는 과정에 있었다. 그는 사람들에게 그가 지난날 토론할 때를 연상시키는 방법으로 국립은행의 장점과 단점, 그리고 그 제도에 대한 비평을 주의 깊게 분석했다.

그 위원회는 가을에 계속해서 청문회를 개최했다. 일이 마무리되기를 바라는 의장은 그의 동료위원들이 본질적으로 수정하지 않고 수락해 주기를 바라는 초안으로 된 보고서를 작성했다. 케인스를 비롯한 몇 위원들은 의장의 초안을 비판했으나, 대부분의 위원들은 그 보고서 전체를 세밀히 조사하기를 주저했다. 그는 주저하지 않고 그가 동의하지 않는 특정한 요점의 개요를 적은 서신을 체임벌린에게 보냈고, 체임벌린은 즉시 금화에 관한 절(節)의 초안을 다시 작성할 것을 수락했다. 체임벌린은 그의 답변에서 참으로 상냥하고 친절했다. 한편 그와 의견을 주고받았던 어떤 위원의 논평으로 판단하건대 케인스는 의장에게 그렇게 친절한 마음씨를 갖지 못했다. 이 위원은 분실한 편지에서 "의장의 두뇌에 관해 케인스가 묘사한 것을 보면 비명이 나온다"고 말했다. 이렇게 지적으로 오만한 특성은 그달 하순 그의 어머니에게 보낸 편지에서도 분명하게 나타난다. 그 위원회는 크리스마스 전 혹한의 3일 동안 회의를 열어 그 초안으로 된 보고서를 토의했다. 그는 그 회의의 긴장된 분위기를 이렇게 묘사했다.

위원회는 이제 거의 마무리 단계에 와 있다. 대부분의 보고서는 다 끝나가고 있다. 최근 3일간은 내가 지금까지 쌓아 온 성격이나 지성에 대하여 가장 혹독한 시련이었다. 나는 다소 지쳐서 즉시 프랑스 남부로 휴가를 떠나고 싶은 생각이 간절하다. 우리들은 하루에 일곱 시간씩 앉아서 전속력으로 수정안을 작성해야 했으며, 다른 사람의 수정안이 내용과 관계없는 표현만 좀 바꾸는 수정인지, 실제 내용의 수정으로서 거부해야 할 것인지를 30초 이내에 끊임없이 결정해야만 했다. 나는 오스틴 체임벌린이 그 어려운 시련으로부터 아주 잘 빠져나왔다고 말하지 않을 수 없다. 그리고 그가 머지않아 총리가 될 수 있을 것이라고 믿는다. 그리고 나는 순수한 지적인 점에서 그가 캠블배너맨[자유당의. 총리로 1905~1908년간 재직]보다 더 우둔하다고는 조금도 생각지 않는다.

그 위원회가 크리스마스 휴가 동안 휴회했을 때 케인스는 그가 몹시 갈구했던 휴가를 덩컨 그랜트와 함께 보내고자 영국을 떠나서 리비에라의 로우콰이어브룬에 머물렀다. 거기에 있는 동안 그는 때 아닌 좌절을 맛봤다. 그는 처음에는 편도선염으로, 그 다음에는 후두염으로 그리고 마지막에는 훨씬 더 악화된 디프테리아로 진단받은 병에 걸렸다. 처음에는 버시 부인의 자매가 그를 간호했으며 다음에는 망통에 있는 작은 사립병원으로 옮겼다. 그의 어머니가 언제나 그랬던 것처럼 그의 곁으로 비행기로 달려왔다.

1월 중순에 그 위원회는 최종 보고서를 만들고자 마지막 두 차례 회의를 재소집했다. 그러나 케인스는 프랑스에서 아직도 의사의 치료를 받고 있었으므로 출석할 수 없었다. 한 위원은 그의 결석으로 상황이 꽤 어려웠다고 밝혔다. 다른 위원들은 그 보고서 가운데서 '국내의 금화 유통'에 관해 그가 다시 작성한 절(節)을 대부분 그의 표현대로 흔쾌히 수락했으나 그 뒤로는 금본위와 지폐준비금의 복잡한 사항에 관하여 절망스러운 혼란상태에 빠져들어갔다. 다른 위원들은 그의 관심을 가장 많이 끌었던 지폐준비금에 관해서, 탄력적인 통화에 기여하는 한 그 제도를 실행할 수 없게 하는 방법으로 그의 제안을 변경하였다. 의장은 지폐준비금제도에 관한 케인스의 제안은 국립은행을 설립하지 않고는 시행할 수 없다고 주장하면서, 케인스가 그 보고서에 서명을 하고 거기에 부록은 첨부하지 않았으면 하는 바람을 피력하는 편지를 메이너드에게 써 보냈다. 케인스는 병상에서 그가 그 보고서에 서명하는 한 지폐제도의 제안에 관한 주석을 덧붙일 권리가 있다는 것을 솔직하게 지적했다. 그는 그들이 제안한 지폐제도의 안이 더 나쁘다고 하면 할수록 국립은행에 관한 그의 제안도 아주 교묘한 속임수로 받아들여질 가능성이 더 클 것 같다는 의장의 시사를 인정하지 않고, 그 보고서의 전체 취지는 "당신들이 진실을 외면하고 맹목적으로 금을 축적하는 것을 의미하지는 않는다"고 주장했다. 다른 곳에서 그는 "나는 개혁하는 데 간편한 속임수를 좋아하지 않는다. 그것은 분석을 하면 수포로 돌아간다"고 썼다.

그의 견해를 지지하는 몇 위원들은 그가 없었을 때 일어났던 일에 대하여 그를 화해시키려고 하였다. 그러나 그가 영국에 돌아왔을 때 그는 두 가지의 사소하고 간결한 표현을 변경하여 지폐 제안에 관한 또 다른 각서를 써서 체임벌린을 납득시키고 승리를 얻었다. 그것은 그의 끈기와 표현의 탁월함 그리고 정치적 감각을 경탄할 만하게 보여주는 것이었다. 탄복하는 한 동료는 그것을 '단연 훌륭한 문서'라고 불렀다. 그는 심지어 금본위와 지폐준비금을 종합하기 위하여 최종보고서에 부록을 넣기까지 하였는데, 그것은 그가 역설한 다른 수정사항을 포함했을 뿐만 아니라 이전에 만든 보고서의 내용을 실제로 바꾸어 놓았다.

인도의 통화와 금융에 관한 왕립위원회의 보고서는 1914년 3월 2일에 최종 발표되었다. 그러나 그해 8월 전쟁이 나서 정부는 그 위원회의 추천사항을 조금도 실시할 수 없었다. 그리고 여하튼 인도의 재정상태는 그 사이에 급격한 변화를 겪었다. 그 결과 그 이후 다른 두 위원회와 헌법개정에 관한 《백서》로 기초를 닦은 뒤인 1935년까지 그 거대한 나라를 위한 중앙은행은 설립되지 못했다.

앨프리드 마셜이 인도 통화위원회의 보고서 사본을 받았을 때 그는 다른 일들 때문에 바쁘다고 케인스에게 편지로 이렇게 알렸다. "여기저기 대강 훑어보고 나서 결론을 읽고 마지막으로 무심히 부록으로 넘어갔다네. 그러나 이것이 내 주의를 끌더군. 나는 자네가 그 부록을 썼다고 생각하지 않았네. 그 보고서와 마찬가지로 부록 대부분은 내

지식과 판단으로 이해하기 어려운 문제들을 다루고 있었으니까. 그러나 내가 이해하는 한, 그 부록은 건설적이고 경이로운 작품이며 그 때문에 내가 매료되었으니 만족한다네. 만일 젊은이들이 그렇게 큰 고난을 통하여 이토록 진지하고 이와 같이 용이하게 그들의 길을 개척할 수 있다면 참으로 우리네 늙은이들은 목매어 죽어야 할 것이네."

회고하건대 케인스가 인도성을 떠난 뒤 수년 동안 많은 일을 이루었다는 것은 분명하다. 사람들은 이제 그의 업적의 배후에서 좀더 좋은 그의 내면 생활을 인지하고 이해할 수 있는데, 그것은 주로 최근에서야 입수할 수 있게 된, 덩컨 그랜트와 1908년부터 1912년까지 주고받았던 그의 서신이 지금까지 감추어졌던 사실들을 밝혀주었기 때문이다. 그렇게 편지를 교환한 것을 보아 그 몇 해 동안 그는 늘 유별나게 기가 죽어 있었는데, 그것은 주로 그 젊은 미술가와 그와의 관계에 관해서 정서적 갈등과 불안을 느꼈기 때문인 것으로 보인다. 그리고 위에서 인용한 1912년의 편지에서 그는 마음의 상태가 훨씬 더 평온해졌다고 말하고, "나는 케임브리지에 깊이 빨려들고 있다"고 첨언했다. 낙담에서 훨씬 더 침착한 상태로 심경이 변화한 것은 아마도 그 자신이 일 속에 파묻히고 그의 심적 갈등을 외부세계로 투사했기 때문이었다. 이러한 방위기제(防衛機制: 생리적 또는 심리적으로 자기를 방어하려는 경향)의 성질이 그가 인생에 대처하면서 비교적 끈질긴 모습으로 바뀌었을지도 모른다. 케임브리지에서나 그 밖의 다른 곳에서 그를 잘 알고 있었던 버트런드 러셀은 그의 지나친 활동 상태에 관해서 논평했으며, 리튼 스트레이치가 쓴 메이너드의 전기를 읽고서 그를 면밀히 연구했던 마이클 홀로이드는 "일생 동안 케인스를 압박했던 그 끊임없는 과로는 외부에서 우연히 생겨난 것이 아니고 어떤 긴박한 개인적인 필요성에서 비롯됐다"고 눈에 띄게 관찰했다. 그는 마치 내면의 영원한 공백을 메워야 하는 사람처럼 인생을 살았으며, 거의 쉴 수 없는 것처럼 보였다. 홀로이드는 케인스를 몰아붙였던 개인적 필요의 성질을 설명하려고 시도하지는 않았으나, 일이란 가끔 억압하는 정서적인 문제들로부터 도피하는 수단으로 활용된다는 것을 심리학자들은 알고 있다.

20세기 역사상 몇 차례의 중대한 위기를 맞아, 곧 제1차 세계대전과 30년대의 대공황 그리고 제2차 세계대전 및 그 여파가 있었던 때 영국은 극도로 복잡한 재정 및 경제문제를 진단하고 처리하는 데 케인스에게 크게 의존했다. 이러한 도전에 응하여 그가 쏟은 정력과 격렬함, 그 가운데서도 최종의 것은 궁극적으로 그의 죽음의 원인이 되었는데, 이러한 현상은 그의 남다른 정신역학(精神力學)을 고려하지 않고는 이해할 수 없다. 그러나 그 역사적 사건들 속에서 그의 역할을 열거하기 전에 많이 논의되었고 많은 오해를 받은 '블룸즈버리'라는 사교 집단이 그의 독창성에 끼친 영향을 검토해야 한다.

6장 블룸즈버리와 그것이 케인스에게 끼친 영향

독창성은 '블룸즈버리 집단'에 의해 정착된 것 가운데 하나며
이러한 사실이 부분적으로 케인스가 독창성을 강조하는
이유라고 말하는 것은 공정한 것일까?
† B. A. 코리의 《케인스와 블룸즈버리 집단》에서

사교 집단인 블룸즈버리는 세기가 바뀔 때 케임브리지에서 처음 시작되었는데, 그 모임에는 미드나이트회의 레너드 울프, 리튼 스트레이치, 토비 스티븐 그리고 클라이브 벨과 같은 케임브리지 대학 관계자들이 있었다. 케인스가 1902년에 그 대학에 도착했을 때 그는 그들 엘리트 집단의 일원이 됨으로써 이 젊은이들을 알게 되었다. 2년 뒤에 스트레이치는 마지못해 그가 사랑하는 케임브리지를 떠나서 '친해질 수 없는 감옥'이라고 절망적으로 불렀던 런던으로 돌아왔다. 이곳은 그가 꿈꾸었던 상상(想像)의 세계가 아니었다. 그는 비참해졌고 낙심했다. 그러나 회랑이 있는 교사(校舍)를 떠난 지 약 3년 뒤에 그는 런던의 한가운데서 상상의 세계를 알맞게 묘사한 것과 같은 역할을 하는 대체물인 일종의 공동체를 발견했다.

　　그 일은 아주 우연히 일어났다. 대학에 있을 동안 토비 스티븐은 그를 파크 게이트 22가로 초대하곤 했는데 거기서는 토비 스티븐의 누이 둘이 병들어 있는 유명한 학자인 아버지 레슬리 스티븐을 간호하고 있었다. 그 노인은 귀머거리였고, 암을 앓고 있었는데 그로 말미암아 1904년 초에 세상을 떠났다. 그해 늦게 스티븐의 아이들인 버지니아와 바네사, 토비, 아드리안은 유행에 맞는 그들의 켄싱턴 집에서 명성이 더 낮은 고든 스퀘어 46가 블룸즈버리에 있는 주소로 이사했다. 버지니아 스티븐의 친척들은 인습에 얽매이지 않는 그러한 행동, 즉 이렇게 그 도시의 비교적 한물 간 지역으로 이사한 것 때문에 충격을 받았다. 그러나 버지니아에게 블룸즈버리 광장은 이 세상에서 가장 아름답고 가장 즐겁고 가장 낭만적인 장소로 보였다.

　　스트레이치가 스티븐가(家)를 방문하는 횟수는 이제 더 잦아졌다. 그는 그 특유의 과장된 표현으로 버지니아는 꽤 멋과 재치가 있으며 할 말로 가득 차 있고 절대로 현실과 조화를 이루지 못한다는 것을 발견했다고 말했다. 또 가엾은 바네사는 열광적인 세 남동생들을 관리해야 하며 가냘프고 슬퍼보인다고 말했다.

불행하게도 1906년에 용모가 빼어난 토비가 갑자기 죽어서 스티븐 가의 가족수는 줄었고, 이듬해 바네사는 명랑한 스포츠애호가이며 미술평론가인 클라이브 벨과 결혼했다. 버지니아와 그 남동생인 아드리안은 그런 다음 신혼부부가 옛집에서 방해받지 않고 살 수 있도록 가까이에 있는 피츠로이 스퀘어 29가로 이사했다. 그들의 친구들이 목요일 저녁에 만나서 고든 스퀘어에서 시작한 모임을 계속한 곳은 피츠로이 스퀘어에 있는 아드리안의 1층 서재였다. 덩컨 그랜트의 말에 따르면 이 회합이 블룸즈버리의 시작이었다.

그 비조직적인 집단은 바네사와 버지니아 스티븐, 남동생인 토비와 아드리안, 클라이브 벨, 레너드 울프, 메이너드 케인스, 덩컨 그랜트, 로저 프라이, 데스몬드와 모리 매카시, 리튼 올리버, 매조리 그리고 제임스 스트레이치, 색슨 시드니 터너, 해리 노턴, E. M. 포스터, 제럴드 셔브 등의 인사들로 구성되어 있었다. 다른 한편으로 레너드 울프는 그가 실론에서 귀국한 뒤 1912년에서 1914년 사이에 블룸즈버리가 생겼다고 주장했으며, 그의 설명에 따르면 그 집단의 회원은 단지 13명이었다. 그는 제럴드 셔브와 해리 노턴 그리고 리튼의 형제 자매를 제외했다. 그는 자기가 꼽은 열 사람 가운데서 여섯 사람이 무어와 무어주의에 영원히 물들었다고 주장했다.

블룸즈버리는 여성들, 특히 비범한 스티븐 자매를 포함시킴으로써 케임브리지 회화 모임과는 크게 달랐다. 이 자매에 대해서는 배경 설명이 필요하다. 이들은 재능과 미모를 갖추고 전통 있는 중상류 가정에서 성장했다. 아버지는 존경받는 케임브리지의 지식인이었는데, 종교적인 의혹 때문에 학감 자리를 사임하고 런던에 있는 《콘힐 매거진》 편집자가 되었으며, 그 후에는 명성 있는 《영국 인명사전》의 편집자가 되었다. 그는 유명한 영국과 미국 문학가들의 친구였다. 그들 가운데 한 사람이 작가이자 영국궁정 주재 미국대사였던 제임스 러셀 로웰로서 버지니아의 대부였다. 굉장히 매력적인 여인인 그 가족의 어머니는 미모로 유명했던 패틀 자매 가운데 한 사람의 손녀였다.

버지니아와 바네사가 자라고 있었을 때 스티븐가의 구성은 매우 복잡했다. 왜냐하면 부모들은 둘 다 전 배우자와 사별한 뒤 재혼을 한 것이었기 때문이다. 메이너드가 태어나기 한 해 전에 태어난 버지니아는 토비와 바네사의 손아래로 스티븐가의 셋째 아이였으며 또 한 사람의 남자 형제인 아드리안보다는 한 살 위였다. 불행하게도 그 가족의 어머니는 버지니아가 겨우 열세 살 때인 1895년에 죽었다. 버지니아가 첫 번째 정신쇠약증을 앓았던 것이 그때였으며 그런 과정에서 자살을 기도했다.

스티븐가의 가정생활은 그 당시 버지니아의 이복자매인 스텔라 덕워스에게 의존하게 되었다. 그러나 스텔라는 그 의무를 떠맡은 뒤 곧 결혼했으며 불행히도 그해에 죽었다. 그 결과 나이 든 아버지를 간호하는 일은 나이 어린 두 딸들이 맡아야 했다. 이 일은 매우 어려웠으나 엎친 데 덮친 격으로 아내가 죽고나자 레슬리 스티븐은 점점 더 슬픔에 잠기게 되었고, 슬픔과 엄숙함과 위선적인 감정이 그들의 가정을 지배하게 됐다. 예를 들면 그 소녀들이 대단히 섭섭하게도 레슬리는 콘월에 있는 세인트 아이브스의 피서용 별장을 포기했다. 그곳은 딸들이 어린애였을 때 수많은 휴가를 행복하게 보냈던 곳이며, 자신에게는 사별한 아내를 너무 많이 생각나게 하는 곳이었다.

레슬리의 연민은 딸들에게 감정적인 공감처럼 느껴졌고 가계부에 대해서 야단을 친 일은 한층 더 불화의 원인이 되었다. 버지니아는 여성의 예속되는 임무를 무수히 수행해야 했던, 그 집의 천사와 같은 여자들에 대해서 통렬하게 비판했다. 그 후 또한 "반복해서 동정을 구하면서 무자비하게 내리치는 남성의 빈약한 신월도(新月刀)"에 대하여 썼다. 아내와 사별한 당시 아버지의 감정적인 행위가 딸들에게 빅토리아 시대의 도덕적 규범과 풍속에 대하여 성숙한 반항심을 갖게 했음은 명백한 것이다.

그러나 그들이 이 전제적인 생활 방식에서 자유롭게 되었을 때, 그 자매들은 역설적으로 병든 사람들에게 최대한 동정심을 지닐 수 있었지만 거칠고 이성적(異性的)인 외계에서는 인정받을 수 없었다. 예를 들면 버지니아는 우울증에 빠진 스트레이치에게 대체로 너그러웠으며, 바네사는 안심하고 버지니아에게 속마음을 털어놓았던 동성연애자들과 특별한 관계를 가졌던 것 같다. 이들 두 젊은 여자들의 심리상태는, 그들 가운데 몇 사람이 성적으로 이중의식을 지니고 있었던 런던의 케임브리지 사도들에게 일종의 은신처를 제공할 수 있었을 만큼 흥미로운 것이었다. 메이너드도 이들 가운데 한 사람이었고, 덩컨 그랜트나 리튼 스트레이치와의 친밀한 우정으로 좀더 일찍 블룸즈버리 집단의 일원이 되었다. 앞에서 말한 바와 같이, 1910년 무렵 덩컨은 블룸즈버리의 피츠로이 스퀘어 21번가로 이사했고 이듬해 그들은 아드리안, 버지니아 스티븐, 제럴드 셔브 및 레너드 울프와 함께 살았던 브런즈윅 스퀘어 38번가로 옮겼다. 그래서 케인스는 맨 처음부터 물질적으로 그리고 지적으로 블룸즈버리 집단과 가까웠다.

　　장구하고 다채로운 생애를 거치는 동안 블룸즈버리는 외부인들에게 여러 가지 다른 모습으로 비쳤다. 그것은 그들과 적대적인 사람들에게는, 그 회원들의 작품을 칭찬하는 데는 전념하지만 다른 사람들에게는 아주 부당하게 비판적인 지식인들의 마피아로 보였다. 그 집단에 대한 이러한 심상(心像)은 중대한 결함을 지니고 있는 것처럼 생각된다. 왜냐하면 퀜틴 벨이 설득력 있게 밝힌 바와 같이 그 집단은 결코 하나로 통제된 집단이 아니었기 때문이다. 사실 그 회원들은 서로서로 너무나도 비판적이어서 버지니아 울프는 자신의 편지 가운데서 블룸즈버리를 사자의 집과 같이 묘사했다. "고든 스퀘어는 동물원에 있는 사자의 집을 닮은 꼴에 지나지 않는다. 사자는 우리에서 우리로 들어간다. 모든 동물들은 위태롭고 서로서로를 다소 의심하며 매혹과 신비로 가득차 있다. 나는 때때로 너무 수줍어 고든 스퀘어 46번가로 들어서도 유리창 안을 들여다보면서 보도를 따라 느릿느릿 걸어갈 수 없다." 블룸즈버리를 이렇게 사자와 같이 묘사한 개념은 놀라운 은유이다. 그리고 그것을 사실 하나의 집단이라고 부를 수 있었는가 하는 것에 대한 의문을 제기한다. 하나의 사교 집단을 구성하기 위해서는 회원들이 서로 으르렁거리기보다는 더 많은 공통점을 가져야 한다. 그것은 무엇이었던가? 그들은 수많은 집회에서 무엇을 논의했던가?

젊은 버지니아 스티븐에게 이 의문점에 대한 해답은, 그 당시 유행했던 벨그라비아(런던의 하이드파크 근처의 상류 주택지구) 상류사회의 모임과 그보다 더 자유분방한 보헤미안적인 블룸즈버리의 모임의 차이에서 발견된다. 전자의 드러나지 않은 목적은 결혼하는 데 있었지만 고든 스퀘어 회합의 진정한 목적은 사상을 교환하는 것이었다고 버지니아는 솔직하게 말했다. 그 당시에 후자와 같은 종류의 인간 교제가 더 흥미로웠다. 왜냐하면 결혼 시장과 무관한 것이 즐거웠기 때문이다. 그는 초기의 블룸즈버리를 회상하는 가운데서 그것을 영원한 "담화, 마치 이 세상의 모든 것에 대해서 이야기할 것처럼 끝없이 지껄이는 것—영혼 그 자체가 은빛이나 달빛과 같이 젊은이들의 마음에 녹아 드는 얇은 은반으로 입술을 통하여 미끄러져 들어갔다. 오, 멀리서도 그들은 블룸즈버리를 기억했으며, 몹시 지루한 가운데서도 거기에 다시 시선을 돌리고 생기를 되찾게 된다"고 기술했다.

블룸즈버리의 담화는 그 당시로서는 유달리 솔직하고 자유로웠다. "우리들은 주저하지 않고 어떤 것이든 이야기했다. 이러한 것은 정말로 사실이었다. 누구나 예술과 성(性)과 종교에 대하여 좋아하는 것을 모조리 말할 수 있었다. 일상생활에서 벌어지는 모든 일에 대해서도 자유롭고 아주 느릿느릿 말할 수 있었다. 그 초기의 모임에는 자의식이 거의 없었다고 나는 생각한다. …… 그러나 생활은 즐거웠고 두렵고 재미있었다. 누구나 사람은 그렇게 자유롭게 행동할 수 있는가를 기쁜 마음으로 조사해야 했다." 먼 옛날 에드워드 시대의 대화의 자유에 관한 예증으로서 1908년 고든 스퀘어 46가에서 일어난 일에 대하여 버지니아 울프[앞 페이지의 버지니아 스티븐은 1912년 8월 "무일푼의 퍼트니 출신 유대인" 레너드 울프와 결혼했음]가 쓴 아래의 보고서를 검토해 보자.

그것은 어느 봄날 저녁이었다. 바네사와 나는 응접실에 앉아 있었다. 응접실은 1904년 이래 그 특징이 크게 변했다. 사전트-퍼스 시대가 지나가고 오거스터스 존의 시대가 시작되고 있었다. 갑자기 문이 열리고 리튼 스트레이치 씨가 길죽하고 불길한 모습으로 문간에 서 있었다. 그는 손가락으로 바네사의 흰옷에 묻어있는 얼룩을 가리켰다. "정액(精液)이지?" 하고 그는 물었다. "누가 대놓고 그렇게 말할 수 있을까?" 하고 우리들은 웃음을 터뜨렸다. 그 말을 함으로써 조심스럽고 수줍어하는 모든 장벽이 사라졌다. 거침없이 쏟아져 나오는 신성불가침의 의견들이 우리들을 압도하는 듯했다. 우리들의 대화는 성(性)에 관한 이야기로 가득찼다. 남색자(男色者)라는 말이 우리들의 입에서 흔히 나왔다. 우리들은 선(善)의 본질을 논의할 때와 똑같이 흥분되고 솔직하게 성교를 논의했다. 우리들이 얼마나 오랫동안, 얼마나 과묵했고 말조심을 했는가를 생각하니 묘한 느낌이 든다.

만약 1908년에 블룸즈버리 집단의 말투가 성적으로 음탕해졌다면 2년 뒤 그 집단의 행위 또한 마찬가지로 빅토리아 시대의 전통적인 사회 관습과 비교할 때 매우 자유로워졌다. 버지니아 울프는 인간성이 1910년 12월 무렵에 변했다고 말한 적이 있으며, 역사가들은 사회변동의 속도가 전쟁 전 수년 동안에 빨라지고 있었다는 사실에 주목했다. 그렇지만 그 젊은이들이 피츠로이 스퀘어에 모였을 때 지루한 적도 있었음을 버지니아는 가끔 느끼곤 했다. 그는 여느 때의 하룻저녁의 모습을 묘사하면서, "그들은 대개 말없이 둘러앉았고, 나는 여자 누구라도 함께 있어주기를 바랐다. 네(바네사)가 있었다면 정말 기적처럼 좋았을 텐데. 나는 거의 언제나 프랭키 비렐과 케인스에게 말했다. 그러나 그것은 무모한 일이었다"고 기록했다. 그녀는 남색자들의 집단보다는 귀족스러운 친구인 오토린 모렐의 집에서 모이는 작가들의 이상야릇한 회합을 더 좋아하기 시작하였다.

블룸즈버리 구성원들 사이에서 논의되는 표준적인 대화의 주제는 시각예술이었다. 시각예술은 버지니아 울프와 같은 사람에게는 가장 중요한 것이었다. 왜냐하면 진리는 이성뿐만 아니라 직관과 감성으로도 발견할 수 있다고 그녀는 생각했기 때문이다. 그 당시에 1910년과 1912년의 후기인상파 화가 전람회를 준비하는 로저 프라이의 활동이 미술에 대한 관심에 주목할 만한 자극을 주었다. 이 케임브리지 사도는 전통과 결별하고 폴 세잔과 인습에 얽매이지 않는 다른 프랑스 화가들의 예술을 옹호함으로써 영국의 미술계를 뒤흔들었다. 케네스 클라크 경이 그 후에 쓴 것과 같이, "한 사람에 의하여 취향이 바뀔 수 있는 한 그 취향은 로저 프라이에 의하여 바뀌었다." 사람들은 블룸즈버리 집단이 프랑스다운 것을 지나치게 좋아했음을 여러 가지 방법으로 알 수 있다. 그들은 자기들 철학의 일부를 찾아서 고대 희랍을 되돌아보았고, 한편으로 다른 필요한 가치를 추구하기 위하여 유럽 대륙으로 관심을 돌렸다. 왜냐하면 그들은 분별 있는 소수에게 적합한 사회를 프랑스풍의 환경에 바탕을 두고 세우려 했기 때문이다.

두 번째 후기인상파 화가 전람회가 끝나고 그 행사를 축하하는 무도회가 열렸을 때 시대가 매우 빨리 변하고 있다는 현상이 보였다. 블룸즈버리의 숙녀들은 슬레이드 미술학교에서 파견 나온 사람들의 도움을 좀 받아서 타히티 사람들이 입는 사롱(말레이 제도의 남녀가 허리에 두르는 천)을 입고 나타났다[고갱은 그 전람회에 작품이 전시된 화가들 가운데 한 사람이었다]. 치마 길이가 마루에 닿고도 남을 만큼 길게 빅토리아풍으로 치장을 한 품위있는 귀부인들 몇 사람이 전시실에서 도망치듯 빠져나갔고, 로저 프라이마저도 블룸즈버리 숙녀들에게 가벼운 항의를 했다고들 말했다.

우리들은 한 가지 사실을 확신할 수 있다. 전쟁이 나기 몇 년 전과 그 후로 블룸즈버리는 케인스에게 '고향집에서 멀리 떨어진 일종의 가정'을 제공했다. 일주일 가운데 며칠은 케임브리지에서 보내고 며칠은 런던에서 보내는 데 습관이 된 케인스는, 그의 분할된 생활양식 때문에 수도에 쾌적한 거처가 필요했다. 그러나 해러드가 적절히 말한 대로 블룸즈버리는 그 이상의 것을 제공했다. 말 많은 그의 친구들은 케인스에게 또한 훌륭한 삶이란 무엇을 의미하는가에 대해서 독특한 개념을 말해 주었다. 그리고 그는 또 다른 곳에서 "블룸즈버리는 생활양식을 수립하려고 노력했다"고 기술했다. 블룸즈버리 집단은 그들이 큰 깨달음의 직전에 이르렀다고 느꼈으며, 그 선도자들이 '그리스의 도시국가로 돌아가기'라는 그 지도적 기풍에 따라 새로운 해방운동을 이끌곤 했다고 그는 말했으나, 그 성명이 함축하는 의미에 대해서는 상세한 설명을 하지 않았다.

그렇다면 이러한 것들, 곧 개인적 애정, 심미적인 즐거움, 사람의 감정과 사상을 솔직하게 표현하는 점, 이성(理性)의 명쾌함, 그리고 타인들과 다른 존재라는 의식 등을 강조하는 것이 이 친구들의 집단이 함께 나눈 가치들이었다. 그러나 이들 특징은 우리들이 블룸즈버리를 역사적·사회학적 상황 속에서 평가할 때 비로소 이해할 수 있다. 블룸즈버리의 존재가 소멸한 지 반세기 이상의 세월이 흘러 얼마간 떨어진 역사적 관점에서 보면 이제는 사회·문화 집단의 하나로서 그 의미를 평가할 수 있다. 레이먼드 윌리엄스 교수는 이성에 바탕하여 빈틈 없이 분석한 가운데서 그것은 현존하는 영국 상류계급의 진정한 일부였다고 설명했다. 그 회원들은 동시에 영국을 지배하는 사상과 가치에 반대했고, 그 일부에 대해서는 모든 직접적인 방법으로 한층 더 강렬하게 반대했다. 영국의 상류계급은 새로운 전문 고등교육을 받은 계층의 제2세대와 제3세대로 구성되었기 때문에 이 지식인 상류계급은 당대에 영국의 제도화된 생활 속에서 위선적 언행을 하는 광범한 조직 —군주제, 귀족제, 상류계급, 교외의 중산계급, 교회, 군대, 증권거래소—에 비판적인 눈길을 돌렸다. 이전 세대의 사회비평가들— 버나드 쇼, 입센, 페이비언(영국의 점진적 사회주의 단체)협회원— 이 시작했던 일을 계속하고 있다고 의식했던 블룸즈버리 회원들은 기존의 제도에서 여성의 권리가 박탈당하고 배제되어 왔다는 것을 예민하게 느끼고 있었다. 그들은 1914년 이전에 가장 두드러진 기성 관념과 제도에 대한 포괄적인 불경한 언동을 시작으로 행동에 들어가 전후(戰後) 양심의 문제로서 하층계급에 관련시켜서 지배계급 수준에서의 조직적인 개혁을 향한 정치적 행동에 관계하였다.

레너드 울프는 그의 독창적인 케임브리지 친구들의 강렬한 느낌을 이렇게 표현했다. "우리들은 아마도, 한두 사람의 두드러진 예외는 있었지만 스물다섯을 넘긴 사람 모두가 젊음의 활력과 감지력, 그리고 진위를 구별할 수 있는 능력을 상실해서 절망스러웠다는 것을 깨달았다. …… 우리들은 우리들의 아버지와 할아버지들의 사회적·정치적·종교적·도덕적·지적·예술적 제도와 신념과 기준에 대항하여 의식적으로 반항하는 청춘기 가운데 살고 있음을 알았다. …… 우리들은 밖에 나가서 새로운 어떤 것을 건설해야 했다. 우리들은 자유로워야 하고, 합리적이어야 하고, 개화되어야 하고, 진실과 아름다움을 추구해야 하는 새로운 사회를 건설하는 사람들의 선두에 서 있었다." 자유로운 사상이 발전하는 이 특별한 순간에 이 친구들은 사회 전체에 대한 사상적 대안이나 독단론으로 퇴보할 수도 있는 일반 이론 체계를 내놓지 않았고 그보다는 오히려 개화한 개인의 최고 가치에 호소하였는데 점점 더 많은 교화된 개인을 늘리는 것, 그 자체가 유일하게 수용할 수 있는 사회적 형식이었다. 다른 말로 표현하면 사회적 양심의 궁극적인 목적은 개인 의식을 보호하는 것이었다.

이 저항 집단을 충분히 이해하고 특히 케인스 경제사상의 견해를 확실하게 이해하기 위해서 사람들은 존 스튜어트 밀이 저머노 - 콜리지안(독일관념론을 찬양하는 콜리지 낭만파) 학파라고 불렀던 것 가운데에 있는 그 근본으로 돌아가야 한다. 밀과 초기의 사도들은 하이게이트(런던 북쪽에 있는 상류사회의 거주지역)의 철인(哲人)을 존경심을 가지고 보았다. 그리고 밀은 그를 1820년에서 1840년까지의 시기에 젊은이들에게 가장 큰 영향력을 미친 스승이라고 생각했다. 밀은 만년에 "현재 모든 영국인은 함축적으로 말하면 벤담류의 공리주의자이거나 콜리지와 같은 낭만파 시인"이라고 선언했다. 이렇게 사람의 성향과 사회를 한 개념으로 구분하는 것은 프랑스 혁명과 그 뒤에 있었던 산업혁명에 뒤따른 정치적·기술적·경제적 변화의 결과였다. 그러한 구분은 어떤 사람들에게는 기계론(유물론)적인 인생관과 유기적인 인생관의 대립으로 보였고, 또 분석과 종합의 대립으로도 보였다. 벤담은 사회의 법칙을 뉴턴의 물리학 법칙과 같이 변하지 않는 추상적인 것으로 파악하려고 했다. 한편 낭만적 이상주의자인 콜리지는 인간관과 사회관을 최고의 인간적 열망과 조화시켜 명료하게 설명하는 쪽을 택했다. "그것은 합리주의와 낭만주의, 공리주의와 비공리주의의 차이점이다. 이러한 개념들이 아마도 그 서로 반대되는 양쪽에 대한 가장 좋은 별칭이다. 그러나 적대감은 직관적으로 느끼고 행동했던 것보다 더 흔히 나타나지는 않았다."

콜리지는 벤담철학을 신봉하는 사람들이 점점 더 증가하는 사회에서 살았고 글을 썼다. 그리고 새로운 산업이 초래하는 사회적 황폐와 환경 파괴를 개탄했다. 그는 그것이 인간의 노동과 사회에 끼치는 효과뿐만 아니라 인간의 상상력에 끼치는 효과에 대해서도 두려워했다. 다른 한편으로 합리주의자들이나 벤담철학의 신봉자들에게는 산업혁명의 물질적 진보는 진실한 선(善)이었으나, 낭만주의자들에게 "진보"는 그것과 함께 인간의 경험상 근본적이고 영원한 어떤 것에 대한 부정, 곧 칼라일이 "의식할 수 없는 것"이라고 명명했던 것의 부정으로 보였다.

벤담류의 공리주의자들과 콜리지와 같은 낭만주의자들의 두 집단은 종교에 대한 그들의 태도에서도 전혀 달랐다. 더 급진적인 벤담류의 공리주의자들은 무신론자이거나 또는 교권을 반대했으며 종교를 일종의 마취제라고 생각했다. 대부분 콜리지와 같은 열렬한 낭만주의자들이었던 초기의 사도들은, 성직자들에게는 무례하게 대했지만 진정한 종교라고 생각했던 것을 존중하였다. 그들은 괴테와 칸트와 헤겔의 철학적 이상주의를 신봉했으며, 성경은 전혀 별문제로 보고 인간과 자연 속에서 신성(神性)을 찾았던 영국 낭만주의자들의 책을 읽었다. 그들은 토머스 헉슬리가 뒤에 발견했던 것과 같이 깊은 신앙심은 신학에 대한 완전한 무지와 양립할 수 있는 것을 알았다.

콜리지와 같은 낭만주의자들의 사상은 존 스튜어트 밀이 정신적 위기에 처했을 때 그에게 매우 큰 도움을 주었지만, 전체적으로 낭만주의자들은 대부분의 빅토리아 시대의 사람들에게 그들의 생활철학을 받아들이도록 설득하는 데 성공하지 못했다. 빅토리아 시대의 사람들은 그들의 태도 속에 획책된 변화를 받아들이지 않고 공리주의라는 합리적 신조와 예로부터 내려오는 성도덕을 고수했다. 그러나 낡은 문화 시대가 끝나감에 따라 유럽에서 빅토리아 시대의 합리주의와 억압은 1890년대의 용감하고 새로운 사상가들에게 다시금 도전을 받았다. 프리드리히 니체, 앙리 베르그송, 지그문트 프로이트, 에밀 뒤르켐, 막스 베버는 서구인이 그들의 성질과 사회에 대해서 사고하는 방법을 바꾼 주요한 지적(知的) 거인들이었다. 1895년은 그런 점에서 특히 중요했다. 왜냐하면 그해는 프로이트와 요제프 브로이어가 히스테리에 관한 그들의 저서를 발간한 해였고, 사실상 그 책으로 정신분석학의 시대가 시작되었기 때문이다. 그리고 폴 세잔이 파리에서 처음으로 근대회화 개인전을 열었다. 이들 지적 예술적 발전은 전에 '저마노-콜

176

리지안' 학파가 문제를 제기한 합리주의에 대한 근본적인 재평가를 의미했다.

그 중대한 10년 동안 기본적으로는 사상가들과 과학자들이 한 일은 그들의 바로 위 선배들이 경멸하고 무시했던 상상력과 직관의 가치를 회복하고 명예롭게 하는 것이었다. 근본적인 의미에서 그들은 합리주의뿐만 아니라 실증주의, 곧 자연과학에서 도출된 유추법으로 인간의 행동을 의논하고 분석하는 경향에 대해서 반항하고 있었다. 그 결과로서, 의식할 수 없는 것과 불합리한 것을 되찾고 인식하게 되었으며 그것들이 인간 생활에서 수행하는 의미심장한 역할을 다시금 올바르게 평가하게 되었다. 이러한 통찰력은 사회의 기능 가운데 개인의 역할과 인간가치를 한층 더 깊게 이해하도록 만들었다. 철학자 G. E. 무어는 이러한 사상의 대변혁이 일어나는 동안 케임브리지에서 중요한 인물이었다. 1903년 《윤리학 원리》가 출판되기 전에 헤겔철학을 신봉하는 이상주의자인 존 맥타가트와, 신비한 인문주의자 부류의 한 사람인 로이스 디킨슨은 학부의 학생들에게 인기가 있었다. 무어는 '선(善)'이란 정의를 내릴 수 없으며, 자연주의적 특질로 선을 정의하려는 시도는 그가 '자연주의적 오류'라고 불렀던 것의 예증이라고 주장하면서 윤리 문제에 관해 더 설득력 있는 분석으로 그들의 철학적 견해와 인기를 분쇄하였다. 따라서 그는 최고의 선, 곧 '자체에 내재하는 선'은 대체로 인간 교제의 즐거움과 아름다운 대상에서 오는 기쁨이라고 묘사할 만한 의식의 어떤 상태라고 시사했다. 케인스는 뒤에 《윤리학 원리》의 이 기본 직관에 대해서 언급하고 그 직관은 너무 근소하고 범위가 좁아서 현실 경험에는 적용할 수 없으며, "사람들은 오늘날 초기 에드워드 시대에 비범하게 성취했던 것과 같은 방해 없는 개인주의 속에서 안심하고 살 수 없다"고 했다.

스트레이치와 케인스는 그들의 동성애 성향을 시인하고자 (그들 나름대로) 무어의 사상을 해석하였다. 그러나 그것에 더하여 무어 사상의 다른 요소들이 사도의 원리와 혼합되어 블룸즈버리 회원들의 견해를 형성했다. 지적으로 귀족적인 이 사람들은 자신들이 새로운 도덕관을 발견했다고 생각하고, 빅토리아 시대 사람들의 진지함과 성적(性的)인 품위의 고결함을 거부하면서 스스로를 정당화했다. 그 결과로 블룸즈버리는 방종하고 아무 죄책감도 없이 경솔한 경향이 있었다. 예를 들어 한 기사에 따르면 그 회원들 가운데 몇 사람은 1920년대에 아이제이어 벌린*이 '호민턴'이라고 불렀던 활동에 참가함으로써 이들 세대의 새로운 반문화(기성사회의 가치관을 무너뜨린 젊은이들의 문화)와 같이 유산계급(부르주아)의 문화와 도덕에 대한 경멸을 나타냈다. 다른 말로 표현하면 그들은 동성애를 예찬했다. 그 집단의 회원 몇몇이 지녔던 성도착의 원인이 되었던 심리 요인들을 경시하거나 무시하려고 블룸즈버리 집단의 이러한 사회학적인 견해를 언급하는 것은 아니다.

요약하면 저항 집단으로서 블룸즈버리는 얼마간 그 유산의 출처를 콜리지 시대에서 찾았으나 그 당시의 불만과 에드워드 시대에 나타났던 사상들을 반영했던 복잡한 사회학적인 현상으로 볼 수 있었다. 그 집단의 자유주의는 주로 사상의 자유주의였으며, 케인스, 레너드, 버지니아 울프, 그 밖의 그 집단의 투쟁적인 평화주의자들은 다른 어떤 사람들보다도 더 자신의 사상을 어지간히 실천에 옮기려고 노력했다. 사상은 제도를 무너뜨리려는 잠재력이 있지만, 그것이 아무리 소망스럽다고 하더라도 그 사상을 정치권력으로 실현시키는 데에는 항시 문제가 있다. 블룸즈버리는 혁명적 가능성을 지닌 일반사상을 전달하는 주요 집단이 되었으나, 그것은 국가활동의 표준으로서 언제나 개인을 찬양하였고, 그렇게 함으로써 그것이 지니는 깊은 보수성향을 보여주었다.

---

* 아이제이어 벌린(Isaiah Berlin, 1909~1997): 소련 태생의 영국 철학자, 역사가이며 작가임. 주요 저서: 《칼 마르크스, 그의 생애와 환경》, 《역사적 불가피성》, 《계몽시대》(The Age of enlightenment).

버지니아 울프의 작품, 특히 여성 지향적인 작품을 최근에 몇 편 분석한 것 가운데에는 블룸즈버리 기풍의 주된 요소로서 남녀 양성을 모두 갖춘 것으로 보는 경향이 있다. 이들 가운데 한 연구논문에서 캐롤린 하일브런은 다음과 같이 묻는다.

무엇이 블룸즈버리 집단을 독특하게 했는가? 그것은 두 가지 이유인데 하나는 그 집단이 어떤 유사한 친구들의 모임보다도 더 많은 중요한 작품을 만들어 냈고, 둘째는 그 집단이 남녀 양성으로 이루어졌다는 것이다. 그 회원들 가운데 남성과 여성이 기묘하게 섞인 한 집단이 처음으로 존재했다. 그들이 자신들에게 그렇게 엄청난 증오가 밀어닥치게 했으리라는 것은 좀 놀라운 일인지? 많은 회원들이 동성애와 혼동해서는 안 되는, 남녀 양성적인 특색을 그들은 갖추고 있었을 뿐만 아니라 또 이 친구들은 마치 이성과 열정이 동등한 개념인 것처럼 삶을 영위했던 첫 번째 사람들이었다. 성욕과 노골적인 말이 당연히 이성을 더럽히는 것이라고 생각되었듯이 지금까지[지금까지, 앞으로도] 이성은 언제나 열정의 절제를 요구했다. 그들은 '그리스의 도시국가로 돌아가기'라는 기풍을 블룸즈버리 집단 내부에서 깨닫게 되었으며, 이성과 열정은 진실로 다른 어떤 곳에서도 동등한 영향력을 갖도록 좀처럼 허용되지 않았으므로 그들은 흔히 이성적 사고를 모방하였고 왜곡된 열정을 발산시켰다고 해러드는 시사했다.

버지니아 울프는 1928년에 쓴 그녀의 남녀 평등주의에 관한 소책자, 《자기만의 방》에서 남녀 양성을 갖춘 것과 독창성 사이에 있을 법한 관계에 대해서 추측했다. 그는 한 택시에 두 사람이 타는 것을 보고 그가 어떻게 느끼게 되었는지 다음과 같이 말했다.

육체의 성(性)에 상응하는 두 가지 성(性)이 존재하는가, 그 두 가지 성은 또한 완전한 만족과 행복을 얻도록 결합될 필요가 있는가 하고 묻는다. 그리고 나는 계속해서 풋내기처럼 마음속 계획을 묘사했다. 그렇게 하고 보면 우리들 각자의 마음속에는 두 가지 세력이 있어 한 남성과 다른 한 여성을 지배한다. 또 남자의 두뇌 속에서는 남자가 여자보다 우세하고 여자의 두뇌 속에서는 여자가 남자보다 우세하다. 정상적이고 쾌적한 생존 상태는 그 두 성(性)이 함께 조화를 이루어 정신적으로 협동하며 살아갈 때의 상태이다. 만약 한 사람이 남자라면 그의 두뇌 속의 여자 쪽도 또한 효력이 있어야 한다. 그리고 한 여자는 자신 안에 있는 남자와 교제해야 한다. 콜리지가 위대한 정신은 남녀 양성을 갖추고 있는 것이라고 말했을 때 그는 아마도 이러한 것을 의미했을 것이다. 마음이 충분히 풍요롭게 되고 그 모든 능력을 발휘하는 것은 이렇게 남녀 양성이 결합되었을 때이다. 아마도 순수하게 남성적인 정신만을 소유한 인간이 창조할 수 없는 것은, 순수하게 여성스러운 정신만을 소유한 인간이 창조할 수 없는 것과 마찬가지라고 나는 생각했다.

이 생생한 구절에 표현된 울프의 사상이 두 가지 성(性)에 존재하는 '아니무스'(animus: 여성의 영혼 속에 존재하는 남성상)와 '아니마'(anima: 남성의 영혼 속에 존재하는 여성상)에 관한 카를 융(1875~1961, 스위스의 심리학자이며 분석심리학을 주창함)의 개념과 비슷하다는 것은 분명하다. 그러나 울프가 집필할 당시 그 스위스 심리학자의 작품을 잘 알고 있었는지는 알려져 있지 않다.

버지니아 울프나 케인스와 같은 그의 동료회원들이, 남녀 양성을 갖추고 있는 것과 그러한 성질이 독창성에 대해서 미칠 수 있는 관계에 관하여 어떻게 생각했는지 이해하려면 에드워드 시대에 동성연애를 했던 사람들의 심상을 조사할 필요가 있다. 이 문제를 조사할 땐 그 시대의 광범한 역사적 배경을 염두에 두어야 한다. 에드워드 시대의 사회변혁은 현저히 빠르게 진행되었으며 빅토리아 시대의 가부장적인 가치 체계는 공격받고 있었으나 사회 개혁의 속도와 그 성과는 매우 공평하지 못했다. 여성들은 어느 정도 참정권을 획득하였고 노사관계와 사회복지 면에서 향상된 점이 있었던 반면, 소수집단으로서 동성연애자들은 아직도 억압하는 사회제도와 박해의 두려움 속에서 살았다. 그 당시 영국이나 다른 나라에서 동성연애자들의 처지는 정신의학과 심리학의 퇴보된 상태와 공중의 정신 속에 들어 있었던 인간의 성생활에 대한 잘못된 많은 개념들 때문에 훨씬 더 어렵게 되었다. 동성연애는 보통 도덕적 타락의 한 형태로 비쳤다. 그러나 19세기 말경 리하르트 에빙(1840~1902, 오스트리아의 정신의학자. 성욕병리학을 연구하여 〈성적 정신병질〉을 1886년에 발표했음), 카를 하인리히 울리히, 그리고 뒤에 해블록 엘리스(1859~1939, 영국의 의사이며 심리학자. 천재, 범죄, 성욕의 연구로 유명함)가 유전 또는 선천적인 요인으로 동성애를 설명한 이론을 발전시켰다. 그들의 저작품들은 1918년 초에 블룸즈버리 집단에서 읽히고 논의되었다. 1920년에 프로이트는 '덫에 걸린 영혼 이론'이 대개 이해하기 쉽게 서술된 이론이라는 것을 알았다. 이 견해에 따르면 동성애 초기의 정서적이고 흥분하기 쉬운 정신 영역은 남성다운 경향에 따라 발달하지만 외부의 몸은 여성다운 경향을 따른다. 또는 그 반대로 설명해도 마찬가지다. 로이스 디킨슨은 "한 남자의 신체 속에 갇힌 한 여자의 영혼을 갖는 것은 기묘한 일이지만 내 경우가 그런 것 같다"는 말로써 그의 사정이 이렇다는 신념을 피력했다.

동성애에 대한 또 다른 주요한 견해는 모든 인간들이 본래 남녀 양성을 갖추고 있으며 따라서 이성애도 동성애도 다 함께 할 수 있다는 것이다. 프로이트는 이 견해에 동의하는 한편 동성연애자로 남은 성인은 성생활의 미숙한 단계에 붙잡혀 있다고 믿었다. 그래서 동성연애자들은 유전으로 설명하는 이론이 씌운 죄의 불명예에서 벗어나는 한편, 프로이트의 연구로 신경증 환자에 분류되었다. 1908년 프로이트는 동성연애자들이 흔히 비범한 지성과 영적인 통찰력과 예술적 재능을 지니고 있으며, 양성(兩性)의 동성연애자들은 흔히 너무 기질이 강렬해 그들의 좌절된 성생활을 예술적 표현으로 승화시킬 수 있다고 했다.

동성연애에 관한 이 새로운 이론들에 의하여 정서적으로 도덕적으로 고무된 블룸즈버리 내부나 또 다른 곳의 동성연애 옹호자들은, 위인들 가운데서 성적 변태의 증거를 발견하기 위하여 과거 기록을 조사했다. 그들은 기쁘게도 미술, 연극, 음악, 문학 그리고 심지어 과학연보 속에서까지도 많은 동성연애자들을 발견했다. 그러나 그들은 예를 들면 미켈란젤로 또는 레오나르도 다 빈치가 남색자였다는 사실을 세인(世人)들이 알 각오가 되어 있는지를 아마도 스스로에게 물었을 것이다. 그들은 르네상스 시대에 성욕도착자를 많이 발견했고 더욱이 셰익스피어까지도 동성연애자로 생각하게 되었다. 로이스 디킨슨은 "나에게 은밀하고 의미심장한 동성연애의 경험을 표현해 준 두 사람은 오직 플라톤과 셰익스피어뿐이었다"라고 솔직히 말했다. 버지니아 울프 또한 이중의식을 지녔던 첫 번째 인물로서 르네상스 시대의 올랜도(Orlando)를 설정했으며, 그녀의 한 저서 가운데서 셰익스피어를 남녀추니의 예로 들었다.

데스몬드 매카시와 같은, 그 회원들 가운데 몇 사람은 아마도 그들의 교제로 유명해졌지만, 지금 생각하면 블룸즈버리 그 자체가 매우 독창적인 집단이었던 것으로 보인다. 기록을 검토하자. G. E. 무어는 회원은 아니었지만, 그 집단과 가까운 사이였고 윤리학과 철학의 언어분석에 중대한 공헌을 하였다. 리튼 스트레이치는 새로운 형태의 전기(傳記)문학을 도입했다. 케인스는 우리들에게 '신경제학'을 가르쳐 주었다. 버지니아 울프는 새로운 형식으로 소설을 쓰는 개척자가 되었다. 로저 프라이와 덩컨 그랜트는 미술 비평과 회화의 새로운 분야를 개척했다. 그리고 잊혀지기 쉽지만 레너드 울프는 제1차 세계대전 말에 '국제연맹'이라는 새로운 착상을 고안하는 데 상당한 공헌을 하였다. 그와 같이 특정한 때와 장소에서 이 작은 집단이 이렇게 비범한 독창성을 기록하고 있는 것에 대해서 어떻게 설명할 것인가? 그것은 흥미를 끌지만 복잡한 문제이다. 그리고 여기서는 대답에 대한 포괄적인 윤곽만을 지적할 수 있을 뿐이다. 그러기 위하여 현대의 학생들이 그 문제를 이해하고 있는 것과 같이 창조과정의 심리적 측면을 개략적으로 살펴보는 것이 도움이 될 것이다.

최신의 분석 가운데 독창성을 마음속의 반대되는 측면 사이의 상호 작용에 관계하는 규칙적인 순환과정으로 생각하는 경향이 분명히 존재한다. 예를 들면 실바노 아리에티(1914~1981, 이탈리아 출신의 미국 정신병 의사이며 학자)는 그 문제에 관한 알기 쉬운 설명 가운데서 창조과정의 이분법을 서술하고 있으며, 창조 정신은 새롭고 독창적인 어떤 것을 신비스럽게 종합하는 방법으로 창출하는 데 제2차적인[논리적인] 과정으로 사유하는 본원적인 통합과정 또는 제1차적인 통합과정이라고 생각한다. 오스틴 리그스 연구소의 앨버트 로덴버그 박사도 그가 '야누스 같은 사고'라고 명명하는 것과 관계가 있는데 그 야누스 같은 사고란 반대되는 성(性)이 서로 대립하고, 또 동시에 기능은 공존하는 것을 포함하는 개념이라고 비슷한 주장을 한다. 아서 쾨스틀러 (1905~1983, 헝가리 출신의 영국 소설가)도 초기 작품 속에서 동시에 존재하는 정신적인 관념연합(觀念聯合)의 과정을 분석하고, 그 과정에 의하여 두 개의 서로 다른 준거체계(準據體系)*가 합동하여 기지와 창조적 사고를 일으킨다고 말한다. 또한 보다 더 최근에 두뇌의 측면 기능의 연구자들은, 두뇌는 양극성(兩極性)을 가지고 있는 두 반구(半球)의 통합체이며 지성과 직관이 상호 보완하는 작용을 하여 창조적 업적을 달성하도록 뒷받침해 준다고 역설했다.

프로이트와 다른 몇 정신분석학자들은 최근에 창조적인 개성 속에 있는 양성애 또는 동성애를 강조했다. 예를 들면 허약한 아버지를 가 졌거나 또는 아버지가 없고 그 아이가 낳아서 첫해부터 청년기에 이

---

* 준거체계(準據體系): 관계화의 틀(Frame of reference)이라고도 함. 우리가 사물을 볼 때 전의 경험에 비추어 지각하는 것처럼, 사물 자체를 직접 인지하고 평가하는 것이 아니라 '틀'에 넣어 파악하고 '틀'과 관련지어 가치판단을 한다는 개념.

를 때까지 그와 함께 살면서 과잉 보호하고 근심을 많이 하는 어머니를 가진 사람의 일대기의 실례는 많은 유명한 예술가들의 전기에서 예상보다도 더 자주 나타난다고 매튜 베스딘은 주장한다. 그러한 이오카스테(그리스 신화에 나오는 라이우스 왕의 아내, 자기 아들인 줄 모르고 오이디푸스와 결혼했다가 나중에 자살했음)와 같은 모성은 세상에 대한 그 아들의 성향을 분명히 여성 지향으로 만든다고 그는 주장한다. 천재들은 대개 가족들이 엄청나며 그들의 생애에서 다소 변하기 쉬우나 끊임없이 간직하는 하나의 요소는 이오카스테와 같은 모성이라고 그는 더욱 확신한다. 그 두드러진 특징들은 결단력이 없는 오이디푸스 콤플렉스(아들이 어머니에 대해서 품는 무의식적인 성적 사모), 사랑에 대한 두려움, 모호한 범죄의식, 강렬한 피학성 변태성욕의 경향, 주목할 만한 동성애적 요소, 편집증의 경향, 독특한 자기 중심주의, 인정받기 위한 엄청난 노력, 그리고 전반적인 자기 도취증 등이다. 그의 견해를 간단히 말하면 요카스타 모성은 천재적 재능의 발생에 중대한 역할을 한다. 그는 이와 같은 모성의 예로써 그 가운데서도 특히 미켈란젤로, 레오나르도 다 빈치, 오스카 와일드, 마르셀 프루스트(1871~1922, 프랑스의 소설가), 이사도라 덩컨, 조르주 상드(1904~1976, 프랑스의 여류 소설가) 등을 들고 있다. 사람들은 몇 가지 점에서 이전에 보았던 것과 같이 케인스의 생애에서도 그와 같은 '모성'의 효과를 살펴볼 수 있다.

덧붙여 말하자면 이오카스테 모성은 천재에 필요한 요인이고 조건인 것처럼 보이지만 그것으로 충분한 것은 아니라고 베스딘은 강조한다. 곧 유전 때문이건 환경에 관한 것이건 다른 요인들은 창조적인 정신이 계발되기에 적합해야 한다. 또한 그는 자신의 분석이 모든 천재들이 동성연애자라거나 모든 동성연애자들이 천재라는 결론을 정당화하지는 않는다고 강조한다. 내가 전체적으로 일치되는 이러한 견해들을 종합하면 이렇다. 곧 케인스의 독창적인 개성의 요소들로서 그의 모성, 동성애, 남녀 양성을 갖춘 점의 중요성을 강조한다고 다른 영향

184

력들이 그 사람을 형성하는 데 중요한 역할을 하지 않았음을 시사하는 것은 결코 아니다.

창조적 과정에 관한 비교적 최근의 연구와 저작에 비추어 볼 때, 블룸즈버리 회원들이 독창성은 지적 과정의 '이중적 성질'에 의존한다는 생각을 오래전에 깨닫고 표현했다는 것은 놀라운 사실이다. 버지니아 울프는 [남성과 여성을 겸비한] 창조적 인간의 이중적 성질에 대해서 깊이 생각했다. 그의 유별난 여권신장운동 가운데는 어떤 의미에서 두 가지 진리 ─ 이성이라는 남성적 진리와 상상력이라는 여성적인 진리 ─ 가 있고, 이 진리들이 함께 그가 실재(實在)라고 명명했던 것을 형성했다고 사람들은 말했다. 그녀의 견해에 따르면 미술가인 로저 프라이는 이중성, 곧 독자적인 사고력 및 행동력과 함께 감수성, 곧 새로운 경험을 위한 놀라운 능력을 소유하였다. 따라서 그는 그의 정신 속의 균형, 곧 감정과 지성 사이의 균형, 상상력과 구상 사이의 균형에 도달했다. 곧 살펴볼 것이지만 케인스도 마찬가지로 몇몇 경제학자들의 독창성의 원인이 그들의 이중성에 있다고 하였다.

물론 이제까지 언급한 개개 블룸즈버리 회원들의 독창성이 공백 속에서 발생했거나 작용한 것은 아니었다. 그들은 외부 세계에서 정보를 받아들였고, 그들의 창조적인 노력은 다른 사람들과의 상호작용에 의하여 조장되고 강화되었다. 독창성에 관한 그들의 효력이 세상사람들의 것과 다른 점을 논의하는 가운데 아리에티 박사는 특정한 역사적 시기 또는 문화적 시대에 어떤 혁신이 있었다는 사실을 주목하고, 이러한 현상의 원인이 되었을지도 모르는 몇 가지의 사회적 요인들을 시사한다. 소(小)문화권으로서 블룸즈버리 집단을 고찰하면 이러한 요인들이 비상시기나 발전기에 작용하였다는 것이 밝혀진다. 블룸즈버리 집단은 문화적 자극을 자유롭게 수용하였다. 그 집단은 존재[또는 의무]보다는 생성[또는 자기발전]을 강조했다. 또 그 집단은 그들의 이상을 실행할 금융수단을 가지고 있었다. 동성연애에 관한 한 에드워드 시대와 그 후[빅토리아 시대의 고상한 체하는 행위나 위선에 반대하는 시기]의 성행위에 대한 사회 규범의 자유화로 그들은 해방감을 느꼈다. 그 집단은 다른 견해에 대해서 매우 관대했고 또 관심을 가졌으며 프랑스 인상주의, 러시아의 무용극, 전통에 얽매이지 않는 경제학, 그리고 새롭게 소설을 쓰는 방법에 몰두했다.

최근에 버지니아 울프의 작품이 남녀 양성을 갖춘 것과 그것이 그의 독창성에 대해서 가질 수 있는 관계라는 관점에서 집중적인 분석의 대상이 되었다. 울프의 전기를 쓴 사람 가운데 한 사람인 필리스 로즈는 울프의 작품에 담긴 의식과 무의식의 상호작용을 매우 도식적인 방법으로 묘사하였다. 유감스럽게도 케인스는 자신의 저술 방식에 대해 그렇게 명백한 기록을 우리들에게 남겨두지 않았으나 여러 가지 그의 출판물을 통하여 그의 지적 과정에 대해서 얼마간 추론할 수는 있다. 사람들은 W. 스탠리 제본스와 앨프리드 마셜에 관한 그의 전기체 논문 가운데서 창조 과정에 대한 그의 구상력을 간접적으로 조금이나마 흥미롭게 통찰할 수 있다. 그가 22세가 되어 탐구적인 방법으로 경제학을 공부하고 있었을 때 그는 제본스의 편지와 일기뿐만 아니라 《통화와 금융에 대한 조사》를 우연히 발견했다. 케인스는 1936년 제본스의 탄생 100주년을 기념하여 전기로 쓴 논문에서, 제본스가 한 사람의 경제학자이며 또한 논리학자가 당연히 본받아야 할 귀감으로서 자기 아버지의 마음속에 들어 있는 사람으로 어린 시절부터 그에게 알려져 왔다고 말했다. 그가 말한 것으로 미뤄볼 때, 사람들은 특히 케인스가 젊었던 시절 제본스를 천재라고 생각했다는 것을 쉽사리 알 수 있다. 일찍이 케인스는 케임브리지에 다닐 때 무어에게서 그의 탁월한 직관과 성인(聖人)다운 개성 때문에 특별한 매력을 느꼈다. 그러나 아마도 케인스가 사도답다고 생각한 경제학자는 제본스였다.

경제학자로서 제본스를 그토록 칭찬받도록 하고 또 그렇게 독창적으로 만든 특징은 무엇이었는가? 케인스에 따르면 이렇다. 첫째로는 케인스가 경제학자에게 필요하다고 생각한 제본스의 다재다능이었다. 거기에 더하여 그는 경험론자로서 "귀납적인 경제학의 마법"에 정통했다. 그리고 그는 자연과학자의 파고드는 안목과 풍부하고 조절된 상상력으로 자료를 조사하는 맨 처음의 이론경제학자였다. 둘째로, 제본스는 논리학자로서 논리적이고 연역적인 분석에도 똑같이 능숙했으며 이러한 작업을 하는 데 천재적이고 초인적인 직관이 있었다. 매우 내향적인 사람이었던 그는 내적인 빛의 번득임으로 대부분 혼자서 일했다. 셋째로, 제본스는 이례적으로 강렬한 역사적 관심과 골동품 취미를 가지고 있었다. 그의 일기는 "우울한 정신상태를 기록하고 있을 뿐만 아니라 계발의 순간에 창조적인 정신 속에서 일어나는 기쁨도 기록하고 있다"고 케인스는 적고 있다. 그는 정열적인 헌신성을 지니고 있었고, 도덕과 정서의 문제에서는 열렬한 개인주의자로 남아 있었다. 사람들은 어떤 점에서 마셜에 대한 찬사를 넘어서는 이 격찬을 보고, 케인스가 동일성에 대한 주체의식을 찾고 있을 때 아마도 제본스는 영감을 주는 숭고한 인물이었으며 심지어 모범이 되기까지 했다는 것을 알 수 있다. 케인스는 제본스의 생애에 고무되어 경제학이 매우 마음에 드는 윤리학의 한 분야이며 그 속에는 "이론과 실제, 직관적 상상력과 실제적 판단력이 인간의 지성에 쾌적한 방식으로 혼합되어 있다"고 결론을 내렸다. 제본스는 19세기 후반에 우세하였던 리카도*－밀의 경제학파를 공격하는 데 실패하였으나, 케인스는 종교적·도덕적·성적 전통에 따르지 않는 그 자신의 배경으로 볼 때 정설(定說)의 요새에 대한 반란에서 더 성공적이었다.

면밀히 고찰하면 사람들은 두 사람의 성질과 이력 가운데서 비슷한

---

* 데이비드 리카도(David Ricardo, 1772~1823): 런던에서 네덜란드－유태계 부모 사이에서 태어남. 그는 대학 교육을 못 받았으나 여가에 수학과 과학을 독학함. 애덤 스미스의 《국부론》에 영향을 받았고 제임스 밀과 교유하여 큰 도움을 받음. 주저로 《정치경제학 및 조세의 원리》가 있음.

점을 인식할 수 있다. 지금까지 보았던 것과 같이 케인스는 제1차 세계대전이 발발하기 전 몇 해 동안 우울한 시기를 경험했는데, 이는 제본스가 오스트레일리아에서 고립되어 있었던 젊은 시절과 비슷한 체험이었다. 말하자면 이튼에서 보낸 청년시절 그리고 그 후 가정생활과 학교생활에서 차이를 느꼈을 때 수년간 위기를 겪었다. 이와 관련하여 몽상적인 상상력을 가진 예리한 한 학자는 다음과 같이 말한다. "새롭고 종합적인 통찰력은 흔히 인간의 생애에서 특별한 경험을 필요로 한다. 그 사람은 그 경험으로 말미암아 옛 요소와 새로운 요소를 재결합하기 위해서 특별히 풍부한 견해를 갖게 된다. 그는 스스로를 가끔 지나가 버린 시대에 속하는 사람이면서 그가 사는 시대의 전형적인 문화인이고 또한 다른 세계에서 도제(徒弟)살이를 했던 사람이라고 말한다. 그러한 인물은 이방인들로부터 깊은 영향을 받아서 대립하는 세계의 견해들에 대해서 고도로 반응한다." 제1차 세계대전을 몇 해 앞두고 케인스가 체험한 은밀한 동성연애는 스스로를 그러한 '도제살이'와 같은 상태로 만들었고, 상상력의 발달과 사회의 미래에 대한 선택적인 선견지명을 올바르게 인식하는 데 충분히 기여했다.

제본스에 관한 이 문장들과 비교가 되는 경제학의 독창성에 필수적인 조건을 분석한 유일한 표현은, 앨프리드 마설에 관해서 쓴 논문에서 케인스가 그 경제학의 대가를 묘사한 유명한 표현이다. 그 논문에서 그는 이렇게 물었다. "지적으로 보자면 경제학은 고차원의 철학 또는 순수과학과 비교할 때 비교적 쉬운 과목이지만 훌륭하고 유능하기까지 한 경제학자들이 손에 꼽을 정도라는 기설(奇說)은 어떻게 설명할 것인가? 뛰어난 사람이 거의 없는 쉬운 과목이라니!" 그는 계속해서 이렇게 말했다. "경제학의 대가는 잘 결합된 탁월한 재능을 지녀야 한다는 주장에서 아마도 그 기설에 대한 설명을 찾을 수 있다. …… 그는 어느 정도 수학자여야 하고 역사가, 정치가, 철학자여야 한다. 그는 기호를 이해해야 하고 암호로 의미를 전해야 한다. 그는 일반적 사항으로 특수사항을 고찰해야 하며 똑같이 비약하는 사색 속에서 추상과 구상에 접근해야 한다. 그는 미래를 위해서 과거에 비추어 현재를 연구해야 한다."

마셜은 이러한 자질 가운데 많은 것을 갖추고 있었으나 그 모든 자질을 갖추지는 못했다. 그리고 그에게는 한계마저 있었다. 즉 그는 기억력이 나빴으며 끊임없는 집중력이 없었고, 그 결과 정열을 다하여 어떤 주요한 과업을 완성할 수 없었다. 그에게는 또한 좋은 논문 작성에 필요한 전체에 대한 부단한 예술 감각이 결여되었다고 케인스는 말했다.

제본스와 마셜에 관한 이렇게 예민하고 감명을 주는 언급 가운데서 이중성이 어떤 재능 있는 동성연애자들에게 특유한 자질이라고 에드워드 카펜터*와 다른 사람들이 주장했던 것에 대하여 케인스가 여러 가지 방법으로 그 필요성을 강조하고 있었다는 것을 사람들은 알아차린다. 독창성은 사고와 감정의 결합, 반대되는 것들의 통합, 또한 빅토리아 시대의 남성다운 특성과 여성다운 특성으로서 보통 간주되었던 것들의 조화를 필요로 한다고 그가 말하고 있었던 것으로 보인다. 해러드는 자기가 쓴 케인스의 전기에서 대비가 되는 자질들을 기묘하게 결합하면서 주제를 강조했다. 해러드는 그러한 결합을 케인스의 독창성에 대한 설명으로 이해했으나 케인스의 이중성을 대단히 모순된 그의 별난 습관(동성연애)으로까지 거슬러 올라가서 밝혀내지는 않았다.

케인스 자신은 독창성이 이중성을 필요로 한다는 이러한 통찰력을 어디서 얻었을까? 케인스는 누이 동생이 자기에게 준 콜리지의 〈식탁에서의 좌담〉의 복사본을 가지고 있었다고 알려져 있다. "지성 속에 있는 재능은 흔히 유전으로 이어받는다. 그러므로 이성과 상상력의 작

---

* 에드워드 카펜터(Edward Carpenter, 1844~1929): 사회개혁을 주창한 영국의 작가. 사회문제에 관한 평론 《영국의 이상》(England's Ideal, 1887)과 《문명: 그 원인과 치료》(Civilization: It's Cause and Cure, 1889)가 유명함.

용으로서의 천재는 극히 드물거나 결코 없다"고 하는, 그 시인의 관찰과 반대되는 주해를 케인스가 그 책의 난외(欄外)에다 단 것을 나는 발견했다.

그는 또한 천재의 특징과 특권에 대한 콜리지의 정의를 알고 있었을까? "옛적부터 항상 계신 분을 숙고하고 마치 맨 처음 창조의 명령이 있었을 때 모든 것이 생겼던 것처럼 신선한 감정으로 그분의 모든 작품을 감상하는 것 …… 아동기의 감정을 성년의 힘 속으로 옮기는 것. 경이로운 것과 신기한 것에 대한 어린아이의 의식과 아마도 40년 동안 매일 친숙하게 된 현상을 결합하는 것 …… 이것이 천재의 특징이며 특권이다." 그는 아마도 알았을 것이다. 그러나 누구도 확실히는 모른다. 그는 로이 해러드나 리처드 칸에게 "매일 아침 나는 천진난만한 갓난애처럼 잠에서 깨어난다"고 가끔 말했던 것으로 알려져 있다.

케인스는 생애가 끝날 때까지 절대적인 콜리지 예찬자였으며 벤담주의에 열렬히 반대했다. 그러나 그가 창조 과정을 이해하는 데 콜리지에게서 어느 정도 도움을 받았는지는 확실치 않다. 그가 창조적 인간의 이중성을 강조한 지식을 그의 자각으로부터 터득했거나 또는 동성연애자들에게 대단히 큰 위안을 준 심리학적 문헌, 특히 에드워드 카펜터의 저작에서 알게 되었을 가능성이 더 높아 보인다. 에드워드 카펜터는 케임브리지 대학 졸업생으로 로이스 디킨슨과 매우 친밀하였으며 월터 존[세바스천] 스프로트와 편지를 주고받았다. 케인스는 동성연애에 관해 카펜터가 쓴 많은 책 가운데 어느 하나도 개인 서재 안에 두지 않았던 것 같다. 그러나 그 책들이 널리 보급되고 있었던 점에 비추어 볼 때 그가 그 책들을 전혀 몰랐던 것 같지는 않다. 카펜터는 결국 이 무렵 영국을 주도했던 휘트먼*주의의 대표자였다. 여하

---

* 월터 휘트먼(Walter Whitman, 1819~1892): 미국의 시인으로 서민의 희망과 감회를 자유로운 수법으로 노래함. 주저 《풀잎》(Leaves of Grass)은 대표적인 민주주의 시집으로 유명함.

튼 케인스가 그 책들을 알고 있었다는 것은 분명하다. 왜냐하면 1907년 그가 아직 인도성에 재직할 때 그와 역사가인 J. L. 해먼드는 더 소박한 생활을 장려하기 위해서 영국 학술원을 설립할 것을 촉구한, 카펜터가 유포한 호소문에 서명했기 때문이다. 이 흥미롭고 중요한 사실은 최근에야 에드워드 카펜터의 새로운 전기 속에서 빛을 보게 되었다. 그렇지 않았다면 에드워드 카펜터가 사람들과 폭넓게 주고받은 편지를 뒤져도 케인스에게 받았거나 보낸 편지들은 하나도 밝혀지지 않았을 것이다.

카펜터는 그가 쓴 책《중간의 성(性)》가운데서 더 건전한 동성연애자들의 이중성을 강조했으며, 그러한 성질이 모든 단계에서 그들의 생활을 지배했고 그들은 그들의 직관과 예술가가 지니는 본성을 갖추고 예술가의 감성과 지각을 가지고 있었다고 주장했다. 사람들은 그의 다른 저서에서 그가 의식과 무의식의 양면에 관한 자아의 이중성을 이해하고 있었으며, 놀랄 만한 직관의 번득임과 복잡한 사상의 결합이 이 숨겨진 무의식의 자아에서 나오고 그것은 때때로 충분히 형성되고 일정한 권위를 갖추어 깨어나는 인간 의식의 영역으로 뛰어든다고 믿고 있었다는 것을 알 수 있다. 이러한 (직관의) 번득임과 영감은 분명히 밑에 숨어 있는 어떤 종류의 심원한 지성으로부터 발생하고, 갑자기 초점을 모아서 사물을 폭넓게 해석하고 신속하게 조사한 결과로 나타난다. 그와 같은 착상들은 의식하고 있는 두뇌에서 생기는 것이 아니고 그것을 초월하여 생기는 무의식의 차원에서 감지된다. 이러한 것들은 틀림없이 창조 과정의 기능을 대체적으로 설명한 것이지만, 케인스 시대의 교양 있는 동성연애자들에게 알려졌을 법한 일종의 심리학적 문헌들이다. 카펜터 저작품의 이런저런 구절로 보아, 만약 케인스가 그러한 요인들을 잘 알고 있었다면 동성연애자들의 이중적 성질은 전적으로는 그렇지 않다고 하더라도 자신이 창조적 과업을 위하여 그러한 요인들을 훌륭하게 갖추고 있었다는 것을 믿었을지도 모른다.

이와 관련하여 이 근래의 여러 가지 독창성에 관한 경험적 연구에 의하면 남성 실험자들이 수치상 "여성다움"에서 높은 점수를 흔히 보여주고 있는 사실에 주목해야 한다. 이 문제에 관한 문헌 가운데서 자주 인용되는 D. W. 매키넌은 성적 동일시와 성적 관심의 분야에서 창조적인 사람들이 덜 창조적인 사람들보다 그들 본성의 여성스러운 측면을 더 많이 표현하는 것 같다고 말하고 있다. 동성연애에 관한 최근의 경험적 연구 또한 동성연애를 하는 남성들이 이성애를 하는 남성들에 견주어 더 여성스럽기보다는 오히려 실제로 더 남녀 양성적일 수도 있다는 것을 보여주고 있다. 그러한 남녀 양성의 성질을 갖추고 있는 개인들은 성이 확정된 사람들보다 여러 가지 다른 상황에서 그들의 행동에 더 많은 유연성을 가진다는 것이 다른 연구들 가운데서 밝혀졌다. 이와 같은 연구들은 어째서 상당수의 동성연애자들이 앞에서 하일브런 교수가 고찰한 방법으로 사고와 감정을 결합할 수 있는가와 어째서 그러한 행동이 독창성에 도움이 된다고 생각할 수 있는가를 설명해 줄지도 모른다.

일반적인 남녀추니의 지능이 어떠할지라도 리튼 스트레이치와 케인스 두 사람이 그들의 생애와 개성을 잘 아는 학자들에 의하여 남녀 양성을 갖추고 있었던 사람으로 묘사되었다는 것은 의미심장한 일인 것 같다. 레온 에델 교수는 리튼 스트레이치를 "바쁘고 정열적이고 남녀 양성의 정신을 가진 성욕이 지나치게 많은 동성연애자"라고 기술하고 있으며, "케인스가 정신적 동성연애자인데 그것은 남녀추니에 대하여 내린 정확한 정의"라고 레너드 울프가 자기에게 은밀하게 말한 것을 회상한다. 그의 동료인 오스틴 로빈슨 경, 그의 조카 포리 힐, 그리고 발로 경(Lord Balogh)을 포함하여 케인스를 개인적으로 아는 몇몇 다른 사람들은 그의 정신에 내재하는 여성적 자질에 관해서 논평했다.

상당수의 남녀추니들은 그들이 처한 환경에서 받는 자극과 인상을 수동적으로 흡수하고 그것들을 상상에 따라 직관으로 바꾸거나 작가들의 경우에는 그들의 이야기나 소설의 재료로 바꾸는 비범한 능력을 소유하고 있는 것처럼 보인다. 헨리 제임스 2세는 이러한 의미에서 '전환'할 필요성을 가끔 강조했다. 그리고 케인스의 《인도의 통화와 금융》을 논의하는 가운데 그러한 그의 수용력에 주목했다. 타인의 관념을 취하여 그것들을 작풍(作風)으로 전환하거나 자기 자신의 창작의 개념으로 전환하는 이러한 능력은 뒤에 지적될 것이다. 케인스가 매일 아침 천진난만한 갓난애처럼 잠에서 깨어났다고 말했을 때 그는 물론 자신의 상상력의 신선함과 순결함을 말하고 있었다. 그가 처한 환경에 적극적으로 개입할 뿐만 아니라 외부환경에서 받아들이는 이러한 능력은 지금까지 결코 충분히 설명하지 못했던 그의 특이성에도 관계될는지 모른다. 그의 아버지와 친구들은 아침 늦도록 침대에 누워 있는 그의 취향과 대부분의 사무도 그런 식으로 보는 것에 대하여 이러쿵저러쿵 말했다. 그의 조카인 밀로 케인스는, 독특하게도 메이너드가 침대 위에 있거나 소파에 앉아 글을 쓰거나 책을 읽었다고 진술하였다. 그가 아침 늦게 일어났던 것은 그의 활력을 보존하기 위한 것이었다고 해러드는 다소 변명하듯이 설명했으나 그러한 습관은 케인스조차 깨닫지 못했던 다른 목적에 맞았을지도 모른다. 창조적인 학자들은 침대에 누워 있거나 명상에 잠기는 것, 또는 수면 그 자체와 같은 소극적인 상태가, 한꺼번에 일어나는 연상(관념연합)의 과정 또는 창조적 과정에 이로울 수도 있다는 것을 알아차렸다. 영국의 한 유명한 물리학자는 "우리들은 가끔 3B, 즉 버스(bus), 욕실(bath), 침대(bed)에 대하여 말한다. 그곳은 우리들의 과학에서 위대한 발견이 이룩된 곳이다"라고 말했던 것으로 전해지고 있다. 지금까지 알려진 바와 같이 케인스는 버스나 욕실에서 지나치게 많은 시간을 보내지는 않았으나 데카르트와 마찬가지로 침대를 좋아했다. 그리고 그것은 얼마나 엄청난 결과를 가져왔던가! 물론 뒤에서 더 충분히 고찰할 것이지만 만일 그가 납작 엎드린 자세에서 유용한 직관을 경험했다면 그는 나중에 그의 통찰력을 타인들이 확인할 수 있도록 지적으로 유통할 수 있는 형태로 써 두고 말로 표현하거나 글로 써서 전했어야 했다. 그가 이렇게 하는 데는 열성적인 논리적 분석과 해설하는 노력을 필요로 하였다.

19세기 초에 지배적이었던 영국의 합리주의에 대한 '저마노－콜리지안'의 도전에 대해서는 이미 언급하였다. 그러한 저항에도 그 나라의 가부장 문화는 지식의 합리적 분석방법에 강하게 남아 있었다. 보다 더 심신(心身)이 전체적으로 관련되는 직관적 지각 방법은 실제적으로 여성스러운 성질과 관련되었다. 이 지배적인 세계관은 19세기 후반과 20세기가 시작될 무렵 충격적인 타격을 많이 받았다.

종(種)의 진화에 관한 다윈의 사상은 정통 기독교가 가부장 문화에 부여하는 형이상학적인 지지를 위태롭게 하는 경향이 있었다. 뒤에 프로이트는 불합리와 무의식이 인간행동에 엄청난 영향을 준다는 것을 보여줌으로써 합리주의 세계관에 도전하였다. 거의 같은 시기에 베르그송은 그의 중요한 저작품인 《창조적 진화》로 지각 속의 직관의 중요성을 강조하였다. 그리고 G. E. 무어는 그보다 몇 년 앞서 그의 《윤리학 원리》로 직관주의 윤리학을 위한 기초를 놓았다. 버지니아 울프는 다른 작가들과 함께 의식의 흐름을 도입함으로써 소설기법을 근본적으로 바꾸는 조치를 취하기 시작했다. 그 밖에 제1차 세계대전은 옛 빅토리아풍의 생활 방식을 침식하고 그 기초를 위태롭게 하였다. 그 결과 영국의 의식은 블룸즈버리 집단의 몇몇 회원들의 통찰력과 가치를 더 쉽게 받아들이게 되었다. 퀜틴 벨이 지적한 것과 같이 보다 더 고상하고 평화로운 자유가 있는 인생살이를 추구하면서 오래 끄는 피비린내 나는 투쟁을 하는 동안 블룸즈버리 집단은 영웅적이고 남성적인 악덕들, 그 중에서도 첫째로 폭력적인 것을 피하기 위하여 영웅답고 사내다운 덕(德)들을 희생할 준비가 되어 있었다. 말할 필요도 없이 이것은 남녀추니의 소중한 이상과 일치하는 것이었다.

제1차 세계대전이 끝날 무렵 영국 지성인들로 구성된 이 작은 집단은 참으로 많은 작품을 내게 되었다. 리튼 스트레이치는 1918년 《탁월한 빅토리아 시대 사람들》을 출간했고, 케인스는 이듬해에 《평화의 경제적 귀결》(*Economic Consequence of the Peace*)을 출간했다. 로저 프라이는 1920년에 《상상력과 구상》을 출판했으며 버지니아 울프는 1919년에 《밤과 낮》을 써서 놀라운 다산성의 시기가 시작되었다. 블룸즈버리 집단의 기풍은 마침내 굉장히 많은 꽃을 피우고 있었다.

케인스는 또한 이론적인 일을 하는 가운데 자신의 이성과 함께 직관을 사용하면서 빅토리아 시대의 문화 속에서 조장되고 유지된 남성다움과 여성다움 사이의 이분법을 어떤 의미에서 뛰어넘고 있었다. 그는 합리적 세계관에 대한 도전을 사상과 경제학의 또 다른 분야로 넓히고 있었다. 과거 지배적이던 남녀차별주의 문화는 성적으로 인습에 얽매이지 않는 소수의 행동을 심하게 억누르고 처벌하였으며 그 문화를 또한 훼방하고 좌절시켰다. 유대인들이 심한 압박이나 배척을 당한 뒤 자유를 얻고 인종차별마저 적당히 누그러지자마자 [실바노 아리에티가 매우 설득력 있게 설명했던 것처럼] 그들 가운데서 독창성이 분출했던 것과 같이, 20세기 영국의 더 자유로운 견해는 이전에 멸시당한 이들 성적 소수자들이 참신하고 독창적인 업적을 이루도록 북돋웠다. 그들의 잠재력을 더 한껏 실현하기 위하여 구속하는 가치체계를 돌파하고 그 견고한 범주와 사상의 이분법을 분쇄하면서 남녀 양성의 성질을 가진 블룸즈버리 집단의 개척자들은 전 인류를 위해서 미술과 문학과 그리고 궁극적으로는 경제학의 새로운 세계를 열었다.

블룸즈버리의 환경이 케인스의 독창성에 끼친 영향을 평가할 때 그 집단의 자유주의와 특히 그 관대한 성윤리가 그 자신의 성향을 그 방향으로 향하도록 북돋고 강화했다는 것은 이론의 여지가 없는 것처럼 보인다. 그가 《나의 젊은 시절의 신념》 가운데서 부도덕한 사람이라고 그 자신의 특성을 밝혔듯이, 블룸즈버리는 그에게 공동체의식 및 놀이와 오락을 위한 필수적인 기회를 제공했다. 블룸즈버리는 그의 관계집단*이었고 그를 선전해 주는 집단이었다. 그리고 천재이거나 잠재적으로 창조적인 인간일지라도 만일 그가 그의 모든 능력을 실현하려 한다면 문화적 반향을 필요로 한다. 케인스가 그러한 필요성을 느꼈다는 것은 분명하다. 사실 그는 세계적으로 유명한 인물이 된 뒤에도 칭찬을 필요로 했으며 또 칭찬을 소망했다. 그리고 블룸즈버리 동료들의 비판적이고 예리한 확인이, 더 큰 외부세계의 찬양보다도 그에게는 더 의미가 있었다. 그 비판이 케인스로 하여금 《평화의 경제적 귀결》을 쓰도록 자극하고 동기를 부여하는 데 참으로 중요한 역할을 했는가를 다음의 몇 장(章)에서 밝힐 것이다.

　로이 해러드 경은 그가 쓴 케인스 전기에서 케인스의 지능은 그가 아주 젊었을 때 완전히 발달했지만 그의 창조적 충동은 서서히 성숙되어 왔다는 견해를 피력했다. 내가 창조성에 대한 해러드의 개념을 오해할 수도 있고 반대로 그가 독창성의 징표를 경제이론에 한정함으로써 혼동을 일으켰을 수도 있다. 하지만 이와 관련하여 1925년에 케인스가 결혼할 때까지도 실제로 창조적이지 못했다는 그의 주장은 매우 의심스럽다. 독창성이 일생에서 20대 초기에 최고조에 이른다고 케인스 그 자신이 믿었다는 것을 사람들이 알게 될 경우에 이러한 의심은 더 커진다. 반대로, 케인스의 독창성의 요인들은 그의 일생에서 로이 경이 깨달았던 것보다 더 먼저 나타났으며, 블룸즈버리는 천재를 옹립하는 데 그 옥스퍼드 경제학자가 알고 있었던 것보다도 더 큰 구실을 했다고 볼 수 있다.

---

* 관계집단(reference group): 심리학 용어로서 개인이 실제로 그 집단의 일원이냐 아니냐와는 별개로, 심리적으로 자기와 관계가 있는 집단을 일컬음.

7장 제1차 세계대전과 평화를 위한 준비

케인스는 매우 총명한 사람이며 잘 배우는 소질을 가지고 있다.
그의 의견들은 끊임없이 진보하고 있다.
그러므로 분명히 변화하고 있다.
† 에어 크로 경(Sir Eyre Crowe)

제1차 세계대전이 일어났던 주말은 대부분의 영국 사람들에게 여느 날과 다를 바 없었다. 그날은 공휴일이었으며 여느 여름철의 주말과 같았다. 부유한 계급은 시골의 농장에서 파티를 벌였고, 카우즈(Cowes) 항구에서는 보트경주가 있었으며, 굿우드(Goodwood)에서는 경마대회가 열리고 있었다. 또한 헨던 공항에서는 비행기전시회가 있었고 켄터베리에서는 크리켓 경기가 있었다. 보다 더 서민적인 것으로는 마담 터소*에서 새로운 밀랍인형 전시회가 열리고 있었는데 그 전시회는 빈정대듯이 '유럽의 위기'라고 묘사되었다. 런던의 트라팔가르 광장에서는 노동당과 사회당 지도자들이 계획한 반전집회가 열렸으나 군중은 대단히 호전적이어서 큰소리를 질러 연사들의 입을 다물게 하였다.

전쟁 발발에 대하여 그들의 느낌을 기록한 작가들 가운데서 단지 헨리 제임스만이 전쟁의 의미를 알았다. 그는 바로 그날 한 친구에게 이렇게 썼다. "이들 두 악명 높은 귀족들의 무자비한 솜씨로 이 피와 암흑의 심연 속에 문명을 쳐넣는 일은, 얼마동안 그렇지 않았을 때가 있었더라도 세계는 조금씩 나아지고 있다고 우리들이 믿어 온 그 오랜 세월을 포기하는 일이다. 그 불안한 기간이 언제나 무엇을 조장했으며 또 무엇을 의미했는지에 대해 지금 모두 알아야 한다는 것은 어떤 말을 해도 너무 비참한 일이다." 전쟁은 거의 우연히 돌발함으로써 에드워드 시대의 자선사업을 파멸시켰으며 부인하였다. 그것은 자유주의와 발전과 인간의 마음이 선량함을 부정했고, 전쟁 그 자체를 제외하고는 인간들에게 아무런 목적도 부여하지 않았다. 그 시대는 오래 계속되는 '즐거운 오후' 또는 '원유회'(園遊會)와 같았으나 이제 파티는 끝났다.

영국이 선전포고를 했던 8월 4일 그날 케인스는 정부의 일을 맡고 있지 않았다. 인도 통화위원회의 서기직을 맡고 있었던 사람은 배질

---

* 마담 터소(Madame Tassaud's): 스위스의 밀랍 세공사인 마리 터소가 런던에 세운 마담 터소 밀랍인형관을 말함.

블래킷으로서 재무성에서 임박한 전쟁에 관한 복잡한 재정문제로 애쓰고 있었다. 그는 8월 1일 메이너드에게 이렇게 편지로 알렸다. "나는 어제와 오늘 당신의 소재를 파악했으나 당신이 읍에서 떠났다는 것을 알았어요. 나는 조국을 위해서 당신의 지혜를 빌리고 싶었습니다. 그리고 나는 당신이 그 일을 즐겁게 할 수 있으리라고 생각했습니다. 만약 당신이 월요일에 시간을 내서 나를 만나 줄 수 있다면 고맙겠습니다. 그러나 나는 당신이 그때까지 그 결정을 하게 될지 걱정스럽습니다. 공동출자 은행들은 확실히 바보 같은 짓을 했으며 몹시 서투른 짓을 했어요."

케인스가 일요일에 이 통지를 받았을 때 그는 제시간에 맞춰 기차를 탈 수 없음을 알았다. 그래서 케인스는 오토바이가 있었던 매부 A. V. 힐을 설득하여 자기를 런던에 데려다 주도록 하였다. 그들은 그날 오후 늦게 화이트홀(런던 중앙부에 있는 관청가)에 도착하여 그 거리의 끝에서 내렸다. 왜냐하면 케인스는 그렇게 온당치 못한 모습으로 위엄 있는 재무성에 접근하는 것이 옳지 않은 일이라고 생각하였기 때문이다. 그는 서두르는 사람이었다. 왜냐하면 그렇게 중대한 시기에 조국을 위해서 봉사할 기회를 놓치고 싶지 않았기 때문이다.

1914년 전쟁이 발발했을 때의 재정상태는 공황이 일어날 가능성 때문에 몹시 어려웠다. 공동출자 은행들은 국내외 예금에 비추어 볼 때 그들의 금준비(gold reserve: 지폐와 태환하기 위하여 정부 또는 중앙은행에 준비되어 있는 금화)가 부족하다고 주장하고 있었다. 그리고 정부가 그들을 위해 더 많은 책임을 져야 한다고 생각했다. 1914년 7월의 마지막 주에 국제 상황이 악화되었을 때, 예금자들이 아니라 은행들 스스로가 금 인출을 하려고 몰려들었다. 그들은 영란은행(英蘭銀行)에서 엄청난 거액을 인출하였으나 그들의 고객들에게는 단지 지폐를 지불하였다. 배질 블래킷이 반대한 것은 이러한 일의 처리였다. 재무성 관리로서 블래킷은 자신이 반대한 사설은행들의 계획에 반격할 수 있으리란 바람으로 금융전문가인 케인스를 고용하였다.

이 은행들은 그들이 영란은행에 금으로 지급하고, 영란은행은 거꾸로 영란은행 특별지폐를 발행하며, 국외로 금지급은 정지한다는 안을 이제 막 내놓았다. 그 당시 재무장관이었던 로이드 조지는 이 안에 찬성한다는 말이 들렸다. 그러나 재무성과 영란은행은 그 안을 맹렬히 반대했다. 요약해서 말하면 영국은 금본위를 포기하기 직전에 있었고, 블래킷은 케인스에게 이렇게 경솔한 조치를 비난하는 각서를 준비하도록 요청했다. 케인스는 바로 이튿날 그 각서를 작성하고, "만약 비상사태의 첫 징후가 보일 때에 정금(正金) 지급이 정지된다면 자유로운 금 시장으로서 런던 시가 갖게 될 미래의 위상은 크게 손상될 것이다"라고 설득력 있는 주장을 폈다. 영란은행에서 금을 대량 유출하는 것은 공동출자 은행들이 갑작스럽게 금을 퇴장하기 때문이며, 그 은행들이 평형을 되찾을 때 금은 다시 통용될 것이고, 더 나아가서 대량의 해외유출도 당장 발생하지 않을 것이라고 그는 말했다.

로이드 조지가 이튿날 이 각서를 받았을 때 "이 케인스라는 사람이 누구인가?" 하고 물었다. 그리고 케인스가 블래킷의 친구로서 통화전문가라는 말을 듣고는 재무성관리가 그 자신의 의무에 관하여 외부인을 불러들일 수 있다는 것이 어처구니 없는 일이라고 말하면서도 그 각서를 읽었다. 그는 이튿날 은행가들과 가졌던 회합에서 정금 지급정지에 강하게 반대하게 되었다. 그래서 타협을 하게 되었는데 그것은 은행준비금은 영란은행에 예치하고 재무성이 발행하는 비상통화는 인출하여 은행법(Bank Act)을 정지시킬 필요가 없도록 한다는 것이었다. "장관은 케인스의 각서를 대부분 받아들였음이 분명하다. …… 우리들은 재무성의 견해가 승리하리라고 예상하여 의기충천해 있다"고 블래킷은 일기에 적었다. 로이드 조지가 이 중대한 시기에 금본위의 지지로 전환한 것은 케인스에게 진실로 주목할 만한 승리였다. 영국과 미국만이 이때 금본위를 중지하지 않은 나라들이었다. "영란은행의 정금 지급을 이제 간신히 구해냈습니다. …… 로이드 조지의 마음을 바꾼 것이 제 각서였으므로 제가 정금 지급정지를 막는 데 주요한 역할을 했다고 그들이 생각한다는 말을 저는 방금 그들에게서 들었습니다"라고 케인스는 아버지에게 알렸다.

케인스는 이제 이 중대한 시기에 진실로 재무성의 내부문제에 관여하고 있었다. 그리고 그는 그 일이 즐거운 일이라는 것을 알았다. 그는 갑작스러운 전쟁 발발의 결과로 또한 곤경에 처해 있던 외국환어음 인수업자들에 관해서 재무성을 위하여 또 하나의 각서를 썼다. 그는 이때 재무성의 임명을 받을 수 있으리라고 분명히 기대하여 전시의 업무에 적격인 몇몇 케임브리지 대학 출신들을 상임서기직에 천거하였으나 그 기구는 직원을 늘리려고 하지 않았다. 그 대신 그는 확률연구를 하러 되돌아왔고, 전쟁 초기의 《재정사(財政史)》에 관한 소책자를 출판하려고 생각했다.

이 소책자는 출간되지 못했다. 그러나 조금 후 그는 《모닝 포스트》에 '해외통화조치'에 관한 짧은 글을 기고했고, 공동출자 은행들이 보유한 금의 양에 관한 《이코노미스트》의 특별기고로 불거진 논쟁에 참가하였다. 그는 그 논쟁에서 은행가들에게 두드러진 혐오감을 드러내며, 최근의 재정 위기에서 그들이 용기와 공공심을 갖지 못했다고 비난했다. 그들은 질이 낮은 직원을 두고 있으며, 이사들은 대를 물려서 임명되었고, 그들이 어떤 특정 부류의 사업만 은행으로 가져올 수 있기 때문에 그들의 지도력이 실종돼 가고 있다고 그는 마셜에게 보낸 편지에서 말했다.

〈전쟁과 금융조직〉이라는 1914년 9월에 쓴 기사에서 그는 금융업자들을 훨씬 더 신랄하게 비판했다. 그들 가운데 한 사람이 런던 어음교환소 가맹은행의 회장인 페릭스 슈스터로서 그는 이 기사 때문에 너무 화가 나서 기자회견을 준비하여 케인스가 이들 금융기관에 불공정했다는 것을 그에게 수긍시키는 데 성공했다. 그 후에 케인스는 위와 같은 경제전문지에 기고한 기사에서 지식이 모자라 어음교환 은행들을 어떤 다른 금융기관들과 구별함으로써 한층 더 공정하지 못하게 묘사하였다는 것을 인정했다. 그는 "나의 불만은 은행조직을 찬양하는 사람의 불만이고, 나의 불평은 은행조직을 진정으로 애호하는 사람의 불평이다"라고 썼다.

1914년 9월 3일자의 아버지에게 보낸 편지에서 케인스는 좀처럼 그렇게 부지런히 집필한 적이 없었다고 말했다. 그 다음 몇 달간 그는 〈독일의 전쟁 비용〉, 〈독일 국채(國債)에 관한 소고〉, 〈프랑스 재정에 관한 소고〉 등 독일의 재정적 임시방편들에 관하여 조목조목 설명했다. 맨 마지막 논문은 케인스가 베르사유 병원에서 의무장교로 근무하고 있었던 동생 제프리를 방문하는 동안 일부 편찬된 중요한 작품이었다. 그는 이즈음에 또한 미국의 정기간행물인 《쿼터리 저널 오브 이코노믹스》의 1914년 11월호에 기고할 '런던 시와 영란은행'에 관한 기사를 작성했다. 그는 분명히 이 몇 달 동안 주목받으려고 노력하고 있었으며 1915년 초에 그의 노력은 결실을 맺었다. 아버지에게 보낸 또 다른 편지에서 그는 다음과 같이 썼다. "전쟁 기간 동안 조지 패시와 함께 일하도록 재무성에 자리가 났습니다. 로이드 조지가 은밀히 프랑스에 가는 날인 금요일까지 그들과 해야 할 일이 대단히 많아 자세한 말씀을 드릴 시간이 없습니다. 영란은행의 총재는 제 작품을 읽어 왔습니다. 그리고 은행으로 그를 찾아와 달라는 부탁을 했습니다."

유명한 통화전문가인 조지 패시 경은 재무장관의 특별고문이었다. 로이드 조지는 관료제도 안의 정규 공무원들을 견제할 '전문 고문단'(Brain Trust)을 두기 좋아했다. 케인스는 공공연한 비상시를 제외하고는 일주일에 하루는 좋아하는 일을 할 수 있고 또 《이코노믹 저널》의 편집인 직책을 계속 수행할 수 있다는 양해 아래 연봉 600파운드에 조지 패시 경의 임시 조수로 임명되었다. 케인스는 곧 치솟는 음식값을 조사하던 내각 비밀위원회의 서기로서 매우 바쁘게 근무하고 있었다. 케인스는 문제점을 파악하는 평소 자신의 비범한 지각으로 내각의 필요에 따라 밀 가격에 관한 보고서를 급히 작성했다.

1915년 1월 말경 그는 로이드 조지, 영란은행 총재인 몬태규 노먼과 개인 비서 한 사람을 포함한 매우 잘 짜여진 일행과 함께 파리로 떠났다. "우리들은 프랑스 정부의 손님이 될 것이다. 오늘 우리 내각위원회에서 또 한 번 회합이 있었다. 즉시 조언할 수 있도록 다음 며칠간 내가 생각해야 할 일의 양을 보면 소름이 끼친다. 감기가 들지 않았으면 좋겠다." 맨 처음 연합국의 재정문제를 다루는 회합인 파리회담에서 영국과 프랑스는 전쟁중인 러시아를 지원하는 데 균등하게 분담하기로 합의했다.

이제 전문가로서 케인스가 알아야 할 문제들의 범위는 놀라울 정도로 훨씬 더 넓어졌다. 연합국에 대한 러시아의 밀 수출 자금을 조달하는 일, 주요 연합국들의 공동차관을 위한 제안, 인도와 영국의 밀의 작황, 재무성의 재정문제 등이 그러한 것들이었다. 그는 허버트 애스퀴스 총리에게 2월 11일 생활비에 관해서 하원에서 행할 연설의 원고와 토론에서 야당에게 제시할 반증을 기초로 원고를 써주었다. 이때 모든 재정문제에 관한 그의 경험은 놀랄 만했으며, 간결하고 명료하게 사례를 설명하는 그의 능력은 비할 데 없었다.

1915년 5월 말에 재무성에서 그의 위치는 한층 더 중요해졌다. 이때 애스퀴스는 군수장관(軍需長官)인 로이드 조지와 자기를 대신하여 재무장관이 된 레지널드 맥케너*와 함께 연립정부를 구성하고 있었다. 이러한 정부 재편의 결과로 케인스는 재무성에서 재정을 관장하는 제일 중요한 국의 일원이 되었다. 맥케너는 즉시 이탈리아 재무장관을

---

* 레지널드 맥케너(Reginal Mckenna, 1863~1943): 런던에서 출생. 영국 정치가. 자유당원으로 1895년부터 1918년까지 하원의원을 지냄. 재무장관, 내무장관 등 역임. 1919년 이후로는 은행가로 활동했음.

만나러 니스로 가는 여행에 케인스를 데리고 가도록 했다. "나는 일에 짓눌려 있습니다. 여느 때처럼 그들은 내가 기상해서 다소간 새로운 주제로 각서를 쓰는 데 꼭 스물네 시간을 주었습니다"라고 메이너드는 아버지에게 급하게 몇 자를 적어 보냈다.

이것은 그에게 힘든 사명이었다. 왜냐하면 니스에서 보낸 23시간 가운데서 13시간을 열심히 일한 뒤 그는 즉시 구축함을 타고 시속 56킬로미터로 영국해협을 건너서 귀국했기 때문이다. 한 재주꾼이 그랬던 것과 같이 정부의 비용으로 항해하고 과식했던 것이 그 대가를 치렀다. 상륙하자마자 그는 급성 충수염에 걸려서 응급수술을 받아야 했고 그 시련을 겪고 나서 폐렴에 걸렸다. 그는 8월 초순에 가서야 병이 나았다. 케인스 부부가 그가 다시 일에 착수할 때까지 비서처럼 일했다.

그는 8월 20일께 건강을 회복하여 다시 불로뉴(영국해협에 면한 프랑스 북부의 도시로서 어업중심지)로 떠나서 다른 영국과 프랑스 대표들과 함께 미국에서 공동차관을 위한 채권을 발행하는 문제를 논의하는 데 참가했다. 그는 이 협의를 위해 〈금(金) 현황에 대한 개요서〉를 준비했고, 그 개요서에서 정금 지급을 중지한 나라들에서 금준비의 중요성이 그다지 크지 않다고 말했다. 불로뉴에서 영국 은행들과 프랑스 은행들은 미국에 대한 2억 불 상당액의 수출용 금을 보유할 것과 러시아도 똑같이 하도록 촉구할 것에 합의했다. 영국은 그 차관을 협정하기로 되어 있었고 각 나라는 제공된 금의 총액에 비례하여 차관을 분배받을 수 있었다.

전쟁이 2년째에 접어들었을 때 경제적 난관이 실제로 심각해지기 시작했다. 키치너 장군은 70개 사단 병력을 충원하는 데 애를 먹었으나 공급되는 보충병은 줄어들고 있었다. 동시에 영국은 연합국에 보조금을 지급할 막중한 책임을 지고 있었다. 케인스는 재무장관에게 보내는 각서에서 만약 소비를 철저하게 줄이지 않으면 상당히 늘어난 병력을 유지하는 것과 계속 연합국에 보조금을 지급하는 것 중에서 하나만을 선택해야 한다고 주장했다. 그는 실질 인력을 기준으로 환산하여 그 보조금의 비용을 산정했다. 이 분석기법으로 영국이 당면한 '군비 대 민생'이라는 진퇴양난의 문제가 분명해졌다. 물론 이 분석방법은 제2차 세계대전시 인력예산을 세우는 데 사용한 유사한 분석방법의 예시가 되었다. 맥케너는 전시 정책을 논의하는 내각위원회에 케인스의 각서를 제출하였으나 그 위원회는 그의 논증이 교묘하지만 받아들이기는 어렵다고 생각했다. 요약하면, 필요하다면 지원병제나 징병제로 70개 사단 병력을 유지하는 노력을 계속한다는 결정이 내려졌다. 이들 관리들에게는 전시 징병은 재물을 징발하는 것보다 분명히 더 받아들이기 쉬운 것이었다.

전쟁 비용은 인간적인 견지에서도 마찬가지로 무섭게 증가하고 있었다. 1914년 11월 하순 케인스는 전쟁에서 희생된 사람들에게 느끼는 슬픔을 리튼 스트레이치에게 써 보냈다. "내 자신이 무한히 쓸쓸함을 느끼네. 젊은이들이 처음에는 지루하고 고통스러운 일을 하다가 그 다음에는 집단으로 학살되는 곳으로 떠나는 것을 매일 보는 것은 정말 참을 수 없네. 이 대학의 학생들이나 이제 막 이 곳을 떠난 사람들 가운데서 슬프게도 프레디 하드만을 포함하여 다섯 명이 죽었네." 메이너드는 하드만이 죽기 전에 그에게 편지를 썼으며 소책자 몇 권을 보내주었다. 그 젊은이는 메이너드에게 전쟁이 얼마나 오래 계속될 것인가에 대하여 의견을 물었고, 메이너드는 경제적 이유 때문에 전쟁이 오래가지 않을 것이라고 생각한다고 답장해 주었다. 친구가 죽었다는 슬픈 소식을 듣자마자 메이너드는 그 친구의 어머니에게 조의를 표했고 그녀는 그의 위로에 대해서 감사했다.

1915년 4월에 더 충격을 주는 소식들이 전선에서 케임브리지로 도착했다. 케인스는 이때 덩컨 그랜트에게 이렇게 전했다. "몸서리치는 주말이었네. 나는 프레디가 죽은 뒤에 느꼈던 것과 같은 슬픔을 느끼

지 않으리라고 생각했지만 이제 다시 느끼네. 어제 우리 대학생 둘이
죽었다는 소식이 왔네. 나는 그들 두 학생을 아주 잘은 아니지만 알고
있었고 좋아했다네. 그리고 오늘 루퍼트가 죽었네. 그 소식은 어떻게
든지 그만 꾸어야 하는 너무 끔찍한 악몽이네. 어떤 다른 세대도 우리
들이 살고 있는 전운(戰雲) 밑에서 살지 않기를 비네."

이 편지 속의 인용문은 물론 메이너드의 남동생과 매우 친밀하였던
훌륭한 시인 루퍼트 브룩에 관한 것이다. 이 편지와 그의 사망 소식을
듣고 메이너드가 보인 반응을 이해하기 위해서는 이 유명한 인물의
생애와 개성을 회상하는 것이 도움이 된다. 전쟁 전에 브룩은 메이너
드가 '신(新)이교도'라고 부른 일단의 젊은이들 가운데 일원이었다. 그
집단에는 저스틴 브룩, 캐서린 콕스, 올리비에 자매들, 제프리 케인스,
버지니아 스티븐 그리고 루퍼트 그 자신이 포함되어 있었다. 메이너드
는 데번의 야영 집회에서 한 번 그들과 함께 하였으나 실제로 그들의
일원은 아니었다. 누구나 알 수 있는 것과 같이 신이교도들의 사회적
배경은 블룸즈버리 집단의 사회적 배경과 달랐다. 그리고 사실 몇 사
람은 두 집단의 회원으로 중복되었으나 진실한 신이교도들은 그들의
성행위가 보다 더 관습적이었고 운동과 야영에 열중했다. 그들은 유미
주의자들에게 반항했으며 그들을 퇴폐적인 사람들이라고 생각했다.
또 그들은 일반적으로 사랑의 대상을 이성(異性)에게서 찾았으며 결혼
이 그들의 이상이었다.

이 젊은이들이 나이가 들어 몇 사람은 결혼했으나 셸리를 닮은 브
룩은 짝을 찾지 못하고 그런 친구들을 부러워하는 것 같았다. 그는 노
얼 올리비에와 카 콕스 사이에서 정서적으로 괴로웠다. 카 콕스와의
불행했던 정사가 끝난 후 그는 신경쇠약을 앓았다. 그 병을 앓는 과정
에서 브룩은 우울증에 빠져 리튼 스트레이치가 판다로스*의 역할을

---

* 판다로스(Pandaros): 그리스 전설에 나오는 영웅, 곧 트로이 전쟁에서 호머가 명궁수
(名弓手)와 용감한 무사로 묘사한 리시아(고대 소아시아 지방)의 영웅. 보카치오, 초

했다고, 곧 그가 다른 사람과 동성연애를 하도록 자신을 연루시켰다고 비난했다. 브룩은 자기가 파멸했다고 느꼈으며 자살을 기도했다. 병에서 회복된 뒤에도 그는 계속해서 스트레이치에 대해서뿐만 아니라 블룸즈버리의 전체 분위기에 대해서도 증오와 반감을 표시했다. 옛 친구들과 반목하고 있던 중 그는 인생에 대한 연구방법을 이성에서 직관으로 전환했다. 그는 자기의 직관에 따라 세계가 단지 활력에 의해서만 구제될 수 있다는 것을 깨달았다. 성(性)의 혼합은 완전히 잘못된 것이었다. "남성은 남성이었고 여성은 여성이었으며 두 성이 섞이는 것은 불행한 것이었다." 남자 속에 내재하는 사내다움이 세계의 유일한 희망이었다.

세계대전이 일어났을 때 브룩은 맨 첫 번째의 지원병에 속했다. 그는 해군 중위로 복무했으나 1915년 4월 22일 해상에서 패혈증으로 죽었다. 그는 에게해의 아킬리스 섬에 있는 스키로스의 그리스 말로 쓰여진 묘비명이 있는 돌무더기 밑에 묻혔다. 그곳은 고전학자였고 킹스의 특별연구원이었던 사람에게 어울리는 무덤이었다. 그 유명한 시구로 시작되는 소네트로 그는 많은 사람들에게 불멸의 인간이 되었다.

> 만약 내가 죽거든, 나에 대해서 오직 이것만을 생각하라
> 외국 들판에 어느 외진 곳이 있나니
> 그곳이 영원한 영국이라는 ······

1915년 전쟁이 진행되었을 때 전쟁은 영국 민간인들에게 물리적으로 훨씬 더 가까워졌다. 그해 9월에 케인스는 런던의 가우어로(路) 3가에 있었다. 밤 11시 무렵 그가 어머니에게 편지를 쓰면서 앉아 있을 때였다.

서, 셰익스피어는 판다로스가 트로이의 마지막 왕인 프리아모스의 왕자 트로일로스에게 크래시다를 중매한 사나이로 묘사. 결국 크래시다는 트로일로스를 배반했음.

"제가 이 편지를 쓰고 있는데 체펠린(Zeppelin) 폭탄이 약 1분 반마다 부근 일대에 떨어지고 있습니다. 섬광과 폭발음에 겁이 납니다. 저는 생각보다 훨씬 더 놀랐습니다. 채프먼 양[비서]이 저와 함께 식당에 앉아 있습니다. 그곳은 까닭없이 우리들이 가장 안전한 장소라고 결정한 곳입니다. 그녀는 조금도 겁내는 기색이 없이 렉스[개]를 달래면서 시간을 보내고 있습니다. 아마도 우리들은 아침에 우리들이 있는 곳에서 1.5킬로미터 이내에서는 폭탄을 발견하지 못할 것입니다. 그러나 폭탄은 제법 가까운 곳에 떨어진 것 같습니다. 저는 재무성에서 몹시 바쁘게 일하고 있습니다. 그러나 저는 그 일을 즐겁게 하고 있습니다. 오늘 장관은 저에게 중요한 각서 한 편을 써 줄 것을 의뢰했습니다. 여느 때처럼 그 일을 하는 데 주어진 시간은 단 하루입니다."

1915년 9월 초 케인스는 배질 블래킷이 재정사절단으로 미국에 가 있는 동안 재무성에서 그가 했던 일을 인계받았다. 그는 그 자격으로 〈이번 회계년도의 재정 전망〉이라는 명칭이 붙은 한 중요한 각서에서 다음 6개월간에 발생 가능한 적자액은 한 달에 1억 2천만 파운드의 비율로 7억 파운드의 현존 적자액에 누적되어 갈 것이라고 내다봤다. 그는 통화팽창에 의한 차입보다는 오히려 진정한 재원(財源)으로 이 적자를 충당하는 것이 어느 정도나 가능할 것인가를 물었다. 그는 [전쟁이 시작된 이래 임금은 동결된 채 식료품 가격은 64퍼센트가 상승한] 독일의 통화가치 저하정책과 [노동자 계급의 수입과 소비가 늘어나고 있는] 그보다 더 너그러운 영국의 통화정책을 대비했다. 그 교훈은 명백했다. 진정한 재원을 초과하는 지출은 화폐공급을 증가시킴으로써 초래되는 인플레이션(통화팽창) 정책에 의해서 자금이 조달될 것이며, 만일 소비를 줄이면 전쟁비용을 위한 추가 재원을 조달할 수 있을 것이다. 그 대안은 세금을 증가시키거나 또는 통화를 팽창시키는 것이었다. 그리고 케인스는 세금을 증가시키는 쪽을 강하게 주장했다.

재무성이 자신이 세운 거대한 군수품 조달계획을 반대하는 운동을 전개하고 있다고 의심했던 로이드 조지는 케인스가 어두운 분석과 예측을 했다고 공격했다. "맥케너 씨의 용기는 그의 최고의 고문인 J. M. 케인스 씨의 이 예언들로 흔들렸다"고 그는 맹렬히 비난했다. 케인스를 곡예사와 같이 쉽게 속단하는 경박한 예언자라고 부르고, "케인스 씨는 맨 처음 재무장관에 의하여 대학자의 흔들의자 속으로 들어올려졌다. 재정문서에 추가한 바로 그의 서명이 영향력을 가질 것으로 생각된다"고 그는 덧붙였다.

이것은 다소 입에 발린 칭찬이었지만 케인스가 이때 정신적인 곡예사의 기술을 필요로 했다는 것은 틀림없었다. 왜냐하면 그는 이 복잡한 국내문제들에 달라붙어 씨름하고 있었고, 또 한편으로는 그와 동시에 러시아 사람들과 그들의 재정문제를 협상할 대표로 임명되었기 때문이다. 이에 대비하여 그는 그 주제에 관하여 그 나라에서 전개되는 통화 및 물가상황과, 이러한 상황이 그 나라의 외부에서 들어오는 자금과 외환사정에 미칠 영향에 대해서 분석한 장문의 각서를 썼다. 그 결과 미국의 차관을 보증하기 위하여 러시아의 금(金)을 선적하는 것과 그 차관의 용도에 제한을 두는 것을 규정한다는 합의에 도달했다.

케인스는 자세한 행정사무를 보는 데 놀라운 재능을 소유하고 있었고, 모든 종류의 주제에 관한 복잡한 서류를 재치 있게 단숨에 처리할 수 있었다. 과연 남녀추니답게 여러 가지 다른 과업에 주의를 돌리고 또 그 과업을 교대로 수행할 수 있는 능력으로 그는 정력을 보존했으며, 이러한 능력은 동시에 흔히 상승작용을 하는 성과를 올리는 데 도움이 되었다. 해러드는 그가 예리하고 논리적인 정신과 여성적인 예민한 감수성 및 감정이입을 희한하게 겸비하고 있었다고 설명했다. 그는 특히 한 구절 속에서 케인스의 이와 같은 여성적인 면모를 간파하였다. 즉 "그러나 그 자신 책임 있는 자리에 있었을 때 그는 타인들의 지혜를 원용하는 재능이 탁월했다. 그는 그의 문제를 알고 있는 사람

앞에서는 아주 겸손하였다. 그는 끊임없이 탐구하는 눈으로 주시하면서 앉아 있었고, 촉각을 곤두세워 그의 대화 상대에게서 허점이나 거짓말, 또한 그의 다른 속셈을 찾아 나서는 것 같았다. 그는 모든 좋은 정보를 즉시 받아들였으며 가장 시답잖은 출처에서 나온 정보를 환영했고 거짓 정보를 받아들이지 않는 방법을 알고 있었다. 자만심이 강한 사람 가운데서 어느 누구도 자아와 관련된 견해를 쉽게 버릴 사람은 없고, 또 대중 앞에서 공약한 말을 포기하는 데 두려움을 느끼는 사람은 없다. 그러한 것들은 위대한 인간들을 따라다니는 과실(過失)들이다."

다른 한편으로 케인스는 자기 혼자서 평가할 수 있는 논리를 가진 이론가들을 싫어했다. 또 거만한 사람과 자기 의견에 완고한 사람 그리고 장황하게 늘어놓는 사람도 몹시 싫어했다. 그는 그렇게 장황하게 늘어놓는 사람에게는 "갑자기 무례하게 …… 달려들어 말참견을 했다." 아마도 그렇게 공격을 가한 가장 재미있는 실례는 그 당시 재무장관이었던 로이드 조지를 따라 초기 사절단으로 프랑스에 갔을 때 일어난 사건이었다. 조지는 기차 객실에서 그 나라의 정세에 대한 자기 의견을 말하고 논평을 요구했다. 케인스가 반응을 보이며, "만약 제 의견을 묻는다면 제가 귀하의 설명을 부질없는 소리라고 생각한다는 것을 최대의 존경심을 가지고 귀하에게 말씀드려야 합니다"라고 대답했을 당시 그는 재무성에서 비교적 새로운 인물이라는 사실을 상기해야 한다.

이즈음 재무성에서 케인스의 지위는 관리자를 뛰어넘어서 '참모'나 '참모장'의 지위에 있었다. 그는 빠른 이해력과 풍부한 창의력으로 무수히 많은 관리들과 각원(閣員)들에게 모든 재정문제에 관한 각서를 제공했고 조언을 했다. 그 일에 더하여 그는 영국 차관자금으로 구입하는 연합국의 물품 구매에 필요한 재무성 승인 절차를 수립하는 데 도움이 되었다. 이 기법으로 말미암아 연합국이 공급하는 부족한 물자

210

에 대한 경쟁입찰을 방지하고, 외환율의 안정에 기여하는 종합적인 통제조직을 유지하는 것이 가능하게 되었다. 더 나아가서 전쟁이 오래 끌면서 계속됨에 따라 영국 파운드화에 대한 압력이 증가했는데도 정금(正金) 지급 정지에 반대하는 입장에는 조금도 변화가 없었다. 1916년 5월부터 환(換) 사정은 더욱더 악화되어 미국의 유가증권과 금(金)을 대량 매출할 수밖에 없었다. 그해 10월까지는 "재무성이 전쟁 수행을 위하여 매일 찾아야 했던 500만 파운드 가운데서 약 200만 파운드는 북아메리카에서 찾아야 한다"고 그는 보고했다.

1916년 초 영국 재무성은 'J. P. 모건 앤드 컴퍼니'를 대행시켜 파운드화를 미화 4.76달러에 고정시켰다. 그렇게 함으로써 뉴욕과 다른 금융중심지에서 연합국의 환율을 안정시켰다. 그 쟁의의 타결로 그 이후로는 이 환율을 지지하는 것이 케인스의 주요한 책임의 하나가 되었다. 1916년 3월에 그가 한 담화에서 말했던 것과 같이 그는 진실로 '연합국의 회계 담당원' 노릇을 했다.

이즈음의 생활에서 그는 정부 안의 최고 관리들과 몇 사람의 가장 탁월한 사교계 인사들과도 교제하게 되었다. 그는 오토린 모렐 부인*의 저택인 가싱턴 저택에서뿐만 아니라 맥케너의 집과 애스퀴스의 저택에서도 수많은 주말을 보냈다. 이 모든 관계를 유지하면서 그는 스스로를 매우 환영받는 인물이 되게 하였다. 그는 폭넓은 개성으로 인하여 회의실에서 토의할 때뿐만 아니라 상류사회에서도 인기 있는 사람이 되었다.

그러나 어쩔 수 없이 전쟁이 사회를 뒤바꿨을 때 그의 가장 친밀한

---

* 오토린 모렐 부인(Lady Ottoline Morrell, 1873~1938): 그녀가 살았던 당시 가장 알려진 예술가들을 후원했던 여성. 남편은 자유당의 하원의원이었고 그들 부부는 평화주의자들이었으므로 가싱턴에 있던 그들의 집은 제1차 세계대전 중 양심적인 반전주의자들의 피난처가 되었다.

관계의 양식도 변했다. 1914년 10월에 아드리안 스티븐은 카린 코스텔로와 결혼했으며 이로 인하여 그가 브런즈윅 스퀘어에서 누렸던 공동 생활에 종말을 고하게 되었다. 그는 오몬드 스트리트 10번가에 있는 방으로 이사했고, 한편으로 덩컨은 고든 스퀘어 46번가에 있는 벨의 집에 방 하나를 잡았다. 그 후에 그는 가우어로 3번가에 있는 그 자신의 집에 또 다른 공동체를 만들었다. 전쟁중 정보기관에서 근무하고 있었고 또 그와 함께 킹스에서 고전문학을 공부했던 동료인 존 셰퍼드와 그의 경제학자 친구인 제럴드 셔브와 함께 그는 그곳의 1층을 사용하였다. (제럴드 셔브는 그렇게 오래 그와 함께 있지 않았다. 1915년에 그는 F. W. 메이틀런드의 딸인 시인 프레드곤드 메이틀런드와 결혼해서 이사했기 때문이다.) 이 가우어로 집의 2층에는 두 사람 모두 슬레이드 미술학교 학생들인 에셔 경의 딸 도로시 브레트 양과 도라 캐링턴 양이 살고 있었다. 꼭대기층에는 존 미들턴 머리(1889~1957, 영국 문예 비평가)와 캐서린 맨스필드(1888~1923, 영국의 여류 단편작가)가 살고 있었는데 그들은 뒷날 결혼하여 각각 유명한 비평가와 작가가 되었다.

케인스 자신은 이때 젊은 숙녀 여럿과 친하게 되었는데, 특히 뒤에 경제학자가 된 휴버트 헨더슨과 결혼한 뉴넘 칼리지의 학생이었던 페이스 베이그널, 도라 캐링턴, 도로시 브레트, 제임스 스트레이치와 결혼한 앨릭스 사강 - 플로렌스, 그리고 바바라 힐스 등과 친했다. 그 집단의 젊은 회원들은 이 젊은 여인들을 [그들이 단발머리를 하고 있었기 때문에] "블룸즈버리 버니스" 또는 "단발머리"라고 불렀다. 해러드의 말에 따르면 슬레이드 미술학교에서 회화를 공부한 바바라 힐스는 메이너드가 좋아하는 여인이었다. 사람들은 이 여인이 매우 아름답고 발랄하였으며 친절했다고 말한다. 또 블룸즈버리 집단의 몇몇 회원들은 그 여인의 진가를 알았다. 몇 년 뒤에 메이너드와 리디아(Lydia, 메이너드의 부인)가 울프 부부와 함께 식사를 하면서 과거를 회상할 때, 케인스는 "그(케인스)가 어떻게 바바라 힐스를 만났으며 50년 전에 만났다고 하더라도 그 기간에 만났을 횟수보다 실제로 얼마나 더 많이 만났던가" 하고 말했다. 결국 그 교제가 끝났을 때 바바라는 은퇴하는 색슨 시드니-터너와 장난삼아 교제한 뒤 1918년에 니콜라스 베이그널과 결혼했다. 메이너드는 가슴속 바바라에 대한 애정이 있었다. 수년 뒤에 그는 집을 한 채 팔아서라도 아들들이 대학에 다니도록 도와주라고 바바라에게 조언하면서 편지에 다음과 같이 썼다. "당신에게 킹스에 다니는 아들이 한두 명 있다면 어떤 재정적인 어려움이 일어날까요? 만일 그렇다면 나는 확실히 일을 주선할 수 있어요. 말하자면 200파운드가 한두 사람이 1년간 편히 생활할 수 있는 금액이라면 나에게 알려주시겠어요?"

이때 케인스의 성적 기호에 이러한 변화를 불러왔을지 모르는 요인은 몇 가지가 있었다. 사내들이 징병되고 전선에서 막대한 인명 손실이 있었으므로 적당한 총각이 부족했고, 재정적·사회적 지위가 향상됨으로 해서 그는 여성들에게 대단히 매력이 있었다. 더욱이 그의 친구들이 더 나이들어 가고, 결혼하거나 새로운 낭만적인 관계를 맺고 있었다. 바네사 벨이 로저 프라이와 정사(情事)를 나눈 뒤 남편으로부터 멀어지게 되었을 때, 덩컨 그랜트는 화가인 그녀와 더욱 가까워지고 있었다. 둘은 1914년에 해외여행을 했고 이듬해 케인스와 데이비드 가넷이 서식스 주의 웨스트 위터링에서 벨과 함께 살았다. 남은 전쟁 기간 동안 그랜트는 찰스턴에서뿐만 아니라 서포크 주 위시트 로지에서 농장일에 종사하고 있었다. 휴전 후 얼마 안 되어 1918년 성탄절에 바네사는 딸아이 안젤리카를 낳았다. 덩컨이 그 아이의 아버지였다. 그때부터 그리고 그전부터도 덩컨과 바네사는 함께 일하며 생활했다. 두 사람 모두 케인스와 매우 친한 관계를 유지했지만 덩컨에 대한 케인스의 관계는 전쟁 전만큼은 친밀하지 못했다. 1916년 말경 케인스는 클라이브 벨이 그곳의 방 하나를 사용한다는 조건으로 고든 스퀘어 46번가에 있는 벨의 집을 세 내었다. 케인스는 셰퍼드와 해리 노턴을 데려와서 자기의 새로운 셋집에서 함께 살도록 하였다. 이것이 그의 여생 동안 런던의 주택이 되었다.

전선에서 점점 더 많은 사람을 필요로 하는 현실에 직면하여 1916년 1월에 애스퀴스 정부는 의회에 징집법안을 제출하였다. 그와 거의 동시에 블룸즈버리 집단은 그 법안에 반대하여 다시 모였다. 클라이브 벨은 《즉시 평화를》이라는 제목이 붙은 소책자 가운데서 전쟁 그 자체에 대하여 단도직입적인 공격을 했으며, 곧 [블룸즈버리의 일원은 아니었으나 많은 그 단원들과 친밀했던] 버트런드 러셀은 평화주의자로서 당국에 도전하고 있었다. 메이너드와 가장 친한 다수의 친구들은 양심적인 병역기피자였으며, 설령 그들 중 몇 사람이 생명을 죽이는 것을 금지하는 종교적 결정에 근거하여 병역 면제를 요구할 수 있다손 치더라도 그들은 소수였다. 리튼 스트레이치는 신체 불구 판정으로 군복무가 면제되었으며 레너드 울프도 마찬가지였다. 제임스 스트레이치는 비전투원으로 복무하는 것이 허용되었다. 덩컨 그랜트와 데이비드 가넷은 클라이브 벨과 제럴드 셔브가 그랬던 것처럼 농사짓는 일을 함으로써 의무병역법에 따라 그들의 병역의무가 면제되었다. 블룸즈버리 집단의 전쟁에 대한 회의적 태도는, 그 지역 주민들이 '양심적인 병역기피자'들이라고 불렀던 그들에게 지방 병역면제 심사국이 했던 상투적인 질문에 대해서 리튼 스트레이치가 행한 유명한 답변 속에 드러난다. "만일 어떤 독일 장교가 당신의 누이동생을 겁탈하려고 하는 것을 본다면 어떻게 하겠소?" 동성연애자인 리튼을 그다지 어렵지 않게 식별할 수 있도록 한 그의 대답은 "저는 제 몸을 그 사이에 끼워 넣으려고 할 것입니다"였다.

케인스 그 자신도 정부의 징집 수단을 강력히 반대하였다. "메이너드는 재무성의 직책을 사임하는 것에 대하여 말하고 있고 우리들은 그런 그를 매우 걱정하고 있다"고 그의 아버지는 일기에 기록했다. 바로 그때 케인스는 '폴리티쿠스'라는 가명으로 《데일리 크로니클》지에 편지를 보내고 있었다. 그는 그 글에서 영국군과 연합군 양쪽 모두 이미 제복을 입은 군대에게 보급품을 적절히 지급하지 않고 그 대신 편법과 상식으로 더 많은 신병을 모집하는 것은 현명하지 못하다고 주장했다. 또 그는 자재 운송상의 악용을 예로 들었으며, 만일 독일이 그해 안에 전쟁에서 이기지 못하면 결코 승리하지 못할 것이라고 예측했다. 시종 그는 내각에 술책을 부려서 각료 몇 사람이 양심적인 병역기피운동을 찬성하도록 설득했다. 그의 아버지는 그가 징병에 대하여 극단적인 견해를 가지고 있다고 생각했으며 심지어 그의 어머니도 어느 편지에서 그의 친구들 몇 사람이 응석받이로 자라지 않았는지 의심하였다.

메이너드는 친구들의 병역기피에 공감했으며 그들을 위해서 지방 병역면제 심사국에 여러 번 출두했다. 그리고 심지어 이러한 시련을 겪은 뒤로 꺾인 그들의 기력을 되찾아 주려고 조촐한 만찬을 열기도 했다. 그는 그 자신 국가 중대사에 종사하고 있었기 때문에 처음 6개월간 병역의무가 면제되었다. 1916년 2월 그는 군복무와 같은 중대한 문제에 관해서 자신의 자유로운 판단에 따라 양심적 병역기피라는 특별한 이유로 완전히 병역의무가 면제되도록 하는 특별신청을 했다. "나는 (병역이) 내 의무인지 의무가 아닌지에 관한 올바른 결정을 어떤 다른 사람에게 맡기는 이와 같은 문제에 응할 준비가 되어 있지 않다. 그리고 그렇게 하는 것이 도덕적으로 옳지 않다고 생각한다"고 썼다. 결국 그는 당국에 의하여 정식으로 병역의무가 면제되었다.

전쟁이 진행됨에 따라 평화주의자인 그의 친구들은 케인스가 재무성의 근무를 통하여 참전하고 있다고 그를 놀려댔다. 1916년 2월 어느 날 리튼 스트레이치는 그의 견해를 바꾸고 징병에 응한, 전에는 자유주의자였던 신문기자가 쓴 보도기사를 그의 접시 밑에 놓았다. 그는 부전지(附箋紙)에 이렇게 썼다. "친애하는 메이너드, 어째서 너는 아직 재무성에 있는 거야? 너의 리튼." 케인스가 그 인용문을 읽었을 때 그는 진실로 당황했다고 리튼은 말했으며, "그가 재무성에 머물러 있었던 이유의 일부는 그가 일을 대단히 잘할 수 있었다는 데서 얻는 즐거움이었다. 케인스 또한 그가 주당 몇백 만 파운드를 절약함으로써 국가에 위대한 공헌을 하고 있다고 생각하는 것 같았다. …… 그는 드디어 재무성을 떠나는 것이 필요하다고 생각할 시점이 있다는 것을 인정했으나 그 시점이 언제인가는 말할 수 없었다"고 리튼은 주장했다.

케인스는 일단 시작된 전쟁은 끝내야 한다는 견해를 가지고 있었던 것 같았다. 스트레이치와 다른 몇 사람은 만약 전반적인 징병제도가 도입된다면 그가 사임할 것이라고 전에 말했던 것을 기억했다. 블룸즈버리 집단 내의 이렇게 분열된 의견을 내보이는 표현이 버지니아 울프의 편지 속에 분명히 나타나 있다. 울프는 누이 바네사에게 보낸 한 편지 가운데서 이렇게 물었다. "케인스가 부활절에 무섭게 화를 내고 애스퀴스가 리튼보다 더 지성적이라고 말했다는 소식을 들었어? 리튼은 이것이 매우 심각한 조짐이라고 생각해." 메이너드가 받은 무거운 부담감은 고든 스퀘어에서 발생한 또 다른 사건에서도 드러난다. 그는 재무성에서 하루 일을 열심히 한 뒤에 늦게 귀가했다. 그리고 몇 사람의 친구들과 대화를 나누던 중 그는 어느 누구도 진짜 양심적인 병역기피를 할 수 있다고 생각지 않는다고 선언했다. 바네사 벨과 해리 노턴이 이 말에 이의를 제기했을 때 그는 "입 닥쳐, 입 닥쳐" 하면서 갑자기 고함을 질렀다. 잭 셰퍼드가 "메이너드, 넌 옛 친구들을 경멸하는 것이 잘못이라는 것을 알게 될 거야"라고 말하면서 이러한 행동에 대해서 그에게 충고했다.

전쟁에 반대했고 전쟁중 메이너드의 처신에 대해서 반대했던 친구들이 케인스에게 가하는 압력은 끊임없이 계속되었다. 친구들의 괴롭힘과 전쟁에 관한 자신의 입장에 대해서 케인스가 느꼈을 법한 죄의식은, 다음 장에서 상술할 '파리강화조약'에 반대하여 그가 열정적인 반박문을 쓰도록 동기를 부여하는 데 상당한 역할을 하였다.

216

전쟁에 대한 그의 태도에서 흥미로운 점은 그의 친구인 제럴드 셔브가 편집하는 평화주의자들의 기관지인 월간 《전쟁과 평화》에 그가 기고한 짧은 논문 속에 나타나 있다. 폴리티쿠스라는 익명을 다시 한번 사용한 케인스는 '이제 평화를'이라는 논의에 대한 찬성론을 신중하게 검토하고 있다. 다시 말하면 전쟁의 군사적 결과는 교착상태에 이를 것이고 모든 교전국 내부에 전쟁에 대한 뿌리 깊은 혐오감이 있으니 단지 (평화로 가는 길에) 장애가 되는 것은 정부들의 자존심이라고 평가했다.

그 사이 재무성에서 그의 책임은 급속하게 커졌고 또 그는 빨리 인정받고 있었다. 1917년 2월에 그는 모든 외부금융을 관할하는 재무성 내의 신설국의 국장으로 승진하였다. 로이드 조지의 새 전시 내각에서 보나르 로가 맥케너 대신 재무장관이 되었다. 그리하여 케인스는 보나르 로와 재무성의 공동 상임비서인 로버트 찰머스에게 직접 보고했다. 전쟁이 끝날 때까지 그는 직원 17명을 밑에 두고 있었다. 그 중에는 존경할 만하고 신뢰할 수 있는 더들리 워드와 오스왈드 T. 포크가 있었는데 그 두 사람은 그에게서 번거로운 세부적인 일을 덜어 주었다.

이때쯤에 케인스의 이름이 바스 훈위(Knight Commander of the Bath, 목욕 뒤에 수여하던 관습에서 유래함)를 받을 최종 명단에 들어 있었으나 그 당시 총리였던 로이드 조지가 그것을 보았을 때 그 명단에서 그의 이름을 삭제했다. 그것은 전례없는 행동이었으며 메이너드가 보기에는 자기가 쓴 각서 때문에 순전히 복수심에서 나온 행동이었다. 그러나 케인스는 4개월 뒤에 로버트 찰머스 경의 성실한 알선 덕택으로 그 서훈을 받았다. 앨프리드 마셜은 다음과 같이 축하의 글을 썼다.

나의 친애하는 케인스 나는 자네가 정부의 일 때문에 학문을 포기하지 말기를 진심으로 바라네. 그러나 자네는 중대한 시기에 이 나라의 어떤 경제학자가 국가에 대해서 큰 공헌을 할 기회를 가졌던 것보다 더 좋은 기회를 맞고 있네. 왜냐하면 자네는 어떤 직업 정치가가 알고 있었던 것보다도 국가의 경제 상태를 더 잘 알 것이기 때문이네. 그리고 자네는 영국 정부의 재정적 어려움이 사물의 본질에 바탕한 것 때문이든 영국 정부의 관료제도에 바탕한 것 때문이든, 어떤 다른 직업 경제학자가 지금까지 알고 있었던 것보다도 그 어려움을 더 잘 알 것이네. 그래서 자네가 바스 훈위를 받고, 아직도 영국 정부의 재정적 곤란의 근원에 대해서 자네의 판단에 근거하여 최선의 생각을 하고 있을 때 자네는 나의 환영이 자네 위를 선회하다가 극락정토에서 가져온 영묘한 꽃다발을 자네의 머리 위에 떨어뜨리고 있다는 것을 상상해야 하네. 항상 자네와 함께 있는 사람으로부터.

미국은 1917년 4월 6일 성 금요일(부활절 직전의 금요일로 그리스도의 수난과 죽음을 기념하는 날)에 독일에 선전포고를 했다. 사람들이 미국의 참전에 대한 정치적 지혜 또는 군사적 중요성을 어떻게 생각할지라도 재정적으로는 이러한 새로운 사태가 아주 빨리는 진전되지 않았다. 영국 자신과 연합국의 군수품 구입자금을 원조하는 데 하루 7500만 달러씩 인출하여 사용했던, 영국이 보유하는 미국 재원은 위험수위까지 접근하고 있었다. 1917년 2월 22일에 케인스는 가용자금이 오늘부터 4주간 이상 지탱하지 못할 것이라고 그의 상관들에게 보고했다.

그러므로 미국의 참전은 영국 재무성에게는 구제수단이 되었다. 케인스조차도 5월 6일자의 그의 어머니에게 쓴 편지에서 미국 관리들과의 재정협상이 지극히 잘 진행되고 있다고 말했다. "만일 모든 일이 우리가 바라는 대로 된다면 미국인들은 미래에 내가 할 가장 성가신 일들 중 몇 가지 일을 나에게서 틀림없이 덜어줄 것입니다." 미국 국회가 아주 신속하게 연합국의 원조자금으로 30억 달러의 차관을 승인한 직후 그의 기대는 부분적으로 확인되었다. 그러나 미국과 영국 사이에 생긴 오해는 1917년 6월과 7월의 재정위기가 있었을 때 또 한번 그 절정에 달하였다. 미국의 차관은 단지 미국 내에서의 물자구입을 위해서만 사용되었으나 영국은 전 세계로 연합국의 지출자금을 조달하고 있었다. 이 대외적인 자금부담으로 영국의 환 사정은 더 심하게 악화되었다. 1917년 7월 17일경 워싱턴 주재 영국 대사인 세실 스프링-라이스 경에게 보낸 통지는 케인스가 부분적으로 기초했는데 거기에는 "요컨대 미국 내에서 지불할 가용자금이 소진되었습니다. 만일 미국 정부가 환을 포함하여 미국 내에서 우리나라의 경비를 완전히 지불해 줄 수 없다면 우리 연합국의 전 금융조직은 붕괴할 것입니다. 이러한 결말은 수개월 안에 발생할 문제가 아니고 몇칠 안에 발생할 문제가 될 것입니다"라는 설명이 있었다.

영국은 미국의 도움이 없이는 고정환율을 유지할 수 없음이 분명했다. 경제 상황은 어려웠고 정치는 혼란스러웠다. 왜냐하면 몇 사람의 미 국회의원들이 미국 자금의 용도를 의심했기 때문이었다. 민주당이 지배하는 미국 의회에서 영국이 모건(미국의 은행가) 일가에 의존하는 것은 문제 해결에 도움이 되지 못했다. 그러나 일단 미국이 그 상황을 이해하자 재정상태에 관한 의문이 풀리고 환지지 자금도 제공되었다.

1917년 9월 케인스는 금융사절로 대법원장 리딩 경을 수행하여 미국을 처음으로 방문하였다. 솔직히 말해서 그는 미국 사람들과의 첫 접촉에서 그들에게 아주 좋은 인상을 주지는 못했다. 그는 런던에 있는 사람들에게도 "무례하고 독단적이며 불친절한" 사람으로 비췄다. 그리고 블래킷마저도 워싱턴에서 은밀히 편지를 써서 "그가 여기에서 지독하게 무례하다는 평판을 듣는다"고 말했다. 그러나 그 후 이 공식적인 통신원들 가운데 한 사람은 미국인들이 케인스에 대한 견해를 수정했을지도 모른다고 생각했다. 케인스 그 자신은 이전의 식민지와 그 식민지 관리들에 대해 여전히 비판적이어서 귀국하면서 타고 왔던 정기 항공기에서 미국에서 유일하게 진실로 동정적이며 신기한 것은 매력이 있는 흑인들이라고 그랜트에게 써 보냈다.

1917년 7월에 있었던 것과 같은 오해를 피하기 위한 노력의 일환으로 미국인들은 이 중대한 고비를 맞이하여 군수품 구입과 금융을 위한 연합국 간의 위원회가 설립되어야 한다고 주장했다. 케인스는 그가 경멸스럽게 "이 원숭이 집"이라고 명명한 이 기구의 영국 대표로 임명되었다. 케인스는 그의 어머니에게 "연합국 간의 위원회에서 설립한 정부와 유사한 것은 단지 볼셰비키가 세운 정부뿐일 것이라는 제 상상은 당연합니다. 그러나 결과로 판단하건대 볼셰비키 정부가 더 능률적입니다. 저는 이러한 일들이 포츠담에서 일어나리라고는 생각할 수 없습니다"라고 편지로 써 보냈다.

그해가 끝나갈 때 케인스는 "재무성의 파수꾼"으로서 더 비관하게 되었다. 1917년 12월 24일에 어머니에게 보낸 또 다른 편지에서 케인스는 "사태의 전환이 없이 전쟁이 더 계속된다는 것은 아마도 우리들이 지금까지 이해하여 온 사회질서가 소멸하는 것을 의미한다는 것이 성탄절에 느끼는 저의 소감입니다. 유감스럽지만 저는 전체적으로는 후회하지 않습니다. 부자를 전부 없애는 것이 오히려 위안이 될 것이며 그들은 여하튼 그래도 씁니다. 나를 더욱 놀라게 하는 것은 전반적으로 가난하게 되리라는 예상입니다. 또 한 해가 지나면 우리들은 우리들의 신세계에서 주장해 온 권리를 잃을 것이며 그 대신 이 나라는 미국에 저당(抵當)이 될 것입니다.

"그래서 저에게 열려 있는 유일한 진로는 낙천적으로 볼셰비키가 되는 것입니다. 그리고 아침에 잠자리에 누워서 우리들의 통치자들이 미쳤거나 사악한 것처럼 그들은 무능하기 때문에, 우리들의 특유한 문명이 거의 다 끝났음을, 저는 매우 만족하여 곰곰이 생각합니다"라고 자신의 불길한 예감을 토로했다.

케인스는 물론 영국이 보유하는 미국 달러와 유가증권의 공급량이 점차 감소하는 것과 그러한 현상이 영국의 미래의 재정상태를 예고하는 것임에 낙담하였다. 이와 같은 상황을 다소 구제하는 하나의 방법으로서 그는 프랑스 미술품을 구입하는 것이 영국에 대한 프랑스의 국제수지에 도움이 될 수도 있을 것이라고 재무장관에게 제안했다. 덩 컨 그랜트는 드가(1834~1917, 프랑스의 인상파 화가)의 개인 소장품이 파 리에서 경매될 것이라는 소식을 들었다. 보나르 로는 그 의도에 설득 되었고, 케인스는 프랑스에 가는 한 차례의 재무성 여행에서 사용하도 록 2만 파운드를 받았다. 바네사 벨은 그에게 편지를 써서 그가 떠나 기 전에 로저 프라이와 상담할 것을 권유했다. 덩컨은 그에게 다른 작 품을 잃더라도 앵그르*의 자화상과 세잔(1839~1906, 프랑스의 화가, 후 기인상파의 거장) 및 코로(Corot, 1796~1875, 프랑스의 풍경화가)의 작품을 사도록 하라고 말했다. 케인스는 이 이례적인 사절단에 국립미술관장 인 찰스 홈스 경을 대동하였다. 드가의 소장품이 팔릴 때 파리는 베르 타 포(Big Bertha, 제1차 세계대전 때 사용된 독일군의 대형 장거리포)로부터 공격을 받고 있었다. 사람들은 드가의 소장품 가격이 하락했다고 말했 으나 상상력이 부족한 홈스는 세잔의 그림을 한 점도 사지 않았고, 드 가가 가지고 있었을지도 모르는 엘 그레코(1541~1614, 크레타섬 태생의 스페인 화가, 건축가, 조각가)의 그림을 살 기회도 놓치고는 5천 파운드를 소비하지 않고 다시 가지고 돌아왔다. 메이너드는 개인적으로 세잔이 그린 정물화인 〈사과〉를 9천 프랑을 주고 구입했고, 앵그르의 데생 1 점과 들라크루아(1798~1863, 프랑스 화가, 19세기의 대표적인 낭만주의 화 가임)의 회화 2점을 샀다. 이렇게 해서 그 자신의 미술품 수집이 시작 되었다. 그는 약삭빠른 전시투기로 벌어들인 이익금으로 이 그림들의 초기 구입대금을 치를 수 있었다. 바네사 벨과 덩컨은 홈스의 바보 같 은 행동에 격노하였으나 그들은 메이너드를 자랑스럽게 여기며, "너 는 완전히 사면되었다. 그리고 미래의 죄도 또한 용서받는다"라고 그 에게 써 보냈다.

---

* 장 오귀스트 도미니크 앵그르(Jean Auguste Dominique Ingres, 1780~1867): 다비드 사 망 후 프랑스 신고전파 회화의 지도자. 초상화로 유명함.

케인스는 그가 W. J. 애슐리 교수와 함께 상무성을 위하여 〈배상금의 효과에 관한 각서〉를 준비하고 있던 1916년 1월 초 평화를 위한 계획을 수립하는 데 참여하게 되었다. 보불전쟁 후에 프랑스가 독일에 지불했던 배상금이 독일의 대외지불 불균형을 초래했고 1883년의 재정위기에 선행한 통화팽창의 원인이 되었기 때문에 그 배상금은 패자와 함께 승자에게도 손해를 입혔다고 두 저자는 지적했다. 현재 진행 중인 전쟁이 끝난 뒤에 프랑스와 벨기에가 입은 손해를 메울 독일의 배상금은 연합국을 희생시켜서 고용을 증가시키고 번영을 가져올 것 같다는 주장이 있었다. 이러한 연구에 따라 배상금이 지극히 복잡한 사항일 수도 있다는 것이 분명하였다.

그럼에도 불구하고 1918년 12월 총선거가 다가옴에 따라 몇몇 영국 정치가들은 이른바 '환(換)문제'를 완전히 망각하고 독일에 대해서 복수하고 독일로부터 단지 보상만 받는다는 견지에서 여론을 자극하고 있었다. 1918년 10월에 케인스는 독일의 배상금 지불능력에 대한 예비 견해서를 작성했다. 그리고 독일을 분쇄하지 않고 30년에 걸쳐서 받는다 하더라도 단지 약 10억 파운드 정도만 획득할 수 있을 것이라는 결론을 내렸다.

그가 관장하는 'A'국(局)은 그해 후기에 세부 각서의 모든 문제를 검토하고, 군인 연금을 포함하는 연합국에 대한 전쟁 비용이 독일의 배상금 지불능력을 훨씬 초과하는 250억 파운드에 달한다는 것을 알아냈다. 그 보고서는 영국이 선택할 수 있는 정책대안은 두 가지라고 주장했다. 그것은 첫째 몇 해에 걸쳐서 즉시 이전할 수 있는 모든 자산을 획득하는 것과 둘째로 독일에 원료를 공급하여 그 수출을 늘려서 높은 생산성을 올릴 수 있는 상태로 독일을 보살피고 그리하여 장기간에 걸쳐서 연합국에 유리하게 그 나라를 이용할 수 있도록 하는 것이었다. 그 보고서는 만약 독일로부터 돈을 우려내야 한다면 무엇보다도 독일은 먼저 파산해서는 안 된다고 단호하게 주장했다. 영국은 이 두 대안 중에서 첫 번째 대안을 선택했다. 왜냐하면 둘째 대안은 영국 자체의 수출무역에 해로울 것이었고 또 중대한 정치적 문제를 제기할 것이었기 때문이다. 배상금 총액은 30억 파운드를 초과할 수 없었다. 영국 스스로 이기적인 이해관계를 참작한다면 그 한도는 20억 파운드 정도까지 낮아질 수도 있었다.

이 문제에 관하여 영국이 직면한 정치적 어려움은, 오스트레일리아의 총리인 윌리엄 휴즈가 의장으로 있는 한 내각 위원회가 1918년 12월에 독일은 240억 파운드의 연합국 전비 총액을 지불해야 한다고 권고했다는 것을 사람들이 확실히 이해할 때 올바르게 판단내릴 수 있다. 이 보고서는 가장 기본적인 요점, 특히 독일에서 연합국으로의 전체적인 이전지급 문제를 전혀 모르고 쓰였다는 것을 해러드는 알았다. 이렇게 철저한 무지 때문에 휴즈는, 단지 그 금액에 대한 수표를 써서 그것을 시민들에게 부과하는 식으로 그 배상금 문제를 생각했던 그 당시의 다른 많은 정치가들과 다른 점이 없었을는지도 모른다. 이전지급 문제는 고려되지 않았다. 케인스는 그들에게 그 문제에 대해서 말했으나 그들은 들으려고 하지 않았다고 덧붙였다.

결과적으로 내각은 케인스가 권고한 정책과 휴즈 위원회가 권고한 정책 사이의 차이점을 해소할 수 없었다. 그래서 파리강화회담에 참석하고 있던 영국 대표들의 의견은 이 문제로 말미암아 계속해서 분열되었다. 케인스는 이 각서를 작성함과 동시에 이 회담의 개회시에 영국이 연합국 간의 전쟁빚을 완전히 없앨 것을 제창하도록 제안했으며, 또 영국이 앞장서서 배상금 가운데 영국 몫을 신생국들에 대한 원조자금으로 사용할 것을 제안했다. 영국은 순채권국이지만 전채 말소로 이익을 얻을 것이라고 그는 믿었다. 영국은 미국에게 8억 파운드의 빚을 지고 있었으며 연합국들에게서 받을 채권은 14억 5천만 파운드였다. 영국은 연합국들에 대한 서류상 청구권을 포기할 것이지만 미국에 갚을 진성부채(眞性負債)는 탕감될 것이다. 그러므로 연합국 간의 빚

청산은 미친듯이 날뛰고 화를 내는 심정과는 다른, 적으로부터 배상받을 가망에 대한 불가피한 진실과 직면하고 있는 연합국 국민들에게 꼭 필요한 예비수단이라는 선언을 케인스가 계속했으므로 앞을 내다보는 그의 제안은 강화회담에서 검토되었다. 베르사유 회담에서 또 그 후에도 미국인들은 전채 총액을 말소하는 안을 수용하려고 하지 않았다. 케인스는 미국인들의 거절에 결코 겁내지 않고, 유럽 경제재건을 위한 대안을 2주 내에 만들어 냈으나 이것 또한 수락되지 못했다. 전채와 배상문제는 뒤에 남겨져 전후 세대를 괴롭혔고, 거액의 전채의 존재는 도처에서 재정적 안정을 위협하게 된다는 그의 신념을 확증하였다.

1918년까지 그는 재무성과 국가에 대하여 중요한 봉사를 해왔기 때문에 그의 재정적·사회적 지위는 전쟁 전 가난했던 지도교수란 지위에서 한층 뛰어올랐다. 버지니아 울프는 그해 10월 12일자의 일기에서 그 예리한 눈으로 그 변화의 차이점을 놓치지 않고 관찰하였다. "너그럽고 지금은 동양의 왕자와 같은 태도를 지니고 있는 메이너드는 바네사를 위하여 매우 활기찬 말처럼 보이는 네 발 가진 짐승이 끄는 아주 작고 느린 구식의 사륜마차를 세내었다. 로저, 덩컨, 메이너드, 바네사, 그리고 나는 그 안에 가득 타고 런던을 가로질러서 첼시(영국 런던 서남부 템즈강 북안의 한 구. 한때 화가와 문인의 거주지로 유명했던 곳)까지 서서히 마차여행을 했다." 메이너드가 대범하게 그 마차대금을 지불한 이유는 바네사 벨이 임신하고 있다는 것이었다. 그들은 모두 칼라일 광장에 있는 시트웰(1887~1964, 영국의 여류시인, 비평가)의 파티에 가는 중이었다.

꼭 한 달 뒤, 사람들이 공식적으로 그 전쟁을 명명했던 것과 같이 '문명을 위한 대전'이 끝나서 모든 런던 사람들이 미친듯이 기뻐하게 되었던 휴전일에 전쟁풍조에 반대한 많은 예술가와 지식인들은 몬티 시어먼의 방에 모였다. 메이너드는 러시아의 인기 무용수인 리디아 로포코바와 함께 왔다. D. H. 로렌스까지도 부인 프리다와 같이 모습을 드러냈는데 D. H. 로렌스는 병들고 불행하게 보였다. 그 소설가를 대단히 좋아했던 '버니' 가넷과 다른 사람들이 그의 주위에 모여들어서 그 투쟁의 교훈이 어떤 것인가에 대한 그의 의견을 들었다. "전쟁은 끝났고 우리들은 전쟁 전에 살았던 것과 같은 세계로 돌아갈 것이라는 생각을 당신들이 하고 있다고 나는 추측합니다. 그러나 전쟁은 끝나지 않았습니다. 증오와 악은 이전보다도 더욱 큽니다. 전쟁은 바로 곧 다시 발발하여 당신들을 압도할 것입니다. 겨울이 오기 전에 마지막 태양광선을 쬐는 나비처럼 기뻐하는 당신들을 보고 있자니 메스껍군요. 그러나 독일인들은 곧 다시 일어설 것입니다. 유럽은 훼손됐고 영국은 모든 나라들 가운데 유달리 훼손됐습니다. 전쟁은 끝나지 않았습니다. 전투는 멈춘다고 하더라도 인간들의 마음속에 들어 있는 증오가 너무나 지독하여 전쟁보다 더 나쁜 온갖 종류의 방법으로 나타날 것이기 때문에 악은 더 강력해질 것입니다. 어떤 일이 일어나든지 간에 지상에 평화는 있을 수 없습니다." 그 모임에 참석했던 많은 사람들은 악에 대한 로렌스의 무시무시한 예언을 기억했을 것이다.

전쟁이 끝났을 때 케인스는 겨우 서른다섯 살이었다. 그러나 그는 혼자 힘으로 재무성에서 존중받을 만한 위치를 획득했다. 그는 연속해서 후임 재무장관들인 로버트 찰머스와 존 브래드버리(1872~1950, 영국 재무장관) 밑에서 일했다. 그는 미국과 다루기 힘든 재정관계의 일을 포함하여 외국에서 들어오는 전비조달 문제를 훌륭히 처리했으며, 이 모든 일을 하면서 영국의 경제적 이익을 옹호하는 데 비범한 이해력을 보여주었다. 그리고 그는 경제문제에 관해서 고상하고 폭넓은 견해를 도입했다. 그가 배상과 전쟁빚 문제에 관한 대부분의 예비작업을 했으므로 강화회담의 재무성 수석대표가 된다는 것은 가장 적합한 일이었다.

8장 파리강화회담과 《평화의 경제적 귀결》

평화의 경제적 귀결은 대단한 감동의 소산이었다.

† J. M. 케인스

우리들은 제1차 세계대전 때의 정치가들, 곧 로이드 조지, 우드로 윌슨, 조르주 클레망소(1841~1929, 프랑스의 정치가, 저널리스트, 총리)를 프랭클린 루스벨트나 윈스턴 처칠만큼 존경심을 가지고 기억하지 않는다는 것을 최근에 깨달았다. 아마도 그 차이점의 한 가지는 후자는 평화조약을 준비하는 수고를 하지 않게 되었다는 것이리라. 이 점에 대한 사람들의 견해가 어떻든지 평화조약이 조인된 때로부터 거의 오늘날에 이르기까지 베르사유 조약의 규정은 통렬한 비판과 심지어 조롱의 대상이 되어 왔다는 것을 우리들은 알고 있다. 파리강화회담의 이러한 부정적인 모습에 책임이 있는 사람들 가운데 한 사람은 메이너드 케인스였다. 가장 중요한 조정자들과 그들이 만들고 승인한 논란 많은 조약에 대한 그의 재치 있는 고발은, 미국이 그 조약을 반대하는 원인이 되었다는 데 사람들은 대개 동의한다.

많이 토론되는 이 문제를 이해하려면 그 회담에서 케인스의 정확한 신분에 대하여 명확히 해야 할 것이다. 그는 영국 재무성의 수석 대표로서 필요하다면 재무장관을 대변하는 권한을 가지고 그 회담에 참석했으며 또한 최고경제위원회 의장 대리로서 그 회담에 참석했다. 'A' 국의 국원들, 곧 더들리 워드, 오스왈드 포크, 제프리 프라이가 그와 동석했다. 그러나 해러드가 지적한 것과 같이 그 회담에서 케인스의 역할을 과대 평가하지 않는 것이 중요하다. 그는 비교적 젊었고 재무성 외부에는 알려져 있지 않았다. 로이드 조지는 케인스를 중요한 배상위원회의 위원으로 임명하지 않았다. 그 대신 오스트레일리아 총리인 윌리엄 휴즈와 전 영란은행 총재인 컨리프 경, 이름 높은 판사인 섬너 경을 임명했으나 이들 중 어떤 사람도 충분한 금융지식을 가지고 있지 못했다. 그보다 먼저, 로이드 조지와 보나르 로 두 사람은 휴즈 위원회가 내린 결론을 "터무니없고 환상적인 꿈"으로 여겼다고 기억해야 할 것이다. 영국의 재무성과 상무성도 또한 그 중요한 위원회의 대표단에서 제외되었다. 그 결과로 총리 그 자신이 케인스의 의견을 들을 때를 제외하고는 케인스는 비공식적으로 그의 견해들을 알리지 않으면 안 되었다.

그 회담의 결과를 이해하려고 하는 데는 조약을 체결하는 민주주의 국가들 내부의 정치 상황을 명심해야 한다. 영국에서는 로이드 조지의 연립 정부가 "독일 황제를 교살하라. 그리고 독일에게 배상금을 지불하게 하라"는 강령으로 압도적인 다수의 지지를 받아 이제 막 재선되었다. 이 선거운동의 선전문구들은 "씨가 으깨지는 소리를 당신들이 들을 수 있을 때까지 레몬을 짜낼 것"이라는 에릭 게데스 경의 유명한 약속 가운데 반영되었다. 로이드 조지 그 자신이 배상문제에 관하여 교묘하게 얼버무리면서 한 연설 가운데서 "정의(正義)에 관한 한, 우리들은 독일에게서 전쟁 비용 전액을 요구할 절대 권리를 가지고 있습니다. 우리들은 전쟁 비용 전액을 요구할 것을 발의하겠습니다"라고 약속했으며, 계속해서 "우리들은 그 전쟁 비용을 치르는 나라보다도 그것을 받는 나라에게 해를 덜 끼치지는 방법으로 받아내야 합니다"라고 말했다. 따라서 완전한 배상은 불가능할지도 모른다는 것을 암시했다. 많은 하원의원들은 의회에 대한 정부의 요구가 카르타고식 평화조약*을 맺으라고 하는 것이며, 노스클리프 경(1865~1922, 영국 출판계에서 가장 성공한 신문 발행인이며 언론인)의 신문들이 끊임없이 가혹한 강화조약을 위하여 선전한다고 생각했다.

프랑스에서는 그 나라 기준으로 볼 때 온건했던 클레망소의 정책이 레이몽 푸앙카레(1860~1934, 프랑스 정치가. 총리와 대통령 역임) 대통령과 프랑스 하원에 거부당했다. 한편 늙고 백발이 성성한 군사령관인

---

* 카르타고식 강화조약(Carthaginian Peace Treaty): 제1차 포에니 전쟁(B.C. 264~241)이 로마의 승리로 끝나자 카르타고는 시실리 동부의 모든 권리를 포기하고 시실리 서부의 영토를 양도하였음. 제2차 포에니전쟁(B.C. 218~201)이 또다시 로마의 승리로 끝나자 기원전 201년에 일방적인 강화조약이 체결되어 카르타고는 스페인의 영토를 로마에 넘겨주었고 막대한 배상금을 물었으며 외교정책에 있어 로마의 후견을 받기로 동의했음. 그러나 로마인들이 제3차 포에니 전쟁(B.C. 149~146)을 일으켜 카르타고를 완전히 멸망시키고 그 영토를 로마에 귀속시킴.

포슈(1851~1929, 프랑스의 원수. 제1차 세계대전 기간 연합군 사령관) 육군 원수는 클레망소를 무시하고 프랑스 국민에게 직접 호소했다.

아마도 민주주의 압력에 가장 적게 영향을 받은 사람은 윌슨 대통령이었다. 윌슨은 그 자신의 오만함으로 그러한 영향력을 절연(絶緣)했다. 곧 그는 그 회담에 국회의원을 거의 데려오지 않았는데 공화당원이 아무도 오지 않았다는 점은 주목할 만한 일이었다. 게다가 당이 지난 11월의 중간선거에서 패배했기 때문에 윌슨의 정치적 입장은 불안했다.

조약의 준비 과정은 여기에서는 아주 상세하게 검토할 수 없으나, 회담 참석자들의 자유로운 책략이 전시에 연합국들의 안전을 위하여 작성되었던 이탈리아 및 일본과 맺은 비밀조약 따위로 말미암아 제약을 받았다는 점을 또한 명심하는 것이 중요하다. 전반적으로 이와 같은 요인들과 결과로서 파리회담의 분위기는 거의 그 회담의 처음부터 순조롭지 못했다. 케인스가 나중에 기술한 대로 그가 그 비밀회의에 출석하자마자 그 지옥과 같은 장소의 열광적이고 지겨운 잡담이 이미 완전하게 인색하고 냉소적이며 거만한 기미와 또 결코 약해지지 않을 지루한 흥분의 기미를 독특하게 나타냈다.

매제스틱 호텔에 편안히 있으면서 그는 미국 재무성의 수석대표인 노먼 데이비스를 거의 즉시 찾아 나서 절박한 재정문제를 논의했다. 전쟁이 끝나면서 미국의 차관은 중단될 예정이었다. 왜냐하면 대외 차관은 단지 전쟁 용도로 사용하는 것만이 합법이었기 때문이다. 그러나 영국인들은 평화시로 이행하는 과도기를 극복하느라 2억 5000만 달러를 이미 받았으며 그들은 지금 또 추가로 5억 달러를 얻으려고 하였다. 이 요청은 일찍이 미국 재무성의 앨버트 라스본에 의하여 거절당했다. 앨버트 라스본은 단지 소송대리인의 문서 쓰는 습성이라고만 평할 수 있는 집필 습성과 그가 때때로 사용하는 것처럼 보이는 위협적인 법률가와 같은 언어로 케인스를 난처하게 했다. 그 당시 재무성의 비서였던 카터 글라스 또한 그 문제를 각하하였으나 결국 케인스와 데이비스의 대화 덕택으로 데이비스는 글라스를 설득하여 차관을 추가로 지급하도록 했다.

그러나 곧 케인스의 주의를 요하는 훨씬 더 긴급한 문제가 있었다. 그것은 패전한 독일인들의 감정이었다. 휴전 조건 아래서 계속하여 독일을 봉쇄하는 특수조항이 있었다. 영국인들은 그 조항을 그 나라에 평화의 조건을 지우는 수단으로 여겼다. 그 휴전 조건은 또한 "연합국들이 필요하다고 생각하는 만큼 독일에 양식을 공급하는 일을 계획했다"고 명시했다. 더 나아가서 1918년 12월, 미국에는 알리지 않고 프랑스와 벨기에가 협정한 보충 휴전조건에 따라 독일은 금(金), 외국 유가증권이나 다른 유동자산들을 조금이라도 해외로 처분하는 것이 금지되었는데, 그것은 그와 같은 것들이 배상 목적으로 유치권 아래 놓여 있었기 때문이다. 기아와 궁극적으로 좌절되는 불행, 그리고 일어날 수 있는 볼셰비키 사상을 피하기 위해서 독일인들에게 먹을 것을 주는 방법을 어떻게든 찾아야 했다. 문제는 그러한 목적으로 독일의 유동자원이 조금이라도 사용되는 것을 프랑스가 바라지 않았기 때문에 생겨났다.

그 당시에 허버트 후버(1874~1964, 미국의 제31대 대통령)는 연합국 간의 구조와 물자 공급을 위한 최고회의의 총책임자였다. "식량이 있어야 전쟁에 이긴다"란 표어 아래서 그가 전시에 전개했던 식량 생산 증대운동이 결과적으로 옥수수 풍작을 불러왔고, 이에 따라 막대한 양의 식용돼지를 공급하게 되었다는 운좋은 사실이 그의 막중한 임무를 다소 빛나게 했다. 이러한 상황 아래서 미국인들은 그들이 과잉 생산한 돼지를 아주 기꺼이 팔려고 했다. 따라서 윌슨 대통령은 볼셰비키를 어떻게 물리칠 것인지와 신기원이 시작되었음을 전시 최고회의에서 웅변하듯이 말했다. 국제적인 상품상황에 대해서 확고한 경제적 이해력을 가진 케인스는 복잡하게 뒤얽힌 문제를 쉽사리 알아챘다. 그는 재무장관에게 보낸 한 보고서에서 "그러나 실제로 전체 사정의 근본 동기는, 연합국이 없었다면 어떤 적(敵)에게라도 어떻게든 떠넘겨야 하는 비싸고 질 낮은 후버 씨의 돼지 생산물 재고가 넘쳐난다는 사실입니다. 후버 씨가 밤에 잠자리에 들어 돼지의 환영이 이부자리 너머로 떠오르면, 그는 온갖 고난을 무릅쓰고 그 악몽을 가시게 해야 한다는 것을 스스로 솔직하게 인정합니다"라고 썼다.

회고록 〈멜히오어 박사: 패배한 적〉은 케인스가 패전국을 위한 식량 보상 문제에 관해서 독일 재정가들과 협상했던 자전적인 보고서다. 데이비드 가넷에 따르면 1931년 여름에 그 책은 전기(傳記) 클럽에서 읽혔으나 케인스 사후 1949년까지는 출판되지 않았다. 가넷은 뒤에 이 수필집이 메이너드의 저작 중에서 가장 훌륭한 작품이라고 말했다. "그것은 심원한 개인 감정, 인간애와 정의에 대한 열정, 협상에 뒤얽힌 모든 맥락에 대한 해명과 기지, 사소하지만 매우 중요한 세부사항에 대한 거의 불가사의한 관찰을 겸비하고 있다. 그것은 또한 너무 진실하고 깊은 감동을 주어서 나는 그 저서를 내가 아는 역사적 저서 가운데 어떤 다른 작품과도 비교하지 않고, 아마도 톨스토이가 그 창작력으로 쓴 몇 개의 걸작에서 나온 한 장(章)에 빗대곤 하였다. 그것은 한 편의 예술 작품이다." 그 책의 문학적 감동과는 별도로, 회고록의 가치는 케인스의 솔직함과 거침없는 표현 속에 있다. 그렇지만 심리적인 암시나 결정적인 구절의 의미는 분명히 면밀한 해설을 필요로 한다.

케인스는 트레비스 역에서 멈춘 한 기차 객실에서 독일 재계 대표자들과 처음 만나던 장면을 묘사했다. 케인스는 이 읍이 독일에 있고, 1919년 1월에 독일 땅을 밟는 일이 엄청난 모험이라는 것을 그의 말을 듣는 사람들에게 상기시켰다. 그와 그의 협의자들은 패전국에서 경제 사정이 어떻게 될 것인가를 고심하거나 그의 생생한 비유와 묘사 가운데서 더욱 분명하게 드러난 대로 "아이들의 갈빗대가 옷 밖으로 튀어나오는 것"은 아닐까 하고 걱정했다. 독일인들의 아파트를 점유할 수 있도록 하기 위하여 그들의 아파트에 나타난 외국의 정복자로서 가졌던 수치심에 대해서 그는 말하고 있으며, "우리들은 진실로 흉악한 짓을 했고 그러한 짓이 대단히 즐거운 짓이었다"는 이 기만에 대한 느낌을 묘사하고 있다. 그 회의에 참석했던 몇몇 뛰어난 군인들에 대해 그는 차갑게 묘사했다. 그것은 그의 말을 경청하는 사람들 가운데서 몇 사람으로부터 인정을 받은 것 같았다. 그들은 전시에 반전주의자들과 같은 경향을 지녔거나 양심적 병역기피자들과 같은 성향을 가진 사람들이었다고 우리들은 기억한다. 영국 해군성의 브라우닝 제독은 최고의 선원의 전통으로 손 대신 쓸모 있고 커다란 갈고리를 한 매우 난폭하고 무지한 뱃사람이었다. 그는 조금도 아는 것이 없었으며 멸시당하는 패배한 적을 근절하고 그들에게 더 많은 굴욕감을 주는 인물이었다고 케인스는 기술했다. 포슈 원수의 정신과 개성도 마찬가지로 거의 중세 인물처럼 단순하게 그려지고 있다. 그는 강렬하고 단순한 개성에 더하여 단지 편협하고 둔감한 지성을 가진 인물이었다. 그는 예수회 수사의 훈련을 받았으나 의장으로서 무능했으며 말로 표현하는 기술이 부족했다. 요컨대 그는 농부였다. 파쉬 원수의 대변인이었던 맥심 웨이건 장군은 그를 시중드는 요정으로 묘사되었다.

미국의 재무성 대표인 노먼 데이비스*가 그 첫 회의의 사회를 맡아보았다. 그리고 독일의 대변인은 함부르크의 바르부르크 회사에서 온 카를 요제프 멜히오어 박사였다. "그는 작은 사람이었으며, 깃을 높이 빳빳하게 세워서 아주 청결하고 단정하게 옷을 잘 입는 사람이었다. 그의 둥근 머리는 아주 짧게 깎인 회색 머리털로 덮여 있어서 실제로 짧게 짠 양탄자를 쌓아올린 것 같았다. 그의 머리는 매우 선명한 윤곽과 다소 기품있는 곡선으로 얼굴과 이마에 경계선을 그으면서 끝났다. 그의 눈은 그 속에 이상한 슬픈 빛을 띠었으나 궁지에 빠져 있는 정직

---

* 노먼 데이비스(Norman Davis, 1878~1944): 미국 정치가, 국무차관, 국제연맹 재무위원, 미국 적십자사 총재 역임.

한 동물처럼 끊임없이 우리들을 향하여 번득였다. 이러한 것이 그의 모습이었다. 그 협상에 따라 계속된 수개월 동안 나는 그와 함께 이 세상에서 가장 진기한 친교 가운데 하나를 나눌 수 있었으며 이것은 또 약간은 매우 기묘한 경험의 일부였다"고 케인스는 적고 있다.

이들의 재정문제에 대한 대화에 관해 작성한 공식 보고서 가운데서 케인스는 "독일 대표들의 일반적인 거동이 두드러지게 융화적이고 겸손하기까지 했다. 그들은 아무런 불평도 하지 않았고 그들에게 요구하는 정보를 조금도 거절하지 않았다. 그들은 아주 분명했으며 실제적이었고 자기들에게 말하는 것은 무엇이든지 기꺼이 할 의사가 있음을 시사하는 것 같았다. 다만 그들은 사실상 자비를 구하기 위하여 응답으로 가장한 탄원을 하려고 하였다. 멜히오어 박사 자신은 회의록을 작성하는 데 놀랄 만한 능력을 보여주었다"는 사실을 관찰했다.

케인스는 또한 다른 두 독일 대표들—나이가 지긋한 독일 제국은행 총재인 카우프만 박사와 외무성 대표 한 명—을 묘사했다. 그러나 언제나 신중하게 말하며 성실하다는 독특한 인상을 사람들에게 주게끔 말하는 멜히오어 박사에게 케인스가 가장 많은 흥미를 느꼈다는 것은 분명하다. "나는 그런 까닭에 외양 때문은 아니지만 그 후 이 유대인의 인물됨을 알게 되었고 또 그가 다소 패전국의 품위를 드높였다는 것을 알게 되었다"고 케인스는 술회했다.

이 첫 회담에서는 성취된 것이 거의 없었다. 프랑스인들은 독일 제국은행이 점령지역으로 금을 옮기도록 헛된 노력을 하였고 독일인들 또한 똑같이 차관을 얻으려고 헛된 탄원을 하였다. 그러나 독일인들이 지방질과 연유를 즉시 공급받는 대가로 금과 외화로 500만 파운드를 넘겨줌으로써 잠정 합의에 도달하였다. 케인스의 역할이 없었던 또 한 차례의 오후 회담에서는 독일이 몹시 필요한 식량과 독일의 상선(商船)을 교환하는 협정이 이뤄졌다.

케인스는 독일의 식량 수입 자금을 조달하기 위한 조항이 아직도 전혀 없다는 것과 독일의 배를 인도하기 위한 아무런 조치가 취해지지 않았다는 것을 파리에 돌아와서 발견했다. 또 한 차례 회의가 소집되었고 이 회의에서 다시 독일인들은 배의 양도를 꾸물거리며 차관을 요구했다. 이 제안이 거절되었을 때 그들은 배를 양도하지 않겠다고 명백하게 말했다. 그들은 독일 경제가 무너지고 유럽 전역에 볼셰비키 사상이 밀어닥칠 것을 예견했다.

그 사이 시간이 가고 독일의 식량기구가 무너질 지경에 이르자 전에 독일군의 웅장한 사령부가 있었던 벨기에 국경지대의 인기있는 광천휴양지인 스파(Spa)에서 세 번째 회담이 열렸다. 케인스에게 삼류 바그너풍의 가극조차도 상기시키지 않는 무대에서 회담 출석자들은 다시 궁지에 빠졌다. 휴전위원회의 영국대표로 독일의 경제 상태를 가장 잘 알고 있었던 헤이킹 장군은 만약 궁핍한 상태가 끝나지 않으면 그 나라의 기구가 무너지리라는, 긴박한 사태에 관한 우울하고 설득력 있는 보고서를 발표하고 있었다. 트레비스회담 이래 두 달이 흘러서 이제 3월 중순이었고 협상자들 사이의 불화는 눈에 보이는 듯하였다. 케인스가 탁자 건너편의 멜히오어를 보고 "고민하는 고귀한 동물"을 떠올렸을 때, 케인스는 정말에 빠져 있었다. 그들이 낙담하여 휴게실로 나갔을 때 케인스는 사회를 맡은 해군 소장 호프에게 "제가 멜히오어에게 개인적으로 말을 걸 수 있을까요? 그것이 일을 성공시킬 유일한 기회로 보입니다"라고 속삭였다. 호프는 "당신 좋을 대로 하라"고 대답했다.

흥분에 떨면서 케인스는 멜히오어를 사실(私室)로 데리고 가서 독일인들은 배를 양도할 결심을 해야 하고 바이마르로부터 얼마간 자유롭게 행동할 재량권을 획득하도록 촉구했으며, 그 대신 영국 쪽에서는 식량을 공급하도록 하는 방법을 찾아서 프랑스의 방해를 피할 것이라고 주장했다. "나는 최근 우리들의 행동이 우리들의 성실성을 신뢰하도록 하지는 못했으나 적어도 그 순간 내가 진지하고 정직하다는 것을 믿어달라고 그에게 간청했다. 내 마음이 움직인 것만큼 그의 마음도 움직였다. 그리고 나는 그가 나의 말을 믿었다고 생각한다. 우리 두 사람은 그 면담을 하는 동안 줄곧 서 있었다. 어떤 의미로는 나는 그를 좋아하고 있었다."

이 마지막 문장은 과거에 많은 독자들을 매혹했고 또한 당혹하게 했다. 그것은 무엇을 의미했는가? 1931년으로 거슬러 올라가서 전기(傳記) 클럽의 낭독회에 참석했던 사람들은 그 문장이 의미하는 바를 어떻게 이해했는가? 블룸즈버리 단원들 가운데서 케인스의 인상을 기록한 사람은 유일하게 버지니아 울프뿐이었다. 그녀는 일기에서 "나는 그를 얼마간 좋아하고 있었다"고 케인스가 한 말을 인용하고 나서, "우리들이 웃기는 하였지만 그가 진지하게 그 말을 했다고 나는 생각한다"고 덧붙였다.

울프의 논평은 케인스의 행동을 동성애로 해석했다고 말할 수 있다. 그는 과거에 다른 남성들과 함께 나눴던 것과 비슷한 연애 유희를 멜히오어와 함께 나누고 있었다. 여기에서 드러나는 차이점은 영국과 연합국이 최근에 적으로 싸웠던 정부의 대표자를 그가 사랑하고 있었다는 점이다. 케인스가 이 회고록에서 그 관계에 대하여 언급하고 있는 것처럼 멜히오어와 나눈 이 분방한 행위는 아마도 사실 정신적인 것이었지만, 어떤 사람들은 그 은행가에 대한 사랑이 그때나 그 후에도 케인스가 그 독일인의 주장을 받아들이는 데 영향을 미쳤을지도 모른다고 추측했다.

또 다른 설명은 동성연애적 요인을 강조하기보다는 오히려 패배자에 대한 케인스의 인도주의적 관심을 강조하곤 했다. 이러한 견해로 그는 그 전쟁을 비판하고 양심적인 병역기피자들이었던 영국인들의 전망을 밝혔다. 전쟁이 끝났으므로 그들은 그들의 마음속에서 대립을 일으켰던 세력균형의 개념을 거부하고 도덕적 방법으로 패배자를 옹호하곤 했다. 케인스는 그의 정신 기질의 견지에서 약자를 예민하게 느끼게 하는 이중의식 때문에 이러한 역할에 특히 적합했다. 자의식이 강한 케인스는 멜히오어의 명백한 특질 — 그의 진실성, 그의 단정함, 그리고 그의 정직성 — 을 올바르게 이해할 수 있었으나 그에게는 이들 특질 이외에도 "궁지에 몰려 있는 정직한 동물", "고민하는 고귀한 동물", 유대인, 한편으로는 무의식적으로 표정을 지으면서 다른 한편으로는 인상을 강하게 드러냈던 이방인이기도 했다. 참으로 그는 멜히오어라는 인물에 대하여 너무나 강렬한 동정심을 불러일으켜서 그 표현은 "선량한 독일인"의 고전적인 묘사와 같이 생각되었다. 여하튼 멜히오어에 대한 케인스의 우정은 성과를 올렸으나 즉시 나타나지는 않았다. 멜히오어가 호소한 바이마르의 독일 당국은 아직도 머뭇거렸다. 그리하여 케인스는 그 회담을 중단하고 그렇게 해서 파리에 있는 '거물들'[로이드 조지, 윌슨, 클레망소, 그리고 그 시에서 그 조약의 다른 요점에 관하여 협의하고 있었던 다른 인물들]이 식량위기에 주의를 돌리도록 과감한 조치를 취할 것을 촉구했다. 이 전략에 따라 영국과 미국 대표들은 프랑스 대표들이 놀랍게도 3월 5일 이른 아침 시간에 불쑥 파리로 떠났다.

파리에서 케인스는 독일 제국은행의 금을 식량공급 자금으로 사용하는 것을 반대하는 프랑스인들과 격렬하게 맞서도록 로이드 조지를 설득했다. 클레망소는 독일인들이 음식을 얻으려면 일해야 한다고 주장했고, 케인스는 "'이렇게 (독일이) 요구하는 식량은 기독교의 교리에 따라서 제공되어야 할 것입니다'라고 옛 무신론자는 기묘하게 부언했다"고 짓궂게 말했다. 그 다음 인물은 독일이 가진 금은 배상금 지급을 위하여 남겨 두어야 한다고 가장 집요하게 주장했던 프랑스 재무장관 M. L. L. 클로츠였다. 케인스는 "그 사람은 키가 작고, 통통하게 살이 쪘으며 짙은 코밑수염을 기른 유대인으로 몸을 단정히 하고 잘 간수했으나 불안정하게 두리번거리는 눈을 가지고 있었으며 반대하는 의사표시를 할 때 어깨가 약간 구부러지는 사람"이라고 독특하고 간결한 묘사를 했다.

　로이드 조지는 "언제나 클로츠를 미워하고 경멸했으며 이제 눈을 번뜩이면서 자기가 클로츠를 압도할 수 있다는 것을 알았다. 여자들과 아이들이 굶어 죽어가고 있다고 그는 소리쳤고 여기에 대고 클로츠는 '금'에 대해서 지껄이고 있었다. 클로츠는 몸을 앞으로 구부리고 모든 사람에게 손짓으로 돈가방을 꽉 쥐고 있는 추악한 유대인상(像)을 암시했다. 로이드 조지의 눈은 번뜩였고 경멸에 찬 말은 너무나 격렬하게 튀어나와서 그가 클로츠에게 침을 뱉고 있는 것처럼 보였다. 그와 같은 집회의 겉모습 바로 밑에 있는 반유대주의(The Anti-Semitism)가 모든 사람의 마음속에 있었다. 모두가 그 순간 경멸과 증오로 클로츠를 바라보았다. 그 가엾은 사람은 의자에 몸을 기대며 눈에 보이게 위축되고 있었다. 우리들은 로이드 조지가 말하고 있는 의미를 거의 알아듣지 못했으나 '금'과 클로츠라는 단어가 반복될 때마다 경멸은 더욱 과장되었다. 그러고 나서 로이드 조지는 클레망소에게 돌아서서 이러한 훼방놓는 책략을 중지하도록 요구했다. 그렇지 않으면 클로츠는 유럽에 볼셰비키 사상을 전파시킨 사람들 가운데서 레닌이나 트로츠키와 함께 나란히 설 것이라고 소리쳤다. 그 총리는 그쳤다. 방안 일대에서 각자가 히죽히죽 웃으며 '클로츠키'라고 자기 옆사람에게 속삭이는 모습을 누구나 볼 수 있었다."

　로이드 조지의 연설로 인하여 그 문제는 종결되었다. 왜냐하면 이탈리아인들이 그에게 동의했던 것과 마찬가지로 미국인들도 그에게 찬성했기 때문이다. 그 금은 마침내 쓰일 수 있었다. 그러나 프랑스인들은 그 후 독일인들이 식량을 옮기기 전에 배를 양도한다는, 유보조항이 없는 성명서를 내라고 요구했다. 케인스는 다시 개인적으로 멜히오어를 만나서 독일인들이 그 요구에 응하리라는 언질을 미리 받았다. 그래서 문제가 해결되었고 식량을 실은 열차들이 굴러가기 시작했다.

　케인스는 파리를 떠나기 전에 몇 차례 더 멜히오어를 만났다. 둘만 있었던 마지막 기회는 1919년 10월이었다고 말했는데 케인스는 그때 암스테르담으로 초청받았다. 케인스는 그때 처음으로 멜히오어에게 는 그 전쟁이 러시아에 대항하기 위한 것이었음을 깨달았다. 그 유대인 은행가는 동방으로부터 나타날지도 모르는 유쾌하지 못한 세력에 대한 관념에 사로잡혀 있었다. 케인스는 형식주의자인 멜히오어가 엄격하고 공정한 도덕가요, 율법서적의 숭배자이며, 율법박사라는 것을 이제 이해한다고 말했다. 멜히오어에게 충격을 주었던 것은, 독일 측의 명예로운 행동을 실추시킨 것이었고 실행할 의사가 없는 불가능한 조건을 연합국들이 불성실하게 수용했다는 것이었다. 그러한 것은 하느님의 말씀을 거역하는 것으로 그의 감정을 대단히 크게 상하게 한 것이었다.

전쟁과 동맹제국(제1차 세계대전 중에 연합군과 싸운 독일·오스트리아 등의 동맹을 맺은 국가들)에 대한 경제 봉쇄 때문에 일어난 경제적 붕괴는 광범한 빈곤과 기아를 초래했고 그 결과 전쟁이 끝났을 때 독일뿐만 아니라 오스트리아에 대해서도 식량을 공급하지 않으면 안 되었다. 케인스는 1919년 초 기근 구제를 위한 공동차관을 마련할 때 최고경제회의에서 이 문제에 관한 주도권을 쥐었다. 영국의 구제국장인 윌리엄 구디 경은, "비록 전쟁에서 승리했다고 하더라도 지략이 풍부한 케인스의 인정 많은 영국에 대한 통찰력이 없었다면, 영국은 구제와 관련하여 자금조달을 실행하기가 거의 불가능했을 것"이라고 그 당시의 한 보고서에서 밝혔다.

케인스는 강화회담을 위한 예비작업을 하면서 연합국이 서로에게 진 채무를 완전히 덮어 줄 것을 제안했다. 1919년 3월에 그는 그 문제에 관한 그의 각서를 다시 살려내서 신용회복 계획을 덧붙여 그 안을 신임 재무장관이었던 오스틴 체임벌린에게 제출했다. 케인스는 이 문서에서 비록 은행가들이 국가 간의 부채도 사적인 부채와 흡사하게 영원한 사회질서에 필요한 부분이라고 믿는다고 하더라도 국가 간의 부채가 실제로 건전한 것인가를 의심했다. 이와는 대조적으로 그는 이러한 증정물(부채)은 그 어느 것도 기껏해야 몇 년 이상은 계속해서 갚지 못할 것이라고 예언했으며, 그러한 부채는 인간성과 조화를 이루지 못하거나 시대정신과 함께 나아가지 못한다고 말했다.

파리에 있었던 미국인들은 연합국이 서로에게 진 부채를 취소하는 계획을 충분히 생각하지 않았다. 그래서 케인스는 즉시 배상채권(賠償債券)의 공동 보증 또는 그가 어머니에게 보낸 편지에서 작명한 대로 "거대한 유럽부흥 계획"이라는 새롭고 독창성 있는 계획을 고안해 냈다. 체임벌린은 로이드 조지에게 보낸 편지에서 그 안을 열심히 추천하면서 그 안이 케인스의 모든 독특한 능력과 재능으로 돋보인다고 말했다. 케인스가 써서 미국, 프랑스, 이탈리아의 국가원수에게 제출한 설명용 각서에서 그는 유럽의 경제기구는 "고장이 났으며", 이 대륙의 경제를 회복하는 문제는 사기업이 홀로 해결하기에는 너무나 엄청나게 크며, 그 위험은 너무 크고 소요되는 대출액은 너무 거액이며 그 기간은 너무 길다고 주장했다. 마셜계획(제2차 세계대전후 미국이 실시한 유럽부흥 계획)과 유사한, 이 선견지명이 있는 계획하에서 중부 유럽 정부들은 주로 독일 유가증권인 채권을 10억 파운드에 달하는 금액만큼 발행할 수 있을 것이고 이들 채권은 배상금으로 지지(支持)될 것이며 약정된 비율로 연합국이 보증할 것인즉, 영국과 미국은 각각 채권 발행액의 20퍼센트씩을 보증할 것이었다.

로이드 조지는 그 제안을 윌슨 대통령에게 보냈다. 그러나 그는 그것을 거부하면서 미합중국 헌법에 따르면 유럽에서 발행하는 채권을 보증할 권한이 없다고 물러섰다. 그는 더 나아가서 유럽 국가들이 독일에서 가져간 것을 갚아주기 위하여 미국이 독일에 새로운 유동자본을 넘겨준다는 것을 어째서 기대해야 하는가를 물었다. 배상위원회의 휴즈와 컨리프와 섬너의 태도에 너무 많이 소외당한 미국인들은 이제 유럽 재건을 돕기를 거부했다.

케인스는 미국 대통령이 그의 계획을 거절했기 때문에 몹시 불쾌했다. 로이드 조지의 비서인 필립 케르에게 보낸 편지에서, 그는 미국인들의 관점에서 보면 사실상 진실된 점이 있다는 것을 인정하면서도 한편으로 그 대통령의 대답이 "우리들이 당면한 인간적 사정에 대해서 너무 지나치게 무자비한 정신을 보여주고 있다. 특히 현명하거나 그렇지 않거나 미국인들이 다른 나라 정부들과 동등하게 서명한 강화조약에 대한 책임을 부인하는 것은 확실히 불가능한 일이다"라고 주장했다.

4월에 그 조약의 재정부문의 조항들이 파리에 있는 로이드 조지의 아파트와 윌슨 대통령의 저택에서 최고 경제자문위원회에 의하여 승인되고 있었다. 케인스는 자주 이들 회의에 참석하였으나 그 조항의 본질을 수정하는 데는 아무 일도 할 수 없었다. 그 강화조약의 초안이 유효하게 되었을 때 그는 배상에 관한 장(章)은 거의 모든 면에서 극도의 어리석음을 보여준다는 견해를 피력했다. 미국의 대표단원들은 영국과 프랑스 대표들의 배상에 대한 터무니없는 요구 때문에 매주 그들과 논쟁한 뒤 너무나 좌절해 이제 연합국 가운데 어떤 나라보다는 독일을 훨씬 더 많이 동정하게 되었다. 그는 그 회담이 "끌어들이는데 재간이 필요했던 것보다도 빠져나오는 데 더 많은 정치적 수완을 필요로 하는 수렁 속으로 우리들을 끌어들였다"고 결론을 내렸다. 그가 어머니에게 보낸 편지에는 다음과 같은 절망적인 심리상태가 나타나 있었다.

제가 누군가에게 편지를 쓴 지 수주일이 지났음에 틀림없습니다. 그러나 저는 한편으론 일 때문에, 또 한편으론 저를 둘러싼 악(惡)에 대한 우울한 마음 때문에 완전히 지쳤습니다. 저는 지난 2~3주처럼 비참했던 적이 결코 없었습니다. 평화는 언어도단이며 불가능합니다. 그리고 평화의 뒤에서 단지 불행만을 초래할 뿐입니다. 일반적인 견해는 그 반대입니다마는[말하자면 다소의 신음소리와 불평이 있은 뒤 독일인들은 무엇이든지 서명할 것이라는 것], 개인적으로 저는 독일인들이 서명하리라고 생각하지 않습니다. …… 아마도 만일 제가 독일인이라면 저는 그러한 평화조약에 서명하기보다는 오히려 죽음을 택할 것입니다.

2주일 뒤에, 사임을 고려하고 있다고 오스틴 챔임벌린에게 쓴 편지에서 "만약 제가 실제로 어떤 도움이 될 수 있다면 2~3주 더 머무르고 싶지만 전체적인 전망에 대해서 느끼는 혐오감이 아주 분명하게 나타난다"고 그는 말했다. "총리는 우리 모두를 파괴의 곤경으로 인도하고 있습니다. 그가 유럽을 위하여 제안하고 있는 해결책은 유럽 경제를 무너뜨리고 유럽 인구 수백만 명을 감소시키는 것임에 틀림없습니다. 우리들이 건설하는 새로운 국가들은 그러한 환경 속에서는 살아남을 수 없습니다. 어떤 프랑스 사람 말마따나 '정당하고 영원한 전쟁에 관하여' 기초를 세우려고 하면서 어떻게 이런 비극적인 광대극에서 제가 더 이상 도울 수 있으리라고 귀하는 기대할 수 있습니까?"

그 강화회담에서 존경받았던 참가자들 중의 한 사람은 남아프리카 연방(Union of South Africa)의 총리이며 육군 원수였던 잔 크리스티안 스머츠였다. 그는 오스트리아 배상위원회에서 일했으나 그 나라에 관한 배상조약의 초안이 공표되었을 때 그 기구에서 사임하면서, "오스트리아와 같이 몰락하고 파산하여 경제적으로 일어설 가능성이 없는 국가나 또는 체코슬로바키아와 같은 새로운 연합국에게 배상금을 부과하는 것은 내가 보기에는 단지 가장 해로운 결과만을 일으킬 절망적인 정책인 것 같다" 고 진술했다.

오스트리아의 배상조항에 대한 그와 비슷한 케인스의 반응은 전시 내각의 비서였던 모리스 행키 경에게 보낸 편지에 나타났다. 그는 그 전체 진행방식의 성격이 완전히 속임수라고 묘사하는 가운데 분노를 분명히 드러냈다. "그 전체 문서는 많은 사람들에게 식량과 의복, 석탄과 일자리가 모자라는 소름끼치는 오스트리아의 현실 사정을 무시한 순전히 비실제적인 노력의 소산"이라고 그는 생각했으며 "빈 어린이들의 3분의 1은 발가벗은 채로 항상 실내에 남아있다"고 단언했다. 그러한 상황에 비추어 볼 때 배상을 규정한 장(章)의 초안은 그에게 현실성 없는 문서로 보였다.

5월 말까지 케인스는 이미 "여하튼 저는 계속되는 일에 너무나 진절머리가 나서 가슴이 거의 미어질 지경입니다. 언제라도 저는 전보 통지로 사임할 수 있으며 귀하는 그에 대한 준비가 되어 있어야 합니다"라고 말하면서 그가 즉시 그 대표단에서 떠날 것을 그의 상사인 존 브래드버리 경에게 경고하고 있었다.

이 편지를 썼던 바로 그날 케인스는 정말로 완전히 지쳐서 잠자리에 들었다. 그러나 며칠 내에 케인스는 기력을 회복하고 일어나서 로이드 조지를 위하여 새로운 각서를 썼다. 그것은 케인스의 '마지막' 시도였다. 이 제안은 독일이 프랑스와 벨기에를 물질적으로 회복하는 모든 책임을 지고 다른 모든 형태의 손해에 대해서는 그 조약에 금액을 설정하는 것이었다. 그는 독일에 대한 청구권 총액이 63억 파운드는 될 것이라고 추정했다. 이 계획에 대한 더 세부적인 사항은 중요하지 않다. 총리는 노먼 데이비스가 "천국(天國)의 쌍둥이"라고 별명을 붙인 컨리프와 섬너에게도 각서를 요구했다. 그러고 나서 어느 것도 채택하지 않았다. 볼장 다 봤다. 3일 뒤에 케인스는 로이드 조지에게 이렇게 썼다. "저는 토요일에 이 악몽과 같은 장소에서 빠져나간다는 것을 귀하께 알려야 합니다. 저는 이곳에서 더 이상 아무런 유익한 일도 할 수 없습니다. …… 싸움에서 졌습니다. 저는 그 쌍둥이들이 이 유럽의 황폐를 고소한 듯이 바라보고 또한 영국 납세자들에게 남겨진 세금을 멋대로 부과하도록 내버려 둡니다."

케인스의 실망과 피로는 매우 크고 현실적이었다. 그는 다음과 같이 자신이 처한 상황을 설명하면서 어머니에게 편지를 썼다. "한편으로는 벌어지고 있는 모든 사태에 대한 정신적 고뇌 때문에, 또 한편으로는 오래된 과로 때문에 저는 지난 금요일 순전히 신경피로를 앓고 쓰러져서 자리에 누웠습니다. 저는 그 이후 쭉 침대에 누워 있다가 진실로 중요한 회견도 있고, 또 부아(Bois)에서 하루를 산책하고자 겨우 일어났습니다. 그랬더니 벌써 더 건강해졌습니다." 이틀 뒤에 쓴 또 다른 편지에서 그는 플랫식 아파트에서 홀로 지내고 있으며 극히 신중하게 떨어져 지낼 만큼 건강해졌다고 어머니에게 말했다. "그러나 저는 지난주에 분명히 흥분 상태를 간과했습니다. 그리고 (나으리라고) 전혀 기대하지 않고 즉시 몸져 누웠습니다." 그때 케인스는 신경쇠약 때문에 조바심하고 있었다고 일반적으로 생각된다. 같은 편지에서 그는 "가엾은 총리는 아무도 변호할 말이 없는 그 지긋지긋한 조약을 막판에 고치고 싶어하지만 내 생각으로는 그렇게 하기에 너무 늦었습니다. 그가 우물쭈물하는 한 운명은 이제 그 종말을 향하여 전진하고 있음에 틀림없습니다"라고 계속해서 썼다.

미국 재무성에서 온, 그의 상대역인 노먼 데이비스에게 며칠 뒤에 보낸 편지에서 케인스는 "나는 여기에서 더 이상 좋은 일을 할 수 없다. 당신들 미국인들은 신뢰를 저버린 사람들이다. 그리고 나는 사태에 대해서 진정한 개선을 조금도 기대하지 않는다"고 썼다. 그 후 곧 파리를 떠나기까지 그는 아직도 그 지긋지긋한 조약과 인연을 끊지 못했다.

그는 그 회담에 참가하면서 다루게 된 수많은 복잡한 문제에 대해서 훌륭하게 연마한 지성뿐만 아니라 격렬한 감정도 갖게 되었다. 그는 그 조약의 형식주의적인 문체가 이성애를 하는 몇 사람의 정치가들이나 관리들보다도 더욱더 이성애에 익숙해 있는 세상 사람들에게 무엇을 뜻하는지 상상하고 느낄 수 있었다. 그는 지적으로 매우 객관적인 사람이 될 수 있었으나 동시에 정서적으로 매우 깊이 마음에 사로잡혔다. 멜히오어 박사의 회고록 가운데 한 대목에서 [이때는 물론 그 사건이 있은 뒤 몇 해가 지났다] 그가 독일인들을 위한 식량에 관한 토의를 묘사하고 있었을 때, "토의가 진행될 때 아무런 정열이 없었다. 세목을 토의하고 인위적인 반대를 하면서 모든 문제에 시간을 낭비했다"고 불평한 것은 그 태도를 암시한 것이다. 또한 해러드는 케인스가 배상위원회에 관여하지 않았던 것을 한탄하면서, "휴즈와 컨리프의 어리석은 생각을 지적으로 격렬히 경멸하면서 그의 성미는 가장 고조되었을 것이며, 그의 존재의 머나먼 마음속 깊은 곳에서 '계속하라. ⋯⋯ 계속하라. ⋯⋯ 너의 공약을 기억하라. 우리들이 소중하게 간직하고 있는 모든 것과 또 네가 소중하게 간직하고 있는 모든 것이 위험에 처해 있다는 것, 그리고 수많은 세대를 위한 적당한 삶이 네가 이 문제를 어떻게 밝히는가에 따라 좌우될 것임을 기억하라'는, 멀리서 들려오지만 분명한 덩컨과 또 다른 사람들의 목소리를 그가 들었을 것"이라고 말한다.

그는 그 강화회담에서 가장 중요한 위원회의 위원은 아니었지만, 그가 여러 관리들에게 제공한 조언과 각서 이외에도 몇 가지 중요한 업적을 명예롭게 달성했다. 첫째, 그는 독일에 식량을 제공하는 합리적인 조건에 관한 합의를 굳히는 데 영향력을 발휘했다. 둘째, 패전국에 요구하는 배상 액수 문제로 그 회담이 전혀 진전이 없자 그는 정확한 액수는 결정하지 말고 남겨두자고 제안했다. 한 연합국 간의 위원회는 독일이 30년간 배상금을 지불해야 한다는 것을 고려하여 그 금액을 정할 수 있었고 이러한 해결책은 그 조약의 마지막 안(案)에서 궁극적으로 채택된 것이었다. 그는 또한 몇 번 좌절을 겪었다. 즉 그의 유럽 경제재건계획을 윌슨 대통령이 거절한 것에 대하여 원통해 했다. 그는 이 문제에 관한 느낌을 조금도 숨김없이 덩컨 그랜트에게 표현했다. "모든 사람을 자립시키려는 내 계획이 좌절되었기 때문에 한 차례 가장 쓰라린 실망을 느꼈다. 그 안이 재무장관과 총리를 무사히 통과한 뒤 윌슨과 클레망소에게 제출된 것을 알고, [어떤 다른 나라보다도 더 많은 것을 요구받지 않은] 미국 재무성은 그들에게 얼마간 부담이 될 수도 있었고 일리노이 출신 상원의원들이 거들떠보려고도 하지 않았던 그 계획을 매우 부도덕한 제안이라며 물리쳤다. 그들은 광범한 세계관, 또는 적어도 인정 많은 고상한 세계관을 취할 기회를 가졌으나 그러한 세계관을 서슴지 않고 거부하였다. 내가 최근에 많이 보아 온 윌슨은 이 세상에서 가장 큰 사기꾼이다." 사람들은 《평화의 경제적 귀결》에서 윌슨 대통령에 대한 케인스의 묘사에 영향을 끼친 어떤 요인들과 감정들이 이 편지와 이전에 필립 케르가 인용한 편지에 들어 있음을 알아볼 수 있다.

1919년 6월 7일 그 강화회담의 영국 재무성 대표직을 사임하자마자 케인스는 즉시 런던으로 돌아왔다. 그는 런던에서 그 협상의 후기 수개월 동안 그와 친밀하게 교제했던 스머츠 장군에게 편지를 쓰고, 파리에서 일어나고 있었던 일에 대하여 사람들이 어떤 일을 해야 할 것인가 하고 그가 느끼곤 했던 희망 — 폭로하고 싶었고 항의하고 싶었던 느낌 — 을 피력했다. 스머츠는 답장에서 "그 조약에 포함된 재정적·경제적 조항들의 내용은 어떠하며 그 조항들로 인하여 앞으로 어떤 결과가 초래될 수 있는가"에 대해서 분명하고 일관된 설명서를 케인스가 쓰도록 권고했다. "우리들은 박식한 사람이나 또는 전문가들에게 호소한다기보다는 평범한 사람들에게 호소하기를 원하므로 그 설명서가 너무 길거나 너무 전문적이어서는 안 된다"고 그 장군은 덧붙여 말했다.

파리에 있었던 전문가들과 관리들 가운데 그 조약의 규정을 걱정한 사람은 케인스뿐만이 아니었다. 작고한 후버 대통령도 평화는 그러한 기초 위에서 이루어질 수 없다는 것을 확신했다. 그는 1919년 5월 7일 새벽 4시에 그 조약의 사본을 받자마자 마음이 몹시 뒤숭숭하여 아침 일찍 일어나서 황량한 파리의 거리로 산책하러 나갔다.

　　몇 구획 안에서 영국 대표단의 스머츠 장군과 존 메이너드 케인스를 만났다. 우리들은 어떤 정신감응으로 함께 온 것 같았다. 우리들 각자가 아침 그 시간에 거닐고 있는 이유가 우리들 모두의 마음속에 퍼뜩 떠올랐다. 각자가 몹시 불안했다. 우리들은 제안된 그 조약의 많은 요소들 때문에 언젠간 파멸이 초래될 것이라는 데 의견을 같이했다. 또한 우리들은 그 위험을 지적하기 위하여 우리들 자신의 국민들 사이에서 자기들이 할 수 있는 일을 할 것이라는 데도 동의했다.

　　스머츠 장군은 노련한 군사외교에 관해서 충분한 지식을 가지고 있었으며 자주정신과 진정한 정치 수완을 소유하고 있었다. 케인스는 영국 대표단을 위한 경제학자였다. 로이드 조지는 그를 분명히 좋아하지 않았으며 "경제학의 장난꾸러기"라고 불렀다. 그는 총명한 정신과 사람을 설득하는 분석력과 이를 표현하는 재능을 지녔다. 대부분의 지식인들과 같이 그는 보통 다음에 해야 할 일에 대한 지혜를 모색하기보다는 당대의 세계를 위한 새로운 사고 방식을 모색하고 있었다. 그러한 종류의 정신은 때때로 그 사이에 문명의 기구(機構)를 작동시켜야 하는 친구들을 애태우게 하지마는 이 세상에서 뛰어난 역할을 담당한다. 그러나 케인스와 나는 그 조약의 경제적 귀결에 대하여 완전한 의견의 일치를 보았다.

　　분명히 케인스는 그가 6월 하반기에 스머츠와 논의했던 것과 같은 책을 쓰기 시작했으나 8월까지는 열심히 하지 못했다. 그 사이 그는 런던에서 마지막 사교 기간을 즐겼는데, 애스퀴스 집에서 있었던 꽤 즐거운 오락회에 참석해서 브리지 놀이에서 당당히 이겼고, 고든 스퀘어에 있는 그 자신의 집에서 성대한 만찬회를 주최했으며 무용극에 참석했다. 그리고 여러 가지 거래상의 약속을 지켰으며 인도 통화위원회에서 증언했고 기근대책위원회에 싸움을 걸었다. 또 시(市)의 정찬

모임에서 평화의 조건에 관한 토론회를 개최했고 매일 점심과 저녁식사에 초대되었다. 그러한 일을 겪은 뒤 그는 기꺼이 조국을 위하여 헌신할 준비가 되어 있었다. "내가 케임브리지에서는 보잘것없는 인물이나 런던에서는 유명인사이므로 케임브리지를 떠나서 런던으로 오는 것은 유쾌한 일이다"고 그는 말했다.

바네사 벨의 새 집이 있는 찰스턴에서 규칙적인 일과에 전념했던 그는 거기서 8시에 아침식사를 한 뒤 오전 내내 저작에 열중하곤 하였다. 두 달이 지나서 그는 해러드가 말한 바와 같이 백열(白熱)과 같은 정열로 그 평화조약에 대해서 전형적으로 고발하는 뛰어난 걸작을 창조했다. 그는 그 주제에 관한 대부분의 사실에 정통하고 있었지만 그 평화회담의 명확한 역사를 쓰려고 하지는 않았다. 그 작품은 오히려 하나의 반박문으로서 계획되었으며, 해러드가 적절히 지적한 대로 영어로 쓴 반박문 가운데서 가장 훌륭한 작품의 하나였다. 만약 그가 그 작품이 출판되기 이전에는 런던의 유명인사였다면, 그 뒤에는 세계의 명성을 얻는 인사가 되었다. 케인스의 가장 유능한 비평가가 뒤에 말했던 것과 같이 "아마도 프랑스혁명에 관한 에드먼드 버크의 평론만이 유럽의 운명에 그렇게 광범하고 직접적인 영향을 미쳤다고 말할 수 있을 것이다."

해러드는 케인스의 책에 관하여 저술하면서 그 책이 예술적인 조화를 이루고 있으나 케인스가 그러한 특성의 요소들과 일치하지는 않는다고 논평하고 있다. 그러나 심리학적인 관점에서 보면 그 책은 이성과 상상, 논리와 동정을 겸비하고 있고, 따라서 그 저자의 이중성을 반영하고 있기 때문에 진정으로 그러한 특질을 소유하고 있었다. 케인스의 절친한 친구인 데이비드 가넷은 자신의 자서전에서 그 책의 배후에 있는 동기부여에 관하여 가장 적절한 논평을 했다. 가넷은 전쟁에 관해서 메이너드가 블룸즈버리 친구들과 견해 차이를 보였다고 말했고, 그 당시에 메이너드에 대한 친구들의 회의적인 태도가 메이너드의 생애에서 결정적으로 중요한 요인이 되었다는 의견을 밝혔다. 케인스가 그 조약의 배상에 관한 조항을 수용하기보다는 차라리 그의 직책에서 물러나는 진로를 택했던 것은 빛나는 관공리의 경력을 위하여 무서운 악을 초래하는 당사자가 될 수도 있다는 위험을 그의 친구들이 그에게 일깨워주었기 때문이었다. 그 사임으로 케인스는 《평화의 경제적 귀결》을 쓰게 되었고 그 책은 뒤따라 그가 얻은 명성의 근원이 되었다.

원대한 결과를 분석하고 찾아내는, 표면에 보이는 것의 근저를 조사하는 습관이 그의 타고난 성품이었다. 그러나 가장 친한 친구들의 비판은 전쟁중에 그가 하고 있었던 일을 스스로 비판하고 정당화하도록 격려하는 힘이 되었으며, 그가 결국 사임하여 그 자신의 마음의 평화를 얻는 데 필요했다.

수많은 고전적인 인유(引喩)를 포함하고 있는 그 책 자체는 높은 권위와 양식을 가지고 볼 때 뒤얽힌 정치무대에 대하여 평가내릴 수 있는 판단력을 독자들에게 제공한다. 케인스는 그 책의 서문에서 "파리에서, 스스로 돌보고 그 자신의 견해를 가진 유럽인이 되었다"고 진술했다. 그는 유럽 경제의 조직적 통일성을 염려했으며 또 유럽 경제조직의 허약하고 깨지기 쉬운 성질을 설득력 있고 생생하게 설명했다. 그는 여러 가지 불안정한 요인들을 뽑아내서 강조했는데, 그 요인들은 복잡하고 인위적인 조직에 너무 많은 인구가 생계를 위하여 의존하는 불안정, 노동 계급과 자본가 계급의 심리불안정, 유럽이 미주에 식량을 완전히 의존하는 것과 결부된 유럽의 요구의 불안정 등이다. 제1차 세계대전 직전의 유럽 경제의 특성을 이렇게 묘사한 것은 분명히 대가다운 솜씨를 보여주는 일이었다. 그 책이 유럽 경제의 허약함을 강조한 점은 그의 스승인 앨프리드 마셜이 영국 사회에 대하여 자주 표현했던 견해를 반영했다.

유럽 사회의 심리 상태에 대한 케인스의 평가는 그것이 그의 후기

사상을 예시했기 때문에 특히 흥미롭다. 그는 유럽이 자본축적을 최대한 늘리는 것에 관해서 사회적 · 경제적으로 조직된 곳이라고 묘사했다. 19세기 사회는 대부분의 소득증가분을 그것을 가장 소비할 것 같지 않은 계급의 지배 아래 던져넣도록 구성되었다고 그는 주장했다. "따라서 이 주목할 만한 조직은 그 조직의 성장을 위하여 이중의 속임수나 이중의 사기에 의존했다. 한편으로 노동 계급은 무지와 무능력 때문에 하는 수 없이 그러한 상황을 받아들였다. 또 그들은 관습과 인습과 권위와 확고부동한 사회질서 때문에 그들과 자연과 자본가들이 협력하여 생산하고 있는 과자에서 자기들의 몫으로 조금도 요구할 수 없도록 강요받고 설득당했으며 속았다. 그리고 다른 한편으로 자본가 계급은 그 과자의 가장 좋은 부분을 자기들 몫으로 요구할 수 있었으며 그들이 자기들 몫을 소비하는 것이 이론으로는 자유로웠으나 실제로는 그 몫의 아주 작은 부분만을 소비한다는 묵시적이고 애매모호한 조건이 있었다. 저축은 가장 그럴듯한 미덕이 되었으며 과자를 키우는 것은 진정한 신앙의 목적이 되었다." 케인스는 이러한 묘사 가운데서 그가 그 당시 세대의 관습을 반드시 헐뜯고 있는 것은 아니라고 단언했다. "사회는 자각하지 못하는 그 존재의 내부 깊은 곳에서 그것이 어떤 일을 하고 있는가를 알았다." 그는 더 나아가서 "불평등에 기초를 둔 자본축적의 원리는, 우리들이 그 원리를 이해했던 것과 같이, 전쟁 전의 사회질서와 발전에 꼭 필요한 부분이었다"고 말했다. 그리고 이 원리는 "개조할 수 없을지도 모르는 불안정한 심리 상태에 의존했다"고 그는 강조했다. 이 절(節) 전체는 뒤에 그의 저서에서 '과잉저축의 오류'라고 표현된 경제적 과정에 대한 통찰력을 포함하고 있다.

한스 젠슨 교수는 유럽 사회에 대한 케인스의 비유나 통찰력은 개념화된 사회 현실에 대한 앨프리드 마셜의 설명에 많은 영향을 받았다고 날카롭게 지적했다. 케인스가 철저하게 터득한 앨프리드 마셜의 《경제학 원리》 가운데에는 국민소득이 토지와 노동, 자본과 기업가

정신이라는 생산의 네 가지 요소에 의하여 산출된다고 쓰여 있다.《평화의 경제적 귀결》속 사회구조는 앨프리드 마셜이 제시한 세계의 뚜렷이 구분되는 세 부류로 짜여 있다. 곧, 그들은 소유하고 있지만 관리하지는 않고 이자·배당·지대 등의 수입을 얻는 투자자 계급, 관리는 하지만 많은 기업을 소유하지 않는 활동적인 기업가 계급, 그리고 임금노동자 계급이다. 케인스는 그의 걸작인 《일반이론》의 주제를 예상하면서 이 논박을 펼치는 가운데 그러한 자본축적의 원리는 전체 인구 중에서 극소수만이 생활의 이기(利器)를 향유하고 거대한 부(富)를 축적하는 것은 온당하지 못한 일이라는 가치판단을 퉁명스럽게 말했다. 그러고 나서 그는 "전쟁은 모든 사람들에게 소비의 가능성을 드러냈고 또 많은 사람들에게 절약이 헛된 것임을 보여주었다. 이리하여 기만은 폭로되었다. 노동자 계급은 더 이상 미래에 대하여 확신할 수 없어서, 소비의 자유가 계속되는 한 그것을 더 한층 충분히 누리려고 할 것이며, 그리하여 소비의 자유가 몰수되는 시간을 재촉할 것이다" 라고 불길하게 말하면서 그 소책자를 끝맺었다.

전후의 상황에 대하여 그의 견해를 제시한 것으로 보면 케인스는 마음속으로 평화회담의 과업은 휴전의 조건을 명예롭고 정당하게 취급해야 할 뿐만 아니라 유럽의 경제생활을 회복하고 유럽의 상처를 치유해야 하는 것으로 생각하였음이 분명하다. 해러드가 빈틈없이 지적했듯이, 대부분 검증되지 않은 그가 내세운 전제는 이들 과업이 올바른 분별력뿐만 아니라, 고대의 현인들이 승리자에게 인정했던 관대한 행위에 의해서도 달성되어야 한다는 것이었다. 그 기준이 어떻든지 그 전제는 고대 역사의 선례에 기초를 두었으므로 진정한 (논리의) 전제는 더 많은 검증이 있어야 하리라는 것이었다.

그 저서의 또 다른 장(章)에서 케인스는 또한 네 사람으로 된 자문위원회의 성격을 묘사하고, 인류의 소세계(小世界)로서 거의 이들 네 사람에게 집중되었던 인간의 의지와 목적 사이의 복잡한 투쟁에 관한 평가가 부분적이고 불확실하다고 할지라도 세계는 빛이 필요하다고 설명함으로써 그러한 평가를 정당화했다.

제 일급의 조정자들에 대해서 통렬하게 묘사한 그 놀랄 만한 인물 묘사는 전기작가로서의 그의 역량뿐만 아니라 심리학자로서의 그의 통찰력을 보여주었다. 작가인 데이비드 가넷의 의견에 따르면, 중요한 세부사항을 놓치지 않는 그의 안목과 기지와 통달한 글쓰는 재주에서 케인스가 몇몇 군데에서 리튼 스트레이치보다도 더 뛰어났다. 케인스는 세 거두가 어떤 의식으로 세계를 이해했는가에 초점을 맞춤으로써 이 사람들에 관한 거의 잊을 수 없는 인상을 우리에게 심어 주었다. [그는 이탈리아 총리 비토리오 엠마누엘 올란도는 빼놓았는데 그것은 아마도 협상을 하는 과정에서 그가 한 일이 더 적었기 때문이었을 것이다.]

케인스는 처음에 "그 조약의 주요한 경제적 방침이 지적인 사상을 표현하고 있는 한, 그 사상은 프랑스의 사상이며 클레망소의 사상이다"라고 주장했다. 그는 클레망소에 대해서 "어떤 사람이건 경멸하거나 또는 혐오할 수 없고, 다만 그 문명인의 성질에 관하여 다른 견해를 취하거나 최소한 다른 희망을 품을 수 있을 뿐"이라고 말했다. 이 문장이 케인스의 공평무사한 느낌을 독자들에게 전해주고는 있지만 유럽의 현실에 대한 케인스 자신의 인식을 구체적으로 드러냈는데, 확실히 클레망소를 올바로 평가하지 못하고 있다. 그리고 나서 그는 "클레망소가 매우 튼튼하고 두꺼운 검은 브로드 천으로 만든 네모난 꼬리가 달린 예복을 입고 있었고, 손에는 결코 벗지 않는 회색 스웨이드 가죽 장갑을 끼고 있었으며, 두꺼운 검은 가죽 장화는 훌륭하였으나 시골티가 났다. 때때로 그는 이상하게도 구두끈 대신에 조임쇠로 구두 앞부분을 채웠다"고 말함으로써 그 프랑스 정치가의 잊을 수 없는 모습을 묘사했다. 케인스는 벽난로에 붙어 있는 반원형 탁자 중앙의 넓고 무늬를 두드러지게 짠 네모진 비단 의자에 앉았고, 총리는 그의 오른쪽 벽난로의 반대쪽을 마주보고 앉아 있었다. 가넷이 적절하게 지적했듯이 클레망소가 지니고 있는 물품에 대해서 이처럼 묘사한 것은 앵그르의 초상화와 같은 견실함을 보여준다.

케인스는 그 다음으로 그 사람과 그의 정책을 비판하는 소평론을 달았다. "페리클레스*가 그리스에서 어떤 다른 것도 중요시하지 않고 아테네만을 유일한 가치로 생각했듯 클레망소도 프랑스에 대해서 그렇게 느꼈다. [그 그리스 지도자는 그리스 도시 가운데 아테네를 최고로 만들려는 그의 결의로 유명했다.] 그러나 그의 정치이론은 비스마르크의 이론과 같았다. 다른 말로 표현하면 클레망소는 철혈재상(鐵血宰相)과 같이 무력외교와 국가주의적인 힘의 신봉자였다. 그러나 그는 프랑스라는 어떤 환상을 가지고 있었으며 적지 않은 그의 동료들과 프랑스인들을 포함한 인류에 대해 하나의 환멸을 느끼고 있었다"고 케인스는 서술했다. "프랑스가 카르타고식 강화를 요구하는 것은 한 노인의 정책인데, 그 노인의 매우 생생한 인상과 매우 활기찬 상상력은 과거에 속하는 것이지 미래에 속하는 것이 아니다. 그는 프랑스와 독일의 문제를 인도적 관점에서 보지 않고 새로운 질서를 향하여 투쟁하는 유럽문명의 관점에서 본다. 전쟁은 우리들의 개념과는 다소 다른 개념으로 그의 의식에 스며들었다. 그는 우리들이 새로운 시대의 출발점에 당도하리라는 것을 기대하지도, 바라지도 않는다." 이 구절은 나이 많은 사람의 냉철한 현실주의와 1919년에 너무 일찍 유럽경제공동체를 마음속에 그리고 있었던 젊은이의 이상주의 사이에 깊은 인식의 차이를 보여주는 놀랄 만한 표현이다.

윌슨 대통령에 대한 케인스의 묘사도 똑같이 날카롭고 당돌했으며 클레망소에 못지 않게 물의를 일으켰다. "그의 탁월한 언어 능력은 그가 쓴 유명한 각서를 두드러지게 했고 자신을 고결하고 상상력이 풍부한 사람으로 보이게 했다. 그는 얼굴이 멋졌고 그의 사진과 꼭 같았

---

* 페리클레스(Perikles, B.C.490?~B.C.429): 고대 아테네의 전성기를 구축한 정치가이자 장군.

다. 또 그의 목에 있는 근육과 머리의 움직임이 특히 눈에 띄었다. 그러나 그 대통령은 오디세우스*와 같이 앉았을 때 더 현명해 보였다. 그리고 그의 손은 유능하고 상당히 강하지만 예민하지 못했고 기교가 없었다"고 케인스는 윌슨에 대해서 말했다. 가넷은 리튼 스트레이치가 케인스를 설득하여 그 대통령의 손에 대한 이 인용문을 적도록 했다고 서술하고 있다. "윌슨은 클레망소와 밸푸어**와는 달리 그 계급과 세대가 갖춰야 할 사교계의 교양조차도 많이 갖추지 못했다"고 케인스는 계속해서 주장했다. 그 대통령은 케인스에게 환경에 둔감한 사람으로 보였으며 따라서 로이드 조지가 지니고 있는 정신감응(精神感應) 같은 본능이나 이심전심 같은 기능을 가지고 그와 마주칠 때, 그는 마치 "눈 멀고 귀 먹은 돈키호테"와 같아 보였다. 그 대통령은 기질상 케인스에게는 비국교도의 목사나 장로교회 회원과 가장 흡사해 보였다. 그의 사상과 성질은 기본적으로 지적이 아니고 신학적이었으며 사상과 감정과 표현에 관한 그러한 태도의 장점과 단점을 모두 지니고 있었다. 그의 두뇌는 그 젊은이가 생각했던 것처럼 둔하고 적응력이 없었다. 그러므로 그는 로이드 조지가 지니고 있는 단순한 민첩성과 이해력과 기민한 머리 회전에 쉽게 속아 넘어갔다.

그 대통령이 장로교회 목사와 같아 보인다는 케인스의 논평은 그러한 특징에 꼭 들어맞는 말이었다. 그는 사실 목사의 아들이었으며 케인스 가문에서 배출했던 성직자와 거의 같은 수만큼을 그의 가문에서도 배출했다. 윌슨은 이전에 사람들이 자기를 자주 성직자로 생각했다고 말했다. 다른 한편으로 그 대통령의 교양이 경시된 점은 케인스의 반미사상을 반영하는 것 같다. 왜냐하면 윌슨 대통령이 상당한 학자라

---

* 오디세우스: 그리스 신화에 나오는 영웅으로서 지(知)·용(勇)을 겸비한 그리스의 지도자. 라틴명은 율리시즈임.
** 밸푸어(1848~1930): 영국의 정치가·수상 1917년 유대인의 팔레스타인 건국을 지지하는 밸푸어 선언을 발표함.

254

는 데 일반적으로 의견이 일치하기 때문이다. 더욱이 케인스가 그 대통령을 현실감각이 없는 돈키호테에 비유해서 표현한 것은, 그 대통령이 유럽에 올 때 희망을 품었으나 이제는 그 회담에서 그들 자신의 좌절과 실패에 부딪혀서 그들의 영웅(윌슨)이 보통사람이라는 것을 발견한 영국의 자유주의자들과 과격론자들을 위하여 어떤 의미로는 그 (윌슨)를 속죄양이 되게 하였다는 생각을 적어도 어떤 훌륭한 학자 한 분이 또한 품고 있다.

케인스는 또한 친구들이 제안함에 따라 영국 총리의 면모를 묘사했다. 그러나 그는 그것에 만족하지 않았고, 몇 단계 협상 과정에서 그와 밀접했기 때문에 느낀 어떤 양심의 가책으로 말미암아 그를 묘사한 내용을 책속에 넣지 않았다. 그와 같은 내용은 14년 뒤에 그의 《전기 논문집》(*Essays in Biography*)으로 출간되었다. 그가 이 문제에서 상당한 분별력을 보여준 것은 다행한 일이었다. 곧 그 책이 감정이 격렬했던 전후기(戰後期)에 출간됐다면, 사랑하는 아들(로이드 조지)이 케인스에게 모욕당했다며 웨일스가 대영제국에서 탈퇴했으리라는 것을 누구나 상상할 수 있다. 몇몇 미국인들은 케인스가 서술한 미국 대통령의 인격 때문에 몹시 언짢았으나, 그들은 그가 영국 총리를 묘사한 것으로써 그 기분이 누그러졌을 것이다.

케인스는 거짓으로 겸손한 체하며 "누가 카멜레온을 그릴 것인가, 누가 하늘을 날아다니는 마녀의 빗자루를 붙잡아 맬 것인가" 하는 이유로 이러한 일을 열망하지는 않았다고 썼다. "그 대통령과 그 용감한 사나이와 웨일스의 마녀는 6개월간 함께 방에 갇혀 있었다. 그 결과 그 조약이 나왔다. 응, 정말 웨일스의 마녀였지. 왜냐하면 영국 총리는 이들 세 사람의 음모에 여성스러운 요소를 부여했기 때문이었다. 나는 윌슨 씨를 비국교도의 목사로 불렀다. 독자들은 로이드 조지 씨를 요부(妖婦)라고 생각하라. 당대의 영감(令監)과 요부, 비국교도의 목사, 이들 세 사람이 우리 시대의 극중인물들이다. 그 숙녀는 때때로 매우 종교적이었다고 하더라도 열네 계율이 완전히 원상 그대로 나타나리라고는 거의 기대할 수 없었다"고 케인스는 그 평화회담을 요약하여 말했다. [그 인유(引喩)는 물론 윌슨 대통령의 유명한 14개 항목이었다.] '세 사람의 음모'를 묘사하는 이 구절의 과도한 풍자와 성적인 암시는 단지 이성애(異性愛)의 감정에 충격을 주거나 이성애의 흥을 돋울 하나의 의도로 쓰였을 뿐이었는데, 세 사람의 음모라는 어휘(triangular intrigue)는 동성연애에 관하여 사용되는 말이었다.

케인스의 견해로 볼 때 로이드 조지의 근면성과 같은 훌륭한 자질은 그가 불변의 원리와 끈질긴 힘, 격렬한 의분과 정직성, 성실한 지도력에 입각한 정책이 없다는 것으로 상쇄되었다. 영국의 강경한 외교론자와 그를 추종하는 노스클리프 경의 신문 때문에 그는 정치적으로 중도노선과 타협의 길을 택했다. 그래서 윌슨 대통령의 뜻을 클레망소에게 설명하고 클레망소의 뜻을 윌슨 대통령에게 설명하며 도처에서 모든 사람을 부추기는 일이 그의 역할이 되었다. 매우 남성다운 윌슨 대통령의 특성은 영국 총리의 여성스러운 유혹과 예리함, 재치와 동정에 완전히 희생되고 말았다.

케인스는 로이드 조지가 그와 같은 시대에 살았던 정치인들과 매우 다르다는 것을 알았다. 그는 로이드 조지를 '웨일스의 마법사'로 알게 되었는데 그것은 로이드 조지가 거의 신비한 정치적 재능―그와 대화하고 있는 사람들의 마음을 읽는 능력(독심술)과 웅변으로 청중을 매혹하는 능력―을 소유하고 있다고 생각했기 때문이었다. 그 별명은 아마도 처음에는 찬양조였지만 조만간 경멸조가 되었다고 우리들은 들어서 알고 있다. 그의 재치와 유연성과 풍부한 지모(智謀)는 부정직하고 불성실하고 원칙이 없는 것으로 보였다. 그의 자신만만함, 연애 사건에 대한 그의 평판, 그리고 개인적 자제력의 결핍으로 인하여 그는 더 보수성을 띠는 그 시대 사람들에게 부도덕할 뿐만 아니라 도덕을 초월하는 사람으로 비쳤다. 경쾌함과 성적 활동은 그에게 "염소"라

256

는 별명과 어울리는 텁수룩한 흰 머리털에 꼭 들어맞았다.

케인스는 로이드 조지의 이러한 모습을 그의 논문 속에서 극도로 취급했다. "우리 시대의 이 비범한 인물, 이 마녀, 염소 발을 닮은 시인, 그리고 괴롭히는 마귀할멈의 마술과 켈트인의 옛 풍습이라는 매혹적인 숲에서 깨어나 현대를 찾아온 이 반(半)인간의 방문자에 대하여 그를 모르는 독자들에게 내가 얼마나 공정하게 표현해 줄 수 있을까? 궁극적인 목적이 없고, 정신적으로 무책임하며, 색슨족의 선악의 외부에 있거나 또는 그 선악에서 멀리 떨어져 간사함과 무정함과 권력욕을 함께 지니고 있는 존재의 특성을 알아채고, 또 북미 전설의 아름다운 마술사에게 황활함과 매력과 공포감을 주는 정취를 사람들은 그와 교제하면서 이해한다.

로이드 조지는 어디에도 뿌리를 내리지 못하고 있는 공허하고 내용이 없는 사람이다. 그는 그가 처한 직접적인 상황에 따라 살아가며, 악기이자 연주자이다. 즉 그는 동료들을 이용하며 또한 동료들에게 이용당한다. 그는 프리즘과 같은 인간이다. 그는 빛을 모으고 굴절시키며 빛이 동시에 여러 방면에서 온다면 대단히 찬란하다고 누군가 그를 묘사했다. 그는 흡혈귀이고 무당이다."

케인스는 로이드 조지에게 견딜 수 없었던 애스퀴스의 개인적인 친구이자 추종자가 되었을 때 그 영국 정치인에 대하여 이렇게 지나친 인물소개를 썼다. "옥스퍼드 경[허버트 애스퀴스]은 교양 있는 신사이며 학자이고, 현명하고 관대한 중재인으로서 그가 차지했던 직책에 대하여 최대의 재능을 타고났기 때문에 '금세기에 그에게 필적하는 사람은 결코 없었다'"고 케인스가 애스퀴스의 인품을 묘사한 것을 읽는 것은 또한 교훈적이다. 이렇게 풍부한 찬사를 했음에도 케인스는 1920년대 후기에 로이드 조지가 산업부흥[자유당 산업 연구]을 해보려고 노력할 때 더 독창성 있는 로이드 조지와 화해하고 애스퀴스와 정치적으로 결별하지 않으면 안 되었다. 케인스는《평화의 경제적 귀결》을 쓴 이래 로이드 조지의 인격에 대한 의견이 바뀌었는지를 묻는 질문을 1929년에 받고, "나와 다른 사람들간의 견해의 차이는 로이드 조지 씨가 잘못되었을 때 나는 그를 반대하고 그가 옳을 때 나는 그를 지지하는 것이다"라고 대답하였다. 그러나 로이드 조지를 가혹하게 묘사한 《전기 논문집》이 1933년에 출간되었을 때, 로이드 조지는 그해 가을에 출판된 그의 《전쟁회고록》 제2권에서 케인스를 맹렬히 공격하였다.

그러나 그 조약에서 더 실제 문제로 되돌아가서 볼 때 파리에서 실패한 원인은 무엇이었던가? 케인스의 견해로는 그 답은 윌슨 대통령이 곤란한 처지에 있었다는 사실에서 찾을 수 있었다. 그때 궁극적이고 전체적인 그 조약의 실제 내용과 표현은 부실했고 궤변과 음흉한 해설로 된 계략을 띠기 시작했다. 음흉한 궤변은 케인스가 특히 몹시 싫어하는 것이었다. 위선 또한 그의 비국교도 도덕으로는 혐오 대상이었고, 이성애를 하는 사회에서 동성애를 하는 사람에게는 아마도 심히 불쾌한 일이었다. 그가 가장 참을 수 없었던 것은 독일의 인구를 제한하고 그 경제조직을 약화시킬, 솔직하고 명료한 프랑스 정책의 목적이 자유와 국제 평등이라는 위엄 있는 언어로 그 대통령을 위하여 표현되었다는 것이다. 그래서 일단 윌슨 대통령이 그러한 모순되는 궤변에 말려들자마자 그의 자아상(自我像)은 위험하게 되었다고 케인스는 계속해서 주장했다. "의학 심리학의 용어를 빌리자면, 대통령에게 그 조약은 자신의 선언(宣言)을 포기한 것이라고 시사하는 것은 프로이트가 말한 열등의식이라는 그의 약점을 건드리는 것이었다. 그것은 참을 수 없는 토의의 주제였고 모든 잠재 본능은 더 깊은 탐구를 막았다."

우리들이 케인스 저작의 여기저기에서 보는 바와 같이, 그는 심리 분석에 관계하는 것을 싫어하지 않았으며 사람들이 블룸즈버리에 있었던 그의 배경과 스트레이치 가족들과의 우정으로 미루어 보아서 추측하곤 했던 것처럼 그가 프로이트의 용어에 정통함을 보여주었다.

[제임스 스트레이치와 애릭스 스트레이치는 제1차 세계대전 후 빈에 가서 바로 그 프로이트 정신분석으로 치료받았다. 그들은 영어판 프로이트 작품집의 번역자와 편집자가 되었다.] 그러나 그는 이 실례에서 하는 것처럼 재빨리 일상적 대화의 담화체로 되돌아갈 수 있었다. 마지막 순간에 그 조약의 조건들을 완화하기를 바랐던 로이드 조지가, "그 조건들이 공정하고 옳다는 것을 스스로 입증하는 데 5개월이 걸렸던 것을 그가 5일 동안에 대통령에게 그것이 오류라는 것을 납득시킬 수는 없다는 것을 알았다. 결국 그의 신념에 관계된 최초의 조약과 그의 자존심 때문에 이 늙은 장로교 신자를 속였던 것보다 그를 속임수에서 깨우치는 것이 더 어려웠다."

그는 파리의 인물비평을 이렇게 마지막으로 요약함으로써 로이드 조지에 대한 묘사를 끝마쳤다. "클레망소는 심미적으로 가장 숭고한 사람이고, 대통령은 도덕적으로 가장 훌륭한 분이며, 로이드 조지는 지적으로 교활한 사람이다. 그 조약은 그들의 불균형과 결점에서 태어난 아이로서, 그 아이는 그 부모들 각자가 지닌 가치 있는 속성을 전혀 갖추지 못해 고결함도 도덕성도 지성도 없었다."

회고하건대 케인스가 강화조약에 관한 소논문을 준비하는 과정에서 발생했던 일을 사람들이 면밀히 고찰할 때, 그 논문의 초판에서 로이드 조지의 인물 소개를 생략한 것은 그 문서의 결점에 대한 책임을 윌슨 대통령에게 떠넘기는 효과를 가져왔다고 생각된다. 그러나 케인스가 뒤에 로이드 조지라는 인물을 '요부'요 '웨일스의 마녀'로 묘사한 것으로 볼 때, 그 만족스럽지 못한 성질에 대한 훨씬 더 심한 비난이었음이 분명하다. 이 점을 고려할 때 윌슨 대통령이 속죄양이 되었다는 해석을 지지하는 사람들이 얼마간 있다. 또한 케인스의 의도가 어떻든지 《평화의 경제적 귀결》을 읽은 많은 독자들에게는 그렇게 보였다.

케인스는 그의 유명한 책에서 세 가지 주제를 논했다. 곧 "유럽의 경제적 통합, 우리측[연합국]의 불성실한 배상조항, 경제적 재정적으로 불가능했던 요구"들이 그것들이다. 이러한 제목으로 그가 주장한 개요만을 여기서 말할 것이지만, 독자는 그 논의의 완전한 세부사항을 알기 위해서 책을 참조해야 한다.

그는 첫 번째 요점에 대해서 독일은 유럽 경제조직의 중심적인 토대가 되어야 하며, 유럽 대륙의 나머지 부분은 독일의 번영과 독일 기업에 주로 의존해야 한다고 주장했다. 그는 유럽 대륙의 경제적 상호의존성을 보여주는 수많은 통계치를 인용하여 이 중요한 그의 분석의 가정을 뒷받침했다.

연합국의 배신은 '윌슨 대통령의 14개 항목'과 그에 잇따른 네 번의 연설을 기초로 하여 독일과의 휴전을 확보하고, 그러고 나서 이미 행한 공약을 무시하는 것으로 되어 있었다. 1918년 11월 5일에 윌슨 대통령의 각서를 독일이 수락함으로써 이러한 각서는 케인스에게 솔직하고 명백한 협약이 되었다. 요컨대 연합국은 14개 항목에 기초를 두고, 새로운 영토를 조금도 합병하지 않으며 아무런 군세*도 부과하지 않고 또 어떠한 징벌에 의한 손해도 끼치지 않는 원리에 근거하여 평화를 지킬 것을 공약했다. 휴전이 성립되었을 때 어떤 책임 있는 당국도 침략이나 또는 잠수함 공격으로 입은 직접적인 물적 손실에 대한 배상을 초과하여 독일로부터 아무런 보상도 기대하지 않았다고 케인스는 말했다.

그러나 독일의 처지가 얼마나 절망스러운가를 연합국이 알았을 때 분위기가 바뀌었다. 그러는 사이에 로이드 조지는 1918년에 있었던 총선거에 참여했다. 그 총선에서 그는 독일에게서 완전히 보상받는 안을 찬성하여 절박한 정치적 상황에서 빠져나왔다. 더욱이 그는 독일이 모든 전비를 지불해야 한다고 제안하기까지 했다. 겉으로 보기에는 국제

---

* 군세(軍稅): 군사 용어로 점령지의 주민에게 부과하는 세금.

협약의 불가침성을 옹호하기 위하여 치른 전쟁이, 그러한 서약을 실행할 수 있는 가장 신성한 국제협약 가운데 하나를 확실히 위반함으로써 끝나고 있다는 데서 케인스는 연합국의 배신과 불성실한 면을 많이 발견했다.

전반적으로, 화해하는 데 그들의 가장 중대한 문제들은 정치적이거나, 또는 영토의 문제가 아니라 재정이나 경제문제라는 것과, 미래의 위험은 국경이나 주권에 있지 않고 식량과 석탄, 수송에 있다는 것을 로이드 조지와 윌슨 대통령이 이해하지 못했다는 사실을 그는 한탄했다. 그들 가운데 어느 누구도 그 회담의 어떤 과정에서건 이들 문제에 충분한 주의를 기울이지 못했다고 케인스는 말했다. 그 분야에서 그들이 주로 유람 여행을 하며 소일했던 문제는 배상문제였다. 그리고 여기서 독일에게 요구했던 금액은 실행 불가능한 것이고 징수할 수 없는 금액이었다. 연합국이 지불했고 지불해야 할, 전쟁 때문에 발생한 군인 연금과 출정군인의 아내에게 지불하는 '별거수당'을 모두 배상금에 포함시킨 것을 그는 특히 비난했다. 그는 이들 금액의 총계를 250억 달러로 어림잡았는데 이 금액에다 그가 직접적인 손실에 대한 배상금으로 최대한 늘려 잡은 150억 달러를 보탰을 때 독일에 대한 총배상금 청구액은 약 400억 달러가 되었다.

그 조약에서는 패전국이 지불할 최종적인 금액이 결정되지 못하여 그 결정을 배상위원회에 맡겼다. 독일이 식민지와 해외재산, 상선대(商船隊) 및 해외 소유권을 거의 모두 상실했다는 것을 고려할 때 독일의 채무 조건은 전적으로 독일의 지불능력을 넘어서는 것이라고 케인스는 주장했다. 뿐만 아니라 독일은 영토 및 인구의 10퍼센트와 석탄의 3분의 1과 철광석의 4분의 3을 양도했으며, 또 독일은 200만 명의 전쟁 사상자로 고통받았고, 독일 민간인들은 실제적으로 굶주림을 겪기 쉬웠다. 독일은 충분한 물품을 수출할 수가 없었는데 물품 수출은 배상금을 마련할 유일한 방법이었다. 매년 약 4천만 톤을 연합국에 수

송해야 한다고 규정하는 석탄조항[그 조약은 배상을 현금 대신에 부분적으로 물납할 수 있다고 규정했다]은 독일이 알사스-로렌, 자르 유역, 그리고 북부 슐레지엔을 잃은 것에 비추어 볼 때 지켜지기 어려웠다. 그는 되도록 많은 통계적 증거 서류를 가지고 이 모든 문제들과 또한 다른 문제들을 고려했으며, 고상한 도덕적 어조로 "종교나 정상적인 도덕에 입각하여 볼 때 국가가 어버이들과 통치자들의 악행을 적국의 어린이들에게 묻는 것은 정당하게 인정되지 않는다"고 결론지었다.

그 다음 장에서 그는 전후 유럽의 비관적인 모습을 묘사하고, 유럽 경제의 파괴와 쇠퇴, 그 경제 내부의 생산성의 절대적 감소, 수송과 교환 체계의 파괴, 해외에서 공급되는 물자를 구입할 수 없는 무능력을 강조해서 말했다. 그는 "자본주의 제도를 파괴하는 최선의 방법은 그 통화가치를 하락시키는 것"이라는 레닌의 말을 인용하면서 유럽통화제도의 팽창정책을 생생하게 기술했다. 요컨대 그는 내부투쟁으로 분열되고, 다투고, 굶어죽고 있으며, 약탈하고, 거짓말하고 있는 우리들은 비능률적이고 직업이 없으며 무질서한 유럽에 직면해 있다고 주장했다. 그러한 상황 아래서 적어도 잠시 동안 러시아의 볼셰비즘의 불꽃은 스스로 소진(燒盡)했던 것 같다고 그는 여기서 언급했으며, 몇 사람이나 견딜 수 있는지, 또는 사람들이 드디어 그들의 불행으로부터 도피하기 위하여 어떤 방향으로 갈 것인지를 그는 물었다.

구제에 관한 장에서 그는 유럽의 정치 현상을 대담하게 파헤치며 "현존하는 유럽 정부를 대체하는 것만이" 그러한 환경과 파리에서 만든 방법으로부터 벗어나는 길이라고 주장했다. 그는 제안된 국제연맹안을 분석하고 나서, 그 집회는 "다루기 어려운 다국어로 하는 토론회"가 될 수 있을 것이라고 올바르게 추측하고, 그러나 그 조약을 고치려는 처음의 노력은 다른 어떤 방법으로 하기보다는 그 연맹에서 이루어져야 한다는 데 동의했다. 그가 주로 의지하고 바랐던 것은 새로운 정부들이 이전의 정부들보다도 더 의미심장한 지혜와 더 관대한 아량을 보여주리라는 것이었다. 그는 더 현실성 있는 배상조건을 새롭게 제의했으며, 영국을 포함한 유럽 여러 나라의 자유무역동맹을 제안했다. 희미한 전조(前兆) 속에서 나치의 공포를 예상하면서 그는 "만일 우리들이 고의로 중부유럽의 빈곤을 목표로 삼는다면 복수는 어려움 없이 빨리 다가올 것이라고 나는 감히 예언한다. 그 어떤 것도 반동세력과 혁명의 절망적인 혼란 사이에 일어나는 최후의 내란을 아주 오랫동안 늦출 수는 없다. 그 내란이 일어나기 전에 최근의 독일 전쟁의 공포는 조금도 사라지지 않을 것이며 또 그 내란은 승리자가 누구이건 그를 파괴하고 우리 세대의 문명과 진보를 쓸모없게 만들 것이다"라고 적었다.

더 적극적으로, 유럽 경제를 본래의 상태로 회복하기 위하여 그는 연합국 사이의 빚을 될 수 있는 대로 청산하는 안(案)의 개요를 제시했다. "영국은 벨기에와 세르비아와 프랑스에 이익이 되도록 독일이 지불할 현금청구권을 포기해야 한다. 그 결과 배상의 우선권은 실제로 침공받은 국가들이 입은 물질적 손실에 부여될 것이다. 그러고 나서 전쟁에서 발생한, 약 40억 파운드에 달하는 연합국 사이의 총부채는 취소되어야 한다. 이들 '종이 쇠고랑'은 도처에서 재정 안정에 위협이 된다"고 그는 힘껏 강조했으며, 또 이 조공의 어떤 것도 고작해야 몇 해만 계속 지불될 것이라고 예언했다.

다음으로 그는 중립국들과 영국 그리고 대부분 미국이 제공하는 국제차관을 제안했다. 그것은 아마도 2억 파운드에 달하는 금액으로 연합국이건 적국이건 다같이 유럽의 모든 교전국들에게 공여할 외국 신용이었다. 따라서 그 차관은 유럽의 재건에 필요한 최소한의 식량과 물자를 제공할 수 있을 것이다. 또한 유럽통화를 전반적으로 재조직하도록 2억 파운드의 보증기금이 국제연맹에 의하여 설립되어야 한다.

독일을 유럽 경제 내부에 재통합하는 정책에 따라 그는 독일이 동부와 남부의 인접국들을 위하여 부의 창조자이자 조직자로서 제 위치를 찾도록 그 나라를 격려하고 도와주어야 한다고 촉구했다. 그는 또한 독일 정부 대리인과 조직자들이 러시아의 모든 마을에서 통상적인 경제적 동기에 관한 자극을 주게 되리라고까지 상상했다. 그 당시에는 아무도 새로운 소련 정부가 얼마나 안정될 것인가를 예상할 수 없었다. 그는 유럽 민족 간에 정신적인 결속은 거의 없다는 것을 인정했지만 적어도 잠재적으로 무시할 수 없는 경제적 결속이 있다고 생각했다. 여기서 그는 영국 자신의 경제적 이익에 관하여 아주 분명히 주장하면서 "만일 독일이 러시아와 생산물을 교환하고 식량을 자급하는 것을 우리들이 허용하지 않는다면 독일은 신세계(아메리카 대륙)의 생산물을 얻기 위하여 하는 수 없이 우리들과 경쟁해야 한다"고 말했다.

결론을 맺으면서 케인스는 실제로 아직도 새로운 눈으로 세계를 관찰할 시간이 있다는 것을 독자들이 알아차리게 했다. "얼마 지나지 않아 유럽의 운명은 아무도 통제할 수 없는 보이지 않는 풍조에 따라 좌우되었지만, 그러한 풍조는 의견을 바꾸는 교육과 상상력을 발동함으로써 영향을 받을 수 있었다. 진리에 대한 주장, 환영에서 깨어나는 것, 증오를 없애는 것, 마음과 정신을 넓게 가지는 것이 그 수단이어야 한다." 사람의 마음을 감동시키는 수사법으로 그는 "인간 영혼 속의 보편적인 요소가 현재를 살고 있는 이들의 생애 가운데 그렇게 희미하게 불탄 적은 결코 없었다"고 슬프게 관찰하면서 책을 끝마쳤다.

한 편의 시론(試論)으로서 케인스의 소논문은 베르사유 회담에서의 주역들을 극적으로 표현했던 점에서 대단히 빛나는 것이므로 그 작문의 특징을 간과하거나 아마도 그 논쟁을 성공적으로 일으키는 원인이 되었던 배후 요인들을 잊기 쉽다. 먼저 그 배후의 요인을 알아보려면 사람들은 과거로 거슬러 올라가서 케인스가 케임브리지를 떠난 뒤, 그의 옛 친구인 스트레이치의 경력을 다소 추적할 필요가 있다. 리튼 스트레이치는 인정을 많이 받았다는 흔적도 없이 일종의 고용기자로서

264

종속되어 우울한 생활을 오랫동안 영위하였다. 한편 케인스는 그동안 많은 인정을 받고 있었다. 리튼 스트레이치는 제1차 세계대전이 시작되기 바로 전에 《탁월한 빅토리아 시대의 사람들》의 윤곽을 묘사하는 일련의 저작구상을 마치고 버지니아 울프의 격려를 받아가며 그 작품을 열심히 썼다. 그가 매닝 추기경(1808~1892), 플로렌스 나이팅게일,* 매튜 아널드 박사, 고든 장군에 대해서 그의 유명한 심리학적 묘사를 했을 때 그는 적성을 블룸즈버리 친구들에게 엄밀하게 시험해 보았다. 그들은 또한 일반적으로 열정이 있었다. 그러고 나서 1915년에 그는 도라 캐링턴이라는 슬레이드 미술학교에 다니는 소녀를 만났다. 그 소녀의 눈은 밝고 푸르렀으며 머리는 단발이었다. 자신이 여자라는 것이 너무나 경멸스러워 마치 남자인 것처럼 스스로를 단지 캐링턴이라고만 불렀다. 그러나 리튼은 그녀를 좋아했다. 그리고 도라는 신경증 환자와 같이 괴상하게 리튼을 열애했다. 그들의 정사는 캐링턴이 리딩(버크셔 주의 주 소재지) 근처의 티드마 시에 있는 '밀의 집'(Mill house)을 발견했을 때와 함께 진척되었다. 케인스와 스트레이치의 다른 몇몇 친구들이 그들이 때때로 거기에 머무를 수 있다는 양해를 얻고 그 집을 취득하는 것을 도왔다.

1918년 5월 스트레이치는 클라이브 벨의 도움을 얼마간 받아서 마침내 《탁월한 빅토리아 시대의 사람들》을 출간했다. 그 책은 즉시 대단히 큰 성공을 거두어 그해 안에 7판까지 간행되었다. 거의 즉시 그는 돈을 벌었고, 공작부인들과 언론계, 그리고 홀딱 반한 부인들의 주의를 끄는 명사가 되었다. 스트레이치의 새롭고 조롱하는 듯한 전기체를 좋지 않게 생각하는 비평가들이 있었지만 레온 에델(1907~1997, 미국 전기작가)은 스트레이치가 어떤 의미에서 정신분석적 방법의 요소를 사용한 성격분석적 전기문학을 맨 처음 실천한 사람이라고 지적한

---

* 나이팅게일(Florence Nightingale, 1820~1910): 크리미아 전쟁 때 영국 간호사, 근대 간호법의 창시자.

다. 그 정신분석적 방법, 특히 그의 후기의 저서 《엘리자베스와 에섹스, 빅토리아 여왕》에서 사용한 그 방법은 빈에 있는 그의 스승(프로이트)마저도 인정했다.

스트레이치는 복음주의 인도주의자들이 제1차 세계대전에 간접 책임이 있다고 생각했는데 그들을 깎아내렸을 때 쓴 기법 말고도 그는 많은 풍자적 표현과 일기를 교묘하게 활용했고, 지루한 역사적 사실들을 대폭 줄인 서술을 기지가 번뜩이는 절(節) 또는 문장 속에 포함시켰다. 그는 사실들을 감히 자기 나름대로 해석하여 그 의미를 상세히 설명했다. 그리고 머지않아 그 유명인사들의 정체를 폭로하거나 또는 그들을 대좌(臺座)에서 떼어내리는 수많은 모방자들이 생겨났다. 케인스와 스트레이치 두 사람 모두를 개인적으로 알고 있었던 데이비드 가넷은 로이드 조지에 대한 케인스의 묘사가 그의 친구의 문체에서 영향을 받았다는 점을 확실히 보여준다고 믿고 있었다. 그리고 우리들은 이보다 더 일찍이 스트레이치가 케인스에게 윌슨 대통령의 손을 언급하도록 촉구한 것을 보았다.

최근에 입수한 케인스와 덩컨 그랜트의 서신은 해러드가 말한 것과 같이 케인스가 책을 단숨에 써버릴 수 없었음을 시사해 준다. 1919년 7월에 킹스 칼리지에서 보낸 편지 한 통 가운데서 그는 대단히 즐겁게 지내고 있으며 자신의 방과 책과 고독이 쾌적하다고 말했다. "나는 젊은이들이 매우 적다는 것을 알고 함께 할 생각이 전혀 없다. 나는 이러한 상태가 얼마나 오래갈지 생각해 봤어. 그러나 글쓰기는 너무 어려워. 그래선지 나는 성공적으로 책을 써낼 수 있는 사람들에 대해서 점점 더 감탄하지. 오늘은 클레망소의 외양과 개성에 대한 묘사를 끝마쳤고 내일은 윌슨에 관한 묘사를 시작할 거야. 나는 해볼 만한 가치가 있다고 생각해. 그러나 그 일은 정말로 내 힘에 벅차."

세 거두에 관한 케인스의 우아한 소품문(小品文)은 그 논조와 논법상 《탁월한 빅토리아 시대의 사람들》에 대한 스트레이치의 긴 묘사와 확실히 유사하지만, 케인스 자신이 타고난 독특한 재능의 산물이었다. 쇼펜하우어나 콜리지와 같은 많은 사상가들이 인정했듯이 창작력은 천재의 본질적인 요소다. 그리고 상당히 많은 동성애자들과 양성애자들이 고도의 상상력과 통찰력을 소유하고 있었으며 그러한 자질은 심지어 때때로 예언력으로 발전하기까지 했다는 것은 그리스 시대 이래 오늘날까지 작가들이 보여준 기묘한 사실이다.

어떤 남녀의 양성 사이에 있을 법한 이러한 관계와 그들의 고양된 상상력을 무엇으로 설명할 것인가? 그 해답은, 이성애가 널리 행해지는 사회에서 동성애자들[양성애자들]은 국외자들이거나 또는 맨 가장자리에 위치한 주변인이라는 사실에 있다. 그러한 어떤 사람들은 독특한 감성과 상상력과 두 개의 초점을 가진 일종의 지각력을 드러낸다. 왜냐하면 그들은 정상인의 생각이 어떤 것인가를 끊임없이 상상하지 않을 수 없기 때문이다.

사람들이 이 문제에 관하여 어떤 견해를 취하든지 간에 케인스의 창작력이 베르사유에서 보인 정치가들의 모습을 다양한 형태로 적나라하게 보여줬으므로 그의 창작력의 풍부함을 의심할 여지가 없다. 윌슨 대통령은 눈이 멀고 귀가 먹은 돈키호테나 비국교도의 목사로 묘사되었으며, 로이드 조지는 카멜레온과 같이 변덕스러운 사람, 마녀가 타고 다니는 빗자루, 웨일스의 마녀, 남자를 유혹하는 요부 등으로 한꺼번에 묘사되었다. 다른 곳에서 그는 경기의 도구이며 경기하는 사람, 프리즘과 같은 인간, 흡혈귀, 그리고 무당으로 등장했다. 이렇게 다양한 은유를 기묘하게 사용한 것은 케인스가 '인간에게 거리감을 느끼는 사고방식'에 관여했다는 추정 근거가 될 수도 있을 것인데, 로덴버그 박사는 그러한 성질이 창조성의 징표가 되는 것이라고 말했다.

케인스는 승리자들의 편에서 아량을 베풀어야 할 필요성을 강조했고, 파리강화회담에 나온 정치가들에 대한 고발을 장황하게 끌지는 않았으나 그 작품 전체에 걸쳐 그러한 정신은 내재되어 있었다. 그것은 분명히 그가 받은 전체 교육과 환경의 산물이었다. 그래서 어떤 다른 견해도 생각할 수 없었다. "그는 영국의 독자들에게 그들의 타고난 천성과 그러한 사례를 더 전개하는 것이 부끄러운 일이라는 것을 단지 생각나게 하고 있었다. 위대한 빅토리아 시대의 고상한 케임브리지, 사도회(使徒會), 그의 직접적인 선배들이었던 화이트헤드, 트레벨리언*, 골디 디킨슨** 등 세련된 감수성을 지닌 사려 깊은 사상가들, 이 모든 사회는 의심할 것 없이 아량을 베푼다는 교훈을 수용하곤 했었다. …… 케인스가 그릇되었던가? 아니면 빅토리아 시대에 확립되었던 것과 같은 영국 문명의 전제조건이 1919년에는 실용성이 없었던가? 이에 대한 의문은 간단치 않다. 케인스에 관하여 독특한 것은 그가 대혼란 속에서도 침착했으며 그가 속했던 문명에 대한 감상(感想)을 언명(言明)했던 것이다"라고 해러드는 말하고 있다.

그러나 그 이후 그러한 견해를 국제문제에 적용할 때 이러한 도덕관 속에는 중대한 결점이 있다는 의견을 표명한 다른 한편이 있었다. 그 주요한 케인스 비평가인 에틴 맨투는 그의 저서 《카르타고식 평화》 가운데서 그러한 견해에 이의를 제기했으며, 더 최근에 코렐리 바네트는 훨씬 더 설득력 있는 비판을 제기했다. 그는 영국의 복음주의와 비국교주의가 낭만적 이상주의와 그 당시 국제관계에 수출되었던 복음도덕에 기여하였다고 주장한다. "아마도 미국을 제외한 어떤 다른 나라도 그들 자신의 변화하는 종교적 체험을 다른 나라와 함께 나누지 않았고, 따라서 어떤 다른 나라도 지금 그들의 세계관을 함께 나누지 않는다는 것을 영국은 잊었다. 그래서 교활함과 비꼬는 버릇, 기회주의와 속임수, 무력(武力) 그리고 국가적 이기주의에 도움이 되는

---

* 조지 트레벨리언(George M. Trevelyan, 1876~1962): 영국의 역사가, 케임브리지 대학의 현대사 교수.
** 골디 디킨슨(G. Lowes Dickinson, 1862~1932): 영국의 수필가, 철학자, 여행가, 정치 및 문명비평가.

모든 것이 아직도 지배했던 인간의 활동영역에 관대함, 신뢰성, 애타심 및 도덕적 행동을 위한 엄격한 주의를 적용함으로써, 20세기의 영국은 영국민 자신의 미덕 때문에 무장을 하지 않고 맹목적으로 서 있었다." 더 나아가서 "케인스 책의 바로 그 단점, 즉 그 감상적인 표현과 도덕적 의분, 그 죄의식, 그리고 전략적인 이해력의 결핍 가운데 그 독특한 호소력이 있고, 광범하고 원대하며 크게 이변을 일으킨 성공이 보장되었다"고 그는 주장한다.

이 맹렬한 비난이 얼마나 타당한가? 케인스의 소책자의 이름은 《평화의 경제적 귀결》이었고, 그 책 내용은 식량과 석탄과 운송의 문제가 정치가들이 그렇게도 많은 그들의 주의를 기울였던 국경이나 주권의 문제보다 더 중요하다고 주장했지만, 그 소책자는 군사적 안전에 대한 프랑스의 우려에 관해서는 거의 분석하지 않았다. 케인스는 카르타고식 평화조약과 같은 조약을 프랑스가 요구하는 것은 미래보다도 과거에 관심이 있는 한 노인의 정책이라고 주장함으로써 그 문제는 단지 간접적으로 다루었다. 그러나 윈스턴 처칠은 훗날 프랑스의 안전이 그 평화회담의 근본 문제였으며, 케인스가 경제적 측면에 관하여 말할 자격은 의문의 여지가 없었지만, 그는 그 문제의 다른 측면 그리고 훨씬 더 중요한 측면의 문제에 관해서는 많은 다른 사람들보다 더 좋은 판단을 내릴 수 없었다고 쓰게 되었다. 윌슨 대통령이나 다른 이상주의자들과 같이 케인스는 힘의 균형이란 사상을 배척했으며, 국제연맹이 집단안전보장을 해주리라고 기대했다. 그는 이 문제에 대해서 매우 비난받기 쉬웠다. 심지어 해러드까지도 케인스가 프랑스의 안보문제를 올바로 평가하지 못했다고 인정했으며 이 중요한 문제에 전념하지 못했던 것이 흠이었다고 첨언했다.

논란을 일으킨 케인스의 저작은 그것이 책으로 출간되기 이전에도 미국에서 한 잡지 형태로 출현했다. 그는 《뉴 리퍼블릭》*의 재기 발랄한 젊은 편집국 기자였던 월터 리프먼(1889~1974, 미국의 시사평론가, 언론인)을 파리에서 만났다. 그 미국인은 그 후 그에게 그 책을 몇 부로 나누어 그 잡지에 연재하게 해 주도록 간청했다. 케인스는 이렇게 하는 데 동의했으나 펠릭스 프랑크푸르터(1882~1965, 오스트리아 빈 출신의 미국의 법학자, 교육자)에게 보낸 편지 속에서 그의 원고가 국제연맹에 반대하는 운동의 하나로 사용되는 것을 원치 않는다는 것을 분명히 했다. "나는 그 강화조약의 나머지 부분에 반대하는 것만큼 현재의 불완전한 형태로라도 이 국제연맹을 찬성합니다. …… 그러나 내 원고가 국제연맹에 반대하는 운동의 하나로 사용되는 것을 반기지 않습니다. 만약 《뉴 리퍼블릭》이 이러한 노선을 택하고 있다면 나는 앞으로 거기에 글을 연재하지 않을 것입니다." 1919년 성탄절에 《평화의 경제적 귀결》의 3회 연재분 중 첫 회분이 그 잡지에 게재되었을 때 그 장애는 극복되었다. 그리고 그 글은 여론에 엄청난 충격을 주었다. 곧 케인스가 그 평화회담의 중재자들의 특성을 심술궂게 묘사했던 글이 널리 인용되었고 심지어 미국의 상원에서까지도 인용되었다.

그 책 자체에 관해서 말하면, 케인스는 맥밀런 출판사에서 그 책이 출판되도록 계획했다. 그는 그 책이 팔릴 것을 확신하고 널리 보급되기를 열망하여 그 회사의 임원들과 토의한 뒤 그 자신이 출판의 위험 부담을 지고 모든 비용을 지불하며 인세의 10퍼센트를 맥밀런 출판사에 지불할 것에 합의했다. 창의력이 풍부했으므로 그는 또다시 보통 있는 출판계약을 바꾸어 놓고 그 자신 스스로 위험을 부담했다. 그 위험을 부담하면서 그는 훨씬 더 많은 이익을 낼 기회를 잡을 것이라고 확실히 기대했으나 결과가 나왔을 때 그는 이렇게 한 것에 실망했다. 에딘버러의 한 회사가 그 책을 인쇄해 그 도시에서 해상으로 런던에

---

* 《뉴 리퍼블릭》(*The New Republic*): 미국의 자유주의적 잡지 가운데서 가장 영향력 있는 잡지의 하나임. 스탠더드 오일(Stand Oil) 상속녀인 도로시 휘트니 스트레이트의 재정적·정신적 후원을 받아 허버트 데이비드 크롤리가 1914년 창간.

가져올 때 재난을 당했다. 그 책을 싣고 오던 배가 난파당해서 2000권을 버렸다. 그러나 너무나 놀랍게도 그 책들은 크게 손상되지 않아서 드디어 덴마크 해안에 그 책들을 인양했을 때 그것들은 그 나라에서 공매되었다.

하버드 대학교 법과대학의 프랑크푸르터 교수가 그 평화회담에서 케인스와 알게 되었고 그는 그 책의 미국판을 '하코트 브레이스 앤드 하우'가 출판하도록 주선했다. 사실 리프먼이 처음 케인스에게 그 회사를 권했으며, 그 다음에는 케인스가 거꾸로 그 출판사를 이용하도록 리튼 스트레이치에게 간청했다. 리튼 스트레이치를 통하여 하코트 브레이스사(社)는 블룸즈버리 저자들을 대부분 확보했으며 버지니아 울프의 소설들이 가장 수지가 맞았다. 영국과 미국에서 케인스의 저서에 대한 첫 신간 서평이 있은 뒤 그 책의 판매량은 출판 역사상 기록을 남겼다. 단지 이 두 나라에서만 6만 권 이상이 출판된 지 첫 2개월 내에 팔렸고, 이 판매량 가운데 3분의 2 이상이 미국에서 팔렸다. 영국에서는 노동당이 노동조합원들 및 협동조합원들에게 배포하기 위하여 1만 권의 특별염가판 제작을 후원했다. 재빨리 독일어, 프랑스어, 네덜란드어, 플라맹어, 덴마크어, 스웨덴어, 이탈리아어, 스페인어, 루마니아어, 러시아어, 일본어, 중국어로 번역되었다. 요컨대 케인스의 전형적인 시론은 문자 그대로 세계 도처에서 읽혔다. 한 추산에 따르면 그 판매량은 1924년까지 모두 약 14만 권이었다. 그 책은 대중 설교나 공공 회의에서 토의되고 언급되었으며 그 주제는 모든 국제기구에서 논의되었다. 케인스는 유명한 인사들로부터 수많은 축사를 받았을 뿐만 아니라 모든 계층의 사람들에게 골고루 열광적인 찬사를 받았다.

그 책이 출간되자마자 케인스는 수많은 증정본을 관리들과 친구들과 그의 가족들에게 보냈다. 그의 친구들은 그 책의 탁월함을 반겼으며 특히 개성의 묘사를 음미했다. 다른 한편으로 파리에 있었던 고위 관리들 또는 전반 사정을 잘 아는 인사들 사이의 의견은 복잡했다. 그 당시 하원의원이었던 오스틴 체임벌린은 윌슨 대통령을 호되게 풍자한 것을 즐겁게 읽었으나 케인스가 그 평화협상에서 영국을 비판할 필요성을 느꼈다는 점을 서운해 했으며, 14개항에 대한 배신을 연합국 중재자들에게 전가한 것은 불필요한 일이었다고 생각했다. 더 나아가서 그는 공공연한 도덕적인 고발을 뺐으면 좋았을 것이라고 느꼈다. 리딩 경* 또한 그 책이 미국에서 해를 끼칠 수 있는 가능성 때문에 크게 실망하였으나 로버트 찰머스 경과 레지널드 맥케너는 그러한 두려움이 없었다. 로이드 조지는 그 책을 보고 몇 부분에서 화가 났으나 대체로 좋아했다. 왜냐하면 그 책은 그를 윌슨보다 더 총명한 사람으로 설명했기 때문이다. 스머츠 장군은 그 책을 매우 지독한 기소장이라고 불렀으며, 멜히오어는 진지한 한 통의 편지 속에서, 그 책을 읽으면서 다행하게도 또는 불행하게도 단지 제 1막만이 끝났을지도 모르는 애처롭고 갈피를 못잡게 하는 고상한 연극과 같은 느낌을 갖게 한다고 말했다. 그는 케인스의 책이 전후사(戰後史)의 새로운 전개를 위한 이정표가 될 수 있을 것이라는 소망을 피력했으며, 만일 관계된 사람들과 그들의 정부들이 그러한 현명한 조치를 취할 만큼 이미 성숙되어 있다면, 그의 실제적 구제책은 유럽의 재건을 가능하게 할 것이라고 말했다.

한 전형적인 영국인의 반응이 길버트 앤드 설리반**의 신세를 지지 않고 1920년 1월 14일 《펀치》***지에 발표된 몇 개의 시구로 나타났다.

케인스라고 하는 뛰어난 젊은이가 있었으니

---

* 리딩 경(Lord Readomg, 1860~1935): 영국의 후작, 법학자이며 정치지도자, 인도 총독(1926).

** 길버트 앤드 설리반(Gilbert and Sullivan): 이들은 희가극을 함께 쓴 단짝으로 여기서는 유머러스하고 풍자적인 그들의 작품 경향을 인용된 시에 빗대고 있다.

*** 《펀치》(Punch): 1984년에 창간된 영국의 유머 주간지.

그는 광범한 지식을 소유하였고
킹스 칼리지의 연구원으로 선발되어
경제학과 그의 인접 학문을 가르쳤다.

전쟁이 터졌을 때 그는 즉시
임시직이지만 주요한 재무성 서기로서
또 상임 간부로서 명성을 떨쳤고,
재무상 또한 그를 쾌속정이라고 공언했으며
쾌속정이라 부를 만큼 그는 훌륭한 인물이었다.

그리하여 그는 강화회담에 참석하여
침묵하는 대표로서가 아니라
재무상의 수석대리인으로서 활약했으며
이 막중한 책임이 있는 자리에 있으면서
회담을 주관하는 인물들과 교제했다.

존경할 만한 세 거두는 그의 재능과 열의에
대단한 감명을 받았다고 고백했으나
반대로 고통스러운 사실은 그들이
당당한 케인스에게 감명을 주지 못했다는 것이다.
그리하여 5개월간의 진행성 혐오감을 느낀 뒤
그는 파리의 먼지를 털고 분연히 일어서서
수석대표를 혹평하고 강화회담의 막후에서
평범한 사람이 되기로 결심했다.

그의 제목은 진부하지만 그가 쓴 지면들은
풍부한 재치로 흥을 돋운다는 것을

모든 사람들은 인정해야 한다.

그는 메기처럼 기민하고 무시될 수 없는 사람으로

그의 설명을 시종일관 들으면서

우리들은 결코 싫증내지 않았다.

왜냐하면 그는 당파심이 강한 작가가 아니고

우리들을 깊이 생각하게 하는 사상가이기 때문이다.

그리고 그의 논쟁은 '독일군의 찬성자'

또는 '평화주의자'의 외침이라고

가볍게 종결지을 수 없다.

그러나 결점 또한 똑같이 발견할 수 있다.

예를 들면, 대답할 수 없는 대표적인 정치가들을

멋대로 희롱할 수 없는 사람에게

그 책은 올바른 구실을 하고 있는지 나는 의심한다.

그리고 한편 우리들은

구변 좋은 위선자다운 윌슨 대통령의 방식과

간결하고 가혹하며 냉소적인 난폭자(클레망소)를

또한 매우 유연하고 교활하며

변덕스러운 우리 총리를

그가 신랄하게 비난한 것을 즐거워했다.

더욱이 우리들은,

연합국이 독일인들에게 재기할 자력(資力)을

주는 것을 싫어하기 때문에

그가 연합국을 몹시 비난할 때,

킹스 칼리지의 연구원이 아마도 어떤 궁극적인 일들을

숨길 수도 있을 것이라고 생각한다.
— 케인스의 솔직함《평화의 경제적 귀결》을 정독하고 생각하다)

《더 타임스》지의 편집자인 위컴 스티드는 1920년 1월 5일자에서 영국인들의 반응에 관한 논평을 냈다. 그는 그때 그 책을 교활하다고 비방했으며 케인스의 정치적 미숙과 독일에 대한 그의 특별한 관심에 대해서 놀라움을 표시하는 한편, 그 책이 그 조약의 경제적 조항들에 대한 건설적인 비판서로서 가치가 있다음을 인정했다. 영국과 유럽의 많은 케인스 비평가들은 다만 그들이 독일을 위한 선전이라고 여겼던 것에 대하여 비난을 퍼부었다.

케인스 의견으로는 자신의 책에 관한 "진지하고 책임 있는 첫 비판"은 파리회담의 미국 재정담당 대표의 법률고문으로 일했던 존 포스터 덜레스가 한 것이었다. 덜레스는 1920년 2월 16일자로《더 타임스》지에 보낸 편지에서 케인스가 비판한 그 조약의 나쁜 점들은 이러한 단점들을 올바르게 고치도록 한 조항들과 상쇄되었다고 주장했다. 적군에게 부과되는 배상금으로 연금과 별거수당을 고려해야 한다는 요구에 대한 윌슨 대통령의 합의각서라고 하는 것은, 케인스가 저술한 '미묘한 걸작' 때문이 아니었고, 오히려 그 회담에서 자유로운 사상을 가진 지도자의 한 사람이었던 스머츠 장군이 준비한 각서의 결과로서 생긴 것이었다. 덜레스는 받는 사람의 편에 서서 배상금을 정하고 그것을 전달하는 배상위원회를 설립하는 데에서 그 조약의 실용성, 즉 그가 소중하다고 말한 사회의 법체계라는 절차 때문에 그 조약을 옹호했다. 만약 배상위원회가 마음속에 그린 국가의 진실한 이익과 일치하여 그 힘을 발휘한다면 그 위원회는 정치적 수완이 있는 업적을 달성한 것으로 볼 수 있을 것이다.

케인스는 길고 정중한 회답을 보내 책에서 제시한 배상금액을 정당화했고, 책이 출간된 이후 개인적이건 또는 다른 이유에서건 여러 가지 이유로 그가 비판받았던 두 달 동안 "아무도 나의 주요한 결론을 자세히 검토하려는 진지한 시도를 해보지 않았다"고 주장했다. 그는 배상위원회에서 조정하는 방법보다는 오히려 그 조약의 공식 개정이 필요하다고 말했다. 또 그 당시의 결정에 굴복하기보다는 인간 정신을 지도하고 계몽하고 고상하게 하지 못한 데 대하여 파리강화회담에 나온 정치가들을 비난했다.

그 후 1920년 4월 18일 노먼 데이비스에게 보낸 진상을 밝히는 편지에서 케인스는 다른 문제들을 말하는 가운데 그가 윌슨 대통령에 대하여 기술한 문제를 논했다. 그가 그 대통령의 심리 상태라고 생각했던 것이 그 대통령의 성실성에도 불구하고 믿을 수 없는 평화를 어떻게 수행할 것인가를 설명하는 나의 책의 목적에 필요했다고 그는 말했다. 그는 이때 윌슨의 약점의 원인을 윌슨이 곧 걸릴 듯한 병의 조짐 때문이라고 생각하는 경향이 있었다. 그에게 우드로 윌슨은 몰락한 영웅이었다. 그는 하버드 대학의 알린 영 교수에게 보낸 또 다른 편지 가운데 "내가 그에 대하여 말하는 모든 것과 나의 모든 실망에도 불구하고, 나는 근본적으로 그 대통령이 파리강화회담에서 어떤 그의 동료들보다도 더 고상한 역할을 수행했다고 아직도 믿고 있다"는 것을 시인했다.

그 책이 출판되고 이 첫 1년 동안 미국인들이 행한 논평과 설명은 훨씬 더 많았다. 케인스가 생각하기에 진지한 몇 편의 분석 가운데 하나는 '미국 식량관리국'과 함께 파리에 있었던 경제학자인 알론조 E. 테일러 박사가 쓴 것이었다. 그와 또한 그 회담에 참석하고 있던 미국 법률가인 폴 클러배스는 영국이 독일 상선 몇 척을 돌려주고 얼마간의 다른 경제적 양보를 하도록 케인스가 권고했어야 했다고 생각했다. 그러나 클러배스는 《뉴욕 타임스》에서 케인스의 책을 매우 칭찬하고 그 책에 만족한다는 서평을 썼다.

이 모든 것에 대한 놀라운 결과의 하나는 그 강화회담에서 탁월한 역할을 했던 버나드 바룩이 쓴 책에 대한 케인스 자신의 서평이었다. 케인스는 미국의 대표단이 그 비밀회담에서 명예롭고 분별 있는 방침을 지켰다는 데 버나드 바룩과 의견을 같이했으며, 심지어 바룩 씨가 묘사하는 그 당시의 상황에서는 대통령이 어떤 인물이었든지 그리고 연합국 지도자들이 어떤 인물이었든지 그 회담의 결과는 다를 수 없었을 것이라고 시인했다. 하지만 그는 14개 항목에 있는 것과 같은 단어들을 진지하게 생각해야 한다는 데에서, 그리고 배상위원회가 그 조약의 조건을 수정함에 있어 믿을 만한 기관이 아니라고 생각하는 데에서 바룩과 의견을 달리했다.

케인스는 그의 책이 출판되기 한 해 전인 1919년 10월에 우리들이 앞에서 보았던 것과 같이 암스테르담에서 멜히오어와 함께 있었다. 그는 나중에 멜히오어와 그 함부르크 동료의 형제인 폴 바르부르크와 함께 어떻게 암스테르담 시를 산책하러 다녔는지를 자세히 말했다. 점심을 먹은 뒤 케인스는 그들 두 사람을 자신의 호텔 방으로 데리고 가서 거기서 원고에 있는 대통령에 관한 장을 꺼내어 읽고는 두 사람의 유대인에게 미치는 영향이라고 말하면서 주를 달았다. 개인적인 이유로 대통령을 증오했던 바르부르크는 웃음을 웃고 킬킬댔으며 그 표현이 꼭 들어맞았다고 생각했다. 그러나 멜히오어는 그 말을 들으면서 전보다도 훨씬 더 엄숙해져서 당장이라도 울음을 터뜨릴 것 같았다. "따라서 이것은 장막의 반대편이었다. 의미심장한 대의도 아니고 불가피한 운명도 아니고 또한 멋지게 심술부리는 일도 아니었다. 법률서적이 치사하게 궤멸했다는 것이 그 순간 멜히오어의 생각이었다."

대통령에 대한 케인스의 묘사가 적중한 것이었는지는 확실히 논쟁의 여지가 있지마는 그 책이 1919년 12월 12일 출간되었을 때 거의 즉시 출판업계의 큰 화제가 되었다는 사실은 논란의 여지가 없다. 그 놀라운 성공은 어떻게 설명되었는가?

그 책의 문학적 가치나 또는 탁월한 정치가의 모습을 축소해서 묘사한 것은 별도로 하더라도 그 책은 그와 같이 중대한 세계사의 고비에서 혼란한 정치 경제적 상황을 정화(淨化)할 강렬하고 만연한 필요성을 충족시켰던 것으로 보인다. 사회심리학적으로 보면 케인스는 그 당시의 인습에 젖은 정치가들과 다르게 그 상황을 인지했다. 스머츠 장군은 일찍이 국내에서 그 조약에 관하여 어떤 일을 할 것인가에 대해서 말했지만 그조차도 숙명론적으로 되었다. 케인스에게 보낸 편지에서 그는 "면밀하게 그 문제를 숙고한 결과, 나는 그 조약에 관한 통상적인 공격이 무익하다는 것을 알았습니다. 그것은 지나간 일이며, 우리들의 모든 인간적 어리석음을 씻어 없애는 시간과 위대한 자비를 제외하고는 아무것도 그 조약을 취소할 수 없습니다. 건설적으로 되는 것이 더 좋습니다"라고 썼다.

인간적인 조건을 개선하는 데 항상 낙관적이었고 사회개선론자였던 케인스는 전혀 다르게 생각했다. 탈고는 했으나 출판에 앞서 스머츠에게 보낸 이전의 편지에서 그는 "이 시기에 유럽의 일반적 사정은 내가 책을 쓰려고 자리잡았을 때보다도 훨씬 더 그 조약으로 야기된 상황을 설명하도록 요구하는 것 같습니다"라고 썼다. 그는 영국에서 나타난 반독(反獨)감정뿐만 아니라 미국과 영국에서 고조되는 고립주의를 주목했으며 "그러나 아마도 가장 놀라운 것은 유럽 국민 자신들의 무기력이다. 그들은 아무런 계획이 없는 것 같고 자신들을 도울 거의 아무런 조치도 취하지 않으며 심지어 그들의 호소에는 열성이 없어 보인다. 그것은 마치 우리들이 어떤 격변이나 또는 파멸을 겪고 있다기보다는 인간 생활의 일반적 조건들이 끊임없이 서서히 약화되고 있는 가운데 우리들이 처하여 있는 것처럼 보인다. 그러나 누구든 말할 수 없다"고 덧붙였다.

그것은 예이츠*가 〈재림〉(再臨)이라는 시 가운데서 묘사한 것과 같은 상황이었다.

사물은 산산히 부서지고 중심을 잡을 수 없도다.
세상에 다만 혼돈이 있을 뿐

최선의 인간들도 온갖 신념을 상실하고,
한편으로 최악의 인간들은 격정에 충만되다.

케인스는 신념을 상실하지 않았다. 그는 기회 – 역사적 순간을 포착하고 유럽의 정치, 경제적 질병을 치료하기 위한 진단과 처방을 정열적으로 제시하였다.

미국 육군장관의 보좌역으로 그 비밀회의에 참석했던 펠릭스 프랭크푸르터 교수가 쓴 최근에 발간된 일기에는 평화회담에서 케인스의 역할을 이렇게 해설하는 약간의 확증이 있다. 1919년 7월 11일 프랑크푸르터는 그 회담에서 윌슨 대통령의 실수를 보았기 때문에 월터 리프먼에게 그 실수의 이유를 설명하는 편지를 써야 했다. 그는 대통령도 대통령의 고문인 에드워드 M. 하우스 육군 대령도 조정의 기술에 대해 그리고 작동하기 시작하는 조정 과정과 그들이 신뢰할 수 있는 세력에 대해 충분히 파악하지 못했다고 변명했다. "미국과 영국의 선거 결과가 고려되지 않았습니다. 달성할 수 있는 세계질서에 접근하는 데 필요한 지식과 통찰력이 조금도 부족하지는 않았다고 할지라도, 최고의 지위에 있는 사람에게 지도하고자 하는 의지가 결핍되어 있었습니다"라고 그는 주장하면서, "이러한 목적 달성을 불가능하게 하는 원인과 두 나라 국민 또는 세 나라 국민들이 꿰뚫고 나가지 못하게 하는 원인을 깊이 생각했습니다. 그리고 나니 만약 스머츠나 보타[그 회담에서 자기 나라를 대표했던 또 다른 남아프리카의 군인이며 정치가]가 은밀히

---

* 윌리엄 버틀러 예이츠(William Butler Yeats, 1865~1939): 아일랜드의 시인, 극작가, 수필가. 1923년에 노벨문학상을 수상. 대표시집 《쿨 호의 백조》 등 다수의 시집과 희곡집을 남김.

말했던 것을 수개월 전에 큰 소리로 외쳤다면, 그리고 우리 자신들의 두세 나라의 국민들 편에 대중의 용기가 있었다면 이 조약은 결코 존재하지 않았을 것"이라고 덧붙였다. 물론 그 조약의 철저한 배신 때문에 사임했던 케인스와 같이 용기 있는 사람들이 몇 사람 더 있었다. 프랑크푸르터는 이보다 먼저 그 회담에 대하여 구두로 회상하면서, "케인스가 출판했던 책에서 말한 종류의 일에 대해서 케인스가 느꼈던 것처럼 그들도 느꼈으나, 이 어구가 의미하는 것과 같이 그가 '일을 그르쳐야' 한다고 똑같이 생각하지는 않았던 하버드 출신의 나의 동료들, 샘 모리슨이나 앨린 영과 같은 사람들이 파리에는 많이 있었다"고 말했다.

케인스의 전기에서 해러드는 물론 《평화의 경제적 귀결》을 출판한 것이 그의 생애에서 한 전환점이 되었다는 것을 인정했으나 그 작품에서 독창성을 띠는 요소들을 알아채지는 못했다. 그렇게 힘찬 논박으로 서술하여 달성한 케인스의 업적은 여러 가지 의미에서 독창적이었다. 그러한 자질은 문학적 상상력과 그 조약의 경제조항에 대한 명석한 논리적 분석을 뛰어난 솜씨로 조합한 데서 드러난다. 아리스토텔레스 식의 논리와 함께 구식의 사고로 세 거물을 그려낸 그의 심리학적 묘사와 왕자와 소녀에 대한 우화는 그러한 종류의 정치적 소책자로서는 독창적이고 설득력이 있었다. 그의 생애의 후기에 케인스는 이 책에 쓰여진 개념들을 더욱 분명히 암시하였다. 경제학 분야에서 케인스가 유럽의 과거나 유럽 문제에 대해서 총체적인 접근 방법을 강조하기보다 유럽의 미래에 그의 독창적인 주의력을 집중한 것은 가장 과격한 의미에서 혁신적이었다. 유럽 대륙의 경제 부흥을 위한 그의 웅대한 계획과 더불어 이러한 일은 물론 마셜플랜과 유럽경제공동체라는 개념을 예상하게 하는 것이었다. 사람들이 이러한 제안에 대하여 정당하게 말했을지도 모르나 말하기를 삼갔던 유일한 이유는 정치적 판단의 문제, 말하자면 이 제안들이 그 시대에 너무 많이 앞서 시기상조였든지, 그리고 프랑스의 안전 문제를 다루지 못했던 것인지를 의미한다.

경제학자로서 그의 필생의 작품을 놓고 볼 때 《평화의 경제적 귀결》의 가장 독창적인 측면은 과잉저축을 통찰했다는 것이다. 요제프 슘페터* 교수는 그의 저서에서 "케인스는 그러한 요소에 주의를 돌린 첫 번째 인물로서 그 요소가 케인스의 후기 사상에 동기를 부여하고 영향을 미쳤다"고 주장했다. 슘페터는 한 경제학자가 시도하는 실험적 연구의 이론 모형을 형성하고 그 이론 모형에 영향을 미치는 과학 이전의 분석과 직관의 혼합을 '통찰력'이라는 말로서 설명했다. 그는 그와 같은 통찰력의 관념적인 맥락을 강조하면서 그 통찰력이 과학이 발전되어가는 과정에서 편견과 편향을 서서히 잃어간다는 신념을 피력했다. 심리학자들이 통찰력이라는 용어보다도 더 애매모호한 또 하나의 용어를 말하는 것은 흥미로운 일인데, 그들은 한 단어 또는 구, 일련의 구들, 전체적인 구조와 주제, 조사(調査)를 시작하는 시각적 형태인 상(像)으로 이루어져 있는 실마리라는 개념에 대해서 말한다. "이들 개념은 손쉽게 상술할 수 있는 완전한 개념과는 거리가 멀지만, 창작자가 탐사를 하는데 흥미를 느끼는 요소들이다. 창작 과정 그 자체는 이들 개념을 조사하는 수단과 방법이다"라고 로덴버그 박사는 말했다.

과잉저축에 대한 케인스의 개념은 거의 20년 이상 계속된 창작 과정을 시작한 실마리와 같은 개념이었다. 케인스는 《평화의 경제적 귀결》에서 투자기회를 앞지르는 저축성향이 장기적으로 보자면 존재하다는 것을 실험적으로 제시했다. 그러고 나서 그는 《자유방임주의의 종언》(1926)에서 저축과 투자의 양과 방향을 조정하는 문제를 다시 언급했다. 그 문제는 여전히 그의 마음속에 큰 자리를 차지하고 있었다.

---

* 슘페터(Joseph Schumpeter, 1883~1950): 오스트리아 태생의 미국 경제학자. 주저 《자본주의, 사회주의, 민주주의》.

그 후 그가 〈화폐와 일반 이론〉에 관한 논문에서 이들 두 변수 사이의 관계를 충분히 분석했을 때 그 문제를 단기적인 용어로 표현하였다. 그 조약에 관한 논문에서 그는 변증법적 분석 방법을 약간 일반적으로 사용했으나 화폐 이론에 관한 이 후기의 작품에서는 그의 사상을 발전시키고 정교하게 다듬는 데 그 반대의 방법을 훨씬 더 두드러지게 사용했다. 경제학 방법론의 견지에서는, 케인스가 배상에 관해서 아주 전통적인 신고전파의 방식으로 분석했으나 현대 심리학의 기본 개념과 현실정치에 대한 그의 이해력을 사용했다는 점은 주목할 만하다. 평화회담이 그 이전 재무성의 경험으로 볼 때, 현실이란 이성의 영역에 속하는 것이 아니라 그 결과를 완전히 예측할 수 없는 흔히 애매하고 신비스러운 세력의 영역에 속한다는 것을 보여주고 있었다. 이제 그는 유럽의 경제제도가 전통적인 이론이 제의(提議)할 수 있는 것처럼 안정적이고 자율적이기보다는 비정상적이고, 불안정하며, 복잡하고, 신뢰할 수 없으며, 덧없는 것이라는 사실을 과거 어느 때보다도 더 실감했다. 전통적인 이론이 갖는 안정성은 주로 환경에 익숙해지는 인간의 능력, 말하자면 관례에 따른 생활 구조에 기인하는 것이었다. 시간이 경과함에 따라 많이 수정된 이러한 통찰력은 그 뒤《일반이론》의 근본적인 가정 속에 나타나게 되어 있었다.

케인스는 국제 사회를 주도하는 정치가들의 실수와 단점을 지적할 수 있는 비평가의 역할을 자임하면서, 그 자신 세계적인 명성을 날렸을 뿐만 아니라 그 자신의 권위로 거의 유력하다고 할 만큼의 정치적인 인물이 되었다. 회고하건대 케인스가 그 책을 내고 나서 영국 관계(官界)에서 배척받았다고 할 정도로 해러드가 과장해서 말했다는 것은 이제 분명하다. 사실상 케인스는 재무성의 바질 블래킷과 로버트 찰머스 경과 접촉을 유지했으며, 재무장관인 오스틴 체임벌린과 총리인 허버트 애스퀴스에게선 자문을 요청받았고, 세 정당 모두에서 선거에 입후보하도록 초청받았는데 이 모든 일은 그의 책이 출판되고 1년 안에 일어났다. 그 이후 1920년대에 그는 다시 로이드 조지의 주요한 고문이 되었다. 그가 그 책을 쓴 결과로서 그 후 수년간 영국 관계에서 무뢰한으로 남았다고 말하는 것은 분명히 잘못된 일이다.

그는 세계사의 중대한 고비를 맞이하여 허버트 후버가 다소 진부하게 표현한 개념인 '문명의 기구를 작동해야' 하는 사람들에게 비록 어떠한 괴로움이 있다고 하더라도 정치적 통찰력이 필요하다는 것을 알아차렸다. 케인스는 그러한 통찰력이 공학적 정신이나 완전히 현재 지향적인 현실관보다 더 필요하다고 이해했다. 그리고 그는 매우 설득력 있는 방법으로 경제적 장래에 대한 그 자신의 선견지명을 내보일 자아의 힘을 가지고 있었다. 그는 이렇게 함으로써 마고트 애스퀴스, 로버트 세실 경, 스머츠 장군, 레너드 울프와 같은 저명한 타인들의 지지를 받았으며, 또 아마도 그의 능력을 믿었던 다른 블룸즈버리 친구들의 지지도 끌어냈다. 그 모든 의식적인 영향력의 근저에 있었던 것은, 그 자신의 인도주의 관념과 더 좋은 세계에 대한 희망이었다. 이 모든 것에서 사람들은 해러드가 "하비 로드에서의 전제조건"이라고 불렀던 것을 지나쳐서는 안 되는데, 그것은 케인스가 의무에 대한 방침을 세운 강하고 이상적인 자아상을 갖추었고, 관리의무를 진 정치적으로 선택된 사람이었다는 신념이다.

책이 출간된 뒤 그가 누렸던 공적인 성장과 높은 존경에 대한 증거로서 사람들은 1923년에 그가 노벨평화상 후보로 고려되었다는 것을 기억해야 한다. 파리강화회담에서 케인스가 참석한 것에 대한 어떤 오보(誤報)를 조사한 노르웨이 국회의원 빌헬름 카일하우는 그의 보고서를 다음과 같이 결론지었다며 케인스에게 편지를 썼다. "그러나 대중이 당신의 견해에서 받은 것과 같은 인상을 힘 있는 정치가들은 받지 못했습니다. 이것은 매우 개탄스러운 일입니다. 왜냐하면 그 정치가들이 당신의 조언에 따라 행동했다면, 우리들은 지금 더 행복한 나날을 찾아냈을 것이고 진정한 평화의 혜택을 누리면서 일할 수 있었으리라고 믿을 만한 여러 가지 이유가 있기 때문입니다."

그해에 노벨평화상 후보로 30명의 이름이 거론되었다. 그 명단에는 케인스 외에 최고경제위원회 의장이었던 로버트 세실 경, 전 이탈리아 총리였던 프란체스코 니티, 전 미국 국무장관이었던 찰스 에반스 휴즈, 미국의 사회개혁가였던 제인 애덤스, 그리고 미국 대통령이었던 하딩 등의 인물이 들어 있었다. 어느 누구도 그해에 그 상을 받지 못했다. 그러나 케인스는 심리적으로 그 상을 필요로 하지 않았다. 그는 전 세계적으로 유명한 이름을 창출해 냈기 때문이었다. 더욱 중요한 것은 케인스가 그 소책자를 집필하면서 마침내 스스로를 세계에서 가장 독창적인 인물 가운데 한 사람으로 인정받게 한 현실 경제의 인식방법과 조사방법을 전개했다는 것이다.

9장 새로운 직업에 도전

민주주의는 올바른 길을 따라서 조작되거나 사기당하거나
감언이설에 속아 넘어갈지도 모른다.

† J. M. 케인스

《평화의 경제적 귀결》이 성공하기도 전에 케인스는 전쟁 전의 생활양식으로 되돌아가기보다는 새로운 직업을 택하기로 결정했다. 1919년 6월 그는 대학 강의를 줄이기로 결심하고, 윗사람들에게 개인지도 교수가 되는 것은 원치 않고 다만 평화조약의 경제적 측면에 관한 강의만 일주일에 한 번씩 할 것이라고 통지하였다. 그는 전쟁 전의 과다한 수업과 학생들이 외부에서 치르는 시험을 다시 맡기를 원치 않았다. 이제 그는 더 직접 여론을 형성하는 데 활발하게 참여할 수 있다고 믿었다. 그는 재무성에서 일함으로써 공무에서뿐만 아니라 거래에서도 당연히 소중한 전문지식을 습득했다. 기질상 언제나 낙관적이고 대담했던 그는 위험을 무릅쓰기로 결심했다. 따라서 그는 그 후 케임브리지 대학의 거들러(Girdler) 강사직을 사임했다. 이러한 일이 있기 전에도 킹스 칼리지의 대학 당국은 대학을 위하여 그의 재무지식을 활용할 가능성을 조사하기 시작했다. 드디어 1920년 11월 그는 100파운드의 연금으로 제2회계관에 임명되었다.

그 사이에 연봉 2000파운드로 그를 스칸디나비아 무역은행의 회장직에 끌어들이려는 또 다른 제의가 들어왔다. 이 자리는 일주일에 하루만 일하면 되는 것이므로 케임브리지에서 그가 활동하는 데 지장을 주지는 않을 것이었다. 그러나 친구들과 상의한 뒤 그는 그 직책이 어느 정도 구(舊) 런던 시(the City)의 그의 다른 재무관계를 위험하게 할 수도 있다고 생각했기 때문에 그 제의를 거절했다.

그가 찰스턴에서 평화조약에 관한 책을 쓰고 있는 동안 그는 미래의 수년간 그를 대단히 매혹할 또 다른 직업, 즉 투기꾼이란 직업에 착수했다. 차익금(差益金) 주의로 투기하면서 그는 외환매매를 시작하고 인도 루피와 미국 달러, 프랑스 프랑, 독일 마르크, 네덜란드 플로린을 거래했다. 대체로 그는 달러는 사고 유럽통화는 팔았다. 이러한 사업에서 그는 분명히 이전 재무성에 근무했을 때 획득한 지식과 솜씨를 활용하고 있었다. 곧 그는 큰 이익을 보고 있다는 것을 알았다.

그는 어머니에게 보낸 편지에서 "저는 수년 동안 그렇게 규칙적인 생활을 한 적이 없으며 잘 지내고 있습니다. 저는 시골생활의 단조로움을 피해서 기분전환으로 외환투기를 하고 있습니다. 아버지는 깜짝 놀라시겠지만 그 투기로 큰 재미를 볼 것이라고 기대합니다"라고 그의 근황을 알리고 합리화했다.

1920년 케인스와 함께 재무성의 'A'국에서 일했던 오스왈드 포크는 상호생명보험공단의 케인스를 이사로 데려오는 데 도움이 되었다. 그 결과 1921년 케인스는 이 공단의 대표가 되었고 그 직책을 1938년까지 계속 유지했다. 진실로 그는 금융계 일을 이렇게 시작한 것이었다.

이러한 일이 일어난 직후 네덜란드 은행 총재였던 비세링 박사는 케인스와 다른 몇 금융업자들을 암스테르담에 초대하여 국제채(國際債)를 위한 제의서를 작성했다. 이 전문가들의 대부분은 파리조약의 규정을 문자 그대로 실행에 옮기는 것은 유럽 경제에 재난을 초래할 것이라고 믿었다. 그들의 견해로는 그러한 상황을 피하려면 추가로 국제신용이 필요했다. 미국의 은행가인 폴 워버그와 함께 일하면서 케인스는 그와 같은 차관에 필요한 증서를 기초하고, 그 차관을 이행하도록 하려면 그 증서가 국제연맹에 제출되어야 한다고 제안했다. 이러한 선도적 역할에 대한 소득은 없었으나 적어도 그는 암스테르담에서 카를 멜히오어의 우정을 새롭게 하고, 유럽의 재정상태에 관한 약간씩의 잡다한 내부정보를 수집할 맨 처음의 기회를 잡았다. 그는 이러저러한 사실을 기초로 독일 마르크를 파는 쪽이었고, 독일 마르크가 일시적으로 상승했을 때인 1920년 4월 1일과 5월 말일 사이에 1만 3125파운드를 잃었다. 또한 그가 도덕적인 책임을 지고 있던 한 작은 주식인수조합에 속하는 8498파운드도 잃었다. 그는 개인적으로 이제 막 파산할 지경에 이르렀다. 왜냐하면 중개회사가 계정 청산을 위해 그가 7000파운드를 지불하라고 요구했기 때문이었다. 그는 그의 작품을 높이 평가했던 파리의 한 자본가로부터 때맞춰 5000파운드를 빌리고 맥밀런 출판사로부터 1500파운드의 인세를 선불로 받아 겨우 그 대금을 치를 수 있었다.

이러한 재난으로 인해 아슬아슬한 곤경에도 놓였지만 결국 케인스가 사업과 정부, 학계에서 거친 다양한 직업은 유익했는데, 이러한 여러 가지 역할이 그의 독창성에 도움이 되었기 때문이었다. 심리학자들은 새로운 역할이 독창성에 도움이 된다고 믿는다. 왜냐하면 새로운 역할은 사람들이 통상적인 것과는 다른 관점에서 현실을 이해할 수 있게 하기 때문이다. 그의 전기를 쓴 사람 가운데 한 사람이 언급했듯 케인스의 경우에는 서로 다른 역할이 혼합되어 독창성을 북돋았다.

투기에서 벌어들인 이익금이 쌓이는 동안 그는 휴일을 보내려 덩컨 그랜트와 바네사 벨과 함께 이탈리아로 떠났다. 그들은 로마에서 가구와 의복, 항아리와 기타 잡다한 물품들을 사는 난리법석을 떨면서 한 달에 300파운드를 소비했다. 케인스가 독서하고 책을 쓰는 동안 덩컨과 바네사는 그림을 그렸다. 그 후 그들은 피렌체 근처의 아이 타티에 있는 베런슨 가를 방문했다. 그곳에서는 케인스가 '화가 그랜트'로 잘못 알려졌고, 덩컨은 '경제학자 케인스'로 잘못 알려져서 유럽의 재정 상태에 대한 질문을 받은 우스운 사건이 일어났다. 그들은 베런슨 가에 싫증이 나서 파리로 떠났다. 화가들은 그곳에서 피카소를 방문했으며 메이너드는 글을 쓰고 책을 읽었다. 그들은 메이너드가 모아둔 돈을 거의 다 썼을 때 고국에 돌아왔다.

이번의 로마여행은 또 한 가지 예상하지 못한 결과를 가져왔다. 거기에 있을 동안 케인스는 옛 킹스 칼리지 학생이었던 W. H. 하스람과의 교제를 새롭게 했는데 몇 년 뒤 영국에 돌아온 하스람이 프로빈셜 보험회사(provincial insurance company)에 케인스와 그의 친구 포크(Falk)가 경제고문으로 초청할 것을 건의했다. 1923년 케인스는 이 회사의 이사회에 참여했고 재무위원회 회장이 되어 그 자리를 그 여생 동안 줄곧 보유했다.

케인스는 출판물에서 얻은 수입의 도움으로 재정적인 실패에서 벗어난 뒤 상품과 유가증권 투기를 다시 시작했다. 1921년 면화, 납, 주석, 구리, 고무, 밀, 설탕, 아마인유, 황마를 대량으로 사들이면서 차익금 주의로 거래를 시작했다. 그는 또한 여러 군데 유가증권 인수조합에 참가하여 상담역으로 일했으며, 재무성 'A'국에서 일했던 그의 옛 동료들과 함께 소규모 투자회사를 결성했다. 이러한 재정적 의사결정의 몇몇은 그가 아직 아침 잠자리에 들어 있을 때 이루어졌다. 그의 중개인은 전화로 그에게 보고하곤 했으며 그는 신문을 읽으면서 결정을 내리곤 했다. 이 전기(傳記)의 세부사항은 마고트 애스퀴스가 오전 7시에 메이너드에게 전화걸었다는 사실을 말해준 덩컨 그랜트의 이야기를 생각나게 한다. 메이너드가 아침 잠자리에 누워 있다고 그랜트가 마고트에게 말했을 때, 마고트는 "어머! 만일 지금보다 더 일찍 일어나지 않으면 결코 성공하지 못한다고 나를 대신해 메이너드 케인스에게 말해주세요"라고 대답했다는 것이다.

케인스는 1920년의 거의 대부분을 《확률론》(Treaties on Probability)을 준비하는 데 열중했다. 그는 1914년 여름 이후 이 주제에 마음을 쓰지 못했다. 그래서 그는 난해한 수학으로 되어 있는 그 모든 원고를 다시 읽어보는 데 상당한 어려움을 겪었다. 이듬해 부활절 휴가를 맞아 그는 떠날 채비를 했다. 덩컨 그랜트는 바네사 벨과 더 가까워져 이번에는 그의 길동무가 되지 못했다. 그 대신에 그가 좋아했던 사도회의 신입회원 세바스찬 스프로트를 데리고 갔다. 젊은 스프로트는 이때 스물네 살이었고, 전쟁 때 군에 복무한 뒤 지금은 대학에서 심리학을 공부하고 있었던, 지방 법무관의 아들이었다. 겉보기에 그는 거의 멋쟁이에 가까운 사람이었다. 정처 없이 거닐었으며 우아하게 정장을 하고 정말로 블룸즈버리 사람들이 사용하던 어조 대로 말했다. 목소리는 힘차게 오르내렸고, 어떤 선별된 단어를 툭 내뱉었다. 메이너드가 그를 블룸즈버리 사람들에게 소개한 뒤로 그렇게 된 것 같았다. 겉모습의 이면을 보면, 그는 다정다감하고 말하기를 좋아했으며 다루기 어려운 젊은이였고 잔인한 체하는 불만스러운 표정으로 세상을 대하고 있었다. 그의 익살맞은 무관심은 E. M. 포스터*를 많이 웃겼다고 P. N. 퍼벵크는 기술한다. 만약 이러한 모습이 2년 뒤 그 소설가와 친해졌을 때 그의 특징이었다면, 사람들은 메이너드가 그에게 느꼈을 법한 매력을 이해할 수 있다. 그는 뒷날 아주 유명한 사회심리학자가 되었다. 메이너드와 세바스찬이 아프리카에 있었을 때 케인스 경제학에 관한 사항의 일부가 되었던 사건이 발생했다. 토인 소년들에게 구두를 닦이면서 케인스는 넉넉지 않은 팁을 주었다. 그러자 소년들은 돌을 던지기 시작했다. 스프로트는 메이너드에게 돈을 더 주어서 그들의 분노를 진정시키도록 권유했으나 메이너드는 완강히 거절하고 "나는 통화가치를 떨어뜨리는 데 가담하는 자가 되지 않겠어"라고 말했다. 스프로트는 아마도 케인스의 검약에 놀랐을 것이지만 케인스의 최근의 재정적 손실을 알지는 못했다.

스프로트와 좋은 친구로 지내는 동안 케인스의 성적 관심은 계속되지 않았다. 스프로트는 1922년 6월 그에 대한 케인스의 태도에 대하여 어떤 것을 알고 있는지를 리튼 스트레이치에게 묻는 편지를 쓰고는, 케인스가 그를 덜 좋아하는 것이 아니지만, 스프로트 그 자신이 시사했던 것과 같이, 케인스가 재닛이라고 하는 소녀와 사랑에 더 많이 빠져 있다는 것이 진실일 것이라고 (리튼 스트레이치의 말을 듣고) 확신했을 따름이었다. 그 몇 개월 뒤 세바스찬은 방문해 달라는 초청을 거절하고, 그가 매우 위험한 작품인 히르슈펠트(1868~1935, 동성연애 해방운동의 지도자이며 과학적 인도주의 위원회의 창설자)의 《성병리학》(Sexual Pathologies)을 읽고 있다는 것과, 동성애와 수음(手淫)은 말할 것도 없이

---

* E. M. 포스터(Edward Morgan Forster, 1879~1970): 영국의 소설가, 비평가. 주요 저서 《인도로 가는 길》.

복장도착(服裝倒錯), 자율성욕(自律性慾) 그리고 내분비성선(內分泌性腺)의 자웅동체현상(雌雄同體現象)에 그가 더럽혀지지 않았는가 하고 생각한다는 것을 농담조로 알리는 편지를 케인스에게 썼다. 그 자신의 과거의 성적인 기질에도 불구하고 케인스는, 우리들이 곧 볼 수 있는 바와 같이, 이때 여인들에게 더 큰 관심을 보여주고 있었으며 특히 한 러시아 여자 무용수에게 그러하였다.

1921년 8월 드디어 《확률론》이 출판되었다. 그것은 5년에 걸쳐서 완성한 저작이었으며 전반적으로 호평을 받았다. 이 책은 케인스가 신중하게 철학적으로 연구한 책 가운데 하나이다. 그러나 그것은 이지적으로 철학에서 경제학으로 방향을 바꾼 카를 마르크스, 앨프리드 마셜, 그리고 톨스타인 베블렌(1857~1929, 경제학자, 《유한계급론》의 저자)과 같은 사람들의 부류 속으로 케인스를 끌어 넣는, 확실히 잘 쓴 책이다. 그 책의 특성 속에는 경험론이라는 영국 철학의 위대한 전통이 있다. 킹스 칼리지의 도덕철학 명예교수였던 R. B. 브레이드웨이트가 지적한 바와 같이 경험론자들은 직관적인 것과 연역적인 것에 대한 지식을 분리했고, 그 두 개념 사이에 논리적 관계가 있다는 의미에서 연역적인 것은 직관적인 것에 기초를 두고 있다고 생각했다. 요컨대 케인스는 이 책에서 논리적 확률론을 제시했으며, 확률에 대한 진술은 명제 P와 명제 h 사이의 논리적 관계[후자는 명제들을 연결해 주는 개념으로 보인다]를 표현하는 것이라고 주장했다. 케인스의 연구방법의 독창성은, 확률이 그 기본적 의미에서 필연적인 결과가 갖는 상관관계보다는 그 논리성이 약할지 모르지만, 그와 유사한 명제들 사이에 적용되는 하나의 논리적 상관관계라고 주장하는 데 있다고 브레이드웨이트는 기술한다.

케인스가 보지 못했던, 도로시 린치와 해럴드 제프리스*가 쓴 논문

---

* 해럴드 제프리스(Sir Harold Jeffreys, 1891~1989): 영국의 천문학자이며 지구 물리학자. 주저는 《지구: 그 기원, 역사 그리고 물질적 구성》(1924) 외 다수.

을 별도로 하더라도, 그의 논문은 불완전한 신념이 확률의 논리적 상관관계에 관한 지식으로 정당화될 수 있다는 것과 또 이러한 논리적 상관관계가 《확률론》의 주제를 형성한다는 견해를 맨 처음 발표한 것이라고 브레이드웨이트는 케인스의 연구방법의 독창성에 관하여 부연 설명한다. 보다 더 심리학적인 관점에서 보면, 적절한 경우에 이 상관관계를 이해하고, 직접 인식하고, 또는 직관할 수 있다는 것을 케인스가 주장하고 있었던 것이 중요하다. 이러한 견해를 전개하는 데 케인스는 그가 G. E. 무어와 버트런드 러셀에게서 많은 도움을 받았다는 것을 솔직하게 인정했다. 그의 전기(傳記)클럽 논문 〈나의 젊은 시절의 신념〉에서 그는 "무어의 책 《윤리학 원리》의 중요한 목적은 정신상태의 속성으로서의 선(善)과 행동의 속성으로서의 정의(正義)를 구별하는 것이었다. 그는 또한 일반 행위규범을 정당화하는 한 절(節)을 썼다. 정당한 행위에 관한 그의 이론은 대부분 확률을 고려하여 쓴 것인데, 그것은 진정으로 내가 그 주제의 연구에 다년간 나의 모든 여가를 소비한 중요한 원인이 되었다. '나는 무어의 《윤리학 원리》와 러셀의 《수학의 원리》의 영향을 함께 받으면서 집필하고 있었다'"고 진술했다. 케인스가 아직 대학생이었을 때 쓴 사도회 논문들 가운데 몇 편쯤 되는 논문 속에서, 무어가 행위에 관한 윤리학을 취급하는 장(章)에서 확률 개념으로 설명하는 데 대하여 그가 거세게 그리고 대단히 교묘하게 반대했다는 것은 역사적으로 상당히 흥미있는 일이다.

그는 확률 문제에 관한 그의 본래의 입장을 수정하는 데 타인에 대한 그의 감수성과 그의 마음이 관대함을 기꺼이 보여주었다. 1931년 그는 매우 존경했던 케임브리지의 논리학자 프랭크 P. 램지의 논문을 재검토하고 그 가운데 케인스 자신의 작품에 대한 비평이 다소간 제기되었다는 것을 알았다. 그가 내놓았던 견해와 상반되는, 확률이 명제들 사이의 객관적 관계에 관여하는 것이 아니라 [어떤 의미에서] 신념의 정도와 관계가 있다는 램지의 견해에 그는 기꺼이 동의할 각오가 되어 있다고 했다. 그것은 확률에 대한 대안, 즉 그가 처음에 채택했던 방법 대신에 '제한적 확률지수'에 관한 방법을 거의 채택하게 되었다는 것이다. 경제문제에 관해 케인스가 자신의 견해를 바꾼 것을 불평하는 사람들은 논법(論法)의 참뜻이 견해의 변경을 정당화 할 때는 그가 철학을 다룰 때도 똑같이 해나가는 경향이 있었다는 것을 알아야 한다.

귀납적 추리나 확률 같은 추상적인 주제에 관한 책을 쓸 때라도 그는 설득력과 확신을 가지고 저술해야 한다고 생각했다. 폴 새뮤얼슨* 교수는 케인스가 그 책을 끝맺으면서 했던 비범한 진술에 주목했다. 즉 그 진술은 이러했다.

이러한 종류의 책을 쓰면서 만일 저자가 자신의 관점을 표현해야 한다면 그는 때때로 자신이 생각하는 것보다 좀더 확실한 신념을 주장해야 한다. 자신의 논거에 기회를 한번 주어야 한다. 말하자면 짙게 의심하거나 스스로 그 논거의 활력(活力)을 너무 꺾으면 안 된다. 이러한 문제들에 관하여 저술한다는 것은 힘든 일이다. 그리고 만약 내가 때때로 그 어려움들이 극복되었던 것보다 좀더 빨리, 또 내가 언제나 생각했던 것보다 더 단호한 확신을 가지고 역설했다면 독자들은 아마도 나를 용서할 것이다.

이 말은 확실히 논리의 타당성보다도 글쓴이의 심리를 더 중요시하고 있다. 그러나 그것은 만일 어떤 저자가 성공하려면 상상력과 감수성을 결합해야 한다고 믿었던 저자에게 꼭 알맞은 표현이다.

그 오래 끈 저술의 과정이 끝난 뒤 논문이 출간되어 케인스는 안심이 되었으나, 그해 1921년은 로포코바가 춤을 추었다는 사실 때문에

---

* 폴 새뮤얼슨(Paul Anthony Samuelson, 1915~): 1915년 5월 15일 미국 인디애나 주 출생. 1970년 노벨경제학 수상. 저서로는 경제학 교과서인 《경제학》과 《경제분석의 기초》 등이 있음.

적어도 정서적으로는 케인스에게 더 의미심장했다. 물론 디아길레프 (1872~1929, 러시아의 무용가, 가극 연출자)의 러시아 무용단의 주연 무용 수인 리디아 로포코바는 한 해 전에 런던에서 춤을 추었다. 그리고 처 음부터 뜨거운 환영을 받았다. 에드워드 시대의 그 마지막 수년간 영 국인들은 조금 갑자기 러시아와 프랑스 문학과 회화 그리고 러시아 연극과 가극, 무용을 발견하고 매료되었다. 러시아 무용단의 첫 공연 은 1911년 6월에 왕립 가극장과 코벤트 가든 가극장에서 시작되어 비 평가들로부터 뜨거운 호평을 받았다. 니진스키(1890~1950, 러시아의 발 레리노, 안무가)가 포함된 러시아 무용단은 영국 관객들에게 깊은 인상 을 심어줬다. 어떤 영국인들은 그 무용단의 아름다움에 너무나 도취되 어 종교에 귀의하는 식으로 말했다. 1913년의 한 공연에 참석했던 윈 스턴 처칠의 개인 비서, 에드워드 마쉬는 그 무용을 싫어하는 뜻을 내 비치면서, "그것은 움직이는 후기 인상파 그림이다. 그것은 나를 거의 마티스(1869~1954: 프랑스의 후기 인상파 화가, 야수주의 주창자) 그림 가 까이에 데려다 놓은 것 같았다"고 루퍼트 브룩에게 썼다.

지금까지 보아왔던 것과 같이 메이너드는 이 전쟁 전 몇 해 동안에 무용극을 지극히 열애하는 사람이었으나 로포코바가 무대에 등장할 때 그는 완전히 매혹되었다. 1921년의 공연시기에 로포코바는 2년간 공백기를 끝내고 그 무용단에 복귀하여 무용극 〈부티크 판타스크〉(La Butique fantasque)에서 캉캉춤을 추는 무용수의 역할을 했으며 또 무용 극 〈레 실피드〉(Les Sylphides)에서는 주역을 맡았다. 그녀는 관객의 호 의를 받았으나 이전에 활동하지 않고 쉬었던 것이 그녀의 예술적 성 공에 영향을 미칠 것이라고 믿는 사람들이 있었다. 그녀가 인형과 같 이, 그녀에게 꼭 맞는 낮은 손수레에 탄 채로 이끌려 입장하자마자 손 뼉치는 소리, 발을 구르는 소리 그리고 "로포코바!"라고 외치는 소리 가 가극장 안에 울려 퍼졌다. 그녀가 춤을 추자마자 곧 과거의 기량이 줄지 않았음을 알 수 있었다. 모든 몸짓과 동작은 자연스럽고 자발적

294

으로 영감이 발로되는 것 같았다. 일찍이 시릴 보몽은 그녀가 마신(1896~1979, 러시아의 발레리노, 안무가)과 함께 캉캉춤을 추는 모습을 묘사하면서 이렇게 썼다. "로포코바는 장난감 인형과 유별나게 닮았다. 왜냐하면 그녀의 둥근 손발과 통통한 얼굴, 굽은 입술과 천진난만한 표정이 멋지게 어울렸기 때문이다. 당신들은 그녀가 '엄마, 아빠!'라고 우는 소리를 내는 것을 쉽사리 상상할 수 있을 것이다." 메이너드는 이러한 여러 가지 측면에서 로포코바를 반드시 살펴보리라고 생각했다. 매우 경쾌하고 재빠르며, 통쾌하고 매력적이며, 요염하고 예측할 수 없는 이 공주에게 그는 매혹되었다. 케인스가 바라볼 때, 로포코바는 온통 기쁘고 상쾌한 기분으로 충만했다.

메이너드는 1918년 시트웰(1887~1964, 영국의 여류시인, 비평가)가의 파티에서 맨 처음 로포코바를 만났다. 로포코바는 그 당시에 카를로 골도니(1707~1793, 베네치아에서 출생한 이탈리아 극작가)에게서 영감을 받은 마신의 무용극 〈상냥한 숙녀들〉에서 보여준 연기로 블룸즈버리 사람들과 다른 런던 사람들을 사로잡고 있었다. 케인스는 로포코바를 블룸즈버리 파티에서 다시 만났는데 이때는 아주 홀딱 반해버렸다. 로포코바의 매력은 무엇이었던가? 오스버트 시트웰(1892~1969, 영국의 시인, 소설가)은 이탈리아 무용극에서 로포코바가 보여준 몇 가지 자질을 이렇게 표현했다. "얼굴은 매력적이었고, 호기심으로 가득 찼으며 작은 새를 연상시켰고, 희극의 가면과 같았다. 한편 예술가로서 그녀는 모든 면에서 자기 능력의 범위와 한계를 정확히 이해했다. 즉 명랑한 기분과 자연스러움 그리고 그것들을 보완하는 독특한 비애를 체현함으로써 지금까지 어떤 무용가도 시도하지 않았던 손과 팔의 동작법을 개발했으며, 그렇게 함으로써 진일보한 기술을 터득했다. 그녀가 취하는 모든 몸짓과 그녀가 하는 모든 행위에서 기지가 드러난다." 그렇다, 이러한 것들, 기지와 명랑성, 자발성과 독창성 등이 메이너드가 감탄했던 자질들이었다. 리디아는 그 모든 자질을 갖추고 있었다.

메이너드는 리디아를 주목하기 시작했다. 리디아를 에스코트하여 블룸즈버리 파티에 데려 갔고, 그녀의 발레공연의 협상조건에 관해서도 조언했다. 리디아는 아무 이자도 받지 않고 자신이 살았던 월도프 호텔의 금고에 자신의 돈을 맡겨놓고 있었다. 결코 그렇게 할 일이 아니어서 메이너드는 리디아의 재정문제에 관하여 충고하지 않을 수 없었다. 메이너드는 이 무렵 리디아를 설득하여 고든 스퀘어 41번지에 있는 아파트로 이사하도록 했는데 그곳은 블룸즈버리 친구들이 사는 곳과 가까웠다.

리디아 로포코바[본명은 로푸코바(Lopukhova)였으나 디아길레프가 그 이름을 로포코바로 간단하게 고쳤다]는 알렉산드린스키 황실극장의 안내원이었던 러시아인과, 가정부로 발트해 국가에서 페테르부르크로 이주한 스코틀랜드와 독일 가계의 한 사람이었던 콘스탄자 더글라스의 딸이었다. 리디아는 거기서 1891년 10월에 출생했다. 남자 형제 두 사람과 여자 형제 한 사람도 또한 무용가가 되었다. 남자 형제의 한 사람은 결국 안무가이며 발레 연출가로 알려지게 되었다. 리디아 자신은 아홉 살에 황실 무용학교에 입학하여 무용수가 되기 위한 길고 힘든 교육을 받았다.

리디아가 학교를 나와 꼭 1년이 되어 19세였을 때, 그녀는 베를린과 파리에서 디아길레프를 위한 포킨(1880~1942, 러시아 페테르부르크에서 출생하여 1932년에 미국 시민이 된 무용가, 안무가로 '현대무용의 아버지'라고 불린다)의 순회공연에서 어릿광대의 애인역을 하는 춤을 추었다. 그리고 이듬해[1911] 미국에서 춤을 추기 위하여 한 미국인 가극단 단장과 계약을 맺고 일하게 되었다. 뉴욕의 글로브 극장에서 뮤지컬 〈에코〉(The Echo, 그리스 신화에 나오는 숲의 요정)를 공연할 때 출연하였고, 1915년에는 워싱턴 광장 배우들에게 합류하여 실연(實演) 경험을 얻었다. 그해 가을 퍼시매키(1875~1956, 뉴욕 시 출신의 미국 시인이며 극작가)의 광대극(〈The Antic〉)에서 한 역할을 담당하면서 그 당시에 《뉴욕 트리뷴》에 연극평을 기고하던 전 스포츠 담당 기자, 헤이우드 브론의 마음을 사로잡고 있었다. 그는 비평에 이렇게 썼다. "우리들은 리디아 로포코바가 이 시기에 뉴욕의 무대에서 춤추었던 가장 매력적인 젊은이라는 것을 계속 주장할 것이다. 그러나 그녀는 춤추지 않았고 걷지도 않았다. 그녀는 가볍게 뛰었으며 깡충거리며 뛰어다녔다. 결코 그녀는 무대에 닿지 않은 것처럼 보였다."

바로 이튿날 브론은 그를 황홀케 하는 사람을 무대 뒤에서 소개받았고, 그가 좋아하는 작은 식당인 '조엘'(Joel)에서 로포코바를 밤마다 환대하기 시작했다. 그곳에서 그들은 늦은 저녁식사를 들었다. 그를 한층 더 육중하게 보이도록 하는 미국산 너구리 코트를 입고, 그의 옆에 작고 활기찬 로포코바를 데리고 조엘 식당 안으로 서서히 걸어.들어가면서 주목을 끄는, 맵시는 없으나 인기있는 정기기고가인 그 거인(巨人)을 보는 것이 해진 뒤에 맨해튼에서 보는 구경거리의 하나였다. 완전히 매료된 브론은 상류사회의 사람들이 사는 브루클린 하이츠의 집에서 빅토리아풍으로 유복하게 사는 그의 부모의 만찬의 칵테일이 나오는 시간에 맞추어 리디아를 초대했다. 리디아가 매일 건강을 위해서 센트럴 파크 저수지 주변을 뛰었던, 3개월이 좀 못되는 기간이 지나서 브로은 청혼을 했고, 리디아는 수락했다. 다음 날 아침 헤이우드 브론의 친구인 프랭클린 P. 애덤스는 〈현대판 새뮤얼 피프스*의 일기〉라는 제목으로 《뉴욕 트리뷴》에 이렇게 기고했다. "비평가인 H. 브론이 아름다운 연극배우이며 무용수인 리디아 로포코바 양과 약혼하게 되었다는 소식을 들었다. 그는 지난밤 나에게 로포코바를 소개했다. 로포코바는 즐거운 작은 요정처럼 얌전했다."

같은 날짜의 그 신문에서 로포코바가 가을에 식을 올린다고 확인됐다. 그러나 그 사이에 디아길레프의 러시아 무용단이 뉴욕에 도착했고

---

* 새뮤얼 피프스(Samuel Pepys, 1633~1703): 영국의 역사가, 영국 최고의 일기(日記) 작가. 1660년대의 런던에 관한 지식은 대부분 그의 《일기》(Diary)에서 얻고 있다.

로포코바는 그 무용단에 다시 들어오도록 요청받았다. 일주일 동안의 격렬한 연습을 한 뒤에 개막식날 저녁 그녀는 압도적인 대성공을 거두었다. 그 사이 로포코바는 너무나 바빠서 브론을 거의 만나보지 못했으며, 사실상 자유시간을 대부분 옛 지기이며 디아길레프의 비서인 란돌포 바로치와 함께 보냈다. 로포코바는 약혼자의 어머니에게 해명하는 편지를 쓴 뒤에, 자기의 진정한 사랑은 란돌포 바로치이며 그 약혼을 깨지 않으면 안 된다고 풀이 죽은 그녀의 약혼자에게 드디어 털어놓았다. 수년 뒤에 로포코바는 이 옛 연애이야기를 떠올리면서, "우리들의 짧았던 교제는 내가 러시아 발레단에 다시 들어감으로써 중단되었으며, 나의 전문직업으로 인하여 나는 흥분의 소용돌이에 휩싸였다. 나는 헤이우드와 결혼하기를 원치 않는다고 생각했으므로 파혼했으며 그 당시에 그를 너무 많이 상심시켰으므로 나는 미안하다는 말을 해야 한다"고 말했다. 브론의 찬미자들에게는 다행스럽게도, 그 낙담한 작가는 술독에 빠지지 않고 여류 지식인이며 작가였던 루스 헤일과 결혼했다.

리디아 자신은 디아길레프 무용단과 함께 미국의 광범한 지역을 계속해서 여행하면서 대부분의 주요도시에서 춤췄다. 그러는 과정에서 리디아는 바로치와 결혼했다. 1919년 7월경 남편의 미덕에도 불구하고 성급한 로포코바는 작고 말쑥한 남편에게 싫증이 나서 한 러시아 장교와 함께 존스우드로 도망쳤다. 이때 런던의 뉴스 게시판에는 〈유명한 무용수가 사라지다〉라는 제목이 눈부시게 빛났다. 리디아가 이러한 도피를 몇 주 만에 끝내고 다시 돌아왔으나 디아길레프는 그녀가 무용단에 머물러 있을지를 결코 믿을 수 없었다. 왜냐하면 리디아에게는 참으로 "좀 도망자다운 면"이 있었기 때문이다.

메이너드 케인스가 몇 년 뒤 리디아와 사랑에 빠졌을 때 분란이 일었다. 춤추고 노래하는 코러스걸이며 더구나 러시아인인 리디아와 결혼할지도 모르는 지도교수에 대한 케임브리지 사람들의 의혹은 둘째치고 블룸즈버리 친구들이 그를 비난하고 나섰다. 덩컨 그랜트와 바네사 벨은 리디아가 좀 성가신 사람이며, 무용극에 관해서 의견을 나누는 것은 그들의 화업(畫業)을 방해할 것이라고 생각했다. 그리고 리튼 스트레이치는 리디아가 얼빠진 카나리아처럼 무정하다고 했다. 블룸즈버리 사람들은 리디아가 영원한 진실성, 도덕성, 종교 그리고 특히 정치와 공사(公事)에 관하여 불건전하다는 것을 알았다고 메이너드의 조카인 밀로 케인스는 말한다. 리디아도 또한 바네사가 자기를 경멸한다고 생각했다.

버지니아 울프는 이 기간 동안 메이너드와 매우 친하게 지냈다. 울프는 고든 스퀘어에 그와 함께 앉아서 한 시간 반 동안 이야기했던 것을 기록하고 있다. "때때로 나는 사람들을 묘사하는 대신에 그들이 하는 말을 적어두고자 한다. 그럴 때 곤란한 점은 사람들이 너무 말을 하지 않는다는 것이다. 메이너드는 자신이 칭찬받기를 좋아하고 언제나 자랑하기를 원한다고 말했다. 그는 많은 사람들이 자랑할 상대역으로서 아내를 갖고자 결혼한다고 말했으나, 나는 그렇게 맞아들인 사람이 지금까지 한 사람도 없다는 걸 보면 사람들이 자랑한다는 것은 묘한 일이라고 대답했다. '모든 사람들 가운데서 당신이 칭찬받기를 원한다는 것은 기묘한 일이다. 당신과 리튼은 자신을 내세울 정도를 능가했어. 뽐내는 수준을 넘어서는 것이 가장 큰 성공이다. 당신은 거기에 앉아서 아무 말도 하지 마'라고 나는 말했다. '나는 칭찬받기를 좋아해. 그리고 나는 내가 미심쩍어하는 일들에 대하여 칭찬받기를 원해'라고 그가 말했다."

항상 남을 비판했던 버지니아는 그 후 메이너드가 리디아에게 구혼한 사실에 대하여 자기 언니에게 이렇게 썼다. "그러한 사태가 너무 늦기 전에 언니가 메이너드를 막아야 한다고 진정으로 생각해. 그 결과가 어떨지를 메이너드가 깨닫고 있는지 믿을 수 없어. 나는 다만 리디아가 튼튼하고 매력 있고 꼼꼼하게 되리라고 너무나 잘 예견할 수 있고, 또 메이너드가 내각에 참여하리라는 것과 고든 스퀘어 46번지가 공작들과 총리들의 휴식처가 되리라는 것을 잘 예견할 수 있을 뿐이다. 우리들처럼 분석적이지 못하고 단순한 메이너드는 높은 지위를 차지하기도 한참 전에 사람들이 기억하지 못하는 인물로 사라질 거야. 그러고 나서 그는 잠에서 깨 세 아이들을 발견하고는 자기 인생이 완전히 그리고 영원히 속박되리라는 것을 깨닫겠지."

사실이 밝혀졌을 때 메이너드에 관한 리디아의 계획에 대하여 버지니아가 걱정했던 것은 근거가 없었다. 왜냐하면 리디아는 메이너드를 완전히 열중시킬 수 없었기 때문이다. 리디아는 이미 바로치와 결혼했으며 이혼수속이 아마도 오래 끌 것 같았다.

《확률론》 집필을 끝내고 나서 케인스는 이제 자유롭게 더 적극적으로 국제경제 발전에 유의할 수 있었다. 때마침 1921년 1월에 독일이 얼마나 배상금을 지불해야 할 것인가를 정하고자 또 다른 국제 회의가 파리에서 다시 소집되고 있었다. 《맨체스터 가디언》지의 편집인인 C. P. 스콧은 그에게 전보를 쳐서 그 회의에 관한 서명이 된 기사를 보내주도록 요청했다. 바로 이튿날 케인스는 런던으로부터 답전(答電)을 쳐서 그의 논문을 보내주고, 또한 《뉴욕 이브닝 포스트》에 그 논문을 발표할 준비를 했다. 이 논문에서 그는 이 회의에서 나온 제안이 불합리하고 불가능한 것이라고 강력하게 공격했다. 독일이 아마도 지불하게 될 금액은 케인스 자신은 높게 쳐서 1억 파운드로 예상하였는데, 그들은 일정기간 동안 매년 4억 파운드를 초과하는 금액을 요구했다. 4억 파운드란 돈은 과도하고 근거없는 금액이며, 유럽문제를 해결하는 방향으로 세계를 조금도 더 근접시키지 못한다고 주장했다. 또한 그는 그 금액을 정한 것은 파리에서 벌이는 포커 판의 한 수에 불과하다고 그 특성을 밝혔다.

이 모든 기간을 통하여 그는 여러 차례 있었던 국제회의에서 제안

되고 있었던 여러 가지 배상액에 관한 기사를 쓰고 있었다. 그는 《뉴욕 월드》지의 편집자에게서 기사 청탁을 받고 하루 만에 준비했다. 그는 국제경제의 발전 추이를 면밀하게 주시하면서 그가 출판한 작품에 대하여 값비싼 요금을 요구하고 있었다. 그의 작품은 《맨체스터 가디언》지에 정기적으로 실렸으며 가끔 《더 타임스》지에도 실렸다. 그리고 그의 기사들은 외국 신문들에도 번역되었다.

이들 기사에서 그는 늘 영국이 프랑스를 위하여 그 자신의 청구권을 포기해야 한다고 주장했으며, 프랑스가 루르지방을 점령하겠다고 위협하기보다는 자제하는 정책을 추구하도록 촉구했다. 그는 연합국이 독일을 위협하는 것은 잘못이라고 생각했다. 왜냐하면 독일이 "우리 자신들과 경쟁하여, 우리들이 허용할 의도가 전혀 없다는 것을 매우 잘 알고 있는 거액의 무역을 했다고 하더라도 그로부터 획득하지 못했고 지불할 수도 없었던 엄청난 금액"을 약속하지 않을 것이기 때문이다.

1921년 5월 그는 그 조약에 따라 독일의 부채에 관하여 그가 《평화의 경제적 귀결》에서 추산했던 견적이, 배상위원회에서 이제 막 공표한 합계금액에 의하여 증명되었음을 자신이 쓴 한 기사에서 지적할 수 있었다. 그는 독일의 총부채가 80억 파운드 미만일 것이라고 계산했다. 배상위원회의 평가액은 68억 5000만 파운드였으므로 전체적인 금액의 크기에 관한 그의 평가가 정당하다고 입증되었다.

마지막으로 1921년 5월 5일, 연합국은 독일에 대하여 일련의 새로운 조건을 공표하고, 그것이 일주일 안에 수용되거나 거부될 최종 조건이라고 했다. 《맨체스터 가디언》지나 《뉴욕 월드》지에 기고한 기사들에서 케인스는 제의된 조건이 믿어 의심치 않는 조건이므로 독일이 그것을 수용하도록 촉구하면서 이렇게 썼다. "신문에서 어떤 말을 하든지 전 세계가 비이성적이거나 불공정한 것은 아니며, 시간이 치유책이고 시간이 흐르면 알게 된다는 것, 그리고 유럽과 미국이 지혜와 자비심을 가지고 전후의 경제문제를 해결할 수 있을 때까지 우리들은 아직 좀더 기다려야 한다."

독일정부는 규정된 시간 안에 이 새로운 결정을 수락했다. 케인스는 수락을 권고하는 그의 기사를 독일 신문에 전보로 알리도록 했다. 그 래서 그가 베를린 주재 영국 대사와 대화하면서 주장했던 것과 같이 그 결과의 확실성을 주장했던 그의 말이 정당화되었다. 하지만 그는 독일이 그 청구액을 지불할 수 없으리라고 생각했으며, 1922년 초에 그 청구액을 송금할 수 없음을 알게 될 것이라고 예상했다. 이러한 사 태의 발전으로 보아 그 당시에 국제 재정문제에 대한 그의 영향력이 지극히 컸다는 것을 알 수 있다.

1921년 8월, 그는 《선데이 타임스》에 기사를 다섯 번 연재함으로써 새로운 배상문제 해결책을 재검토하고 유럽경제 전망을 전반적으로 평가하였다. 이들 기사들은, 특히 첫 번째 기사는 유럽에서나 미국에 서 놀라운 국제적 반향을 일으켰다. 연재한 첫 번째 기사는 독일이 새 로운 런던 협약 아래서 첫 회분을 지불해야 하는 시기의 꼭 열흘 전에 아주 시의적절하게 나왔다. 그는 독일이 부담하는 배상금이 독일 국민 소득의 4분의 1에 달하는, 압도적으로 큰 금액이라고 추산했으며 따라 서, 새로운 방법으로 "배상금 문제를 해결하기 위해서 1922년까지 휴 지(休止) 기간이 인정되어야 하나 이 새로운 해결책도 이전의 방안들 과 마찬가지로 계속될 가능성은 없다"는 결론을 내렸다.

《선데이 타임스》의 파리 통신원은 이 기사를 논평하면서 단 한 가 지 의견을 말하는 기사가 국제정치사에서 그렇게 광범한 영향을 미친 적은 거의, 아마도 결코 없었다고 말했다. 그 통신원은 이번의 경우가 그와 같은 경우가 되리라고 믿었다. 왜냐하면 독일이 파산하리라는 케 인스의 예측은 독일과 연합국에 대한 전체적인 프랑스의 정책을 지배 하는 요인이 된다고 할 수 있으며, 또한 몹시 시달린 프랑스 내각이 추구해야 할 방침을 아직도 결정하지 못했지만, 케인스 씨가 발표한 성명은 앞으로 나타날 정책의 기초를 공정하게 형성하도록 밝힐 수 있기 때문이다.

프랑스 언론은 처음에는 케인스가 평상시와 다름없이 독일의 이익이 되는 일을 하고 있다고 생각하는 경향이 있었다. 그러나 그의 기사가 그 후 뒤따른 수주 동안 인용되고 또 재인용됨으로써 프랑스의 여론은 지방신문에서조차도 바뀌어서, 만일 독일이 파산하게 되면 프랑스는 첫 회분의 몫을 분명히 확보하도록 해야 할 것이라는 견해를 가지게 되었다. 이때 독일에서 케인스는 대단히 깊은 존경심을 받고 있어서 상당한 독일 시민들은 자기 나라의 경제문제를 해결하기 위하여 그를 재정문제의 지휘자로 임명할 준비를 하고 있었다.

그의 두 번째 기사에서 독일의 배상금 지불은 그 배상금을 받는 나라에게 반드시 해로운 것은 아니라고 그가 주장하는 것을 보면 흥미로운 일이다. 그는 정통 자유무역주의에 따라 그 배상금을 받는 나라는 피정복국가가 조공을 바치는 특정 상품을 생산하는 데 일하는 노동력이 더 적어질 것이라고 주장했다. "그러나 시간이 경과함에 따라서 해고된 노동력은 다른 유용한 물품을 생산하는데 고용될 수 있을 것이므로 배상금을 받는 나라는 결국 전보다 더 부유해질 것이다." 그러나 이 결론은 두 가지 조건, 즉 배상금으로 인하여 특정제품의 생산이 감축되는 나라와 배상금을 받는 나라가 일치해야 한다는 것과, 새로운 사태는 새로운 균형이 이룩될 만한 시간을 주도록 상당히 오랫동안 지속되어야 한다는 조건에 따른다는 점을 그는 재빨리 지적하지 않으면 안 되었다. 그는 이 후자의 조건, 즉 계속 배상금을 지급하는 조건은 영국이 아마도 받아들이지 않을 것 같다고 생각하였다. "나는 우리의 제품 생산을 감축하도록 무력으로 독일을 누르는 군대를 유지하는 문제로 로이드 조지 씨가 총선에서 싸우는 모습을 보리라고는 기대하지 않는다. 아니다! 그는 그가 1918년의 선거에서 유권자들에게 공약한 것과, 그 공약은 '독일이 배상금을 지불함으로써 우리의 산업을 파괴하는 것을 우리들이 허용하지는 않을 것이라는 공약이었다'는 것을 결코 잊지 않을 것이다."

그는 세 번째의 기사에서 1920~1921년의 경제 불황을 다루고, 그 불황의 원인은 세계의 도처에서 상인들과 중개인들이 막대한 양의 과잉 주문을 했기 때문이라고 했다. 영국과 미국에서 은행 당국은 일시적 호황기에 대처하는 올바른 원리에 따라 행동했지만 그들의 행동은 너무 느리고 또 너무 늦다고 그는 생각했다. 그들은 호황기에 이자율을 너무 늦게 올렸고 그러고 나서 불황기에 이자율을 다시 내리는 데 또한 너무 느렸다.

《선데이 타임스》에 기고한 네 번째 기사에서 그는 근로소득, 특히 1919~1920년의 호황기에 일어났던 임금 상승과 이듬해 일어났던 임금 인하를 고려했다. 그는 이러한 임금 인하를 기꺼이 수용하고 심각한 실질임금 하락을 피할 수 있는 한, 노동자계급이 인금 인상을 확보하려고 사회구조를 전복시키려 들지는 않을 것이라고 의견을 밝혔다. 그는 전후의 세계에서는 이상주의가 중요하게 생각되지 않지만 적어도 영국에서는 다소 냉소적인 보수주의가 혁명적인 사회주의보다도 가까운 미래에 훨씬 더 큰 위험이 될 것이라고 기술했다. 사회개량으로 지향하는 길은 예로부터 내려오는 자유주의 원리 속에 있고, 이 원리 속에는 (1) 지난날에 획득한 유휴재산에 대한 자본과세 (2) 전반적인 군비축소 (3) 개인의 소득과 개인의 생산량 및 개인의 능력을 될 수 있는 한 아주 정확하게 맞추려고 하는 노동조합 정책 (4) 자유무역과 국제협력 (5) 출산율 저하와 산아제한 (6) 건강 증진과 지식 향상의 필요성과 같은 실천방안이 포함되어 있다.

사람들은 이들 권고사항의 전통적인 성격 때문에 충격을 받는다. 케인스는 이때 많은 영국의 동료 경제학자들과 마찬가지로 급진적이 아니었던 것 같다. 사실 전에 그의 연구생이었던 데니스 로버트슨은 케인스가 노동조합이 경제적 불안정에서 빠져나오려고 하는 노력을 제약한 사실을 고려하지 않고 1920~1921년의 불경기의 보편성을 분석한 것과, '자유당'의 경제정책을 요약했던 점을 비판하고, 그 분석과 요약은 국내사정의 설명이 빈약하며, 사회주의자인 G. D. H. 콜(1889~1959, 영국의 경제학자, 페이비언협회 회장)의 어떤 설명이 현실과 괴리된 것처럼 그것 역시 현실과 거의 유리되었다고 케인스에게 편지 쓰게 되었다. 로버트슨은 그의 편지를 끝마치면서 "언제나 나의 스승"이라고 케인스에게 인사했으나 케인스는 자신이 쓴 답서(答書)의 사본을 가지고 있지 않았다.

스웨덴 경제학자 빅셀 또한 스톡홀름 신문에 기고된 케인스의 기사들을 읽고 편지를 썼다. 독일이 상당한 특별원조를 받지 않고는 가까운 장래에 배상금을 지불하지 못할 것이라는 케인스의 의견에 그도 동의했으나, 그는 케인스가 옛날의 적에 대하여 지나치게 관용을 베푼다고 생각했다. "누군가는 전쟁을 치른 대가를 지불해야 합니다. 만약 너무 지나치게 관용을 베풀어 프랑스와 영국은 전쟁으로 황폐되고 독일은 번영한다면, 그러한 결과는 결코 도덕적으로 옳은 일이 못 되죠. 만약 독일의 출산율과 인구가 장기적으로 감소한다면 개인 소비를 줄이지 않고 독일은 배상금 지불이 가능하게 될 것입니다." 케인스는 답장에서 그의 기사가 단기적인 미래에 초점을 맞추어 쓰였다는 것과, 장기적인 관점에서는 빅셀이 제기한 요점들을 고려할 필요가 있다는 것을 인정했다.

마지막으로 다섯 번째의 기사에서 그는 전쟁빚 문제를 대가답게 취급하고, 유럽은 이제 채무국이 되고 미국은 채권국이 됨으로써 전쟁으로 인하여 그 재정적 역할이 역전되었음을 지적했다. 그는 미국의 국제수지 불균형을 아주 명확하게 분석하고, 다음과 같이 결론을 내렸다. 즉 미국의 차관은 종전 이후 2년 동안 유럽이 위급한 전후 휴전기를 극복해 나오는 데 꼭 필요한 도움을 주었지만, 그 도움이 계속된다고 하더라도 현존하는 채무불균형을 시정할 해결책을 제시하지 못할 것이라는 결론이다. 미국은 수입과 수출의 균형을 기본적으로 조정하지 않고서는 이전에 영국과 프랑스가 했던 것과 같이 세계의 저개발 지역에 단지 자본을 공급하는 것만으로 국제수지 균형을 맞출 수 없었다. "미국은 더 많이 사야 하고 더 적게 팔아야 한다." 케인스는 미국의 대외 경제정책을 거세게 비판하였다. "미국이 최소한 현재와 같은 수출량을 지속하고 동시에 관세로 수입을 제한하는 원리로서 수지를 맞출 수 있다고 생각하는 것은 소용없는 일이다. 연합국은 독일에게 거대한 자금을 지불해 줄 것을 요구하면서도 독일이 그 자금을 지불할 수 없도록 하는 장치를 운용하는 것과 꼭 같이, 미국 행정부도 한편으로는 수출금융을 위한 계획을 세우면서 다른 한편으로는 그 대출금 상환을 가능한 한 어렵게 하는 관세부과 계획을 세우고 있다. 위대한 국가들도 가끔은 우리들이 한 개인에 대해서라면 용서하지 못할 정도의 우를 범할 수 있다."

요약해서 말하면, 미국이 그 대외수지 결제상 세계에서 금괴를 수집하는 것은 무익한 일이다. 그것은 "하늘을 찌를 듯한 황금 송아지*를 세우는 것"과 같다. 왜냐하면 단지 잠깐 동안 금본위제를 연장할 수 있을 뿐이기 때문이라고 케인스는 주장했다. 그는 계속해서 연합국 상호간의 채무를 취소해야 한다고 주장하고, 이렇게 함으로써 배상금 지급 문제를 합리적으로 결론 지을 수 있도록 했다.

조만간 《평화의 경제적 귀결》을 개정해야겠다는 생각이 그에게 떠올랐다. 1921년 6월 그는 출판업자에게 그 책의 개정판을 내자고 제의했다. 그 대신 앨프리드 하코트가 후속편을 쓰도록 권하자 케인스는 배상과 전쟁빚과 그러한 문제들에 관한 최근의 사정과 정보를 전해 줄 책을 준비하기 시작했다. 그해 가을에 케인스는 독일인 친구 멜히

---

* 아론이 세운 황금 송아지의 우상으로 출애굽기 32장 4절에 기록됨. 곧 황금숭배를 뜻함.

오어에게 몇 가지 통계 정보를 요청하는 편지를 썼다. 비슷한 시기에 그는 그가 활동하고 있었던 기구인 기근퇴치위원회가 후원하는 경제부흥회의라는 국제회의에서 짧은 연설을 했다. 그는 이 연설에서 영국은 합하여 전체 배상금의 3분의 2에 달하는 연금과 수당에 대한 배상금 청구권을 모두 포기하고 독일이 프랑스의 파괴된 지역을 복구하는 데 집중하도록 허락해야 한다고 주장했다. 그 회의는 이러한 방침에 따르는 결의안을 채택했다. 여론은 그의 견해에 따라 다소 변하고 있는 것 같았다. 1921년 11월 자유당은 전쟁빚을 취소하고 독일의 배상금을 더 이해할 수 있는 수준으로 감축할 것을 찬성하는 의견을 공식으로 표명했다. 심지어 프랑스 사회의 어떤 요소들도 그가 제시하는 방향으로 바뀌고 있는 것 같았으나 푸앙카레(1860~1934, 프랑스의 정치가. 총리, 대통령 역임) 대통령은 그렇지 않았다. 푸앙카레 대통령은 1921년 11월 13일 《르 탕》(Le Temps)에 기고한 기사에서 케인스가 독일의 지불능력을 계산하면서 변동된 금(金) 가치를 전혀 참작하지 않았다고 케인스의 전문성에 도전해서 말했다. 케인스는 재빨리 프랑스 대통령을 책망했고, 그의 과장된 말을 비판했으며 화폐문제에 관한 대통령의 지적인 무능을 지적했다.

칸(Cannes)에서 열리는 배상에 관한 회의가 다가오기 전에 《조약의 개정》(Revision of Treaty)을 출판하기 위하여 그는 원고를 서둘러 탈고했다. 1921년 성탄절 다음 날 그는 어머니에게 이렇게 썼다. "나는 몹시 서둘러서 마지막 장을 탈고하고 성탄절 전에 그것을 인쇄업자에게 보냈습니다. 내일 교정쇄를 돌려받을 것입니다. 그래서 새해에는 인쇄를 모두 마치고 제본에 착수하기를 희망합니다. 그러나 마지막 장은 너무 급히 써서 그 장을 천천히 다시 고쳐쓸 수 있었으면 대단히 좋았을 것입니다. 그러나 현재 중대한 고비를 맞이하여 그 책을 출판하는 것이 저에게 매우 중요합니다." 그 작품은 1922년 1월에 발간되었다.

그의 출판업자는 그가 또 하나의 《경제적 귀결》을 출판했다고 생각했으나, 이 새로 나온 책에는 먼저 나온 책의 3장에서 발견되는 재치 있는 표현은 없었고 그 대신 베르사유 회담 이후 전개된 사태를 진지하게 기록했다. 신년의 2월까지 영어판이 6839권이나 팔렸고, '하코트 브레이스' 출판사는 별도로 미국판을 인쇄해서 출판했다. 그리고 프랑스어, 독일어, 이탈리아어, 네덜란드어, 스웨덴어, 일본어, 러시아어로 된 번역판을 출간했다.

케인스 자신은 유럽문제의 해결을 위하여 그 자신이 개괄적으로 제시한 방안이 들어 있는 그 책의 마지막 장이 그 책을 사는 대중들의 주의를 가장 많이 끄는 부분이 될 것이라고 생각했으나, 첫 장 또한 속성이 모호한 여론에 대한 그의 태도를 밝혀주기 때문에 매우 흥미를 끈다고 생각했다. 이 책은 한 가지 점에서 민주주의에서 정치가들의 역할에 대한 그의 견해가 약간 수정되었음을 나타내고 있다. 이 내용은 중요하다. 왜냐하면 그것은 그가 일반적으로 인간행동에 대한 개념을 너무 합리적으로 생각한다는 비난과 관계가 있기 때문이다.

그는 정치인 패거리들에 대한 도발적인 조롱으로 논쟁을 시작했다. "현대의 정치가들은—어리석은 말에 따라서 행해야 하는 어리석은 행동은 그대로 드러나게 되어—다시 지혜를 얻을 기회, 곧 어린이들과 대중을 위한 몬테소리* 제도에서처럼 지혜를 얻을 기회가 있다고 믿고서, 그들은 대중이 어리석게 요구하는 만큼 어리석은 말을 하고 그들이 말한 것과 일치하는 정도만 실천하는 것이 그들의 방식이다. …… 이러한 아이를 부정하는 사람은 곧 다른 지도교사에게 자리를 내주어야만 한다. 그러므로 어린이가 만지고 싶어하는 불꽃의 아름다움과 장난감 부서지는 소리를 찬양하라. 심지어 그 어린이를 더욱 부추겨라. 그러나 현명하고 친절한 사회의 구조자는 빈틈없이 주의하며

---

* 마리아 몬테소리(Maria Montessori, 1870~1945): 이탈리아의 교육가이며 정신과 의사였음. 어린이 교육상 자유로운 의사를 존중하여 스스로 사리를 터득케 함. 주저로는 《몬테소리 방법》, 《어린시절의 비밀》 등이 있음.

기다리면서 불꽃에 조금 그을려서 이제는 조심성 있는 어린이를 적절한 순간에 갑자기 데려온다."

이러한 표현은 근대 민주주의를 찬양하는 표현이 아니다. 실로 20세기의 토크빌*과 같이 저술하면서 케인스는 이렇게 밝혔다. "현재 두 가지 견해가 있다. 이전 시대와 같이 진실과 거짓에 대한 견해가 아니고 외부와 내부의 의견이다. 즉 정치인들과 신문들이 말하는 대중의 여론과, 고위직이나 배후의 한정된 범위에서 발표되는 정치인들, 언론인들 그리고 공무원들의 의견이 그것이다." 그는 적어도 영국을 위하여 [그리고 아마도 또한 그 밖의 다른 곳을 위해서도] 이 외부의 의견을 한층 더 구분했다. 첫째는 신문에 발표되는 것이고 둘째는 개인의 활기차고 무한한 신념이다. 현대 정치인은 세 등급의 견해를 모두 정확히 알아야 한다고 그는 주장했다. "현대 정치인은 내부의견을 이해할 만한 지성과, 내적인 외부의견을 간파할 만큼 충분한 공감(共感)과, 외적인 외부의견을 표명할 만한 뻔뻔스러움도 가져야 한다." 케인스가 날카로운 관찰력으로 정치적 행동을 하는 학자로서 강한 인상을 주는 기술을 터득했다는 것은 분명하다. 대중의 여론에 대한 케인스의 관찰은 물론 그와 유사한 월터 리프먼이나 그레이엄 월러스(1858~1932, 영국의 교육자, 옥스퍼드 대학 교수)의 통찰력을 생각나게 하지만, 어떤 점에서는 전자가 후자들의 냉소벽을 능가한다.

대중의 여론과 정치인들에 대한 이러한 고찰은 분명히 부분적으로는 《평화의 경제적 귀결》에 대해서 비판받은 그 자신의 경험에서 나왔다. 그가 말한 바와 같이, 그는 '베르사유 조약'을 문자 그대로 해석한 것에다 그 책의 기초를 두었고 그 조약을 집행한 결과를 설명했다. 대체로 정계 내부자들인 몇몇 그의 비평가들은, 이렇게 말하는 것은

---

* 토크빌(Alexis de Toqueville, 1805~1859): 프랑스 정치가, 정치철학가. 그의 저서 《미국의 민주주의》는 미국의 민주주의를 제도적으로 분석한 최초의 저서로 고전으로 평가됨.

순진한 것이다. 곧 정치는 가능성의 예술이지 이상이나 또는 가장 합리적인 행동방침이 아니라고 말했다. 이와 관련하여 파리에서의 로이드 조지의 행동은 그럴 듯하게 변명되며, '베르사유 강화조약'은 대중의 요구와 주연 배우들의 개성이 결합하여 체결이 가능케 된 일시적인 최선의 해결책이라고 그가 이 책에서 시인했다는 것은 의미심장한 일이다. 민주주의는 올바른 길을 따라서 조작되거나 사기당하거나 감언이설에 속아 넘어갈지도 모른다는 것을 이제 그는 인정했다.

그는 전에 말한 견해의 정의(定義)를 인용하여 내부 견해는 처음부터 조약에 관한 나의 주된 결론을 받아들였다고 주장했다. 그러나 파리회담이 끝나고도 2년이란 세월이 흘러간 그 당시에 "전쟁에 대한 과대망상증은 사라졌고, 모두 다 스스로 그 사실을 확실히 하기 원한다. 베르사유 조약의 배상금에 관한 장(章)은 이러한 이유들 때문에 산산조각이 나고 있다. 그 조약을 실행하는 데 비참한 결과가 있으리라고는 이제 거의 예상하지 않는다. …… 과거에는 해로운 속임수의 요소가 많이 있었다. 그러나 속임수는 이제 불필요해졌다. 외부 견해는 내부 견해가 그 비밀의 신념을 밝혀내어 그 신념에 따라 행동하도록 하려는 준비가 되어 있다."고 그는 주장했다.

베르사유 회담에 이어 계속 개최된 회의에 관해서 견실하고 주도면밀한 해설을 한 뒤, 그는 다시 배상안을 분석하고, 연합국의 연금과 수당에 대한 청구권을 재검토했으며, 배상금의 파괴스러운 효과와 국제무역에 관한 연합국 상호간의 채무를 개탄했다. 연금과 수당에 관해서 그는 그 조약의 협상에 관한 버나드 바룩(1870~1965, 윌슨 대통령의 재정고문)과 로버트 라몽(1867~1948, 미시간 주 디트로이트 출신으로 후버 대통령 정부에서 상무장관 역임)의 기사에 주로 의존했으며, 배상안에 연금을 포함하는 것에 반대한 미국 대표단을 칭찬했고, 그의 말대로 터무니없이 절박한 것처럼 보이는 정치적 사정에 굴복한 윌슨 대통령을 비난했다. 그는 마지막 장에서 "내가 베르사유 조약을 작성하는 데 참석한 사람으로서 예언했던 많은 불행한 일은 발생하지 않았다. 왜냐하면 그 조약을 실행하기 위한 어떤 진지한 시도도 없었기 때문이다"라고 언급했다.

그는 전쟁빚과 배상문제의 해결에 관해서 좋은 안은 대체로 단순하고 소극적인 것이어야 하며, 무익하고 해로운 분규를 해소함으로써 상황을 단순화해야 한다고 주장했다. 그는 자신의 안을 다음과 같이 요약했다. (1) 영국과 그리고 가능하다면 미국 또한 유럽 국가의 정부들이 그들에게 빚지고 있는 독일의 모든 채무를 취소하고 배상금에 대한 그들의 청구권을 포기할 것. (2) 독일은 30년 동안 매년 12억 6000만 마르크(1억 6300만 金)의 금태환화(金兌換貨)를 지불하고 총액으로 10억 마르크의 금태환화를 지불준비용으로 보유하여 폴란드와 오스트리아를 원조할 것. (3) 이 연 지급액은 프랑스에 지급할 10억 8000만 마르크의 금태환화와 벨기에에 지급할 1억 8000만 마르크의 금태환화에서 할당받을 것.

프랑스는 이 공정하고 현명한 해결방안을 수용하는 것이 지혜로울 것이라고 케인스는 설득하고, 프랑스가 중부유럽에서 위험한 야심을 잊을 것이고 근동에서의 야심을 엄격하게 제한할 것이라는 희망을 피력했다. 왜냐하면 두 가지 일이 모두 실속없는 데 근거를 두는 것으로 프랑스에 아무런 이익도 가져다주지 못할 것이기 때문이다. 그러고 나서 예언을 하면서, 프랑스 자신이 도발하지만 않는다면 우리들이 예측할 수 있는 미래에 프랑스가 독일로부터 어떤 공포를 느끼리라고 생각하는 것은 하나의 착각이다. 머지않아 독일이 그 힘과 자존심을 회복했을 때는 다시 서방으로 눈을 돌리기 전에 수많은 세월이 흘러야 한다. 독일의 미래는 지금 동방에 있으며, 독일의 야심과 희망이 다시 소생할 때 그 희망과 야심은 반드시 그쪽 방향으로 향할 것이다라고 그는 주장했다. 이 확신에 찬 예언은 그의 정치적 판단이 절대로 옳다고 할 수 없는 사실을 보여주는 또 하나의 예이다.

대체로 볼 때 이 신간서적에 대한 논쟁은 이보다 먼저 나온 책에 대한 논쟁에 견주어 경미했다. 주목할 만한 것은 케인스가 그의 비평가들에게 신중하고 성실하게 답변하려고 시도했다는 것이다. 그는 독창적인 원고로서 견고한 변호태세를 취했을 뿐만 아니라 그 원고의 초고를 작성하는 데 충분한 마음의 준비를 했고 많은 수고를 아끼지 않았다. 동시에 그의 개성은, 만약 오만하지만 않다면, 그가 무능한 비평가라고 생각했던 사람들을 취급하는 데 매우 공격적일 수도 있을 정도였다. 그가 미국인들에게 갖는 편견의 경향이 또다시 나타나는 한 편지에서, 그는 자신을 비평한 한 미국인의 실수를 "나는 그가 단지 미국인이기 때문에 저지른 실수라고 생각한다"고, 그 실수의 원인을 말했다.

1921년 그의 마음에 썩 잘 드는 계획 하나가 실현되었다. C. P. 스콧 (1846~1932, 영국의 《맨체스터 가디언》지의 소유인)은 케인스가 최근에 《선데이 타임스》에 기고한 일련의 기사들을 보고 나서 그가 자기 신문의 특별부록 판의 편집장이 되어 전후 유럽의 재정 및 경제문제에 관해 종합적인 조사를 해 주도록 제안하였다. 케인스는 이 제안을 수락하고 이 새롭고 복잡한 임무에 엄청난 정력을 쏟았다. 참으로 그는 이 기회를 세계경제문제를 다룰 기회로 보았으며, 특히 최근에 여론을 지배한 것과 같은 선전보다도 현명하고 객관적으로 유럽의 재건에 관한 문제를 다룰 기회로 생각했다. 그는 독일의 기고가들을 모집하는 데 멜히오어와 같은 친구들의 도움을 간청하고 확실한 협조를 이끌어냈다. 네덜란드 은행계의 친구들도 도왔다. 그는 독일 외무장관 발터 라테나우 박사가 비극적으로 암살당하기 바로 전에 그와 같은 저명인사들과 상담을 했다. 또 러시아 외무장관 G. V. 치체린과 회견하고 막심 고리키(1868~1936, 러시아의 소설가)가 쓴 〈지식계급과 혁명〉이라는 기사를 손에 넣었다. 그는 심지어 마하트마 간디가 왜 그다지도 맨체스터를 미워하는지 그 이유를 설명하는 기사를 써 주도록 그분에게 요청했다. 케인스에게 가장 어려웠던 문제 하나는 자국의 정치적 견해와 다른 성향의 프랑스인의 기사를 얻는 것이었다. 영국인보다 외국인 작가들이 더 많이 포함되어 있는 그의 기고가들의 명단은 진실로 인상적인 것이었다.

그는 이 신문에 관련된 사업을 유럽을 위한 토론장을 제공하는 사업으로 생각했다. "유럽의 지식인 집단이 풍부한 지적 자극을 복돋우기 위하여 여기에 모일 것이다"라고 그는 첫 부록 판의 사설에 썼다. 이 문장은 유럽대륙의 경제문제를 해결하려고 노력하는 데 지성과 감성[또는 그가 청년시절에 표현한 것과 같이 '열정적 인식']을 결합한 그의 통찰력과 희망을 잘 표현한 것이었다. 그는 자신의 글투를 반복해서 멋들어지게 표현하면서 이와 같은 말로 그 사설을 끝맺었다. "셸리 (1792~1822, 영국의 서정시인)의 작품 오이디푸스에 나오는 크리사오르와 같이 우리들의 기고가들은 매우 자세하게 그리고 기술적인 기법으로 통상과 공공의 의무, 경제와 순수한 화폐 그리고 급진적인 다른 주제에 관하여 여기서 지껄이고 있다."

그는 부록 제2호를 위하여 '유럽재건'에 관한 연재기사를 전반적으로 소개하는 기사를 썼다. 그는 이 논문에서 유럽의 경제전망에 대하여 에드워드 시대의 낙관주의를 크게 표명하였으며 1920~1921년의 불황을 겪은 후에는 틀림없이 이전에 누렸던 번영을 곧 되찾을 수 있을 것이라고 그의 독자들을 확신시켰다. 그가 경제학자들에 관해서 서술하면서, 이때 그들을 문명을 발전시킬 의무를 진 사람들이나 또는 '치과의사'들이라고 생각하지 않았던 일은 후기의 그의 견해와 비교할 때 주목할 만하다. "예, 경제학자가 왕은 아니에요. 그건 확실히 그렇지요. 그러나 경제학자는 왕이어야 합니다! 경제학자는 장군이나 외교관, 또는 웅변을 잘하는 법률가보다도 더 훌륭하고 더 현명한 통치자이지요. 인구가 지나치게 늘어나 단지 조금이라도 적당한 조정을 통해서만 살 수 있는 현대 세계에서는, 경제학자는 유용할 뿐만 아니라 필요한 존재입니다"라고 그는 말했다.

사실 이 논문들에 담긴 케인스의 사회철학은 성격상 아주 전통적인 것이었다. 경제의 미래에 관해서 보면 19세기의 번영을 이룩했던 시기가 끝난 후 경제 침체기가 다가올 것 같은 조짐이 보였다. 그리고 "진보는 석탄가루와 화약으로 시커멓게 더럽혀진 신조이다. 그러나 우리들은 그 신조를 포기하지 않았다. 우리들은 믿기도 하고 의심하기도 한다. 믿음과 의심이 뒤섞여 있다. 만약 유럽의 경기가 하락한다면 그것은 물질적인 이유 때문이 아니고 정신적인 이유 때문일 것이다"고 그는 서술했다. 그의 후기의 작품에서 다시 나타나는 의견을 말하면서, "우리들은 오늘날 가장 신념이 없는 사람들이다. 우리들의 종교단체나 정치단체를 구성하고 있는 모든 사람들은 케케묵은 사람들이며, 우리들이 보통 우리가 생각하는 것보다 한층 더 케케묵은 사람들이다. 우리들의 공인된 종교는 거의 군주정체(君主政體)나 또는 런던 시장의 공식 마차만큼의 영향력밖에 우리들에게 행사하지 못한다. 그러나 우리들은 이미 볼테르*와 흄의 호전적인 회의론, 또는 벤담과 콩트**와 밀의 인도주의적인 낙관주의, 또는 헤겔의 추상적인 억설(臆說)을 위해서 대리인 노릇을 하는 사람들이 아니다"라고 그는 서술했다. 루트비히 비트겐슈타인[영향력이 있는 그의 저서 《논리철학논고》가 이제 막 출판되어 케임브리지에 있는 사람들을 감동시키고 있었다]을 인용하면서, "종교는 쓸모가 없어지고 철학은 효과가 없어져서 대중(大衆)은 여자 마법사들에게로 달려간다. 우리들의 복장은 형태와 옷감이 유행에 뒤떨어졌다. 그리고 우리들은 그 복장이 편안하지도 않고 어울리지도 않는

---

* 볼테르(Voltaire, 1694~1778): 프랑스 계몽기의 대표적인 문학자, 사상가. 시, 풍자적인 우의소설(寓意小說), 철학적인 수필이나 풍자 논문, 역사 저술 등 다방면에 걸친 활동으로 유명함. 시종일관 전제정치를 공격, 백과전서의 사업을 적극 원조하고 신교(信敎)의 자유를 위하여 헌신적으로 노력했음.
** 콩트(Auguste Comte, 1798~1857): 프랑스의 철학자, 사회학자. 실증주의 철학을 처음으로 제창했음.

다는 것을 알게 되었다. 프로이트는 우리들에게 벗이라고 말하고 쿠에 (1857~1926, 프랑스의 심리학자, 자기암시법의 창조자)는 두 벌을 입으라고 말한다. 자본주의는 그 자신을 잃었다. 전쟁이 아니고선 최근에 국가 또는 계급 사이에 공동의 목표가 전혀 없었다"고 그는 결론을 내렸다.

케인스가 이 인기 있는 논문들 가운데서 세계경제와 정치문제에 대하여 대답한 기본사항들은 미래의 어떤 사회개량 계획에 대한 서론이라고 그가 주장했던, 평화주의와 인구제한 또는 산아제한의 원리였다. 그 시기의 그의 사상 속에는 이렇게 맬서스의 《인구론》을 강조한 점이 꽤 현저하게 나타났다. 만약 그러한 경향이 그 자신의 성적인 기질과 조금이라도 관계가 있다면 그것은 해설하기에 어려운 문제를 제기한다. 여하튼 그 정신적인 원인이 어떻든 간에 다음과 같은 진술을 하는데 그가 놀랄 만한 선견지명을 보였다고 생각할 사람들이 있을 것이다. "참으로 인구문제는 경제학자의 문제가 될 뿐만 아니라 가까운 장래에 모든 정치문제 가운데서 가장 큰 정치문제가 될 것이다. 그 문제는 인간의 가장 심오한 본능과 정서 가운데 어떤 것을 불러일으키는 문제가 될 것이며 감정은 초기의 종교투쟁에서와 같이 열정적으로 움직일 것이다."

그 부록은 언론계에서 잘 받아들여졌다. 그것은 《맨체스터 가디언》에 재정적으로는 큰 도움은 못 됐지만 스콧은 그 부록으로 신문의 권위가 크게 고양되었다는 것을 인정했다. 이 부록이 모두 완결되었을 때, 편집자는 "그 부록의 가치가 어떻든 그것은 모두 당신의 것입니다. 그리고 우리들이 고맙게 생각하고 있다고 당신이 믿어줄 것을 나는 희망합니다"라는 내용의 편지를 케인스에게 썼다.

케인스는 이 모든 편집 작업을 하는 과정에서 또 다른 일, 곧 유럽경제의 자신감을 강화하기 위하여 1922년에 소집되었던, 다가오는 제노바 회의에서 《맨체스터 가디언》의 특파원 일을 맡기로 결심했다. 그는 3주 동안 11개 주요 기사를 쓰기로 합의했다. 그 회의는 제1차 세계대전 이후 처음으로 독일 대표와 러시아 대표가 참석하게 되어 있었으므로 특히 중요하였다. 이전의 교전국들이 동등한 자격으로 협상할 수 있었던 것은 그 대전 이후 이번이 처음 있는 기회였다. 따라서 그 결과에 대하여 큰 희망을 품게 되었다. 케인스 자신이 훗날, 이 집회는 연합국의 회의가 아니라 유럽의 회의였으며, 국제연맹보다도 더 광범하게 포용하는 집회였다고 썼다.

《맨체스터 가디언》은 그가 쓴 기사의 대가로 케인스에게 300파운드를 지불했고, 그는 대단한 노력을 기울여 《데일리 익스프레스》와 《뉴욕 월드》, 일곱 개의 유럽 신문을 포함하여 다른 신문들에게 영국의 판권을 팔았다. 그는 가능한 널리 보급하기를 열망하였다. 더욱이 이 출판으로 생기는 수입은 그의 중개인과의 거래를 원활하게 뒷받침했다.

첫 기사는 '유럽 환시세의 안정'에 관한 특종이었다. 게재와 동시에 그 특종기사는 제네바에 모여 있는 대표들의 화젯거리가 되었고 재계의 신문과 런던 시에서 논평의 주제가 되었다. 그는 그 기사에서 통화수축으로 화폐가치를 높이려는 정책보다는 금지금본위제(gold bullion standard)로 돌아갈 것과 환율을 안정시킬 것을 주장했다. 그는 본위화폐의 가치가 전쟁 전 수준보다 20퍼센트 이상 내린 국가에서는 그 화폐가치를 전쟁 전의 수준으로 되돌리려는 어떠한 기도도 하지 말도록 권고했다. 모든 통화가 금으로 태환되어야 하나 매우 신중하게 평가된 가치로 태환되는 것이 바람직스럽다고 그는 생각했다. 그는 더 나아가서 유럽의 국립은행들이 금 매매가격에 5퍼센트의 가격차이를 허용해서 계절적 또는 일시적인 소폭의 환율변동을 인정하도록 권고했다. 그는 또한 각각의 참가국이 일정한 조건부로 처음에 정한 비율에 따라 5년 동안 그들의 지폐를 금으로 상환할 것을 무조건 보증해야 하며, 또 미국의 '연방준비제도이사회'는 참가국의 중앙은행들이 통화안정조치를 촉진하도록 그들에게 일시적으로 금을 대출할 것을 제안했다.

이 기사는 제노바 회의에 참석한 대표들 사이에 깊은 인상을 심어 주었다. 참으로 그는 도착하자마자 자신의 제안을 그 회의에 공식 제출할 것인지에 관하여 영국 대표들과 상의하도록 초청받았다. 실제로 그가 쓴 〈외환선물시장〉(The Forward Market in Foreign Exchanges)이라는 기사에 나타난 또 다른 견해가 그 회의체의 금융결의안에 포함되었는데 그 내용은 국립은행이 시장에 참가해서 선물환(先物換) 매매를 해야 한다는 것이었다.

대표들 사이에서 폭넓고 영향력 있는 우정과 완전에 가까운 정치 평론과 전문적인 경제지식 그리고 박진감 있는, 읽기 쉬운 문체 등으로 케인스는 제노바에서 확실히 비범한 언론인의 한 사람이었다. 그의 영향력을 볼 때 어떤 사람들이 그를 사악한 인물로 생각했던 것은 놀랄 일이 아니다. 《르 탕》지조차도 그가 한 독일 신문의 통신원으로 제노바에 있었다는 이야기를 유포하려고 했으나 이러한 조작은 사실이 공표됨으로써 쉽게 꺾여 버렸다. 이러한 부정(否定)에도 《레코 나쇼날》(국민의 메아리)이라는 또 다른 프랑스 신문이 그를 독일적인 경향을 지닌 런던 은행단의 앞잡이 이론가라고 주장했다. 사람들이 그 회의에서 찍은 그의 사진을 보면 그가 홈부르크(Homburg) 중절모자를 쓰고 단장을 짚고 다니는 침착한 은행가와 매우 흡사하다는 것을 알 수 있다. 2년 뒤에 말하기 좋아하는 버지니아 울프는 "메이너드는 괴상한 물고기와 같아. 그의 말대로라면 몸무게는 40여 킬로그램이고, 어딘가 품위가 있어 보여"라고 그의 언니에게 편지했다.

케인스는 "엄청난 러시아의 실험"과 새로운 소련정부의 재정문제와 금융제도에 대해서 진정한 호기심을 보였다. 러시아의 외무장관이었던 G. V. 치체린 또한 그 회의의 대표자들이 관심을 많이 갖는 인물이었다. 그 또한 묘하게도 동성연애를 하는 사람으로서 여행 동안에 읽을 케인스의 책 두 권을 가지고 도착했다. 회견을 열망했던 그 언론인은 회견을 요청할 시간을 조금도 놓치지 않고, "그 회의가 단지 지루한 일에 지나지 않을지 어떨지는 거의 전적으로 당신 자신이나 로이드 조지 씨와 당신과의 관계에 달려 있다”고 말했다. 그 뒤로 그는 다른 러시아 전문가들에게 질문을 던져서 ‘볼셰비키의 금융제도’에 관해서 그 정체를 밝히는 논문을 쓰고, 볼셰비키 정부를 합법 정부로 인정할 것과 러시아의 재건과 통상을 촉진하기 위하여 그 나라에 상당한 금액을 대출해 줄 것을 영국 정부에 촉구했다. 그는 견고한 기초를 쌓음으로써 두 나라 정부 사이에 다리를 놓을 수 있을 것이라고 생각했다. 혁명이란 특히 러시아에 있어서는 미온으로 해결할 사건이 아니다. 그러나 그러한 사실들을 발견할 호기심조차도 갖지 않는 단순한 혐오감이나 도덕적 분노는 엄청난 역사적 사건에 대해서 그 스스로 결코 올바르게 반응하는 태도가 아니라고 케인스는 독자들에게 상기시켰다.

러시아인들은 이 비밀회의에서 케인스나 그 대표들을 실망시키지 않았다. 사실 그들은 그 협약에 따라서 전쟁으로 생겼던 두 나라의 청구권을 서로 청산하기로 결정한 ‘라팔로 비밀협약’을 독일과 체결함으로써 케인스와 그 대표들을 어리둥절하게 했다. 소련정부는 또한 사사로운 이익을 위하여 그들의 법률로 제정한 손해배상청구권을 포기했다. 그뿐만 아니라 독일은 러시아 정부를 합법적으로 인정했으며 정상적인 통상관계를 다시 시작하는 데 합의했다. 케인스는 이 조약의 내용에 반대하는 사람이 거의 없다는 것을 알았으나 그 방법은 심한 비판을 면할 수 없다고 생각했다. 그 회의에 참석한 다른 대표자들에게 알리지 않고 이러한 종류의 증서에 서명 조인하는 것은 정당화하기가 어려운 일이었다. 독일인들은 틀림없이 스스로 해로운 일을 했으며, 오래된 의혹을 다시 불러일으켰다고 그는 기술했다. 러시아인들은 4개월 후에 유럽교전국 가운데 그들의 통화를 안정시킨 최초의 국가가 됨으로써 다시 서방세계를 놀라게 했는데 이러한 사태의 발전은 케인스가 쓴 한 기사 가운데서 우연히 예견되었다.

그가 분석 과정에서 반대되는 개념을 사용하는 경향은 그 회의를 마지막으로 취재한 기사에서 '말 두 마리'의 꼴로 나타났다. "세계의 정치적인 정부는 말 두 마리, 즉 똑같이 잘못 짝지어진 세로로 나란히 맨 말 두 마리 또는 잘못 짝지어진 멍에에 매인 말 두 마리로 질질 끌린다"고 그는 관찰했다. 말 한 마리는 분위기를 조성하고, 대중적인 정서를 개발하며, 한 때의 유행어를 정서적으로 정확하게 시사해 주는 것과 관계 있으며, 다른 한 마리는 올바른 행동방침과 관계가 있다고 그는 말했다. 어떤 의미로 이러한 서술법은 그가 이전에 내부 의견과 외부 의견을 구별한 것과 비슷했다. 제노바의 회의에서 보다 더 본질적인 문제들을 논의하는 데는 충분한 시간을 바치지 못했으나 타당성의 기준을 토의하는 데는 너무 많은 시간을 바쳤다고 믿었다. 그는 그러나 타당성의 기준을 정한 것은 약간의 이로운 점을 성취했다고 인정했다. "주술사들은 제노바에서 유럽의 야만족들 사이에서 확실하고 필요한 금기를 제정하는 데 바빴다."

"유럽에서 태업(怠業)은 전보다 일을 더 어렵게 만든다"는 어떤 여론의 분위기를 조성함으로써 그 회의에서 가벼운 성공을 거두었다는 것을 로이드 조지는 주장할 수 있었다고 그는 말했다. 그러나 만일 그 시도가 선전이 아니고 유럽의 경제 재건을 위하여 숙고한 계획을 작성하는 것이라면 세계에 적합한 판단을 수용해야 한다고도 그는 말했다. 케인스는 그 회의에서 3주간의 단축한 일정을 마치고, 그가 4년 전에 그보다 더 유명한 회의에서 더욱 극적인 방법으로 떠났던 것과 같이 그 회의의 폐막 전에 떠났다.

1920년대 초기에 가장 심각했던 경제적 사태 발전은 독일 마르크가 지나치게 팽창되었던 것과 그로 말미암아 사회혼란이 야기되었다는 점이었다. 케인스는 아주 일찍이 이러한 문제에 관심을 가졌다. 1922년 8월에 그는 함부르크에 초청을 받아서 통상관계 회복을 촉진할 해외주간계획에 참가하였다. 이 방문은 전쟁 뒤 첫 독일 방문이었다. 그는 대중연설을 통해서, 독일인들은 침착해야 하며 그들의 경제 내에서 모르는 사이에 진행되는 통화팽창을 억제함으로써 그들의 가정에 질서를 유지할 것을 촉구했다. 1930년까지 배상금에 대한 지불유예를 선포해야 한다는 것과, 거액의 국제차관을 기채(起債)할 희망은 전혀 없다는 것을 그는 독일인들에게 말했다. 그 대신에 그는 새로운 배상계획을 제안했는데 그 내용은 독일의 총 부채를 금화로 400억 마르크로 정하고, 그 만기는 1930년 또는 그 무렵으로 하는 것이었다. 그는 독일에 대한 영어권에서 변화된 태도에 대해서 가장 확실하게 책임질 수 있는 사람이라고 실업인(實業人)들로 구성된 독일 청중들에게 소개되었다. 이어 만세소리가 터져 나오는 가운데 그는 계속 박수갈채를 받았다. 그의 연설은 독일 신문에 상세하고 현저히 눈에 띄게 보도되었는데 이와 같은 보도는 보통 정부 수반들을 위해서나 마련되는 것이었다고 《데일리 텔레그라프》는 보도했다.

그러나 그가 동시에 《맨체스터 가디언》에 급송한 보도에는 그의 연설에 대한 낙관적인 논조가 없었다는 것이 놀라운 사실이다. 그는 독일 국민들이 통화팽창 때문에 일어나는 불확실성을 무서워한다는 사실을 알았다. 그 나라는 그에게 내란이 일어나기 직전의 상황에 놓인 것처럼 보였다. 그는 연합국들에게 지체없이 무조건 지불유예를 선언하도록 촉구했다. 8월 하순 파리에서 열린 배상위원회에서 영국은 그해 말까지 휴지(休止) 기간 같은 것을 갖자고 제안했으나 거부되었다. 그 대신에 독일은 6개월 치 그들의 할부금을 현금으로 지불하기보다는 재무성증권으로 지불해야 한다는 벨기에의 제안이 채택되었다. 9월에 케인스는 독일에 대한 지불유예가 적어도 1923년 말까지는 허용되어야 한다고 《맨체스터 가디언》에서 호소하고 있었다. 즉 본질적으로 배상금은 폐지되어야 한다. 배상위원회는 해산되어야 하며 라인란트(독일의 라인강 서쪽 지방)의 점령은 종결되어야 한다는 내용이었다.

이 장문의 기사에서 그는 배상에 관한 흥정은 애쓴 보람이 없는 것이었다고 계속 주장했다. "과거 3년간 프랑스와 영국 총리 사이에 있었던 배상금 회의는 미래의 학생들에게 가장 어이없고 엉뚱한 역사 속의 일화로 생각될지도 모른다. 그리고 이 회의에 참석했던 사람들은 가장 맹목적인 정치가들로 보일지도 모른다. 우리들은 보다 더 큰 사건들이 구체화되고 있을 동안 무의미한 일에 시간을 소비하고 있다." 로이드 조지는 영국에서 장기간 권력을 장악했던 인물 가운데서 가장 인내심이 부족하고 건설적인 정치적 수완이 없는 인물임을 스스로 입증했다.

〈마르크에 대한 투기와 독일의 해외수지〉라는 기사 가운데서 케인스는 독일이 거액의 해외자산을 숨기고 있다고 주장한 친불파(親佛派) 《더 타임스》가 보도한 것과 같은 신문기사를 논박하면서 평소 그의 근면함을 보여주었다. 그동안 꾸준히 가치가 하락하고 있었던 독일 마르크는 그가 이전에 예견했던 것과 같이 독일정부가 배상금을 현금으로 지불하지 않으면 안 되었을 때 그 환율이 급락했다. 11월 환시세의 하락이 불길하게 가속되었을 때 독일당국은 케인스가 포함된 일단의 화폐전문가를 초대하여 실천할 수 있는 그 화폐의 안정책을 논의했다. 케인스, R. H. 브란트, 구스타프 카셀(1866~1945, 스웨덴 경제학자) 그리고 J. W. 젠크스는 그 문제에 관한 대부분의 보고서에서 즉시 마르크화를 안정시킬 것, 최소한 2년간 배상금의 지불을 유예할 것, 균형예산을 수립할 것, 그리고 얼마간의 국제차관을 받을 것 등을 권고하였다. 케인스는 지불유예 뒤의 독일을 위한 적절한 방책(方策)은 균형예산과 즉각적인 통화안정을 이룩하는 것이라고 강렬하게 느꼈다. 마르크화를 지지하기 위하여 다양한 환율로 외환시장에 개입하는 것은 전혀 쓸모없는 짓이라는 것이 그의 견해였다.

정치가들이 변덕을 부리더라도 여론을 바꾸려고 노력하는 것이 경제학자의 의무라는 입장을 케인스는 이제 활발하게 설파하고 있었다.

케인스는 피구가 제창한 화폐수량설의 변형인 현금잔고설(現金殘高說)을 원용하여 만약 통화량이 통제된다면 화폐가치는 안정될 수 있을 것이라고 확신했다. 그는 놀라운 열성과 개인적으로는 분쟁에 휘말려 든다는 느낌으로 화폐정책과 배상에 관한 이 모든 문제들을 다루었다. 그는 매우 정력적이었으며, 그가 영국의 대외정책의 취약하고 모호한 점이라고 생각했던 것을 비판했다. 그리고 그는 신문에 쓴 서간문이나 친구에게 보낸 편지에서조차도 이런 점을 표현했다. 그는 《맨체스터 가디언》에 수많은 기사를 기고했으며, 1923년 후반기에는 《네이션》(1865년에 창간된 미국의 고급주간지)지에 기고하고자 멜히오어와 다른 은행 또는 재무성 친구들과 세심한 주의를 기울여 서신왕래를 계속했다. 그리고 전개되는 상황에 항상 새롭게 대처했다.

예를 들면 로이드 조지의 연립정부가 1922년 10월에 끝나고, 그 뒤 따라 있었던 총선거에서 보나르 로를 총리로 하고 스탠리 볼드윈을 재무장관으로 하는 보수당 정부가 집권했을 때 그는 지체 없이 배후에 나타났다. 그가 재무성에 근무하던 시절 그 두 사람을 모두 알고 있었고 그들이 모두 '유나이티드 유니버시티 그룹'의 회원이었기 때문에 이렇게 하는 것이 어렵지 않았다. 새로운 정부는 두 가지 문제에 부딪혔는데, 그것은 다가오는 배상금에 관한 회의와 영국 전쟁빚에 관해서 미국인들과 협상하는 문제였다. 그는 앞의 문제에 관해서는 배상금위원회의 영국대표인 존 브래드버리 경과 서신왕래를 했으며, 그의 제안에 대하여 설명하고 독일과 해결하기 위한 그 자신의 안을 제출했다. 그는 12월에 아마도 후자의 문제에 관해서는 보나르 로와 협의한 뒤, 재무장관은 영국의 채무지불 조건을 타협하기 위하여 미국으로 출발하기 직전에 만났다. 미국사람들과의 협상에서 보장받은 조건들은 볼드윈이 희망했던 것보다는 훨씬 더 불리하였다. 즉 그들은 십년 동안 매년 1억 6100만 달러와 그 다음 52년 동안 매년 1억 8400만 달러를 지불할 것을 요구했다.

이 조항들은 내각에서 열띤 토론의 주제가 되었다. 볼드윈은 옹호했으며 총리는 수락하기를 강력하게 거부했다. 케인스는 일찍이 미국의 사절단으로 볼드윈을 수행했던 영란은행 총재 몬태규 노먼에게 미국의 해결방안에 대한 자신의 격렬한 반대의사를 표명했다. 내각에서 토론이 있었던 바로 그날 보나르 로의 개인 비서였던 J. C. 데이비슨에게 보낸 그의 편지가 볼드윈에게 전해졌다. "대체로 볼 때 우리들이 프랑스의 결정에 좌우되고 프랑스는 독일의 결정에 좌우되는 것과 꼭 같이 미국인들은 완전히 우리들의 결정에 달려 있다는 것을 그들이 깨달을 때까지 우리들은 미국인들의 제의를 거절해야 한다. 왜냐하면 이러한 경우에 마지막 결단을 내리는 것은 채무자이기 때문이다." 그러나 그 뒤 그가 심히 개탄했던, 프랑스가 루르지방(루르강 유역의 탄광·중공업지대)을 침공한 행위가 있은 뒤, 그는 미국의 해결책의 정당성에 대하여 만족스럽게 생각하지는 않았지만, 프랑스가 유럽을 혼란시키는 새로운 전쟁을 벌이는 데 맞서 영국과 미국이 함께 느끼고 행동하는 데 그 해결책이 도움이 된다면 그것은 좋은 일이라고 마음이 누그러져서 말했다. "만약 어떤 합동정책의 결과가 발생한다면 그 결과는 매우 소중한 가치가 있을 것이다." 이것은 변화무쌍한 정치적인 사건에 직면하여 그의 마음을 바꾸는 그의 능력의 또 다른 예를 보여주는 것이었다.

그는 이때 배상금 문제 해결에 너무나 몰두했으므로 이 문제에 관하여 보수당뿐만 아니라 독일인들도 도우려고 하였다. 그는 프랑스가 루르지방을 점령한 것을 깊이 우려하여 그 행위를 무모한 편법이라고 불렀으며, 그러한 침략행위로 인하여 경제활동은 더욱더 악화되고 정치적 힘의 균형은 위태롭게 되었다고 생각했다. 그는 생활고와 애국적인 격정이 결합되어 결국 독일을 절망적인 상태로 몰아넣을 수도 있다는 것을 두려워했다. "최근의 독일정부들은 연합국에 대하여 지나치게 순종하였으며 허약하기도 한 정부였다는 것이 두드러진 사실이었다. 우리들이 너무도 당연하게 알고 있는 독일의 표면 밑에 숨어 있는 더 사나운 인물로, 그와 같은 정부를 대체하는 것은 프랑스나 유럽에 도움이 되지 않을 것"이라고 그는 무서운 통찰력으로 경고했다.

황폐된 지역에 대한 배상금 지불은 예외로 하고 모든 배상금 지불을 유예하거나 외국차관을 얻지 못하면 마르크화를 안정시킬 수 없다고 말하면서 1922년 11월 24일 사임한 독일의 요제프 비르트 내각은 한 연립정부에 계승되었다. 그 연립정부의 수반은 함부르크－아메리카 선박회사의 전 관리인이었던 빌헬름 쿠노였다. 그는 케인스에게는 평화회의의 독일인 전문가로 또한 그의 부록의 기고가로 알려져 있다. 더욱 중요한 것은 베르사유에서 케인스의 친구였던 카를 멜히오어가 쿠노와 매우 가까운 사이라는 것이었다. 상황이 더욱 격렬해짐에 따라 총리와 다른 독일 관리들은 케인스가 멜히오어에게 보낸 편지를 보게 되었다. 1923년 1월 2일 배상금위원회가 석탄배달에 관한 독일의 고의적인 채무불이행을 선언했을 때, 프랑스 군대는 이동준비를 했다가 9일 뒤에 벨기에 군대와 함께 루르지방으로 진격해 들어갔다. 독일인들은 이러한 침공에 반응하여 수동적으로 저항하는 정책을 채택했다. 모든 배상금과 물품의 배달이 중지되고 노동자들과 광부들은 일하기를 중단했다. 프랑스가 공장과 광산, 은행과 국경을 접수하였다. 얼마 안 있어 식량이 부족하게 되었고 침공한 지 일주일 내에 마르크화의 교환가치는 3분의 2가 상실되었다. 멜히오어가 케인스에게 쓴 편지에서 언급한 것과 같이 "1923년이 시작되면서 지독한 악취가 풍겼다."

루르지방을 점령한 차갑고 절망적인 날들은, 영국 외무장관인 커즌 경이 문제해결을 위하여 그들 자신의 계획을 제출하도록 독일인들을 초청했을 때인 4월 20일까지 계속되었다. 그 뒤 5월 2일에 그 해결안이 나왔을 때 그것은 매우 실망시키는 것이었다. 그 안은 분명히 기초위원회의 작품이었으며 이전에 제출한 제안을 대부분 반복한 것이었으나 한 가지 새로운 요소를 포함했다. 말하자면 독일이 전문가들로 구성된 국제기구에 해결의 조건을 기꺼이 제출할 의향이 있다는 것이었다. 따라서 그것은 결국 문호를 개방하여 '도이스 계획'(Dawes Plan)을 이루게 하였다. 이 문서는 그러나 가장 불쾌하고 관료적인 문체로 작성되어서 케인스는 다음과 같이 관찰하게 되었다. 즉 "베르사유 시대부터 지금에 이르기까지 독일정부가 작성한 각서들에는 정열도 설득력도 없었다. [그 두 가지 장점은 케인스가 생각하기에 가장 중요한 장점이다] …… 독일의 정치가들은 그 나라의 학자들과 마찬가지로 오로지 감자에서만 영양분을 얻고 있다고 사람들은 생각할지도 모른다. 맹세코 선전(宣傳)은 사악한 일이다! 그러나 간결한 문장을 쓰는 데 잘못된 점은 없다."

케인스는 독일인들에 대한 커즌 경의 답변에도 똑같이 부족한 점이 있다는 것을 발견했다. 특히 그들의 지불능력을 공정한 중재에 부치는 독일의 제의를 무시하는 데 그 답변의 결함이 있었다. 케인스에게 영국 정부는 아직도 표류하고 있었으며 유럽에 관한 정책이 없는 것으로 비쳤다. 그동안 케인스는 멜히오어와 내부정보를 교환하고 있었으며 직접 독일 총리에게 편지를 보내고 있었다. 또한 독일 총리이 이용하도록 커즌 경에게 쓸 독일 측의 답변안까지도 그 총리에게 제출하기조차 하였다. 멜히오어는 그들 '상호간의 친구'인 총리와 이러한 서신교환을 하는 데 중개자의 역할을 했다. 케인스는 독일인들에게 경제적인 조언을 했으며, 거액의 국제차관을 얻는 것은 현실성이 없는 일이라고 말했다. 또한 성공적인 협상이 되도록 영국 내각이 미칠 영향력을 독일인들에게 유리하게 평가했다. 그는 이때 '친애하는 총리'라고 겉봉을 쓴 편지를 기초했는데 그 편지에서 그는 쿠노가 영국 정부의 수반에게 말할지도 모르는 내용을 밝혔으나 그 편지가 배달되었다는 증거는 없다. 그는 1923년 5월 하순과 6월초에 함부르크와 베를린으로 항공여행을 계속했다. 그동안 그는 독일 총리 및 외무장관과 조찬도 함께 하고 정찬도 함께 하였으며, 그들이 배상금에 관하여 새롭게 준비하고 있었던 회답을 검토했다. 이 임무에서 손을 떼기 전에 그는 새로 영국 총리가 된 스탠리 볼드윈과 회견을 하려고 시도했다.

멜히오어가 "틀림없이 《더 타임스》에서 여론을 조성한다"고 말했을 때인 6월 4일 케인스는 미묘한 그 회합에서 이미 돌아와 있었다. 만약 그들의 제의가 거부된다면 보다 더 과격한 세력이 정부를 인수할 것이라고 쿠노정부는 두려워하였다. 때문에 멜히오어는 다음과 같이 기술했다. "나는 케인스가 상황의 중대함을 확신했다고 믿는다. 그리고 나는 그가 보나르 로와 맥케너에게 뿐만 아니라 언론계에 대해서도 충분히 영향력을 행사할 것을 바랄 뿐이다."

이때 케인스는 확실히 놀라울 정도로 전략적인 역할을 하고 있었다. 즉 그는 신문기자였을 뿐만 아니라 정치 중개인이었다. 그는 독일인들에게 제안을 하고 다시 런던에 돌아와서 독일을 위하여 여론을 설득하였다. 6월 7일에 독일이 제안한 각서는 회유적인 것이었다. 그 각서에는 독일의 지불능력과 지불금액 및 지불방법에 관하여 토론할 문제를 국제적인 중재에 기꺼이 부치겠다는 뜻이 다시 언급되어 있었다. 독일은 만약 대규모의 차관을 얻을 수 없다면 연금방식으로 지불하고자 하였다. 이러한 요점들이 바로 케인스가 전에 그들과 교환한 서신에서 주장한 요점들이었다. 그러므로 그가 1923년 6월 16일자의 《네이션》지에 기고한 기사의 머리글을 다음과 같은 말로 시작했던 것은 놀랄 일이 아니다. "새로운 독일각서는 독일정부가 배상금에 관한 경제문제를 해결하고자 지불능력의 한도 내에서 될 수 있는 대로 공정한 근거를 제공하고 있다."

사람들이 이 문제에 관한 그의 이중적인 역할의 도덕성에 대해서 어떻게 생각하는지 모르지만 그것은 확실히 새로운 형태의 외교였다. 우리들이 알고 있는 것은 독일 총리이 6월 16일자의 케인스의 친절한 통지에 대해서 감사 표시를 하고, "귀하가 우리들의 각서에 대하여 보내준 지원에 감사합니다. 귀하는 참으로 성공하였습니다"라고 쓴 편지를 같은 날 케인스에게 보냈다. 확실히 케인스는 이때 언론계와 외교 분야에서 대단히 설득력 있는 발언을 하여 그 두 분야에서 최대의 성과를 얻었다.

10장 금본위제도와 화폐개혁

실행하는 분야에서, 개혁가들은 지성과 감정의 조화를 이루어 분명하고 정확한 목표를 끊임없이 추구할 수 있을 때에만 성공할 것이다.

† J. M. 케인스

1924년 11월 옥스퍼드 대학 강연에서 케인스는 위에서 인용한 내용을 발표했다. 그것은 관심을 끄는 진술이다. 왜냐하면 그 진술은 그의 심리적 성향을 매우 잘 반영하고 있으며 또한 거의 20년 전에 그가 스위딘뱅크에게 쓴 편지에서 한 이와 유사한 소견을 떠올리게 하기 때문이다. 그 소견이란 '정열과 지성의 진정한 결합을 발견하기가 왜 그렇게 어려운 일인가? 열정적 인식을 제외하고 가치 있는 것은 무엇인가?'라는 것이다.

그는 1919년부터 1925년까지 굉장한 지력과 정열로 파리강화조약과 배상문제를 공격했다. 그 시기를 뒤돌아보면서 그는 세 가지 중대한 문제, 곧 강화조약과 전쟁빚, 통화수축정책 그리고 금본위제(金本位制)로 복귀에 아무 거리낌없이 몰입했다고 서술했다. 이와 같은 곳에서 그는 경제문제가 그 뒷자리로 물러나 앉을 것이고, 우리들의 진정한 문제들, 곧 인생과 인간관계의 문제, 창조와 행실 그리고 종교문제가 이지와 감정의 활동무대를 차지하거나 또는 다시 차지하게 될 날이 머지않아 올 것이라는 희망과 신념을 피력했다. 이 단어들과 말하는 투는 필요한 사회변혁을 지지할 때 그의 두뇌와 심장(지성과 감성을 의미)을 최고도로 사용할 수 있는 정열적인 개혁가의 태도를 시사한다.

케인스는 사회개혁에 대한 그의 관심을 표명하는 데에서 앞선 2세기 동안 영국 경제학을 바꾼 다른 경제학의 대가들과 크게 다를 바가 없었다. 그러한 경제이론의 대변혁을 상세히 분석해 보면 그들이 사회개혁을 위한 논의와 밀접한 관계가 있었음을 분명하게 알 수 있다. 전형적으로 이 영국 경제학자들의 개혁에 대한 계획이 그들의 이론적인 논문에 명백하게 나타나 있지는 않았지만 만약 우리들이 그들 시대의 소논문과 편지를 조사해 보면 그들의 이론과 정책 사이에 밀접한 관계가 있음을 보통 발견할 수 있는 것은 사실이다. 이러한 것은 어째서 그러한가?

기본적으로 그 해답은 더들리 딜러드 교수가 진술한 다음과 같은 사실 속에서 발견된다.

경제학 원리는 언제나 쇠퇴하여 간다. 그 원리들은 세월의 흐름과 함께 나타나는 새로운 문제에 관련이 줄어들게 된다. 새로운 이론체계는 그 이론이 계승하는 이론 위에 수립될 수 없다. 왜냐하면 그 이론들은 다른 문제들을 목표로 하기 때문이다. 예전 이론은 잘못되어 있다기보다는 오히려 시대에 뒤떨어지게 되거나 새로운 문제에 부적절하게 된다는 것이다. 어떤 의미에서 성공적인 이론은, 시간이 지나면 다른 이론을 필요로 하는 다른 문제에 의하여 대체되는, 주요 문제에 해결책을 제시함으로써 그 자체의 쇠퇴를 유발한다.

케인스는 제1차 세계대전의 결과로서 대영제국과 세계경제에 일반적으로 나타난 새로운 문제들을 잘 알고 있었다. 재무성에서 연합국 간의 재정문제를 취급했던 그의 전략적인 위치로 말미암아 그는 영국이 급격히 채권국으로 전환하였고 국제금융계에서 미국이 새롭게 강력한 지위로 부상했음을 매우 잘 감지하게 되었다. 그는 《평화의 경제적 귀결》에서 전쟁 전 시기의 경제구조로 복귀할 가능성에 대해서 불안감을 표명했다. 그러고 나서 전쟁 직후 수년 동안 그는 1919~1921년의 통제되지 못한 호황과 붕괴, 독일과 기타 유럽대륙의 몇몇 국가들에서 나타난 파괴적인 통화팽창을 주시하고 걱정하면서 연구했다. 1917년 성탄절에 어머니에게 보낸 편지는, 전쟁은 아마도 지금까지 우리들이 알고 있었던 사회질서를 소멸시키는 것을 의미한다는 견해와 전반적으로 가난하게 되는 현상에 대한 염려를 상기시킨다. 또한 전체적인 전쟁의 충격과, 국제적 대립이 있었던 기간에 시도되었던 경제계획으로 세계에 대한 그의 인식은 아주 알맞게 바뀌었다. 바로 그 경제적 특성 때문에 야기된 투쟁은 국제주의에 대한 도전이었으며 최소국가를 존중하는 원리에 대한 도전이었다.

그러한 역사적 변화의 중요성을 꿰뚫어 보는 그의 감지력(感知力)은 의심할 것 없이 경제학자의 성향을 지닌 그의 관념과 그 자신의 비범한 성격의 특성에 말미암은 것이었다. 경제학자는 미래의 목적을 위하여 과거에 비추어서 현재를 연구해야 한다고 그는 이 무렵 기술했다. 한 역사가는 "그 단어가 갖는 최선의, 독창적인 의미에서 케인스는 '아마추어' 역사가였다"고 기록하고 있으며, 케인스는 역사가 상상력에 부여하는 한층 더 큰 중요성을 존중하였다고 그 역사가는 통찰력 있게 덧붙여 설명하고 있다.

경제학의 방법론이나 사고방식의 견지에서 케인스는 어느 정도 문화와 사회구조 및 그가 연구하고 있었던, 경제학에서 인간의 심리적 특질에 관심을 가졌던 제도존중주의자였다. "우리들이 만일 어떤 명백한 역사적 차원에서 케인스 이론을 모른다면, 케인스 균형이론의 실제적이고 역사적인 본질을 이해하지 못할 것이다"라고 로버트 스키델스키 교수는 적절히 언급했다. 이러한 맥락에서 1920년대 서방세계는 위험한 과도기에 있다고 주장하면서, 지금 우리들이 살고 있는 단계의 초기에 경제의 과도기적 특징을 인지한 맨 첫 번째 인물 가운데 한 사람이었던 탁월한 미국의 제도학파 경제학자인 존 R. 커먼스 교수를 그가 인용한 것은 주목할 만한 일이다. 커먼스는 세 부분의 시기로 구분하여 서술했다. 곧 첫 번째 시기는 물자와 식량이 부족했던 시기로 대략 15세기 또는 16세기까지의 세계가 보통 그러한 상태에 있었다. 두 번째 시기는 풍요로운 시기로 중상주의(重商主義)가 확장되었고, 그 후 개인주의적인 자본주의가 확장되었던 시기이다. 마지막으로 우리들이 지금 들어서고 있는 세 번째 시기는 기업과 노동조합과 정부의 공동 집단행동이 증가하는 특징을 지닌 안정화 시기이다.

케인스는 우리들이 거의 설명할 필요가 없는 개혁가로서 스스로가 '개혁병'에 걸렸다고 말했다. 해러드는 "케인스는 거대한 사회악에 지극히 민감하여 고통받기 쉬운 체질이었다. 그는 천성적으로 진보주의자였으며 개혁가였다. 사상과 결심으로 사물은 개선될 수 있으며 그것도 신속하게 개선될 수 있다고 믿었다"라고 써 케인스의 진보성을 인정했다. 그는 또한 케인스의 강렬한 평화주의적인 성질의 원인이 그의 유순한 기질과 블룸즈버리 친구들의 철학에 있다고 보았다. 그러나 우리들은 더 나아가서 케인스와 블룸즈버리 친구들이 지니고 있는 이 속성들을 그들 각자의 성질 가운데 자웅양성(雌雄兩性)의 요소와 결부시킬 수 있을 것이다. 케인스의 동성애 또는 양성애는 또한 그의 개혁주의자다운 성향 속에 들어 있는 독자적인 요소였다. 곧 그는 결코 경험한 적이 없었던 이성애의 세계에서는 국외자였다. 1926년 2월 맨체스터 개혁 그룹에서 행한 연설에서, 그는 시드니 웨브(1859~1947, 영국의 경제학자, 사회주의자), 제임스 H. 토머스(1874~1949, 영국의 노동운동 지도자), 존 휘틀리(1869~1930, 영국 노동당 정치가) 등이 제창하는, 현존하는 사회철학의 범위 내에서 도래하는 것보다 더 큰 사회변화가 일어나리라는 가능성을 믿고 활동했다는 생각이 든다고 그는 유쾌하게 말했다. 그는 동성애를 즐긴 월터 휘트먼(1819~1892, 미국의 시인)의 작품에서 한 구절을 인용해서 "내가 상상하는 공화국은 천계(天界)의 왼쪽 끝에 있다"고 부언했다.

그는 대학 시절부터 자유당을 지지했으며 실제로 여러 차례의 선거에서 자유당을 위하여 연설했다. 지금 전후 부흥문제로 급박한 1920년대 그는 재건활동에 더 활발하게 참여하기 시작했다. 1921년에 그는 그라스미어(영국 서북부 웨스트 모얼랜드 주의 호수지방)에서 램지 뮤어, E. D. 사이먼, 월터 레이턴, 윌리엄 비버리지(1879~1963, 제2차 세계대전 후 영국의 사회보장제도를 입안한 경제학자), 테드 스콧과 같은 자유당원들을 만나서 당의 미래를 논의했다. 이 회의의 결과, 현재 당면한 문제들에 관하여 자유당원들을 교육할 목적으로 연례적인 자유당 하계학교를 설립하게 되었다. 8월에 일주일씩 케임브리지와 옥스퍼드에서 교대로 열렸던 이 학교는 그 다음에 계속된 수년 동안 정치 토의를 위한 값진 공공장소를 제공하였다. 케인스는 1922년 10월에 있었던 선거에서 공공연히 자유당을 대변했으며 동시에 우리들이 보았던 것과 같이 보나르 로와 스탠리 볼드윈과의 교제를 통하여 보수당의 정책에 영향을 미치려고 하였다.

그러고 나서 1923년 4월에는 일단의 자유당 친구들과 함께 《네이션 앤드 애시니엄》이라는 자유당의 주간지에 대한 지배력을 획득함으로써 자유당의 운명에 한층 더 깊이 끌려들게 되었다. 이 주간지는 1907년 창간된 이래 자유당 사회의 저명인사인 W. H. 마싱엄이 편집을 맡아 왔다. 라운트리가(家)에서 그 주간지를 소유하고 있었으며 그것은 사회비판을 위한 값진 토론장을 제공했지만 그 자유주의는 다소 과거 지향적이었다. 거기에는 새로운 모습이 없었으며, 게다가 이익을 내지 못했다. 케인스는 편집위원회 의장직을 정력적으로 맡았다. 그리고 그와 그의 동료들은 마셜 밑에서 공부했던 케임브리지 대학의 경제학자 휴버트 헨더슨을 설득하여 편집장 자리를 맡도록 했다. 새로운 경영진은 그 잡지의 발행부수를 더 많이 늘리려고 했다. 그들은 주간지 가격을 9펜스에서 6펜스로 내리고 블룸즈버리와 케임브리지 친구들을 데려와서 그 지면들에 생기를 불어넣었다. 레너드 울프가 문학 편집인이 되었다. 실제로 창간호는 블룸즈버리 최고의 작가들이 쓴 논문의 명부로 그 특색을 이루고 있었다. 케인스 그 자신도 재정과 투자란에 주단위로 기고했다. 《펀치》지가 《네이션》지의 발간을 축하하는 시를 지어 환영한 뒤 일주일쯤 지난 1923년 5월 5일에 그 주간지의 첫 호가 나왔다.

구제의 희망이 되살아나니
케인스에게
네이션의 지배력이 옮아가고 있기 때문.

언론계에 대한 성명서와 이 새롭게 활기 띤 기관에 대한 사설의 서문에서 케인스는 "우리들이 바로 자유당원이 되고 노동당이 되겠습니다"라는, 그 주간지가 취할 입장에 대하여 독자들에게 조금도 의심을 남겨두지 않았다. 그는 계속해서 아무리 온건하더라도 보수당의 견해는 조금도 다루지 않을 것이며, "노동당이 채택하고 있는 일부 원리는 우리들이 현재 겪고 있는 어려움을 해결하는 데 전혀 알맞지 못하다. 우리들 자신은, 어느 정도 중도 좌파의 입장을 취하는 자유당이나 특정한 세계와는 별도로 변화와 진보를 확실히 추구하지만, 노동당이 지니고 있는 것보다 더 대담하고 자유롭고 공평무사한 정신으로 많은 일을 성취하려 노력하며, 케케묵은 그들의 신조를 버리는 당을 찬성한다"고 말했다. 미래를 구분하는 큰 문제는 두 가지로 나뉘어졌다. 즉 그 하나는 평화와 군비축소이며 또 하나는 경제구조의 문제였다. 케인스는 계속된 수년 동안 새로운 잡지를 위하여 광범한 공공문제에 관해서 설득력 있고 재치 있는 사설을 많이 썼다.

케인스는 이 정기간행물이 순조로운 출발을 하도록 많은 시간과 노력을 들였다. 그러나 창간호가 나온 지 한 달쯤 지난 뒤 어머니에게 이러한 편지를 쓰고 있었다. "지난 한두 주 동안 저는 《네이션》지 일을 매우 적게 했으며 앞으로도 한두 주 거의 아무 일도 하지 못할 것입니다. 왜냐하면 책의 저술을 계속하기 위해서입니다. 언제나 그렇듯이 그 책이 다룰 범위는 제가 바로 착수할 수 있는 것보다 조금 더 늘어나는 경향이 있습니다." 그는 이날 이후 점점 더 그의 마음을 차지하게 되었던 경제정책의 견해를 다룬 《화폐개혁론》(*A Tract on Money Reform*)에 대해서 말하고 있었다. 1923년 12월 서점에 등장한 그 책은 케인스 경제학에 관한 문헌 가운데 중요한 작품의 표본이 된다. 왜냐하면 그는 그 책에서 맨 처음 자본주의의 유서 깊은 제도인 금본위제에 맹렬한 공격을 시작했기 때문이다. 그 책이 시도한 분석은 비전문가의 의견뿐만 아니라 전문가의 의견에도 상당한 영향을 미쳤다. 또한 미국,

프랑스, 독일, 이탈리아, 덴마크, 일본어 판으로 출판되었다.

《화폐개혁론》은 처음 몇 장에서는 아주 부드럽고 진지하게 시작되지만 뒷부분에서는 전통적인 화폐지식에 목표를 맞춘다. 사실 이것은 그가 한 해 전에 《맨체스터 가디언》의 부록으로 썼던 세 편의 논문을 개정한 것이었다. 앞 장들에서 그는 불안정한 화폐의 구매력 때문에 일어나는 악폐와 국가 재정이 화폐가치에 미치는 긴급한 효과 그리고 화폐이론과 외환이론을 명석하게 탐구했다. 그는 첫 번째 논제에 관해서 이렇게 결론을 내렸다. "통화팽창은 불공평하며 통화수축은 부적당하다. 만약 독일의 통화팽창과 같이 과도한 통화팽창만 아니라면 둘 중에서 아마도 통화수축이 더 해로울 것이다. 왜냐하면 가난해진 세상에서는 이자생활자(利子生活者)를 실망시키는 것보다 실업을 일으키는 것이 더 나쁘기 때문이다. 그러나 우리들이 한 가지 해악과 다른 해악을 비교 검토하는 것은 불필요한 일이다. 두 가지 현상이 모두 해악이고 그 해악들을 피해야 한다는 데 동의하는 것이 더 마음 편한 일이다. 오늘날의 개인주의적인 자본주의는 그것이 저축을 개별 투자자에게 맡기고, 생산을 개별 사용자에게 맡기기 때문에 바로 안정적인 가치척도를 상정한다. 그리고 가치척도가 없이는 유효하지도 못하고 아마도 살아남을 수도 없다."

제2장에서 그는 정부가 과세의 방법으로 어떻게 통화팽창의 수단과 신용팽창의 수단을 사용했는지를 조사하고 1920년대 초기에 독일과 동부 유럽에서 있었던 파멸적인 초(超) 인플레를 서술했다. 케인스는 그 나라의 채권 소유자들이 화폐로 환산하여 국민소득의 지나치게 많은 부분을 소유하게 되었을 때 그들이 청구할 수 있는 금액을 적정한 수준으로 낮추는 한 방법으로서의 자본과세를 통화가치 하락의 상대적 장점으로 비교 검토하였다.

케인스는 제3장에서 그 세대의 미국의 경제학도들에게 친숙했던 어빙 피셔(1867~1947, 미국의 경제학자) 교수의 화폐수량설(貨幣收量說)보

336

다도 피구[또는 케임브리지]형(型)의 화폐수량설을 설명했다. 그는 화폐의 기본 가치가 두 가지 중대한 결정, 곧 "신용창출의 양(量)에 관한 중앙은행의 결정과, 대중이 통화나 은행예금 잔고의 형태로 얼마나 많은 실질가치를 보유하려고 하는가에 관하여 내리는 결정에 어떻게 의존하는가를 설명했다. 그는 $n=p(K-rK')$라는 방정식을 사용하여 K, K', r가 변하지 않는 한 현금의 양(n)과 물가수준(p) 사이에 직접 관계가 있다고 말했다. 그 미완성된 형태의 화폐수량설은 단지 장기적인 관점에서만 유효하다는 의견을 밝히고 나서 그는 케인스파 경제학자들이 가장 많이 인용하는 부분 가운데 하나가 된 의견을 예리하고 아주 권위있게 부언했다. 곧 "이 장기적 관점은 현실의 문제를 오도하는 지침이 된다. 긴 안목으로 보면 우리들은 모두 죽는다. 만약 경제학자들이 폭풍우가 치는 계절에 과거에 지나간 폭풍우 뒤로 대양(大洋)이 다시 평온해졌다는 것만을 우리들에게 말하려 든다면, 그들은 스스로 너무 안이하고 쓸모없는 과업을 설정한 것이다."

케인스는 그 당시에 통화개혁의 필요성을 매우 강렬하게 느끼고 있었다. 예를 들면 우리들은 그 책의 서문과 또 다른 곳에서 "보수주의자들의 견해에는 통화에 대해서뿐만 아니라 어떤 다른 면에 대해서도 고려할 여지가 없다. 그러나 (그보다 더) 긴급하게 혁신이 필요한 곳은 없다"고 말한 그의 의견을 알아볼 수 있다. 그 책의 다음 장에서 그는 비범한 설득력과 확신으로 적극적인 통화관리의 문제를 설명했다. 곧 이전의 설명과 견주어 볼 때 1인칭 대명사 '나'를 더 많이 사용했다는 것이 두드러져 보인다. 통화가치를 대략 그 통화의 현재 가치에 가깝게 안정시키는 정책을 의미한다고 말한 평가절하와, 금 또는 상품으로 환산하여 통화가치를 증식시키는, 말하자면 통화수축 정책을 그는 구별했다. 다음으로 환율의 안정에 대한 물가의 안정, 바꿔 말하면 '외국통화로 환산하여 평가된 통화의 대외가치'에 대한 그 대내가치라는 선택적 목표를 검토했다. 그리고 마지막으로 "그것은 이론으로는 아무리 불완전하더라도 실제로 우리들의 목적을 달성하기 위해서 최선의 유용한 방법인가?"라고 하면서 금본위제로 복귀하는 데 대하여 의문을 제기했다.

이 마지막 의문을 제기하면서 그는 제1차 세계대전이 커다란 변화를 초래했다는 것과, 곧 금 그 자체가 관리되는 통화로 되었다는 것을 매우 대담하게 주장했다. "지폐와 은행신용으로 이루어진 전후 현대 세계에서 우리들은 관리통화를 원하건 원하지 않건 간에 그 제도에서 도피할 도리가 없다. 금으로의 태환성이 금 자체의 가치가 중앙은행의 정책에 달려있다는 사실을 바꾸지 못할 것이다."

그가 생각하기에는 전쟁 전의 시대에 일반적이었던 상황과 금본위제도가 작용해야 할 것이라는 당대의 상황을 대비할 때 당대의 상황에 중대한 변화가 일어났다는 사실을 무시한 데서 금본위제도로의 복귀를 주장하는 사람들이 일종의 문화적 낙후를 경험하고 있었다. "사실 금본위제도는 이미 미개한 유물이다. …… 통제되는 비금속성 본위제도가 눈치 채지 못하는 사이에 살짝 들어왔다. 그 제도는 존재하고 있다. 경제학자들이 졸고 있는 사이에 백 년 동안 꾸어 왔던 학문적인 꿈이, 그 모자와 가운을 벗고 종잇조각으로 된 옷을 입고서 선량한 자보다도 언제나 훨씬 더 유력한 동성애를 하는 불량한 남자들, 곧 사악한 재무장관들에 의하여 현실 세계에 몰래 들어왔다." 여기에서 그는 우리들에게 그의 《평화의 경제적 귀결》을 생각나게 하는 말투와 비유적인 표현으로 되돌아간다.

그가 매우 자주 썼던 희롱하는 표현을 구사하면서, 그는 그 다음으로 국제적인 협력 때문에 관리(管理)금본위제도를 채택해야 한다고 주장하는 그의 친구이며 재무성의 전 동료였던 랠프 G. 호트리의 견해를 인용했다. 호트리의 견해와 자신의 견해를 구별하여 그는 여기서 자극적인 일반론을 부언했다. "호트리는 '국제적인 협조로 금(金)이 정상적인 상태를 유지할 것이라는 경건한 희망에서 금을 원래의 상태로 복귀시키는 데는 심상치 않은 장애가 있음'을 알았다고 말했다. 아니다. 세계의 금이 현재와 같이 잘못 배분되어 있고 미국이 그 금을 대부분 보유하고 있으므로 금본위제도로 복귀하는 것은 우리들의 물가수준의 통제와 신용주기(信用週期)의 취급을 미국의 연방준비제도이사회에 내맡기는 것을 필연적으로 의미한다. 그 이사회와 영란은행 사이에 가장 잘 협조가 된다고 하더라도 세력 균형은 여전히 그 이사회 편에 있을 것이다. 더욱이 우리들은 영란은행 측이 영국의 이익을 위하여 미국의 정책을 지령하거나 또는 미국의 할인율에 영향을 미치는 어떤 가정되는 시도에 대해서 미국인들 사이에 많은 의심이 있으리라는 것 [그렇게 생각하는 것은 그들 마음대로 하는 것이므로]을 미리 확신할 수 있다."

　마지막 장에서 그는 미래의 화폐 통제를 위한 자신의 명백한 제안을 내놓았다. 그리고 전쟁이 발발한 이후 우연히 생겨난 그 제도는 물가수준이 기본적으로 그 제도의 틀 속에서 영란은행과 재무성의 의도적인 정책에 따라 결정되는 제도라는 것을 제시하였다. 이 정부기관들은 은행의 신용창조를 감시하고 통제하는 경향이 있으며, 이전에 추구했던 정책과는 반대로, 그 신용창조에 뒤따라 통화의 창출이 일어나게 하는 경향이 있다고 그는 선언했다. 이 새로운 제도 속에서는 재무성의 채무를 결제하기 위하여 때때로 금을 미국에 적송(積送)하는 경우를 제외하고는 금이 실제로 아무런 역할도 하지 못했으며, 외환은 통제되지 않았고 자율적으로 조절되었다.

　영국은 그 당시 전쟁 전의 평가에 따른 달러의 고정(固定)환시세로 되돌아가려는 열망이 대단했지만 금본위제도를 실시하지는 않았다. 케인스는 통화관리 당국이 첫째 목표로서 파운드화의 가격안정책을 채택하고 둘째 목표로서는 환시세의 안정책을 채택하여, 미국 당국과 협조를 통해서 이 목표들을 성취해야 할 것이라고 주장했다. 일반적인 물가수준의 추세는, 어빙 피셔 교수의 유명한 달러 보정계획(통화의 구매력을 안정시키기 위해 물가의 변동에 따라 통화의 금 함유량을 보정하는 것)과 비슷한 표준복합상품가격으로 구성된 물가지수에 따라 측정할 수 있다고 그는 시사했다. 환율에 관하여 그는 위에 말한 목표를 염두에 두고, 파운드화를 변동시세제로 하며, 영란은행이 매일 금시장에서 현물가격과 3개월 선물가격 양편 모두의 가격을 통제하고 변경하는 것을 가능케 했다. 그가 말한 것과 같이 어떤 사람들에게는 그러한 일이 충격으로 보일지도 모르지만, 그는 금준비와 지폐 발행을 완전히 분리하고, 금준비는 다만 단기적 환시세 변동을 피하려는 목적으로만 사용하도록 했다.

이렇게 그의 견해를 요약한 것으로 볼 때, 그는 관리통화제도의 성실한 신봉자였으며, 그가 그러한 정책을 용감하게 지지했던 것은 그 당시에 정통적인 통화 관행에서 혁신적으로 떨어져 나오고 있었음을 뜻한다고 볼 수 있다. 그 소책자는 마셜과 피구 그리고 은행의 행태에 관한 규칙과 같은 것을 변경하기보다는 실제 경영에 참여하고 또 그러한 활동을 강조하는 대부분의 그들 제자들이 세운 케임브리지의 전통과 분명히 단절함을 의미했다고 도널드 모그리지 교수는 기술한다.

그 후 수년 동안 케인스는 기계적인 금본위제도로 되돌아가기보다는 적극적인 통화관리정책을 시행해야 한다고 계속 촉구했다. 그가 그렇게 했던 것은, 실제 관행이 이미 금본위제도의 전통적인 가정과 그 원리에서 심각하게 벗어났다고 믿었기 때문이었다. 영국뿐만 아니라 미국에서도, 반쯤은 의식적으로, 반쯤은 무의식적으로 추구하고 있었던 그 목적과 방법은 케인스의 주장과 일치하는 것이었다. "연방준비은행이 금의 유출입(流出入)과 채무에 대한 금의 비율을 참조하여 할인정책을 결정하는 이론은 완전히 쇠퇴한 이론이다." 그는 "금은 전쟁 전에 금본위제도가 수행했던 증대된 역할을 수행할 여지가 없었다"는 의미에서 연방준비이사회는 사실상 금의 통화(본위화폐) 지위를 빼앗았기 때문에 그 이론은 힘을 잃었다고 그는 주장했다. 미국은 계속하

340

여 금본위제도에 대해서 말뿐인 호의를 보였으나, "달러본위제도는 황금 송아지로 만든 우상의 받침대 위에 설립되어 있었다. 그 나라는 달러본위제도를 수립했고, 달러의 가치가 금의 가치에 일치하도록 보장하는 대신에 큰 희생을 치르면서도 금의 가치가 달러의 가치에 일치하도록 준비하고 있다. 이것은 한 부유한 국가가 새로운 지혜를 낡은 편견에 결합시킬 수 있는 방법이다."

대영제국과 같이 미국도 달러에 대한 금가치의 안정을 목표로 삼기보다는 달러에 대한 상품가치의 안정을 목표로 삼아야 한다고 그는 결론지었다. 두 나라의 외환은 연방준비이사회와 영란은행 사이의 긴밀한 협조를 통하여 안정돼야 한다. 그렇게 한다면, 그 당시까지 일반적으로 인정된 화폐제도 가운데서 가장 진보된 형태의 통화제도였던 한 개의 관리통화제도 대신에 두 개의 관리통화제도가 될 것이다.

케인스의 책은 출판되자마자 큰 평판과 많은 논쟁을 불러일으켰다. 특히 화폐공급에 관하여 광범한 자유재량권을 중앙통화당국에 부여해야 한다는 것을 납득하지 못했던 많은 자유당원들 사이에서 그러한 반응이 일었다. 많은 다른 사람들의 반응 또한 적대적으로서, 그들의 의견은 금본위제도의 견제기능이 없는 관리통화제도 아래서는 통화 팽창의 급속한 진행이 당연하다는 것이었다. 만약 재무성과 은행관리들에게 통제력이 부여되기만 한다면 그들은 은행권을 마구 찍어내서 남용할 만큼 그렇게 무책임하지는 않을 것이라고 케인스는 믿고 있었으므로 이러한 비판에 마음이 흔들리지 않았다.

케인스는 옛 동료들이 기본적으로 신뢰할 수 있으며 선의를 지닌 사람들이라고 생각했으나, 그들은 이해하지 못했으며 자기 만족에 취해 있었고 또 상당한 자극이 필요한 사람들이었다. 화폐정책에 관한 이 철학적 견해차는 어느 정도 현재까지도 지속되어 왔다. 그러나 그 사이에 케인스가 주장했던 많은 혁신적인 정책들이 일반화되었다. 통화개혁은 그 당시에 케인스에게 매우 중요한 일이었으나, 만일 사회주의와 통제되지 않는 자본주의 사이에서 어떤 중도 노선을 찾아야 한다면, 훨씬 더 광범위한 변혁이 필요하리라는 것을 그는 곧 인식하게 되었다.

1924년 4월, 로이드 조지가 실업문제의 한 해결책으로 《네이션》지의 기사에 대규모의 공공사업 계획을 제안했을 때 케인스의 주의는 화폐개혁의 문제에서 실업문제로 끌렸다. 그 당시 영국에서 노동자 약 100만 명이 일자리를 구하지 못했으므로 그 문제는 많은 관심을 일으켰다. 같은 잡지에서 한 달 뒤에 케인스는, "실업은 비상한 구제책을 필요로 하는가?"라고 질문하고 단호하게 긍정하는 태도로 대답하면서, 재무성은 대량의 주택 건축사업, 도로의 현대화, 송전시설과 같은 자본이 대량으로 소요되는 공공사업에 매년 1억 파운드 정도의 감채기금(국공채, 사채를 상환하기 위하여 적립하는 기금)을 사용해야 한다고 제안했다. 케인스는 이 기사 가운데서 궁극적인 실업의 구제책과, 두려움을 없애고 화폐개혁의 효과가 누적된 성공을 거두도록 자극하는 방책 및 비교적 무익한 외국투자에서 얻는 국민소득을 국가가 지원하는 건설적인 국내기업에 투자하여 자신감을 갖도록 고무하는 방책을 찾았다. 그는 점점 더 외국 투자비율에 대해서 비판적이었으며, 많은 외국투자가 과도하고, 바람직하지 못했으며 자유방임 이론이 시사하는 것만큼 수출과 고용을 촉진하지 못했다고 주장했다. 케인스는 그해 다시 자유당의 하계학교에서 외국투자의 문제로 되돌아가서, 과거의 그와 같은 많은 투자의 결과가 나쁜 것으로 판명되었다고 주장했다. 그러나 전체적으로 보아 그의 이러한 노력은 설득하는 데 성공을 거두지 못했다. 이들 정책에 대한 그의 주장에는 불황과 실업의 원인을 설명할 경제이론의 견고한 바탕이 결여되어 있었다. 그 후 6년 동안 그는 경제사상의 이 중대한 결함을 극복하려고 노력했다.

1924년 케인스는 또한 전시에 동부전선에서 싸우다가 1918년 포로로 잡혔던 그의 옛 친구 비트겐슈타인을 도우려고 노력했다. 그 젊은 철학자가 붙잡혔을 때, 그의 배낭 속에는 훗날 자신을 유명인으로 만들었던 《논리 - 철학 논고》(Logisch-philosophische Abhandlung)의 원고가 들어 있었다. 그는 그 원고의 사본을 버트런드 러셀, 케인스 그리고 고틀롭 프레게에게 보냈고, 러셀은 1922년에 답답한 느낌이 드는 책 이름(Tractatus Logico-philosophicus)을 붙인 영역본을 출판했다.

케인스는 전시 동안에 비트겐슈타인과 접촉을 유지하려고 열망하였다. 심지어 그에게 돈을 빌려주고, 책을 교환하고, 몬티 카지노에 있는 포로수용소에서 그의 석방을 보증하는 데 개입하기까지 하였다. 일단 석방이 보장되자 그 까다로운 철학자는 이 기회를 이용하지 않았다. 1919년 그가 석방되자마자 맨 처음 했던 일은 아버지가 유산으로 남겨 놓은 상당한 재산을 모두 포기하는 것이었다. 그러고 나서 그는 오스트리아의 외딴 마을 지메링에서 학교 선생이 되기로 결심했다. 그는 거기서 1921년부터 1929년까지 8년간 머물렀다. 비트겐슈타인의 생애에서 불가사의한 기간인 이 신비스러운 시기는 미국의 철학자, 윌리엄 W. 바틀리 3세의 비범한 연구 결과로서 드디어 해명되었다. 이 미국의 철학자는 그 오스트리아의 마을을 찾아가서 이 괴상한 오스트리아인을 알고 있었던 사람들에게 탐문하여 그의 신비한 행동에 대한 설명을 들었다. 비트겐슈타인은 더 혼잡한 지역에서 일어나기 쉬운 동성애의 유혹을 물리치기 위하여 그와 같이 외딴 장소에서 살기로 결심했다. 1921년 그는 지적이지 못한 자신에 대한 자각 때문에 절망 상태에 빠졌다. 한 친구에게 보낸 편지에서 그는 "나는 1년 이상 도덕적으로 무감각했다. …… 내가 하늘에 떠 있는 별과 같은 존재가 되었어야 했다"라고 썼다. 그는 분명히 그가 바랐던 고상한 지적, 정신적 독창성은 성적인 활동과 양립할 수 없다는 것을 확신하게 되었다. 비트겐슈타인은 그 뒤 케임브리지 대학생들과 맺은 우정을 도덕적인 만남으로 생각하고, 그들과 우정을 나누면서 창조적이고, 자상하고 심지어 재미있는 사람이 되었다. "성은 부도덕했다. 대체로 성은 친구들을 위한 것이 되지 못했다"는 것이 동성애에 대한 그의 시각이었다고 바틀리는 말했다.

1924년 3월, 케인스는 "힘이 닿는 한 네가 더 많은 일을 쉽게 할 수 있도록 어떤 일이건" 하겠다는 서신을 비트겐슈타인에게 보냈다. 케인스는 계속해서 그의 저서가 "엄청나게 중요한 작품이며 독특한 천재의 작품이라 할 만하네[케인스는 '독특한'이라는 단어에 줄을 그어 지웠다]. 옳건 그르건 네 책은 저술된 이래 케임브리지에서 일어나는 모든 토론을 좌우하였네"라고 비트겐슈타인에게 말했다. 프랭크 램지(영국의 수학자이며 철학자)는 만약 그가 영국에 온다면 케인스와 함께 머무를지도 모른다고 시사했다. 메이너드는 그를 손님으로 몹시 초대하고 싶었으나 다음과 같은 이상한 편지를 읽지 않으면 안 되었는데 그것은 그의 친구가 올 것인지 어떨 것인지를 결정하려는 편지였다.

내가 지금 가는 것이 좋을까요? 만약 제가 정말로 즐거울 수만 있다면, 또는 즐거운 시간을 보낼 수 있다면, 그리고 만일 그러한 시간이 정말로 기분 좋은 시간이 된다면, 즐거운 시간을 보내는 것이 가치 없는 일이라고는 전혀 생각하지 않습니다. 그러나 방에 앉아 하루 정도 걸러서 당신과 함께 차를 마시는 일이 충분히 즐거운 시간은 되지 못할 것입니다. 그러고 나서 나는 이 유쾌한 시간을 보낸 데 대해서 나의 짧은 휴일들이 조금의 이득도 없이 환영처럼 사라지는 것을 보는 큰 불편을 겪을 것입니다. 나는 돈을 의미하는 것도 아니며 또는 휴일을 보내면서 어떤 만족을 얻고자 함도 아닙니다. 물론 당신과 함께 케임브리지에 머무르는 편이 나 홀로 빈에 머무르는 것보다 훨씬 더 기분 좋은 일입니다. 그러나 빈에서는 생각을 조금 가다듬을 수 있습니다. 설령 그 생각들이 가다듬을 가치가 없다고 하더라도 단순한 기분풀이보다는 더 낫습니다. 이제 내가 하루 걸러 차 한 잔을 얻어 마시는 것보다 당신에게서 더 많은 것을 얻을 수 있다는 것이 불가능해 보이지는 않습니다. 그것은 내가 당신에게서 소식을 듣는 것이 실제로 이로울 수 있다는 말입니다. 이러한 경우에 당신에게 가서 담화하는 것은 가치 있는 일이 될 것입니다. 그러나 여기에 또한 큰 어려움이 있습니다. [그는 다음에 그들이 11년 동안 만나지 못했다고 말했다. 그들이 만난 이후] 나는 너무나 많이 변했습니다. 유감스럽게도 나는 과거보다 조금도 더 나아진 게 없다는 것을 말씀드립니다. 그러나 나는 변했습니다. 그러므로 만약 우리들이 만난다면 당신을 보러 온 사람은 진실로 당신이 초대하고자 했던 사람이 아니라는 것을 당신은 알게 될 것입니다.

우리들이 말할 수 있는 전부는, 그러한 편지를 읽었을 사람은 친구를 위하여 자기 목숨을 버릴 사람이라는 것이다.

그가 비트겐슈타인에게 빌려준 돈 때문에 그들 사이가 갈라졌다는 비트겐슈타인의 생각에 의하여 케인스의 인내심조차도 시련을 겪었다. 1929년 5월 26일, 그는 드디어 감정이 폭발하였다.

정말 미치광이로구나! 물론 네가 돈에 대해서 말하는 것 가운데는 조금의 진실도 없다. 내가 너와 너의 대화를 좋아하고 즐기는 것과 또 그렇게 함으로써 완전히 나를 지치게 하는 것을 번갈아 하는 것은 진실이다. 그렇게 하는 것은 전혀 새로운 일이 아니다. 20년 동안 언제나 나는 그렇게 했다. 그러나 유감과 몰인정함을 말하다니…… 만약 네가 내 마음을 자세히 살펴볼 수만 있다면 너는 아주 다른 점을 발견할 것이다. 그런데 만약 네가 나를 충분히 용서할 수 있다면 오늘 저녁 내게 와서 함께 회관에서 식사하지 않겠니? [나는 다음주 내내 떠나 있을 테니까] 그러면 너는 네가 꼭 하고 싶은 대로 현금에 대하여 말할 수도 있고 말하지 않을 수도 있다. 너의 친우 씀.

그 총명한 친구에 대한 케인스의 관심과 걱정은, 적어도 학문적인 업적에 관해서는, 그 이후에 발생한 일련의 사건들로서 케인스의 정당함이 증명되었다. 남에게 강한 영향을 미치는 힘을 지닌 루트비히 비트겐슈타인은 1929년 케임브리지에 돌아온 뒤 곧 박사학위를 받고 트리니티 칼리지의 강사로 선임되었다. 10년 뒤에 그는 철학 교수로서 무어의 뒤를 이어받아 1947년까지 그 자리를 지켰다. 1930년대 그는 러시아에 정착하고 싶다는 생각이 들었다. 비트겐슈타인은 자신을 런던 주재 소련대사 이반 마이스키에게 소개시켜 그 대사가 그 일을 도와주도록 케인스에게 요청했다. 다시 메이너드는 그의 청을 들어주었다. 그러나 이 괴상한 부탁 때문에 어떤 일도 일어나지 않았다. 비트겐슈타인이 그 뒤 그 나라에 가기는 했지만 머무르지는 않았던 것이다. 비트겐슈타인은 기인(奇人)이었으나 줄잡아 말해도 그는 하늘에 떠 있는 별처럼 빛나는 인물이었다.

1924년 여름 케인스가 해야 할 또 하나의 과업이 있었는데 이번에 할 일은 슬픈 일이었다. 케임브리지의 그의 옛 스승, 앨프리드 마셜이 82회 생일을 맞이하기 바로 직전인 7월 13일 서거했다. 케인스는 전에 베르사유의 세 거두와 같은 인물 묘사를 한 적이 있었으나, 이제 그는 자신이 잘 알고 존경했던 한 인간의 생애를 묘사하는 데 착수했다. 그는 빽빽한 주해를 달아서 62페이지에 달하는 전기를 썼는데, 그것은 마셜의 개성을 심리학적으로 예리하게 분석했을 뿐만 아니라 그 시대의 매혹적인 지성사가 되기도 하였다. 케인스는 마셜의 청년시절의 사건 전개, 곧 성직자가 되기를 바랐던 그의 아버지의 희망, 케임브리지에서 수학과 물리학으로 그의 전공과목을 바꾼 것, 그리고 1860년대의 종교논쟁과 다윈의 《종의 기원》의 출판으로 야기된 그의 정신적인 위기 등을 강조하여 묘사했다. 그 뒤 마셜은 형이상학으로 전공을 바꾸고 또 그 다음에는 윤리학으로 바꾼 다음 마지막으로는 도덕학, 특히 정치경제학의 연구로 전향하였다.

케인스는 마셜의 남다른 천재적 특성이 그의 과학적 창조성의 원인이 되었다고 주장했으며 그가 학문의 연구 분야에 일곱 가지 정도의 독창적인 공헌을 했다고 서술했다. 케인스가 생각하기에 마셜의 가장 위대한 독창적인 업적은 정적균형(靜的均衡)에 관한 분석기법이었다. 마셜 자신이 말했던 것과 같이 이런 점에서 비추어 볼 때 "경제학은 구체적 진실로 이루어진 구성체가 아니라 구체적 진실을 발견하기 위한 기구이다. 오늘날 우리들이 사용하는 것과 같은 이 기구는 주로 마셜이 창안해 낸 것이다. 마셜은 그가 그 기구를 세상에 내놓기 오래 전에 그의 제자들의 손에 그것을 놓아주었다. 이 기구를 구축한 것은 마셜의 독특한 천재성이 이룩한 필수불가결의 업적이었다."

그러고 나서 케인스는 스승의 주요한 단점으로서 그가 알고 있었던 것을 개괄적으로 서술했다. 프랑스 사람들이 말하는 것과 같이 마셜은 어떤 의미에서 그의 덕이 부족하여 고통을 겪었다. 그는 구체적 진실을 갈망했는데 그 구체적 진실을 발견하는 데 그는 특히 자격이 없었다. 그리고 그는 잘못되는 것을 너무 많이 두려워 했고, 비난에 대해서 너무 민감했으며, 선행을 베풀기를 너무나도 열망하였다.

케인스가 미처 찬양하지 않았던 측면이 마셜에게 있었는데, 말하자면 그것은 여성의 지적 가능성과 잠재력에 대한 그의 완고하고 굽히지 않는 빅토리아풍의 태도와 그의 부인을 대하는 태도였다. 마셜의 부인이 1944년에 사망했을 때 케인스는 그 부인이 경애와 추억으로 기록될 만한 가치가 있다고 생각했다. 그래서 케인스는 《이코노믹 저널》에 부인의 사망기사를 썼다. 그는 물론 부인이 지체 높은 훌륭한 가문 출신이라는 사실, 곧 증조부는 윌리엄 팰리로서 크라이스츠 칼리지의 강사요, 개인지도 교수였으며 '팰리의 증언'으로 널리 알려진 유명한 신학책의 저자라는 사실과, 아버지는 가장 엄격한 시몬 종파의 복음을 전도하는 목사였다는 사실에 주의를 환기했다. 마셜 부인은 자신의 권위로 보아도 당연히 저명인사였다. 뉴넘 칼리지 최초의 졸업생 가운데 한 사람이었으며, 케임브리지 대학의 첫 여성 경제학 강사였고, 그녀의 장구한 일생에서 마지막 20년 동안 마셜 도서관의 충실한 후원자였다. 메이너드는 메리 마셜에 대하여 마음속에 분명히 온정을 느끼고 있었다. 그의 예민한 천성은 한 지적이며 헌신적인 여자로서의 자질뿐만 아니라 한 아마추어 수채화가로서의 재능을 인정하고 있었다. 반면에 남편은 아내의 지성과 한 여인으로서 다른 미덕을 반드시 올바르게 평가하지 않았다. 예를 들면 그들 부부가 강의할 때 메리는 강의를 좀더 설명하기 위하여 마셜의 도움을 받아서 한 편의 교과서를 준비했다. 케인스는 "그 책이 아주 훌륭한 책이었으며, 그보다 더 유용한 책은 있다고 하더라도 여러 해 동안 출판되지 않았다"고 말했다. 그러나 그 책이 너무 간략하고 간결했기 때문에 그 책을 좋아하지 않았던 마셜 교수는, 그것을 갖고 싶어하는 사람들의 요구가 강렬하였지만 그 책이 절판되도록 허용하고 말았다. 그 작은 책에 대한 마셜의 태도에 어딘가 좀 옹졸한 데가 있었다고 그의 아버지가 언제나 느꼈다는 것을 그는 말했으며, 그도 분명히 의견을 같이했다.

교육을 통해서뿐만 아니라 천성적으로도 우아함과 존엄성을 갖추었고 또 명예로운 인격과 섬세한 감수성을 지녔던 이 비범한 부인이 그러한 자질을 잃지 않고 94년 동안 삶을 영위했던 것을 케인스는 가슴에 사무치게 동경하는 마음으로 묘사했다. 그녀는 사라진 문명시대의 아름다움과 예절 그리고 그 겸양을 그에게 보여주었다.

1924년 11월, 케인스는 옥스퍼드 대학에서 경제철학을 강의하고 있었다. 그는 비록 실제적인 통화개혁을 주장하고 있었음에도 이 과목을 선택했다. 왜냐하면 그가 제안하는 관리통화제도와 그 제도로 말미암아 정부가 해야 하는 광범한 역할에 대한 반대론에 직면해 있었기 때문이다. 그는 그들의 전통적인 철학이 케케묵은 개념에 기초를 두고 있으며 이 개인주의와 자유방임주의의 원리들이 그들의 개인적인 장점에 근거한다기보다는 오히려 상속된 권리로서 우리들을 지배한다는 것을 보여줌으로써, 관념적 근거에 관하여 그의 사상을 거부했던 사람들에게 답변하려고 시도했다. 개인주의와 자유방임주의의 지적인 기원을 18세기와 19세기의 유명한 사상가들을 찾아 올라간 뒤, 그는 경제학자들이 가장 간단한 잠정적인 가정에서 시작하여 그들의 학문을 발전시켰으며, 가장 효과적인 자원의 활용은 최대의 이익 추구를 장려함으로써 달성되고, 이상적인 소비는 생산되는 제품에 경매를 붙이게 함으로써 달성되는 것이라고 설명했다. 그는 이러한 사회적 장치를 잔인한 생존경쟁의 구현으로 묘사했고, 자유방임의 이론을 풀을 뜯어 먹고 있는 기린이라는 생생한 동물에 비유하여 비꼬았다. 자기 자신을 위하여 유익하게 독립적으로 행동하는 개인들이 전체로는 최대의 부(富)를 생산한다는 이 단순한 이론은 몇 가지 실제적이지 못한 가정, 말하자면 생산과 소비의 과정들이 조금도 유기적으로 조직되어 있지 않다는 가정과 또 합리적인 결정을 내리기 위한 사전지식을 얻을 기회가 충분히 있다는 가정 위에 근거를 두고 있다고 설명했다. 자유방임의 원리는, 부분적으로 그것에 반대하는 보호무역주의와 카를 마르크스의 사회주의와 같은 제안의 결점 때문에 승리하여, 19세기의 전통적 사상을 지배했다. 그 원리는 또한 지난날의 우리들의 영웅들과 위대한 사업가들에게 완전한 기회를 제공했기 때문에 지배력을 획득했다. 그러나 법인 기업이 확대되고 소유와 경영이 분리됨으로써, 뛰어난 개인주의자이며 위대한 산업계의 거물은 급속히 '빛 바랜 우상'이 되고 있었다. "우리들은 그러한 거물이 우리들의 손을 잡고 천국으로 인도할 것인지를 더욱더 의심하게 된다."

정부의 역할을 제한하고 자연 그대로의 경제력에 의한 자선(慈善)과 경쟁에 의존하기보다 현대 경제학자들이 해야 할 가장 중요한 과업은 정부가 해야 할 일과 하지 않아야 할 일을 새로이 구분하는 것이어야 한다. 전자에 속하는 사상은 개인적 영역에 속하지 않는 기능을 포함하게 될 것이고 만약 국가가 결정하지 않는다면 그 어느 누구도 결정하지 않을 사항으로 구성될 것이다. 사회의 경제적 질병에 대한 치유

책은 개인의 영역 밖에 놓여 있다고 그는 생각했다. 그것은 소유와 경영의 분리로 인하여 더 사회화된 기업목표를 가지게 되는 영란은행이나 또 다른 법인들과 같은 반(半)자치적인 조직을 개발하는 데에 있다. 요컨대 그의 통찰력은 관리자본주의에 대한 것이었다. 그러나 그는 국민의 공감과 판단이 자유방임주의로 기울어지는 경향이 있었기 때문에 필요한 정도의 관리수준을 달성하기가 어려웠으며 따라서 그와 같은 활동이 무력하게 됐음을 인정했다.

1920년대 중엽에 영국은 많은 어려운 결정에 직면했다. 그러나 아마도 영국이 내려야 했던 가장 중요한 재정적 결정은, 지난날 전전(戰前)에 행했던 달러와의 평가로 금본위제도에 복귀할 것인지 어떨 것인지를 가늠하는 일이었다. 아이작 뉴턴(1642~1727, 영국의 과학자) 경이 1717년에 주조료(鑄造料)를 정한 이래 나폴레옹 전쟁(1796~1815)과 그 이후의 시기를 제외하고는 국가가 실제적으로 또는 합법적으로 그러한 형태의 화폐본위제도를 실시하고 있었으므로 그 문제는 중대한 문제였다. 그 제도는 대부분의 경제학자들과 은행가들에게 실제로 신앙과 같은 제도가 되었던 결과로 빅토리아 시대의 번영 및 경제발전과 전반적으로 맞닿아 있었다. 전전의 화폐본위제도는 영국을 위하여 잘 움직여 주었다. 즉 조건들이 유리했다. 무역은 비교적 자유로웠으며, 경쟁이 아주 널리 보급되어 있었다. 조정기구가 합리적인 관계 속에서 비용·가격 구조를 유지하도록 세계 대부분의 선진국들이 똑같이 화폐본위제도를 고수하였다. 런던이 세계 제일의 화폐 수도이며 상품 수도라는 사실에 의하여 전체적인 조정의 과정은 쉽게 이루어졌다. 전후의 공식적인 의견은 그 당시의 본위제도의 기능을 다소 이상적으로 묘사함으로써 윤색되었다.

전시에서 평화시로의 과도기를 검토하도록 1918년에 임명되었던 '컨리프 위원회'는 이러한 개념에 따라 영국이 전전의 평가(平價)로 금본위제도에 복귀해야 할 것이라는 단순한 입장을 취했다. 그 대신에 그 위원회의 관심은 복귀의 시기를 잡는 것과 과도기를 넘기는 데 필요하다고 추측되는 통화수축의 과정을 모색하는 데 모아졌다. 심지어 평화기로 적응해 가는 과정이었던 1919년, 영국이 금 수출을 금지하고 따라서 공식적으로 (전전의) 본위제도를 바꾸었을 때도 제일 주요한 목적은 당연히 금본위제로 복귀해야 하는 것으로 생각되었다. 조정의 과정은 1920~1921년의 불황기와 더불어 일어났던 통화수축에 따라 다소 촉진되었다. 1924년 10월 보수당이 집권했을 때 파운드화의 환율은 상승했으며 금본위제도를 더 빨리 회복하려는 조치가 강화되었다. 사실 '체임벌린-브래드버리위원회'(the Chamberlain – Bradbury Committee)는 그 문제를 1년 넘게 고찰하고 있었다. 그 기구에 나왔던 대부분의 전문가들은 금본위제도로 복귀하는 것을 찬성하였다. 단지 케인스와 '미들랜드 은행' 회장이었던 레지널드 맥케너만이 반대하였다. 케인스는 그가 생각하기에 국내 물가의 안정이 영국의 주요 관심사가 되어야 하므로 금 수출입 금지는 영속적으로 시행되어야 한다고 주장했다. 그는 미국의 금융 불안정을 두려워하고 미국에서의 통화팽창이 불가피하리라고 예견했으며, 그 결과 금이 영국으로 다시 흘러들어와 영국의 물가수준을 불안정하게 하리라고 내다보았다.

케인스는 대중연설과 정부위원회에서의 증언 그리고 《네이션》지에 대한 기고를 통해서 금본위제도로 복귀를 끈질기게 반대하는 운동을 계속했다. 그는 은행장들이 한 연설을 분석하고 더 보수성을 띤 은행장 두 사람을 나무랄 데 없는 노처녀라고 불렀다. 결혼은 분명히 그에게 많은 의미를 부여했다. 그는 있을 수 있는 모든 계층 가운데서 '금본위제도와 결합'을 지지하는 사람들을 가장 행복한 사람들이라고 조롱했다. 그들은 "너무 서두르지 않는 것이 더 좋다. 왜냐하면 금본위제도라는 아가씨는 마침 미국인이므로, 미래에 포도 가격과 튀긴 옥수수 가격이 베이컨에그 가격보다 그에게 더 중요할 것처럼 생각되기 때문이다"라고 그는 기술했다.

영국이 전쟁 전의 시기에 금본위제도 동맹에서 우세한 동반국이었다는 점과, 금본위제도로 복귀가 그러한 조건으로 되돌아감을 의미한다고 생각하는 사람들은 바보스럽고 맹목적인 사람들이라는 점을 그는 동일한 기사의 뒷부분에서 지적했다. 그는 영국이 금본위제도로 돌아가는 것은 미국을 만족시킨다고 말하면서 미국의 은행가들을 매우 경계했다. 그러나 그 제도로 말미암아 영국의 형편에 맞게 일처리가 되거나 되어야 한다고는 믿지 않았다. 실제로 금본위제도는 영국이 [넓게 말하여] 미국과 같은 물가수준과 통화비율을 유지하리라는 것을 의미하는 것이었다. 그는 이러한 일이 위험한 방식이라고 화폐당국에 경고했다.

'금본위제도로 복귀'라는 케인스의 작품이 《네이션》지에 모습을 나타냈을 때, 재무성의 오토 니메이어는 그를 공식 견해에 대한 비평가로서 매우 진지하게 생각하면서 그의 논점 하나하나를 지적하여 답변했다. 처칠은 그 기사의 원문과 니메이어의 논평을 읽고 나서 케인스의 논점에 큰 감명을 받았다. 그는 이렇게 썼다.

내가 보기에 재무성은 케인스 씨가 '결핍 속에 실업이 존재'하는 역설이라고 부르는 현상을 직접 음미해 본 적이 없었다. 영란은행의 총재는 세계에서 최고의 신용과 125만 실업자를 동시에 지니고 있는 영국의 모습 속에서 완전히 행복해 보인다. 그 공동사회에는 물품이 부족하고 125만 명에게는 일자리가 없다. 그 양편 사이의 간격을 메우는 것은 확실히 국가의 금융 및 신용정책에서 가장 중요한 기능 가운데 하나다. 이 나라는 이 세상에서 이러한 조건이 존재하는 유일한 국가이다. 여하튼 실업이 존재하는 한 어느 누구도 우리들이 사용해 온 금융정책 또는 신용정책을 자랑할 자격이 없다.

더욱더 실험적인 정책 속에 위험이 있다는 것을 인정하면서도 만일 그가 한 가지 방법을 발견한다면 그는 어떤 다른 방법보다도 그 방법을 따를 것이라고 여전히 생각했다. "나는 금융을 자랑스럽게 생각하기보다는 오히려 산업을 더 만족스럽게 생각하고 싶다." 니메이어는 전통에 얽매이지 않는 정책이 불러일으키는 통화팽창의 위험을 강조함으로써 이러한 논평에 대답하였으며, 유효수요(有效需要)가 부족한 원인을 전쟁 때문에 입은 경제적 손실로 돌렸다.

처칠은 새로운 보수당 정부에서 재무장관으로 입각했으나, 기술적인 통화문제를 이해하는 데 한계를 느꼈다. 그는 의사결정에 도움이 되도록 부분적으로 케인스의 사상에 기초를 둔 것처럼 보이는 각서를 재무성과 영란은행의 고위관리들에게 제출했다. 그 각서는 영국이 금본위제도를 회복하려는 노력을 포기하고 금 1억 파운드를 미국에 실어 보낼 것, 그리하여 전쟁빚을 줄이고 미국인들이 금을 너무 많이 소유하게 하여 그들의 물가수준을 상승시켜서 파운드를 더 강세로 끌어올리도록 할 것을 제안했다.

그러나 처칠의 고문들은 그가 만족하도록 각서에 답했다. 그래서 1925년 4월 28일 영국은 공식적으로 금본위제도로 복귀했다. '노먼, 4.86달러로 정복(Norman Conquest of $4.86)'이라는 어구는 현실이 되었다. 영란은행의 총재로서 몬태규 노먼은 그러한 방침을 강력하게 찬성했다. 그의 말대로 황금시대가 다시 시작되었다.

영국의 환율은 전쟁 전의 평가로 금본위제에 복귀함으로써 안정되었지만 파운드의 가치는 모든 거래에서 최소한 10퍼센트 정도 과대평가가 되었다. 케인스는 이 결정이 있기 전에 너무 높은 비율로 금본위제로 복귀함으로써 무서운 통화수축의 결과를 가져올 것이라고 경고했다. 이론으로 그러한 정책은 수출을 줄이고 수입을 늘려서 영국의 무역수지를 악화시키는 것이었다. 그러한 조치를 지지하는 것은 대체로 미국의 물가가 상승하고 다른 유럽국가들의 화폐정책이 파운드화에 유리하게 작용할 것이라는 기대를 전제로 하는 것이었다. 그러나 이 어떤 것도 일어나지 않았다. 미국은 과도하게 많이 받은 금을 쓰지 않고 사장시켜서 국내 물가수준을 안정시켰다. 프랑스는 파운드에 대한 프랑화의 가치를 대략 20퍼센트 정도 과소평가한, 현실성 있는 환율로 안정시켰다. 전반적으로 화폐당국은 나쁜 상황을 최대한 이용하려고 하였지만 금본위제로의 복귀 후 실업률은 높았다. 파운드화는 끊임없이 압력을 받고 있었으며 런던의 금융 사정은 계속적으로 악화되었다. 영국은 대공황이 도래하여 전개될 사정보다 훨씬 더 불리한 상황에 대처할 준비가 거의 되어 있지 않았다.

케인스는 《처칠 씨의 경제적 귀결》(*The Economic Consequence of Mr. Churchill*)이라는 제목을 재치 있게 붙인 소책자를 만들어서 이 불안한 사태의 진전에 재빨리 대응했다. 재무장관이 4.86달러로 금본위제에 복귀하는 데에 단지 곤란한 일만을 저지르고 있다. 왜냐하면 그는 그 제도가 어떻게 될 것인가에 대한 아무런 생각도 없이 명목임금과 모든 화폐가치를 억지로 인하하고 있기 때문이다. 수사학적으로 그는 "그가 어째서 그렇게 어리석은 일을 했는가?" 하고 물었다.

화폐문제에 관하여 타고난 판단력이 없는 전통적인 금융인들의 소란한 목소리에 귀가 먹었다. 그리고 처칠에게 조언하는 전문가들 때문에 크게 오도되었다고 케인스는 대답했다. 화폐당국이 파운드를 평가(平價)로 유지하기 위해서는 비용을 절감하는 것을 기대하면서, 단기이율을 인상하고 신용을 제한하며 실업을 더 증가시키지 않으면 안 될 것이라고 그는 계속해서 주장했다. 그는 이 정책으로 석탄산업이 어려움을 겪을 것이라고 지적했다. 파운드 당 4.86달러로 가격이 매겨진 영국의 석탄가격은 경쟁상 실제보다 더 비싼 가격이었다. 그 결과 채탄소 소유자들은 그들이 더 경쟁력을 가지려면 생활비에도 불구하고 임금을 인하해야 한다고 제안했다.

그러나 "사회정의에 바탕하여 어떤 경우에도 광부들의 임금 인하는 있을 수 없다. 그들은 맹목적인 경제제도의 희생자들이다. 그들은 4.40달러와 4.86달러 사이의 적절한 차이를 메우려는 시(市)의 지도적 인물

354

들을 만족시키기 위하여 재무성과 영란은행이 획책한 기본적인 조정을 맨몸으로 보여주고 있다. 그들[과 뒤따르는 다른 사람들]은 안정적인 금본위제도를 확립하는 데 여전히 필요한 온건한 희생자들이다. 광부들의 곤경은 처칠 씨의 경제적 귀결의 처음이며, 또한 그것은 우리들이 운이 없는 한, 처칠 씨의 경제적 귀결의 마지막이 되지는 않을 것"이라고 케인스는 주장했다.

그러고 나서 "그는 기성의 체제와 전통적 원리에 대해서 언어의 화살을 퍼붓고, 순전히 행운에 의존하고, '자동 조절기능'을 믿는다. 전반적으로 사회적 세부사항을 도외시하는 금본위제도는 조직의 맨 위층에 앉아 있는 사람들의 절대적인 상징이며 우상이다. 그들이 어떤 중대한 일도 아직 발생하지 않았다고 부주의하고, 막연한 낙관주의와 안이한 신념에 빠져 있는 것은 본질적으로 경솔하다고 나는 생각한다. 다만 개인들과 집단들에 작은 재난이 발생하고 있을 뿐 대체적으로는 심각한 일이 아직 실제로 일어나지 않았다. 그러나 만일 우리들이 자유방임주의와 자유경쟁의 가정 위에서 만들어진 경제학 원리를 이 가정들을 재빠르게 포기하고 있는 사회에 계속 적용한다면, 우리들은 완전히 위험에 빠지고 게다가 어리석은 사람들이 된다."

현행 통화정책에 대한 케인스의 예리한 경제적 비판을 이해하려면 사람들은 그가 어떤 한계를 갖고 영국의 경제구조를 바라보았다는 것을 기억할 필요가 있다. 몇몇 경제학자들은 영국 사회에 대한 그의 비판적 태도, 곧 중상류층 사회에서 귀중하게 태어난 사람이며 이튼과 케임브리지 출신의 특권계급에 속하는 그와 같은 명사가 기성 체제를 어떻게 그렇게도 비판할 수 있는가에 대하여 납득하지 못했다. 그의 비판은 사회의 계급구조와 계층의식에 관한 카를 마르크스의 분석에 도전하는 것과 같아 보인다. 그러한 견해를 조사해 보면 그가 동성연애자로서 국외자였다는 것, 아니 좀더 정확히 말하면 그가 집권자들에게 접근하려고 생각할 때는 국외자인 동시에 내부자였다는 사실이었다. 그 후 그가 금에 대한 가증스러운 욕망에 관하여 저술한 《화폐론》(*Treatise on Money*) 가운데서 사람들은 적대적인 세계에 속하는 한 동성연애자의 소외된 감정과 날카로운 비판의 함축적 의미를 찾아낼 수 있다. "근년에 금에 대한 가증스러운 욕망은 심지어 지금까지 성(性)과 종교의 영역까지도 보아왔던 몹시 점잖을 빼는 것과 같은 체면이라는 겉치장을 하려고 노력했다." 요컨대 전통적 신념과 관습에 대하여 앞에서 언급한 인생의 두 분야에서 케인스가 품었던 회의는, 아마도 경제·정치 분야에서 존중되고 인정받는 것에 대해서 그가 의심하는 태도를 취했던 원인이 되었다. 말하자면 사회심리학자들이 보여주었던 것처럼 인간의 태도 속에는 일관성을 유지하는 경향이 있다.

그리고 회고하건대 영국이 금본위제도로 복귀할 때 저변에 있었던 의사결정 과정을 사람들이 검토한다면, 경제구조의 최상층부에 있었던 사람들의 고상한 관습에 대하여 케인스가 의심을 품었던 태도에 동감할 이유가 많다는 것을 발견할 것이다. 모그리지 교수나 또 다른 사람들은 그 결정을 내리는 데 영향을 미치는 마음가짐이 신조에서 우러나오는 행동과 유사했으며 또 그러한 조치가 경제적 이유라기보다도 도덕적 이유 때문에 취해졌다는 것을 보여주었다. 게다가 우리들이 금본위제도로 복귀에 따르는 경제조정 문제를 주의 깊게 조사해보면, 그 조사의 방법은 적절한 장기분석과 계량적 조사에 거의 의존하지 않았고 그 대신 임시방편과 주먹구구식 방법에 의존했다. 앞의 저자는 "정책당국자들이 4.86달러의 환율로서 영국의 국제적 금융 사정의 취약성을 어렴풋하게나마 이해하고 인정하는 데 5년이 더 걸렸다"는 것에 놀랐다. 정책을 결정하는 과정에서 일어난 모든 혼란의 근본 원인은 정보 결핍 때문이었다. 예를 들면 영란은행은 1928년까지 경제조사와 통계학 전문가를 고용하지 않았으며, 은행이 우리들이 다루고 있는 문제에 관한 지식을 갖춘 전문요원을 채용하는 데 10년 또는 15년 걸렸다는 것을 그해 말에 노먼 총재가 개인적으로 인정했다. 케인스가 자주 비난했던, 은행 경영을 둘러싸고 있는 비밀 때문에 상당히 많은 경우 무책임한 엄청난 무식이 간단히 은폐되었다.

이미 언급한 바와 같이 케인스는 자본주의가 작동하고 있었던 전쟁 뒤의 변화된 환경에 매우 민감하게 반응했으며 또 그 환경을 잘 이해하고 있었다. 동시에 러시아에서 공산주의자들이 집권하고 대륙에서 파시즘이 일어나 정치철학의 대안에 대한 논쟁을 더 강렬하고 뜨겁게 했다. 영국 경제가 지지부진하고 실업이 지속되는 가운데, 자유당의 한 활동가로서 그는 당시의 절박한 문제에 대한 당 강령의 타당성을 고려하지 않으면 안 되었다. 우리들은 그가 케케묵은 해답에 만족하지 못했다고 알고 있다. 새롭고 근본적인 사고를 할 필요는 없다고 생각하는 자유당원들이 있었다. 그러나 그는 거의 처음부터 혁신적 계획을 고안해 내야 할 것이라고 생각했다. 그 본질은 어떤 것이어야 하며 또 가장 중요한 것은 현존하는 당에 대한 사람들의 충성심을 결정하는 데 어떤 기준을 사용해야 하는가였다. 변화하는 시대에 사는 다른 많은 사람들과 같이, 그는 이러한 문제들에 대한 해답을 구하려고 광범하게 생각하며 책을 읽고 있었다. 그가 읽은 책의 저자 가운데 H. G. 웰스가 있었다. 그의 정신은 "독자와 나란히 성장해 온 것 같다. 그러므로 소년시절부터 성년기에 이르기까지 연속되는 단계마다 그는 우리들을 즐겁게 했으며 우리들의 상상력을 인도했다"고 케인스는 말했다[우리들은 케인스가 그의 청년시절에 웰스의 책 읽기를 좋아했다고 알고 있다. 이것은 틀림없이 그가 동시대에 살았던 유명인사에게 은혜를 입고 있었다는 솔직한 표현이다]. 1927년에 쓴 웰스의 소설 《클리솔드》(*Clissold*)의 서평을 쓰는 가운데서 그는 그의 정치적 충성에 대한 기준을 매우 분명히 했는데 그때 그는 이렇게 말했다. "세계를 개조하는 데는 창조적인 브라마(Brahma, 힌두교의 최고 신이자 만물 창조의 신)의 솜씨가 필요하다. 그러나 현재 브라마는 정치와 정부를 위하여 봉사하는 것이 아니라 과학과 장사하는 일을 돌보고 있다. 크리솔드의 말에 따르면 극도의 세계적 위험은 '창조적인 브라마가 일에 착수하기 전에는 아주 적다. 이제 그들에게 가해지는 불필요한 제약과 궁핍을 깨닫고 있는 노동자들의 격렬한 파괴행위, 곧 시바(Siva, 브라마, 비시누와 함께 힌두교의 3대 신으로 파괴의 신 또는 구원의 신)의 행위 때문에 브라마의 과업은 불가능해질 수도 있을 것이다.' 나는 우리들 모두가 이렇게 느낀다고 생각한다. 우리들은 너무 늦기 전에 브라마가 일에 착수할 수 있는 환경을 조성하는 것이 급선무라는 것을 알고 있다."

1925년 케임브리지의 자유당 하계학교에서 강연을 할 때 케인스는 창조적인 정치적 변화를 위한 환경을 마련하는 데서 주요정당들의 상대적 장점을 평가할 기회를 가졌다. 보수당은 정신적인 면에서나 지적인 면에서나 아무런 매력을 주지 못했다고 그는 말했다. 보수당은 완고한 보수 정치가들을 위한 안식처를 제공함과 동시에 대부분 과거의 역사적 당의 문제에 여전히 기울어져 있었다. 보수당과 관련 있는 런던 시와 의회의 자본주의 지도자들은 자본주의를 수호하기 위한 참신한 수단과 그들이 볼세비즘이라고 부르는 것을 구별할 능력이 없었다.

마찬가지로 노동당 또한 케인스의 충성을 요구하는 데 곤란한 점이 있었다. 노동당이 겉으로는 더 매력이 있었지만, 첫 번째 난점은 그것이 계급정당이라는 것과 또 그것이 케인스가 속한 계급을 대변하지 못한다는 것이었다. 정의와 양식(良識)은 그에게 영향을 미칠 수 있지만, 그러나 "계급투쟁이 일어난다면 나는 교육받은 부르주아 편에 가담할 것이다"라고 그는 생각했다. 그것은 교양의 문제가 아니라 정치적 변화의 방침을 형성하는 지성의 가능성에 관한 문제였다. 그는 노동당에 내재하는 지적인 요소들이 언제나 적당한 통제력을 발휘할 수 있으리라고 믿지 않았다. 그보다는 오히려 그가 격변을 일으키는 도당(徒黨)이라고 명명한 일단의 내부 독재자들, 곧 공산주의자들이 당의 지배권을 장악할 가능성이 더 커 보였다.

자유당은 그의 신념이 가장 적은 거부 반응을 나타내므로, 만약 그것이 강력한 지도력과 올바른 강령만 갖춘다면 미래의 진보를 위한 최선의 도구가 될 것이라고 그는 생각했다. 그러한 당은 케케묵은 당의 노선을 초월하여 미래 문제들에 대처할 수 있을 것이라고 그는 생각했다. 바꿔 말하면, 그 당에는 계급의 이해관계가 없을 것이고 완고한 보수주의와 대변혁주의의 영향을 받지 않고 미래를 건설할 수 있는 여지가 있었다.

그는 강령으로 돌아가서, 그러한 당은 자유주의의 예전 문제들을 다루어서는 안 되며, 대중의 인기를 얻지 못하고 조롱을 당하는 위험을 무릅쓰면서도 현존하는 관심사와 긴급한 중요성이 있는 문제들에 대처해야 한다고 주장했다. 그는 그러한 문제들을 아래와 같은 순서대로 다섯 개의 제목을 붙여 분류했다. (1) 평화문제, (2) 정부문제, (3) 성(性)문제, (4) 마약문제, (5) 경제문제가 그것이다. 여기서 놀라운 일은 그가 성문제를 우선순위에 두어서 눈에 띄게 했다는 것이었다. 이 이야기를 듣게 될 기회가 있었던 해러드는, 블룸즈버리 친구들이 이 제목을 말하여 케인스의 주의를 환기시켰다고 생각했으나 그의 동성애의 특성을 아는 사람들은 동성애자 해방운동(Gay Liberation, 동성애자들의 차별 철폐와 인권 확대를 요구하는 운동)에 그의 관심이 있었음을 이해할 수 있었다. 성문제가 이제 막 정치의 토론장으로 들어가려 하며, 참정권 운동은 단지 그 시작에 불과하다고 그는 용감하게 말했다.

"산아제한, 피임약 사용, 혼인법, 성범죄와 변태적 성행위의 처리방법, 여성의 경제적 지위, 가정의 경제적 지위 등 이 모든 문제에서 법률과 정통적 관행의 현존상태는 문화인의 의견과 문명사회의 관습 및 교육을 받은 사람들이나 무지한 개인들이 은밀히 서로서로 말하는 것과는 전혀 관계하지 않고 여전히 중세적인 양상을 보이고 있다. 회의에서 이런 문제들을 공개적이고 현명하게 토의하는 당은 유권자들에게서 새롭고 활기찬 관심을 발견할 것이다. 왜냐하면 정치는 모든 사람들이 알기를 원하고 그들 각자의 생활에 깊은 영향을 미치는 문제들을 다시 한번 다루게 될 것이기 때문이다." 그는 또한 이러한 성문제가 경제문제와 어떤 관계가 있는가를 설명했으나 당 관리자들은 이런 방법이 그들의 조직의 운세를 회복할 수 있는 방법이라는 것을 납득하지 못했다. 회고하건대, 물론 우리들은 지금 그가 살았던 시대보다 그가 너무나 멀리 시대를 앞서 있었다는 것을 알 수 있으며 다만 그의 선견지명에 경탄할 따름이다.

케인스는 전반적인 경제문제에 관해서 볼 때 정치적 점진주의자였다. 그는 이 발언과 그 당시에 했던 다른 발언 가운데서 자유를 독창적으로 실현할 수 있는 가능성에 대한 신념과, 자유방임의 무정부 상태 및 전체주의의 폭정 사이에서 기술적으로 중도노선을 이룩할 수 있는 가능성에 대한 그의 신념을 단언했다. 중도적 입장을 취하는 경제학을 공식화하려고 했던, 그 자신과 같은 자유당의 건설적인 사상가들이 아직까지는 다소 흐리멍텅하다는 것을 그는 인정했다. 그러한 전망을 실행할 수단을 제공하게 될 그의 고용이론은 아직도 미래에 속하는 일이었다. 그 이론이 어떤 형태를 띠든지 그는 자유의 도덕적 원리를 끝까지 옹호할 것이다.

앞에서 설명했던 것과 같이 리디아 로포코바와 메이너드의 결혼은 이혼수속으로 리디아가 란돌포 바로치와의 결혼을 포기할 수 있을 때까지 연기되었다. 리디아의 무용과 젊은 시절의 정사(情事)에 대해서는 충분히 설명했으나 무대를 떠나서 리디아의 모습은 어떠했던가? 제1차 세계대전이 끝난 뒤 그녀를 잠깐 알았던 시릴 보몽은 한 인간으로서 그녀에 대한 생생한 인상을 우리들에게 전해주었다. "그녀의 머리칼은 금발이었고, 이마까지 내려와 있었으며 목덜미에 쪽 진 것처럼 얽크러져 있었다. 그녀는 작고 푸른 눈, 창백하고 포동포동한 뺨, 그리고 벌새의 부리와 좀 닮은 신기한 코를 가지고 있었는데 그 코는 그녀의 표정에 희한한 흥미를 일으켰다. 그녀에게는 쾌활한 태도와 슬픈 기분이 번갈아 일어났다. 그녀는 매력적인 억양으로 영어를 잘 했으며 의미심장한 말을 별뜻없이 농담처럼 하는 습관이 있었다. 그리고 나는 은방울을 굴리는 듯한 그녀의 맑은 웃음소리를 정말 잊지 않고 있다."

1921년 《뉴욕 타임스》는 무대에서나 무대를 떠나서나 유쾌함에 넘칠 듯한 리디아의 모습과 희극적인 재능을 보도했다. "리디아가 러시아인과 프랑스인과 이탈리아인이 하는 식의 영어 말씨를 함께 구사하는 매력을 말하지 않고는, 사람을 호리는 도깨비 불과 같은 무용가인 리디아 로포코바와의 대담을 발표한다는 것은 인도의 잉크로 그럴 듯하게 설득력 있는 해가 지는 풍경을 그리려는 시도만큼 헛된 일이다. 로포코바 양이 흥미로운 일을 많이 말한다는 것은 사실이다. 그러나 비록 그녀가 말하지 않는다고 하더라도 아무도 개의치 않을 것이다. 자의식이 철저히 결핍되었던 점, 재빠르게 움직이는 우아함, 짜릿한 감흥을 일으키는 억양으로 잔잔히 물결치는 목소리, 표정이 풍부한 그녀의 얼굴과 끊임없이 움직이는 손, 그녀를 감싸고 있는 밝고 활기찬 분위기는 대단히 큰 심미적인 기쁨을 안겨주기 때문에 얼핏 생각하면 그녀의 신분도 망각할 정도였다." 로포코바는 자기의 신분이 높다는 생각을 하지 않았다고 보몽은 우리들에게 전해준다. "리디아는 자기에게 경의를 표하러 온 사람들의 작별 인사를 받자마자 화장을 지우곤 했다. 그녀는 결코 잘 차려 입지 않았으며, 간소한 짧은 치마와 양털 잠바로 갈아입고, 두건처럼 생긴 크고 검은 모자를 쓰고, 학교 수업을 끝낸 여학생과 같이 깡충깡충 뛰어 집으로 가곤 했다. 말할 때 태도는 천진난만했다. 그러나 그녀는 매우 총명하고 재기 발랄했으며 대화는 많은 무용가들과는 달리 자신이나 무용극에만 국한되지는 않았다." 앞에서 보았듯이 영국의 표준영어(the King's English)를 확실히 이해하지 못한다는 사실을 폭로한 것과 같은 그 유명한 농담과 재담 때문에 블룸즈버리 사람들은 처음에는 그녀에게 매료당했다. "나는 8월에 시골에 있기가 싫다. 왜냐하면 내 다리가 변호사들에게 많이 물어 뜯기기 때문이다"와 같은 농담이다.

매력적인 리디아에 대한 보몽의 선명한 묘사는, 우리들이 버지니아 울프의 악의에 찬 편지에서 잠깐 엿보인 것과 비교할 때 현저한 대조를 이룬다. 울프네 자매들은 1922~1924년 메이너드가 그들의 집으로 리디아를 자주 에스코트하고 왔을 때 리디아를 더 잘 관찰하고 있었다. 버지니아는 이듬해 자크 래버레트에게 이렇게 썼다. "메이너드는 매우 우울하고 불길해 보인다. 메이너드는 뜨겁게 사랑하고 있다. 왜냐하면 메이너드가 만약 리디아와 결혼하여 신부가 신랑의 코를 잡고 꼼짝 못하게 한다면 그가 좌절하리라는 것을 너무나 잘 알기 때문이다. 우리들은 지금 인생의 만년에 이르러 무한히 높은 기개보다는 이성을 더 좋아하므로, 리디아가 거기에 있었을 때 한 농담이 우리 모두를 흥겹게 했다고 확실하게 주장할 수는 없다. 블룸즈버리 친구들은 메이너드가 리디아를 그의 무릎에 올려놓고 있는, 기품은 있으나 비통한 모습을 남겨두고 그들의 방으로 몰래 들어간다."

3개월 뒤 그 소설가는 같은 기고가(자크 래버레트)와 함께 그 문제로 되돌아왔다.

"만약 그가 리디아 로포코바와 결혼하면 어째서 좌절하게 될까? 왜냐하면 리디아는 이 세상에서 가장 훌륭한 천성과 매우 부족한 지력을 소유하고 있기 때문이다. 리디아는 당신들도 잘 아는 시동생인 제프리 케인스와 함께 일요일에 차를 마시러 왔다. 그리고 실제로 나는 이 세상에서 가장 어려운 때를 겪었다. 리디아가 한 일은 비명을 한 번 지르고, 두 번 춤을 추고 그러고 나서는 유순한 아이처럼 손을 가로질러 모으고 침묵을 지켰던 것이다. 서른 살의 나이에 이런 행동을 하는 것은 불쌍한 일이다. 곧 리디아는 가련하게 될 것이다. 사람들은 당신이 메이너드에게 솔직하게 말할 수밖에 없다고 한다. 그는 이런 행동에 곧 싫증이 날 것이고 리디아는 흐느껴 울 것이다. 그리고 상류사회의 숙녀들은 리디아를 파티에 초청하지 않을 것이다. 당신네 늙은 기혼부부들이 한가할 때 그러한 것을 설명할 수 있을 것이다.

어째서 그는 리디아와 결혼해야 하는가? 리디아는 자기 자식들이 이튼에 가기를 원한다. 메이너드의 잘못된 점에 매력이 있어 그가 나의 사랑을 받는다는 데 나는 동의한다."*

그 사건에 대한 버지니아 울프의 걱정에도 불구하고 메이너드와 리디아는 성(聖)판크라스 중앙 등기소에서 1925년 8월 4일 결혼식을 올렸다. 그 행복한 의식에 참석했던 사람들은 그의 부모와 [여동생] A. V. 힐 부인, 덩컨 그랜트 그리고 리디아의 좋은 친구인 해럴드 보웬 부인이었다. 메이너드는 카를 멜히오어와 그의 옛 친구 몇 사람이 보낸 편지를 포함해서 축하신 열세 통을 받았다. 만약 많은 정신분석 학자들이 믿는 바와 같이 동성애의 성향이 성숙하지 못한 징후를 나타내는 것이라면, 그는 분명히 전쟁 중 그리고 전쟁 뒤의 초기 수년간 변화했다. 지각이 예민한 버지니아 울프는 그가 전쟁 전의 모습에 견주어 체중이 늘고, 젠 체하며, 또 좀 존경할 만한 데가 있다는 것을 알아챘다. 많은 사람들이 그의 결혼을 만족스럽게 생각했다. 그의 옛 친구 메리 마셜은 몇 년 뒤에, 그 결혼은 메이너드가 이제까지 한 일 가운데서 가장 좋은 일이었다고 로이 해러드에게 말했다. 여론조차도 "아름다운 로포코바와 존 메이너드 케인스처럼 미(美)와 두뇌가 결합한 적이 있었던가?"라는, 그 당시에 유포되었던 운문으로 그들의 결합을 지지하는 것 같았다.

그 신혼부부는 리디아의 친척들을 방문하고자 러시아로 떠났다. 그들이 도착하자마자 메이너드는 그 나라에 관한 세 편의 기사를 《네이

---

* 여기서 보몽이 묘사한 대목은 로포코바가 88세의 나이로 영국에서 숨겼음을 보도한 1981년 6월 30일자 《뉴욕 타임스》부고란에 인용되었다. 만약 보몽의 글에서 밝히고 있는 로포코바의 출생일이 맞다면, 죽을 때 그녀는 90세가 넘었을지도 모른다.

션》지에 기고했다. 그 기사는 또한 《러시아에 대한 단상》(*A Short View on Russia*)이라는 제목으로 울프의 '호가스' 출판사에서 출간되었다. 그는 이 간결한 출판물 가운데서 새로운 소련의 질서를 논했으며, 그렇게 함으로써 그 당시 그 자신의 사회적 가치에 관한 더 깊은 통찰력을 우리들에게 제시했다. 레닌주의는 그의 흥미를 끌었다. 왜냐하면 그가 말했던 것과 같이 그것은 유럽인들이 수세기 동안 영혼의 다른 부분들 가운데 간직했던 두 가지 사항, 곧 종교와 장사를 결합했기 때문이다. 그는 새로운 종교에 대하여 호기심이 있었으며, 소련의 신정부 안에 있는 어떤 장점을 추구했던 사람들에게 동정심을 나타내려고 했으나 이 세상의 자유와 안전을 파괴하는 것과 같은 그 신조는 배척했다. "실제 가치보다 쓸데없는 이론을 더 좋아하면서, 결점이 좀 있더라도 이 세상에서 우수한 계층이며 모든 인간의 진보를 위한 씨앗을 확실히 지니고 있는 유산계급과 지식계급보다도, 교양 없는 무산계급을 더 찬양하는 신조를 내가 어떻게 채택할 수 있겠는가? 우리들이 종교를 필요로 한다고 하더라도 공산주의 책방에 있는, 생각을 어지럽히는 폐물 속에서 그러한 종교를 발견할 수 있겠는가?"

새로운 종교의 본질은 절대적으로 또 도전적인 의미에서 초자연적인 것이 아니며 그것은 화폐애(貨幣愛)에 대한 개인과 공동체의 태도에 집중되었다고 그는 생각했다. 그것은 금전적인 동기부여, 사회적 신분 그리고 화폐에 입각한 권력을 변화시킨 사회체제를 구축했다. 그는 "이런 면이 부분적으로나마 진실한 사회는 놀라운 변혁을 보여준다" 고 기술했다.

그는 경제학을 과학적으로 이해하는 데 러시아 공산주의가 어떤 공헌을 하리라고는 기대하지 않았지만, 종교가 인간들 사이에 사회적 결속을 맺어주기 때문에 한 종교로서 공산주의가 의미를 가질 수도 있을 것이라고 생각했다. 이와 달리 그는 여기에서 다시 콜리지의 표현법을 구사했다. "현대 자본주의는 신앙심이 전혀 없으며, 내적 결합이 없고, 공공심(公共心)도 많지 않고, 또 항상 그러한 것은 아니지만 소유자들과 추종자들의 단순한 집합에 불과한 경우가 허다하다. 이러한 조직이 계속 살아남기 위해서는 단지 적당히 성공적이어서는 안 되고 철저하게 성공적이어야 한다." 그는 다소 예언자적인 역할을 하듯이, "만일 신앙심이 없는 자본주의가 종교적인 공산주의를 궁극적으로 이기려면, 경제적으로 더 능률적이어야 하는 것만으로는 충분하지 못하고 훨씬 더 능률적이어야 한다"고 말했다. 그는 이 논문에서 종교의 쇠퇴와, 사업과 종교를 영혼의 독립적인 부분으로 유지하는 것의 옳고 그름에 관하여 광범위한 이론을 수립하였다. 이러한 사상은 그로 하여금 아마도 러시아의 공산주의가 위대한 종교의 맨 처음의 혼란을 나타내는 것이라는 결론을 내리게 했다. 왜냐하면 이 문제들에 관한 그의 추측이 공산주의 원리와 자본주의 관습 사이를 불합리하게 비교하려는 그의 성향에 의하여 쓸모없이 되거나 또는 적어도 효력을 상실하게 될지도 모르기 때문이다.

지금도 면밀히 연구하면, 그가 화폐애에 대하여 부당하게 생각함으로써 자본주의의 윤리에 대해서 그 자신이 달갑지 않게 생각했음이 분명하게 드러난다. 그러한 생각은 또한 아마도 부분적으로는 그의 자유롭고 동성애적인 세계관에서 유래한 도덕적 감수성을 나타낼 뿐만 아니라 관습에 대한 경멸을 나타낸다.

화폐애에 관한 이 주제는 그가 1926년 6월 베를린 방문중에 아인슈타인에 관해서 간결하게 묘사한, 발표되지 않은 글 속에 더 많이 나타나 있다. 그는 우리들이 위에서 되풀이하여 논의한 '자유방임주의의 종언'이라는 제목으로 그곳의 대학에서 강연할 약속이 되어 있었다. 아인슈타인이 그 강연에 참석했으며 뒤이어 열린 공식만찬에도 참석했다고 그는 우리들에게 알려준다. 그는 그 유명한 물리학자를 첫눈에 알아보지 못하고 그를 프랑스의 정치가인 브리앙(1862~1932, 프랑스의 정치가, 1926년 노벨 평화상 수상)으로 착각했다. 그가 더 가까이 갔을 때야 아인슈타인이 찰리 채플린과 틀림없이 닮았다는 것을 알았다. "이마가 셰익스피어를 닮은 찰리 채플린은 아인슈타인과 비슷하게 생겼다. 찰리와 같은 기풍과 그 장난꾸러기같이 곁눈질하는 모습이 아주 꼭 닮았다. 그는 물 위로 그 머리를 거의 내놓지 않는 유대인과 같은 성질을 가진 사람이며, 부도덕한 행위를 복합적인 관심사로 승화시키지 않았던 상냥하고 다정한 장난꾸러기다."

그는 잠깐 아인슈타인과 담화를 나누고, 자기 연설 가운데서 공산주의에 대한 일종의 공감을 암시했던 구절에 동의하는가 하고 물었다. 아인슈타인은 "예, 나는 심정으로 공산주의자입니다. 그러나 내 지성은 아직 따라가질 못해요"라고 대답했다. 케인스는 만찬에서 떠나기 전에 아인슈타인이 자신에게 동정 어린 눈길을 주고 자신의 연설에 다소 찬사를 보냈다고 말하고 있다. 그리고 "나는 참으로 그와 애정을 가지고 잠시 시시덕거렸다"라고 하면서 우리들에게 그의 양성애의 기질을 상기시키는 말을 덧붙였다.

몇 사람의 예외는 있었지만 케인스가 베를린에서 만났던 모든 사람들 가운데서 그 독일 과학자는 가장 재미있고 재능 있는 유일한 인물이었으며, 자신의 절친한 친구인 멜히오어와 흡사한 유대인이었다는 인상을 케인스에게 심어주었다. "그러나 만일 내가 거기에 산다면 반유대주의자로 변했으리라고 나는 생각한다. 왜냐하면 가엾은 프로이센 사람들은 너무 우둔하고 또한 다른 유(類)의 유대인들을 위하여 무거운 짐을 지고 있기 때문이다. 곧 그러한 유대인들은 꼬마 도깨비와 같은 유대인이 아니라 악마를 섬기는 유대인들로서, 작은 뿔을 달고, 갈퀴를 들고 기름진 꼬리를 간사하게 흔들면서 속임수를 쓰는 인간들과 같은 부류다. 한 문명국 국민이 모든 돈과 권력 그리고 지능을 가진 불순한 유대인들의 더러운 엄지손가락 밑에 그렇게 억눌려 있는 것을 보는 것은 기분 좋은 일이 아니다. 나는 오히려 그보다는 풍만한 주부나 발가락이 두툼한 방랑하는 새를 더 좋아한다. …… 그러나 나는 독일의 유대계 정치인들과 섞여 어울리는 것보다는 로이드 조지와 함께 어울리는 것이 오히려 더 싫은 일인지는 확실하게 말할 수 없다."

명확히 인용될 수 있었고 또 인용될 이런저런 논평은, 케인스가 리튼 스트레이치와 같은 인물들과 함께 분명히 공유하고 있었던 그의 반유대적 편견을 드러낸다. 하지만 이러한 방향을 따르는 그의 사상은 그것이 쓰여진 문맥을 벗어나서 생각하면 안 된다. 왜냐하면 그는 그 후 히틀러의 가증스러운 박해 아래서 고난을 겪었던 유대인들에 대해서 진정한 동정과 관심을 보였기 때문이다. 그 소론은 어느 정도 사도들의 이상주의와 그것 없이는 사람들이 메이너드 케인스를 이해할 수 없었던 상냥한 장난꾸러기의 인류에 대한 사랑을 보여주고 있다.

11장 영국의 경제적 불안정과 《화폐론》

소유로서의 화폐애는 다소 혐오감을 불러일으키는 병적 성질로서,
사람들이 몸서리치면서 정신병 전문의에게 데려가야 할
반(半)범죄적이고 반(半)병적인 성향이다.

† J. M. 케인스

케인스는 리디아와 결혼하자마자 서섹스 주의 루이스 근처에 있는 틸턴이라는 시골 고가를 세내었다. 그곳은 그의 좋은 친구들인 바네사 벨과 덩컨 그랜트의 고향, 찰스턴에서 단지 수백 미터 떨어진 거리에 있었다. 그가 그 재산을 취득할 때는 그것이 전에 아버지 쪽의 가계에 속했었다는 것을 알지 못했다. 1937년에 그는 300에이커의 그 부근 토지를 추가로 세내고, 제2차 세계대전 중 차지(借地)를 570에이커로 늘리면서 링컨셔(잉글랜드 동부의 도시)에 있는 킹스 칼리지 농장 출신의 농부, 로간 톰슨의 도움을 받아 그 토지의 경작에 착수했다.

그림같이 아름다운 집과 정원이 있는 틸턴은 그 주변 시골풍경을 바라보는 전망이 아주 좋았다. 그곳에는 길고 양지바른 객실과 거기에 연결되어 케인스가 책읽기를 즐겼던 한 쪽이 트인 낭하가 있었으며, 손님들을 편안하게 하기 위하여 건물 왼쪽에 화장실이 설치되어 있었다. 그곳은 매우 조용한 곳이었다. 메이너드가 마흔이 넘고 리디아가 서른넷이 넘었으므로 그들은 그곳의 고요함과 아름다움의 진가를 알았다. 그들은 휴가철이나 또한 그들의 많은 활동에서 벗어날 수 있었던 다른 기회에 거기서 수년간 행복한 시절을 보냈다.

메이너드는 대학의 회계관의 임무와 《이코노믹 저널》을 편집하는 일, 정부단체에서 증언하는 일과 저술 등으로, 리디아는 무용으로 두 사람 다 여전히 매우 분주했다. 리디아는 1925년과 1926년에 '디아길레프 무용단'과 함께 출연했으나 그 무용극단에서 충실한 배역을 맡을 수는 없었고, 1927년 스페인 왕 앞에서 단 한 번 춤을 추었다. 메이너드는 이 모든 일이 진행되는 동안 부인을 위하여 편지를 쓰고 극장 대리인들과 교섭을 하는 막후 관리인이었다. 그는 또한 리디아가 여배우로 무대에 처음 출연할 때 막후에서 지원했던 인물이었다. 리디아는 성격배우로서의 재능을 가지고 있었다. 그리고 그는 리디아가 몇몇의 사적인 연예활동에 참가하도록 주선했다. 리디아는 1926년 메리메 (1803~1870, 프랑스의 낭만파 소설가) 작 〈아프리카 사람의 정사(情事)〉에서 주연배우 역을 맡았으며 그 후에는 조지 라일랜즈를 상대로 코머스* 역을 연기했다. 리디아는 케임브리지 '아마추어 연극 클럽'에서 칼데론(1600~1681, 스페인의 극작가) 작 〈인생은 꿈〉이라는 연극에 출연하여 대중 앞에 그 첫 모습을 드러냈다. 리디아는 훌륭한 성격배우였지만 한편으로 억양에는 여전히 곤란한 점이 있었다. 메이너드는 그녀의 발음과 대사 외우는 솜씨를 지도했다. 리디아는 다른 연극들에서는 좋은 비평을 받은 연기를 했다. 그 후 1930년 리디아와 메이너드는 성대한 정찬회에서 '카마고 무용극단'에 착수했다. 런던에서 그해 하반기에 있었던 첫 상연에서 리디아는 그 극단을 '영국 무용극단의 탄생'이라고 환호했다. 메이너드는 계속해서 열광적인 예술 애호가였다. 그는 몇 년 후 로스미어 자작에게 쓴 편지 속에서 "무용극은 언어로 표현할 수 없는, 언어를 초월하는 것이다"라고 표현했다. 무용극에 대한 그의 헌신적 노력은 무용극을 영화로 촬영하는 데 완벽하게 하도록 영국 영화사들에게 요구하면서 그가 쏟은 노고를 보아도 알 수 있다.

그는 사실 이 수년 동안 여러 가지 방법으로 예술활동을 돕고 있었다. 개인수집을 위하여 그림을 구입하는 것 말고도 그는 런던미술가협회를 결성하는 데 도움을 주고 있었다. 이 단체의 목적은 훌륭한 미술가들의 전시회에 출품한 작품의 판매대금 중에서 확보된 일정 수입금을 그들에게 주는 것이었다. 그는 최초의 기금에 상당한 기부금을 출연했으며, 부유한 친구인 새뮤얼 코트올드와 그 밖의 다른 사람들이 그 일에 참여하도록 했다. 덩컨 그랜트, 바네사 벨, 키스 베인스 그리고 기타 다른 미술가들이 그 회원이었다. 그 조직은 처음에는 잘 운영되었으나 시간이 지남에 따라 훌륭한 화가들은 탈퇴하고 '부적자(不適者) 생존'의 방향으로 나아가는 경향이 뚜렷하게 나타났다. 회화에 관한 케인스의 관심은 단지 자기 만족을 위한 것만은 아니었다. 왜냐하

---

* 코머스(Comus): 그리스 신화의 축제와 주연과 환락의 신. 흰옷을 입은 날개를 단 젊은이로 상징됨.

면 그는 그의 가장 좋은 소장품 다수를 영국의 유명한 미술관과 미국을 포함한 외국 미술관에 빌려주었기 때문이다.

런던에 있을 때 케인스 부부는 보통 고든 스퀘어 46번지에 살았으며 거기서 그들은 많은 파티와 정찬모임을 열었다. 블룸즈버리 친구들이 자주 모습을 나타냈으나 지금은 런던 사교계에서 온 다른 사람들도 그 잔치에 참가했다. 리디아는 몇 사람의 블룸즈버리 친구들과 여전히 사이 좋은 관계를 유지하고 있었으며 그뿐만 아니라 새로운 친구들도 많이 사귀었다. 리디아와 메이너드는 계속해서 울프 자매와 또 한편 찰스턴 출신 친구들과 어울리며 식사를 했다. 그러한 사실은 우리들이 버지니아 울프가 자신의 편지와 일기에 심술궂게 쓴 논평에서 보는 것과 같다. 1927년 3월 20일, 버지니아 울프는 언니 바네사에게 이렇게 썼다. "메이너드는 분명히 사치를 괴롭게 생각하는 양심적인 사람으로 우리들에게 포도주는 전혀 주지 않고 맛없는 음식과 부러진 용수철이 달린 침실용 의자만을 내어줄 뿐이야." 울프는 같은 편지에서 틸턴에 있는 리디아의 장식품들을 비웃었고, 두 달 뒤 또 다른 편지에서 메이너드가 자신들에게 음료수 한 방울도 주지 않았다고 여전히 불평하고 있었다. 그래도 아직 "그는 언니[바네사]에게 변함없는 애정을 가지고 있어. 그리고 그는 마음속으로 언니의 심술궂은 버릇을 알고 있지만 언니와 덩컨이 이 세상의 영혼이며 소금이라는 미신적 사고 방식을 극복할 수 없다는 것을 나는 확신하고 있어"라고 버지니아는 말한다. 버지니아는 8월에, 상스럽고 야비한 것은 말할 것도 없고 너무 버릇없는 언사를 담고 있어서 벨(Bell) 부부만 간직하고 보게 되리라 생각했으므로 '틸턴 사람들'이라고 썼다.

1927년 9월 3일자의 리튼 스트레이치에게 보낸 또 다른 짧은 편지에서 울프는, 틸턴에서 있었던 다른 파티에서 메이너드가 폭음을 하고 왼쪽 다리를 들고 여인들에 관한 노래를 부르면서 말로 다 할 수 없는 음란한 짓을 했다고 묘사했다. 그녀는 이 파티에서 메이너드 부부를 제외한 참석자 전원, 곧 11명 가운데 9명이 "메이너드에 대한 불평의 원인을 찾아냈다고 보고했어. …… 이 인색하다고 하는 불평은 바네사에게는 한결같이 고소한 즐거움을 주는 원천이 되었어. 메이너드에 대한 불평이 들려올 때 그녀의 눈이 번득였어." 버지니아 울프가 다른 사람들에게 지나치게 비판적일 수도 있었지만, 그녀의 편지의 편집자들도 "케인스 부부가 블룸즈버리 친구들을 접대하는 데 눈에 띄게 검소했다는 것이 그 친구들의 공통된 의견이었다"고 말하는 것을 알 수 있다.

게다가 그 기록에 신빙성을 부여하고 소설가인 울프에게 정당성을 부여하는 또 하나의 일기 기록이 있는데, 거기에는 훨씬 더 많은 찬사가 쓰여 있다. 1928년 4월 19일 울프와 레너드가 케인스 부부와 함께 식사한 뒤 이렇게 기록했다.

두 부부는 나이가 지긋하고 아이가 없으며 용모는 고상하다. 두 사람 다 세련되고 훌륭하다. 회색빛 머리털이 메이너드의 관자놀이 부근에 나 있다. 그는 지금 한층 더 품위 있어 보인다. 우리에게 거만하거나 젠 체하지도 않는다. 그는 정신을 러시아인과 볼셰비키, 그리고 분비선과 족보에 쏟으면서 소박한 모습을 하고 있다. 이와 같이 힘차게 부차적 연구 분야에 그 정신을 쏟을 때 그는 언제나 비범한 정신력을 가진 인물이라는 증거가 된다. 잉글랜드에는 고귀한 두 혈통이 있는데 그로부터 모든 지식인이 이어져 내려온다고 스스로 말한다. 그는 마치 자기 운명이 그 일에 달려 있는 것처럼 이 혈통의 족보를 만들어 낼 것이다. 리디아는 마음이 진정되어 있고 자제하고 있다. 그녀는 매우 현명한 일들을 말한다.

그 사이 미국인들이 황금의 20년대라고 부르고 있었던 시기에 피구 교수가 표현한 대로 '침체 속에서' 영국 경제의 불경기는 계속되었다. 경제불안의 중요한 증상인 실업자가 1924년에서 1929년까지의 기간에 100만 명을 넘어섰다. 다른 산업국가들은 그때 매우 큰 번영을 누리고 있었다. 케인스가 예견했던 것과 같이 금본위제도로 돌아오면서 영국이 겪지 않으면 안 되었던 소득과 이익의 감소가 도매물가를 하락시키는 원인이 되었다. 이윤 인플레이션의 대비책으로 신용의 제한과 은행이자율이라는 전통적인 방어수단을 자주 사용했던 재무성과 영란은행이 이제 '냉혹한 소득감소정책'을 국민들에게 강요하고 있다고 케인스는 믿었다. 기업가에게서 신용을 회수함으로써 그들의 고용능력은 감소되었고, 신용의 회수에 따라 야기된 자금경색으로 금융비용이 증가하고 도매물가의 하락 및 국내 구매력의 감퇴 현상이 동시에 일어남으로써 이익이 감소하고 생산의욕도 감퇴되었다. 케인스는 기업가들이 처한 이러한 상황에서 세 가지 방안만이 있다고 주장했다. 그들의 손실을 방치하는 것, 수익성이 적은 생산활동을 줄이는 것, 노동자의 화폐임금을 줄이도록 하는 것이다. 처음 두 가지 방법은 시도되었으나 유익한 결과가 거의 없었다. '금본위제도로 완전히 복귀한 지 5년 뒤, 고용감축은 여전히 줄어들지 않았다. 한편 기업가들이 제3의 방법, 곧 생산량 단위당 화폐임금을 줄이는 방법을 사용하려고 했을 때 그들은 1926년의 총파업을 초래했다. 특정한 산업에서 임금률이 심하게 하락한 반면, 1930년의 주간 총임금률지수는 실제로 1924년과 같은 수준으로 상승했다.

1926년에서 1930년까지의 기간 동안, 실업은 수출감소로 타격을 받은 석탄, 섬유, 부두 하역업에서 지극히 심하게 나타났다. "불경기가 닥친 지역"이라는 우울한 용어는 랭커셔, 남부 웨일스 동북 해안, 스코틀랜드 저지대와 같이 심하게 타격을 입은 지역을 가리키는 용어가 되었다.

케인스는 활동적인 자유당원으로서 이 문제들에 대처하는 공공정책을 수립하는 데 중요한 역할을 했다. 그는 1927년 로이드 조지의 시골집에서 자주 만나서 이른바 "자유당의 황서"*를 작성했다. 전직 총리가 1924년 《네이션》지에 발표한 기사에 따라 자유당 하계학교의 한 위원회가 산업조사단을 설립했다. 이 단체는 경제학자들이랑 주요 기업가들과 함께 협력하여 2년 동안 영국의 산업이 처한 상황을 가장 상세하게 조사했다. 케인스는 그 보고서의 한 절 가운데서 '기업조직' 및 '통화와 은행업'이라는 부분에 특별히 관심을 가졌다. 그는 이 주제들을 다루는 위원회들이 통화관리와 공공투자 및 공공통제 그리고 일정규모를 초과하는 대기업의 융자에 관해서 더 광범하게 공시하는 문제 등에 대해 그의 견해를 채택하도록 했다. 그는 이 제안들 가운데 몇 개를 1927년 7월 케임브리지의 자유당 하계학교에서 논의했다. 〈영국 산업의 미래〉라는 제목이 붙은 완성된 자유당의 연구보고서가 다음해 1월에 나왔다. 이 조사보고서에서 가장 놀라운 것은 우리들이 케인스와 관련지어 생각하는 매우 많은 정책이 그 분석 가운데 아주 분명하게 윤곽을 드러냈다는 점이다. 다른 말로 표현하면, 케인스의 정책이 먼저 나왔고 그 정책을 뒷받침하는 기초적인 경제이론이 그 뒤 수년간에 이루어진 작품이었다.

그는 이듬해인 1928년 내내 유럽과 미국의 경제 발전을 주의 깊게 지켜보고 있었다. 1927년이 저물어 갈 무렵에 그는 영국의 무역수지를 걱정스럽게 분석하고, 미국의 경제는 점점 더 호황을 이루고 있었으므로 그곳의 은행업과 증권시장의 상황을 면밀히 주시하고 있었다. 프랑스가 프랑화의 가격을 전쟁 전 가치의 약 5분의 1 가격으로 안정시켰을 때 그는 부러워하면서 지켜보았다. 따라서 프랑스는 그 전쟁빚의 5분의 4를 감액하고 프랑스 외채의 절반 이상을 면제해 주도록 연합국을 설득하여 통화팽창을 피하고 있었다. 프랑스는 원리와 일관성을 다 같이 포기하고 경험으로 얻은 교훈을 따르고 있으나, "영국의 우리들은 이론이 말해주는 경고나 현실적인 압력에 따르지 않고 고집스럽

---

* 자유당의 황서(Liberal Yellow Book): 자유당 정부에서 발표한 일종의 정책 보고서.

게 전통에 따르고 있다"고 그는 비평했다.

그는 이 1920년대 중반기에 고통스러운 실업의 부담을 지고 있는 영국의 계속되는 불황에 그의 지적인 관심을 계속 기울이고 있었다. 그는 여전히 정치적인 활동가였으며 과연 1928년 겨울에는 이듬해 봄에 있을 예정이었던 총선거를 위한 준비를 하고 있었다. 자유당은 그가 그 대학 선거구의 입후보자가 되어 주도록 요청했으나 그는 그게 현명한 일이라고 생각하지 않았다. 그 대신에 그는 《이브닝 스탠더드》에 로이드 조지를 지지하는 기사를 두 편 썼고, 5월에는 휴버트 헨더슨과 함께 《로이드 조지는 공약을 이행할 수 있는가? 자유당 공약에 대한 검토》(Can Lloyd George do it?—The Pledge Examined)라는 제목으로 소책자를 썼다. 그 공약은 전년도 3월에 자유당 정치가들이 만든 것이고 케인스는 그 공약 가운데 공공지출 계획으로써 실업을 정상적인 수준으로 감축하되 국채나 지방세를 늘리지 않고 1년 안에 그렇게 하리라고 약속했다.

케인스와 핸더슨은 상식을 대변하는 그들 입장을 옹호코자 활기차고 대중적인 논쟁을 벌였으나, 그들을 비판하는 자들의 반대론은 지극히 추상적이고 오래된 비실제적 이론에 기초를 두었기 때문에 비난을 받았다. 그 소책자는 실제로 낙관주의와 애국심을 불러일으켰으며, "전쟁중 더 무서운 임무에 맞부딪힌 우리들에게 예정된 날짜에 물품을 배달한 돌파작전과 같은 운동"을 촉구했다. 그 보고서는 실업에 대한 영국의 실태를 고찰한 뒤, 1년간 1억 파운드의 지출계획으로 50만 명을 고용하게 될 것이라고 주장했다. 또 그 보고서는 실업에 관한 금전 지출을 예로 들면서 그러한 온당한 노력은 "이례적인 극악한 사태를 개선하는 데 무시할 수 있는 위험"이라고 케인스다운 방법으로 주장했다. 개탄할 것은 아무것도 하지 않는다는 정책이었다. 볼드윈 (Stanley Baldwin)의 담뱃대에서 뿜어나오는 모든 연기 때문에 우리들은 수천 파운드의 대가를 치른다.

케인스와 핸더슨의 국가 개발계획은 주로 도로 및 철도의 개량과 근대화, 매년 20만 호의 주택 건설, 전화와 전기시설 사업, 그리고 배수시설에 관한 사업으로 이루어져 있었다. 예를 들면 도로 개량에 100만 파운드를 지출할 때마다 5000명의 노동자가 고용될 것이라고 그 소책자는 주장했다. 그 저자들은 정확한 '승수'(乘數)를 인용하지는 않았으나 공공사업이 일으킬 간접적인 고용효과를 그들의 비판자들은 무시했다고 지적했다. 비용에 관해서 말하면 그러한 지출로 창출될 추가수입과 군비절약으로 최소한 상대적인 조건에서는 실제로 비용이 들지 않게 될 것이다. 그러한 공공사업을 사회주의라고 생각할 수는 없는 것이었다. 왜냐하면 이러한 사업은 이미 공공부문에 속해 있었으므로 선거구민이 그러한 사업을 선택하고 있었기 때문이다. 대출로서 자금이 조달되는 공공지출은 단지 통상적인 산업에서 사용할 수 있는 자본을 전용하거나 감소시킬 것이라는 주장에 관해서 케인스와 핸더슨은, 요구불예금이 실업자 구제용으로 지출되고 있어서 그러한 저축은 대출 부족으로 사용할 기회를 놓치고 있다고만 말하곤 했다. 이런 요인들로 결정되는 것과 같이, 총투자와 총저축이 반드시 일치하기는커녕 양자 사이의 불균형이 우리들이 겪는 고난의 근저에 있다고 그들이 서술했을 때, 그들은 고용이론에 근접했었다. 불행하게도 그들은 이러한 관점에서 그들의 논의를 지지할 유효수요이론이나 또는 정확한 승수이론을 고도로 발전시키지는 못했다.

그들은 보수당의 정책을 부정과 제한과 무위의 정책이라고 비난하면서 개성 있는 케인스의 어조로 이렇게 결론지었다. "우리들은 용감하고, 공개적이고, 실험을 하고, 행동하며, 일의 가능성을 타진하는 데 우리 자신들이 자유롭지 못하다고 느껴야 할 이유는 없다. 우리들의 맞은편 보도 위에 서 있는 것은 프록코트에 단추를 단정히 채운 노신사 몇 사람일 뿐이다. 그들을 대하는 데는 다소 우호적인 실례(失禮)가 필요할 뿐이며, 그들은 구주희*에 사용되는 나무기둥과 같이 때려 눕

혀야 할 사람들일 뿐이다.

"그들이 일단 그 충격을 극복했을 때 그들 스스로 틀림없이 그 충격을 즐길 것이다."

이 논문에는 확고한 자신이 들어차 있다. 왜냐하면 케인스는 아마도 《화폐론》에서 자신이 힘들여 하고 있었던 작업으로써 불황과 실업의 근본 원인을 분석할 수 있다고 생각했기 때문이다. 그러한 노력의 본질을 이해하려면 그 당시의 경제이론의 사정을 고려할 필요가 있다.

1920년대에는 케인스가 표현했던 것과 같이 '빈곤 속의 실업'이라는 이례적 현상이, 많은 저자들로 하여금 그 문제에 관한 전통적인 논거에 의문을 품게 함으로써 경제이론상 위기의식이 커지고 있었다. 이미 한 세기 앞서서 개인주의적인 자본주의는 저 스스로 조절되며 영구 실업은 있을 수 없다는 견해가 토머스 R. 맬서스 목사나 카를 마르크스, 그리고 정통경제학을 반대하는 다른 사람들의 도전을 받아왔다. 반대자들은 일반적으로 공급이 그 자체의 수요를 창출한다는, 다시 말하면 생산의 증가는 늘어난 공급량에 대한 구매력을 자동적으로 발생시킨다는 프랑스 경제학자 장 밥티스트 세이의 법칙 또는 그 원리를 의심했다.

이미 언급한 것과 같이 케인스는 케임브리지에서 앨프리드 마셜의 지도를 받아 연구했다. 그 시대의 공식 학문이 되었던 것은 1890년에 간행된 마셜의 《경제학 원리》였다. 대부분의 영국과 미국 경제학자들은 마셜이 제공한 개념구조를 통하여 경제 현상을 관찰하였다. 마셜의 지적 권위는 너무나 분명해서, 최근의 한 유명한 경제학자가 이 저서는 그의 명성을 오랫동안 굳건히 했으며 앵글로 색슨 경제학을 거의 반 세기 동안 사로잡았다고 할 정도였다. 실로 그 저서가 출간되기 전

---

* 구주희(ninepins): 9개의 술병 모양의 나무기둥을 세우고 공을 굴려서 이를 넘어뜨리는 놀이.

에도 영국 경제학에 미친 마셜의 영향은 넘쳐흐를 정도였다. "영국의 경제학 교수직의 절반은 그의 제자들이 차지하고 있다. 그리고 전반적인 경제학 강의 가운데 그들이 차지하는 몫은 이보다 훨씬 더 크다"라고 동시대인의 한 사람인 H. S. 폭스웰*은 1887년에 평했다. 의심할 여지없이 마셜은 영국 경제학의 위대한 대부와 같은 이상적인 인물이었으며, 경제학자들의 집단 속에서 선배에 대한 존경의 미덕을 확실히 선양했다.

마셜 경제학의 주요 관심사는 가치와 분배와 자원을 효율적으로 배분하는 문제들이었다. 그리고 그러한 분석을 위해서 예외적 상황을 제외하고 모든 생산요소를 사용하는 수요는 충분히 존재한다는 것을 흔히 가정하였다. 요컨대 대체로 이러한 종류의 경제학은 완전고용이라는 가정에 바탕하고 있었다. 더 나아가서 마셜 경제학은 임금과 물가가 신축적이라는 가정 아래서 분배에 관한 한계생산력의 이론을 전개함으로써 '세이의 법칙'의 명백한 타당성을 강조했다. 물가의 신축성은 이자율의 신축성을 포함하고 있었다. 이자율이 변동하면 저축과 투자는 확실히 일치하게 되고, 따라서 그러한 변수들이 계속되는 실업의 원인은 될 수 없다는 수요공급의 분석으로 그러한 이론은 설명될 수 있었다. 케임브리지에서 마셜의 정치경제학 교수직을 계승한 피구 교수는 임금에 관해서, 완전히 신축적인 임금체계를 가진 세계에서는 단지 마찰적이고 잠정적인 실업만이 존재할 수 있다는 것을 증명했다. 따라서 그가 말한 것과 같이 "완전한 자유경쟁으로 …… 임금률은 모든 사람이 고용될 정도로 수요에 밀접한 관계를 갖는 경향이 언제나 강하게 작용할 것이다."

마셜은 중대한 영향을 미치는 《경제학 원리》를 저술하면서 그 책이

---

* H. S. 폭스웰(H. S. Foxwell, 1849~1936): 영국의 경제학자. 런던 대학 졸업, 런던 대학의 정치경제학 교수 역임. 그는 역사학파에 속하며 경제학 연구에서 사회의 제도적 측면을 중시했음. 그의 주된 연구분야는 은행업무와 순환 전 실업이론임.

경제의 기능을 포괄적으로 분석할 3부작 가운데 단지 제1권이 될 뿐이라고 생각했다. 불행하게도 그는 결코 처음에 계획했던 대로 연구를 완성할 수 없었다. 조운 로빈슨* 여사가 평했던 것과 같이, 그의 저서 《화폐, 신용 및 상업》은 그가 처음에 쓰려고 의도했던 《경제학 원리》의 제3권에 해당하는 미약한 대작(代作)에 지나지 않았다. 그렇지만 그는 마르크스가 발견했던 것처럼 자신의 이론체계 속에서 결점을 찾아냈으며 어떤 의미에서는 그 결점을 케인스가 폭로하리라고 예견했다. 상업조직이 무질서할 때에는 사업에 대한 자신감이 흔들려서 비록 사람들이 구매력을 가지고 있을지라도 그것을 사용하지 않을 수도 있다는 것을 그는 인정했다.

케인스는 우리들이 관찰했던 것과 같이 케임브리지의 '구전'(Oral Tradition)으로 들은 마셜의 지식뿐만 아니라 그의 책에서 배운 지식을 기초로 하여 '화폐수량설'을 찬성했다. 과연 케인스는 그의 《화폐개혁론》에서 화폐수량설이 긴요한 것이라며 "그 학설이 사실과 일치하는 것은 의문의 여지가 없다"라고 주장했다. '화폐수량설'을 주장하는 이론가들이 화폐량의 변동은 그 변동에 비례하여 물가수준에 영향을 미친다는 것을 밝혔을 때, 그들은 산출량의 수준이 이미 완전고용에 도달했다고 가정한다는 것을 사람들은 이제 인정해야 한다. 그 결과 어빙 피셔의 '화폐수량설'은 그 타당성을 증명하기 위하여 세이의 법칙에 의존하게 되었다. 그러나 피셔 자신이 인정했듯이, 산출량이 완전고용의 수준에 미치지 못했을 때인, 이른바 과도기에는 그 이론이 제시하는 결론이 나오지 않았다. 케인스가 《화폐론》에서 보인 몇 가지의 주요 관심사는 전통적인 화폐수량설에 관한 이 결점들이었다.

요약해서 말하면, 경제는 스스로 조절되며 또한 세이의 법칙에 따라

---

* 조운 로빈슨(Mrs. Joan Robinson, 1903~1983): 케임브리지 대학의 경제학 교수. 첫 저서 《불완전 경쟁의 경제학》(1933)으로 일약 유명해졌고 꾸준히 케인스 이론을 발전시키는 데 공헌했음.

서 완전 고용의 방향으로 나아가는 경향이 있다는 것이, 마셜 경제학에서 가장 중요시되는 전형적 견해라고 말할 수 있다. 따라서 이러한 전통을 지녔거나 이러한 사상을 신봉하는 학파에 속한 전형적인 학자들은, 그 지배적인 모형에 대한 그들의 강한 신념 때문에 경제현실을 인식하는 어떤 다른 방법이 필요하다거나 또는 유효하다는 것을 믿을 수 없었다. 예를 들면 군나르 뮈르달*과 데니스 로버트슨**과 같은 경제학자들은 만약 고전 학파의 모형을 적당하게 확대해석하면 그 모형으로 실업의 원인을 설명할 수 있을 것이라고 주장했다.

그러나 1920년대에 경제문제에 관하여 저술하고 있었던 모든 사람이 이러한 정규 학파에 속하는 것은 아니었다. 사실 경제학의 통설에 의문을 제기한 이단자 또는 변덕쟁이들이 상당히 많이 있었다. 이와 관련하여 조운 로빈슨은 경제이론상 분명히 전환기적 국면에 처했다는 징후는 변덕쟁이들이 우세해지고 있는 것이라고 말했다. 그리고 로빈슨의 의견에 따르면 "그들은 문제가 있다는 것을 알기 때문에 그들의 이론이 통설보다도 더 선호될 것이었다." 그러한 몇 이단자들이 1920년대에 고전학파의 모형을 완전히 무시하고 이례적인 실업의 원인을 분석하고 있었다. 전통적 사고(思考)에 대한 공격을 시작한 대부분의 사람들이 확실히 전문 경제학자들이 아니라는 것은 주목할 만한 일이다. 한 경제학자는 분명히 침입자들 때문에 너무나 마음이 뒤틀려서 그 뒤 경제이론에 대한 야만인들의 침공에 대하여 험담을 하였다.

---

* 군나르 뮈르달(Gunnar Myrdal, 1898~1987): 스웨덴의 경제학자. 스톡홀름 대학 교수(1933~1950). 카네기 재단 초청으로 미국 뉴욕에 건너가서 1938~1942년 동안 미국 흑인문제를 연구하고 그 결과 《The American Dilemma》를 출간. 그 밖에 주요 저서로 《아시아의 드라마》, 《풍요에의 도전》 등이 있음. 정치·경제문제에 많은 관심을 기울인 이른바 제도학파의 전통을 계승함. 1974년 노벨 경제학상 수상.

** 데니스 로버트슨(Sir Dennis Holme Robertson, 1890~1963): 영국의 경제학자. 케임브리지 대학 트리니티 칼리지 출신. 1944년 케임브리지 대학 피구(Pigou) 교수의 후계자가 됨. 그의 저서는 마셜의 개념을 더 정밀하게 분석했음. 주요 저서로는 《Banking Policy and price Level》(1926), 《Study of Industrial Fluctuation》(1915)이 있음.

케인스는 그들을 "용감한 이단자들의 단체"라고 명명했는데, 그 사람들 가운데는 존 A 홉슨(1858~1940, 영국의 사회주의 경제학의 주창자), 조셉 더글러스 소령, 실비오 게젤,* 프레더릭 소디(1887~1956), 또 그 밖의 인사들이 포함되어 있었다. 소디는 노벨 화학상 수상자였는데, 영국과 세계의 전반적인 경제상황에 큰 불안을 느끼고 핵물리학에서 화폐의 신비를 탐구하는 쪽으로 방향을 전환하였다. 미국에서 전통경제학에 반대했던 가장 유명한 인사들은 리드 대학의 전 학장이었던 윌리엄 T. 포스터와, 철제조업자였고 그 후에는 골드만 삭스 투자회사의 공동출자사원이었던 와딜 캐치였다. 직업 경제학자들 가운데는 이미 수용된 이론에 대하여 매우 비판을 했던 웨슬리 C. 미첼,** 존 클라크,*** 그리고 렉스포드 G. 터그웰****과 같은 제도학파 경제학자들이 있었다. 그러나 그들은 대다수 사람들이 수용할 수 있는 선택적 이론체제를 제시하지 못했다. 그리고 제임스 코넌트*****가 말했던 것과 같이 "낡은 개념체계를 버리게 하는 것은 새로운 개념체계를 선택하는 것이다."

신고전학파의 신조에 대하여 반론을 제기하는 것은 어려운 일이었

---

* 실비오 게젤(Silvio Gesell, 1862~1930): 독일의 경제학자, 사업가, 반 마르크스파 사회주의자. 화폐의 형태로 부(富)를 저축하는 것을 저지하기 위하여 이자폐지론을 주장했음.

** 웨슬리 C. 미첼(Wesley M. Mitchell, 1874~1948): 미국의 경제학자. 하버드 대학, 콜럼비아 대학 교수 역임. 저서 《경기순환론》이 유명.

*** 존 M. 클라크(John M. Clark, 1884~1963): 미국의 경제학자. 콜럼비아 대학 및 시카고 대학에서 교수 역임. 1935년 미국경제학회 회장이 됨. 복지의 극대화를 위한 사회정책을 주장. 《Social Control of Business》(1925).

**** 렉스포드 G. 터그웰(Rexford G. Tugwell, 1891~1979): 미국의 경제학자. 펜실베이니아 대학, 시카고 대학 등의 교수 역임. 루스벨트 대통령의 고문단의 일원으로 뉴딜정책을 위한 법률 제정에 큰 영향력을 발휘했음.. 주저: 《The Economic Basis of Public Interest》(1922).

***** 제임스 코넌트(James Conant, 1893~1978): 미국의 교육자, 외교관, 과학자. 하버드 대학 총장에 20년간 재임. 2차 세계대전 중 국방조사위원회 회장을 맡고 원자탄 개발에 중요한 자문을 했음.

다. 왜냐하면 케임브리지 학파는 지적인 현상을 넘어서는 것으로, 그 학파는 사회학적 집단이었으며 그 회원들은 비과학적인 근거에 바탕하여 정치 · 사회적 문제를 대하는 자세를 공유하고 있었기 때문이었다. 정통학설을 지지하는 데 작용하는 미묘한 요소들이 있었다. 예를 들면 경제학을 케임브리지의 독립된 학문분야로 정착시키고 그의 유명한 《경제학 원리》를 출간한 마셜은 '만인에 대한 만물'이라는 노련한 방식을 취했는데 이 때문에 그의 사상에 대한 비판이 억제되었다. 동시에 그는 리카도 – 밀의 전통에 대한 경의와 존경을 강조했다. 그리고 이렇게 함으로 해서 강한 보수적 영향력을 발휘했다. 케임브리지의 '구전'은 단지 초보자라도 그 스승이 진실로 무엇을 의미하는가를 설명할 수 있는 도구가 되었을 뿐만 아니라 이미 전형적으로 수용된 사상을 지지하는 도구가 되기도 하였다. 마셜의 영향을 강하게 받았던 시험제도와 임명절차는 이의를 제거하고 최소화하는 방향으로 작용하는 경향이 있었다. 마셜 경제학이 H. S. 폭스웰과 커닝엄*과 같은 사람들에게 내부에서 비판받고 있는 동안, 1927년 후기에 메이너드 케인스까지도 동료인 데니스 로버트슨이 홉슨의 이단 사상을 그 스승의 사상과 비교하여 칭찬하는 데 대하여 비난하였다.

홉슨이 이단 사상을 가르치려고 시도하는 데서 마주친 어려움은, 상이한 사상을 표현하는 방법을 발견하기가 얼마나 어려운 것인가를 보여준다. 옥스퍼드 졸업생이며 러스킨의 작품을 면밀하게 연구한 학자로서, 홉슨은 알버트 F. 머머리라고 하는 자유사상을 신봉하는 기업가와 함께 《산업 생리학》(1889)을 저술했다. 홉슨은 그 책에서 저축과잉을 일으키는 경제의 경향 때문에 실업이 발생한다는 논제를 상세하게 설명했다. 거의 동시에 그는 대학의 공개강좌 담당 강사로 정치경제학

---

* 윌리엄 커닝엄(William Cunningham, 1849~1919): 영국의 경제학자. 케임브리지 대학 킹스 칼리지에서 경제사를 가르침. 그는 보호관세와 중상주의제도를 옹호했음. 주 저로는 《The Growth of English Industry and Commerce》(1882).

을 가르치려고 하였으나 당국에서 허가를 받지 못했다. 왜냐하면 케임
브리지의 에지워스 교수가 그의 저서를 읽고 "그 책은 합리성에 비추
어 볼 때 지구가 평탄하다는 것을 증명하려는 시도와 같은 것이며, 모
든 저축항목이 자본구조를 증대시키고 임금 지불을 위한 기금이 될
때 유용한 저축액에 어떻게 어떤 제한을 둘 수 있는가?"라고 생각했기
때문이다.

그 후 홉슨은 자선단체협회를 위하여 약간의 경제학 강의를 하려고
했으나 그때 갑자기 그 초청장이 철회되었다. 그가 그 연설의 범위를
노동자계급의 실제적 생활양상에 국한하여 단지 지방의 청중들에게
만 연설하도록 허용되었다.

그가 스스로 내린 결론과 같이, "무한한 절약의 미덕에 의문을 표시
했기 때문에 내가 용서할 수 없는 죄를 지었다는 것을 나는 그때까지
도 깨닫지 못했다."

케인스는 《화폐론》을 준비하면서 이 변덕쟁이 통화론자들이나 비
전문가들의 간행물을 읽고 있었다. 그는 《화폐론》의 각주에서 아바티
와 N. 요한센 및 로티 대령에 대하여 언급하고 있다. 그리고 부니아틴,
홉슨, 포스터, 그리고 캐칭의 '과잉저축' 또는 '과소소비'이론이 "그 자
신의 이론과 사실은 …… 상당히 유사"하다고 말했다. 케인스는 처음
에 로버트슨이 홉슨의 이론을 가지고 허송세월을 보내는 데 대하여
또는 홉슨을 마셜과 동등하게 언급한 데 대하여 비난했지만 이제는
그 이단자에 대해서 찬사를 보내는 단평을 썼다. "정통파 경제학자들
이 지극히 실제적인 이 문제를 기꺼이 거의 무시하고 있을 때, 존 A.
홉슨과 다른 경제학자들이 저축과 투자가 물가수준 및 신용주기에 미
치는 영향을 분석하려고 노력한 점은 인정받을 만하다. 그러나 나는
그들이 결론을 화폐이론이나 또는 이자율의 역할과 연결하는 데 성공
했다고는 생각지 않는다."

그동안 케인스는 또 총명한 동료이며 전에 그의 연구생이었던 데니

스 H. 로버트슨과 함께 면밀히 연구하고 있었다. 로버트슨이 쓴 거의 판독할 수 없는 책,《은행정책과 물가수준》에 표현된 사상은 나이가 더 많이 든 사람들에게 중대한 영향을 미쳤다. 그들이 그 책의 제5장과 제6장을 너무나도 긴밀하게 협력하여 썼던 까닭에 로버트슨은 "그 책 속에 들어 있는 사상 가운데서 어디까지가 케인스의 것이며 내 것은 어디까지인지 이제는 우리들 중 그 누구도 모른다"라고 썼다. 케인스는 10년 뒤에 그의 친구에게 멋진 찬사를 표했는데, 이때 그는 "나는 확실히 나의 해방일이 당신의 《은행정책과 물가수준》이라는 책이 발간되기 전에 가졌던 우리들의 토론에서 비롯된 것으로 본다"고 적었다.

로버트슨은 스코틀랜드인의 후예로서 목사이며 교장이었던 사람의 여섯 번째 막내 아들이었다. 로버트슨의 아버지는 그에게 고전문학을 가르쳤다. 이튼 학교에 다닐 때 그는 학생회장에 선출되었고, 케임브리지 대학 트리니티 칼리지의 고전문학 장학금을 받는 등 매우 성공적인 이력을 쌓았다. 그는 케임브리지에서 전공과목을 고전문학에서 경제학으로 바꾸고 피구와 케인스의 지도 아래 쌓은 연구업적으로 최고의 명예를 얻었다. 산업의 변동에 관한 그의 선구적인 연구로 1924년 트리니티 칼리지는 그에게 연구원직을 부여했다. 그때부터 그는 케임브리지에서 생활했다. 철저한 독신자였던 그는 또한 동성연애를 하는 체질이었다. 애넌 경에 따르면 1차 세계대전이 끝날 무렵 트리니티 사람들에 관한 이런 루머가 있었다. "[동성연애를 하지 않았던] '선량한 트리니티 사람'이 있었고 [동성연애를 했던] '불량한 트리니티 사람'이 있었는데, '불량한 트리니티 사람' 가운데 가장 잘 알려진 사람은 데니스 로버트슨이었다." 그가 경제학에 대한 관심뿐만 아니라 시에 대한 취미 그리고 일생 동안 나누었던 사랑까지도 케인스와 함께 공유했다는 것은 놀라운 사실이다. 1920년대에 그는 때때로 이단자들 몇 사람의 식견을 이해하는 데 케인스를 앞섰다. 예를 들어 1929년에 그는 포스터와 캐칭의 책에 관한 정중한 서평을 써서 '사이비 과학적인 장치'를 비난했으나, 실업이 있을 때에는 공공 토목공사를 일으켜야 한다고 하는 그들의 간청을 역설했다. 그러나 1931년 이후에는 케인스가 이 점에서 그를 능가했다. 대체로 사람들은 누구나 경제이론상의 위기가 다가오는 것을 알 수 있었으며, 심지어 케임브리지 경제학의 요새 내부에서도 정통학파에 대한 상이한 의견과 비판이 있다는 것을 알 수 있었다. 그러나 경제현실을 관찰하는 낡은 방법을 분쇄하고 새로운 모형을 만들려는 기초를 마련하는 데는 대공황 그 자체가 필요했다.

1924년 중엽의 초기에 케인스는 《가치의 기준》(*The Stand of Value*)이라는 가제를 붙인 새로운 책을 쓰기 시작했다. 그는 그해에 목차가 다른 세 가지 초안을 작성했으나 여름에 들어서 일은 조금 더 순조롭게 진행되었다. 9월 중순 그는 로버트슨에게 며칠 동안 틸턴에 내려와서 신용주기 이론을 토의하자고 간청했다. 그러나 로버트슨은 아마도 그 자신의 새로운 책을 쓰느라 바빴으므로 그 초청을 수락하지 못했을 것이다. 케인스는 로버트슨이 쓴 원고에 대해서 솔직한 비판을 많이 해주었으나 그 두 사람은 여전히 좋은 친구였다. 다음의 일단의 서신에서 보는 바와 같이 로버트슨은 그 자신이 쓴 책의 장점에 대해서 매우 회의적이었다.

저는 실망하거나 실패하지 않기를 바라기 때문에 책을 출간하려고 하는 마음이 생기는 것이 두렵습니다. 그러나 나는 당신이 항상 옳다고 믿기 때문에 내가 책을 출간하지 않으려고 하는 마음을 갖게 되는 것 또한 두렵습니다. 때때로 나는 이런 약점을 견뎌냈을 때 정당화되었다. …… 어떤 경우고 나는 《화폐론》의 모든 문제에 관한 진리가 너무나 애매모호하고 불확실해서 최종 진리임을 가장하지 않는 내용을 출판하는 일이 도덕적인 일이라고 생각합니다. 나는 너무나 자신이 없어서 내가 서술하는 모든 것의 첫머리에 아무도 다음에 쓴 내용을 한 마디도 믿어서는 안 된다는 구절을 언제나 써두고 싶습니다. 그리고 나는 물론 그러한 구절이 경기순환에 관한 책 속에 들어 있으며, 전혀 출판하지 않는다기보다는 그런 취지로 서문을 쓰고 싶다고 생각합니다. 그러한 것은 절망스러운 마음의 상태일까요?

케인스는 이 마지막 질문에 대답하지 않았으나 그 편지에 표현된 마음가짐은 케인스 자신의 씩씩한 자신감과 너무나 거리가 멀었다.

케인스는 1925년의 결혼과 그에 뒤따른 소련여행 때문에 그 자신의 원고작성의 진도가 느릴 수밖에 없었다. 그는 《러시아에 대한 단상》과 약 5장으로 구성된 《고대 화폐본위 제도사》를 썼으나, 그가 이제 《화폐 및 신용론》이라고 불렀던 책의 저술은 다만 틈틈이 할 뿐이었다. 그러나 그는 7월에 이 제목을 붙인 책의 간행을 위하여 하코트 브레이스 출판사와 계약을 맺었다. 그리고 그해가 지나는 동안 그는 다른 세 가지 목차를 더 개발했다.

그는 1926년 봄에 이제 그가 맨 처음 《화폐론》이라고 제목을 붙인 책의 제1권에 있는 5만 5000개 단어에 대해서 손질을 아주 끝냈다. 그는 전체적으로 그 책의 목차를 다섯 가지나 더 준비하고 이듬해에 출판하려고 희망하고 있었다. 대신에 그는 세 차례나 더 목차를 개정했다. 그 책은 분명히 그가 처음에 계획했던 것보다 훨씬 더 중요한 일이 되어 가고 있었다. 그 사이에 그는 로버트슨이 1928년 판 《화폐론》을 펴내는 일을 돕고 있었다. 그 책은 케인스가 편집한, 아주 높이 평가되는 《케임브리지 경제학 편람》 속에 들어 있는 책이었다. 로버트슨은 서문에서 겸손하게 이렇게 말했다. "이 책에는, 특히 제8장 경기순환의 문제에는 중요한 내용이 들어 있다. 경기순환의 문제는 이들 책에서도 케인스의 도움을 받았지만, 이후로 곧 발간될 화폐이론에 관한 케인스의 책이 출판될 때까지 케인스의 도움 없이는 어떤 다른 저자도 이러한 책을 출간해 내지 못할 것이다." 드디어 케인스는 1928년 여름 내내 저술에 열중하여 9월까지 그의 책을 약 5분의 4 정도 완성할 수 있었다. 로이 해러드는 로버트슨뿐만 아니라 피구 교수와 함께 그 원고의 여러 부분들에 관해 논평했다.

이때 대서양 건너 미국의 증권업계에 호황이 일어나 월가의 유가증권 가격이 폭등하였다. 이러한 현상은 케인스가 회장으로 있었던 '국민상호생명보험회사'에 심각한 문제를 제기했다. 그와 함께 이사회에서 일했던 그의 옛 재무성 동료 오스왈드 포크는 미국의 인플레이션이 위험한 상태에 있으므로 너무 늦기 전에 국민상호생명보험회사가 보유하고 있는 대부분의 미국 유가증권을 팔아서 현금으로 바꿔야 한다고 생각했다. 이 견해에 맞서서 케인스는 미국의 경제 상황에 관하여 7월과 9월에 논문 두 편을 썼는데 거기서 그는 포크의 입장과 첨예하게 반대되는 의견을 제시했다. 〈미국에 통화팽창(인플레이션)이 있는가〉라는 제목을 붙인 한 논문에서 생활비와 기업신용의 추세를 검토한 뒤, 인플레이션이라고 부를 수 있는 현상이 아직까지는 눈에 보일 정도로 일어나지 않았다고 결론을 내렸다. 이 논문에서 그는 그때까지 자기가 《화폐론》에서 개발하고 있었던 분석방법을 사용했다. 그는 연방준비은행이 과잉투자의 가능성을 경계해야 하지만 그 반대의 현상, 곧 기업 불황이 일어나지 않도록 주의해야 할 것이라고 생각했다. 그는 그의 분석 책자를 몇 사람의 경제학자와 은행가들 및 관리들에게 배포했을 뿐만 아니라 국민상호생명보험회사 이사들에게도 배부했다.

그가 미국의 통화 사정을 가장 잘 알았으며, 벤자민 스트롱, W. R. 버거스, 칼 스나이더 등 미국의 대학에 있는 경제학자들과도 연락하고 있었다는 것을 이 논문과 다른 자료들로 보아 분명히 알 수 있다. 위에서 말한 사람들 가운데 몇은 그의 분석을 받아들이지 않았다. 그리고 하버드 대학 경제학회 회장인 찰스 J. 불럭은 케인스가 인플레이션이라는 단어를 "상품가격 인플레이션에 한정하는 것에 대한 타당성"을 이해하지 못했다고 그에게 쓴 한 편지에서 신랄하게 언급했다. 그러나 케인스는 연방준비제도의 값비싼 화폐정책을 걱정하면서, "당면한 위험은 모두 경기후퇴와 통화수축 쪽에 있는 것이지 그 반대의 현상에 있는 것이 아니다"라고 생각하지 않을 수 없었다.

불럭은 케인스에게 편지를 써 그가 조만간 하버드 대학에 와서 반 년 동안 강의를 하도록 초청할 것을 고려하고 있다는 소식을 전했다. "요즈음 그러한 제도가 부분적으로 금지되어 있음에도 기회를 갖는다면 당신에게 흥미로운 경험이 될 것이며, 그러한 경험은 어떤 다른 사회에서보다도 학문하는 사회에서 더 좋은 결과를 가져올 것"이라는 것을, 불럭은 학문탐구에 성실했던 케인스에게 확신시켰다. 불행하게도 케인스는 이 친절하지만 좀 무미건조한 초청을 수락할 수 없었다.

케인스는 1929년 가을까지 《화폐론》을 출간할 것을 약속했으므로 여전히 그 일로 바빴다. 그해 8월 그는 증거자료 수정과 최종 개서(改書)를 시작했으나, 다만 이 작품이 너무 방대해서 그것을 두 권으로 나눠야 할 것이고 따라서 출간을 1년 더 연기해야 할 것을 알아냈을 뿐이었다. 동시에 정계에 좋지 않은 소식이 약간 있었다. 그와 또 다른 사람들이 자유당을 위하여 노력했음에도 자유당은 봄철의 총선거에서 참패하여 겨우 59석을 획득했을 뿐이었다. 그는 이 패배로 자유당의 정치에서 활발하게 수행했던 역할에 마침표를 찍게 되었다. 그 당시에 그는 《이코노믹 저널》의 편집에 몰두하고 있었으며 킹스 칼리지의 회계관으로서의 의무에도 열중하고 있었다. 그런데도 그는 과거 여러 해 동안 그의 흥미를 끌었던 독일의 권리양도 문제로 돌아가서 위에 말한 정기간행물의 여러 호(號)에 걸쳐서 스웨덴의 베르틸 올린* 교수와 나눴던 토론에 참가했다. 케인스는 이들 기사에서 배상의 부담

---

* 베르틸 올린(Bertil Ohlin, 1899~1979): 스웨덴의 경제학자. 스톡홀름 대학의 카셀 (Cassel) 교수 밑에서 연구한 스웨덴 학파의 지도적 인물임. 내각의 각료로서도 많은 활동을 했음. 국제무역이론에 관한 공로가 인정되어 1977년 제임스 미드와 함께 노벨 경제학상 수상. 서서로 《Theory of Trade》(1924), 《International Economic Reconstruction》(1936) 등이 있음.

은 배상금을 지불하는 나라에 불리하게 통상조건을 바꾸려는 경향 때문에 일어난다고 거듭 주장했다. 그를 찬양했던 고(故) 세이모어 해리스* 교수와 같은 다른 전문가들은, 케인스가 권리양도의 어려움을 과장해서 말했으며 또한 독일이 실제로 수출했던 것보다 훨씬 더 많은 수출을 할 수 있었을 것이므로 더 많은 배상금을 지불할 수 있었을 것이라고 생각했다. 새뮤얼슨 교수 또한, "올린과의 배상문제에 관한 논쟁에서 그가 옳았다. 그것은 어느 정도 틀린 이유, 곧 그의 후기 이론체계의 견지에서 올린의 이유와 비교할 때 정통학파의 이론으로 보이는 이유 때문이다"라는 견해를 그 후에 피력했다.

1929년 여름 케인스는 영국 학사원**의 회원이 되는 영예를 얻었다. 그리고 그와 거의 동시에 제네바 국제문제연구 학교에서 몇 차례 강연을 했다. 같은 해 11월, 갑자기 거세어진 경제 폭풍이 불어 닥쳐 뉴욕증권거래소의 주식가격이 비참하게 폭락했을 때 그는 '맥밀런위원회'의 위원으로 임명되었다. 공식 이름이 '금융 및 산업조사위원회'인 이 기구는 그가 전에 '인도 통화위원회'에서 일했을 때 그랬던 것처럼 그의 시간을 많이 빼앗았다. 기회는 아주 좋았다. 그는 이제 막 그의 《화폐론》을 완성했으므로 그 자리에 적합하도록 아주 뛰어나게 훈련되어 있었고 그 직책에 걸맞은 지식을 갖추게 되었다. 그는 그 위원회의 심의에서 중심 역할을 했으며 1930년 1월에는 내각에 경제정책에 관한 권고를 하기 위하여 설립된 또 다른 정부기관인 경제자문위원회에 참여하게 되었다. 되돌아가서 이러한 활동을 좀더 면밀히 검토하는 것이 필요한 일일 것이다.

---

* 세이모어 해리스(Seymour Harris): 하버드 대학 경제학 교수. 저서는 《John Maynard Keynes-Economist and Policy Maker》(1955)가 있음.
** 영국 학사원(Royal Society): 인문과학의 연구, 장려 등을 목적으로 1899년에 창립된 단체.

《화폐론》을 쓰고 있을 동안 케인스는, 1926년 저술한 〈자유방임주의 종언〉이라는 논문에서 우리들이 부분부분 살펴보았던 것과 같이, 그의 사회철학과 미래관을 형성해 가고 있었다. 그는 《화폐론》에서는 주로 단기간 문제에 관심을 가졌으나 지금 고려하고 있는 논문들에서는 자본주의의 먼 미래에 관해서 검토하고 또 깊이 생각하고 있었다. 그는 《화폐론》에서 정통 경제학설에 반대되는 논리를 서술하고 또 주장했다. 그러나 다른 한편으로 어떤 사람들은 그의 사회철학에 관한 저술 때문에 그의 본질을 '온건한 보수주의자'로 보게 되었다. 사람들은 그의 중상류계급의 배경과 해러드가 "하비 로드의 전제조건"(the presuppositions of Harvey Road)이라고 불렀던 것 등에서 그가 그의 개인주의를 옹호하는 데 기본적으로 보수적이었다고 생각하게 되었다. 그러나 조운 로빈슨이 지적했던 것과 같이 그가 도덕적으로 또 심미적으로 자본주의에 환멸을 느끼게 되었다는 것을 이해하는 것은 중요한 일이다. 그가 1927년 《네이션》지에 기고한 H. G. 웰스의 《클리솔드》에 대한 서평을 보면 이러한 성향을 누구나 알아볼 수 있다.

케인스는 그 서평에서 우리들의 시대는 한정 없이 빠르게 변천하는 과도기로서 만족스럽지 못한 시대이며, 이 시대에는 많은 사람들, 특히 기업가들이 그들의 환경에 잘 적응하지 못하고 그들의 사회생활에 지겨움을 느낀다는 생각을 피력했다. "시대와 더불어 활발한 직업활동을 하면서 마음을 쓰는 현대인이 그의 관습과 생활양식 가운데 정지해 있다는 것은 얼마나 지겨운 일인가! 런던의 군주들이 성대하게 치르는 축제들은 얼마나 지겨운 것인가! 의미를 잃어버린 비뚤어진 사교행태와, 이제는 이미 기쁜 일이 되지 못하는 틀에 박힌 오락을 참고 견딘다는 것은 얼마나 지겨운 일인가! 근세의 상업계의 거물이 행했던 왕성한 활동과 이제는 할 일이 없는 그를 위하여 적당한 환경이 조성되어 있지 못한 점 사이에 이루는 대조는 심각하다. 더구나 거의 무익하고 비건설적인, 돈버는 직업에는 광범위하게 악용되는 사례가 많다.

시민들이 마음속 깊이 느끼는 뿌리 깊은 권태에 대하여 《클리솔드》 제1권에는 좋은 구절이 쓰여 있다." 이러한 논평의 어조로 볼 때, 케인스는 런던 시에서 겪은 경험 때문에 웰스에 너무 많이 기울어 동의하는 것 같다.

케인스는 웰스의 영웅이 점점 더 좌경하는 정치적 좌파의 의도를 가지고 꾸미고 있는 공공연한 음모를 명백하게 시인하면서 묘사하고 있으나, 그는 우파로부터 그를 그쪽으로 데리고 갈 창조적 힘과 건설적인 의지를 불러내려고 한다. 그러나 클리솔드가 호소하는 대상이 되는 실제 인간들은 공공연한 음모에 참가하기보다는 돈버는 일에서 더 많은 즐거움을 발견한다고 케인스는 말한다. 왜? "그들 숨김 없는 잠재적 능력을 가진 음모자들은 전혀 신조가 없기 때문이다. 그러므로 만약 그들에게 과학자나 예술가가 될 행운이 없다면, 그들은 그 대신 중요한 동기가 되는 것, 곧 사실 전혀 아무것도 원하지 않는 사람들을 위한 완전한 대용품이며 진통제인 돈에 의지하는 것이다." 그래서 "클리솔드와 광고 전문가인 그의 형 디콘은, 그들의 끝없는 욕망의 대상이 되는 어떤 것을 찾아서 세상을 배회한다. 그러나 그들은 그것을 발견히지 못했다. 그들은 그와 같이 시도처럼 되기를 원했을 것이다. 그러나 그들은 그렇게 될 수 없었다. 그들은 사업가로 남는다." 프로이트의 용어를 사용하고 사도들을 언급한 것은 케인스의 묵시적 심리와 사회철학에 관한 그 어떤 것을 우리들에게 알려 주기 위해서다. 어떤 의미에서 사도가 되지 못한 사업가들은 사람들이 따르지 않을 수 없는 가치체계를 개발하지 못하고, 뜨겁게 사고하며 영적으로 교섭하는 인생을 살지 못한다. 그래서 그들은 그 대신에 돈을 추구한다고 케인스는 말하고 있다. 우리들이 그의 젊은 시절의 독서에 관하여 알고 있는 지식으로 판단해 보건대, 분명히 자전적 수기에서 그는 이렇게 끝맺고 있다. "모든 지성인이 버나드 쇼의 은혜를 얼마나 많이 입고 있는가! 그의 정신이 그의 책을 읽는 독자들과 나란히 성장해 온 것처럼 보이는 H. G. 웰스는, 따라서 소년 시절부터 성년기에 이르기까지 연속되는 단계마다 우리들을 기쁘게 했고 우리들의 상상력을 이끌었다. 모든 지성인들은 또한 그에게 얼마나 많은 빚을 지고 있는가!"

1928년 3월 그는 그의 진보된 사상을 한층 더 분명히 나타내는 〈우리의 자손들을 위한 경제적 가능성〉이라는 제목으로 맨체스터 학생들에게 강연할 준비를 했다. 세계의 불경기가 점점 더 심각해졌던 1930년 여름에 마드리드의 청중들 앞에서 그는 그 강연을 되풀이했다. 그가 당시에 그 강연을 한 것은 널리 퍼져 있는 불황에서 청중들을 구해내기 위한 것이었다고 해러드는 말하고 있으나, 그 강연은 그 이상을 나타낸다는 것, 곧 그의 개인적인 철학 또는 세계관에 관한 중대한 성명이라는 것을 누구나 알 수 있다. 어떤 사람들은 그것을 단순한 재담이나 또는 한가한 시간에 작성한 가벼운 유토피아 같은 수필이라고 보았다. 조운 로빈슨은 그것을 "미래의 문명에 관한 케인스의 백일몽"이라고 말했다. 심리학적 관점에서 보면 백일몽을 밤에 꾸는 꿈과 같이 해석하고 이해하는 것이 똑같이 중요하다고 주장할 수 있다. 참으로 이 수필은 마셜의 《기사제도가 이룰 수 있는 경제 가능성》이나 존 스튜어트 밀의 《정상상태에 관한 사색》과 비슷한 작품이라고 볼 수 있는데, 마셜과 밀이 쓴 수필은 서양사회의 미래를 고찰한 잘 알려진 작품들이다.

일의 형편이 너무나 잘못되어서 어떤 조치도 사회를 구제할 수 없고 다만 격렬한 변동만 일으킬 것이라고 설득하고 있는 혁명가들의 비관론이나, 경제적 상황이 너무나 불안정해서 감히 실험적인 일을 도모할 수 없다고 믿는 보수주의자들의 비관론이나 그 어떤 것도 정당화될 수 없다는 것을 케인스는 연설을 시작하면서 청중들에게 확신시키려고 했다. 사회는 구시대의 류머티즘으로 고통받고 있는 것이 아니라 새로운 기술에 빠르게 적응하려는 데서 오는 어려움을 겪고 있다고 말했다. 그가 《화폐론》에서 내린 진단을 인용하여, 은행과 화폐제도는 경제적 균형이 요구하는 만큼 빠르게 이자율이 하락하는 것을 막는다고 그는 주장했다. 과거 3세기 동안의 거대한 자본축적은 복리(複利)로써 가능했으며, 그러한 자본축적은 똑같이 엄청나게 변화하는 기술과 더불어, 거기에 부수하여 발생하는 기술적 실업에도 불구하고 마침내 인류가 그 경제문제를 해결하고 있다는 것을 의미한다고 그는 묘사했다. 향후 100년 동안 선진국의 생활수준은 현재의 수준보다 네 배에서 여덟 배까지 향상될 것이며, 요컨대 그러한 국가들은 곧 경제적 풍요와 여가를 누릴 수 있게 될 것이라고 그는 예측했다.

케인스는 세상 사람들과 경쟁하는 데서 파생되는 사회적 욕구와 기본적 욕구를 구별하면서 기본적 욕구는 충족될 수 있는 것이라고 주장했다. 그러므로 중대한 전쟁을 피할 수 있고 인구증가를 억제할 수 있다면 경제문제는 100년 안에 해결되거나 또는 해결될 수 있는 단계에 들어설 것이다. 그러면 인간이 새로운 풍요와 여가에 적응하는 데서 오는 곤란한 문제들이 발생한다. 케인스는 이 점에 관해서 그 시대의 부유층들의 행동을 확신할 수 없었으나, "활기차고 악착같은 돈벌이꾼들이 우리들을 풍요한 사회로 이끌어 가고 있을지도 모른다. 따라서 언제나 재산에 정신을 집중하는 것보다는 오히려 예술적 인생 그 자체에 몰두하는 것이 우리들이 해야 할 당연한 일이다. 신교도의 윤리에 집착해 있는 의도적인 인간은, 시간이 지남에 따라 언제나 재산에 대한 관심을 키워나가는 자신의 행위를 위장하기 위하여 사라지기 쉬운 '사이비 영원불멸성'을 추구한다"고 그는 말했다. "이것은 마치 그가 자기가 기르는 고양이를 사랑하는 것이 아니라 그 고양이의 새끼를 사랑하는 것과 같고, 사실 그 고양이 새끼를 사랑하는 것이 아니라 다만 그 고양이 새끼의 새끼를 사랑하는 것과 같다. 그리하여 계속 전진하여 고양이 나라의 종착점에 이르게 되는 것과 같다."

"아마도 우리들의 종교의 본질 속에 영원불멸에 대한 약속을 도입하는 데 최선을 다했던 민족이 또한 복리(複利)의 원리를 위해서도 최선을 다했으며, 특히 이 가장 의도적인 인간의 관습을 애호하는 것은 우연한 일이 아니다"라고 그가 외견상 유대민족의 사상에 대해서 거의 우연이라고 말할 수 있을 정도로 암시했던 것은 이 당시 케인스의 사고의 경향을 나타내는 것이다.

그는 계속하여 그의 논문에서 여가를 향유하는 풍요로운 시대와 함께 도래할 변화를 묘사하고 있다. 자본축적이 이제 더 이상 사회에서 크게 중요하지 않게 될 때 우리들은 도덕률에 큰 변화가 일어나는 것을 볼 것이라고 그는 예견했다. "우리들이 200년 동안 시달려온 사이비 도덕률을 우리들 스스로 대부분 제거할 수 있을 것이다. 우리들은 그 사이비 도덕률로써 가장 혐오감이 일어나는 인간의 성질 몇 가지를 가장 높은 덕성의 위치로 끌어올렸다. 우리들은 아마도 화폐의 동기를 그 진정한 가치로 평가할 수 있을 것이다. 소유로서의 화폐애는, 인생의 향락을 위한 수단 및 현실적인 생계수단으로서의 화폐애와 구별되는 것으로서, 다소 혐오감을 불러일으키는 병적인 성질이며, 또한 그것은 사람들이 몸서리치면서 정신병 전문의에게 데려가야 할 반(半)범죄적이고 반(半)병적인 것으로 인정되는 성향이다." 그는 그 스스로 상당히 많은 재산을 축적했지만 그가 탐욕을 부리는 사회를 좋아하는 사람이 아니었다는 것은 분명하다. 화폐애에 관한 이 놀라운 견해와 비판이 나올 수 있었던 원인에 대해서는 이 다음에 고찰할 것이다.

이 모든 철저한 변화가 시작될 시기는 아직 오지 않았다. 우리들은 아직도 경제적 궁핍이라는 지하도에서 대낮의 햇빛 속으로 우리들을 이끌어 낼 단호한 인간들을 필요로 한다. 이미 어려운 경제를 극복해 낸 사람들은 그렇게 행운이 없는 사람들을 위한 경제적 노력에 참여해야 하고 또한 그러한 노력을 과단성 있게 추진하는 것이 여전히 그들에게는 온당한 일이 될 것이다. "그러는 사이에 목적 있는 활동뿐만 아니라 예술적 인생도 장려하고 실험하면서 우리들의 운명을 위하여 가벼운 준비를 하는 데는 아무런 지장이 없을 것이다."

이 논문에서 그렇게 활기차고 자신있게 풍요한 사회를 전망하는 이 가치관의 근원과 의미는 무엇인가? 가난은 쓸모 없는 것이라고 추론하면서 풍요한 사회를 가정하는 케인스의 낙관론은, 고전파 경제학의 기초가 되는 기근과 검약, 절제와 근면에 관한 비관적 가설을 인정하지 않는데서 나오는 것이라는 주장이 있어 왔다. 그는 실제로 가난이 인적·물적 제약 때문에 발생한다기보다는 사회·경제 제도의 결함에서 비롯한다는 생각을 가지고 있었다. 다른 사람들은 그러한 견해를 빅토리아 시대의 가치 체계에 대한 반응, 특히 현재의 삶에 관한 G. E. 무어의 철학에 대한 상호작용으로 보고 있다. 무어의 철학에서 인생의 최고선은 확실한 의식의 상태, 곧 인간의 교제에서 생기는 즐거움과 미적 대상에서 오는 기쁨이라고 말하는 것이었다. 케인스는 스스로 무어에 관하여 언급하면서 "최고의 정신상태는 대체로 '앞'이나 '뒤'에 집착하지 않는 정신상태"라고 말했다. 그는 이와 같이 경제적 고찰의 기초를 장기 관점에서 단기 관점으로 전환하면서 무어의 신조에 충실한 인간이 되고 있었다. 이렇게 해석하는 데 따라오는 난점은, 케임브리지를 떠난 뒤 케인스가 비록 사랑과 미와 지적 추구의 중요성을 대단히 신봉하는 사람이었지만, 무어의 철학이 너무 편협하고 한계가 있다고 하여 그 철학의 합리론을 거부하게 되었다는 점이다. 더욱이 우리들은 또 다른 설명으로 그가 자기의 동성애적 본성을 회고한 것을 밝혀내고, 특히 그가 위에서 화폐애를 다소 혐오감이 일어나는 "병적 성질"(morbidity)이라고 말한 것을 알아내게•된다. 에드워드 카펜터의 작품에 친숙한 동성연애자들은 그들의 성적 경향의 특성을 기술하는 데 아주 흔히 사용되었던 "병적 성질"이라는 단어에 아마도 강한 반응을 보일 것이다. 그 당시의 어떤 동성연애자들은 돈만 아는 물질주의를 신봉하는 이성애자보다 스스로를 더 이상적이라고 생각했다. 그러므로 케인스가 화폐애를 병적 성질이라고 비난하는 반응을 일으켰던 한 요소가 거기에 있었을지도 모른다. 그러나 케인스가 이 연설을 함으로써 대단히 많은 그의 미래의 관심과 활동이 "예술적 인생을 장려하고 실험하는" 방향으로 작용할 것이라고 예시한 것은 놀라운 일이다고 사람들은 이때의 소감을 설명한다.

우연히 그는 7년 뒤에 《더 타임스》에 기고한 기사에서 이러한 생각들이 일시적인 의견이나 백일몽이 아니라는 것을 간단히 시사했다. 투자계획 정책을 주장하면서 그는 "자연적 진보는 모든 사람에게 알맞는 소비수준의 방향으로 이루어져야 하고, 그 소비수준이 충분히 높을 때는 우리 생활에서 경제 밖의 관심사에 정력을 집중하는 방향으로 이루어져야 한다. 따라서 우리들은 그러한 목적을 가진 사회조직을 서서히 재건하는 것이 필요하다. 이러한 것은 지금 당장에 착수할 문제가 아닌 원대한 문제이다."

케인스가 산업자본가의 가치를 혐오하는 것에 대해서 비평했던 사람들은, 그의 견해가 돈을 탐내는 사회를 적대시했던 오랜 전통에서 비롯하며 또 역사적으로도 그런 전통과 관계가 있다는 점을 지적했다. 그들은 존 스튜어트 밀, 존 러스킨과 그의 제자 홉슨, 그리고 영국과 미국의 속물적 생활양식을 매우 비판하였던 매튜 아널드에게까지 거슬러 올라가서 그 기원을 찾을 수 있다. 이러한 관점에서 지적 회의주의와 더불어 상류계급의 취미와 그 가치기준을 애호했던 것은, 영국의 산업주의에 대한 문화적 혁명을 수용하고 영국 경제의 근대화를 막는 역할을 했다. 따라서 그것은 영국이 현재 당면한 경제적 불안정을 초래했거나 또는 그렇게 한 원인이 되었다.

1930년 12월 케인스의 《화폐론》이 여러 차례 지체된 뒤 드디어 발간되었다. 그 책은 그가 쓴 《화폐론》에 관한 책 중에서 가장 형식적이고 가장 재미없는 책이었다. 그 문체는 지루하였고 평소의 그의 문체보다 더 독단적이었으며 사람들이 학술논문에서 기대할지도 모르는 엄격함을 나타내는 것 같았다. "정말로 사람들이 케인스의 다른 저서의 배경과 대비하여 그 논문을 읽을 때, 누구나 그것은 격에 맞지 않는 케인스와 같은 인물, 곧 교수와 같은 구실을 하려고 하는 케인스나 그러한 구실을 하는 독일인과 같은 케인스를 표현하고 있다는 느낌이 들지 않을 수 없다"고 파틴킨 교수는 적고 있다.

사실 《화폐론》은 가장 야심적이고 규모가 큰 케인스의 작품 가운데 하나로서 순수학문의 측면에서나 응용의 측면에서나 다 같이 화폐문제를 포괄한 두 권으로 된 책이다. 그 책은 그가 신문이나 잡지에 쓴 몇 편의 출판물과 같이 일반 대중을 위하여 쓴 책이 아니고 전문 독자를 위하여 쓴 책이었다. 그 책은 아마도 그가 선택한 분야에서 손꼽히는 사상가로서 학자적 명성을 떨치는 데 기여했을 것이다. 그는 그 책을 저술하면서 전 7권에 걸쳐 화폐의 본질과 역사와 가치를 서서히 그리고 정연하게 정의해 나갔다. 제2권 《화폐의 응용이론》(The Applied Theory of Money)에서 그는 그의 이론의 주요 변수들을 통계로 분석하고 금융변동과 관련되는 금융제도를 묘사했다. 마지막으로 제7권에서 그는 그의 이론에 비추어 국내와 국제 화폐정책을 논했다.

이 책에서 그의 분석은 경제학자들이 '동태경제학'이라고 말한 것과 흡사하다. 그의 목적은 정태적 균형의 특징뿐만 아니라 불균형의 특징을 묘사하는 데 유용한 방법을 발견하는 것이며, 또한 통화제도가 어떤 균형상태에서 다른 균형상태로 이동하는 것을 통제하는 동태적인 법칙을 발견하는 것이라고 그는 말했다. 이와 관련된 목적은 이른바 화폐수량설을 발전된 은행조직을 갖춘 경제에까지 넓혀 나가는 것이었다.

이 책에서 가장 중요한 점은 산출량 또는 고용에 있다기보다는 오히려 물가수준에 있음을 강조하여야 한다. 1920년대의 대부분의 정통파 경제학자들과 같이 케인스도 만약 일반 물가수준이 안정될 수 있다면 경기순환도 크게 완화될 것이라는 점을 기본 전제조건으로 하였다. 그 시대에 가장 유명했던 미국의 통화전문가인 어빙 피셔 교수는 이러한 생각을 산출량과 고용량의 변동이 기본적으로 '달러가 춤추기 때문에', 곧 달러 가치가 변동하기 때문에 일어난다는 쉬운 말로 표현했다.

이 책이 다소 지루하고 답답한 특색을 보였던 것은 부분적으로 그것이 여러 해에 걸쳐서 쓰였다는 사실 때문이기도 하다. 왜냐하면 그 책은 1924년에 처음 쓰기 시작해서 1929년에 개정하고 드디어 1930년 9월에 출간되었기 때문이다. 그 책을 저술하는 과정에서 그의 견해는 발전하고 또한 변화하고 있었다. 그 결과 그가 말했던 것처럼 이 책에는 "내가 과거에 늘 지니고 있었던 견해를 없애고 지금 가지고 있는 견해에 도달한 과정을 설명하는 부분들이 있다. 또 여전히 이 책장들을 흐트러뜨리면서 흙탕물 구덩이와 같은 상태에 빠졌던 일들, 나는 혼란스러운 밀림을 헤쳐 나가고 있었던 어떤 사람과도 같았다."

이러한 결점이 있지만 그 책은 매우 귀중한 책이다. 왜냐하면 무엇보다도 그 책은 그의 자유롭고 유연한 정신과 새로운 사상에 대한 감수성이 어떻게 그의 놀라운 독창성의 발견을 가능케 했는가를 밝혀주기 때문이다. 《화폐론》은 "《일반이론》의 주요한 새 기틀, 다시 말하면 유효수요의 이론을 이해하는 수단으로서 중요하지도 않고, 《화폐론》의 이론과는 기본적으로 아주 다른 《일반이론》 그 자체를 이해하는 데도 거의 기여하지 못한다"고 파틴킨 교수는 주장했다. 더욱이 케인스의 사상 발전을 더 폭넓게 조망하면 파틴킨 그 자신이 인정하는 것과 같이, 그것은 '수량설'에서 벗어나기 위한 인간 투쟁의 무용담 속으로 내디딘 큰 발걸음을 뜻한다. 또한 1932년 4월에 쓴 일본어판 서문에서 그가 《화폐론》을 개정하지는 않을 것이지만 그 대신에 그 제3권과 제4권에서 제시한 그의 견해의 이론적 기초를 넓히고 바로잡아서 순수한 이론적 특징을 가진 간결한 책을 발행할 것이라고 시사한 점은 의미심장한 일이다.

케인스는 이 책에서 그가 화폐이론의 근본 문제에 접근하는 새로운 방법을 제기하고 있다고 생각했다. 1931년 6월 시카고의 '해리스 재단'에서 행한 강연에서 그는 이러한 관념들이 호황과 불황을[내가 주장하는 대로라면 그 밖의 많은 사항을] 과학으로 설명하는 단서, 곧 그의 비결이라고 말했다. 그러나 그의 기본 방정식은 그가 바라는 개념 발전을 이루지 못하고 시간이 지나면서 더 설득력 있는 이론적 새 기틀로, 곧 유효수요의 이론으로 대체되었다. 이 처음의 실패는 무엇으로 설명할 것인가? 그가 초기 작품 몇 편 속에 불어 넣었던 열정적인 인식이 그에게 결여되었기 때문에 이론가로서의 그의 독창성은 《화폐론》에서 그에게 실패를 안겨 주었을까? 그가 이전에 몇 편의 작품을 쓰면서 보여주었던 헌신적이고 고뇌에 찬 노력에서 나오는 정열을 가지고 그 책을 쓰지 않았다는 것이 분명하다. 그렇지만 "이 책의 원리를 올바르게 이해하는 것이 세계의 번영에 대해서 실제로 지극히 중요한 일"이라고 그가 서문에서 진술한 문제에 대하여 얼마간 몸바쳐 열정을 쏟았다는 것을 사람들은 간파할 수 있다.

《화폐론》과 《일반이론》을 저술하는 사이에 그의 개성은 변하지 않았으나 환경은 변했다. G. L. S. 셰클 교수는 《화폐론》이 《일반이론》보다 훨씬 더 가벼운 마음으로 읽을 수 있는, 온건한 내용을 담은 책이라고 생각한다. "1920년대가 영국에 반드시 좋은 시기는 아니었지만 평온한 미래를 확신하는 시기였다. 왜냐하면 잔인하고 위협적인 1930년대와 같은 시기는 아니었기 때문이다." 세계의 불경기가 1931년 이후 심화되고 이론적인 경제학의 위기가 결론적으로 더 심각하게 되었을 때 케인스는 불가사의했던 대량실업에 대한 해답이 있다고 실제로 믿었다. 고무적이고 논쟁을 좋아하는 그의 목소리가 다시금 들렸다.

이미 보았듯이, 제1권에서 케인스는 매우 학자다운 방식으로 화폐형태의 발전에 대해서 고찰하고, 역사에서 매혹적인 실례(實例)를 인용하면서 다음과 같이 남의 감정을 도발하는 비평을 했다. "화폐의 본질에 가장 예민한 본능을 가진 셈족은, 선진국의 비전문 금융가들을 만족시키는 조폐소의 믿을 수 없는 서명에는 많은 주의를 결코 기울이지 않았고 금속화폐의 촉감과 중량에만 관심을 가졌다." 그는 데이비드 리카도가 제안한 주괴(鑄塊)에서부터 지금까지 세계에서 창안한 가장 우수한 관리제도라고 그가 생각했던 미국의 연방준비제도에 이르기까지 관리통화의 발전사를 서술했다. 은행화폐에 대해서는 요구불예금과 정기예금[영국에서는 당좌계정과 예금계정으로 각각 불린다]의 구분에 주의하여 그 다음에 검토하고 있다. 은행권에서부터 당좌차월을 포함한 수표 사용에 이르는 진보 과정은 주의깊게 묘사되어, 현대 통화제도에서 은행신용이 다른 방식보다도 더 전형적이며 실물경제에서의 통화의 유통과 금융산업에서의 통화의 유통을 철저하게 구별하고 있다는 결론에 도달한다. 거래 목적으로 보유하는 거래용 예금과 소득에서 생기는 예금으로 구성되는 실물경제의 통화유통은 현재의 산출량에 따라서 결정되지만, 금융산업에서의 통화유통은 그렇지 않다고 케인스는 주장했다. 그는 그의 주제에서 벗어나서 제2권을 화폐의 구매력과 지수를 검토하는 데 바쳤다.

제3권에서 우리들은 《화폐론》의 중심이론의 새 기틀이었던 기본등식에 귀착한다. 우리들이 그 기본등식을 이해하려면 케인스는 물가지수가 일시적으로 결정되는 과정을 분명하게 밝히고자 어떤 의미에서 '화폐수량설'을 다시 공식화하고 있었다는 것을 깨달아야 한다. [수량설에서와 같이] 고용수준은 어느 정도인가에 대하여 개의치 않고 화폐총량에만 초점을 맞추는 대신에 그는 그 사회의 소득과 화폐가 (1) 소비재와 투자재를 생산함으로써 각각 벌어들이는 소득부분과 (2) 소비재와 저축으로 들어가는 부분에 유입되는 양을 분석했다. [《화폐론》에서 그는 저축을 소득과 소비지출의 차액으로 정의하고, 투자는 고정자본이건 운전자본이건 또는 유동자본이건 간에 어떤 형태로든지 부에 대한 순추가분이라고 정의했다.] 로버트슨의 의견에 따르면, 이 별개의 두 과정은 그 총량이 서로 일치한다고 조금도 확신하지 않는 다른 무리의 사람들에게서 실현되고 있다는 것이 케인스의 견해였다. 그는 그의 등식에 기초하여 "저축량이 새로운 투자의 생산비에 못 미치거나 또는 초과하거나 하는 데 따라서 소비재의 물가수준이 그 생산비를 넘기거나 그에 못 미치게 된다. 그러므로 만일 저축량이 투자비용을 초과한다면 소비재의 생산자들은 손실을 본다. 그리고 또 만일 투자비용이 저축량을 초과한다면 그들은 이익을 본다"고 설명한다.

다른 한편으로 투자재 생산자들이 이익을 보거나 또는 손실을 보거나 하는 것은 미래의 물가에 대한 시장의 예상과 현행 이자율이 그러한 생산자들에 대해서 유리하게 변동하는지 또는 불리하게 변동하는지에 따라서 결정된다. 그는 용어의 정의 속에 기업가의 정상적인 보수를 포함시키고, 소득과 생산비의 차이에서 발생하는 초과이윤 또는 손실에 집중하여 분석했다. 그는 [물가상승으로 말미암아 초과이윤이 발생할 때 생기는] '이윤 인플레이션'(profit inflation)과 다른 생산요소 비용의 변동에서 발생하는 '소득 인플레이션'(income inflation)의 차이를 중시하였다. 이윤 인플레이션은 회사가 생산을 확대하고 그러한 생산요소에 대한 수요를 증가시켜서 소득 인플레이션을 유발할 수도 있기 때문에 그 두 가지 유형의 인플레이션은 서로 관련이 있다.

이 모든 서술을 하면서 케인스는 그의 등식이 단순한 항등식 또는 자명한 이치이기 때문에 순전히 이론이라고 강조했다. 그러나 현실세계의 외래 사실이 작용할 때 사람들에게 그 인과관계를 밝혀낼 수 있게 하는데 그 등식의 가치가 있다. 이제 그의 견해에 따르면 현실세계에서 통제되어야 하는 가장 중요한 요소는 은행이자율이다. 스웨덴의 경제학자 크누트 빅셀(1851~1926)의 이론을 빌리지만 다른 정의를 내리면서, 그는 만약 시장 이자율 또는 현행이자율이 [현재의 저축과 투자가치를 정확히 일치시키는 이자율로서 정의되는] 자연이자율과 같아진다면 경제는 균형상태에 있을 것이라고 결론지었다. 시장이자율이 자연이자율에서 벗어날 때 그러한 현상은 호황과 불황을 일으키는 저축

-투자 비율의 변동 원인이 된다. 요컨대 그가 생각하기에 은행조직은 자본주의 제도에서 균형을 잡는 요소로서 중요한 구실을 한다. 만약 은행 조직이 저축과 새로운 투자가치를 일치시키는 방법으로 신용조건을 관리한다면 일반 물가수준은 안정될 것이지만 그와 반대로 만약 신용조건이 이러한 균형수준보다 완화된다면, 투자가 현재의 저축율을 초과할 때 물가와 이익은 상승할 것이고, 또한 신용의 요율이 균형률보다 더 값비싸진다면 그 반대로 될 것이다.

지금까지 요약된 분석은 다른 나라와 무역을 하지 않거나 또는 대차(貸借) 관계가 없는 경제, 곧 폐쇄경제를 가정한다. 만약 어떤 나라가 외부세계와 교역을 하고 또한 자금을 빌려주고 있다면 균형 조건은 어떻게 되겠는가? 그는 수출초과, 곧 소득계정에 계상되는 무역수지라고 정의를 내리는 외환수지가 순외화대출[외화차입에 대한 외화대출 초과]과 일치하는 것이 대외 균형의 요구조건이라고 주장하면서 이러한 국면을 다루었다. 따라서 국제 체계 속에서 균형조건은 동시에 투자와 저축이 일치(I=S)하고 외환수지와 순외화대출이 일치(B=L)하는 것이다. 외환수지와 순외화대출의 일치(B=L)를 조장하는 은행이자율은 대내적 균형, 곧 I=S란 조건을 교란할 수도 있기 때문에 복잡한 사항들이 발생한다.

케인스는 실질균형 또는 케임브리지 등식과, 어빙 피셔의 공식과 같은 기본 등식에 대한 대안을 상당히 자세하게 검토했다. 어빙 피셔의 공식이 혼잡한 물가수준을 다룬 반면에 케인스의 공식은 더욱더 전략적인 물가변수를 뽑았기 때문에 그는 자신의 등식을 선호했다.

그는 통화정책으로 관심을 돌려서, 1920년대 후반 증권시장의 시세 폭등이 엄청난 수준에 달하여 연방준비제도를 고통스러운 궁지에 몰아 넣었을 때, 미국 통화당국이 직면했던 어려운 문제들을 분석했다. 주로 증권중개인의 대출자금에 의한 공매*에 근거한 증권투기가 고조되었을 때 연방준비이사회는 재할인율 인상을 꺼렸다. 왜냐하면 재할인율을 인상하면 정당한 상업용 및 산업용 차입이 어려워질 것이었기 때문이다. 이 문제에 관한 케인스의 분석은 매우 적절하였다. 그 분석은 금융경제적 측면의 화폐 유통과 실물경제적 측면에서 화폐 유통을 구별했기 때문이다. 그의 용어에 따르면, 후자는 산업의 목적으로 사용되는 예금과 관계가 있고 전자는 증권거래소의 증권매입이나 또는 화폐시장의 거래로 사용되는 예금과 관계가 있다. 그는 각각 그러한 유통을 결정하는 요소를 분석하고 그러한 예금의 개별적 유통속도와 특히 '강세측 의견과 약세측 의견'이 금융경제적 측면의 화폐 유통에 어떤 영향을 미치는가를 다뤘다. 만약 물가수준의 안정이 그 목적이라면 위에서 말한 궁지를 해결하는 방법은 "금융과 산업 양 측면에서 그들이 원하는 화폐를 모두 갖게 하는 데 있다. 그러나 그 경우 이자율은 그것이 [저축에 대한] 신투자율에 미치는 효과에 있어서 강세측 의견이 미치는 효과와 정확히 일치하는 이자율이다. 그러나 전 과정에서 정확하게 상황을 분석하고 정확하게 이 균형을 이루는 것은 때때로 인간의 재능을 넘어서는 일이 될 수 있을 것이다"는 것을 그는 인정했다. 강세시장과 약세시장에 간섭하는 주된 기준은 저축과 신투자 사이에 이룩될 미래의 균형에 그 효과가 미칠 수 있는 것이어야 한다고 그는 선언했다.

기본적으로 그는 《화폐론》에서 영국식 용어로 경기순환 변동과 같은 '신용주기'에 관하여 서술했다. 그는 그의 기본등식에 비추어 통화와 투자와 산업 요소들의 항목 아래서 물가수준이 불균형이 되는 원인을 광범하게 검토하였다. 그는 또한 [21장에서] 국제적 불균형 때문에 일어나는 변동을 고찰하였다. 어떤 비평가들은 그의 통화등식에 대한 열정 때문에 그 분석이 지나치게 개성을 상실했고 일종의 불가사의한 공식을 만든 사고방식을 보여주었다고 생각한다. 그가 그 후 이

---

* 공매수(margin buying): 타인으로부터 자금을 차입하여 매입한 증권을 매도하여 가격 상승에서 생기는 차금을 얻을 목적으로 매수하는 것을 말함. '공매'(空買)라고도 함.

단점을 인정했지만 계획량과 실제량을 적절하게 구분하지 못한 점은 특히 명백하게 실패한 점이었다. 《확률론》의 기대치는 《일반이론》에서 받았던 만큼 많은 주목을 받지 못했으나, 전반적으로 사람들은 분량이 더 많은 이 책 속에서 저축의 모순과 같은 《일반이론》의 몇 가지 기본적 특징에 관한 개요를 식별할 수 있다. 사람들은 이 책 전편에 걸쳐 저축의 모순을 설명하는, 풍부한 상상력으로 지어낸 바나나 농장의 우화에서 보는 것과 같이 명쾌한 해설과 은유를 구사하는 대가다운 솜씨에 깊은 감명을 받는다.

화폐에 관한 응용이론을 서술한 《화폐론》 제2권은 세밀하고 복잡한 분석이 대단히 많아서 요약할 수가 없다. 그는 그 속에서 영국과 유럽대륙과 미국의 은행제도에 관한 방대한 지식을 보여주었다. 은행예금과 그 유통속도에 관해 상세한 통계 조사를 하고 나서 그는 운전자금의 변동이 신용주기의 원인이라고 강조했다. 아마도 가장 끌리는 장(章)은, 그가 자신의 새로운 사상을 경제사의 몇몇 일화를 재검토하는 데 독창적으로 적용하여 역사적으로 설명하는, 더 길게 서술한 장이다. 스페인의 귀금속이 16세기와 17세기의 유럽 물가수준에 끼친 영향에 관한 얼 J. 해밀턴* 교수의 최근에 발간된 조사보고서를 주로 많이 인용하여 그는 그 시대의 유럽대륙을 휩쓴 통화팽창이 어떻게 소득을 재분배했고, 토지소유계급을 약화시키고 신흥 유산계급을 강화시켰으며, 또 농민과 노동자계급을 몰락시켰는가를 설명했다. 사실상 그는 동태적 소득분배론을 제시하면서 영국의 상황에 관해서는, "셰익스피어가 출현했을 때 우리들은 그를 겨우 부양할 수 있는 정도의 재정 상태에 있었다"는 것을 과감하게 주장함으로써 통화팽창의 침투효과를 설명하고 있었다.

그 다음으로 그는 오래 끌어온 상품가격 하락에 관한 그의 견해를

---

* 얼 J. 해밀턴(Earl J. Hamilton, 1899~1989): 미국의 경제학자. 물가와 은(銀) 및 인플레이션에 관한 이론으로 유명함.

완전하게 설명하는 실례로서 1890년대의 불황의 원인을 엄밀히 조사했으며, 또 이윤 및 소득 인플레이션을 초래하여 영국 납세자들에게 무거운 세부담을 지웠던 1914년에서 1918년까지의 전시호황을 고찰하였다. 영국이 비교적 공정한 과세정책을 추구하여 전시 이래 영국의 금리생활자들은 무거운 부담을 지게 되었다고 그는 주장했다. 1919년에서 1920년까지의 전후 호황은 전시의 이윤 및 소득 인플레이션의 연장이었다. 그리고 그에 뒤따라 일어난 불황은 그 인플레이션의 상당부분을 상쇄하였지만 그가 국가 번영의 견지에서 볼 때 그러한 경제현상은 잘못된 것이었다. "만약 우리들이 전쟁 전 수준과 비교해서 약 175퍼센트 정도 상승하였던 1920년 말의 소득 인플레이션에 근거하여 우리들의 통화사정을 안정시키려고 노력했다면 우리들은 과거 10년 동안에 일어났던 모든 경제적 어려움을 피할 수 있었을 것이고 또 아마도 미국이 누리는 만큼의 부를 우리도 똑같이 누릴 수 있었을 것이다." 그 대신 채택된 정책으로 말미암아 부채의 실질부담은 증가하였고 영국에는 10년 동안 실업이 발생했다.

그는 영국이 금본위제로 복귀했음을 똑같이 강력하게 다루고, 그 조치를 "냉혹한 소득인하 정책"이라고 불렀다. 금본위제로 복귀하고 난 5년 뒤에도 고용감축은 여전히 완화되지 않고 있었다고 그는 엄숙하게 기술했다. 영국의 어려운 경제는 전쟁 전의 평가로 금본위제에 복귀한 데서 발생했으며, 따라서 타 지역의 금 생산비와 비교하여 영국의 금 생산비를 증가시켰다고 그는 설득력 있게 주장했다. 동시에 해외투자가 국내투자보다 더 관심을 끌었으며 외환수지에 앞서 해외차관을 공여하려고 노력했다. 해외차관의 공여를 억제하기 위하여 시장이자율이 자연이자율을 초과하여 인상되었으므로 그 결과 국내투자와 고용에 역효과를 불러왔다.

끝으로 그는 1925년부터 1930년까지 미국에서 일어났던 호황과 불황을 검토하고, 그가 물가지수를 기초로 하여 볼 때 그 기간 동안 미국

경제에 인플레이션은 전혀 일어나지 않았다고 이전에 말했으나 진성(眞性)이윤 인플레이션이 1928년과 1929년에 나타났다는 것을 인정했다. 1929년 가을에 '월가(街)'의 증권시장이 붕괴되는 것을 보고 그는 역사상 가장 거대한 강세시장의 하나가 끝장났다고 말했다. 그는 1930년의 불황의 원인이 첫째로는 시장붕괴에 선행했던 장기간의 고리채(高利債) 투자에 대한 억제효과에 있었으며, 둘째로는 바로 붕괴 그 자체에 있었다고 말했다. 경제활동의 감퇴는 운전자본에 대한 투자를 회수하게 하였고, 장부가격의 하락에 따르는 심리적 빈곤으로 아마도 저축은 증가했지만 이윤 감소는 투자를 막았다. 따라서 그는 대공황의 엄습을 설명하기 위하여 그의 새로운 저축-투자론을 도입했다.

《화폐론》의 마지막 권인 제7권에서 그는 국가적 통화관리와 국제적 통화관리의 방법 및 문제들을 철저히 조사했다. 그는 중앙은행 조직에 관하여 연구하는 사람을 위해서 풍부한 볼거리를 제시했으나 불행하게도 여기서 그 실례를 들 수는 없다. 그럼에도 사람들은 그의 유명한 논문《금에 대한 신성한 갈망》(*Auri Sacra Fames*)을 온당하게 보아 넘길 수 없다. 그는 그 논문에서, 어째서 금이 특히 강렬한 본능을 충족시키면서 재물 욕구의 상징적인 역할을 해야 하는가 하는 이유가 우리들의 잠재의식 속에 존재한다고 주장함으로써, 프로이트와 다른 정신분석학자들의 이론을 인용했다. 그는 "사회적으로 존중되는, 금으로 만든 인습적인 겉치장"에 관하여 서술하면서, 사회적으로 존중되는 이러한 인습은 첫째로 금본위 주창자들이 주장하는 대로 그것이 "법정불환지폐라는 전염병에 대한 유일한 예방법"이기 때문에 지켜졌거나, 또는 그것이 '프로이트 학설에서 말하는 은밀한 가면(假面)'이라고 추측했다. 그러나 사람들은 이러한 사상이나 또는 적어도 사용한 말씨가 동성연애자로서 과거 그 자신의 은밀했던 생활양식을 반영하고 있는지에 대하여 묻지 않을 수 없다.

금(金)에 대한 가증스러운 소유욕에 관하여 그의 논거를 제시해 나가면서, 케인스는 《프로이트 전집》과 산도르 페렌치*와 영국의 정신 분석학자인 어니스트 존스를 인용했다. 사람들은 프로이트 문헌에 대한 그의 지식에 놀라지 않는다. 왜냐하면 부지런히 《케인스 기록모음집》을 편집했던 모그리지 교수 덕택에 케인스가 《네이션》지의 1925년 6월 13일 호에서 《프로이트 전집》 제3권에 관하여 면밀히 검토했다는 것이 이제는 알려져 있기 때문이다. 사실 케인스는 빈 정신병의사의 천재에 관하여 다음과 같이 매력적으로 평가하는 익명 편지를 그 잡지의 편집자에게 보냄으로써 그 검토를 끝맺었다. 이 논제는 화폐문제에서 상당히 벗어나는 것이지만 그것이 케인스의 인식론이나 또는 그의 인식 방법에 관하여 너무나 많은 새로운 사실을 알려주는 것이므로 여기에 거의 문자 그대로 인용한다.

"프로이트 교수는 과학적 상상력을 갖춘 대단한 천재로 태어났다고 생각한다. 그 과학적 상상력은 풍부한 혁신적 사상과 놀라운 가능성과 실제적 가정을 구체화할 수 있는 것이며, 충분한 직관적 기초와 가장 많이 인내하고 가장 공평하게 고찰할 가치가 있는 일반적 경험을 갖는 것으로서, 그 안에 버려야 할 이론 또는 바꿔야 할 이론뿐만 아니라 중대하고 영속적인 의미를 갖는 이론도 십중팔구 함께 포함하고 있다." 프로이트의 이론을 두고 출판물에 제시된 경험적 증거 또는 귀납적 증거는 그러한 경우를 설명하기에는 절망할 정도로 불충분하다는 것을 지적하면서, 그는 그럼에도 그 이론들을 진지하게 고려하는 까닭은, 그 이론이 인간의 심리상태가 작용하는 방식에 대해 새롭고 진실된 어떤 것을 포함하고 있기 때문에 우리들 자신의 직관에 일으키는 반향에 오늘날 주로 의존하는 것이고 그래서 이때까지 출판된 것과

---

* 산도르 페렌치(Sándor Ferenczi, 1873~1933): 헝가리의 정신분석학자. 기초정신분석 이론에 대한 공헌과 치료기법에 대한 실험으로 유명함. 1908년 프로이트를 처음 만나서 프로이트가 창설한 빈 정신분석학회의 회원이 됨. 저서로는 오토 랑크와 함께 쓴 《The Development of Psychoanalysis》(1924)가 있음.

같은 귀납적 증명에는 거의 의존하지 않는다고 주장했다. "프로이트를 비판하는 사람들뿐만 아니라 그의 열렬한 지지자들도 이러한 것을 인정하고 자기가 편드는 입장을 전적으로 초월하여 매우 진지하게 그를 고려하는 것이 좋을 것이다. 왜냐하면 사람들이 그를 좋아하건 좋아하지 아니하건 간에 그는 우리 시대를 어지럽히고 쇄신하는 위대한 천재 가운데 한 사람, 다시 말하면 일종의 악마였기 때문이다"라고 말함으로써 그는 논평을 끝맺었다.

케인스의 《화폐론》 가운데서 통화관리를 고찰한 점으로 돌아가서 보면 그가 1930년의 불황을 검토하고, 전 세계에서 장기이자율이 전쟁 전의 수준으로 점점 더 근접하여 폭락할 때까지 "국가들은 완전하고 항구적인 경기회복을 바랄 수 없었다. 이렇게 이자율이 하락하지 않으면 이윤이 감소하고 물가수준이 하락하는 방향으로 부단한 압력이 작용할 것이다"라고 예언한 점을 주목해야 한다. 하락하는 시장이자율이 자연이자율을 결코 따라잡지 못할 것이므로 그 결과 소득이 감소하고 물가수준이 하락하는 현상이 계속될 위험이 사실상 존재한다고 그는 생각했다. 만약 이러한 일이 발생한다면 우리들이 현재 누리는 자본주의적 개인주의 체제는 확실히 원대한 사회주의로 대체될 것이라고 그는 한층 더 먼 앞날을 예언했다.

그러한 결과를 피하려면 주로 최근에 설립된 국제결제은행 방식을 취하는 국제협력을 통하여, 그가 제안한 국제물가지수표와 일치하는 금 가격을 초국가적으로 관리함으로써 필요한 조치를 취해야 할 것이라는 희망을 피력했다. 이 모든 것은 통화론이 이제 결정적으로 약진하여 현실세계와 효과적으로 접촉할 준비가 되어 있으며, 그 결과 '정적균형' 속에 들어 있지 않는 경제조직의 세밀한 행태를 더 잘 이해하게 될 것이라는 그의 심원한 희망과 조화를 이루는 것이었다. 이러한 열망이 실현되기 전에는 그가 다른 사람들과 협력하여 해야 할 지적인 노력의 범위를 충분히 인식하지 못했다.

케인스는 이 방대한 분량의 《화폐론》을 완성하면서 피구 교수와 데니스 로버트슨 그리고 특히 그의 옛 친우였으며 재무성의 동료였던 R. G. 호트리*에게서 자세한 논평을 받는 혜택을 누렸다. 피구와 로버트슨의 비평에 응하여 그는 자신의 기본 방정식을 다루는 장을 과감하게 고쳐 썼다. 그러나 '소비자 지출'이라는 용어의 의미에 관한 호트리와의 의견 차이와 다른 분망한 활동 때문에 그 책이 출간된 뒤까지도 그는 호트리의 논평을 충분히 소화하지 못했다. 그는 그 책의 논증 때문에 1929년 강연을 했다. 그러나 전반적으로 그 책은 출판하기 전에 《일반이론》이 받았던 것과 같은 엄밀한 비판적 검증을 받지 못했다. "전통적이건 실험적이건 흔히 인간의 사상을 결정적으로 검증할 수 없는 [다른 도덕과학과 함께] 특히 경제학에서 인간이 너무 오래도록 홀로 생각하면 너무나도 어리석은 일들을 일시적으로 믿을 수 있다는 것은 놀라운 것이다"라고 그가 일반이론의 서문에서 썼던 것은 아마도 이러한 것을 뜻하는 것이었다.

출판 전의 논평으로 판단하건대, 확실히 그는 평론가들로부터 좋은 반응을 기대할 만한 이유가 있었다. 그는 삼갔지만 데니스 로버트슨은 그 책이 훌륭한 책이라고 썼으며, 요제프 슘페터는 그가 너무나도 큰 위안을 얻었음에 틀림없다고 말하고, "적어도 우리 시대에 당신의 책에 대해서 만큼 애타게 기대했던 과학서적은 전 세계적으로 없었다"고 덧붙였다. 드러난 것과 같이 그 서평은 압도적으로 호의를 얻었다. 피구 교수는 그 책이 야심적이고 정성들여 쓴 명저라고 말했으며, 찰스 하디는 아메리카 《경제평론지》에서 그 책이 "대가(大家)의 솜씨로 분석한 포괄적이며 오류가 없는 책"이라고 칭찬했다. 미국의 《서평요람》에 보고된 9편의 서평 가운데 6편이 호의적이었다. 다만 콜럼비아

---

* R. G. 호트리(Sir Ralph George Hawtrey, 1879~1975): 영국의 경제학자. 이튼과 케임브리지에서 수학. 1904~1945년 동안 영국 재무성에서 근무. 영국 경제학회 회장 역임. 주요 저서로는 《Good and Bad Trade》(1913), 《Currency and Credit》(1919) 등이 있음.

대학의 H. 파커 윌리스 교수만 그 책이 성급하게 쓰였고, 그 자체에 일관성이 없으며, 금융론에 영속적인 기여를 하는 데 필수적 특질인 현명한 양식과 침착성이 크게 결여되어 있다고 악평을 했다.

이미 보아온 것과 같이 케인스는 그 책의 한계를 알고 있었다. 곧 그 책은 케인스가 그 책의 속편인 《고용, 이자 및 화폐에 관한 일반이론》이라는 최고 작품을 저술하는 데 앞으로 더 많은 창조적 노력을 해나가는 과정에서 예비된 중간작품일 뿐이었다.

12장 대공황과 《일반이론》

지금 증명되는 것은 일찍이 가정했던 것에 지나지 않는다.

† 윌리엄 블레이크

"케인스가 대공황을 위해서 많은 공헌을 했지만 그가 대공황에서 많은 도움을 받았던 것도 또한 진실이다. 대공황은 풀어야 할 과제를 주고 극적인 사건을 일으켰으며 실험에 의한 확증을 제시했다. 만약 그가 대공황을 명백히 설명할 수 있다면 대공황은《일반이론》을 껴안을 수도 있는 일종의 인간과 같은 것이라고 그는 이해했다. 사람들은 이전 기록으로는 더 이상 말할 수 없다. 대공황이 끝나기 전에 그는 그를 기억하게 할 사상체계라는 상품을 손에 들고 나타났다"고 폴 새뮤얼슨은 독특하고 도발적인 문체로 서술했다. 모든 사람이 전부 이 진술에 동의하는 것은 아니지만《일반이론》이라는 저서가 서양 문명사에서 지극히 중대한 시기에 나왔다는 것은 확실히 어느 누구도 의심할 수 없다. 불황이 심화되고 그것이 근대 서양세계가 기억하는 것 가운데 가장 큰 경제 모순이라는 것이 분명해졌을 때, 직장에서 내쫓기고 또 흔히 그 결과 가장 심한 궁핍을 겪었던 수백만의 인간들에게 공포와 불안이 닥쳤다. 그 불황은 아무도 극복하는 방법을 모르는 어떤 불가사의한 악(惡)의 세력인 것처럼 보였다. 민주주의는 될 수 있는 한 임시 변통으로 운영되었으며, 다른 한편으로 몇몇 나라들은 그 재난을 처리하려는 시도로 전체주의에 굴복하였다. 1920년대의 신 고도 대중소비 사회가 경제 안정이라는 환상을 조장한 미국에서는 불황을 끝낼 치유책과 만병통치약이 증가했으며, 경제학자들은 경기순환을 과학적으로 이해하기 위한 노력을 강화하였다. 어떤 학자들은 절약하는 방법으로 경기회복을 추구해야 한다고 주장했으나 케인스는 이러한 주장들은 바보나 미치광이들의 의견이라고 경멸했다. 그 위기를 타개하기 위하여 수용할 수 있는 이론과 정책을 그 자신이 개발하는 힘든 노력을 해나가면서 "그는 시간과 싸우고 있었다. 그 자신의 생각으로는《일반이론》이 혁명적 사고를 불러일으킬 것이라고 확신했다. 그러나 그렇게 되려면 그는 지극히 명료하게 견해를 밝히고, 모든 이의(異議)를 경청하고, 다시 고쳐 써야 한다. 그렇게 하는 것은 대단히 힘든 일이어서 2차 대전 중에 그가 수행했던 아주 굉장한 작업에 쏟았던 것보다도 더 큰 활력을 요구했다. 그 일은 꼭 알맞은 때에 아슬아슬하게 겨우 달성되었다"고 해러드는 말했다. 다른 방법이 아니라 지적인 문제를 해결하여야만 우리들이 구제될 수 있다는, 인간사에서 보기 드물게 절박한 어떤 시기에 서양세계가 처해 있었다는 것을 케인스가 그 당시에 확신했다는 것은 진실이다. 그러나 앞으로 고찰할 것이지만 《화폐론》에서 《일반이론》까지 가는 과정은 많은 논쟁이 일어나는 지루한 도정이었다.

　맥밀런* 경을 위원장으로 하는 '금융 및 산업위원회' 위원으로서, 또한 악화되고 있는 경제 상태의 원인을 조사하고 경제회복에 대한 가능한 방향을 제시하도록 맥도널드** 정부가 7월에 설립한 '경제자문위원회'의 회장으로서 케인스는 1930년에 매우 분주했다. 맥밀런 위원회는 진보적인 레지널드 맥케너, T. E. 그레고리 교수, 노련한 정치인 어네스트 베빈*** 등 몇 사람의 유능한 인사들로 구성되어 있었다. 그리고 그 위원들은 화폐와 통화정책에 관한 케인스의 새로운 사상에 깊은 관심을 보였다. 그는 8일간 증언했으며, 수많은 각서를 썼고, 그 위원회의 최종보고서를 작성하는 데 주요한 역할을 했다. 증인을 기재한 긴 목록 가운데는 영란은행의 몬태규 노먼, 재무성의 리처드 홉킨스 경, 공동출자은행의 회장들 그리고 그 밖의 전문가들이 들어 있었다. 케인스는 정통적 정책의 한계점을 조사하는 과정에서 그들 모두에

---

　* 맥밀런(Maurice Harold Macmillan, 1894~1986): 런던에서 출생. 옥스퍼드 대학 베일리얼 칼리지 졸업. 영국 총리 역임(1957~1963).

　** 램지 맥도널드(Ramsey Mcdonald, 1866~1937): 스코틀랜드에서 출생. 영국 최초의 노동당 총리, 연립정부 총리를 역임.

*** 어네스트 베빈(Ernest Bevin, 1881~1951): 영국의 정치가, 노동조합의 지도자. 1937년 영국노동조합회의(Trade Union Congress) 의장에 선출됨. 노동부 장관, 외무부 장관 등 역임.

게 집요한 질문을 던졌다. 최근에 고평가로 금본위제도에 복귀한 선도적인 금융중심지로서 영국의 이자율은 세계 수준 이하로 하락할 수 없었기 때문에 그 경제사정은 분명히 매우 어려운 처지에 놓여 있었다. 만약 영국이 이자율을 낮춘다면, 자본유출이 초과돼 해외에서 들어오는 자본보다 해외로 유출되는 자본이 더 많을 것이다. 그리고 그에 따른 금의 해외유출로 금본위제를 유지하기가 위태로워질 것이다. 대외균형을 유지하려면 국내투자를 하는 데 필요한 이자율보다도 더 높은 이자율이 요구된다. 이런 상황에 그 위원회는 이러지도 저러지도 못할 처지였다.

《화폐론》이 아직 출간되지 않았으므로 케인스는 그의 새로운 연구 방법을 위원회의 위원들에게 알려서 그들의 반응을 알아보고자 그 책의 견본을 그들에게 배포했다. 그 위원회의 회의는 어떤 점에서 대학교의 세미나와 같았다. 케인스는 다른 사람과 마찬가지로 그 회의에서 지식을 교환하여 이득을 보았다. 대규모의 공공지출계획에 관한 예지를 유달리 의심했던 재무성의 리처드 홉킨스 경과 그가 벌였던 토론이 그 회의의 절정을 이루었다. 리처드 홉킨스 경은 역량을 잘 발휘하여 많은 이의를 제기했는데, 만약 이러한 사업들이 민간부문에서 자본을 끌어다 쓰지 못한다면 추가 자본은 어디서 나올 것인가가 가장 중요한 것이었다. 이러한 의문은 불가피하게, 리처드 칸이 1931년 6월에 쓴 〈국내투자와 실업〉이라는 중요한 논문에서 설명한 승수(乘數) 개념과 공공지출의 파생 효과의 문제에 이른다. 따라서 케인스가 맥밀런 위원회의 토의에 참가하여 매우 값진 개념들과 경험을 꽤 많이 얻어서 그러한 것들이 《일반이론》의 틀을 구성하게 되었다는 것은 분명하다. 다섯 위원들이 지지한, 부록에서 제창된 공공사업계획에 대해서는 대다수가 그의 뜻에 동조하지 않았으나, 생산과 고용을 높은 수준에서 안정시키려는 관리통화제도에 관련해서 그 위원회의 보고서 그 자체는 다소 케인스의 특징을 담고 있었다. 어느 정도의 관세보호가, 주로 기업의 자신감을 돋우어 주고 더 수준이 높은 국내투자를 자극하기 때문에, 바람직할 수도 있다고 개별적인 증언을 하는 과정에서 그가 제의했던 점은 훨씬 더 많은 논쟁을 불러일으켰다. 이러한 것은 그렇게 오랫동안 충실하게 자유무역을 옹호했던 사람에 대해서는 확실히 방향전환이었다. 1931년 3월 《뉴 스테이츠먼》지에 실은 기사에서 그는 특정산업에 대한 보조금을 주기 위한 조항이 있는 수입관세의 수정안을 공개적으로 들고 나와서, 다시금 일관성을 결여한 그의 주장으로 많은 항의를 받았다. 그는 이때 국제주의와 국내 자유방임주의의 예측할 수 없는 세력들이 고용수준을 결정하도록 방임하기보다는 오히려 그것을 국가통제 아래에 두는 것에 매우 많은 관심을 가졌다.

이러한 보호주의는 휴버트 헨더슨, 피구 교수, 라이오넬 로빈스,* 스탬프 경,** 케인스로 구성된 소위원회인 경제자문위원회의 토의에서 다시 감정을 건드리는 논제가 되었다. 그 위원회의 토의과정에서 케인스는 불경기 중에는 공공지출을 늘리고 자유무역을 포기할 것, 다시 말하면 보호관세제도를 실시할 것을 제창했다. 그 당시 31세로서 그 나라에서 최연소 경제학 교수였던 젊은 로빈스는, 그 두 가지 제안에 대해서 그에게 반대했으며 소수 의견을 실은 보고서를 쓰겠다고 위협했다. 케인스는 이에 대하여 격노하였다. 그 무렵 그는 언제나처럼 거의 억제할 수 없는 발작 같은 분노를 감히 일으켰다고 로빈스는 그의 자서전에 쓰고 있다. 그러나 그 젊은이는 그 문제를 고등기관이나 또는 만일 필요하다면 대중에게 보일 준비가 되어 있다는 것을 분명히 했다. 이즈음 케인스는 다른 위원들에게 로빈스의 감정 상태에 관하여 비난했지만 결국 굴복하고 그 위원회의 마지막 회의에는 그가

---

* 라이오넬 로빈스(Lionel Charles Robbins, 1989~1984): 영국의 경제학자. 런던정치경제대학 출신이며 같은 대학 교수 역임. 1941~1945년의 기간에 내각의 경제국장 역임. 주저는 《The Great Depression》(1934).

** 스탬프 경(Lord Stamp, 1880~1941): 영국의 경제학자이며 은행가, 영란은행 이사 및 주요 산업체의 이사 역임. 주저: 《Wealth and Taxable Capacity》(1922).

참석하지 않겠다고 제의했다. 이 먼 과거에 일어났던 사건들을 1970년에 회고하면서 로빈스 경은, 자유무역을 포기하도록 권할 수 없었던 것에 대해서는 자신이 정당했으나 1930년대의 확대재정 정책에 반대했던 것은 직업상 실수였다는 것을 인정했다. 그렇지만 케인스가 일단 부과된 관세를 해제할 수 있다고 생각한 것은 특히 순진했었다고 그는 보았다. "대중이 그렇게 꺼리는 내색을 하리라고 당신은 어떻게 말할 수 있습니까?"라고 케인스는 그들이 한 차례 토론을 하는 중에 말했다. "나는 그 문제에 대하여 아직까지 결코 말한 적이 없어요"라고 로빈스는 회상했다. 그것은 케인스의 설득력에 대한 자만심과 자신(自信)에 관해 말해주는 또 다른 보기이다. 하지만 그가 피구나 로빈스와 함께 벌인 논쟁과 그들이 상대적으로 그의 사상을 이해하지 못했다는 점 때문에 그가 새로운 방법으로 그들에게 다시 진술할 필요성을 깨달았던 것은 그 자문위원회의 주도면밀한 학자들에게서 영향을 받았기 때문이다.

보호무역주의에 대한 이 전문가들의 의견 불일치는 곧 공론(空論)이 되었다. 왜냐하면 1931년 9월에 영국의 금본위제도가 역사적으로 정지됨으로써 "우리들은 드디어 현명한 일을 할 자유로운 손을 갖게 되었다고 생각한다"고 그가 크게 기뻐하면서 그 조치를 환영했던 것과 같이 이 금으로 만든 그 나라의 족쇄는 깨뜨려졌기 때문이다. 그에 따라 파운드 환율이 하락하여 영국의 수출은 유리하게 되었고, 그리하여 그는 보호문제에 대한 입장을 철회하였으나 2년 뒤에 그 문제로 되돌아갔다.

1933년 그는 여전히 자유무역과 자유방임주의 경제체제와 관련하여 예측불가능한 변동이 일어나는 상황에서 영국이 국내 완전고용을 어떻게 달성할 수 있는가 하는 방법에 관한 어려운 문제에 몰두하고 있었다. 그의 견해에 따르면 자유방임주의는 주기적인 불황의 조짐이 될 뿐만 아니라 국제적 무역 경쟁 때문에 세계 전쟁의 징조가 되기도

하는 것이었다. 1933년 6월 영국과 미국에서 동시에 발행된 〈국가자급자족〉이라는 제목을 붙인 강한 어조로 쓰여진 논문에서 그는 분명하게 다음과 같이 자유방임주의를 비난했다. "전후 우리들은 국제적이지만 개인주의적인 쇠퇴하는 자본주의 체제 안에 들어 있는데, 그러한 자본주의는 잘된 것이 아니다. 그 체제는 지적인 것도 아니고, 쾌적한 것도 아니고, 공정한 것도 아니다. 그리고 그것은 복리(福利)를 주는 것도 아니다. 요컨대 우리는 그 체제를 싫어하고 혐오하기 시작한다. 그러나 그 대신에 어떤 것이 들어서야 하는지를 생각한다면 우리들은 당황한다." 평화와 번영을 이루려면 그 대신에 다른 경제제도를 창설하는 것이 필요하다고 믿고, 그는 실험적이고 발전하는 사회변화의 과정과 더 광범한 국가자급자족과 국내계획경제로서 전쟁과 불황에서 해방될 수 있다고 제의했다. 그가 제창한 국가자급자족 정책은 국내이자율을 소멸점까지 인하하여 "금리생활자의 안락사를 성취하도록 촉진하는 신중한 계획이었다. 또한 외환관리는 국내이자율 인하 정책의 실시 결과로써 발생할 어떠한 자본도피도 방지할 것이다. 영국은 미래의 이상적 사회 공화국을 목표로 우리 자신들이 좋아하는 실험을 하기 위하여 다른 곳의 경제 변화에서 오는 간섭으로부터 될 수 있는 한 자유로워야 한다"고 그는 주장했다.

　10년 뒤에 그가 이미 국제통화기금에 이르는 협상에 관여했을 때, 그는 한 편지에서 19세기의 자유방임주의로 복귀하는 이러한 움직임에 대하여 그가 여전히 절망스러운 회의를 품고 있다고 말하고, 미래에 할 일은 (1) 국가의 상품교역 (2) 필요한 제품에 대한 국제적 카르텔 (3) 긴요하지 않은 제품에 대한 수입 수량의 제한에 있다고 주장했다. 그 당시 영국 재정은 파산할 지경에 이르렀으므로 그러한 사정은 다른 방법을 필요로 하였다. 그러나 사람들은 뒤에서 이야기할 그의 국제청산동맹안(International Clearing Union Proposals) 가운데서 국내 경제정책의 더 광범한 자율성에 관한 오래된 목표를 여전히 이해할 수 있다.

과학사를 토의하면서, 우리들은 이론의 정당화와 입증의 단계에서, 발견된 사실의 논리와 그 인과관계가 역사가들과 또 다른 학자들의 주된 관심사가 되는 단계로 접어들고 있다는 것을 최근에 깨달았다. 만일 이러한 현상이 바람직하다면, 케인스의 《일반이론》의 구성법을 분석해 보는 것은 중요한 관심의 대상이 충분히 될 수 있을 것이다. 왜냐하면 도널드 모그리지 교수의 훌륭한 편집 덕택에 그 책의 저술에 관련된 창조적 과정에 관하여 탁월하게 수집된 문서를 이용할 수 있기 때문이다. 다음에 서술하는 것 가운데서 이 두 가지 출전이 집중적으로 인용되었다. 관심있는 독자는 더 자세한 사항을 알아보려면 그 책들을 참조하면 된다.

　　앞에서 설명한 것과 같이 《일반이론》은 《화폐론》에서 발전되었다. 그러므로 그 발전의 맥락을 추적하려면 서평자들의 말솜씨로 《화폐론》을 언급했던 것을 다시 살펴볼 필요가 있다. 확실히 《화폐론》에 대한 지식인들의 반응이 신속했다는 것에 동의해야 한다. 즉 그 책이 출간되기도 전에 요제프 슘페터는 케인스에게 보낸 사신(私信)에서 그 책이 진실로 리카도의 역작과 같다고 칭찬하고, 그 책은 계속 그 분야의 지표가 될 것이라는 신념을 피력했다. 리카도를 그렇게 언급한 것은 불행하게도 잘못된 선택이었다. 왜냐하면 리카도와 동시대인이었으며 더 직관적이었던 토머스 맬서스 목사(Reverend Thomas Malthus)를 케인스는 훨씬 더 높이 평가했기 때문이다. 이듬해 봄에 그 책에 대한 실질적 토의가 케임브리지 그 내부에서 시작되었다. 그리고 그 토의는 훨씬 더 비판적이었다. 이미 살펴본 바와 같이 케인스는 《화폐론》의 서문에서, "나는 그 책을 더 잘 쓸 수 있었다. 그리고 만약 내가 다시 시작한다면 훨씬 더 짧게 쓸 수 있을 것이다"라고 말했다. 어째서 그는 자신이 대작이라고 생각했던 그 작품에 만족하지 못하게 되었는가? 맥밀런 위원회와 경제자문위원회에서 상당히 많은 문제가 제기되었다. 그러나 지금은 케임브리지 그 내부에서 훨씬 더 설득력 있는 반대론이 일기 시작했다.

맨 처음 그 책을 칭찬했던 그의 옛 친구이며 동료인 데니스 로버트 슨은 1931년 5월에 "나는 당신의 《화폐론》을 뿌리부터 분석할 수 있었다면 좋았을 것이다. 그러나 내가 그 책을 연구하면 할수록 더 많은 장애에 부딪힌다"고 기술했다. 로버트슨은 케인스의 견해에 반대하여, 저축이 투자를 초과하는 데 따라 소비재의 물가수준이 하락할 때 투자재의 물가수준은 한 우물 속에 있는 물통들과 같이 그 반대방향으로 움직이며 상승할 것이라는 토론을 전개했다. 그는 《이코노믹 저널》에 기고한 논문에서 이러저러한 반대의견을 제시했고 케인스는 이에 대하여 전에 자기 학생이었던 리처드 칸의 도움을 받아서 대답했다. 때때로 케인스는 응답을 하면서 화를 내고 "하필이면 로버트슨의 마지막 구절은—그렇고말고! 가학성 음란증(sadism)의 흔적에 불과한 것이고—그렇지, 조잡하다기보다는 오히려 너무 엄격하다. 그러나 이 점에 대해서는 정신분석이 맡아야 할 일이고 경제분석은 조심스럽게 손을 뗄 일이다"라고 썼다. 칸(Kahn)은 "선생님께서 이 구절을 생략하실 것을 희망합니다"라고 논평했는데 케인스는 그 말을 따랐다.

그해의 중간쯤 되던 때에 프리드리히 A. 폰 하이에크*가 《화폐론》을 비판하는 또 다른 서평을 냈다. 그 당시에 그는 32세에 불과한 나이였으나 오스트리아 경제연구소의 소장이었다. 케인스는 그의 서평의 첫 회분이 나왔을 때 매우 비참한 생각이 들어서 그 서평에 관하여 서른네 번이나 논평을 하고 나서, "하이에크는 저자가 독자에게 당연히 기대할 수 있는, 호의라는 척도를 가지고 나의 책을 읽지 않았다. 그가 그러한 호의를 가지고 읽을 수 있을 때까지는 내가 의미하는 것

---

* 하이에크(Friedrich August von Hayek, 1899~1992): 오스트리아 출신의 영국 경제학자. 런던 대학과 시카고 대학에서 교수 역임. 보수적 경제관을 가지고 케인스의 《복지국가론》을 비판한 것으로 유명함. 1974년 군나르 뮈르달과 함께 노벨 경제학상 수상. 주요 저서로 《예종에의 길》(*The Road to Serfdom*, 1944)과 《자본주의와 역사가들》(1954)이 있음.

이나 내가 알고 있는 것이 옳은지 어떤지를 그는 이해하지 못할 것이다. 그는 분명히 나를 혹평할 마음이 일어나게 하는 정열을 지니고 있으나 나는 이러한 정열이 어떤 것인가 알고 싶어진다"는 결론을 내렸다(1931년 11월). 같은 잡지에 쓴 〈하이에크 박사에게 주는 회답〉이라는 도전적인 기사에서 그는 그 오스트리아 사람이 자신의 결론과 주요한 논점을 심각하게 오해했다고 불평했다. 케인스에 따르면, 저축과 투자 사이의 불균형은 중립에서 이탈하는 은행제도 때문에 야기된다고 하이에크는 주장하고 있으나 이런 주장은 전혀 케인스의 견해가 아니었다. "그러므로 지난날의 낡은 관점에 깊숙이 빠져 있는 사람들은 내가 그들에게 새로 만든 바지 한 벌을 입으라고 요청하고 있다는 것을 믿을 수 없고, 단지 그 새로운 바지는 그들이 수년 동안 입어왔던 낡은 바지에 수놓은 것에 지나지 않는다고 계속 주장할 것이다"고 케인스는 생각했다.

하이에크 그 자신이 쓴 《물가와 생산》이라는 책으로 관심을 돌려서 케인스는, 그 책이 그가 지금까지 읽은 책 가운데 가장 끔찍하게 머리를 혼란시키는 책의 하나라고 생각한다면서 그 책을 무자비하게 공격했으나, 독자들이 그 책에서 감명을 받았다는 것을 인정했다. "그러나 그것은 오해로 시작한 사정없는 한 논리학자가 얼마나 소란스럽게 일을 끝낼 수 있는가를 보여주는 특별한 예가 된다. 그럼에도 하이에크 박사는 환상을 보았다. 그리고 그가 환상에서 깨어났을 때 그는 그 책에 나오는 대상에 틀린 명칭을 부여함으로써 그 책의 설명을 무의미하게 만들었지만, 그가 명명한 쿠빌라이 칸*은 영감이 있어서 그 독자들이 머리속에 사상이란 씨앗을 가지고 사유하게 함에 틀림없다."

케인스는 그들 각자의 이론들이 다른 영역을 차지하고 있다는 결론을 내리고, 자연이자율을 결정하는 요인들을 명확하게 설명하지 않았

---

* 쿠빌라이 칸(1216~1294): 원(元)나라의 시조, 초대 황제(1259~1294), 칭기스칸의 손자. 여기서는 하이에크가 쓴 책의 이론적 지주를 의미한다고 볼 수 있다.

다는 하이에크의 지적은 옳았으며 따라서 자신이 이 결점을 보충할 것이라고 했다. 요컨대 "사회경제상 본질적으로 돈이 가장 하찮은 것"이라는 존 스튜어트 밀의 선언에 대해서 하이에크가 또한 반대한다는데 그도 뜻을 같이했으며, 물물교환으로부터 간접 교환으로 가정이 바뀜에 따라 불가피해지는 순수이론의 변경을 화폐론으로 연구할 필요가 있다는 하이에크의 견해에도 동의했다. 이 마지막 요점은 매우 중요하다. 왜냐하면 앞으로 살펴볼 것이지만, 케인스는 그 후 생산에 관한 화폐이론을 발전시키려고 노력했기 때문이다.

로버트슨이나 하이에크와의 의견교환은 이렇게 오래 계속되어 뒷날 유명해진 한 연구생, 니콜라스 칼도어* 교수가 몇 가지 미묘한 논점과 용어에 대해서 매우 정중하게 문제를 제기하기에 이르렀다. 케인스는 답변을 하는 가운데서 자신이 더 명료하게 서술할 필요성을 인정하고, "나는 지금 그 내용 전체를 거듭 더 분명하게 그리고 다른 각도에서 표현하려고 노력하는 중이다"라고 덧붙여 말했다.

이 무렵 케인스는 하버드 대학교의 프랭크 W. 타우시그 교수에게 또 한 차례 그의 책에 관한 논평을 받고 굉장히 고맙게 생각했다. 타우시그 교수는 대가다운 솜씨를 보여주는 그 책의 특징에 대해서 기술하고, "당신은 그 책에 관하여 많은 서평을 받을 것이지만 당신의 책을 진실로 잘 검토한 서평은 매우 적을 것이라는 사실을 명심해야 한다. 당신의 책을 완전히 이해하고 당신의 세심한 주의를 받을 가치가 있는 확실한 논평이 있을 때까지는 아마도 몇 년의 세월이 흘러야 할 것이다"라는 의견을 밝혔다.

그 사이에 케인스는 다른 한 진영으로부터 더 동정 어린 비판을 받고 있었고 그러한 비판은 자신이 그 책 전부를 다른 견지에서 고찰하도록 했다. 《화폐론》이 출판된 직후 케임브리지의 젊고 탁월한 여러

---

* 니콜라스 칼도어(Nicholas Kaldor, 1908~1986): 영국의 경제학자. 주요 저서: 《*Essays on Value and Distribution*》(1960), 《*Essays on Economic Policy*》(1962).

경제학자들이 모여서 그 책을 토의하고 비판하기 시작했다. 이러한 일은 1931년 1월에서 5월까지의 기간에 일어났다. 오늘날 우리들이 흔히 말하는 것과 같이 그 '순회 토론회'는 첫 모임을 깁스 건물 안에 있는 리처드 칸의 방에서 열었으며, 그 후에도 트리니티에 있는 '구(舊) 연구원 사교실'에서 열었다. 때때로 가장 유능한 대학생들과 심지어 교수들까지도 참가하곤 했으나, 리처드 칸, 제임스 미드,* 피에로 스라파,** 조운 로빈슨, 오스틴 로빈슨 등 이들 다섯 경제학자들이 주로 이 토론을 이끌어 갔다. 케인스나 피구는 이 연구 모임에 참가하지 않았다. 그래서 칸은 케인스의 연구실에서 평소 그에게 그 토론에 관하여 구두 보고를 하곤 했다. 미드는 나중에 이상하게 진행되는 이 행위에 대한 인상을 다음과 같이 말했다. "나 자신과 같이 보잘 것 없는 한 인간의 견해로 말하면 케인스는 한 도덕극***에서 신의 역할을 하는 것 같았다. 그는 그 극을 지배했지만 무대 위에는 거의 나타나지 않았다. 칸은 케인스에게서 들은 전언(傳言)과 문제점을 그 순회 토론회에 전해주고 우리들이 토의한 결과를 다시 하늘 나라에 가져가는 천사와 같은 전령이었다."

그 집단에서 토의할 주안점의 하나는 《화폐론》의 한 절에서 나온 '과부(寡婦)단지의 오류'****라고 알려진 사항을 다루지 않으면 안 되었

---

 * 제임스 미드(James Meade, 1907~1995): 제2차 세계대전 중 영국 경제정책에 큰 영향을 미쳤던 영국의 경제학자. 케임브리지 대학 교수역임. 1977년 베르틸 올린과 함께 노벨 경제학상 수상. 주요 저서: 《The Theory of International Economic Theory》, 《Principles of Political Economy》.

 ** 피에로 스라파(Piero Sraffa, 1898~1983): 이탈리아에서 출생, 마샬의 제자로 케임브리지 대학 출신. 불완전 경쟁과 독점력에 관한 연구로 경제학에 공헌한 바 큼. 주요 논문: 〈The Law of Returns under Competitive Conditions〉(1926).

 *** 도덕극(morality play): 15~16세기에 성행한 권선징악을 주제로 한 우의(寓意)극.

**** 과부단지의 오류: 케인스는 《구약성서》 '열왕기상'(17장 13절~16절)에 나오는 엘리야(기원전 9세기의 히브리 예언자)의 이야기를 따라 이런 경제현상을 '과부단지의 오류'라고 불렀다. 왜냐하면 이윤을 쓰면 쓸수록 더 많은 이윤이 생기기 때문이다. — 저자

는데 케인스는 그 구절에서 생산량이나 고용량의 변동으로써 고정산출량을 조정하기보다는 가격으로써 그것을 조정할 것을 은근히 가정했다. 그 젊은 경제학자들은 이렇게 하는 것은 결코 일반이론으로서 역할을 하지 못할 것이라고 주장했다. 또 다른 수정안이 1930년 여름에 케인스가 작성한 승수이론에 관한 칸의 기사에서 나왔다. 케인스는 그때 그 기사를 읽었다. 그러나 너무 늦어서 그 내용을 《화폐론》에 넣을 수가 없었다. 《화폐론》에서 그는 투자와 저축의 변동이 소비자 물가와 투자재에 어떠한 영향을 미치는가를 이론화했으나 완전고용의 가정 위에서 그러한 이론을 다시 세웠다. 불황기에 쉬고 있는 공장과 유휴노동력이 있을 때 소비재와 투자재의 공급곡선은 매우 탄력적으로 되는 경향이 있다. 따라서 공공투자 지출에 따른 파생적 고용량.은 매우 큰 규모가 될 것이고 가격상승은 소폭이 될 것이라고 칸은 그가 쓴 기사에서 지적했다. 그는 실제로 케인스의 기본방정식이 단지 완전고용의 가정에서만 적용되고 이러한 가정은 1931년의 상황에 직면했을 때는 특히 비현실적인 가정이 된다는 것과 "어떤 상황에서 저축과 투자의 차이를 크게 변화시키지 않아도 고용량이 증가될 수 있다는 것"은 있음직한 일이라고 주장했다.

케인스는 《화폐론》에서 소비재와 투자재의 물가수준의 변동이 각각 다른 원인 때문에 일어난다고 생각했으나 칸은 어떠한 이윤도 소비재 구입에 지출되지 않는 극단적인 경우를 제외하고는 실제로 그 차이가 단지 정도 문제일 뿐이라고 주장했다. 이와 같은 논쟁은 《화폐론》에 또 한 가지 한계점을 제시하여 아마도 케인스는 그 공식에 더 많은 불만을 느끼게 되었다.

1931년 여름 조운 로빈슨이 케인스의 관점에서 하이에크에게 대답하는 성격을 띤 〈저축과 투자에 관한 비유〉를 썼을 때, 또 하나의 이의가 제기되었다. 조운은 작품을 쓰는 중에 《화폐론》의 불변산출량(不變産出量)에 대한 가정을 지나치게 강조하였으나 소비재와 투자재의 상대적 물가수준 문제에 관해서는 칸의 편에 섰다. 총명한 이탈리아의 경제학자였던 피에로 스라파가 《화폐개혁론》을 번역한 뒤 1927년 케인스는 그를 케임브리지로 데려오는 데 도움을 주었다. 그러한 그 또한 몇 가지 문제점에서 자신의 후원자에게 이의를 제기했고 케인스는 약간 장황하게 답변했다. 피구 교수도 마찬가지로 약간 공손한 비평문을 썼고 하이에크는 1931년 말과 1932년에 케인스와 주고받은 편지에서 공세를 취하는 자세로 되돌아갔다. 케인스는 그때 이러한 통신에 대하여 칸과 스라파에게 다음과 같은 간단한 글을 써주었다. "다음에 일어날 동태는 어떤 것인가? 나는 그러한 움직임을 심연의 밑바닥에 갈라진 틈과 같이 아득하게 생각한다. 그러나 나는 그러한 움직임 속에 흥미로운 어떤 것이 있다고 생각한다." 이 자료로 미루어볼 때, 케인스가 그의 저서를 비판했지만 그를 변호하러 나설 준비가 되어 있었던 대부분 그의 제자들로 구성된 한패를 거느리고 있었다는 것은 분명하다. 그 중에는 다른 학자들도 있었지만 리처드 칸과 조운 로빈슨이 중요한 학자들이었다. 사람들은 이러한 케인스의 지지자들을 알아둘 필요가 있다. 왜냐하면 그들은 그 즈음의 케인스의 사상을 발전시키는 데 중요한 역할을 담당했기 때문이다.

리처드 칸은 세인트폴 학교에서 수학한 다음 킹스 칼리지에 가서 처음에는 수학과 물리학을 전공했다. 그는 1927년 학사학위를 받았다. 1928년 6월 케인스는 그 당시 경제학과 주임교수를 맡고 있었던 피구 교수에게 편지를 써서 칸이 렌베리 장학금을 받도록 지원해 주도록 요청하고 또 1년 전까지 그가 물리학을 공부했다는 것을 설명했다. 케인스는 계속해서 "칸은 경제학을 연구하는데 전시 이래 내가 가르친 어떤 학생에 못지 않은 타고난 재능이 있습니다. …… 그는 경제학의 본질적 어려움을 해결하기 위한 발군의 명석한 두뇌를 가지고 있다고 나는 생각합니다"라고 썼다. 뒤따라 전개되었던 사정이 증명해 주듯이 이 추천사는 정말 매우 빈틈없는 평가를 내렸다. 1930년에 칸은 '짧은 주기'에 관한 연구원 선발 논문을 완성하고 그것을 인정받아 킹스 칼리지의 연구원이 되었는데, 그는 제2차 세계대전 중 상무성에 근무한 기간을 제외하고는 그 직책을 계속 유지했다. 그는 또한 1930년대 초기에 케인스가 회장으로 있었던 경제학자위원회의 서기 가운데 한 사람으로 근무했으며, 전후에는 그의 직업적 경제학 연구와는 별도로 킹스 칼리지의 회계관으로 봉직했다. 그는 다년간 케인스와 리디아의 좋은 친구였다. 한동안 알렉산더라는 이름으로 잘 알려졌던 그는 영리한 두뇌와 거의 '탈무드'(Talmud) 같은 정신을 가진 사람으로 표면에 나서기를 다소 꺼리는 편이었으나 더 직관적인 동료들에게는 더할 나위 없이 돋보이는 사람이었다.

조운 로빈슨 또한 런던에 있는 세인트 폴 여자학교에서 수학하고 명문 집안에서 양육된 사람으로 사도회 창립자의 한 사람인 프레더릭 D. 모리스의 증손녀이다. 그녀는 케임브리지 거턴 칼리지에 입학한 뒤 처음의 전공인 역사학에서 경제학으로 그 전공과목을 바꾸었다. 왜냐하면 그녀가 말했던 것과 같이 경제학이 합리적인 토론을 하기 위한 영역을 더 많이 제공했기 때문이다. 케인스와 케임브리지의 다른 교수들의 지도를 받았던 그녀는 경제학에 탁월한 재능이 있다는 것이 곧 판명되어 1931년 경제학 조교로 임명되었다. 2년 후 그녀는 《불완전 경쟁의 경제학》을 출판했다. 그해에 미국의 경제학자인 에드워드 체임벌린이 쓴, 다소 유사한 내용을 담은 책과 더불어 조운이 쓴 책은 가격이론의 문제에 혁신을 일으키고 이론가로서 명성을 전 세계에 떨치게 하였다. 재치 있고 명석하여 다작하는 저자였던 그녀는 장구하고 빛나는 생애 동안 많은 책과 논문을 썼다. 케인스가 살아 있을 동안 그녀는 따뜻한 친구였다. 또 그녀는 '서커스'(순회토론회)의 일원이자 1929년 케임브리지 대학 강사로 임명된 코퍼스 크리스티 칼리지의 연구원, 오스틴 로빈슨과 결혼했다. 그 자신 경제학에 관한 수많은 유명한 논문을 쓴 저자였던 그 또한 《이코노믹 저널》의 보조 편집자

[1934~1944]로서, 또 영미 차관협상을 하는 동안 극진한 친구로서 메이너드와 특히 절친한 사이였다.

그의 젊은 동료들의 학문적 업적은 이 무렵 케인스를 만족시키는 진정한 원천이 되었음에 틀림없다. 그러나 불황이 심화되면서 그가 걱정을 많이 했던 또 하나의 사태 진전이 있었다. 정치 상황을 민감하게 의식했던 케임브리지 대학생들 사이에 공산주의가 동경의 대상이 되어 인기를 끌고 있었다. 1931년 한 정치조직이 트리니티 칼리지에 결성되었고 곧 유사한 대학 단체들에도 다른 정치조직이 결성되었다. 약간의 급진적 젊은이들은 러시아 공산주의를 파시즘이나 나치즘에 대한 이론 대응책으로 생각했으며 또는 증가하는 실업자들에게 직장을 마련해 주지 못하는 정부 때문에 그들은 공산주의에 매력을 느끼고 있었다. 다른 학생들은 부지런히 활동하는 '코민테른' 첩자들에 이끌려 마르크스주의 조직에 들어왔는데 그 첩자들은 사도회에서 엄선한 인물들 가운데서 아주 쉽게 신참자들을 찾아냈다. 앤서니 블런트,* 가이 버지스** 그리고 케인스의 친구들인 바네사와 클라이브의 호전적인 아들, 줄리안 벨과 같은 마르크스주의자들이 신성한 사도회의 이 문화(異文化) 지대에 침투해 들어왔다는 것을 케인스는 알아챘다. 그는 이러한 사태의 발전에 너무나 큰 충격을 받아서 그가 제의함에 따라 그 집단의 회합은 공식으로는 중지되었으나 그 회원들은 비공식으로 집회를 계속했다. 그는 공산주의의 호소가 효력을 발휘하는 것은 영국 문화에서의 청교주의(puritanism)의 경향, 곧 영국의 고통 때문에 괴로

---

* 앤서니 블런트(Anthony Blunt, 1907~1983): 잉글랜드 햄프셔 출신의 미술사가. 그의 생애 막바지(1979년)에 그가 소련의 간첩이었다는 사실이 밝혀졌음. 1930년대에 케임브리지 트리니티 칼리지의 연구원이었음. 주요 저서는 《Art and Architecture in France》(1953), 《Nicolas Poussin》 등이 있음.

** 가이 버지스(Guy Burgess, 1911~1963): 잉글랜드에서 출생. 모스크바에서 사망. 1930년대에 유행했던 자본주의를 혐오하는 케임브리지 대학의 젊은 학생들의 모임에 참여. 2차 대전 기간과 그 뒤의 냉전 초기에 소련을 위하여 간첩활동을 한 영국 외교관 가운데 한 사람.

운 해결책을 택하려는 요망이 되살아났기 때문이라고 했다. 1934년 《뉴 스테이츠먼》에 기고한 기사에서 "케임브리지 대학생들이 볼셰비키의 나라로 불가피한 여행을 한다면 그들은 그 나라가 지독하게 불편하다는 것을 발견할 때 환멸을 느끼게 될 것인가? 물론 그렇지 않을 것이다. 그것이 바로 그들이 기대하고 있는 것이다"라고 썼다.

그는 몰랐던 것이지만 이렇게 영국 국교회에 환멸을 느꼈던 사나이 몇 사람이 그 후 소련의 첩자가 되어 영국의 첩보기관과 다른 정부기구에 파고들어서 2차 세계대전 전과 대전 중에 자유세계에 중대한 손실을 입혔다. 케인스는 가이 버지스, 도널드 매클리안* 그리고 킴 필비**가 케임브리지에 있었을 때 그들을 아마도 알았을 것이다. 그러나 그는 그들이 남몰래 저지르는 범행의 심각성을 거의 알아차릴 수 없었을 것이다. 그럼에도 그는 1939년 《이코노믹 저널》의 편집인이었던 킹슬리 마틴과의 회견에서 보여주었듯이 이 총명한 젊은이들에게 매혹되었다.

"오늘날 35세 미만의 지적인 전후세대의 공산주의자들을 제외하고 자유주의자들의 계층에 속하지 않는 사람으로 하찮은 값어치라도 하는 인물이 정치계에는 아무도 없다. 나 또한 그들을 좋아하고 존경한다. 아마도 그들은 감정과 본능에선 우리들이 현재 알고 있는 사람들 가운데서 영국의 전형적인 비국교도 신사에 가장 가까운 사람들이다. 그런데 그 비국교도 신사들은 성전(聖戰)에 참가하고 종교개혁을 이룩했으며 대반란(the Great Rebellion: 1642년에서 1646년 사이에 일어난 내란으

---

* 도널드 매클리안(Donald Maclean, 1913~1983): 런던에서 출생. 케임브리지 대학에서 수학, 모스크바에서 사망. 냉전 초기에 소련을 위하여 간첩활동을 수행. 1934년부터 외무성 요원으로 근무하면서, 또 2차대전 후에는 워싱턴 주재 영국대사관의 일등 서기관으로 일하면서 소련에 많은 기밀정보를 제공.

** 킴 필비(Harold Adrian "kim" Philby, 1912~1988): 1912년 인도 암바라에서 출생. 케임브리지 대학 출신. 1951년까지 영국 정보장교로서 냉전시대의 가장 성공적이었던 소련 간첩. 1963년 소련으로 도망하여 모스크바에 정착. 그 뒤 1968년 아슬아슬했던 그의 간첩활동을 상세하게 설명한 《My Silent War》 출간.

로 의회당파와 왕당파간의 다툼)을 일으켜서 우리들에게 시민의 자유와 종교의 자유를 얻어 주었을 뿐만 아니라 지난 세기에는 노동자계급을 교화했다." 이것은 다만 그 자신의 비국교주의에 대한 깊은 신앙심을 강조하는 데 도움이 되는 진술로서 확실히 논쟁의 여지가 많은 것이었다. 버지니아 울프가 한때 케인스에 의하여 일종의 파시즘이라고 의심했던 쪽으로 전향했을지도 모른다고 두려워했을 정도로, 케인스는 현 정부의 정책을 참지 못하고 오스왈드 모슬리가 1933년에 결성한 신당(영국 파시스트 연합)의 이념을 가지고 장난하였다.

《일반이론》을 저술하고 있었던 이 수년 동안은 케인스에게 괴롭고 힘든 시기였다. 그의 오랜 친구 리튼 스트레이치가 1932년 1월 21일 암으로 사망하고 그 몇 개월 뒤에 그를 잃은 캐링턴이 자살했다. 메이너드와 리디아가 결혼한 뒤 그들과 스트레이치와의 관계는 실제로 다소 소원해졌지만 그러나 리튼은 여전히 매우 친절하고 온화했다. 1925년 스트레이치가 틸턴을 방문했으나 메이너드가 좀 멀리 떨어져 있어서 연락하기가 어려웠다. "알콜 한 방울도 보이지 않았어. 위대한 포초*가 이제 어마어마한 거부가 되었다고! — 아마도 1년에 1만 파운드는 번다고 찰스턴 사람들은 단언한다. 나는 그것을 믿을 수 있다. — 음료수, 사방에 음료수라니! 그러한 현상은 부자가 된 결과야. 당신은 그러한 것을 믿겠어?"라고 리튼은 그 뒤 캐링턴에게 편지를 썼다.

메이너드와 리튼 사이의 소원해진 관계를 꿰뚫어 볼 수 있는 몇 가지 사항은, 1931년 12월 버지니아 울프가 케인스 부부와 점심을 함께 한 것에 대하여 쓴 일기를 통하여 알 수 있는데, 그때 스트레이치는 이미 죽음에 직면하고 있었다. 울프에 따르면, "[햄 스프레이에서] 리튼

---

* 포초(Pozzo): 스트레이치는 코르시카 출신의 러시아 외교관, 포초 디 보르고(Pozzo di Borgo, 1768~1842)의 이름을 따서 케인스에게 포초라는 별명을 붙임. 해러드에 따르면 포초는 사악한 동기를 가졌거나 행동이 비열한 외교관이 아니고, 모사꾼이며 다양한 얼굴을 가진 외교관임에 틀림없었다. — 저자

의 마지막 관계는 매우 불쾌한 것이었다. 리튼은 언제 마지막으로 메이너드를 보았는지 확실히 알지 못했다. 리튼은 실제로 변하지는 않았다. 어떤 중요한 일도 일어나지 않았다. 리디아가 캐링턴의 부도덕한 품행에 불만을 나타냈기 때문에 그들[케인스 부부]은 햄 스프레이에 가지 않았다. 그녀(리디아)는 심술쟁이다. 그 관계는 위선적이다"라고 메이너드는 말했다.

이렇게 어려운 일을 하면서 슬퍼하고 있을 때 메이너드에게 위안이 되는 한 가지 일이 있었다. 그의 지도를 받으면서 리디아가 여배우로서 성장하고 있었다. 라일랜즈와 공연했던 코머스 역은 미온한 반응을 얻었지만, 1934년 3월 4일 런던 예술극장에서 입센의 《인형의 집》에 출연하여 보여준 연기는 대성공을 거두었다. 그래서 버지니아 울프는 그 후 그 공연에 대한 케인스의 반응을 묘사하면서 다음과 같이 적었다. "친애하는 오랜 친우 메이너드가 눈물을 흘리고 있었다는 것은 틀림없는 사실이다. 그리고 나는 막간에 1층 앞쪽 특석에서 그에게 입맞추었다. 그녀는 진실로 바람에 나부끼는 경쾌한 나뭇잎과 같았을 뿐만 아니라 날카롭고 고상한 경이로운 인물이었다. 그녀의 영어는 입센이 의미하는 것을 정확하게 표현했다. 즉 적절한 정취를 전해주었다. 그리하여 그녀는 그지없는 환희에 차서 입맞추고 흐느껴 울면서 뛰어 돌아다녔다. 그렇게 하는 짓이 일부러 하는 연기인지 나는 모르겠다."

1931년 5월 말 맥밀런 위원회의 청문회가 끝났을 때, 케인스는 전후 처음으로 미국을 방문하고자 그곳으로 출발했다. 그는 '세계문제로서 실업'이라는 주제로 해리스 재단에서 몇 차례 강연해 주도록 시카고 대학으로부터 초청을 받았다. 미국에 있는 동안 그는 또한 뉴욕 실업가 몇 사람과 연방준비은행의 간부들을 방문했으며 이제 막 전쟁빚에 대한 지불유예를 선언한 후버 대통령을 만났다.

시카고에서 실업에 관하여 세 차례 강연을 하면서, 그는 세계가 현재 가장 큰 경제 파탄을 겪고 있음을 강조하고 또한 미래의 경제사가들이 이 위기를 주요한 전환점으로 간주할 수 있으리라고 생각했다. 그는 《화폐론》의 개념과 관련하여 불경기의 원인들을 분석하고 1920년대 말에 미국에 이윤 인플레이션이 있었다는 것을 인정했다. 그는 《화폐론》의 논쟁점에 관하여 매우 명쾌한 설명을 하고, 불황기의 경기후퇴는 결국 일종의 사이비 균형을 의미하는, 충분히 낮은 생산수준에 이르게 될 것이라고 말했다. 어떤 사람들은 이 구절이 완전고용 미만의 수준에서 성립되는 균형의 개념을 예시하는 것이라고 생각했으나, 그 문맥으로 볼 때 그가 단지 경기순환의 한 전환점을 묘사하고 있었다는 것은 분명하다. 경기회복으로 이르는 길은 비용을 줄이고 물가를 낮춤으로써 발견되는 것이 아니고 기업의 자신감을 회복시켜 투자수준을 높이고 공공사업에 착수하여 장기이자율을 인하함으로써 찾을 수 있는 것이라고 주장했다. 그가 이 강연에서 물가 변동보다는 산출량의 변동에 더 많은 주의를 기울였지만 그는 여전히 《화폐론》의 개념구조를 짜내고 있었다.

그러나 그해 가을까지 리처드 칸과 교환한 서신으로 볼 때 케인스가 《화폐론》의 공식에서 한 발 더 나아가고 있었음을 알 수 있다. 예컨대 9월 24일자의 편지에서 그는 산출량의 변동을 아주 명확하게 분석하고 "장기 실업 상태, 다시 말하면 완전고용에 못 미치는 균형상태"를 서술했으며, 조치를 취하지 않으면 최대 생산량을 달성하지 못할 것이라고 기술했다. 1932년 봄학기에 그는 더 새로운 견해를 공개하고 데니스 로버트슨과 조운 로빈슨에게서 흥미로운 논평을 끌어냈으나, 아직도 쇠를 반쯤 벼려서 만든 그의 무기에 대하여 언급했다. 여름에 그는 한층 더 나아가 1932년 9월 18일 무렵에는 화폐이론에 관한 신서(新書)를 거의 3분의 1 가량 썼다는 소식을 어머니에게 전할 수 있었다.

〈생산에 관한 화폐이론〉이라는 제목으로 이 기간 중에 쓴 장(章)의

미완성된 부분들은, 산출량과 고용량의 증감이 소득과 관련되는 지출의 변동에 달려 있다는 중대한 일반론에 관해서 그가 저술하고 있음을 보여주고 있다. 그가 《화폐론》의 저축 – 투자 용어보다는 오히려 이 표현양식과 분석양식으로 전환하고 있었다는 것은 분명하다. 그는 또한 "고용량은 자본증가량과 같은 방향으로 이동한다고 생각해야 한다"는 것을 강조하고 있었다. 이들 초기 원고의 초안에는 《일반이론》을 명확하게 예시하는 다른 구절들이 있는데, 그 초고에서 케인스는 경기순환을 정지시키는 요인들 또는 경기순환에서의 전환점들을 분석했다. "균형산출량이 최적산출량 근방 어디엔가 존재할 것이라는 가정은 여하튼 성립할 수 없다. 투자를 촉진하는 적극적인 정책이 산출량의 증가와 일치하는 저축량을 증가시킨다. 따라서 일정 기간의 저축액은 투자액에 의존하는 것이지 그 반대의 경우가 아니라고 말하는 것이 더 진실한 표현이 될 수 있을 것이다." 다른 곳에서 그는 이윤감소와 통화수축의 악순환에서 빠져나오는 방책으로서 임금인하에 반대하고, 그 방책을 임금을 인하한 기업가들에게만 유리할 뿐 총체적인 경제 상황을 개선하지 못하는 경쟁적인 구제책이라고 불렀다. 그는 실업보험을 경제의 자동안전장치로 다뤘으며 또 자본생산성에 대한 기대치를 상징하는 의사지대(擬似地代)의 개념을 도입했다. 그가 이 문제에 관하여 하이에크가 이전에 했던 비판에 대응하고 있었다는 것은 분명하다. 이 초안에서는 또한 '유동성 선호설'(流動性選好說)을 검토하고 있다.

아마도 1932년에 쓴 〈역사적 회고〉라는 제목이 붙은 각서에서 케인스는 정통파 경제학의 균형이론을 비판하고, 자동조절적 균형이론에 전념한 경제학자들은 그들이 실천적인 조언을 하는 데서 전반적으로 오류를 범했으며 또한 실제 인간들의 직관이 대체로 더 건전했다고 말했다. 중상주의자들, 반고리대금법, 그리고 저렴한 화폐 정책은 이 모두가 투자를 증가시키는 방책으로서 이 초안에서 인정되고, 《일반이론》의 견해를 예고했다.

1975년과 1976년 겨울에 틸턴에서 예기치 않았던 케인스의 서류를 추가로 발견함으로 해서 우리들은 《일반이론》을 쓰게 된 창조 과정의 여러 단계를 더욱더 분명하게 복원할 수 있게 되었다. 이 자료들은 반대되는 복합개념이 그 논쟁의 전개과정에서 중요한 역할을 수행했음을 밝혀주고 케인스가 새로운 개념들을 상세히 설명할 때 지녔던 열정과 창조적 기쁨을 생각나게 한다. 예를 들면 1932년 봄에 한 연설문에서 그는 "모든 일상적 상황에서는 고용량이 투자량에 의존한다는 주목할 만한 통칙"을 서술했다. 그런 다음 그는 자신의 견해를 수학의 항(項)으로 표현한 예를 인용하면서, "원대한 실제적 중요성을 보편화하는 데 우리들의 자명한 이치를 활용할 수 있다. 정말로 $\triangle Q = \triangle I - \triangle F - \triangle E$의 공리(公理)를 철저히 이해하고 이 빛깔이 없고 본래 효험도 없는 액체가 자신의 뼛속으로 들어가도록 내버려둔 사람은 누구나, 그의 실제적 인간관에서 결코 똑같은 인간이 두 번 다시는 될 수 없을 것이라고 나는 믿는다"*라고 외쳤다.

그 문장에 들어 있는 '유레카'(eureka)라는 외침 또는 성공한 업적에 감동하여 외치는 절규의 함축적 의미는 의심할 여지가 없는 것이지만, 케인스가 시를 좋아했으며 또 아마도 그가 W. B. 예이츠의 〈늙은이를 위한 기도〉를 읽었음을 회상할 때까지는 골수뼈가 암시한 것을 알지 못해 당혹감을 느낄 것이다.

신(神)은 마음으로만 사고하는
사람들의 생각으로부터 나를 보호하시니;
영원의 노래를 부르는 자는

---

* 여기서 인용한 케인스의 글의 편집자인 모그리지 교수는 "우리는 결코 이 강연에서 쓰인 상징들과 관련된 정확한 의미를 직접적으로 말할 수 없다"라고 이야기했으나, 본문에서 그것들을 사용하는 데 그러한 정의를 필요하지는 않다.

뼛속으로 사유(思惟)한다.

예이츠와 같이 케인스는 마음속으로만 생각하지는 않았다. 케인스
는 창조 작업이 열정적 인식, 곧 지성과 감성의 결합을 필요로 한다고
믿었으며, 따라서 그 자신의 인식방법을 누구에게나 발산함으로써 새
로운 통찰력이 상대방의 마음과 뼛속에 스며들도록 할 수 있다고 생
각했다.

그의 동료들, 특히 조운 로빈슨과 오스틴 로빈슨과 리처드 칸이 그
발전해 가는 작품의 여러 측면에 대해서 철저하게 토론하고 그 작품
에서 주장하는 특정한 이론에 대하여 반대 성명을 냈으며, 케인스는
이에 대해 하나하나 답변하려고 노력했던 증거가 이 새롭게 발견된
서류들 속에 더 많이 들어 있다. 예컨대 1932년 5월 어느 날 그는 조운
로빈슨이랑 칸과 온종일 의논했으나 다행히도 그들은 마침내 그 문제
를 원만하게 해결했다는 것을 알 수 있다. 때때로 그가 작업을 하면서
보였던 격렬한 모습은 리디아에게 (알린) 편지에서, 세 시간 반 동안
휘갈겨 쓰고 또 써서 19페이지를 쓴 놀라운 저술 활동으로 또한 나타
난다. 그의 강연 원고에는 비판을 수용하는 자발적 의지가 이렇게 예
시되어 있다. "나는 내가 완고하지도 않고 토론과 설명의 중요한 문제
점들에 관한 비판을 이용할 수 있다는 것을 이 강연을 하면서 보여주
고 싶다." 이 말에 선량한 의지 이상의 의미가 있다는 것은 다음과 같
은 언급에도 또 한 번 나타난다. "알렉산더[칸]는 지난주에 발견했던
나의 중요한 이론이 모두 오류라는 것을 증명해 주었다." 그러한 케인
스의 작업 방법에 대한 실례는 충분하지만, 그의 사상의 근본구조가
되는 더 기초적인 견해로 돌아가서 생각할 필요가 있다.

저명한 과학사가인 제럴드 홀턴은 반대론을 명확하게 설명하는 것
이 과학적 창조 활동을 전개하는 과정에서 지극히 중요한 역할이었다
고 지적했다. "과학은 언제나 그와 같이 대립하는 반대세력의 영향을

받아 추진되었고 역경을 헤쳐 나왔다. 단지 표면에 흐르는 조류에서 잡는 것보다 더 많이 잡기 위하여 충분히 깊은 곳으로 그물을 던져 넣는 선박과 같이, 천재적인 과학자들은 그들이 그렇게 할 수 있도록 했던 반대론을 받아들일 운명을 타고난 사람들이거나 또는 그러한 반대론에 대해서 특별한 감수성을 지닌 특권을 누리는 사람들이다. 그에 못지 않게 그들 스스로 (반대론을) 요구하도록 했던 것은 내면적인 필요성"이라고 그는 서술한다. 토머스 S. 쿤*이 역사적으로 설명한 과학적 대개혁의 구조도 또한 반대론의 공식화와 그 해명이 과학 발전의 두드러진 특징이었다는 것을 증명했다. 이런 관점에서 보면 케인스가 《일반이론》을 저술하는 과정에서 사용한 반대 범주에 속하는 개념을 분석하는 것은 문제를 가장 잘 해명해준다.

1933년 작성한 목차의 첫 번째 초안에서 케인스는 그 작품의 이름을 《고용에 관한 화폐이론》이라고 불렀으나 어떤 명백한 반대 범주에 속하는 개념도 이용하지 않았다. 그해 두 번째 초안에서 그는 이제야 그의 책을 《고용의 일반이론》이라고 명명했으며, 제1장에서 그는 협동조합식 경제와 기업가들이 영위하는 경제를 대비함으로써 그 특징과 그 대비의 중요성을 검토할 계획이었다. 그는 반대론의 개념을 사용하여 고전파 경제학의 드러나지 않는 가정을 탐구하였다. 실질임금 경제 또는 협동조합식 경제는 그가 설정한 사회의 첫 번째 형태가 되는데, 그러한 경제체제에서 생산요소는 그들이 협동하여 실제로 얻은 산출량을 약정한 비율에 따라서 분배함으로써 보상을 받았다. 그의 견해에 따르면 고전파 경제이론의 가정은 이러한 형태의 경제체제에서는 충족되었다. 중립 기업가경제 또는 줄여서 중립경제라고 하는 두 번째 형태의 경제는 생산요소들이 화폐에 의하여 고용되지만 그들이

---

* 토머스 S. 쿤(Thomas S. Kuhn, 1922~1996): 미국의 철학자, 논리실증주의의 입장에서 20세기에 일어난 과학논리학 운동이나 이것과 동일한 흐름인 분석철학의 과학론을 제창한 철학자 가운데 한 사람.

받는 소득의 교환가치는 언제나 협동조합식 경제에서 얻는 그들의 몫과 일치하도록 보장하는 기구가 존재한다는 것을 상정한다. 세 번째 형태의 경제에서 그는 기업가들이 화폐와 교환하여 생산 요소를 고용하지만 거기에는 총지출과 총소득을 확실히 일치시키는 기구가 없는 경제로서의 명목임금경제 또는 기업가경제를 설명했다. 그는 이러한 정의를 기초로 하여[1930년대 초기 현재] 당대의 경제조직은 마지막 세 번째 형태의 경제적 특징을 띠고 있다고 주장했다.

1933년에 쓴 원고에서 케인스는 자신이 협동조합식 경제와 기업가식 경제를 구별하는 것은 카를 마르크스의 의미심장한 관찰과 상당한 관계가 있지만, 카를 마르크스가 이러한 관찰을 그 뒤로도 활용한 것은 지극히 비논리적인 일이었다고 논평했다. 덧붙여 말하자면 그는 이 시점에서 마르크스 사상의 변증법적 배경에 관하여 논평하지는 않았다. 카를 마르크스는 《자본론》 제1권에서 자본주의 생산은 C−M−C'*로 표현되는 경우가 아니다. 다시 말하면 다른 상품을 얻으려고 상품과 인간의 노력을 화폐로 교환하는 경제가 아니라고 지적했다. 자본주의 경제에서 기업은 M−C−M'으로 표현되는 경우와 관계가 있다. 요컨대 더 많은 돈을 벌기 위하여 상품과 노력을 얻는 대가로 돈을 지불한다고 마르크스는 주장했다. 정반대되는 경제 형태를 이렇게 대조하는 데에 함축된 의미를 탐구함으로써, 케인스는 그의 유효수요이론을 공식화할 수 있었으며 또 기업가경제를 중립 상태로 유지하기 위하여 채택될 수 있는 성질의 공공정책을 제안할 수 있었다.

더들리 딜라드 교수와 같은 제도학파 경제학자들은, 톨스타인 베블렌이 설정한 금융업과 제조업[또는 화폐를 발행하는 일에 대한 물건을 제조하는 일]의 반대 범주에 속하는 개념들과 케인스가 전개한 개념 사이의 유사점을 강조했다. 그렇지만 케인스가 그 미국의 경제학자보다

---

* C−M−C'에서 C는 commodity(상품), M은 money(화폐)를 말한다.

자본주의의 기능에 대하여 더 통합된 이론 분석을 했다는 것을 인정해야 한다고도 했다. 이들 독창성이 있는 두 사회과학자들이 "야누스의 얼굴과 같이" 반대되거나 대립되는 복합개념을 유익한 방법으로 사용했다는 것은 의문의 여지가 없다. 비자발적 실업이론으로 명명했던 현상을 설명하는 과정에서 케인스는 그러한 실업이론을 만성적 실업이론이라고 서술했는데, 그 문구는 불황이 선진 자본주의 제도에서 만성적인 사정이라고 말한 베블렌의 견해를 우리들에게 상기시키는 것으로 그것 또한 호기심을 돋우는 일이다.

사람들은 《일반이론》의 출간본 속에서 케인스가 아직도 반대 범주에 속하는 개념을 찾아낼 수 있는가 조사하고 있음을 발견한다. 현존하는 경제이론에는 통화팽창과 통화수축과 같은 주제에 관하여 화폐론이나 가격론으로 가르치는 이론과, 가치론이라고 하는 이론 사이에 큰 차이가 있다고 그는 언급했다. 지적으로 상반된 감정 또는 전통 연구방법으로 말미암아 발생한 의견충돌을 성찰하면서, "우리들은 모두가 때로는 달의 한쪽 표면에 있고 또 때로는 달의 다른쪽 표면에 있는 것을 늘 알게 되었다. 그러나 어떤 의미에서 우리들은 깨어 있는 삶이나 꿈꾸고 있는 삶과 분명히 관계가 있는 그 양면을 연결하는 길이 어떤 것인지를 몰랐다"라고 그는 서술했다.

그 책의 목적의 한 가지는 이러한 "인생의 이중성에서 도피하는 것"이었다고 그는 서술하고, 경제학에서 가치 및 분배론과 화폐론을 현재와 같이 구분한 것은 그 구분을 잘못한 것이라고 계속해서 주장했다. 개별기업이나 단일 산업에 관한 이론과 전체 산출량과 고용량에 관한 이론 사이에는 정당한 이분법이 존재한다고 그는 제안했다(이와 같은 구분은 현재 미시경제학과 거시경제학의 차이로 인정되고 있다). 그 다음에 마치 그의 개념들이 고정된 개념들이 아니라는 것을 보여주려는 것처럼, "또는 아마도 '정태(靜態)균형이론'과 '이동(移動)균형이론'을 구분할 수 있을 것이다. 이동균형이론이란 미래에 대한 예측에 따라서 변

438

경되는 견해가 현재의 상황에 영향을 미칠 수 있다는 이론 체계를 의미한다. 왜냐하면 화폐의 중요성은 본질적으로 화폐가 현재와 미래를 연결하는 존재라는 데서 생기기 때문이다"라고 그는 덧붙였다. 생각할 수 있는 대립 개념에 대하여 이렇게 고찰함으로써 놀랍게도 케인스의 최근의 작품 속에서 그가 그와 같이 정반대로 사고하거나 또는 두 얼굴(야누스)로 사고하고 있음이 밝혀지고, 또 그러한 고찰은 반대론이 "독창적인 과학자들이 관심을 기울였고 또 그들이 주로 열중했던 문제"라고 하는 홀턴의 견해를 지지해 준다.

《일반이론》에서 완성된 수요이론의 체계는 경제의 실제적 기능 때문에 단지 이러한 개념들로만 구성되지는 않았다. 로젠버그 박사가 강조했듯, "창조 과정은 정반대 견해를 상술하고 이분법과 극단론을 사용하는 데서 발전하여 온건론으로 나아간다. 창작자들이 연구를 시작할 때나 좀 진행했을 때는, 장황하거나 온건한 요소들 또는 그 상관관계를 이용하기보다는, 오히려 위험한 반대론과 대립되는 견해를 취하려고 한다. 창작자는 창작품을 만들어 나가면서 그 대립되는 극단론을 수정하고 적합하게 만들어 나간다." 이와 유사한 방법으로 케인스는 이들 초기의 반대론에서 출발하여 소비성향에 영향을 미치도록 국채(國債)에 의한 정부지출, 이자율 변동 또는 소득 재분배의 여러 가지 다른 방법으로 어떻게 하면 기업가경제를 안정시킬 수 있는가를 고안하게 되었다. 이러한 견해는 결국 외견상 반대되는 사적부문과 공적부문이 동시에 상호 보완으로 작용하도록 자극하는 두 얼굴을 지닌 혼합경제의 개념으로 귀착했다.

이런 진보적 개념들이 출판된 케인스의 저서에서 나타나기 시작했다. 1932년 말 무렵에 그는 분명히 하이에크와 초기에 교환한 이론에서 얻은 성과인 〈생산에 관한 화폐론〉에 관하여 논문을 또 한편 아르투르 슈피트호프 교수 헌정 논문집에 실었다. 그는 논문에서 실물교환경제와 화폐경제를 구분하고 경기순환론은 생산에 관한 화폐론이 없기 때문에 만족스럽지 못한 상태에 있다고 주장했다. 마셜의 것을 비롯한 대부분의 경제학 원리에 관한 논문들이 전부 그러한 것은 아니지만, 주로 실물교환경제와 관련되며 우리들이 실제로 그 안에서 생활하는 화폐경제와는 관련이 없다고 케인스는 주장했다. 실물교환경제에서 가정하는 결론을 화폐경제에 적용하기가 쉽다고 하는 생각은 잘못된 생각이었다. 가장 많은 문제가 제기되었던 실물교환경제에 관한 추상적 경제학은, 호경기와 불경기를 다루는 데에는 기이하게도 무딘 무기였다. 왜냐하면 그것은 조사하고 있는 바로 그 문제를 가정했기 때문이다. 바꿔 말하면 호경기와 불경기는 상당히 중요한 의미에서 화폐가 중립적인 역할을 하지 못하는 경제의 특수한 현상이라고 그는 주장했다. 그리고 그는 다음 단계의 경제학은 생산에 관한 세부적인 화폐론을 고안해 내야 하는 것이라고 결론을 짓고, "여하튼 그 이론은 내 시간을 낭비하고 있지 않다고 어느 정도 확신하면서 몰두하고 있는 과업"이라고 덧붙였다.

케인스는 그해 강연을 할 때 중립경제 또는 실물교환경제와 화폐경제를 이렇게 구분하는 이론을 전개하고 화폐경제에는 장기적으로 완전고용을 달성하려는 경향이 전혀 없다고 주장했다. 그 사이에 영국에서는 경기회복의 징후가 조금 보였지만 그러나 아직도 국제경제는 심한 불황을 겪고 있었다. 즉 교역제한, 관세, 할당제도 등은 국제무역과 국제투자유입을 계속 가로막고 있었다. 따라서 서양의 정치가들은 확산되는 불황에 대처할 집단적 전략을 숙의하고자 1933년 런던에서 '세계경제회의'를 개최하기로 결정했다. 케인스는 이때 이러한 일을 일부 염두에 두고 《더 타임스》에 연재할 논문 네 편을 준비했다. 그 연재논문은 나중에 《번영으로 가는 길》(*The Means to Prosperity*)이라는 제목으로 재출판되었다. 그는 그 논문에서 승수이론을 알기 쉽게 설명한 것을 포함하여 불황을 끝낼 대출에 의한 지출방식을 주의 깊고 설득력 있게 주장했으며, 대출에 의한 지출을 증가시키고 주요 국가들이 다른 나라 중앙은행의 금준비를 지원하고자 50억 달러의 금태환권(金兌換券)을 발행함으로써 세계 물가를 다시 올릴 것을 호소함으로써 끝을 맺었다. 그는 미국에 있었던 리처드 칸에게 논문 준비 사실을 편지로 알리고, "나는 어떤 큰 실수도 하고 싶지 않네. 자네가 여기서 내 어깨 너머로 훑어봤으면 좋겠어"라고 말했다.

케인스는 이 논문을 쓰는 것과 동시에 《전기 논문집》의 출판을 준비하고 있었다. 그는 멀리 1922년으로 거슬러 올라가서 당시 '케임브리지 정치경제학 클럽' 회원들에게 읽어 주었던 맬서스에 관한 논문을 고쳐 《전기 논문집》에 넣었다. 이 개정판에서 그는 같은 시기에 그의 친구 피에로 스라파가 리카도에 관하여 쓴 연구논문을 이용하여 유효수요와 이자율에 관한 맬서스의 견해에 대해서 상당한 논쟁을 일으켰던 구절을 연구 검토했다. 그는 그 뒤 이 자료를 《일반이론》에서 이용하고 그 자신의 유효수요론에 관한 도발적인 역사관을 제시했다.

1933년의 나머지 기간 동안 케인스는 새로운 책을 열심히 쓰고, 그가 말했던 것과 같이 독자들의 직관으로 기업가경제의 본질적 요점을 똑똑히 자각하게 하고자 그 경제의 특징을 분석했다. 저축과 의사지대, 그리고 이른바 자본의 한계효율의 의미에 관한 몇 가지 사항을 이렇게 서술한 것은 지극히 명백하였으므로, 그 설명이 훨씬 더 복잡하고 우회적인 《일반이론》의 최종판에서 그 개념들을 사용하지 않았던 것은 유감스러운 일이다. 그는 이 몇 장들에서 난해한 저축의 역설을 탐구하고, 예를 들면 '자발적 저축'은 고용이 국부(局部)적 최적상태에서는 언제나 해롭다는 결론을 내렸다. 자발적 저축의 증가분, 곧 절약은 단지 고용의 최적 수준을 초과할 때, 그리고 근로소득자들이 산업기구에 속아서 그들의 한계생산물도 충분히 보상받지 못하는 '한계비효용'(노동의 증가에 따르는 노동자의 불만족감)을 느낄 만큼의 임금률로 애써 일하고 있다는 사실을 깨닫고 있을 때만이 사회적으로 유익한 것으로 환영받을 수 있다. 그런데 현대 세계에서 그러한 사정은 매우 드문 현상이라고 그는 기술했다. 그러나 이 구절은 일반 독자의 직관으로는 아주 분명하게 알아보지 못할 만큼의 미묘한 의미와 기술 용어를 포함하고 있다.

이 시기에 케인스 스스로가 저작활동에 너무나 철저히 몰두하고 있었기 때문에 심지어 사소한 사항에 대해서라도《화폐론》을 개정할 시간을 낼 수 없다고 거절하는 편지를 그 책의 출판업자에게 썼다. 그해 10월 조운 로빈슨은 신간 잡지의 창간호에 이미 유포된 케인스의 새로운 개념의 중요성을 솔직하게 요약한 논문을 한 편 발표했다. "평범한 사람들은 언제나 화폐이론이 깜짝 놀랄 만한 주제라고 알고 있지만 지금은 대학에 있는 많은 경제학자들도 보통 사람들과 마찬가지로 당황하고 있다. 사정이 이렇게 된 이유는 화폐이론이 최근에 심한 변혁을 겪었기 때문이다. 그 이론은 이미 화폐이론이 아니고 '산출량의 분석이론'(Analysis of Output)이 되었다." 로빈슨은 선견지명을 가지고 쓴 자신의 논문에서, 케인스는《화폐론》에서 완성해 나가고 있었던 대변혁의 본질을 인식하지 못했으나 '서커스'의 비판을 받고 올바른 길로 들어서서 "달걀을 깨는 방법", 다시 말하면 화폐의 수량에 의해서가 아니라 전체적인 산출량에 대한 수요의 관점에서 문제를 해결하는 방법을 경제학자들에게 지금 설명했다고 선언했다.

사람들이 로빈슨의 주장을 타당하다고 받아들이든 그렇지 않든, 케인스가 1933년 대천사 미카엘 축일에 '생산에 관한 화폐론'이라는 제목으로 강연했을 때 그 주제에 관한 그의 설명이 2년 전의 설명과 판이하게 달랐음은 분명하다. 그는 고전학파이론(실물교환경제)과 기업가경제라고 부른 그 자신의 연구방법을 구별하고, 비자발적 실업에 대하여 자신이 내린 정의를 도입했으며,《일반이론》의 완성본에서 취했던 것과 같이 그 주제에 관하여 피구 교수가 쓴 저서를 강연의 출발점으로 삼았다. 케인스는 1933년 12월까지 이제《고용의 일반이론》이라고 명명한 책의 첫 번째 목차를 작성했다. 케인스는 1934년까지 그 책의 저술을 계속했으며 봄 무렵에는, "나는 원고에 관하여 칸에게서 한 주간 엄격한 지도를 받고 있네. 그는 훌륭한 비평가이며 제안자이고 개량자일세. 한 사람의 작품을 제출하는 데 그처럼 도움을 주는 사람은 이 세상에 결코 그 어느 누구도 없었다네"라고 조운 로빈슨에게 편지로 알렸다. 그 책을 완성하기 나흘 전에 그는 책이 지금 거의 완성되어 가고 있다는 소식을 어머니에게 전했다.

케인스는 5월에 미국을 또 한 차례 방문하여 아메리카 정치경제학 그룹에 한 편의 논문을 제출했는데, 그 클럽에는 경기순환론을 전공하는 몇몇 손꼽히는 경제학자들이 회원으로 있었다. 그 논문의 제안 설명에서 그는 미국의 산업이 처한 상황에 대하여 간략한 경제분석을 하고 자신의 유효수요이론의 관점에서 그러한 상황을 검토했다. 또한 영국에 대한 승수치(乘數値)에 견주어 미국에 대한 승수치를 어림잡았으며, 미국 전체가 가을에는 회복되리라고 조심스럽게 예견했으나 회복이 된 뒤 국채에 의한 정부지출이 없으면 상황에 희망을 갖지는 못할 것이라고 경고했다. "한 달에 2억 달러를 지출하는 것과 한 달에 4억 달러를 지출하는 것의 차이는, 불황과 회복의 차이로 나타날 것이다"라고 그는 선택된 청중들에게 말했다.

그는 이 논문을 워싱턴에 가기 전에 썼는데 거기서 뉴딜정책을 다루는 고위 관리들을 만났고, 루스벨트 대통령을 방문했으나 몹시 실망했다. 루스벨트 대통령은 제1차 세계대전 때부터 케인스를 알고 있었다. 그러나 《평화의 경제적 귀결》에서 케인스가 윌슨 대통령을 비판적으로 묘사했기 때문에 그를 좋아하지만은 않았다. 그럼에도 1933년 말에 케인스는 《뉴욕 타임스》에 그 대통령에 대한 공개서한을 발표하고 다음과 같이 진술했다.

"현존하는 사회제도의 틀 속에서 심사숙고하여 얻은 경험에 따라서, 우리들이 놓여 있는 상황 속에 있을 악폐를 없애려고 하는 모든 나라 국민들을 위하여, 당신은 스스로 수탁자(受託者)가 되었습니다. 만약 귀하가 실패한다면, 합리적 변화는 전 세계적으로 크게 사기를 잃고 정통파이론과 개혁론이 끝까지 싸우게 될 것입니다. 그러나 만일 귀하가 성공한다면, 더 새롭고 과감한 조치가 곳곳에서 시도될 것이고, 우리들은 경제적 신기원의 시초를 귀하가 그 임무에 착수하는 때로 정할 수 있을지도 모릅니다."

루스벨트 대통령은 1934년에 이 면담을 한 뒤 펠릭스 프랑크푸르터에게 "나는 케인스와 중요한 이야기를 나누었으며 그가 굉장히 맘에 들었다"라고 썼다. 우리들이 입수한 그들의 대화에 관한 다른 보고서는 케인스가 그때 매우 설득력이 있었다고는 거의 시사하지 않는다. 그 후 루스벨트는 그의 행정부에서 노동부 장관이었던 프랜시스 퍼킨스 여사에게 "당신의 친구인 케인스를 만났어요. 그는 아주 장황하고 까다로운 숫자를 남겨 놓고 갔더군요. 정치경제학자보다는 틀림없이 수학자일 게요"라고 말했다. 케인스도 분명히 똑같이 실망하여, "나는 루스벨트 대통령이 한층 더 박식하고 경제적 견지에서 말하리라고 상상했다"고 퍼킨스 장관에게 말했다. 아마도 케인스는 대통령의 손을 잡고 케인스 경제학의 강박관념에 너무나도 몰두하고 있었기 때문에, 그 자신이 다음과 같이 설명한 면담 뒤 쓴 글에서 알 수 있는 것과 같이 가장 좋은 결과를 거두지 못했다.

물론 처음에는 이러한 일에 면밀한 주의를 기울이지 못했다. 나의 주의는 당연히 그의 손에 집중되었기 때문이다. 그 손은 다소 실망스러웠다. 튼튼하고 상당히 강건한 손이었지만 손재주가 있거나 또는 수완이 좋은 손은 아니었고, 기업가의 손가락 끝처럼 짧고 둥근 손톱이었다. 나는 그 손을 올바로 묘사할 수 없다. 그러나 내 눈으로 식별할 수는 없지만 그 손은 평범한 손은 아니었다. 그래도 그 손은 묘하게 친밀감이 든다. 이전에 내가 저런 손을 어디서 보았지? 나는 잊혀진 이름을 떠올리려 내 기억력을 더듬으면서 적어도 10

분을 보냈다. 기억을 더듬느라 은과 균형예산과 공공사업에 대해서 내가 무슨 말을 하고 있는지도 몰랐다. 다행히도 그 기억 속의 인물이 되살아났다. 에드워드 그레이 경*이었다. 보다 더 건장하고 미국식으로 바뀐 에드워드 그레이 경이었다. 그 생각은 아마도 당신을 오도할 것이다. 그러나 그 생각에는 의미심장한 진실이 조금 들어 있다. 훨씬 더 총명하고, 훨씬 더 상상력이 풍부하고 섬세하며 침투성이 강한 생각이지만 그 생각은 여전히 그 손톱들에 머물고 나에게 에드워드 그레이 경을 다시 회상하게 하는 그 어떤 것이었다.

1919년 이래 케인스와 사이가 좋았던 월터 리프먼은, 다른 사람들이 케인스가 대통령을 설득하는 능력에 관해서 어떻게 생각하였든 1933년 12월 31일자의 《뉴욕 타임스》에 기고한 그의 공개서한은 미국 정부의 정책에 상당한 영향력을 미쳤다고 생각했다. 리프먼은 케인스에게 이렇게 편지를 썼다. "당신이 그 편지의 효과가 얼마나 큰지를 알고 있는지 나는 모릅니다. 그러나 재무성이 강력한 채권시장을 만들고 장기이자율을 인하할 목적으로 지금 조용히 그러나 효과 있게 장기국채를 구입하고 있는 정책은 주로 그 공개서한 때문에 수립되었다는 말을 들었습니다." '국가부흥국'(NRA)을 비판하였던 리프먼은 계속해서 이렇게 말했다. "만약 당신이 그 부분에 관해서 대통령이 취하는 정책의 의미를 대통령에게 제시한다면 어느 누구도 당신만큼 그렇게 큰 영향을 대통령에게 미칠 수 없을 겁니다."

미국을 떠나기 전에 리프먼의 간청에 대하여 분명한 답변을 하면서 케인스는 자기가 '대통령을 위한 의제'라고 명명했던 미국의 경제정책에 관한 또 다른 성명서를 써서 다시 《뉴욕 타임스》에 기고했다. 그 성명서에서 케인스는 국가부흥국의 제한주의 철학을 비판하고, 농사조정국(Agricultural Adjustment Administration; AAA)이 "산업계에서 오

---

* 에드워드 그레이 경(Sir Edward Grey, 1862~1933): 1905년부터 1916년까지 11년간 계속하여 영국 역사상 최장수 외무부 장관을 역임.

래 전 스스로 설정한 현명한 제한 조치를 체계화한 데" 지지를 표명했으며, 또한 뛰어난 기량에 의해서건 또는 행운에 의해서건 미국 행정부가 도달한 우수한 통화정책을 지지했다. 그러나 케인스가 주로 강조했던 점은 비상시의 정부지출이었으며, 그러한 지출은 경기회복을 자극하려면 1년 내내 계속되지 않으면 안 될 것이라고 그는 생각했다. 1935년 1월 리프먼은 케인스에게 또 편지를 한 통 써서 대통령의 새로운 정책이 그의 권고와 더 잘 들어맞는다는 견해를 피력했다.

미국에서 돌아오자마자 케인스는 《일반이론》의 원고를 열심히 수정했는데 그 일은 그가 리처드 칸의 제안에 따라 착수한 일이기도 했다. 리처드 칸은 9월에 틸턴에 있는 케인스를 오랫동안 방문하여 거기서 난해한 문제점들을 세밀하게 조사했다. "여느 때와 같이 그[칸]는 엄청나게 큰 도움을 주고 있습니다"라고 케인스는 어머니에게 편지를 썼다. 그해 가을에 그는 《일반이론》의 교정쇄를 가지고 강의했으며, 미카엘제 학기(영국 학교의 가을학기) 동안에는 '풍요 속의 빈곤'에 관한 연속물로 라디오 방송을 했다. 그 연속물 가운데서 "경제조직은 스스로 조절되는가?"라고 자문했다. 물론 그의 대답은 경제조직은 그렇지 않다는 것이었고, "의도한 방침이 없으면 실제 우리들의 가난을 잠재된 풍요로 전환할 수 없다"고 계속해서 말했다. 자동조절이라는 사상을 가진 학파는 그 배후에 과거 수백 년 동안 경제사상과 경제원리에 관한 거의 모든 조직체를 거느리고 있었다. 그 사상은 실업계와 정부에 위세를 떨치며 영향을 미치고 있었다. 이러한 견해의 장벽 반대편에는 존 A. 홉슨처럼 현존하는 경제조직이 스스로 조절된다는 견해를 거부하는 사람들이 있었다. 그러나 만약 이 이단자들이 19세기의 정통학설을 주장하는 세력을 분쇄하려고 든다면 그들은 성채 안에 들어있는 정통학파의 세력을 공격하지 않으면 안 된다고 케인스는 기술했다. 지금까지는 아무런 공격도 성공하지 못했다. 그런 다음 케인스는

"이제 나는 그 이단자들과 함께 행동하려 합니다. 나는 그들이 타고난 재능과 본능으로 올바른 결론을 향하여 나아가고 있다고 믿습니다. 그럼에도 나는 성채 안에서 교육을 받았으므로 정통학설의 지배력과 실력을 인정합니다. …… 그러므로 받아들일 수 없는 결론에 이르는 정통학설의 논거상 결점이 있는 부분을 내가 정확하게 파악할 때까지 만족하고 있을 수 없습니다. 나는 내가 그렇게 가고 있다고 생각합니다"라고 단언했다.

그는 이 담화에서 현존하는 불경기에 대한 유일한 구제책은 부의 분배방식을 변경하고 습관을 고쳐서 소비지출을 늘리는 것이라고 하는 이단자들과 의견을 같이 하지 않았다고 암시했다. 그는 그 방법도 한 가지 구제책이 된다는 것을 시인했지만 다른 대안, 곧 이자율 인하와 같은 방법으로 자본재 산출량을 늘리는 방법이 있다고 말했다. 짤막한 대중연설이었으므로 그는 자세한 사항까지 언급할 수는 없었으나, 그의 철학과 '성채'를 공격하는 데 그 자신이 관련된 정도를 밝혀주었다는 점에서 그의 연설은 흥미롭다.

H. G. 웰스가 모스크바에서 한 해 전에 스탈린과 나눴던 대화에 관한 기사가 1935년 10월 27일자 《뉴 스테이츠먼 앤드 네이션》지에 다시 게재되었다. 새로 취임한 그 잡지의 편집자인 킹슬리 마틴은 그의 특종기사를 자랑하면서 조지 버나드 쇼에게 웰스의 회견기에 대하여 논평해 주도록 요청하였다. 쇼는 그 자신 스탈린을 방문하고, 소련은 페이비언 협회의 회원들이 상정하는 이상적 국가 형태와 매우 비슷하다고 시드니 웨브와 베아트리체 웨브가 확신했던 것처럼 그도 확신에 차 돌아왔다. 웰스는 스탈린 통치체제에 대하여 더욱더 비판적이었다. 그래서 그 두 작가 사이에 구식 논쟁이 벌어졌다. 그 논쟁을 엮으면 아주·훌륭한 책이 될 것이라고 내다본 마틴은, 에른스트 톨러*와 케

---

* 에른스트 톨러(Ernest Toller, 1893~1939): 독일의 극작가. 1920년대 독일의 좌익원리를 탁월하게 해설한 정치활동가. 1933년 독일에서 추방되어 미국으로 이민.

인스에게 그들이 교환한 논쟁에 대하여 논평해 줄 것을 요청하고 그들 상호간의 논쟁에 관한 기사 전체를 묶어서 소책자 한 권으로 발간했다. 케인스는 논평 가운데서 웰스의 미래상의 한계점을 훌륭하게 분석하고 자신이 그 당시에 수정하고 있었던 결점이 어떤 것인지를 시사했다.

"상상력에 관한 웰스의 독특한 재능은 그 시대의 과학자들이 그에게 제공하는 자료가 제시할 수 있는 가능성과 그 궁극적 함의를 독창적으로 파악하는 그의 능력에 있다. 동시에 그는 정치사회적 공상가이고, 또는 나이가 들면서 그러한 공상가가 되었는데, 피타고라스나 아르키메데스와 같은 기술적이고 수학적인 공상가가 아니고 오히려 플라톤 학파와 같은 유에 속하는 공상가이다. 웰스의 불행은 그 시대의 경제학자들이 아무런 새로운 것도 제시하지 못했던 세대에 그가 속했다는 데 있다. 그들은 웰스의 상상력이 도약할 수 있는 도약대를 마련해주지 못했다. 그러나 그는 그래도 역시 그의 정신이 미래와 더불어 살고 있으며 쇼와 스탈린의 정신은 과거에 머물러 있다는 것을 충분히 인식하고 있고 또 그가 그렇게 의식하는 것은 정당한 일이다."

이 논문집에 제출한 기고문에서 케인스는 또한 마르크스 사상을 비판했으며 이 일로 버나드 쇼와 활발한 의견교환을 하게 되었다. 케인스는 그 소책자에서 대단한 재치와 지적인 설득력을 구사하여 세 사람 모두[스탈린, 웰스, 쇼]가 잘못 되었으며 시대에 뒤떨어졌다고 주장했다. "봉급생활자는 여가와 주식회사 제도와 행정 사무능력이 있어서 권력을 갖게 되었으나, 무산계급은 아직도 그렇지 못했다. 그러나 봉급생활자 계급은 확실히 그렇다." 존경할 만한 쇼는 쉽사리 수긍하지 못했다. 진실로 쇼는 1934년 11월 30일자의 편지에서 케임브리지의 경제학자들에게 몇 가지 사항을 알려주려고 했다. 즉 마르크스의 저서가 지금 보통 사람들이 드나드는 서점에서 진지하게 읽히는 책들 가운데서 "가장 잘 팔리는 책"이며, 세계는 러시아 혁명을 갈망하고 있

448

고 그 혁명은 루터와 칼뱅이 종교개혁을 고무했던 것이나 또는 루소와 볼테르가 프랑스 혁명을 고취했던 것보다도 더 직접적이고 유일하게 마르크스에 의하여 고취된 사람들이 수행했다고 강조했다. 또 "이러한 상황에서 어떠한 입장에 있는 사회학자라도 마르크스를 잊혀진 인물이거나 무시할 수 있는 인물로 서술하는 일은 있을 수 없습니다. 나는 누구에게도 못지 않게 꼼꼼히 마르크스의 오류를 철저히 가려냈으나 '그가 신기원을 연 사람'이라는 사실을 말하는 것은 언제나 신중하게 유보하고 있습니다"라고 쇼는 주장했다.

쇼는 계속해서 이렇게 주장했다. "계급투쟁은 정치 현상 가운데서 당연히 일어나는 문제로서 지극히 정상입니다. …… 마르크스가 가르친 바와 같이, 잉여가치[다른 말로 표현하면 값싼 노동력]를 추구하는 자본의 잔인함은, 영국과 프랑스가 소련과 미국과 연합하여 이루는 세력 균형에서 오는 분명한 이점과 만주국의 노동력을 착취하는 일본에 참여하는 데서 오는 계급투쟁의 압력 사이에서, 위험한 충돌을 야기하고 있다. 당신이 쓴 기사는 마치 당신이 이 모든 것을 결코 들은 적이 없었던 것처럼 쓰여 있습니다. 그러므로 만일 그 기사를 다시 출판한다면 당신은 이러한 인상을 없애기 위하여 그것을 충분히 다시 고쳐 써야 한다고 나는 생각합니다."

이에 대해 케인스는 쇼에게 다음과 같은 편지를 썼다.

"그러나 그 기사를 다시 고쳐 쓰기에는 너무 늦었습니다. 그 밖에 또 마르크스에 대한 나의 견해를 말하면, 마르크스가 살았던 시대에는 꼭 사실처럼 보였으나 4분의 3세기가 지난 오늘날에는 인정할 수 없는, 자본주의 세계에 대한 그의 견해에 아직도 만족하고 있는 당신과 스탈린을 비난하는 것 외에 그 기사에서 말할 것은 아무것도 없습니다. 물론 이러한 묘사는 인정할 수 없을 만큼 변한 것이 틀림없습니다.

《자본론》에 대한 나의 느낌은 《코란》에 대한 느낌과 같습니다. 나는 그 책이 역사상 중요하다고 알고 있습니다. 그리고 나는 많은 사람들이 모두가 바보는 아니었지만 그들이 그 속에서 일종의 영원한 반석*과 영감이 들어 있음을 발견한다고 알고 있습니다. 내가 그 책을 주의 깊게 살펴본 바 그 책이 어떻게 이러한 효력을 미칠 수 있는지 설명하기가 어렵습니다. 그의 지루하고 시대에 뒤떨어지고 논쟁을 불러오는 표현은 이러한 목적을 위한 자료로서는 너무나도 터무니없이 난해한 것 같습니다. 이러한 책들 가운데 어느 쪽의 책이 약 반절에 달하는 세계에 전화(戰禍)를 입힐 수 있었을까요? 그러한 것은 나를 어리둥절케 합니다. 분명히 어떤 결함이 있습니다. 당신은 《자본론》이나 《코란》 그 두 책이 모두 양식을 갖추고 있다고 믿습니까? 또는 단지 《자본론》만 그렇다고 믿습니까? 그러나 《자본론》의 사회학적 가치가 어떻든지 [가끔 단속적인 통찰력이 비약하는 것을 별도로 한다면] 이 시대에 그 책이 갖는 경제학적 가치는 전혀 없습니다. 만일 내가 읽는다면 당신도 그 책을 다시 읽겠다고 약속하시겠습니까? 부디 건강하시기 바랍니다."

존경할 만한 버나드 쇼는 약 두 주일 뒤에 한 행씩 떼어서 타자한 4페이지 분량의 편지로 케인스에게 답변했다. 그 편지에서 그는 케인스가 1880년대를 망각하고 있으며 케임브리지의 교육이 시대에 뒤떨어졌고 그 교육으로 말미암아 그는 약 40년이란 시차를 가지게 되었다고 주장했다. "나는 그 책에 대한 당신의 생각이 40년이나 뒤졌다는 것을 알려주고자 1880년대에 일어났던 모든 종류의 사실에 관한 자료를 모을 수 있었습니다. 전혀 위기라고 할 수 없는 현재의 완화된 통화위기를 논의하는 것보다도 1880년대에는 그 실제 경제 상태에 대하여 훨씬 더 떠들썩하게 논의했어요. 1880년대 경제 상태의 배경을 보면 기아폭동이 있었고 세인트 제임스 스트리트와 피카딜리에서는 실업자들이 유리창을 깨뜨리는 소란이 있었습니다. 1880년대 말에 무역이

---

* 영원한 반석(The Rock of Ages): 그리스도를 가리킨다(이사야 26장 4절). 여기서는 구세주의 말씀과 같은 영원한 진리를 의미한다.

다시 회복되었을 때는 경제에 활력이 없어졌고 전쟁이 그 경제의 숨통을 끊어 버렸습니다. 그런데 케임브리지는 그 모든 사실을 망각하고, 내가 골드스미스*의 《한촌행》(Deserted Village)을 읽고 낙담한 목사보라는 인상을 당신에게 남겼다니! 맙소사, 당신이 그러한 사정을 전혀 모른다니! 케임브리지는 당신이 모든 것을 알고 있다고 당신을 설득시켰어요. 그러한 일은 틀에 박힌 대학교육의 결과죠. 당신은 그러한 생각을 버려야 합니다. 그렇지 않으면 하원이 맥도널드를 불신임했던 것처럼 케임브리지도 당신을 완전히 버릴 것입니다.

"(…… 그가 저지른 잘못에도 마호메트는 매우 현명한 사람이었으며 마르크스 또한 예언자들 가운데 속하죠!) 그리고 메이너드 당신은 단지 마셜의 후계자만이 아니라 총명하고 전도유망한 젊은이로서, 억제할 수 없는 어떤 교양의 번득임이 당신을 흥미로운 인물로 만들고 있지만, 케임브리지의 무효화 조치로 놀라울 정도로 불이익을 당하고 있어요. 그러므로 당신의 시대에 앞선 일들에 관하여 저지른 한두 가지 실수에서 당신을 구하고자 나는 이 모든 글을 쓰는 것입니다."

자기 차례가 되자 케인스는 신년 첫날 그 투지 만만한 상대자에게 답변하려고 했다. "귀하의 편지에 감사합니다. 저는 귀하의 말씀을 마음속 깊이 새기려고 합니다. 늘 그러하였듯이 귀하의 말씀 가운데는 틀림없이 중요한 사항이 들어 있습니다. 그러나 저는 이제 막 출판된 마르크스 - 엥겔스의 편지를 읽고 지난날의 마르크스를 추측해 보았으나 큰 진전이 없었습니다. 저는 그 두 사람 가운데 엥겔스를 더 좋아합니다. 그들이 특정한 논쟁법과 비천한 저술방식을 고안했다는 것과, 그들의 후계자들도 저술에 관한 그 두 가지 사항을 충실하게 지켰다는 것을 나는 알 수 있습니다. 그러나 만약 제가 아직도 잘 모르는 어려운 경제문제에 대한 해결방안을 그들이 발견했다고 귀하께서 저에

---

* 올리버 골드스미스(Oliver Goldsmith, 1728~1774): 영국의 소설가, 수필가, 시인. 아일랜드에서 출생. 주요 저서: 《The Vicar of Wakefield》, 《She Stoops to Conquer》.

게 말씀하신다면 저는 그들에게서 케케묵은 논쟁밖에 발견할 수가 없었다고 말씀드립니다.

"그러나 당장에는 그렇지 않겠지만 앞으로 10년이 지나면 세상 사람들이 경제문제에 대하여 생각하는 방법을 완전히 바꿀 것이라고 저는 생각합니다. 그러한 경제이론에 관한 책을 제 자신이 저술하고 있다고 확신한다는 것을 귀하께서는 아셔야 합니다. 저의 새 이론이 정치와 사람들의 감정과 정열에 적절히 동화되고 결합되었을 때 그 최종 결과가 사람들의 행동과 업무에 어떤 영향을 미칠 것인지 나는 예측할 수 없습니다. 그러나 큰 변화가 일어날 것이며 특히 마르크스주의에 관한 리카도 학파의 근거는 소멸하게 될 것입니다.

"저는 귀하나 다른 어떤 사람도 현재 단계에서 그러한 일을 믿으리라고 기대할 수 없습니다. 그러나 제가 말하는 것은 다만 저 자신이 그저 바라는 것이 아니고 제 자신이 마음속으로 확신하는 바입니다."

이 답변은 확실히 '신경제학'에 대한 혁신적 충격을 정확하게 예측했다는 점뿐만 아니라 진실로 창조정신을 지대한 자신감을 가지고 표현했다는 점에서도 특별한 성명이다.

새해가 시작되면서 케인스는 토론을 하는 데 그가 낼 수 있는 모든 자신감과 강인한 힘을 필요로 하고 있었다. 왜냐하면 케인스가 자신이 쓴 책의 견본을 배부했을 때 매우 신랄한 비판을 받았기 때문이다. 케인스는 《일반이론》의 첫 번째 교정쇄를 데니스 로버트슨에게 보냈는데 그것은 케인스가 아직도 그를 경제학자로서 또 친구로서 매우 높이 평가하고 있었기 때문이다. 데니스 로버트슨은 강의가 과중했지만 지극히 꼼꼼하게 그 일에 착수하여 한 권으로 다루기에는 너무나 두꺼운 그 책의 첫 장부터 18장까지 주(註)를 단 뭉치를 만들었다. 처음에 로버트슨은 새로운 제안을 하려고 결심하기가 무척 어렵다는 것을 알았다. "당신이 오래된 경제철학의 방법으로 표현한 몇 가지 요점은 분명히 우수합니다"라고 로버트슨은 케인스에게 말했으나, 결국 새로운 이론 구조의 핵심이 어떤 것인지를 측정할 수 없다고 불만을 털어놓았다. 로버트슨은 그 책의 많은 부분이 혼란스럽고 까다롭게 쓰였다는 것을 발견하고 대부분의 그 이론구조가 자신에게는 "거의 완전하게 뜻을 알 수 없는 주문(呪文)과 같다"고 시인했다. 그는 이렇게 말하면서 편지를 끝냈다. "저를 가르친 손길에 이렇게 심한 상처를 입힘에도 불구하고 저는 당신의 변함없는 친우입니다."

케인스는 인쇄하여 8페이지에 달하는 로버트슨의 논평과 설명에 아주 상세하게 답하여, 《일반이론》의 첫부분을 쓴 목적은 어떤 요인이 유효수요를 결정하는가를 밝히려고 한 것이었다고 설명했다. 그러나 케인스는 그 책의 설명들이 서로 엇갈려 절망스럽게 되었음을 인정하지 않으면 안 되었다. 케인스가 주장했던 대부분의 이론과 로버트슨이 이미 신봉했던 이론이 서로 양립할 수 없다고 로버트슨이 어떻게 그렇게 주장할 수 있는지 케인스는 이해할 수가 없었다. "뜻을 알 수 없는 주문(呪文)"이라고 로버트슨이 언급한 것에 대하여 실망을 느끼고 당황하기도 하여 케인스는 다음과 같이 예리하게 반격했다. "왜냐하면 이 책은 경구(警句)를 수집한 책이 아니라 순수한 이론서요. 모든 것은 무의미한 것으로 바뀝니다. 그리고 그 책의 내용이 아직도 당신에게 애매모호하다면 우리들의 마음은 진실로 합치되지 못했어요."

그들은 의견 불일치에 동의하고 그 시점에서 토의를 중단했으나 《일반이론》이 출간되기 직전 가을에 그 토의를 재개했다. "당신이 특별히 논평한 구절은 대부분 수정되었으나 당신이 그 수정된 이론에 만족할지 어떻지는 별개 문제입니다"라고 케인스는 그 젊은 동료에게 소식을 전했다. 케인스는 로버트슨의 비판에 대답하는 가운데서 자신이 피구와 마셜의 저서에 관해서 공격했으며, '경기변동론'의 이론적 기초보다는 '가치론'의 이론적 기초에 대해서 생략된 것을 보충하고자 피구의 《고용이론》에 관한 장황한 부록을 준비했다고 알려주었다.

1934년의 겨울과 1935년의 봄에 걸쳐서 그는 교정쇄와 수정판을 가지고 계속해서 정진했으며 완성된 저서를 칸에게 보여주었다. 예컨대 "내가 어떤 곳에서도 피구를 오해하지 않았고 또는 잘못 해석하지도 않았다는 확신을 갖도록, 당신이 피구의 저서에 붙인 나의 부록을 면밀히 검토해 주기를 바라네"라는 식이었다. 1935년 6월 케인스의 옛 제자였던 로이 해러드에게 《일반이론》의 교정쇄를 거의 전부 보내고 그 책을 어떻게 생각하는지 몹시 알고 싶다고 말했다. 다행히 해러드는 그가 읽은 것에 대해서 감명을 받아 그 영향력과 설득력에 대해서 서술했으나 케인스가 다른 사람을 비판하지 못하게 했다. 해러드는 또한 그 책을 이해하기가 너무나 어려워서 그 원리를 설명해주는 편람으로서 또 다른 책이 필요하다고 생각했다.

1935년 여름 내내 해러드는 영국과 아일랜드의 여러 곳에서 케인스의 견해를 엄밀하게 조사하고 논증하는 자세한 비평을 써 보내기를 계속했다. 케인스는 친구들의 몇 가지 제안을 채택하고 다른 제안들은 거부하면서 똑같이 장황하게 답변했다. 한때 케인스는 자기 이론을 해러드가 오해한다고 비난하고, 다만 최종판의 일부가 된 귀중한 도표를 포함해서 그 내용을 그 자신의 말로 요약해 주도록 했다. 케인스는 비난을 철회했다. 그 옥스퍼드 대학 교수는 케인스가 고전학파에 대한 비판을 완화하도록 힘썼다. 그러나 케인스는 소동을 일으키거나 또는 [마음속에 간직하고 있는 많은 생각을] 은유로 바꿔서 표현하고 싶다고 대답하고, 만약 자기가 고전학파 경제학자들이 답변하도록 충분히 강렬하게 비판하지 않으면 자기가 쓰려고 하는 많은 이론은 아무 영향도 끼치지 못하는 마이동풍이 되고 말 것이라는 생각이 든다고 말했다. 사람들은 또한 케인스가 논쟁술의 방편으로서 그에게 '놀람'이란 중요성을 가르친, 그의 이상적 인물인 제본스의 책략을 본받고 있다고 생각했다. 해러드 또한 이자율에 관한 전통 이론에 대해서 한편의 견지에서 볼 때만 의미가 있다고 주장하여 의견을 달리했지만, "당신의 정신은 아직도 반쯤은 고전파의 세계에 머물러 있어요. 그리고 당신이 나를 비난하는 것은 나쁜 태도 때문이 아니라 불완전한 이론 때문임에 틀림없습니다"라고 케인스에게 전해 들었을 뿐이었다. 교신이 그렇게 오락가락하였다. 그러면서 케인스는 해러드의 가혹한 비평을 수용하고 더 많은 비평을 요구했으며 그가 타당하다고 생각하는 비평은 어떤 것이든지 고쳐 쓰고 또 이용하였다.

매우 오랫동안 알고 지내 왔던 총명한 재무성관리인 랠프 G. 호트리와도 마찬가지로 많은 서신을 교환했다. 호트리는 지치지 않고 꼼꼼하게 비평했다. 케인스는 그가 지적한 몇 가지 요점들을 채택하고 혼란스럽다고 하는 의사지대에 대한 모든 언급을 생략했으나 이자이론과 다른 문제들에 관해서 그 전부를 그가 납득하게 할 수는 없었다. 케인스는 마지막으로 조운 로빈슨과 교신을 하여 자기 견해 가운데 고쳐야 할 다른 어떤 점이 있는지 알아보기 위해서 그녀의 논평을 요구했다. "대천사는 공정하고 분명하게 하기 위해서 더 많은 수고는 하지 않아도 될 것입니다"라고 로빈슨은 그에게 말했다.

1935년 여름과 가을에 케인스는 조운 로빈슨 및 칸과 여전히 그 책에 관한 주석을 교환하고 있었다. [리디아는 이제 또 다른 킹스 연구원인 리처드 브레이스웨이트와 칸을 구별하기 위하여 리처드 칸에게 알렉산더라는 별명을 붙였다.] 케인스는 칸에게 편지를 써서 그가 "내 책을 썩 좋아하지 않는 단계에 와 있다"고 말하고 "그러한 것은 모두 매우 화가 난 데서 연유하는 것 같고 내가 생각하는 것보다 훨씬 더 쉬운 문제에 대해서 큰 소동이 일어난 것 같다"고 말했다. 이들 두 친구들은 비판을 하긴 하였지만 대체로는 찬성하고 있었다. "나는 그 책 모두가 가장 훌륭하게 쓰였다고 생각합니다. 단호한 표현과 내가 가장 설득력 있다고 생각하는 필연성을 내포하고 있습니다"라고 칸은 편지를 썼다. 그리고 로빈슨도 마찬가지로 내용의 변경을 시사하기는 하였지만 그 책에 매우 만족했고 그 책은 지금까지 영향력 있는 책 중에서 가장 재미나게 읽을 수 있는 책이며 감명을 주는 구절들이 꼭 제자리를 찾아 들어 있어서 사람들이 계속해서 읽게 된다고 생각했다. 이러한 편지들은 이 시점에서 케인스에게 반가운 소식이었음에 틀림없다. 왜냐하면 아마도 그는 노력에 대한 반응으로 가벼운 발열상태에 있었으므로 보통 때와 같이 바쁘게 활동할 수가 없었기 때문이다. 그러나 이제 케인스는 최후의 노력을 기울일 수 있는 단계에 왔다. 1935년 12월 말까지 5년 동안 여러 번 중단하고 어려운 노력을 한 끝에 드디어 그 책을 완성하였다. 그는 어머니에게 자신이 여가시간을 가진 사람과 같은 느낌이 든다는 소식을 전했다.

불행하게도 이 혁신적인 책을 저술하는 데에 인간적 희생이 따랐다. 그 희생은 치유하는 데 오랜 세월이 걸리는 상당히 심한 인간적 상처를 입혔다. 실업(失業)에 관한 고전파의 견해를 논박할 대상으로 피구를 선택하면서 케인스는 나쁜 감정을 많이 일으켰다. 피구는 자기 견해와 마셜의 견해가 잘못 전해졌다고 믿고, 《일반이론》이 나왔을 때 그 책을 매우 비판하는 서평을 써서 자기가 느낀 분노를 표현했다. 그후 케인스는 로버트슨에게 편지를 써서 자기가 피구의 서평 때문에 괴로움을 느꼈다는 것과 "그렇다고 하더라도 로버트슨 당신은 그 책이 피구에게 더 가치 있는 책이라고 생각할 것입니다. …… 나는 가끔 그가 나의 책을 어떻게 받아들일 것인가를 알고 싶었으나 결코 올바른 답이 떠오르지 않았습니다. …… 그에게 현저히 나타나는 감정은 건방진 말을 들은 6학년 학생이 갖는 감정과 다르지 않을 겁니다"라고 말했다. 13년 뒤 경제학 전문가들이 《일반이론》을 철저히 검토하게 되었을 때, 피구는 케인스의 기본이념이 갖는 중요성을 당당하게 인정하고 그 개념은 "지극히 많은 결실을 맺을 씨앗과 같은 개념이다. 나는 처음에 내가 쓴 서평에서 그 중요성을 이해하지 못하고 그것으로 당연히 받아야 할 영예를 케인스에게 돌려주지 못했다. 내가 아는 한 케인스에 앞서서 어느 누구도 실물과 화폐에 동시에 관련되는 모든 요인을 하나의 이론체계로 묶고 그 이론체계를 통하여 그들의 상호작용을 조리 있게 연구할 수 있었던 인물은 없었다"고 진술했다.

케인스와 로버트슨의 의견 차이를 조정하는 일은 그렇게 쉽사리 이뤄지지는 못했다. 케인스는 그의 동료의 비평에 분명히 깊은 마음의 상처를 입었다. 그리하여 로버트슨이 그의 원고를 검토하면서 힘든 노력을 해줬는데도 《일반이론》의 서문에서 케인스는 그에게 어떤 감사 표시도 하지 않았다. 1936년 9월 20일자에 로버트슨에게 쓴 편지에서 케인스는 둘 사이의 불화를 해소하려고 노력하여 "우리는 다시 더 밀접한 접촉을 갖도록 노력해야 합니다"라고 말했다. 그러나 그러한 노력은 아무 소용이 없었다. 왜냐하면 아마도 로버트슨이 케인스보다 더 우파에 기우는 자유주의자였으며, 또 그는 '신경제학'이 그렇게 독창적이 아니고 그가 늘 말했던 것과 같이 사실 신경제학의 이론은 모두 마셜의 이론 속에 들어 있다고 생각했기 때문일 것이다. 1944년 피구가 은퇴했을 때 케임브리지의 선거인들은 정치경제학 교수직을 케인스에게 부여했다. 그러나 그는 그 제의를 거절하고 로버트슨이 그 자리에 앉도록 권유했다. 로버트슨은 그 교수직을 받아들였으나 케임브리지 대학에 있는 케인스의 추종자들 때문에 괴롭힘을 당한다는 생각이 들어서 그 자리에 결코 아주 만족하지는 못했다. 요컨대 《일반이론》에 관하여 케인스와 로버트슨의 의견 차이가 심해서 케인스가 죽을 때까지도 그 의견 차이는 결코 좁혀지지 않았다.

완전한 제목이 《고용, 이자와 화폐에 관한 일반이론》이라는 그 책은 경제학 전문가들을 대상으로 하는 기술적이고 이론적인 서적이었으나 그 주된 개념은 그 책의 내용 속에 케인스 개성의 특징이 어떻게 표현되어 있는가 하는 것을 시사해 주는 것으로서 요약할 수 있다. 기본적으로 그 개념은 경제학자들이 단기적인 것이라고 부르는 것을 분석한 것으로서, 생산요소들, 소비자의 습관과 기호, 경쟁의 정도, 그리고 기초경제구조는 주어진 것으로 간주함을 의미한다. 다른 말로 표현하면, 그러한 사항들은 고려하고 있는 기간 동안에 변경될 수 없다고 가정한다. 케인스는 전체 산출량에 관한 이론을 제시하고, 경제가 자동으로 조절된다기보다는 오히려 완전고용에 못 미치는 수준에서도 당연히 균형에 도달할 수 있다는 것을 그의 정태적·집합적 분석에 따라 설명한다. 그는 이렇게 설명하고자 고전파 경제학의 공준(公準) 또는 가정을 공격하고 고전학파의 이론가들이 에우클레이데스(B. C. 450~B. C. 380, 그리스의 기하학자)의 공리(公理)를 따르지 않는 세계에 있는 에우클레이데스의 지지자들과 같다고 주장했다. 그들의 가정에 따르면 화폐는 경제의 기능에서 실물과 전혀 차이가 없다고 하지만 그러나 그들의 실물교환 분석은 단지 완전고용의 경우에만 적용할 수 있다고 그는 주장한다. 케인스는 자기 이론을 '일반'이론이라고 생각한다. 왜냐하면 케인스의 이론은 완전고용이라는 한 가지 경우에만 국한되는 것이 아니고 완전고용이 아닐 때의 균형도 분석에 넣기 때문이다. 고전학파의 이론은 실제로 작동하는 경제를 설명하는 것이 아니라 우리가 작동해주기를 바라는 경제 방식을 설명한다고 그는 말한다.

국민소득과 고용수준을 결정하는 요인을 설명하고자 케인스는 유효수요이론을 전개하면서 심리 성향에 관한 세 개의 독립변수, 곧 소비성향, 자본의 한계효율[알기 쉬운 용어로는 예상수익], 이자율에 주의를 집중하였다. 이 이론 모형에서 종속변수는 그 두 가지 모두 다 임금단위로 측정되는 고용량과 국민소득이다. 앨빈 한센* 교수에 따르면 케인스의 주요한 혁신적 개념인 소비성향은, 소득이 증가할 때 소비도 증가하지만 그 소비의 증가량은 소득의 증가량과 똑같지 않으므로, 소

---

* 앨빈 한센(Alvin Harvey Hansen, 1887~1975): 미국의 경제학자. 미네소타 대학과 하버드 대학 교수 역임. 국무성과 연방준비제도이사회의 경제자문 역과 미국경제학회 회장(1938)으로 케인스 경제학의 신장에 주력함. 주요 저서: 《Monetary Theory and Fiscal Policy》(1949), 《A Guide to Keynes》(1953).

득과 소비의 차액이 저축으로 남는다는 것을 설명한다. 현재의 불평등한 소득분배를 주어진 것으로 본다면, 현행의 제도 아래서 국민소득이 증가할 때 저축도 불균형적으로 증가하는 경향이 있다. 그러므로 저축량이 현행의 투자율보다 더 커질 가능성은 분명하다. 그 결과 국민소득과 고용은 저축과 투자가 균등해질 때까지 감소할 것이다. 바꿔 말하면 자본주의 경제에는 그 속에 저축이라는 역설이 존재하는데, 그것은 개인의 저축이 아무리 유익하다고 하더라도 총체적인 사회저축이 현재의 투자율을 상회한다면 그러한 저축은 실업을 유발하기 때문에 사회전체로 볼 때는 유익하지 못하다는 것이다.

지금 고전학파의 이론에는 세이의 시장법칙의 작용 때문에 이러한 역설적인 결과가 나올 수 없다. 이 이론적 견지에 따르면 경제는 저축에 대한 수요공급이 이자율의 변동에 따라 균형을 이루게 되므로 동적으로 완전고용으로 나아가는 경향이 있다고 생각한다. 그러나 케인스는 그가 《화폐론》에서 주장했던 것과 같이, 화폐가격(이자율)은 이러한 기능을 효과 있게 수행할 수 없다고 주장한다. 저축에 대한 수요가 되는 경제적 투자는 자본자산에서 생기는 미래의 이윤에 의존하며, 다만 이자율이 이익을 낼 수 있는 수준에 있을 때에만 투자가 이루어진다. 이자율 변동이 저축량을 결정한다기보다는 단기적으로 사태의 사슬이 우연히 바뀐다. 즉 투자량이 일반적으로 국민소득 수준을 결정하고 국민소득 규모가 저축량에 영향을 미친다고 케인스는 주장한다. 바꿔 말해서 "소득 – 지출이론"이라고 불리게 된 이론에 따르면 국민소득과 고용은 미래의 투자가 현재의 저축률과 균등하게 되는 지점에서 균형에 도달한다.

케인스는 분석을 진행하면서 화폐를 현재와 미래를 연결하는 고리로 인식하는 새로운 유동성 선호설을 전개해 나간다. 사업상 거래용 목적으로, 또 예측할 수 없는 우발 사태에 대비하기 위한 예비 목적으로, 또 투기목적 때문에 부를 쉽게 현금으로 바꿀 수 있는 형태로 보유하려는 동기는 교묘하게 분석되어, 불확실성이 이자율을 아주 높은 수준으로 인상해서 투자유인을 저지하는 것을 설명하고 있다. 안정적인 장기이자율과 지극히 불안정한 자본의 한계효율을 관련시킬 수 있다고 고려한다면 완전고용을 달성할 만큼 충분히 높은 수준으로 유효수요를 유지하는 데 어려움이 따른다는 것을 강조한다. 끊임없는 개인저축으로 이루어진 황금시대가 여러 번 있었음에도 세계적으로 자본자산이 부족했던 원인은 화폐의 유동성에 대해서 값비싼 이자가 요구되었기 때문이라고 케인스는 생각했다.

자본주의의 기능에 대해 이렇게 진단한 것을 기초로 하여 케인스는 더 큰 경제안정과 완전고용을 달성하기 위하여 정부간섭이라는 수단을 앞장서 이끌게 된다. 자본의 한계효율에 대하여 장기적인 견해를 취할 수 있고 전반적인 사회이익을 취할 수 있는 국가는 직접투자 수준을 정하고 관리하는 데 훨씬 더 무거운 책임을 지리라고 그는 예상한다고 말한다. 곧 현재 투자량을 정하는 일은 개인의 수중에 안전하게 맡길 수 없다. 《화폐론》에 들어 있는 자신의 견해를 부인하면서 케인스는 경기순환에 대한 올바른 구제책이, 호경기를 없앰으로써 우리들을 영구히 반(半)불황의 상태에 머물게 하는 데서는 찾을 수 없고, 불황을 제거해서 우리들을 영구히 호황과 유사한 상태에 두는 데서 찾을 수 있다고 말한다. 호황기에 높은 이자율을 유지하는 정책은 환자를 죽여서 병을 치료하는 방법이라고 케인스는 단언한다. 완전고용이 실제가 아닌 이상이라고 여기는 그러한 사고 방석은 패배주의자의 헛된 사고방식이다.

《일반이론》의 마지막 절에서 케인스는 이 책이 시사하는 몇 가지의 특징을 짤막하게 서술하고 있는데 그 서술 양식은 앞부분보다도 더 강렬하고 논쟁적이다. 그의 서술의 특성 속에는 지난날의 오만함이 분명히 약간 들어 있는데 어떤 사람들은 그것을 '터무니없는 표현'(nonsense)이라고 생각한다. [그는 그러한 표현을 '잘못된 표현'(erroneus)

이라고 바꿔서 말했다.] 그리고 또 더 많은 은유 표현도 들어 있다. 이 부분에서는 높은 이자율을 극복하고 투자와 고용을 촉진하는 실제 수단으로 중상주의, 고리대금법, 스탬프 화폐(stamped money), 그 밖에 홉슨 식 과소소비론을 주장하였고 마지막 장에서 그는 현존하는 자본주의 사회의 두드러진 결함은 완전고용을 달성하지 못하는 점과 자의적이고 불평등한 소득분배라고 주장한다. 단지 금융정책만으로서 최적투자율을 결정하기는 불충분하다. 곧 "어느 정도 포괄적인 투자의 사회화가 완전고용에 근접한 수준을 확보하는 유일한 수단이 될 것이다. 그러나 이러한 필요성이 있다고 해서 모든 타협의 방법과 계책을 배제하면 안 된다. 왜냐하면 공공 당국은 그러한 타협과 계책에 의해 민간기업과 협력할 것이기 때문이다." 국가가 생산증대에 이바지하는 자원총량을 결정할 수 있는 한, 생산수단의 소유권을 가질 필요는 없으므로 국가사회주의를 실시할 필요는 없다.

그 책의 이 부분에는 우리들이 지금 알고 있는 사람으로서 케인스에 관한 많은 증거들이 있다. 곧 자연이자율에 관하여 《화폐론》에서 범한 오류를 인정하려는 그의 자발적 의지, 그가 항상 직관을 시인하는 점, 실비오 게젤의 도덕적 자질에 대한 확인, 그리고 이성(理性)과 사상에 대한 그의 낙관적 신념 등이 들어 있다. 아마도 가장 많이 인용되고 있을 구절에서 그는 이렇게 결론을 내린다. "경제학자들과 정치철학자들의 사상은, 그것이 옳든 그르든 사람들이 보통 이해하는 것보다 훨씬 더 강력하다. 참으로 세계를 지배하는 것은 사상말고 다른 것은 별로 없다. 스스로 어떤 지식의 영향도 전혀 받지 않는다고 믿는 실제 인간들은 보통 고인이 된 몇몇 경제학자들의 노예들이다." 사상은 당장에 영향을 미치는 것은 아니라고 케인스는 의미심장하게 덧붙여 설명했다. 왜냐하면 경제학이나 정치철학의 영역에서는 "스물다섯이나 또는 서른의 나이가 된 뒤에 신이론의 영향을 받는 사람은 많지 않으나, 조만간 좋건 나쁘건 위험한 것은 한 나라의 경제활동을 지배하는 사람들이 아니라 그 사상이기 때문이다.

케인스가 일반이론에서 유효수요이론을 전개함으로써 눈부신 과학적 발전을 이룩했을 때 보통 그는 선구자이며 이러한 혁명적 견해의 창시자로 여겨졌다. 이제 그의 혁신적 이론은 과학상 복합적인 발견의 한 예로 인정된다. 왜냐하면 두 사람의 다른 경제학자들이 각각 따로 비슷한 식견과 개념화에 도달하고 있었기 때문이다. 사실 그들 가운데 한 사람인 미하우 칼레츠키*는 알려지지 않은 폴란드 경제학자로서 케인스가 전체로서 산출량에 관한 일반이론을 발전시키리라고 예견했던 것 같다. 1933년에서 1935년까지의 사이에 칼레츠키는 《일반이론》에 관한 기본개념을 포함한 논문을 세 편 폴란드어로 발표했다. 그러나 폴란드 독자들은 너무나 무식하고 또는 너무나 보수적이어서 그 논문의 독창성을 알아보지 못했다. 칼레츠키는 1933년 10월에 국제계량경제학회의 보다 더 식견이 높은 청중들에게 그의 이론을 공개했으며 1935년에는 《계량경제학》(Econometrica)지와 《정치경제학평론》에 논문을 발표했다. 그러나 이들 매체들을 통한 그의 개념 설명은 현존하는 이론의 평온한 수면에 파문을 일으키지도 못했다. 한 마디로 말하여 칼레츠키에게는 지위도, 권위도, 영향력도 없었다. 그와 그의 부인은 이듬해 록펠러 재단연구원 자격으로 스톡홀름에 가서 거기서 이제 막 출판된 《일반이론》을 읽었다. 그는 다른 어떤 사람이 자기 생각을 한마디 한마디 거의 꼭 같이 표현한 책을 읽고 있다는 섬뜩한 느낌이 들었다고 말했다. 농담마저 똑 같았다. 조운 로빈슨 교수가 그 후에 증언한 것과 같이, 공간적으로도, 정치관으로도 그리고 사회환경으로도 상당한 거리가 있었던 그 두 사람이 같은 결론에 도달했다는 사실은 크게 위안이 되는 일이었다.

---

* 미하우 칼레츠키(Michael Kalecki, 1899~1970): 거시적 동태이론의 선구자. 독점도(獨占度)의 개념을 안출하여 이를 이론적 실증적으로 취급했음. 주요 저서로는 《Theory of Economic Dynamics》(1954), 《A macrodynamic Theory of the Business Cycle》(1935).

칼레츠키는 마르크스 이론을 배경으로 출발하여 그의 이론을 공식화하는 데 도달했으며 로자 룩셈부르크*의 작품이 그의 견해를 형성하는 데 특히 영향을 주었다. 사실을 말하면 그의 이론체계는 몇 가지 점에서 케인스의 이론체계보다 더 우수하다. 칼레츠키의 이론체계는 더 동태적이고 개방경제를 취급하고 있으며, 지지할 수 없는 완전경쟁이란 가정에 의존하기보다는 불완전경쟁과 과점(寡占)에 관한 이론을 종합 분석하고 있다. 케인스는 셰클 교수가 "가치론의 수정을 요구하는 1926년의 스라파 선언"이라고 명명한 것을 무시했다. 케인스는 조운 로빈슨에게 불완전 경쟁에 관한 책을 출간하도록 격려하기는 했으나 그 문제에 거의 관심을 두지는 않았다. 나(저자)는 케인스가 그의 도서실에 로빈슨의 책을 한 권도 가지고 있지 않았다는 것을 알고 놀랐다.

《일반이론》이 나오리라고 예상했던 또 다른 사람은 잘 알려진 스웨덴의 경제학자 군나르 뮈르달이었다. 1931년 스웨덴어로 출판된 그의 《화폐적 균형론》에서 그는 케인스의 이론만큼 놀랄 만한 산출량변동에 관한 설명을 공식화했다. 《화폐적 균형론》은 그 책이 강조하는 거의 모든 연구과제에 관하여 케인스의 《일반이론》보다 앞질러 논했으나 케인스 이론이 갖는 혁명적 성취감이나 힘찬 느낌을 전달하지는 못했다고 셰클 교수는 기술한다. 이와 관련하여 볼 때 서양경제학에서 케인스 혁명이라고 명명되는 것은 당연한 일이라는 데 칼레츠키가 동의하는 것은 의미심장한 것이다. "왜냐하면 케인스의 폭넓은 시야와 재기에 넘치는 논쟁, 그리고 무엇보다도 그가 교육받은 정통파의 성채에서 그가 차지한 위치가 없었더라면 반계몽주의의 벽이 허물어지는 데 훨씬 더 오랜 시간이 걸렸을 것이다."

---

* 로자 룩셈부르크(Rosa Luxemburg, 1870~1919): 독일의 사회주의자. 폴란드에서 출생. 탁월한 웅변가이고 작가인 그녀는 독일 사회민주당의 지도자가 되었음. 대표작은 《자본축적론》(1913).

제2차 세계대전 중 칼레츠키는 상업적인 경기순환의 원인이 알려졌기 때문에 그 대신 우리들이 정치순환을 겪게 될 것이라고 예언하는 예민한 기사를 썼다. 물가가 상승하고 노동조합의 입장이 강화되는 경기의 호황국면에서 기업가와 이자생활자 측은 "건전재정"을 요청할 것이다. 그러나 그러한 정책이 실업을 증가시키거나 다음 선거가 다가올 때는, 완전고용이라는 득표 정책으로 복귀할 것이다. 그리고 "정치적 경기순환이라는 구체제"가 지쳐서 무너지면 풍요와 여가가 있는 사회에 대한 케인스의 선견지명으로부터 멀리서 들려오는 외침소리가 있을 것이다.

칼레츠키는 실의에 빠진 낙심한 사람으로서 사회주의와 자본주의에 모두 환멸을 느꼈으며, 죽기 두 해 전에 수정주의자들과 시온주의자들에게 가해진 폴란드의 억압으로 정서적 안정을 잃고, 1970년 폴란드에서 사망했다. 시온주의자들이라는 말은 유대인을 살짝 가장한 표현이다.

1946년, 케인스의 저서가 출간된 지 꼭 10년이 되었을 때 폴 새무얼슨은 그 책에 관한 논문을 한 편 써서 저자의 이전의 생애나 작품 가운데 우리들이 《일반이론》에 대한 예비지식을 갖추도록 하는 것은 거의 없다고 주장했다. 또 《일반이론》은 케인스 자신의 사상적 경향에서 스스로 발전된 개념을 표현한 것이라는 신념을 밝혔음에도 그것은 일종의 돌연변이며 기습공격을 해오는 것 같다고 새뮤얼슨은 주장했다. 《일반이론》이 케인스의 이전의 생애와 무관하다는 새뮤얼슨의 견해는 의심스럽다. 왜냐하면 잘 알려진 그의 개성의 어떤 특징들은 그 문장 속에 나타났기 때문이다. 케인스가 쇼에게 보낸 편지에 나타난 것과 같이, 그러한 특징들 가운데 그의 극도의 자신감이 배어 있다. 말하자면 공격적인 논쟁을 전개해 나가는 능력, 논리와 직관을 함께 구사하는 능력, 그의 이중성을 반영하는 것, 비판을 수용하는 성질 및 마음을 바꿀 수 있는 능력 등이다. 이 모든 특성들은 이미 고전이 된 이 최고의 작품을 만드는 데 일부분을 이루고 있었다.

케인스는 그가 다른 사람의 의견을 정열적으로 또는 감정적으로 격렬하게 공격해야 한다는 것을 알고 있었다. 그리고 보복을 피할 수 없을 것이라는 것도 알고 있었으나, 자기가 옳으며 시대는 참신한 연구 방법을 요구한다고 확신했다. 곧 케인스는 그 결과를 받아들일 준비가 되어 있었다.

《일반이론》을 작성하는 데 또한 두드러진 특징은 그가 논리와 직관을 다 함께 구사했다는 점이었다. 해러드는 그가 쓴 케인스 전기에서 경제 현실에 대한 새로운 분류법이나 신모형을 만들 수 있도록 한 것은 지극히 발달된 그의 논리적 사고 능력이었다고 강조했다. 반대로 케인스가 다음과 같이 설명했던 것처럼, 그의 이론체계의 주요 변수를 고안하고 개념으로 만들 수 있었던 것은 논리적 사고 능력이 아니라 상상력이었다. "나에게 역사적으로 가장 독특하게 생각되는 일은 총체적 산출량에 대한 수요공급의 이론, 곧 고용이론이 사반세기 동안 경제학에서 가장 많이 논의된 후 완전히 사라진다는 것이다. 《화폐론》이 출간된 뒤 내가 느끼는 가장 중요한 변화의 하나는 이러한 것을 갑자기 실감하고 있다는 것이다. 소득이 증가할 때 소득과 소비의 차이도 증가할 것이라는 심리학 법칙, 곧 다른 어떤 사람에게도 이와 꼭 같이 표현했는지는 분명하지 않지만 내가 생각하기엔 굉장히 중요한 결론을 내 자신에게 선언한 직후에 그러한 자각이 들었다. 그러고 나서 유동성 선호의 의미가 되는 것으로서 이자에 대한 개념이 약간 떠올랐는데 내가 그 유동성 선호의 개념에 대해서 생각하는 순간, 그 개념은 내 마음에서 아주 분명해졌다. 그리고 지난 가을 뒤섞여 있는 엄청나게 많은 원고 초안을 정리한 뒤 자본의 한계효율에 관한 적절한 정의가 서로서로의 개념을 연결했다."

케인스가 《일반이론》의 저술을 완성했던 것은 그의 표현방법 때문에 쉬운 일로 보일지 모르지만, 지금까지 보았던 것과 같이, 그 일은 다만 상당히 많은 부담을 느끼면서 성취되었을 뿐이다. 셰클이 말한 대로 거의 나이 쉰에 다시 시작하여 참신하고 더 복잡하고 세련되며 엄밀한 그리고 사람을 감동시키는 방법으로 걸작을 쓴다는 것은 영웅적인 일이며 피로하게 하는 일이다. 그 일은 정말 문자 그대로 거의 치명적이다.

또 한 편의 케인스의 이중적 성격, 다시 말하면 다른 사람의 비평과 견해를 수용하는 성품도 《일반이론》이라는 창작물 가운데 또한 분명히 나타나 있다. 능동적인 동시에 피동적이 되는 이러한 능력은, 천재들에게 꼭 필요한 자질로서 콜리지는 그러한 자질을 그의 전기문학에서 강조했다. 케인스가 순회토론회의 비평과 칸의 비평, 로빈슨이나 기타 다른 사람들의 비평을 신뢰했던 것으로 보아 확실히 그는 이러한 능력을 소유하고 있었다. 때때로 《일반이론》에 대한 눈부신 발견에는 매우 많은 집단적 노력이 들었으므로 그것을 성취해낸 공을 독차지하기가 어렵다는 생각이 든다. 그 문제에 관한 한 토론회에서 새뮤얼슨은 케인스가 "리처드 칸을 위하여 신(神)이 보낸 산파역"이 아닌가 하는 의문을 제기하기조차 하였다. 그러나 그 책의 창작에 참여했던 사람들은 오히려 칸이 케인스를 완전하게 돋보이게 하는 사람이었으며, 칸 그 자신은 설득력은 말할 것도 없고 그러한 혁신적인 작품을 쓸 수 있는 독창적인 상상력이 없는 사람이었다고 대체로 생각하는 경향이 있었다. 그 당시에 케임브리지에서 그 책의 창작 과정에 매우 밀접한 관계를 맺었던 사람은, "비판적 재능과 정력과 끈기, 직관적 인식력 등 매우 자질이 다른 여러 명으로 이루어진 집단이 그러한 자질을 가진 어떤 한 사람보다 무한히 더 강력하다는 생각이 나에게 분명해 보인다"고 서술했다.

《일반이론》을 집필하고 있을 때 그 창작 과정의 선두에 섰던 한 경제학자는 그 과정에서의 비정상적인 인물들의 역할을 강조한다. 오스틴 로빈슨은 "1930년부터 1931년까지의 케임브리지는 개성이 독특한 사람들, 곧 케인스 그 자신과 피구, 로버트슨 그리고 스라파와, 내가 이름을 열거할 필요가 없는 그 밖의 다른 사람들이 들어 있는 정신병원과 꼭 같았다. 그러나 내 마음을 끌었던 것은 경제학이 어떤 의미에서 매우 비범하고 비정상적인 사람들의 혜택을 너무나 크게 입었다는 것이다. …… 경제학에서 진실로 독창적인 작품이 그러한 사람들에게서 나왔다는 것에 나는 전혀 놀라지 않는다"고 말했다. 이 인용문을 발췌한 논평에서 로빈슨은 케인스의 독특한 개성을 서술하지는 않았으나 사람들은 그가 전에 케인스의 남녀 양성적인 성질을 넌지시 언급했던 것을 기억할 수 있다. [그러나 그때 로빈슨은 그러한 성질을 "사물의 원형(原型)에 대한 거의 본질적이고 필연적인 여성적 인식"이거나 "케인스를 평범한 인간들과 아주 기본적으로 다르게 하는 대조되는 자질들의 기묘한 결합"이라고 부르지는 않았다.] 여러 해 동안 케인스와 매우 가까운 관계를 맺었던 사람의 증언을 근거로 하여 볼 때 이러한 비정상 요소가 《일반이론》의 창작에서 또 하나의 본질적 요인이 되었다.

《일반이론》은 1920년대와 1930년대의 서양세계가 당면했던 경제문제에 케인스가 깊이 개입한 결과로 나타난 산물이었다. 지금까지 우리들이 고찰했듯이 그의 관심은 순수이론보다는 주로 경제정책에 있었으며 특히 실업문제에 있었다. 방법론적인 견지에서 그의 작품을 이해하려면 사람들은 '실제적인' 이론을 구축하는 데 그가 어떻게 그의 역사적 창작력을 구사했는지를 알아야 한다. 분석적 이론 또는 순수이론과는 대조적으로 실제적 이론은 특정한 시간과 장소를 위한 경제규칙을 종합적으로 설명하려고 한다. 실제적 이론은 분석적 이론과 일치하려고 노력하지만 한편으로는 상호관련성 및 실제적용을 위하여 엄격한 논리 또는 논리적 정밀성을 포기하려고 한다. 앨프리드 마셜은 그의 경제학에서 정태적 분석방법과 동태적이고 실제적인 연구방법을 결합하려고 노력했다. 마셜을 추종하는 많은 경제학자들은 그의 사상이 애매모호함을 불평했으나 그 애매모호함이 제거되었을 때 "마셜의 방법의 기초를 이루는 실제적 풍미도 사라졌다." 케인스는 그 스승의 방법과 그 자신의 직관적 능력에 굳건한 기초를 두고 실업이라는 절박한 문제와 매우 깊은 관련이 있는 유용한 실제적 이론을 《일반이론》에서 전개했다. 케인스는 한 번에 한 가지씩 가정을 수정하는 대신에, 그가 투자의 변동을 소득 및 고용의 변동에 관련시키는 데 주의를 집중할 수 있도록 여러 가지 전략적 불변요인들을 취함으로써 유용성을 위해서 분석적 정밀성을 희생시켰다. 케인스의 이론은 단지 특정한 시간과 장소에서의 경제를 위하여 쓰였다. 어떤 의미에서 그 이론은 역사적 중요성을 띠고 있었다. 그 이론은 안정적[또는 하락하는] 물가와 높은 실업 및 금융시장에 특유한 장치를 가진 자본주의 경제와 주로 관련되었다. "필요할 때 그는[케인스] 경제조직을 움직이는 사람들의 신념에 대한 직관적 판단과, 제도적인 사실에 대한 우연한 관찰 및 이러한 것들을 결합한 개념을 당장에 유용한 정책 처방 속에 포함시켰다."

뒤에 슘페터는 케인스가 일시적인 역사적 상황에 관한 기초이론으로 구성되어 있는 리카도 학설의 악덕을 범했다고 비난했다. 역사적 시간 속에서 인식된 기대치에 의존하여 투자를 행한다는 이론을 전개함에 있어서 케인스는 사실상 제한적이고 비현실적인 장기균형에 관한 개념으로부터 벗어나고 있었다. 조운 로빈슨 교수가 주장하는 것과 같이, 리카도 경제학에서의 정태이론은 균형이론이 아니라 만약 영국이 곡물조례*를 폐지하고 그에 따라서 실질임금을 인하하지 않으면 조만간 자본축적은 끝장나게 될 것이라는 무서운 경고였다. 케인스 또한 마찬가지로 총투자가 높은 수준에서 유지되지 못하면 그 결과 발

---

* 곡물조례(Corn Laws): 영국에서 곡물의 수입에 무거운 세금을 부과하던 법률. 1846년에 폐지됨. 국내 농업생산자들에게는 유리하고 비싼 수입농산물을 원료로 사용하는 공업 생산자들에게는 불리했던 조례임.

생하는 실업으로 말미암아 자유기업과 민주주의는 궁극적인 파멸을 맞을 것이라고 사실상 주장하고 있었다.

마셜 경제학과 런던 시의 금융제도의 기능에 관한 상세한 지식에 분석의 기초를 두고 케인스는 독립적인 미시경제 이론의 도움이 없이 실업이라는 거시경제적 문제의 실제 해결책을 고안해 냈다. 그는 승수이론에 함유된 동적 종합작용을 통하여 정태적 가치론과 동태적 투자론을 합해서 하나의 통일된 이론으로 짜맞추었으며, 그 이론체계가 갖는 몇가지 본질적인 동적불균형의 속성을 포착했다. 그러므로 천재에게 흔히 있는 일이지만 이러한 실례에서 보는 그의 독창성은 완전히 새로운 발견에 있다기보다는 여러 가지 요소를 재결합하는 능력으로 이루어졌다.

《일반이론》의 기초개념을 과학적으로 발견했던 일이 우연히 일치했음을 위에서 검토했지만 이때 케임브리지에서 우연히 일치했던 실례가 또 한 건 있었는데, 이 경우는 경제학의 혁신과 예술계의 혁신 사이에 일어났다. 1936년 1월 케인스는 그의 어머니에게 이렇게 썼다. "책은 제 손을 떠나서 2월 4일 출판될 것입니다. 극장은 2월 3일 문을 엽니다." 《일반이론》을 집필중이었던 바로 그 수년 동안 고안하여 실험했던 케임브리지 예술극장을 그는 말하고 있었다. 예술에 대하여 그가 관심을 보였던 몇 가지 측면을 이미 살펴보았지만, 그 밖에 그가 다른 활동에 쏟아야 했던 엄청난 시간을 고려할 때 예술에 대하여 관심을 갖고 전념했던 일이 어떻게 시작되었으며 어떻게 발전했는가를 검토하는 것은 가치 있는 일이다. 많은 예술 사업에서 그의 동료가 되었던 조지 라일랜즈는 이 신비스러운 일에 대하여 세 가지 단서를 주었다. 첫째는 케인스가 워즈워드 파의 시인이었고 러스킨과 페이터,*

---

* 월터 페이터(Walter Pater, 1839~1984): 영국의 수필가. 비평가. 세련되고 정교한 문장을 구사했음. 주요 저서: 《Masiuo and Epicurean》, 《Imaginary Portraito》, 《Greek Studies》.

아널드 추종자였다고 그는 지적했다.

모든 예술은 즐거움을 창출하는 데 바치는 것이라는 실러의 선언을 아널드가 찬성하는 데에 케인스도 같은 의견이었다. 케인스는 감미롭고 밝은 것에 대한 믿음을 가졌으며, 돈이란 쓰려고 있는 것이라고 믿었듯이 이 세상에 존재해 왔던 사상과 저술은 최대한 전파해야 한다는 믿음도 가지고 있었다. 그는 이제는 빛바랜 표어인 그 '문화'라는 말에 대하여 신념을 가졌다. 둘째로 케인스는 자기보다 연하인 덩컨, 로저 프라이, 바네사 벨, 그리고 무용극을 통하여 그를 연극의 세계와 그것에 관련된 음악과 무대설계의 예술에 더 밀접하게 해준, 지금의 리디아와 같은 예술가들에게 우정을 느끼고 있었다. 셋째로 케인스는 창조적인 예술가가 되고 싶었을 것이다. 그는 훈련된 지성을 이용하여 모든 일을 할 수 있었던 것처럼 보였다. 그러나 여기에 한 가지 신비스러운 것이 있었다. 여기에 대단히 중요한 어떤 것이 있었으니 그것은 모든 것 중에서 최고의 것이었다. 곧 그것은 창조적인 천재성을 지닌 소수의 인간들만을 포용하는 세계였다. 작가로서 케인스는 그러한 세계로 들어가는 문을 열 수 있었다.

오늘날 케인스가 예술에 관계했던 두 가지의 실체적 기념물이 남아 있는데 그것은 그의 그림 수집품과 케임브리지 극장이다. 그 가운데 케임브리지 극장의 유래는 상당한 중요성을 갖는다. 1933년 카마고 무용극회*의 일이 기울어졌을 때 리디아와 조지 라일랜즈와 그는 케임브리지에 극장을 세울 계획을 검토하기 시작했다. 이듬해 여름 그들은 지난해 그 시(市)에 영화관을 열었던 노먼 히긴스를 그들의 토의에 끌어들였다. 그 당시에 케임브리지에는 많은 영화관이 있었으나 본격적인 극장은 단 한 군데도 없었다. 케인스는 히긴스에게 그의 영화관을

---

* 카마고 무용극회(Camargo Ballet Society): 1930년 케인스 부부가 시작한 무용극회.

닫고 이 새로운 사업의 총지배인 자리를 맡아줄 것을 제안했다. 그런 다음 그는 킹스 칼리지의 회계관 노릇을 하면서 그 시의 한 중앙에 장소를 정하고 건축가들과 지방 건설업자들을 고용해서 한 개인 회사로 그 예술극장을 등록했다. 그는 또한 대부분의 출자금을 내고 건축비가 처음의 예상치를 초과했을 때 거기에 더하여 그 회사에 무이자 대출을 제공했다.

그 사업이 진행될 때 건축하는 일에 대한 그의 관심은 '포괄적'이어서 아무리 세밀한 사항도 그의 개인적 관심 밖에 있는 일은 없었다. 케인스는 극장 안에 있는 분장실이 후원자들을 위하여 극장의 앞줄에 설치하는 편의시설처럼 안락해야 한다고 주장했다. 케인스는 리디아와 함께 물건 사러 가는 여행을 떠나서 식당에 사용하기 위하여 프랑스 산 리넨을 골랐다. 식당을 두어야 한다는 생각은 또 하나의 그의 착상이었다. 왜냐하면 연극 구경을 자주 가는 문명인들은 극장 건물 안에서 식사를 할 수 있어야 했기 때문이다. 이러한 식당은 또한 생활의 기법을 가르칠 기회를 제공하고 또 대학생들에게 강한 알콜 음료 대신에 포도주를 마실 기회를 줄 것이다. 그 후 후원자들이 샴페인을 충분히 많이 마시지 않는다는 것을 알았을 때, 그는 평소와 같이 샴페인에 50퍼센트의 이윤을 붙이지 말고 그 비용에 소액의 이윤만을 추가하도록 제안했다. 1년이 지나서 그동안 샴페인은 이익을 내면서 더많이 팔렸지만 백포도주의 총이익은 감소했다는 것을 발견하고는 그가 단기간 시도했던 가격차별 정책을 조심스럽게 중단했다.

오랜 시일을 끈 뒤, 1936년 초 케임브리지 예술극장은 문을 열고 '빅-웰스 발레단'의 성대한 공연을 무대에 올렸으며 그 뒤를 이어 이튿날 저녁에는 거기서 영화 상영이 있었다. 케인스는 극장의 설립목적을 상연표에 이렇게 썼다. "케임브리지 예술극장의 목적은 대학교와 시(市)의 연예(演藝)를 위한 것입니다. 그 이름이 그러한 것을 말해 주고 있으며 건축가들이 만든 오각형의 관람석은 케임브리지의 가정에 연극, 가극, 무용극, 음악, 그리고 영화 등 다섯 분야의 예술을 제공하는 극장의 목적을 상징합니다. 어떠한 상설극단도 유지하지 않겠지만 그러나 이 극장과 극장기구는 적어도 네 종류의 제작물을 감상하실 기회를 제공할 것입니다.

실제로 그 극장 사업이 시작된 초기에 대중의 반응은 거의 단속적으로 나타났다. 무용극인 '새들러스 웰스 오페라'(Sadler's Wells Opera)와 몇 편의 '웨스트 엔드'(West End) 제작물이 만원을 이룬 관객을 끌어들였으나 다른 무대 제작물들과 영화들은 단지 그 극장 관람석의 일부만을 채운 관객을 유치했을 따름이었다. 그러나 제2차 세계대전 중 런던에서 철수하여 온 군(軍)과 정부관계 종사자들이 그 공연을 보러 떼를 지어 몰려들었고 케임브리지는 전에는 결코 누릴 수 없었던 극장 입장요금을 거두어 들이는 기쁨을 얻었다. 그 극장의 성공은 확실해졌다.

일단 일이 효력을 발휘하면 그 일이 작용하는 모든 분야에 관한 케인스이 관심은 만족할 줄 모르고 그지없었다. 그는 식당 이익의 통계치와 공연수입금, 낮공연 때 주는 아이스크림, 심지어 커피잔에까지도 흥미를 느꼈다. 성대한 개관기념 공연 뒤 첫 무대 상연물은 입센이 쓴 희곡 네 편, 곧 《인형의 집》, 《헤다 가블러》, 《로스메르홀름》 그리고 《건축가 솔네스》 등이었다. 그 가운데 두 편은 리디아가 주역을 맡았다. 케인스는 이 희곡들에 대한 매우 흥미 있는 안내서를 썼는데 그것은 거의 철학 논문과 같았다. 그가 옛날 노르웨이 극작가의 작품에서 느꼈던 매력이 그 안내서에 분명히 들어 있다. 그는 이 네 편의 희곡이 그 시기의 가장 의미심장한 사회 현상, 곧 현대여성의 출현에 대한 해설서라고 생각했다. 그는 그 희곡들 속에 들어 있는 입센의 상징들을 검토하고, 그 상징들이 북극지방의 초자연적인 신비와 마법, 바이킹*

---

* 바이킹(Viking): 8~10세기까지 유럽 연안을 약탈한 스칸디나비아의 해적.

과 트롤 거인,* 그리고 우리들의 어린 시절에 북구의 민속과 동화를 통해서 우리들 모두가 상상하는 세계의 일부분이 되어 있는, 나무뿌리들 사이를 달려 다니는 작은 협력자들과 봉사자들을 시사한다고 말했다. 사람들은 여기서 다시 그의 어린 시절에 읽었던 이들 동화가 위력을 떨치고 있고 또 그것이 아직도 얼마나 생생하게 그의 마음속에 들어 있는가를 알 수 있다.

케인스가 대중을 위하여 예술을 장려하고 준비하는 데 점점 더 많은 관심을 보였던 또 하나의 증거는, 1936년 여름에 예술과 국가의 관계에 대하여 영국방송협회(BBC)에 보냈던 중요한 방송프로였다. 그는 이 담화에서 그리스와 로마와 같은 고대세계는, 사람들이 빵과 마찬가지로 서커스도 필요로 한다는 것을 인정했다고 지적했다. 그 후 시대에 들어서 로마가 망한 뒤 교회와 국가는 예술작품을 창작하고 웅장한 건물을 건립하는 일을 후원하고 재정을 지원했다. 18세기와 19세기 초에 부유한 귀족들은 개별적이고 축소된 방식으로 계속해서 이러한 역할을 수행했다. 그러나 18세기에 발생, 19세기에 절정을 이루었으며 아직까지도 널리 보급되어 오늘날 우리를 지배하는, 국가의 기능에 대한 새로운 견해가 나타났다고 그는 말했다. "이 견해는 대개 유일하고 존중할 만한 사회의 목적으로서, 실용적이고 경제적인 [사람들은 대부분 금전적이라고 말할지도 모른다] 이상이었다. 그것은 아마도 이제까지 문명인들의 귀에 들렸던 가장 두려운 이설(異說)이었다. 빵이고 단지 빵일 뿐이다. 그리고 빵조차도 아니다. 복리(複利)로 쌓여서 돌이 된 빵이다." 시인들과 예술가들이 가끔 이 이설에 대하여 항의했지만 신분이 높은 인사들 가운데서는 빅토리아의 앨버트 공(公)**이 유일하게 마지막으로 항의한 사람이었다. 인색한 재무성의 견해가 이론과 실제를 풍미했다. "우리들은 국가가 극히 적은 돈이라도 비경제적인 목적에

---

* 트롤(Troll) 거인: 스칸디나비아 전설에 나오는 동굴 또는 야산에 사는 거인.
** 앨버트 공(Prince Albert, 1819~1861): 1840년 영국의 빅토리아 여왕과 결혼했음.

소비하는 것은 절대적으로 사악한 일이라고 우리들 자신을 설득했다." 심지어 교육과 공공보건 비용마저도 국가가 지불한다는 이유로 다른 경제적 명목 속으로 기어들어갈 뿐이다. "오로지 한 가지 방식의 계산되지 않는 지출만이 모험적인 시대, 곧 전시(戰時)에 존속한다. 그리고 그러한 지출마저도 때대로 경제적인 것이라고 주장한다.

영국은 국가가 악용한 이론 때문에 시달렸다고 주장하면서 케인스는 자연환경을 경시한 점, 무엇과도 바꿀 수 없는 국가적 기념물을 돌보지 않는 점, 그리고 보통 사람들에게 어떤 공동체 의식을 주는 공공의식과 흥행과 연예를 베풀지 못한 점을 계속해서 애석하게 생각했다. "대중 연예인들의 타고난 재능을 돈을 버는 데 악용함으로써, 그들을 착취하고 그에 따라 그들을 파멸시키는 일은 현대 자본주의가 저지르는 더욱 나쁜 범죄 가운데 하나라고 그는 더욱 힘주어 선언했다. 그러나 국가가 어떻게 그러한 역할을 가장 잘 할 수 있는지는 말하기 어려운 일이라는 것을 그는 인정했다. 아마도 시행착오를 겪으면서 배우는 것이 필요할 것이다. 그러나 현재의 제도보다 더 좋은 어떤 제도가 있을 것이다. 은밀하게 진행해야 하는 점이 있다고 하더라도 BBC는 국가가 운영하는 가장 크고 가장 성공적인 대중연예의 한 형태라고 예를 들면서 그것은 재무성이 압도적으로 많은 세금을 가지고 음악, 가극 및 모든 종류의 무대예술을 불리하게 하고 있다는 일반원칙에 관한 극단적인 실례가 될 뿐이라고 그는 말했다.

러시아나 독일, 이탈리아와 같은 독재주의 국가들은 그들의 힘을 길러주는 근원이 되는 방법으로 대중연예를 이용하고 있다고 주장하면서 대중연예는 결속에 대한 인간적 갈망을 어느 정도 만족시키는 대체수단이 될 수 있기 때문에 대중연예가 없으면 민주사회가 허약해지는 원인이 된다고 그는 생각했다. 케인스는 환경파괴를 방지하고 값진 국가 기념물을 보존하는 데 공공장소를 사용해야 할 것과, 둘째로 다음에 올 불황을 피하고 국가와 주요 도시를 재건하는 데 어떤 계획을 준비해야 한다는 것을 권고하면서 결론을 맺었다. 실례와 같이 그는 주 청사에서부터 그리니치에 이르기까지 템스강 남안에 있는 런던의 건물 대부분을 헐고 그 대신 이 세상에서 가장 화려하고 가장 널찍하며 건강에 좋은 노동자계급의 숙소를 지어야 한다고 촉구했다. "어째서 런던 전체가 세인트 제임스 파크와 그 주변과 똑같을 수가 없는가" 하고 묻고는 만일 노동력과 자재를 사용할 수 있다면 그러한 위업을 달성하는 데 어떤 정당한 재정 장애도 있을 수 없다고 힘차게 주장했다. 그가 감정에 호소하여 예술과 국가의 관계를 새롭게 설정할 필요가 있다는 생각을 하게 된 것은 전후 수년간 이 분야에 관하여 그가 쓴 작품 속에서 충분히 알 수 있었다.

1930년대 중반 현재 그는 더 폭넓고 더 창조적으로 그러한 사업을 하는 데 몹시 바쁘게 움직였다. 왜냐하면 그가 즐겨 말했던 것과 같이 시간의 날개를 단 전차가 냉혹하게 전진하고 있었기 때문이다. 1937년 8월 그는 지독한 심장병에 걸려서 웨일스에 있는 러신 성(城)으로 옮겨가 전문의의 치료를 받지 않으면 안 되었다. 그가 거기에 있을 동안에도 그와 케임브리지 극장에 있는 그의 동료들은 그 극장의 소유권을 자선신탁(慈善信託)에 양도할 계획을 마쳤다. 이 계획 아래에서 그는 보유했던 보통주식 전부를 그 자선단체에 양도했다. 그리고 그 수탁자들이 5000파운드의 무배당 우선주를 구입하는 것에 동의했다. 케임브리지 시장과 그 대학의 부총장에게 보낸 편지에서 그는 자신의 기증품을 어떤 의미에서 반세기 이상 그 대학과 그 시(市)를 위하여 봉사했던 부모님에게 드리는 기념물로 생각한다고 밝혔다. 이리하여 그의 뒤에 오는 다른 사람들이 자기가 그 극장에서 그렇게 오랫동안 맛보았던 아름다운 영감 그리고 상상 속의 즐거움을 향유할 것이라고 그는 확신했다.

13장 평화시와 전시의 경제개혁

천재들은 매우 독특하다.
† J. M. 케인스

1936년 봄, 《일반이론》이 출판된 뒤 킹스 칼리지 회계관이자 《이코노믹 저널》의 편집자로서의 일상 업무를 제외하고는 케인스는 그의 새로나온 책을 재검토하고 해설하는 데 열중하였다. 그는 처음에 마음을 다른 방향으로 돌리고 싶은 생각이 들었으나 3월 초순까지 재무성의 경제학자이며 집요한 호트리와 편지를 주고받으면서, 그 책이 출간되기 전에 호트리가 보낸 긴 편지에 답장을 썼다. 그는 친구인 제럴드 셔브와 같은 경제학자들에게서 지지를 받고 있었으며 전에 그의 학생들이었던 몇몇 경제학자들과 의문이 생기는 문제점들을 검토하고 있었다. 오래 끌어온 호트리와의 서신교환을 끝낸 뒤 그는 드디어 "내가 어떤 말을 하더라도 그 말은 당신의 눈을 뜨게 할 수 없을 것이라고 확신합니다. 나는 내 논거의 진실성에 대하여 말하는 것이 아니고, 내 논거의 본질이 옳건 그르건 실제로 어떠한 것인가에 대하여 말하는 것입니다. 나는 우리들이, 둘 가운데 어느 쪽도 이러한 교신을 더 이상 계속해야 하는지 의심스럽군요"라고 호트리에게 말했다. 실망한 케인스는 다시 조운 로빈슨에게 그 재무성 관리를 다루는 방법에 대하여 조언을 부탁했다. 그 뒤로 케인스는 스스로가 인정하는 몇몇 애매모호한 점과 비평을 다루면서 《일반이론》의 각주에 해당하는 것을 만드는 문제를 궁리하고 있었다고 호트리에게 말했다. "물론, 사실상 그 책은 전부 다시 고쳐 쓸 필요가 있어요. 그러나 나는 아직 그렇게 할 만큼 충분히 사고방식을 바꾸지 않았습니다."

《일반이론》이 경제학 전문가들에게 준 충격은 줄잡아 말해도 상당히 컸지만 많은 전문가들이 그 책의 이론을 모두 터득하는 데는 시간이 걸렸다. 대다수의 의견은 찬성이었지만 그 이론에 의심을 품는 사람들도 있었다. "우리들이 개혁운동에 참여하는 케인스 씨의 열의를 아무리 찬양한다고 하더라도 그의 최근의 작품은 학회원들에게는 단지 불황기의 박물관에 진열하는 흥미로운 전시품으로만 남을 것 같다. 권위에 호소함으로써 그의 허울 좋은 논리를 지지할 수 있을 통화팽창주의자들에게는 그 책이 편람(便覽)으로서 역할을 할 것이다."

심지어 나중에 미국의 지도적인 케인스파 경제학자가 되었던 앨빈 한센 교수와 같은 경우에도 처음에는 그 책을 매우 비판했다. 《일반이론》이 출판된 뒤 10년 동안에 주요 전문 학술잡지에서 그 책을 논평하고 설명한 기사는 모두 합하여 300편이 넘었는데, 이 숫자는 단행본과 그 책에 관한 전공논문은 계산에 넣지 않은 것이었다. 이러한 출판물이 나왔던 초기에 케인스는 그의 저서에 관한 이들 몇 가지 초기의 해설을 검토하느라 바빴다. 윌리엄 비버리지 경이 그 책을 비평했으며, 존 힉스 교수는 〈케인스 씨의 고용이론〉과 〈케인스 씨와 고전학파〉라는 유명한 논문 두 편을 썼다. 해러드 교수도 그러한 비판에 대하여 공감하는 기사를 썼기 때문에 케인스는 그 비판적인 반응에 관해서, "경험으로 볼 때, 비판자들은 어떤 것으로도 그들의 의견을 바꿀 수 없는 나이 든 사람들과, 적절한 교육을 받지 못하여 어떤 것도 별로 믿지 않는 젊은 사람들로 나뉨을 알 수 있을 것 같다"고 논평하게 되었다.

회고하건대 젊은 경제학자들에 대한 케인스의 논평은 지나치게 냉소적이었던 것 같고, 미국 경제학자들에 대해선 특히 그랬다. 사실 갤브레이스 교수와 브루킹스 연구소에 있는 허버트 슈타인 교수, 그리고 미국의 경제학자 로버트 래커먼 교수가 과거 수년간 자세히 말한 것과 같이, 그의 개념은 그들에게 비상한 충격을 주었다. 폴 새뮤얼슨은 그 뒤 1936년의 졸업생들 가운데서 그와 동년배의 몇몇 경제학자들이 《일반이론》에 대하여 보인 반응을 가장 생생하게 묘사했다. "그 동틀 녘(이 책이 처음 출판되었을 때)에 살아있다는 것은 축복이고, 젊다는 것(젊을 때 이 책을 읽는다는 것)은 그것이 바로 천국과 같은 열락(悅樂)이다." 새뮤얼슨은 그때 그러한 심오한 환희를 공감하지 못했으나 다른 경제학자들은 그랬다. 《경제재건》의 저자 케네스 볼딩 교수는 《일반이론》보다 먼저 출간된 케인스의 작품에 대하여 그가 열광적으로 느겼던 일을 이렇게 회상했다. "나는 대학생으로서 1931년에 케인스의 《화폐론》을 흥분하여 읽었던 일을 결코 잊지 못할 것이다. 그 책은 서투르고 조급하게 쓴 책이며 대부분의 이론구조는 이제 버림받았다. 그러나 당시의 젊은 독자들에게 그것은 다리엔(파나마와 콜롬비아의 중간에 있는 카리브해의 만)에 우뚝 솟은 봉우리와 같이 미지의 바다에 대한 전망을 열어주었다. 동틀녘에 살아있다는 것은 유쾌한 일이며, 젊다는 것은 그것이 바로 천국과 같은 열락이다."

사람들은 얼마나 많은 경제학자들이 그렇게 시적이었던가 하는 것에 대하여 이상하게 생각하겠지만, 에릭 에릭슨이 우리들에게 밝혀준 것과 같이, 젊은 경제학자들은 흔들리는 자신들의 주체성을 지지할 이념을 너무나도 절실히 필요로 했으며, 또 이들 젊은 경제학자들이 아마도 아무런 차이 없이 같은 생각이었다는 것은 의문의 여지가 없다. 심각하고 총체적인 경제위기를 맞아 케인스의 견해와 통찰력은 그들의 마음속에 깊은 반향을 일으켰다. 그리고 관습에 얽매이지 않은 그의 생활태도와 개성은 아마도 그들에게 상당히 카리스마적인 호소력을 지녔다. 그의 책은 혁명적 특징을 나타내고 있지만 그들의 개성상 필요한 점을 충족시킨 중도 이념을 구현했다. 그 이념은 결핍이라는 비관적 가정을 배격하고 풍요라는 낙관적 전망에 그 기초를 두었다. 곧 혼합경제의 수단으로 이룩한 완전고용을 통하여 잠재적 풍요 속의 가난이라는 모순은 극복될 수 있다는 것이었다. 그 이념은 미래에 대한 유연한 견해를 미결 상태로 놔두고 한편으로 한 단계 더 높은 합리적 경제생활을 향하여 진일보한 것 같았으며, 대량생산과 대중민주주의의 성장이라는 당대의 필요조건에 들어맞는 높은 수준의 소비를 의식적·계획적으로 달성하기 위한 조치와 같았다. 슘페터는 케인스가 다만 "일정한 시간과 일정한 국가의 독특한 역사적 상황이라는, 실제로 절박한 사정에 국한된 의미만을 과학적 보편진리인양 전달하는" 리카도 학파의 악덕으로 복귀하는 것을 비판했다. 그러나 완전고용을 통하여 풍요에 도달할 수 있다는 케인스의 전망은, 역사적 상황에 대한 예리하고 독창적인 평가에만 그 근거를 두고 있는 것이 아니라 일련의 강력한 경제적 이해관계와도 양립할 수 있었으며, 그러한 전망은 발전과 국가의 경제성장이라는 오래된 이념에 새로운 활력을 불어넣게 되었다.

존 케네스 갤브레이스* 교수가 말한 것과 같이, 미국에서는 하버드 대학이 케인스 사상의 잠재적 지지자들에게 그 사상을 전파한 제일 중요한 학술 기관이었다. 그 학교의 앨빈 한센 교수와 세이모어 해리스 교수는 그 스승의 사상을 알리는 데 지칠 줄 모르는 제자들이었으며, 캐나다에서는 예를 들면 로버트 B. 브라이스와 같은 다른 학자들이 똑같은 일을 하고 있었다. 〈미국 민주주의를 위한 경제계획〉이라는 젊은 케인스학파 선언이 1938년 10월에 나왔다. 그리고 조금 지나서 경제문제를 집중적으로 연구하기 위하여 청문회를 열고 있었던 임시 국가경제위원회가 그 새로운 사상을 더 널리 공표했다. 그해 12월 한센 교수는 미국경제학회 회장으로서 한 연설에서, 미국은 아마도 '장기간 불경기' 또는 경제적 성숙으로 고통받고 있으며 따라서 상존하는 소비 부족으로 어려움을 겪을지도 모른다는 명제를 강조했다.

이러저러한 그 시대의 사태진전으로 볼 때 미국에서 그 당시 케인스 경제학을 수용하는 데 정도의 차이가 있었던 것은 분명하다. 어떤 사람들은 단지 기본 이론 측면에서 케인스 경제학을 해석하는 학자들이었으며 다른 사람들은 경기순환론의 입장에 서는 케인스파 경제학자들이었다. 더구나 또 다른 경제학자들은 줄곧 경기침체이론을 견지했다. 전반적으로《일반이론》이 출판된 뒤 이 수년 동안에 케인스 경제학에 대한 광범한 변환이 있었고, 더 보수적인 사업계로부터 수많은

---

* 존 케네스 갤브레이스(John Kenneth Galbraith, 1908~2006): 미국의 경제학자. 캐나다 온타리오 주에서 출생. 하버드 대학 교수, 인도대사(1961~1963) 역임. 주요 저서로는 《풍요한 사회》, 《새로운 산업국가》, 《불확실성의 시대》 등이 있다.

논쟁과 비난이 일었다. 많은 기업가들과 또 다른 사람들은 1936년 선거운동 전과 그 선거운동 기간에 루스벨트 행정부의 공공지출 정책을 매우 비판하였으므로, 어떤 경제학자가 적절히 그러한 사실을 표현하는 것과 같이, 케인스와 뉴딜정책은 실제로 어떤 사람들에게는 신성을 모독하는 것과 동의어가 되었다. 루스벨트 대통령이 마지 못해 케인스 학파에 속하는 인물이 되었던 것은 확실한 사실이지만 1940년까지는 케인스 사상이 젊은 경제학자들의 연구분야를 대부분 휩쓸었으며, 그들 가운데 많은 사람이 뒷날 워싱턴의 정책결정 위원회에서 고위직을 차지하게 되었다.

1936년 봄에 케인스는 틸턴에서 여느 때보다 더 많은 시간을 보냈다. 집을 개축하여 방을 늘렸으며 그는 더 많은 토지를 취득했다. 그러나 아직까지는 그가 그 땅을 어떻게 해야 할지 몰랐다. 그동안에 외국의 사정이 더 불길한 징후를 띠었으나 그는 독재국가들의 목표에 대해서 낙관적인 견해를 취하는 경향이 있었고, 또한 산적과 같은 강국들이 영국의 이익을 직접 침해하지는 않으리라고 생각했으나 세계의 여러 곳에 있는 다른 약소민족에게는 위협적인 존재가 될 것으로 보았다.

그해 여름에 케인스는 '유동성 선호에 대한 더 깊은 성찰'이라는 제목으로 스톡홀롬에서 강연할 준비를 했다. 그 강연에서 그는 자신의 이론과 정통파의 이론을 구별하려고 시도했다. 그와 리디아는 초가을에 스웨덴과 러시아로 방문차 떠났다. 그들은 집을 떠나 있던 12일 가운데서 8일 밤을 여행하고 있었지만 매우 편안한 휴일을 보냈다. 케인스는 느린 교통수단을 좋아했고 느리게 간다고 특별요금을 받는 특별열차가 있어야 한다고 생각했다. 이 여행을 하는 동안 그는 조운 로빈슨이 쓴 《고용이론》과 그녀가 "어린이용 책으로 썼다고 말한" 《고용이론 서설》과 같은 그의 젊은 추종자들이 펴내던 몇 권의 신간서적의 교정쇄를 읽을 수 있었다.

이 휴가를 떠나기에 앞서 케인스는 '예술과 국가'라는 제목으로 BBC에서 중요한 연설을 했는데 그 제목은 그에게 점점 더 많은 관심을 불러일으키는 것이었다. 그런 다음《뉴 스테이츠먼 앤드 네이션》의 7월호와 8월호에서 그는 재무장을 찬성하고, 영국이 마음속으로는 너무나 친국수주의 국가이기 때문에 영국을 무장시킬 수 없다고 생각하는 사람들에게 반대하는 강경한 입장을 취했다. 더욱이 그는 볼드윈 내각을 옹호하기까지 하였다.

그 가을에 바실리 레온티예프,* 데니스 로버트슨, 프랭크 W. 타우시그, 제이콥 바이너 교수** 등이 쓴 네 편의 논문이 나왔는데 거기에는《일반이론》에 대한 상당히 중요한 비평문이 들어 있었다. 케인스는 그 대부분의 내용을 수용하고 그 비평문들이 도움이 되기를 바란다고 말했다. 케인스는 비평문들에 답변하는 형식으로 쓴 논문에서 이러한 융화적인 소견을 밝혔으며 거기서 자신의 기본개념을 다시 표명할 기회를 가졌다. 셰클 교수가 찬양할 만한 케인스의 사상이라고 환호했던 이 논문 가운데서 케인스는 자신의 신(新)이론에 대한 철학적 함의를 자세히 설명했다. 그는 자신이 구현한 특정한 형식에 집착하기보다는 그 이론들의 기초가 되는 단순한 기본개념에 더 많은 애착을 느낀다고 매우 겸손하게 말했다. "만약 그 단순한 기본개념을 잘 알고 수용할 수 있다면 시간을 가지고 경험을 쌓아서 여러 사람이 공동으로 연구하여 그 개념들을 가장 잘 표현하는 방법을 발견하게 될 것이다." 다시 말하면 케인스는 이 논문에서 자본주의 사회에서 존재하는

---

* 바실리 레온티예프(Wasilly Leontief, 1906~1999): 러시아 레닌그라드 출신의 미국 경제학자. 1931년 미국으로 귀화했고, 투입‒산출분석의 개척자가 되었음. 1946년 이후 하버드 대학 교수. 1973년 노벨경제학상 수상. 주저로는 《Studies in the Structure of the American Economy》.

** 제이콥 바이너(Jacob Viner, 1892~1970): 캐나다 몬트리올에서 출생. 하버드 대학에서 수학. 시카고 대학과 프린스턴 대학에서 교수 역임. 1939년 미국경제학회 회장 역임. 주저로는 《Studies in the Theory of International Trade》(1937).

비자발적 실업에 대한 궁극적인 원인을 설명하려고 노력하고 있었다.

케인스의 실업이론은 그 성격의 본질상 6장의 앞부분에 언급된 합리주의에 대한 철학적 도전과 관계가 있다. 자기만족에 빠져 있었던 19세기는 미래를 현재와 똑같이 예측할 수 있는 상태로 축소하는 데 벤담학파의 합리주의를 이용했다고 그는 믿었으며, 더욱이 그 당시 사상도 여전히 다소 그와 유사한 가짜 합리주의 관념의 영향을 받고 있다고 생각했다. 이와 같이 인간의 합리적 행동에 대한 지지할 수 없는 관념이 고전학파 경제이론에서 구체화되었다. 이성의 시대(인간사회 또한 그 구조나 운동의 본질을 인간의 이성으로 파악할 수 있다는 인간관 및 세계관을 수립한 시대. 18세기 계몽사상가들의 합리주의에 바탕한 주장이었음) 및 뉴턴의 천체역학에서 나온 균형경제학은 애덤 스미스가 내놓은, 타고난 자유에 관한 분명하고 단순한 이론체계에서 그 이론분석상 합리적 행동과 완전한 지식 및 선견지명을 가정하는 사상체계로 발전하였다. 그러나 현실세계에서 미래에 대한 우리들의 지식은 변동하며, 애매모호하고 불확실하다. 특정한 사건들이 발생하는 것은 너무나도 미리 알 수 없으므로 우리들은 그러한 사건이 일어나리라는 가능성조차도 예측할 수 없다.

"우리들은 쉽게 알지 못한다." 그러나 행동함으로써, 또 행동할 필요성을 느낌으로써 인간은, 현재는 미래에 유용한 지침이 되며 미래는 이미 현재가격으로 참작하여 그 가치가 감소되었거나, 또는 관례에 따라 인습적인 판단에 의지한다고 추정하지 않을 수 없다. 그러한 빈약한 근거에 기초를 두고 회의실에서 결정을 내릴 때는 언제나 막연하게 겁을 먹는 두려움을 느끼거나 또는 똑같이 불합리한 희망에 젖기 쉽다. 다소 톨스타인 베블렌과 같은 의견을 서술하면서 케인스는 고전학파 경제이론이, "거의 아무것도 모르는 미래 사실에서부터 추상(抽象)함으로써 현재를 취급하려고 하는, 상당히 세련된 기법들 가운데 하나다"라고 말한다. 사실상 그 이론은 우리들이 자각하고 있는 자아에게 미래에 관한 우리들의 무지를 숨기는 방법을 모르는 체한다. 실제적 경제사회에서 부의 저장수단으로서 화폐를 보유하려는 우리들의 욕망은, 미래에 관한 우리들의 계산과 관례를 불신하는 정도를 재는 척도이다. 현행의 화폐를 소유함으로써 우리들이 느끼는 불안은 진정되고, 화폐를 포기하는 대가로 요구하는 이자는 우리들이 느끼는 불안의 척도가 된다고 그는 계속하여 진술했다. 이러한 피할 수 없는 불안에 직면하여 투자는 필연적으로 불합리한 활동이거나 또는 적어도 비합리적인 활동이 된다. 미래로 향하는 미지의 희망에 의존하는 기업심은, 그가 《일반이론》에서 설명한 것과 같이, 수학적 기대치에 의존하는 만큼 동물적 정신에도 의존한다. 이 논문 속에 깃든 케인스 사상의 실존주의 관점을 셰클 교수가 잘 요약하고 있는데, 그는 이때 전반적인 대량실업이 이와 같이 발생할 가능성은 화폐에 관한 인간의 제도와, 덧없는 시간 속으로 끝없이 여행하는 인간 존재의 궁극적 성향과의 관계에서 발생한다고 말한다. 케인스는 이 논문에서 자신의 다른 기본개념을 재론했으나 이 주요한 전언은 경제생활에서의 불확실성과 무지라는 불가피한 사실과, 그에 따라 일어나는 화폐 대망(待望)의 중심 역할, 그리고 경제적 행동에 관한 관습적인 판단 등이다.

이 한 해 동안 케인스는 책상을 떠나서 소더비 경매장에서 많은 시간을 보냈다. 리밍턴 경이 아이작 뉴턴 경의 서류를 매각하고 있었다. 그는 그 서류들이 매우 싸게 팔리고 있다는 것을 눈치 채고 케임브리지에 두어야겠다고 생각되는 거의 모든 서류를 샀다. 그 여름 그는 대단한 관심을 갖고 이 새로운 물건들을 획득하려고 애쓰고 있었음에 틀림없다. 케인스는 어머니에게 "뉴턴은 그가 빼앗아야 하는 시간보다도 훨씬 많은 시간을 (나에게서) 빼앗습니다. 그러나 그러한 것이 취미이지요"라고 편지로 말했다.

케인스가 학자로서 일을 추구하고 있을 동안 리디아는 런던의 앰배서더 극장에서 몰리에르(1622~1673, 프랑스의 극작가)의 〈미장트로프〉

(인간혐오자)라는 연극에서 세리멘 역으로 또 한 차례 주목할 만한 연기를 보여주고 있었다. 레이먼드 몰티머는 그의 연극평에서 이렇게 말했다. "로포코바 부인의 목소리는 힘찬 점에서나 그 다양성에 있어서나 아주 많이 좋아졌다. 그러나 독특한 연기력은 언제나 반짝이는 눈빛과 균형잡힌 팔꿈치, 그리고 머리의 동작에서 나오는 것임에 틀림없다. 그는 몸 전체로 말을 하고 우리들은 그 말을 듣는다는 것이 얼마나 행복한 일인가!"

1937년 초에 케인스는 다시 "불경기를 피하는 방법"이라는 제목으로 기사 세 편을 《더 타임스》에 갑자기 기고했다. 영국은 그 당시에 완전고용을 달성하지 못했지만 오늘날 더욱 필요로 하는 것은 더 많은 총수요라기보다는 공정한 분배 요구이며 지방정부 당국은 투자를 저지하고 억제해야 한다고 한 기사에서 진술했고, 그래서 그 후로 이 세 편의 기사는 논쟁의 대상이 되었다. 테렌스 W. 허치슨 교수는 케인스가 실업률이 아직도 약 11퍼센트 내지 12퍼센트일 때, 위험한 통화팽창이 일어날 가능성을 우려했음을 이 기사는 설명한다고 주장했으나 이 해설은 강렬한 논박을 받았다. 오히려 케인스는 자신이 쓴 기사에서 공공투자청을 설립하여 공공지출이 필요할 때 그 지출계획을 세워야 한다고 주장했다. 케인스가 촉진되기를 열망했던 그 다음 수년 동안의 재무장 계획으로 실업자는 줄어들기 시작했다.

2월에 케인스는 우생학협회에서 골턴*을 기념하는 연설을 하면서 오래전에 관심을 가졌던 또 하나의 문제로 되돌아가서 '감소하는 인구의 몇 가지 경제적 귀결'이라는 주제로 강연했다. 케인스는 이 강연에서 일정불변의 인구수준이나 또는 감소하는 인구수준에 의해서 발생할 수 있는 투자효과에 관심을 드러냈다. 이것은 케인스의 계산을 근거로 할 때 중요한 문제였다. 19세기에 신자본에 대한 수요 중 반에

---

* 골턴(Sir Francis Galton, 1822~1911): 영국의 인류학자. 기상학자. 우생학의 개척자.

좀 못 미치는 수요가 인구증가로 인하여 발생하였으며 그 나머지 반절에 해당하는 수요는 기술혁신 때문에 일어났기 때문이다. 만일 인구가 증가하지 않고 일정하거나 또는 감소하는 사태가 머지않아 일어나서 번영과 사회의 평화를 유지할 수 있다면 더 균등한 소득분배를 달성함으로써, 또한 이자율을 낮춤으로써 투자를 촉진하여 소비를 늘릴 필요가 있을 것이라고 그는 주장했다. 이 연설 논문은 틀림없이 한센 교수와 또 다른 사람들에게 영향을 미쳐서 그 후 얼마 안 있어 그들은 장기 경기침체가 일어날 가능성에 대하여 관심을 갖게 되었다.

이자 이론에 대한 사전적·사후적 연구방법을 담은 《경기순환론》이라는 해러드의 신간서적에 관하여 강의하고, 저축과 투자에 관한 스톡홀름 이론에 대하여 베르틸 올린과 오랫동안 장황하게 교신하면서 케인스는 1937년 봄에 특히 분주했다. 3월 초 건강이 좋지 않아서 케인스는 리디아와 함께 칸으로 8일간 여행을 떠났다. 케인스는 거기에서 머무른 뒤 한결 건강이 회복되었으나 아직도 산책한 뒤에는 숨이 차고 가슴에 통증이 온다고 불평했다. 그 여행에서 돌아오자마자 케인스는 흉곽과 전문의인 그의 숙부, 월터 랭던(브라운 경)의 진찰을 받았으나 그 진단결과를 기다리며 케임브리지에 있을 동안 관상동맥혈전증을 앓았다. 숙부인 의사 월트는 케인스의 어머니에게 쓴 편지에서 그의 질병의 상태가 의사(擬似)편도선염이라고 설명했다. "그 병은 근본원인인 신경증을 치료해야 합니다. 그러나 증세는 양호하며 갑자기 죽는 일은 없을 것입니다." 월터는 그 후에도 케인스가 지금까지 늘 해왔던 방식으로 그 자신을 혹사하면 안 된다고 편지로 말했다. "당신이 할 수 있는 한 그를 억제하십시오. 왜냐하면 우리들은 그가 아슬아슬하게 죽음을 모면해 왔다는 것을 알아야 하기 때문입니다." 이것은 케인스 관계서류에서 그의 신경증 상태에 관하여 발견할 수 있는 처음이자 유일한 참고사항이다.

6월에 그는 전에 독일에서 그 분야의 가장 탁월한 인물이었던 메이 페어*의 야노스 플레슈 박사의 치료를 받고 병을 낫기 위하여 웨일스에 있는 러신 성으로 옮겼다. 케인스는 실제로 그의 여생 동안 야노스 플레슈 박사의 환자였고 그 두 사람은 서로 아주 좋아하게 되었다. '귀신과 같은 사람'에 대하여 농담을 하면서 케인스는 그의 의사가 천재와 돌팔이 의사 사이에 존재하는 대단한 인물이라고 말하곤 했으며 그를 친구들에게 추천하곤 했다. 그리고 플레슈는 메이너드를 너무나도 좋아하게 되어서, "나는 환자와 의사의 관계 이상으로 당신을 만나보기를 고대하고 있으며, 그러한 만남은 나에게 큰 기쁨이 되리라고 생각합니다" 하고 편지를 쓰곤 했다.

웨일스에서 건강을 회복하는 동안 케인스는 W. H. 오든**과 역시 작가인 크리스토퍼 이셔우드와 함께 〈국경에서〉(On the Frontier)라는 그들의 희곡을 상연할 계획을 세웠는데 리디아는 그 후 그 연극에서 한 배역을 맡았다. 케인스의 인생에서 리디아의 역할은 이제 극적으로 변했다. 이전에는 리디아가 언제나 메이너드의 유쾌한 반려자였으나 이제 리디아는 메이너드가 일에 무리하지 않도록 규정식(規定食)을 하고 휴식을 취하는 것에 관해서 그의 생활을 빈틈없이 감독하지 않으면 안되었다. 리디아는 그 모든 일을 아무 불평없이 했다. 그리고 메이너드는 간호를 받고서 서서히 다시 건강을 회복해갔다. 그러나 그가 결코 그 뒤엔 다시는 심장마비가 없었던 것은 아니었다.

리디아의 사랑이 깃든 도움과 리처드 칸의 원조를 받고 케인스는 저술활동과 서신교환을 다시 시작하여 《선택적 이자이론》을 6월에 출간하고 《이코노믹 저널》에서 로버트슨과 피구와 함께 한층 더 많은 토론을 벌였다. 로버트슨은 케인스의 유동성 선호설에 관한 정의에 의

---

* 메이 페어(Mayfair): 영국 런던의 하이드 파크 동쪽에 있는 고급 주택가.
** 위스턴 휴 오든(Wystan Hugh Auden, 1907~1973): 1946년 미국에 귀화한 영국 태생의 전위 시인, 극작가. 주요 저서: 《불안한 시대》(The Age of Anxiety, 1947).

문을 제기하고 다음과 같이 신랄하게 말했다. "물론 '동화 속의 땅딸보'처럼 케인스는 그가 선택한 낱말들이 의미하는 뜻을 전달하는 단어들을 자의적으로 이용할 수 있다." 피구는 〈실업에 관한 명목 임금률〉이라는 논문을 《이코노믹 저널》에 기고했다. 그러나 그 논문이 너무나 혼란스러워 케인스는 다시 재고해야 되겠다고 편집자 자격으로 생각했다. 그 당시의 피구도 또한 심장병을 앓고 있었지만 그의 병은 케인스의 병처럼 중병은 아니었다. 케인스는 또한 휴일에 호수지방에 있는 자신의 오두막집에서, 등반을 하던 중 절벽으로 떨어져 거의 죽을 뻔했던 한 젊은이를 간호하기도 했다. 동료의 어려운 처지를 고려하여 케인스는 '말도 안되는 쓰레기 같은 작품'이라고 생각한 출판물로부터 피구를 보호해 주려고 노력하고 있었다. 그해 가을 피구는 케인스에게 "자네는 경이로운 사람이네. 도대체 자네는 자네가 부적당하다고 생각한다면서 어째서 계속 그렇게 이해심이 많은가?"하고 편지했다. 칸은 《자본주의 대 사회주의》라는 피구의 최신간 서적을 케인스에게 한 권 보냈다. 그리고 케인스는 다음과 같이 논평했다. "데니스 로버트슨의 경우와 마찬가지로 그 이론을 실천에 옮길 때 우리들 사이에는 진실로 지극히 사소한 견해의 차이가 있을 뿐이네. 어째서 그들은 그들 자신의 실제 결론이 아마도 따를 수 없는 이론들을 계속 주장하는가? 그들의 집단은 마치 고대 기념물 보존협회와 같네."

그해 후반, 케인스는 J. 틴베르헨*이 쓴 미국의 경기순환에 관한 책에 대해서 뿐만 아니라 그의 《투자활동에 대한 방법과 그 응용》이라는 국제연맹 출판물에 대한 서평을 써달라는 요청을 받았다. 그는 이 특별한 일을 하기가 약간 싫었다. 왜냐하면 그가 말했듯이 그 책을 이해하기가 지극히 어려웠기 때문이다. 사실 그는 그 요청 때문에 거의 괴로움을 느낄 정도였다. 왜냐하면 그가 그 계량경제학의 근본 논리에

---

* 얀 틴베르헨(Jan Tinbergen, 1903~1994): 네델란드 경제학자. 저서로는 《계량경제학》(1961)이 있다.

강하게 이의를 제기하여, 그 이론을 "모두 속임수"라고 생각한다는 것을 칸에게 써서 알렸기 때문이다. 그럼에도 그가 통계적 비법이라는 이 상표는 과학의 한 분야가 될 만큼 성숙했다고는 믿지 못했다고 할지라도 그 방법론에 대한 장황한 비평문을 《이코노믹 저널》에 게재했다. 새뮤얼슨 교수와 같은 계량경제학 전문가들은 케인스가 실제로 그가 비판하고 있는 이론을 이해하는 데 필요한 기술적 지식을 가지고 있지 못했지만, 그러나 그 두 사람 사이에 기본적인 방법에서 차이가 있었다고 믿고 있다. 여하튼 아마도 명예를 고려해서 케인스는 2년간 〔1944~1945〕 계량경제학회 회장으로 피선되었다.

《일반이론》에서 파생되었거나 발전된 또 다른 이론은 경제 성장론이었다. 1938년 8월에 로이 해러드는 〈동태이론〉(動態理論)에 관한 논문 초안을 《이코노믹 저널》지에 제출했는데 그 논문은 전후 여러 해동안 대단히 유명해졌던 해러드 - 도마형 성장경제학의 예고편이 되었다. 케인스는 근본적으로 해러드의 논문에 동의하지 않았으나, 그는 그것이 유난히 흥미롭다고 해러드에게 말하고, 그가 유익한 경제분석의 방향을 지향하고 있다고 생각했다. 케인스는 그 옥스퍼드 출신의 경제학자와 오랫동안 의견교환을 하면서 애매모호한 요점들을 해명하여 설명을 더 잘 해 주도록 노력했다. 케인스는 그 이론이 대체로 어떤 것인지를 "금시 알았으며, 자네가 내린 결론은 일반적으로는 진실일 수 있지만 단지 특정한 상황에 종속되기 쉽다는 것을 직관으로 알았다"고 한 편지에서 상징적으로 해러드에게 말했다. 해러드가 그 가정의 틀에서 벗어나도록 용인하고 있었다고 케인스가 말하는 기본 가정은 보증된 율(warranted rate)의 존재였던 것이다! 케인스는 (해러드에게 독자들의 직관이 올바른 방향으로 작용하도록 하여 그 분석이 무엇을 뜻하는지 알아볼 수 있게끔 그 분석을 표현하도록 촉구했다) 그 편지를 끝맺으면서 "나는 이런 종류의 일로 사람들의 머리를 혼란시키는 요즘에 그 분석은 다소 위안이 된다는 것을 알았다"고 그는 말했다. 불확실성과 무지를 강조하는 한층 더 심리적이고 역사적인 케인스의 연구 방법으로 보아, 더 기계론적인 해러드의 분석과 의견이 다르다는 것은 놀랄 일이 아니다. 케인스와 그 추종자들 사이의 이러한 방법론 차이에 따른 인과관계는 발문에서 더 자세히 설명하겠다.

1937년 8월 그때까지 회복되고 있었던 미국경제는 1년 내에 실업자 명부에 300만 명을 추가시키는 심한 경기후퇴를 겪었다. 재무장관 헨리 모겐소는 연방정부의 균형예산에 너무나 몰두하여 적자예산에서 흑자예산으로 갑자기 전환시켰기 때문에 이러한 사정이 경제를 불안정하게 하는 사태진전과 더불어 경기후퇴의 원인이 되었던 것 같다. 케인스는 이러한 사태를 면밀히 주시하고 있었다. 그는 1937년 3월 뉴욕 증권거래소의 증권가격이 하락할 때 심한 유가증권 손실을 보았다. 그리고 1938년 2월 1일 현재 그는 스스로 루스벨트 대통령에게 편지를 써서 그 경기후퇴에 관한 해결책을 건의했다. 케인스가 주장한 경기회복의 수단은 정부지출이었다. "통화완화 정책과 개선된 구제제도 그 자체로는 경기 흐름의 방향을 바꾸지 못할 것입니다. 경기회복은 대규모의 공공사업과 정부가 보증하는 다른 자본재에 대한 투자가 이뤄질 때 비로소 달성될 것입니다. 행정부는 주택문제를 아주 서투르게 취급했으나 그 부문은 경기회복에 꼭 필요한 부문"이라고 그는 주장했다. 케인스는 "모든 자본을 주택사업본부"에 투자할 것과 필요하다면 직접 보조금을 사용하여 그 투자효과가 확실하게 나타나도록 할 것을 권고했다. 케인스는 또한 공공사업의 정체현상을 비난했다. 즉 공익사업분야의 진정한 범죄자들이 오래전에 떠나 버렸기 때문에 공익사업 지주회사들의 부도덕한 짓이 너무나도 과장되고 있는 것이 그 정체현상의 한 이유라고 말했다. 개인적으로 그는 모든 공익사업을 정부 소유로 하는 것에 대해서 할 말이 많지만 만약 여론이 이러한 조치를 찬성할 만큼 무르익지 않았다면 대략 격주로 공익사업 문제를 논의하는 것은 아무 의미도 없다고 주장했다. 그는 새로운 투자지출을 할 수 있는 근원으로서 철도사업을 검토하고 그 사업 또한 국유화 하되 혹 그렇지 못하면 그 경영문제에 깊은 관심만을 갖고, "죽은 자가 땅에 묻히듯 내버려 두라"고 주장했다. "당신들 미국인들은 아일랜드 사람들과 같이 영국인들에 대해서 그렇게도 지독하게 역사적 관심을 가지는가" 하고 두 국민에 대한 불쾌한 감정을 동시에 언급했다.

경기후퇴는 부분적으로는 본래 심리 요인 때문에 일어나므로 기업가들에 대한 대통령의 태도 때문에 그들은 자신감을 잃게 되었다고 케인스는 주장했다. "기업가들은 정치가들과는 다른 일련의 망상을 가지고 있으므로 달리 취급할 필요가 있습니다. 그러나 그들은 정치가들보다 훨씬 더 유순하며 동시에 눈에 띄고 싶은 유혹을 받기도 하고 또 눈에 띔으로써 겁을 내기도 합니다.

또 그들은 쉽게 설복되어 애국자가 되고, 당황하고, 곤혹을 느끼고, 정말로 두려워합니다. 그러나 다만 너무나 걱정이 많아서 유쾌한 생각을 가질 수가 없고, 허영심은 강하나 그들 자신을 매우 불안하게 생각합니다. 그들은 친절한 말에 감동적으로 응답합니다. 만약 그들이 형편없는 교육을 받고 당신들이 바라는 것과 같은 훈련을 받지 못했다고 하더라도 당신들이 그들을 [거물이라고 할지라도] 이리나 호랑이처럼 취급하지 않고 본래의 가축 대하듯이 한다면 당신들은 그들과 함께 당신이 바라는 어떤 일도 할 수 있을 것입니다. 그들이 정치가들보다 더 부도덕하다고 생각하는 것은 잘못된 일입니다. 홀대받는 가축들이 그럴 수 있는 것처럼, 만일 당신들이 그들에게 언짢고, 감당하기 어렵고, 두려운 기분이 들게 하면 국민의 경제적 부담은 시장경제로 해결되지 못할 것입니다. 그리고 결국에 여론은 그들의 진로를 바꿀 것입니다"라고 케인스는 기술했다.

기업가들을 가축이라고 묘사한 이 은유에 대하여 미국의 기업가들이 어떤 반응을 보였는가 하는 것에 대한 기록은 없으나 그들 중 대단히 많은 사람들이 이미 케인스 경제학에 너무나도 반대했으므로 그러

492

한 표현이 별 영향을 주지는 못했다.

이 편지에 대한 루스벨트 대통령의 반응은 그 편지를 재무장관 모겐소에게 넘겨주어 그가 대답하도록 하는 것이었다. 오래 전부터 정부지출을 많이 하는 것에 반대해 왔던 것으로 알려진 모겐소는 답장에서 고의로 애매한 의견을 말했다. "귀하가 대단히 많은 부분에서 우리 행정부의 경제계획과 같은 의견을 가지고 있다는 것을 알고 매우 유쾌하며 신이 납니다. 아주 탁월한 경제학자께서 이렇게 시인해 주시니 정말 반가운 일입니다. 귀하의 분석은 매우 흥미롭습니다. 귀하께서 주택사업 부문을 강조하신 것은 잘 생각해낸 일입니다"라고 그는 답서했다. 모겐소는 케인스가 강조하는 공공지출 정책을 간단히 무시했으며, 루스벨트 대통령은 모겐소가 대통령 자신의 서명을 받으려고 건넨 이 답서를 받을 때 그 공공지출정책이 함축하는 의미를 조금도 의심할 수 없었을 것이다. 그 재무장관은 공공지출을 많이 하도록 주장하는 사람들에게 굴복하지 않고도 여전히 경기후퇴를 극복할 수 있다고 생각했다. 그리하여 2월과 3월에 사적부문의 투자지출을 어느 정도 강제하거나 유인한다고 생각되는 몇 가지 경기부양책을 그는 권장했는데 그것은 케인스가 제안한 정책을 불필요하고 바람직하지 않게 만드는 것이었다. "케인스와 그 제자들은 모두 그들 자신만이 갖는 일련의 망상에 빠져 있다"고 그는 주장했다.

그러나 실제로 케인스는 1937년 여름 내내 다른 일에 몰두하고 있었다. 그가 웨일스에서 건강을 회복하고 있을 동안 유럽평화에 대한 파시스트의 위협이 고조되고 있었으므로 그는 외교정책에 관해서 많은 생각을 하고 있었다. 그 전 해에 그는 《뉴 스테이츠먼 앤드 네이션》지에 8회 분의 기사를 써서 마르크스주의 견해나 또는 부전론자(不戰論者)들의 견해에 대답했다. 이 토론에서 가장 저명한 그의 적수는 그 수년 동안 나치와 무솔리니의 침략 행위가 있었음에도 1930년대에 평화주의를 고집했던 버트런드 러셀이었다. 케인스는 또한 《이코노믹 저널》의 편집인이었던 킹슬리 마틴과도 그 자신이 불화하고 있음을 알았다. 킹슬리 마틴은 그 당시 유화정책에 반대하고 소련과 집단동맹을 체결하도록 촉구했다. 킹슬리 마틴의 견해에 따르면 케인스는 불공평한 베르사유 조약에 종지부를 찍을 목적으로 개최된 뮌헨 회담* 후까지도 유화정책을 지지했다.

월터 리프먼과 같은 그 조약(베르사유 조약)에 반대했던 다른 사람들은 이미 그들의 반대를 후회하게 되었다. 그 미국 신문기자는 1930년 7월에 쓴 기사에서 "만약 내가 그 모든 일을 다시 시작한다면 나는 반대편에 설 것이다. 우리들은 결사대에 너무 많은 무기를 공급했다"고 말했다. 이전의 리프먼의 의견이 케인스의 소책자에 매우 많은 영향을 받았음을 고려하면 이 진술은 아주 중요한 부인이다. 케인스는 그 문제에 관한 자기 역할에 대해서 다른 생각을 했을는지도 모른다. 독일에서 히틀러 정권을 강화한 3월 29일의 선거 뒤인 1936년 어느 때 케임브리지 대학교에서 수학한 독일 출신 역사학자인 엘리자베스 위스케만이 런던의 한 사교모임에서 그를 만났다. "나는 당신이 [독일 사람들이 끊임없이 인용하는 그 책《평화의 경제적 귀결》]을 써서 나를 설복시키려는 근거를 찾으려고 노력하지 않았으면 좋았을 텐데"라고 갑자기 말하고 있는 엘리자베스 자신을 발견했으나, 케인스는 소박하고 온화하게, "나도 역시 그렇게 생각해요"라고 말했다는 것을 엘리자베스는 그 뒤에 보도했다.

그 후 1938년 3월 앤서니 이든(1897~1977, 영국 총리 역임)이 체임벌린의 무기력한 정책에 대해서 항의하고 사임했을 때 케인스의 견해는 변하여, 그 총리의 견딜 수 없는 태도에 강하게 반대하고 나왔다. 그러나 그해 9월까지도 그는 평화에 대한 수단으로서 체코슬로바키아의

---

* 뮌헨 회담: 1938년 독일, 프랑스, 영국, 이탈리아의 정상 회담으로 체코슬로바키아의 북부 및 서북부의 산악지대인 수데텐란트(Sudetenland)를 독일에 넘겨주기로 한 뮌헨 조약(München Pact)을 체결함.

국경을 개정하는 데 찬성했다. 이 위험한 시대에 그의 입장은 국제문제에서 하루살이 생활을 하는 것과 같았다. 왜냐하면 그가 말했던 것과 같이 우연한 사슬로 연결되는 고리를 전혀 예측할 수 없었기 때문이다.

1938년 2월 케인스는 그가 심장병을 앓은 뒤 처음으로 국민상호생명보험협회의 연례회의에 참석하여 공식석상에 그 모습을 드러냈다. 그때 한 그의 연설이 또다시 가장 큰 뉴스가 되었다. 그러나 그는 회의실의 완고한 기존 이사진과 말다툼을 하는 것에 점차 싫증내고 있었다. 그는 인습에 사로잡힌 은행가들을 진실로 경멸했다. 그리고 그 자신이 런던 시에서 인기가 없다는 것을 인정하지 않으면 안 되었다. 그는 1938년 10월 국민상호생명보험협회 이사직에서 사임했으나 지방보험회사의 회장직은 보유했다. 왜냐하면 그는 그 회사의 지배력을 갖고 있었던 스콧 가와 우호적이었기 때문이다.

그는 이 무렵 마지막으로 확실히 한 사람의 찬양을 받았는데 그 사람은 버지니아 울프였다. 울프는 그들의 다재다능한 공동의 친구에 대해서 언니에게 다음과 같은 찬사를 썼다.

그래도 나는 메이너드를 위대한 사람이라고 생각해. 그들(케인스 부부)은 한 덫에 생쥐 세 마리를 잡았지. 이러한 사실이 그를 히스테리를 일으킬 정도로 자극했어. 그래, 그것은 진실로 위대한 것이야. 그러나 실제로 그는 한 떼의 양(洋)과 같은 바보들과 암소와 똑같이 뚱뚱하고 못난 여자들의 호감을 샀던 것과 동시에 《더 타임스》에 통신문을 받아쓰게 하고 있었어. 그는 페드라(그리스 신화에 나오는 제우스의 아내, 의붓 아들과 사랑에 빠졌으나 끝내는 목매어 자살했음) 같은 역을 하지 못하는 무수한 남녀 배우들을 압도하고 있었지. 그는 또한 암소와 같이 못난 여인들이 앓고 있는 결핵과 같은 고질병에 대해서 매우 잘 알고 있었고, 그 사이에 아줌마*가 에드가(운전수)와 함께 스타킹을 사러 루이스**까지 차를 몰고 가는 것을 허락했어. 케인스에 대해서는 아주 상세하게 언급되었으나 아직도 그는 리디아가 연극에서 말하는 모든 대사에 따라 움직이는 테리어 종 애완견처럼 조용히 우뚝 서서 주의를 집중하고 있어. 그는 내가 완전히 방심한 상태에서는 결코 발견하지 못했던 구경 거리에 자신의 흔적을 남겼어. 그는 나를 뭉개 버렸으나 메이너드와 같은 인간을 낳는 인종이 되고 싶은 바람이 나에게 솟구쳐. 그리고 나는 그에게 입맞추었고 그의 연구논문을 극찬했어. 그러자 그는 내가 생각하기에 아주 이상할 정도로 정말 기뻐했어.

활동을 줄인 이 기간에도 케인스는 계속해서 재무성의 금융정책과 외교문제에 관해서 《이코노미스트》와 《더 타임스》에 편지기사를 써 보내고 있었다. 그러나 그가 주로 관심을 기울였던 일은 옛부터 좋아했던 책을 수집하는 일이었던 것 같다. 이제 그는 몇몇 유럽 대륙의 작가들의 저서뿐만 아니라 뉴턴, 흄, 벤담 그리고 또 다른 위대한 영국의 사상가들이 쓴 책의 초판을 수집하는 데 온 정신을 집중했다. 그의 동생인 제프리 또한 열광적인 수집가로서 1740년에 처음 출판된 인간성에 관하여 흄이 쓴 논문의 '적요서'(摘要書)를 케인스에게 주었다. 이 책은 젊은 시절의 애덤 스미스가 그의 친구의 논문을 요약하여 쓴 작품이라고 여겨져 왔다. 케인스는 피에로 스라파의 도움을 받아서, 그 적요서는 처음에 펴냈을 때 판매가 매우 부진했던 그의 책의 판매촉진을 위해서 흄 그 자신이 직접 서술한 것임을 발견했다. 이 책은 회의론자인 스코틀랜드의 철학자에 대해 그가 지녔던 높은 존경심 때문에 그에게 심원한 지적 만족감을 주는 원천이 되었음에 틀림없다.

1939년 이후로 서적 수집가로서 그의 관심은 엘리자베스 시대와 스튜어트조 시대의 영국문학으로 향했다. 그는 16세기와 17세기의 저자

---

 * 아줌마(Auntie): 영국 속어로 영국방송협회(BBC)를 의미한다.
 ** 루이스(Lewes): 잉글랜드 남부 이스트 서식스(East Sussex: 케인스 부부가 살던 틸턴이 있는 곳) 주의 수도.

들의 작품들, 특히 극작가들과 신인들의 작품들을 정력적으로 매입했다. 조지 라일랜즈에게 보낸 편지를 보면 그가 이러한 일을 추구하는 가운데서 위안을 얻었음을 알 수 있다. 1943년 9월 3일 미국으로 떠나면서 쓴 편지에서 "나는 셰익스피어에서부터 콩그리브*에 이르기까지 수많은 4절판 크기의 희곡을 매입함으로써 만년에 위안을 삼아왔어요"라고 썼다.

그의 책 수집으로 인한 부산물의 하나는 분명히 1930년대 말께 케임브리지의 가장 위대한 아들에 관하여, 《뉴턴, 그 인간》이라는 제목이 붙은 매혹적인 그의 전기논문(傳記論文)을 쓴 것이었다. [제프리 케인스 경은 그 후 1946년 7월 17일 트리니티 칼리지의 뉴턴 300주년 기념식에서 이 작품을 읽었으며, 또 이 작품은 1951년판 《전기 논문집》으로 출간되었다.] 어떤 점에서 그 위대한 물리학자에 대한 이 놀랄 만한 묘사는, 케인스 그 자신의 생애를 해석하는 데도 필요한 단서를 상당히 포함할 수 있었음에도 케인스의 저서 가운데 다소간 경시되어 왔다. 그 논문의 바로 첫머리에서 케인스는 "천재들은 매우 독특하다"라고 매우 단호하게 말했다. 그는 계속해서 18세기 이래 뉴턴은 첫손에 꼽히는 가장 위대한 과학자이며, 합리주의자이고, '이성의 시대'의 화신으로 여겨져 왔다고 설명했다. 그러나 케인스는 좀 강조해서 이렇게 서술했다. "나는 이런한 점에 비추어 그를 이해하지 않는다. 그는 오히려 최후의 마술사였으며 정말, 천박한 현대적인 견지에서 보면 아주 잘 알려진 유형의 심한 신경증환자였다. 그러나 기록을 보고 말하자면 아주 극단적인 전형이었다. 그의 내면 깊숙히 자리잡은 본능

---

* 윌리엄 콩그리브(William Congreve, 1670~1729): 영국의 극작가. 아버지가 군인이었기 때문에 그 임지인 아일랜드에서 교육받음. 더블린의 트리니티 칼리지 졸업. 동창인 스위프트와 교류하고 당시 문단의 거장 드라이든의 추천으로 문단에 데뷔. 주요 작품으로는 《세상의 풍습》, 《상복의 신부》.

은 세상에 나서기를 심히 두려워하는 신비롭고 내밀하며 의미론적인 것이었고, 그의 사상과 신념 그리고 그의 발견물을 세상사람들이 조사하고 비판하도록 아주 적나라하게 노출시키는 것을 온몸이 마비될 정도로 두려워했다." 1642년 성탄일에 아버지가 없는 유복자로 태어나서, 자기일에만 전념했던 이 은둔자는 단지 그의 어머니에게만 성실하게 자랐다. 동성애에 관한 이론(異論)을 간접적으로 주창했던 그는 늘 그랬던 것처럼 여인들로부터도 완전히 초연했다. 이 기묘한 인물은 25년 동안 거의 홀로 트리니티 칼리지의 연구실과 정원에서 과학을 연구하는 승려처럼 생활하면서 그의 대작, 《원리》가 출판될 때까지 결코 보답받지도 못하는 자기 성찰과 인내심으로 집중하여 연구를 계속했다. 뉴턴의 모든 비밀의 배후에는 그 자신에게 극단적으로 열중하는 방법이 있었다고 케인스는 주장했다. 내밀하고 신학적인 내용을 다룬 그의 모든 미간행 작품 역시 《원리》와 꼭 마찬가지로 합리적이었으나 그 작품들은 그가 살았던 시대에는 대부분 이설(異說)이었던 내용을 구체적으로 표명했다. 오래전 출전을 연구한 결과 뉴턴은 현행의 종교적 통설인 트리니티(기독교의 삼위 일체설)의 교리가 불합리하다는 결론을 내리고, 그 대신 그 자신의 조사를 심사숙고한 끝에 마이모니데스(1135~1204, 스페인의 유대교 율법학자) 학파의 유대교 일신론자가 되었다. 이러한 사실은 그가 일생 동안 숨기는 데 고통을 겪었던 두려운 비밀이었다. 실제로 일신론자였던 그는 사제가 되기를 거부하고 트리니티 칼리지의 교수직과 연구원직을 보유하기 위하여 특별한 면제를 받지 않으면 안 되었으며 또한 그의 신념 때문에 그 대학의 학장이 될 수도 없었다. 그를 고발하는 그 모든 증거는 그 후 그의 전기작가들이 공개하기를 꺼리는 거대한 상자 속으로 들어가고, 그 증거가 공개되었을 때는 용의주도하게 선정된 추출물과 다소간 정리된 악의 없는 거짓말로 그 죄의 흔적이 감추어졌다고 케인스는 설명했다.

1689년 뉴턴이 그렇게 애착을 느꼈던 그의 어머니가 죽고, 그로부터

3년 후에 그도 우울증과 불면증, 그리고 박해에 대한 공포증 등이 두드러지게 나타나는 심각한 신경쇠약으로 고통을 받았다. 2년 뒤에 그는 회복되었으나 전처럼 건강한 정신을 갖지 못했다. 그는 전에 그가 했던 식으로 일에 몰두할 수도 없었고 어떤 새로운 일도 할 수 없었다. 그의 건강과 미래를 염려했던 친구들이 드디어 그가 런던으로 이사하도록 설득하는 데 성공했다. 그리하여 그는 콩그리브와 스위프트(《걸리버 여행기》의 저자)와 포프*가 있는 런던에서 가장 재기 발랄하고 매력적인 여성 가운데 한 사람이었던 그의 조카 캐서린 바튼과 함께 살았다. 한때 재무장관이었으며, 캐서린 바튼을 부인으로 삼았던 것으로 유명한 해리팩스 백작은 그의 오래된 친우이자 충실한 동료였는데. 백작은 뉴턴이 1699년 조폐소장이 되도록 주선했다. 뉴턴은 28년의 남은 여생 동안 이 직책을 매우 잘 수행했고 그동안 그는 또한 영국학술원 회장으로 군림했다. "그는 주위에 있었던 총명한 젊은이들이 《원리》의 신판을 편집하기를 바랐다. 그리고 파시오 드 딜리에르(1664~1753, 스위스의 수학자)의 경우와 같이, 때때로 단지 겉보기에만 총명해 보이는 젊은이들로 하여금 그렇게 하기를 좋아했다"고 케인스는 이 점에 대해서 부연했다.

과학자로서 뉴턴의 탁월성은 그가 "한 인간에게 주어진 타고난 재능과 함께 가장 강렬하고 가장 끈질긴 직관력을 소유한 데" 기인한다고 케인스는 생각했다. 그는 자기 마음속에 간직했던 문제가 그 비밀을 그에게 털어놓을 때까지 몇 날 며칠이든지 그 문제를 생각할 수 있었다. 수학적 증명은 그의 발견물을 위한 수단이 아니었고, 탁월하게 비범했던 점은 그의 직관이었다. 케인스는 또한 뉴턴의 다재다능한 면을 주목하고, 그는 이례적으로 거의 모든 종류의 지적 재능, 말하자

---

* 알렉산더 포프(Alexander Pope, 1688~1744): 영국의 시인. 스위프트와 친교를 맺고 일생 동안 우정을 지속. 풍자시와 낭만적 서정시를 많이 썼음. 18세기 전반기를 장식한 이른바 오거스틴 문학의 대표자로 맹활약. 대표작: 《던시어드》, 《인간론》.

면 수학자, 물리학자, 천문학자의 재능에 못지 않게 법률가와 역사가와 신학자로서의 재능도 소유하고 있었다고 말했다. 이에 덧붙여 케인스 그 자신과 같이 뉴턴은 기금을 성공적으로 투자한 사람이었으며, 그 결과로 1720년에 많은 영국 투자가들을 파멸시킨 '사우스시버블'(South Sea Bubble)이라는 투기열풍으로 인한 심한 재정적 위기를 넘기고 살아남아서 부자가 되어 죽었다.

이러한 요약은 예민한 지각으로 쓴 이 매혹적인 논문에 대해서 공정한 서술이 되지 못한다. 그러나 어째서 그렇게 좋지 못한 소질을 가진 사람이 케인스에 대해서는 분명히 비상한 매력을 갖게 되었는가 하는 의문을 품지 않을 수 없다. 위인들이 그의 흥미를 불러일으켰고 전기적 분석을 좋아하는 그의 취미 때문에 그는 자연스럽게 뉴턴의 인물묘사를 하는 데 마음이 끌렸다. 그러나 그보다 더한 어떤 요인이 있었던가? 케인스 또한 두려운 비밀이 있었고 아주 곤란한 행위를 하는 이단자였다는 것, 즉 뉴턴의 종교적 이단이 그에게 불행한 일이었던 것처럼 케인스의 동성애적 성향 또한 한 사람의 공인에게 비참한 일이 될 수 있었던 제1차 세계대전 전 수년 동안 동성애를 했다는 것을 그는 무의식적으로 깨닫고 있었을까? 그는 그들의 생애에 다른 비슷한 점이 있다는 것, 곧 두 사람 모두 자신들의 어머니에게 애착을 느꼈으며 강렬하게 직관을 사용했다는 것, 그리고 공적 생활과 사적 생활 사이에 현저한 차이가 있다는 것을 틀림없이 느꼈다. 그리고 마지막으로 뉴턴이 만년에 그의 주위에 있었던 총명한 젊은이들에 대하여 언급하면서 케인스는 그 유명한 케임브리지 대학 졸업생에게 동성애적 성향이 있었다는 것을 시사하고 있지는 않았을까? 《일반이론》의 평판 때문에 낙심했던 케인스가 제2차 세계대전이 발발하기 여러 해 전에 미하우 칼레츠키와 대화를 나누면서 "마흔이 안 된 사람은 어느 누구도 그 당시에는 이해하지 못했던 내 이론과 뉴턴의 이론 사이의 유사점을 인용했다"는 것을 회상하면 그 두 사람 사이의 이러한 논제에 일치점이 있다는 것을 조금이나마 확인하게 된다.

분량이 많은 케인스의 서신을 보면 그가 얼마나 부모에 충실한 아들이었으며 또한 여동생과 동생의 가족을 매우 좋아했을 뿐만 아니라 옛 친구들에게도 매우 너그러운 사람이었음이 분명하다. 그의 여동생 마거릿은 두 아들과 딸들을 데리고 있었으며 메이너드는 그의 모두에게 좋은 삼촌이 되었다. 그는 제프리의 아들 스티븐의 대부가 되었고 그들 모두에게 좋은 성탄절 선물을 주었다. 폴리와 데이비드가 성장했을 때는 그들에게 7년 동안 1년에 100파운드의 선물을 했다. 그 소년들이 충분히 나이가 들었을 때 그는 그들이 꿩사냥을 하러 틸턴에 내려오게 하는 것을 무척 좋아했다.

또한 그가 자진해서 그의 다른 친척들을 도왔다는 증거가 많다. 그는 어릴적 놀이 친구인 케네스 브라운에게 재정 조언을 했고, 다른 사촌인 네빌 브라운이 일자리를 구했을 때 《이코노미스트》의 월터 레이턴을 조정하여 그에게 일자리를 얻어 주었다. 그 뒤 네빌이 카메라 사업을 하기로 결심했을 때 케인스는 그에게 3000파운드를 빌려주고 이자는 그 회사의 보통주에 대해서 배당을 지불할 때만 받기로 했다. 3년 뒤에는 그 대부금을 걱정하지 않을 것이라고 브라운에게 말했다.

친척들에게 그가 관용을 베풀었던 이 실례들은 여러 해 동안 어려움에 처한 친구들에게 베풀었던 도움과는 전혀 별개의 것이다. 아마도 친구들에 대하여 도움을 준 가장 주목할 만한 실례는 1937년 그 당시 52세였던 덩컨 그랜트에게 그가 고정수입을 제공했을 때였다. 그 화가는 그때 다음과 같이 기록했다. "친애하는 메이너드, 나는 네가 베풀어 주는 일에 대하여 어떻게 감사의 말을 표현해야 할지 모르겠어. ……
그러나 그것으로 내가 이제 조그만 가외 돈을 받게 될 것이라는 그 모든 기쁨과는 전혀 별도로, 솔직히 나는 더 이상 노년과 노후의 생활 보조비 부담에 대하여 걱정할 필요가 없다는 것을 가장 큰 은혜로 생각해. …… 나는 아직 그 일에 대하여 어머니와 바네사에게만 말했을 뿐이야. 왜냐하면 내가 돈있는 사람이라는 소문이 퍼지면 아무도 내 그림을 더 이상 사지 않을 것이기 때문이지. 안녕, 덩컨"

1938년과 1939년 건강이 나아지자 케인스는 사회활동과 정치활동에 더 활발하게 그러나 조심스럽게 참가하였다. 5월에 그는 옥스퍼드 대학과 글래스고 대학에서 명예학위를 받았다. 그리고 이 무렵 그는 〈정부의 식량 및 원재료 비축정책〉이라는 제목이 붙은 논문을 준비했고, 그의 옛 제자인 제럴드 셔브는 케임브리지에서 열렸던 영국학술협회*의 독회에 이 논문을 회부하였다. 그는 이 논문에서 물가를 안정시키고 경기순환을 조절하는 데 도움이 되도록 그러한 재료의 재고를 여분으로 확보할 것을 정부에 적극 촉구했으며 더 나아가서 전쟁중의 '보급자재 비축'에 관한 개념을 상세하게 설명하고 전후 복구시에 이 전략을 채용할 것을 고대하였다.

8월에 뮌헨 위기가 있었고 그는 그의 어머니에게 쓴 편지에서 그 회담의 결과를 낙관하는[또한 잘못된] 견해를 예사롭게 취급했다. "나의 '이성적 자아'는 십중팔구 전쟁이 일어나지 않으리라는 결론 때문에 결코 흔들린 적이 없었지만, 어젯밤의 새소식을 들으니 아주 큰 위안이 됩니다. 히틀러는 가능한 마지막 순간까지, 속임수를 중지함으로써 얻을 수 있는 많은 이익을 결코 얻지 못했습니다. 우리들이 실제로 행동할 것이라고 히틀러를 납득시키는 데는 해군함대의 기동훈련 및 공습이 있을 것이라는 경고가 필요했습니다. 뒤에 말한 군사조치가 있으면 히틀러는 따라올 것이라고 저는 언제나 믿어 왔습니다. 영국 총리는 엄청난 자선을 베풀고, 용기를 보여주고 좋은 동기를 부여했습니다. 그러나 영국 총리의 동정은 마음에 들지 않습니다. 그리고 비록 그가 우리들을 궁지에서 구해 내려고 할지라도 그 함정의 밑바닥에

---

* 영국학술협회(the British Association): 1831년 창립된 과학의 연구와 장려가 목적이었던 단체.

있는 영국 지배 계급의 동정심이 나치의 편을 든다는 신념을 나치가 갖게 함으로써 우리들을 그 궁지로 몰아넣은 것은 그와 《더 타임스》였습니다. 친절과 배려는 광란증 환자를 다루는 나쁜 방법이라고 총리 부인이 총리에게 말할 수 있었으면 좋았을 텐데 저는 미처 그 생각을 못했습니다."

그 후 그가 뮌헨회담의 중요성을 이해했을 때, "전 국민은 우리 역사상 결코 전에 경험하지 못했던 사기를 당했다. …… 우리들은 역사상 최악의 속임수 가운데 하나를 맛보았다. 명예로운 국제정책은 여론의 지지를 전혀 받지 못하는 우리들 자신의 친나치적이고 파렴치한 음모에 의해서 무섭게 역전되었다"고 그는 결론을 내렸다.

1939년 초 스태포드 크립스 경(1889~1952, 영국의 법률가)이 혐오감이 나는 뮌헨 정책에 반대하여 진보주의 연합전선을 조직하려고 했을 때 케인스는 기부금을 냈다. 그러나 이제 전쟁이 임박했으므로 케인스의 마음은 전비조달 문제로 향했다. 그는 그 문제에 관하여 《더 타임스》에 기사를 두 편 써서 이자율을 낮추고 자본수출을 통제하는 정책과, 한 사람의 일반 경제참모와 협동하여 일하는 부서를 설립할 것을 주장했다. 또 BBC에서 재군비에 따르는 완전고용의 조건을 검토했고, 《더 타임스》에 기사를 두 편 더 써서 가능한 재정정책을 분석했다. 그런 다음 8월에 케인스는 리디아와 함께 프랑스 로야트로 휴가여행을 떠나서 증기목욕을 하고 안마치료를 받았으나 다만 반 정도에서 끝낼 수밖에 없었다. 왜냐하면 그 호텔이 프랑스 동원령의 결과로 폐쇄되어야 했기 때문이다. 전쟁은 이제 박두하였다.

1939년 9월 3일 나치의 폴란드 침공으로 전쟁이 발발했을 때 케인스는 영국으로 돌아왔다. 분명히 처음에 그는 그의 옛 'A'국을 재소집할 것은 꿈도 꾸지 못했다. 게다가 포크와 워드 그리고 다른 대부분의 고참들이 재무성에 있거나 다른 곳에서 일하고 있었다. 그 대신에 그가 로이 해러드에게 편지 쓴 것과 같이 "나의 계획은 여기(킹스 칼리지)에 올라와서 그 대학의 회계관의 임무와 《이코노믹 저널》을 편집하는 일, 또 경제학 교수로서 가르치는 일을 잘 수행하는 것이네. 그러한 일은 머지않아 활동성 있는 사람들을 더 많이 배출할 거야. …… 내 연구실에서 조용히 원고 초안을 작성하고 가끔 런던을 방문하는 위원회 일이 나에게 적합한 일이 될 것일세." 그 다음 수개월 동안 그는 대부분의 시간을 케임브리지에서 보냈으며 다만 주중에 며칠 동안만 런던에 내려가곤 했다.

그의 마음은 거의 필연적으로 그 전쟁의 경제적인 문제로 향했다. 9월 14일께 그는 그의 첫 기고인 가격통제에 관한 각서를 스탬프 경에게 보내고 그 하루 뒤에는 재무성에 보냈다. 이 각서에서 그는 실행 불가능한 어떤 가격상승 억제정책에도 반대하고 그 대신 영국 물가를 적절한 수준으로 인상할 것을 촉구했다. 열흘 뒤에 그는 환관리에 관한 논문을 리처드 홉킨스 경과 프레더릭 필립스 경에게 보내고, 그 논문에서 그는 제1차 세계대전 때 실행했던 일을 많이 회상하고 이 관리들이 환관리제도에 신중을 기하도록 권고했다. 이 당시에 그는 고든 스퀘어 46번지에서 옛 친구들, 즉 H. D. 헨더슨, 아서 솔터 경, 윌리엄 비버리지 경, 그리고 월터 레이턴 경과 같은 전직 관리들을 초대하여 주인 노릇을 하고 있었다. 이들과 논의하는 가운데서 몇 가지 각서가 더 나왔는데, 그는 그 중 경제 봉쇄에 관한 각서 한 편을 프레더릭 리스-로스 경에게 보냈으나 공식 정책에 반영되지는 못했다. 그가 비버리지에게 보낸 식량봉쇄와 해외 사무소와 전시경제성(the ministry of economic warfare)에 관한 두 번째 각서에서 그는 전쟁을 완화하기 위한 조치로서 금지품목에서 밀을 뺄 것을 제안했다. 그는 또한 그 생각의 건전성에 관하여 윈스턴 처칠을 설득하려고 노력했으나 아무짝에도 효과가 없었다. 마지막으로 그는 다른 사람의 제안으로 '대통령[루스벨트]을 위한 전쟁에 관한 각서'를 준비했다. 그는 그 각서에서 미국이 독일과 외교관계를 단절하고 외교단절 상태를 선언하라고 권고했다. 미국이 영국에 공여한 차관은 무이자로 해야 하며 짧은 몇 해 동안 복구자금으로 되지급할 수 있어야 한다. 이 모든 조치를 취하는 목적은 전후 독일에 공산주의가 만연하는 것을 방지하기 위한 것이다. 그는 이 각서에서 미국의 금 비축을 미친 짓이라고 말했으나 고쳐 쓴 초안에서는 그것을 쓸모없는 짓이라고 바꾸어 표현했으며, 존 사이먼 경*의 첫 전시예산에 관하여 《더 타임스》에 공공연하게 서술하고 정부차입금에 낮은 이자율을 적용하도록 촉구했다.

10월에 스웨덴 과학원은 케인스가 경제이론을 발전시키는 데 귀중한 공헌을 했으며 그러한 경제이론을 가장 중대한 국제문제에 적용한 공로를 인정하여 그에게 훈장을 수여했다. 그 바로 후 버나드 쇼가 그를 대외정책의 문제에 끌어들였다. 쇼는 《뉴 스테이츠먼》지에 서한을 보내서 영국은 전쟁할 구실을 버리고 소련과 독일이 그들 스스로 협정을 성립하도록 허락해야 한다고 촉구했다. 케인스는 그러한 어리석은 의견을 그 잡지에 발표하지 말도록 킹슬리 마틴에게 권고했으나 그 글은 발표되었다. 그때 그는 마찬가지로 이렇게 썼다. "좌익에 속하는 지식인들은 어떤 희생을 치르고라도 나치의 공격을 저지해야 한다고 요구하면서 가장 소리 높이 외치다가 막판에 이르러, 4주간이 막 지나자마자 그들이 평화주의자로서 당신 잡지의 기고난에 패배주의적 편지글을 쓰면서, 자유와 문명의 방위는 '거만한 반동군인'**과 '보수적인 인간들'에게 맡기고 나치가 만세삼창을 부를 일을 그들은 생각해 내고 있다." 이러한 일은 모두 스탈린 – 히틀러 조약이 체결된 후 스탈린주의자들이 공산당의 노선을 급격하게 역전시켰을 때 일어난

---

* 존 사이먼(John Simon, 1873~1954): 영국 자유당의 정치가, 법률가, 내무장관, 재무장관, 영국 대법관 등을 역임.

** 거만한 반동군인(Colonel Blimp): 영국의 정치만화가 데이비드 로우(David Low)의 작품에 등장하는 인물로 거만한 반동군인과 정부관리를 의미.

것이었다.

　전쟁이 일어난 뒤 처음 몇 달이 지나서 케임브리지 대학을 대표하
는 하원의원이 병이 나서 그 지역의 보궐선거를 실시할 필요가 생겼
다. 모들린 칼리지의 학장이었던 A. B. 램지가 후보자로 추천하겠다며
제의를 하러 즉시 그에게 다가왔다. 세 당(黨) 모두 다 케인스를 그 자
리에 추천할 준비가 되어 있었다. 그리고 그도 그 제의가 매우 마음에
드는 제의라는 것을 알았다. 그것은 몹시 괴롭게 하는 결정이었으나
그 제안에 찬성한 플레슈 박사의 진찰을 받은 후 드디어 그 제안을
수락하지 않기로 결정했다. 왜냐하면 국회의원으로서보다는 정치평
론가로서 활동하는 것이 더 유익할 것이라고 그는 생각했기 때문이다.

　전쟁이 시작된 이래 케인스는 인플레이션을 일으키지 않고 전쟁에
필요한 실질 재원을 획득하는 방법에 대하여 많은 생각을 하고 있었
다. 그리하여 그는 서서히 '강제저축'에 대한 계획을 고안하게 되었다.
그는 케임브리지 대학의 학부에 재학중인 학생들로 이루어진 경제학
회인 마셜학회에서 강연을 하면서 그 개념을 철저히 시도했다. 그런
다음 결국《더 타임스》에 게재했다. 복사본은 재무장관과 또 다른 관
리들에게 배포되었는데, 초기의 반응은 그를 고무했다. 그는 군비지출
로 발생하는 총수요 증가분과 그에 따라 일어나는 인플레이션 위협을
'후방경제의 중심 문제'로 생각했으며 또 그 문제를 풀려면 물가정책
과 예산과 임금정책을 함께 조절할 필요가 있다고 생각했다. 국가는
그때까지 이 모든 문제에 대해서 공정하게 대처하지 못했으므로 이제
그가 그렇게 하려고 결심했다. 강제저축이 초과구매력 또는 그가 그뒤
지불거치금액이라고 불렀던 초과수요를 흡수함으로써 그는 인플레이
션의 참화를 저지하려고 했을 뿐만 아니라 증가된 국가부채를 그 공
동사회의 모든 계급에 퍼뜨림으로써 사회정의를 더 확대하려고 희망
했다. 노동자들이 임금으로 받는 그들의 몫을 우편저축은행에 예금해

서 물가가 그 초과수요 때문에 하늘 높이 치솟아 오르는 것을 방지하도록 그는 제안했다.

그 기사가 《더 타임스》에 발표된 다음 날 그는 '특별히 중요한 내 제안이 나오게 된 통계적 배경'이라는 설명서를 리처드 홉킨스 경과 스탬프 경에게 보냈고, 그 후 통계학자인 코린 클라크와 케임브리지 대학의 통계학 연구조수였던 피난민 학생, 어윈 로스바스의 전문지식을 이용하여 '영국의 소득과 재정적 잠재력'이라는 상세한 분석기사를 《이코노믹 저널》에 발표했다.

《더 타임스》의 기사는 상당히 많은 논평과 비판을 불러일으켰고 케인스는 놀라운 활력과 설득력을 발휘하여 그러한 논평과 비판에 응답했다. 그는 편지를 쓰고, 토론에 참가하고, 도널드 타이어먼과의 대화를 방송으로 전했으며, 노동당 간부들과 전국노동조합회의의 지도자들, 페이비언 협회의 회원들에게, 또 하원의원들이 많이 모인곳에서도 연설했다. 그는 오랫동안 소원해진 뒤 개인적으로 화해했던 몬태규 노먼을 포함하여 저명한 은행가들 및 자본가들에게서그의 계획에 대한 지지를 확보했다. 아마도 가장 즐거웠던 것은 하이에크와 로버트슨, 로빈스 교수들을 포함한 대부분의 경제학자들이 적어도 원칙적으로는 그의 신기한 제안에 동의했다는 것이다.

이처럼 폭넓은 관심에 고무되어 그는 《전비조달론》(How to Pay for the War)이라는 제목이 붙은 소책자를 준비했다. 1940년 2월 그 책이 출간되자마자 그는 밸푸어 경을 조종하여 상원에서 그 내용에 관하여 토론을 시작해 주도록 했다. 그가 과거에 흔히 그랬던 것과 다름없이 그 작은 책이 발간되기 전에 거의 복사본을 100권 만들어 친구들과 동료들, 또 그가 설득하기를 열망했던 사람들에게 배포했다. 여러 가지 제안과 비판을 고려하여 그 책자로 적극적인 사회개량을 주장하고 사회정의를 장려한다는 것을 좀더 강조할 수 있도록 계획을 수정했던 것을 보면 흥미롭다. 이제 그의 완전한 계획 속에는 현금으로 지급하는 일반 가족수당, 노동자계급의 통제하에 노동자계급의 부를 축적하는 일, 임금과 연금을 배급받는 소비품목의 일정 비용에 연결시키는 것 그리고 국채를 증가시키지 않고 연기된 소비자금을 공급하고자 전후에 전반적 자본과세를 실시하는 것 등이 포함되어 있다. 그의 책은 이 혁신적 전시재정의 방안에 대한 자기 주장을 아주 명석하고 설득력 있게 설명했다. 그 조금 뒤 그는 곧 세울 예산의 숫자에《전비조달론》의 개념을 결부시키는《국가자원예산》이라는 책을 준비했다.

그 책이 나온 뒤 그는 더 많은 교신과 회합과 방문을 하면서 설득운동과 선전활동을 전개하였으며 기본적으로 전시 인플레이션의 위협에 대처하는 독특하고 새로우며 유일한 제안이라고 그가 생각했던 것을 위하여 겉보기로는 지칠 줄 모르는 노력을 하였다. 과거에도 그리고 그 후로도 많은 사람들은 케인스 경제학을 주로 불황과 실업의 문제를 취급하는 것이라고 생각하곤 했다. 그러나 이제 그는《전비조달론》에서 그의 분석기법이 초과수요의 경제학에도 마찬가지로 적용될 수 있다는 것을 보여주었다. 그는 이 책의 불어판 서문에서 그의 계획은 교대로 일어나는 파멸적인 호황과 불황을 피하기 위하여 전반적인 소비율을 규제하는 포괄적인 사회정책의 제1회분에 해당하는 것으로서, 만약 이러한 정책을 실시하지 않으면 사회의 기초는 계속 붕괴될 것이라고 생각한다고 말했다.

자신의 계획을 변화하고 있는 미국의 경제상황에 관련시키려는 시도로《뉴 리퍼블릭》지에 게재한 다소 경시된 장문의 기사에서 그는 이전에 제시했던 문제점들을 아주 명확하게 해명했다. 다시 말하면 전시 상황에서는 여러 가지 사실이 불황기의 상황과는 반대로 된다는 것과, 따라서 그 결과로 경제학자들이 해야 하는 실제 권고는 변경되어야 한다고 말했다. 군비투자를 더 많이 하고 사적소비를 더 줄이는 것은 그 시대의 새로운 도리였다. 이 기사에서 그는 평화시의 완전고용을 달성하는 어려움에 대하여 약간의 논평을 하고 평화시의 완전고

508

용은 지금까지 받았던 주의보다도 더 많은 주의를 받을 만한 가치가 있다고 말했다. "만약 루스벨트 행정부와 개별기업들 간에 완전한 조화가 일시적으로 이루어졌다고 하더라도 현재와 같은 제도와 구매력의 분배로서는 만족할 만한 경제회복은 수개월 이상 지속되지 못했을 것이다. 설령 완전고용이 달성된다고 하더라도 1928~1929년의 수준 이상이 되었으리라고는 나는 생각하지 않는다."

민주자본주의 국가가 전시 상황을 제외하고는 나의 주장을 증명할 거대한 실험을 하고자 필요한 규모로 지출계획을 수립하는 것은 정치적으로 불가능해 보인다고 그는 서술했다. 그럼에도 그는 계속해서, 선은 악에서 나올 수도 있는 것이며, 또한 전시에 경험한 결과로 미국은 부(富)의 생산을 지배하는 가장 중요한 원리를 배우고 그러한 개념을 전후 복구사업에 선용할 것이라는 희망을 피력했다. 그러나 그는 논문을 끝맺으면서, "민주주의가 현명하며 양식을 갖춘 제도가 될 수 있다고 생각하는 것은 헛된 일인가? 대중정치라는 독(毒)이 자유로운 모든 공동사회를 무력하게 만들어야 하는가? 그러한 해결되지 않은 문제가 너무나 많이 있으므로 그 반대론이 입증될 때까지는 우리들이 해야 할 일을 할 수 있다고 믿는 것이 우리들의 의무이다"라고 자문자답했다.

여러 개혁가들과 운명을 같이하면서 그는 변화하는 문제에 보다 더 보수적으로 접근하기 위하여 주장을 아주 잘 펼쳤다. "파괴자들이 존재하는 세계에서 그러한 국민들은 다양하게 짜여진 사회구조 속에서 약간의 피해는 허용돼야 하는 것이 의미를 갖는 때일지라도 그러한 사회구조를 열심히 수호해야 한다." 그의 인생 후기의 철학적 사색에서 매우 두드러졌던 버크의 사상과 전통을 강조했던 것으로 되돌아가서, "문명이란 과거에서 생겨난 전통이며 우리들의 선조가 건설한 놀라운 건조물로서, 얻기는 어렵지만 잃어버리기는 쉬운 그 문명의 취약성을 그들은 우리들보다 더 잘 알고 있었다"고 그는 말했다. 좌파의 개인주의와 극단적인 우익 보수파의 경화증(硬化症)을 거부하면서 그는 "그들이 우리 사회의 한 가운데가 썩었다는 것을 영국과 유럽의 경험으로부터 배우게 하라. 그리고 그들이 미국이 건전하다고 생각하지 않도록 하라"고 극단적 우익보수파들에게 경고했다.

회고하건대 '강제저축'에 대한 그의 영웅적이며 끈질긴 노력에도 불구하고 그가 전비조달에 관한 가장 중요한 작품이라고 생각하게 되었던 이 계획은 단지 일부분만 영국 정부의 정책으로 실시되었다. 진실로 케인스의 총체경제학은 '인플레이션 간격'*을 계산하게 되었고 이러한 연구방법은 전시통화팽창을 억제하는 데 기여했으며 더 나아가서 그의 영향력은 수년간 계속되는 전시중에 실시된 저이자율정책으로 나타났다. 그는 지불거치계획에 관하여 언급하고, 그 방법으로 1년에 5억 5천만 파운드를 조달할 것을 제안했으나, 실제로 이 방법에 의한 연평균 조달액은 1억 2100만 파운드에 달했다. 그래도 그의 개념은 전후(戰後) 신용대출의 형식으로 채택되었고 그의 가족수당계획 또한 전쟁이 끝날 때까지 이용되었다.

1940년대 초에 그가 주의를 기울인 또 다른 전시경제정책은 환 관리였다. 그는 이 문제를 2월 22일에 프레더릭 필립스 경과 논의하고 이튿날에는 영란은행 총재와 논의했으나, 케인스가 더 많은 활동을 하도록 고무된 것은 그 당시 무역국에 재직했던 리처드 칸의 자극을 받았기 때문이다. 그는 곧 그가 강제저축계획에 들였던 것과 같은 정력과 독창력을 발휘하여 이 문제를 연구했다. 그는 경제적 측면의 전쟁은 국가의 힘과 결단력에 의하여 수행되어야 한다고 믿고, 전쟁이 발발한 이래 외환관리를 아주 서투르게 해왔다고 강하게 느끼고 있었다. 만약 영국이 전력을 기울여 그 모든 자원을 정리하려고 한다면 군자

---

* 인플레이션 간격(inflationary gap): 소비수요와 투자수요의 합계가 현재의 가격으로 표시된 완전고용 단계의 소득을 초과하는 부분임. D. 딜라드, 《케인스 경제학의 이해》, 지식산업사, 243쪽 참조.

금을 조달할 수 있는 모든 외환을 보존하고 사용할 수 있도록 할 필요가 있었다. 이 문제에 대해서 그는 곧 발간할, 세계대전의 전비조달에 관한 그의 작품에서 얻은 모든 경험을 갖고 있었다. 그는 그 문제에 관하여 하원 통화위원회에서 연설했고, 그의 초안에 대해서 헨리 크레이나 다른 영란은행 관리들로부터 비판을 받은 뒤, 재무성의 필립스 경에게 '외환 관리와 정책'에 관한 세부 각서를 제출했다. 이 각서에서 그는 파운드 환율을 완전히 봉쇄하는 것에 반대를 했으나 외국인의 유가증권 거래에 대하여 더 엄격히 관리할 것, 수입을 제한할 것, 환 및 수입규제에 대하여 전반적으로 더 엄격히 관리할 것을 주장했다. 그는 이 문제에 대하여 영국, 프랑스, 네덜란드. 벨기에 등 여러 나라가 다 함께 공동으로 행동할 것을 바라고 그 국가집단의 공동재원으로 지원을 받는 포괄적인 환 협정이 체결되기를 원했다. 재무성과 영란은행이 합동으로 특별부서를 설립하여 이 제도를 운영할 것을 그는 최종적으로 권고했다

그는 6월에 '우리들의 환자금을 전쟁무기로 사용하는 것'에 관한 개념을 구체적으로 표현한 각서를 재무장관에게 보냈다. 그 각서에는 극적이고 독창적인 정책을 수립할 필요성이 강조됐다. 그는 영국과 프랑스, 네덜란드와 벨기에 등 제국들의 금과 유가증권 그리고 경상무역수지를 공동출자하여 관리하는 거대한 계획과, 이들 지역이랑 세계의 다른 지역 간의 통일적 환관리제도를 신속히 수립할 것을 대략 설명했다. 그는 거의 중상주의 방식으로 연합국 측에 속하는 국가와 그 외의 지역에 있는 각국과의 쌍무적 환관리제도를 권고하고, 결제방법 및 미결제 잔고의 처리방법에 대하여 약정을 체결할 것을 권고했다. 전비조달국은 그러한 계획을 실행함으로써 그들이 실제로 획득할 수 있는 모든 수입품을 3년 또는 그 이상 확보할 수 있을 것이라고 그는 생각했다. 적어도 그가 총체적 경제전쟁에 대비하고 있었다는 것은 지극히 분명하다.

일주일 뒤에 재무장관에게 보낸 설득력 강한 또 다른 각서에서 그는 해외투자협정을 흉내낸 의사(擬似)상업기준에 근거하는 재정관계를 연합국 사이에는 수립하지 말도록 경고했다. 그 대신에 실제로 가능한 원조와 협력을 하도록 결정해야 하고, 그러한 원조와 협력은 가능한 최소한도로 형식적인 재정협정(財政協定)과 연계되어야 한다고 말했다. 그는 이 각서에서 독일 국방군의 타격을 받고 휘청거리는 프랑스 정부가 문명을 수호하기 위하여 싸우는 이 전쟁에서 [군사적인 것은 물론이고 물질적인] 재원도 실질적으로 공동출자하여 운영하는 제도에 대해서 확신을 갖도록 하려고 노력했다. 제1차 세계대전 뒤에 그랬던 것과 같이 한 연합국이 다른 연합국에 거액의 채무를 진다는 것은 의문의 여지가 없을 것이다. 미합중국에 대해서 말하면 그 나라가 그러한 연합국들에게 어떠한 신용대출을 공여했다고 하더라도 그 신용대출은 무이자로 해야 하며 전후 유럽부흥기금으로 다시 지출되어야 한다. 재건할 필요가 있는 국가들을 위한 은행준비금을 제공하기 위하여 미국이 과다하고 쓸모없는 금재고량에서 추가로 50억 파운드를 기부할 것을 미국에 바랐던 바이다. 만일 영국이 프랑스와 '의사상업거래'를 한다는 오점을 씻지 않는다면, 미국과 원만한 타협을 하리라는 예상도 하기 어렵게 될 것이라고 그는 경고했다.

　이 무렵 케인스는 또한 인적 자원의 배치문제에 관여해서 6월 초 그 문제에 관하여 《더 타임스》에 기고했다. 그 달 프랑스가 무너졌으므로 그는 경제학자들 가운데 그의 피난민 친구들 몇 사람의 운명에 대하여 한층 더 우려하게 되었다. 전쟁이 격화되고 침공의 위협이 있게 되자 영국 정부는 전에 모든 제약에서 면제되었던 적국인들을 일제히 검거하기로 결정했다. 영국 정부는 그러한 사람들을 이후로 선박운송이 가능하면 영연방 자치령으로 보내겠다는 생각을 가지고 먼저 맨 섬(Isle of man)으로 보냈다. 그러나 유익한 적국인은 약간 활동할 자유를 가지고 영국에 체류하는 것이 허용될 것이라는 암시가 있었다.

그러한 사항을 염두에 두고 케인스는 피에로 스라파, 어윈 로스바스, H. W. 싱어 그리고 에드워드 로젠바움 등과 같은 경제학자들을 석방하려고 즉시 정부 당국에 개입하였다. 케인스와 가장 친했던 스라파는 자신을 위하여 바친 케인스의 모든 노고에 대해서 너무나 감사하다는 말을 하고 또 그의 어머니는 케임브리지에 친구가 없으므로 케인스의 어머니가 그의 어머니와 접촉을 유지해 주면 좋겠다고 요청하는 편지를 케인스에게 썼다. 메이너드는 그의 어머니에게 그렇게 하도록 요청했다. 그런데 스라파와 다른 망명 학자들을 위한 케인스의 노력은 성공을 거두어 그들은 결국 교수와 연구활동을 하도록 석방되었다.

5월초 노르웨이에서의 영국군의 패배로 '가짜 전쟁'(Phoney War)은 끝나고 체임벌린 행정부가 붕괴되어 윈스턴 처칠의 영도로 연립정부를 구성하게 되었다. 신임 재무장관은 킹슬리 우드 경으로서 그가 취임하여 취한 첫 조치는 산업계, 상업계, 은행계, 노동조합 대표들로 구성된 자문위원회의 위원을 임명하는 것이었다. 허버트 핸더슨과 케인스는 이 기구에서 경제학자로 봉사하도록 임명되었다. 케인스는 보통 때와 같이 그의 어머니에게 새로운 일에 대해서 알렸다.

저는 조그만 일거리를 얻었습니다. 그 일은 어떤 큰 부담감 없이 현재의 제 능력을 시험해 보는데 아주 적합할 것으로 보입니다. 그 재무장관은 재무성 안에 자문위원회를 설치하고 있습니다. 그리고 저는 그 위원회의 위원의 한 사람이 될 것입니다. 정기적으로 참석할 필요는 전혀 없을 것입니다. 대부분의 다른 회원들은 전혀 일하지 않는 사람들이며 저는 단지 제가 선택한 제 자신의 일만 할 수 있다고 말하는 것이 마땅할 것입니다. 어머님께서 아시다시피 저는 전문적일 일과 비교해서 자문하는 일에 강하게 반대하는 편견을 가지고 있습니다. 그러나 이와 같이 작은 일을 먼저 시작하는 것이 아마도 현명할 것이라고 생각합니다. 그리고 그 일을 하는 데는 제가 가지고 있을지도 모르는 어떤 멋진 생각을 품고 재무장관을 직접 대할 기회를 갖는 큰 이점이 있을 것입니다. 저는 아직까지는 그러한 것에 대해서 많이 알고 있지는 않습니다.

케인스는 처음에 그 위원회의 일이 사소할 것이라고 생각했으나 7월 말께에는 그가 재무성에 자발적인 권고를 하는 데 지극히 바쁘다고 기술했다. 8월에 그는 환관리협의회에서 일하게 됨으로써 그 부문에서 더 포괄적 역할을 맡았으며 역시 재무장관의 고문이었던 금융업자 토머스 카토 경의 옆방을 배정받았다. 그와 케인스는 아주 사이좋게 지냈으며 '카토'와 '도고'라는 다정한 이름으로 불리었다. 실제로 케인스는 공무원도 아니었고 봉급도 전혀 받지 않았지만 현재는 재무성 안에서 근무하면서 조언하고 있었다. 케인스는 8월 하순 다시 어머니에게 편지하여 이렇게 말했다. "그들이 지금 재무성에 있는 저에게 베푸는 친절보다 더 많이 베풀 수는 없을 것입니다. 이번 주에 저는 하루에 약 5시간씩 거기서 시간을 보냈고, 거기서 하는 일은 재미있고 중요한 일입니다. 그러나 [조카] 포리 힐처럼 저는 그저 저의 시간을 조금만 쓸 수 있을 뿐이며 실제로 해야 할 일이 충분한 것은 아닙니다. 어머님은 우리들 부부가 그러한 것을 얼마나 싫어하는지 아실 것입니다."

그 당시 런던은 독일의 '기습공격'을 당하고 있었다. 케인스는 그와 리디아가 한때 피카딜리의 한 깊은 지하실에서 한 시간 동안 갇혀 있어야 했다는 이야기를 전했다. 재무성에서 그가 맨 처음 착수했던 일은 지극히 당연하게도 전시손해배상계획을 수립하는 일이었다. 그는 그 안을 자문위원회의 첫 회의에서 제기했으며 결국 법률을 제정하여 그가 추진했던 것이었다. 그는 그 문제에 관하여 적어도 세편의 각서를 제출하고 전반적 신뢰를 얻고자 완전한 손해배상에 대한 명확한 정책을 취하도록 촉구했다. 일반적으로 케인스파 경제학자들은 하나같이 기번(1737~1794, 영국의 역사가, 《로마제국쇠망사》의 저자)의 자서전에서 인용하고 다음과 같이 또 하나의 결론을 내렸다. "만약 우리들이 상상력이 풍부한 선견지명을 발휘하여 미리 행동하지 못하면 우리는 모든 근거를 상실할 것이다." 그해 9월께 그가 어떤 클럽에서 총리와 장시간 대화를 나눴다는 것과 그날 오후에 한 그의 연설에서 새로운 전시손해배상계획을 말했다는 것, 그리고 그 계획이 실제로 채택되기를 희망했다는 것을 그의 어머니에게 말할 수 있었다. 그 계획은 실제로 채택되었다.

전쟁이 발발한 뒤에 영국의 예산정책은 처음에는 국가의 어려운 문제들을 과감하게 처리하는 데 더디었다. 1940년 4월과 9월에 작성된 존 사이먼 경의 예산은 많은 비평의 대상이 되었으며, 특히 《이코노미스트》의 정기 기고란에서 많은 비판의 대상이 되었다. 자발적 저축과 조세 수준에 의존했던 그 예산은 가짜 전쟁을 했던 이 시기에 대중 정치가들의 애매모호한 감정을 반영했다. 그러나 벨기에와 네덜란드가 독일의 침공을 받고, 프랑스가 무너지고 됭케르크(프랑스 북부의 항구)에서 패배한 1940년 여름에는, 국민의 마음이 변하여 그 전쟁이 아무리 오래 계속된다고 하더라도 영국 국민들 측에서는 총력전을 펼치고 승리를 쟁취하겠다는 생각에 몰두하게 되었다. 케인스는 오랫동안 어렵게 심사숙고한 끝에 드디어 재정정책을 과감하게 수정하게 되었다. 그는 다시 어머니에게 이렇게 보고했다. "저는 지금 포괄적인 예산에 관한 재정정책을 거물들에게 이해시키려고 하는 데 열중하고 있습니다. 그러나 제가 최소한의 성공이라도 거둘지 어떨지에 대해서 말씀 드리기에는 아직 시기상조입니다."

7월과, 9월에서 10월 사이에 제출된 예산안에 관하여 여러 차례 길게 설명하면서 그는 새로운 정책의 주안점을 약술했다. 총국민소득 산출방법에 관한 기본개념을 사용하여 그는 전시예산의 주목적은 단순히 전비조달에 국한되는 것이 아니고 통화팽창이라는 사회악을 방지하는 데 있다는 것과, 사회정의라는 대중적인 의미를 만족시키는 방법으로 이렇게 해야 한다는 생각을 하게 되었다. 그는 인플레이션 간격을 계산했으며, 또 직접세를 증가시키고 강제저축을 실시해서 생활비를 안정시켜야 한다고 주장했다. 재무장관과의 예산전략회의에서 그는 자신이 어떻게 4억 파운드에서 4억 5천만 파운드의 예산차액을 추산하게 되었는가를, 또한 어떻게 그 차액을 메우는 방법을 고안하게 되었는가를 자세히 설명했다. 그의 주장은 이 무렵 찰스 매지가 국립경제사회연구소를 위하여 실시한 사회문제조사에 의해서 강화되었다. 이 조사는 노동자들이 그들의 실질 경제 사정을 개선했다는 것과 또 그들이 지불거치계획에 찬성할 것이라는 견해를 밝혔다. 그해의 남은 기간 동안 케인스는 그의 제안을 변경하고, 새로운 자료를 추가하고, 그 과업을 성취하는 데 자발적 방법으로는 힘의 한계를 드러낸다는 주장을 강조하면서 재무장관과 그의 고문들에게 보여줄 각서를 계속하여 작성해 냈다. 사람들은 다시 그가 다음과 같이 독특하게 강조하는 점을 알아볼 수 있다. "대중이 요구하는 것은 상상력을 발휘했는가, 새로운 재정수단을 강구했는가, 사회정의를 수호하고 사회개량을 위한 더 굳건한 기초를 놓았는가 하는 데 대한 의식이다."

남은 전쟁 기간 동안 영국의 국내 재정정책의 기초가 되었던 1941년의 킹슬리 우드 경의 예산은 여러 부문에서 수정된 형태로 케인스의 개념을 많이 채택했다. 그것은 국민소득의 분석적 구조를 이용해서 작성한 첫 예산이었다. 장관의 예산 연설이 있은 후 전비조달재원을 분석하고 1938년에서 1940년까지의 국민소득을 추산한 백서가 발간되었다. 이 백서는 그것을 만드는 데 케인스가 중요한 역할을 한 또 다른 뜻깊은 혁신적 기틀이 되었다. 그 백서는 이런 식으로 출현했다. 즉 강제저축에 대한 케인스의 개념에 의해서 많은 영향을 받았던 오스틴 로빈슨 경이 전시경제계획과 재정정책을 수립하는 데 믿을 만한 국민소득 추계가 필요하다고 핵심 관리 두 사람을 설득했다. 그리고 제네바의 국제연맹에서 일하고 있었던 제임스 미드 교수와 이어서 중앙경제정보부의 리처드 스톤이, 제안된 국민계정의 체제를 잡는 일에 착수했다. 케인스는 그가 7월에 재무성에 참가하여 〈국민소득, 저축 및 소비〉라는 그들의 논문을 재무성 예산위원회에 배포했을 때 그들의 노력에 열정적인 흥미를 느꼈다. 이 논문에 들어 있는 자료는 재무장관의 혁신적인 1941년도 예산을 공식화하는 데 필수적이었다. 그 예산의 밑바탕에 깔려 있는 통화팽창적인 재정이론은 그 기본산식보다 더 쉽사리 재무성 관리들에게 수용되었다. 허버트 핸더슨과 데니스 로버트슨은 그 국민소득추계에 회의적이었으나 재무장관은 결국 그 소득추계를 수용했다. 케인스는 그 예산은 포괄적인 경제정책의 한 부분으로, 오로지 한 부분으로만 생각해야 한다고 줄곧 주장했다. 그가 재무장관용으로 준비한 1941년 예산보고서를 위한 주석에서 그는 만족스러운 성취감을 표현했다. "나는 우리들의 재정제도에서 제일 중요한 혁명이 지난해 거의 소리없이 발생했다고 생각한다. 이 나라는 드디어 모든 소득 수준에 직접세를 부과하는 데 최우선 순위를 두는 방향으로 전환했다. 그러한 방향전환으로 우리들은 말하자면 한 차원 더 높은 재정문제에 도달했다. 임금노동자들인 우리들 모두를 위해서 직접세는 더 높은 물가보다 더 좋다."

1941년의 예산에서 가장 새로운 특징은 소득세 증가분의 일부를 원천세(源泉稅), 곧 전후에 지불할 세금으로 취급했다는 것이었다. 결국 킹슬리의 안정예산은 케인스의 지불거치계획을 완전하게 실현하지는 못했으며 그 다음 여러 해 동안 거두어 들인 금액도 케인스의 계획에서 요구했던 금액에 근접하지 못했다. 그러나 그 예산은 합리적 재정정책에 중요한 기여를 했다. 어머니에게 보낸 다음의 편지에서 분명히 시사하는 것과 같이 케인스 그 자신 그 결과에 매우 만족했다.

저는 제 이성으로 기대할 수 있었던 만큼 그 예산에 만족합니다. 그리고 정말로 제가 생각하기에 충분할 만큼 많은 요점들이 제 뜻대로 되었습니다.

제한적으로 수용된 지불거치계획이 저와 가장 관계가 깊다는 것은 공공연한 사실입니다. 그러나 제가 가장 많은 중요성을 부여했고 한 역할을 담당했던 두 가지 요점은, 제가 지금까지 해결하려고 매우 열심히 노력해왔던 물가 안정 문제와 신백서(新白書)와 더불어 진실로 공공재정에서 혁명이라고 말할 수 있는 전시예산의 논리적 구조와 방법의 문제였습니다. 재무장관뿐만 아니라 리처드 홉킨스와 호라스 윌슨 경과 같은 가장 중요한 관리들은 저에게 특별히 잘해 주었으며 편견이 없었고 잘 설득될 수 있었습니다. 그리고 카토 경은 줄곧 저에게 큰 도움을 주었습니다. 정말로 우리들은 훌륭하게 단결된 단체 였습니다. 저에게 고통을 주고 저의 신경을 지치게 했던 반대론은 주로 허버 트 핸더슨에게서 나왔습니다.

1941년 11월 그 예산에 관한 주석에서 케인스는 그 예산의 성격을 사회정책예산으로 묘사해야 하고 전쟁상태에서 발전된 약간의 이례 적인 일을 시정하는 데 그 목적을 두어야 한다고 시사했다. 예를 들면 고용된 기혼여성에게는 그들의 소득에 대한 과세수준을 낮추기 위하 여 공제혜택을 주어야 한다고 촉구했다. 솔직히 말해서 가족단위인 경 제 상태를 견실하게 하는 것이 현재와 전후의 주된 사회정책목표가 되어야 한다고 그는 주장했으며, 또한 영국이 이른바 3퍼센트 전쟁을 수행할 수 있도록 하는 데 영향력을 발휘하였다. 그는 런던 시에서의 오랜 경험을 인용하여 대출정책에 관한 여러 편의 세련된 의견을 피 력했다. 즉 그는 특히 근시안적인 문제들에 통렬한 입장을 취했으나 설득하는 노력을 하는 데에 항상 성공을 거두지는 못했다. 일찍부터 그는 초과이윤세에 관한 설득력 있는 각서를 초안하고 궁극적으로 채 택된 수정안을 만들도록 촉구했으며 전쟁이 끝나갈 무렵에는 새로운 자본을 관리하는 문제에 관심을 기울였다. 개혁정신을 가진 그는 "틀 림없이 바로 곧 포기해야 할 사안에 대하여 쓸데없는 논쟁을 하는 것 보다 창조정신으로 활기차고 힘차게 이 급박한 과제를 해결해야 할

518

것이다"라고 기술했다.

1941년 가을 그가 재무성에서 힘든 일을 하고 있는 동안 런던은 독일군에게 심하게 폭격을 당하고 있었다. 9월에 그는 고든 스퀘어에서 폭격을 당했으며 블룸즈버리는 형편없이 타격을 받았다. 즉 덩컨과 바네사 부부의 화실은 허물어졌고 울프의 집은 거의 파괴되었다. 이 기간중 케인스는 매일 밤 틸턴으로 돌아갔다. 그는 플레슈 박사에게 그가 일상적으로 새롭게 하는 일에 대해서 이렇게 설명했다. "나는 매일 아침 7시에 조식을 들고 오전 8시 전에 집을 나서 저녁 8시 30분 무렵까지는 돌아오지 않습니다. 그런데 현재 내 모든 목적을 위한 활동의 중심지가 되어 있는 재무성에서 보내는 하루 일과는 매주 점점 더 길어집니다. 하지만 이 모든 일과 기습공격으로 인한 억압된 긴장감은 내 건강에 이롭기만 합니다. 나는 상당히 피곤합니다마는 고통스러운 증상은 전혀 없습니다."

이 몇 달에 걸친 긴장에도 불구하고 위로가 되고 기쁨을 준 사태의 진전이 있어서 아마도 그런 일은 그의 사기를 북돋우어 주었을 것이다. 그가 재무성의 일에 참여하기 전에도 그는 이튼 학교 관리기관의 책임자들을 대표하는 평의원으로 선출되었다. 또 그는 능변이고 빈정대는 학료장(學寮長)이었던 퀵스우드 경과 그 위원회에서 격론을 벌여야 했지만 자제를 하고 그가 그 학교 회계업무의 개선을 위해서 기여할 수 있음을 확실히 기쁘게 생각했다. 그는 또한 그 학교 관리기관을 설득하여 킹스 칼리지에 도입했던 더 적극적인 투자정책을 채택하도록 했다.

그 사이 영국이 전투에서 괴로운 시련을 겪은 뒤인 1940년 겨울 영국에 대한 전망이 다소 밝아졌다. 11월의 선거에서 루스벨트 대통령은 재선되었고 이듬해 1월에 연합국에 대한 미국의 무기대여정책을 선언했다. 영국은 거의 모든 재정적 지불능력을 위태롭게 할 정도로 전비를 소비하고 있었으나 이제 경제적으로 구제받을 수 있는 약간의 희망이 있었다. 이 경제적 구제와 관련해서 케인스는 여섯 차례 방미 가운데 그 첫 번째 방문을 했다. 그는 이 문제에 관하여 백악관의 참모인 벤자민 코언과 협의했으며, 그 미국인은 당시 주영 대사관 존 위난트* 에게 그가 개인적으로 미국을 방문하여 영국의 상황을 자세히 설명하는 것이 바람직한 일이라고 시사했다. 따라서 케인스는 처음에 그 대사가 포르투갈과 통화협정을 체결하는 데 참가했던 장소인 리스본으로 간 다음 리디아와 함께 뉴욕과 워싱턴으로 떠났다. 그는 그의 조수로 일했던 루셔스 톰슨을 대동했다. 케인스는 토의할 문제로서 무기대여 범위, 영국의 수출과 투자 문제, 미국의 군수품 생산을 위한 자원동원계획, 통화팽창, 전후의 목적 등을 포함한 여러 가지 산만한 사명을 띠고 있었다. 그것은 거대한 주문이었다. 그러나 그러한 일을 해결하는 방법은 미국 재무부의 모겐소 장관과 좋은 관계를 유지하고 있었던 프레더릭 필립스 경이 일부 정돈하였다. 케인스 또한 국무성에 월터 스튜어트, 프랑크푸르터 교수 그리고 월터 리프먼과 같은 옛 친구들이 있었다. 그리고 그가 일을 시작했을 때는 불확실한 사정에 놓여 있었으나 곧 국무성과 좋은 사이가 되었으며 재무부의 다른 많은 고위관리들과도 원만한 관계를 유지했다. 모겐소 장관은 그 후 이렇게 그를 평가했다. "그는 신사이며 매우 훌륭하고 끈기있게 협상하는 사람이다. 그가 방문할 때마다 영국의 이익은 증진되었다. 그는 영국인들이 선택할 수 있었던 최선의 특사였다. 영국인들은 그들의 선택에 대해서 언제나 그렇게 만족스럽게 생각하지는 않는다. …… 그는 매우 우수한 지성의 소유자였지만 언제나 그에게 친근감을 느꼈다."

그 사이 메이너드와 리디아는 워싱턴 사교계와 그 축축한 분위기가 자아내는 시련을 견디고 있었다. "여기서 지낸 첫 5주 동안 나는 중식과 정찬에 마흔일곱 차례나 초대받았다. 그때마다 맨 앞자리에서 접대

---

* 존 위난트(John Winant, 1889~1947): 미국의 정치가, 주영대사(1941~1946), 유엔경제
  사회이사회 이사(1946~1947).

를 받았으며 확실히 기습공격보다 더 위험하지는 않았다. 그러나 건강은 그러한 일에 용감히 견디고 있으며 그리고 진실로 나는 수년 동안 그렇게 불쾌한 적이 없었다. 유별나게 까다로운 성미[오래된 불만의 원인]가 그친 것 같다. 그러나 나에게 항상 휴식을 취하게 하고 절제하게 하며 편안하게 해 주는 리디아가 없었다면 나는 살아남지 못했을 것이다. 뒤틀리고 의심스러우나 친절한 워싱턴 사교계에서 조심스럽게 처신하기는 어려운 일이다. 그리고 그들은 내가 지금까지 거래한 사람들 중에서 가장 느린 사람들이다. 그러나 나는 잘 해 나가고 있으며 좋은 친구 몇 사람을 사귀었다. 병참위원회 의장인 아서 퍼비스는 만약 모든 일이 순조롭게 진행된다면, 영국이 이 전쟁에서 그 누구에게 보다도 더 많은 은혜를 입게 될 저명인사이다." 그러나 슬프게도 퍼비스는 그 후 두 달도 못되어 워싱턴에서 죽었다. 고향에 소식을 전하면서 케인스는 그의 죽음을 괴로운 죽음이라고 말했다.

그가 언급한 수많은 정찬 가운데 한 정찬에서 그는 물가관리국의 레온 헨더슨(1895~1986, 미국 경제학자, 물가관리국 관리자 역임)과 다른 관리들을 면담할 수 있게 되어, 더 억누르는 재정정책을 취하여 미국 경제에서 처음 시작되는 통화팽창을 저지할 것을 주장했다. 그는 월터 S. 새런트와 교신하는 중에 미국 경제학자들이 국방비 지출이 그 경제에 미치는 효과를 분석하면서 가속도 원리뿐만 아니라 승수이론도 이미 사용하고 있음을 알고 만족스럽게 생각했다. 새런트에게 보낸 편지 한 통에서 그는 젊은 경제학자들과 늙은 경제학자들 사이의 관점의 차이를 이렇게 언급했다. "나이 든 사람들의 지적인 견해와 젊은 사람들의 지적 견해 사이에는 너무나 큰 간격이 존재한다. 나는 미국 방문 동안 젊은 경제학자들과 행정부 공무원들의 특성을 보고 큰 감명을 받았다. 미국에 선(善)한 정부가 서기를 바라는 최선의 희망은 그런 데서 찾아 볼 수 있다고 나는 확신한다. 전쟁은 위대한 감별사가 되어 올바른 사람을 최고의 지위로 끌어올릴 것이다. 런던에도 좋은 사람들이 소수 있다. 그러나 당신들이 여기서 배출해 낼 수 있는 사람들은 더 많다." 이러한 말들 속에는 아마도 미국의 젊은 경제학자들이 '신경제학'의 개념을 재빨리 수용할 것이라고 케인스가 암시했거나 또는 감지했다는 뜻이 들어 있었다.

대체로 워싱턴에서 해결해야 할 케인스의 제일 중요한 사명은 성취되었다. 무기대여 범위는 광범위하게 확정되었으며 영국 유가증권을 담보로 하는 대출원칙이 수립되었다. 적어도 부분적으로 사전무기대여 공약과 약간의 기초적인 안전비축량에 대한 영국의 필요성을 인정하는 협정이 미국의 수락으로 체결되었다. 무엇보다도 가장 중요한 것은 영국이 모겐소 장관의 우정과 지원에 의존할 수 있음을 그가 알았던 것이다. 이들 협상에 관한 이 설명서에는 미 국무성이 주장하여 결국 1942년 2월 그 유명한 상호원조 협정 제7조가 되었던, 국제무역상 차별 철폐라는 형식을 취하는 고려사항에 관한 어려운 문제에 대해서는 어떠한 언급도 없었다. 그 미묘한 문제는 다음 장에서 논할 것이다.

그는 남은 전쟁기간 동안 재정 일선에서 BBC방송을 통하여 많은 방송연설을 하면서 재무성의 정책을 상세히 설명했다. 그는 또한 계속 그 후속 예산에 관한 각서를 제출했으나 이러한 것들은 그가 이전에 성취하려고 노력했던 혁신적 방식을 취할 기회를 제공하지 못했다. 사실 남은 전쟁기간 동안의 예산정책은 그 선구적인 정책수단으로 확립된 원리 안에서 아주 잘 운용되었다. 그가 새롭고 도전할 만한 일을 좋아했지만 이 일은 그에게 벅찼다. 그는 어머니에게 이렇게 설명했다. "지난 이틀 동안 저는 많은 분량의 예산연설 원고를 쓰고 있었습니다. 그것은 마음 아프게 하는 일입니다. 왜냐하면 제가 그 연설문을 더 잘 쓰면 쓸수록 그것은 그만큼 더 잘못 사용되리라는 것을 저는 경험으로 잘 알기 때문입니다." 2주일 뒤 또 다른 편지에서 그는 자신이 의도했던 것을 이렇게 상세히 설명했다. "사람들이 제공하는 것 중에서 아마도 주의를 끌 수 있는 모든 문구, 모든 사실은 없어졌다. 왜냐하면 주의를 끌수 있는 것은 어떤 것이나 또한 비평을 끌 수도 있기 때문이다! 그것은 정말 인간의 존엄성과 사기(士氣)에 관하여 보면 쓰레기 같은 것들이다. 또는 호피[리처드 홉킨스 경]는 그러한 것을 더 정중하게 표현하는데, 재무장관은 평범한 문체로 연설을 진행한다."

재무성 생활이 이전 수년 동안에 누렸던 것과 같이 흥분과 도전을 맛보게 하지는 못했지만 이제 케인스가 예기치 않았던 기회가 왔다. 1941년 9월 그는 영란은행의 이사로 선출되어 공습으로 사망한 스탬프 경의 빈자리를 채웠다. 이 일은 상당한 평판을 일으켰다. 왜냐하면 해러드가 말하는 것과 같이, 그가 없었다면 가장 공격적인 영란은행의 정책이 20년 동안 실시될 수 있었을까? "그래, 그래, 그래 …… 터무니 없이 큰 요새가 또 하나 점령되었소. 얼마나 큰 성공이오! 사람들 대부분은 마침내 세계에 약간의 희망이 있다는 것을 믿기 시작합니다. 그러나 당신 말고는 어느 누구도 그 일을 잘 해낼 수 없으니. 몸조심하십시오"라고 제럴드 셔브는 그에게 편지했다.

두 달 뒤에 그는 요크의 대주교와 교신하게 되었는데 그 대교주가 저술한 《기독교와 사회질서》라는 책의 출판에 관하여 조언했다. 그 대주교는 분명히 자신의 경제학 지식에 대한 확신이 없어서 케인스의 도움을 요청하는 편지를 그에게 썼다. 답신은 신학적으로 공통점이 거의 없는 사람을 도우려는 감수성과 자발적인 의지를 보여줄 뿐만 아니라 경제학과 윤리학의 관계에 관한 케인스의 견해도 잘 조명해 준다. 그 대주교의 저서의 교정쇄로 되돌아가서 그는 그 책이 지극히 흥미가 있다는 것을 알았다고 쓰고, 그 책은 우호적인 관심을 많이 끈다는 의견을 피력했다. 그 첫 장에서 그는 종교와 무시무시한 과학과의 관계에 관한 대주교의 주장을 과소평가했다고 말하고 대주교를 안심시켰다. 그는 계속해서 이렇게 말했다. "학문적 기원의 한 계통을 따라 가면 적어도 경제학, 더 정확하게 말해서 정치경제학은 윤리학 쪽에 속한다. 마셜은 언제나 자신이 윤리학을 통해서 정치경제학에 도달했다고 주장하곤 했으며, 그의 제자로서 나 또한 다른 관점에서 이러한 사실을 주장하고는 했다. 리카도를 제외하고 거의 모든 전통적인 영국 경제학자들은 그런 식으로 경제학에 도달했다. 기술과는 별개로서 윤리 사상과 관련이 없는 정책 문제는 실제로 전혀 존재하지 않는다. 만일 이러한 사실이 강조된다면 본질적으로 윤리학에 속하는 한 분야에 교회가 간섭할 권리는 더 분명해진다."

"자기의 관구에서 이러한 문제들을 들추어 내는 것은 아주 최근까지 이단으로 보았다." 그리고 스위프트 사제장(司祭長), 프리트우드 주교[케인스의 말에 따르면 물가와 지수이론에 관한 최초의 과학논문을 쓴 저자], 버클리 주교, 버틀러 주교, 패리 부주교, 섬너 대주교, 그리고 애덤 스미스 이후 18세기 최고의 경제학 저술가라고 기술한 적 있는 토머스 R. 멜서스 목사의 기고문들을 그는 계속 인용했다.

힘든 답신을 하면서 케인스는 《기독교와 사회질서》의 한 장에서 국채에 관한 오류를 지적하고, 퍼블릭스쿨(기숙제도의 사립 중·고등학교로 대학진학의 예비교육 및 공무원 양성을 목적으로 한 학교)에 관한 대주교의 의견에 이론을 제기했다. 그는 "제한된 인원의 가장 유망한 학생들을 퍼블릭스쿨에서 몰래 빼내 감으로써 나머지 학교들이 손해를 입어서는 안 된다"고 주장했다. 한 사람의 충실한 이튼 학교 졸업생으로서 그는 퍼블릭스쿨의 전통이 파괴되어서는 안 된다고 매우 걱정스럽게 생각했다.

약 한 달 뒤 요크의 대주교는 답변을 보내 케인스가 도움을 준데 대하여 진심으로 감사를 표시하고, "당신이 거의 비전문가인 내 작품에 대해서 너무나 많은 수고를 해 주어서 아주 큰 용기를 얻었다"고 말했다. 그리고 케인스의 편지내용이 장황하게 인용되었다. 그도 그럴 것이 그 편지는 도덕학으로서 경제학을 연구하는 한 사람과 그의 관념을 아주 잘 나타내고 있기 때문이다.

14장 브레턴우즈와 영미 차관협정

독창성은 반드시 열정적일 것이다.

† 마이클 폴라니(Michael Polanyi)의 《개인적 지식》(Personal Knowlege)에서

케인스는 그의 인생의 후년에 국제관계에 많은 주의를 기울였다. 그가 표현했던 것처럼 4분의 1쯤 되는 재무성의 관리 노릇을 하면서 그는 미국의 무기대여 정책이 채택되기 이전 기간 동안 점점 더 가망 없이 나빠졌던 영국의 재정상태를 직접 알게 되었다. 또 물론 그는 전쟁이 끝나고 마주치게 될 지극히 어려운 경제 상황을 깨닫고 있었다. 영국인들이 고난을 겪고 있던 이 시기에 정치가의 역할을 하도록 그를 던져 넣은 것은 그들의 약삭빠름을 증명하는 것이다. 이 장에서 그가 대단히 훌륭하게 대처했던 모든 기술적인 문제들을 아주 상세히 검토하기는 불가능할 것이다. 그런 문제에 대해서는 우수한 솜씨를 가진 타인들이 검토했다. 그 대신에 그의 창조성이 그가 다루어야 했던 사건들과 정책들에 어떤 영향을 미쳤는가 하는 데 대해서 연구의 초점이 모아질 것이다.

지금까지 고찰했던 것과 같이 케인스는 미국 관리들과 협상을 하고 영국의 의도를 드러내면서 1941년 여름을 워싱턴에서 보냈다. 그의 사명을 이해하기 위해서는, 전쟁이 발발했을 때 미국의 중립법으로 교전국에 대한 미국의 원조는 금지되었으며 1934년의 존슨법으로 제1차 세계대전의 채무를 변제하지 못했던 영국과 같은 채무불이행국에 대해서는 대출이 금지되었다는 사실을 상기하는 것이 도움이 된다. 그러나 1940년 11월 미국의회는 그 중립법을 수정하여 영국과 영국의 연합국들이 현금을 지불하고 미국의 선편을 이용하지만 않는다면, 그들이 군수품을 구입할 수 있도록 했다. 영국은 이러한 '현금과 운송관계 법률'로 상당히 많은 주문을 할 수 있었으나 그들이 빨리 주문하면 할수록 그들의 달러는 점차 감소했다. 전비조달을 위하여 영국은 금과 달러 잔고를 빼앗기고 있었다. 1940년 12월 처칠 총리는 루스벨트 대통령에게 서신을 보내고 다른 무엇보다도 영국은 이제 더 이상 선적품과 다른 보급품에 대해 현금지불을 할 수 없는 순간이 다가왔다고 말했다. 그 대통령은 카리브해를 순항할 때 이 편지를 곰곰히 생각하고, 그가 말했던 것과 같이 달러 표시를 없애려고 했던 조건 하에서의 무기대여 원칙을 그 후에 선언했다. 그의 계획에서 모든 군수품을 구입하고, 미국의 수중에서 더 유용하게 될 저당물을 받는 조건으로 미국 정부는 영국에 무기를 대여했다. 미국인들에게 노변담화 형식으로 연설하면서 그는 다만 다른 나라들이 전쟁으로부터 우리나라를 지켜주기 위하여 싸우도록 전쟁 도구를 제공하는 것이라고 설명했다. 무기대여라는 말이 나타내는 것과 같이 만약 대통령이 대여라는 방법이 가장 효과적인 무기 사용법이라고 생각할 때에는 미국의 방위를 위하여 필요한 자재와 장비는 영국에 인도될 수 있었다. 그렇게 이전된 물품은 그 대가를 화폐로 지불하는 것이 아니라 협상으로 정할 수 있는 어떤 대가의 형식으로 지불하는 것이 인정되었다. 따라서 이러한 조건에서 윈스턴 처칠이 '역사에 가장 치사하지 않은 행위'라고 명명했던 원리, 즉 그 전쟁의 남은 기간 동안 영국으로 유입되는 군수품에 적용되었던 그 주요 원칙이 결정되었다.

대통령은 1941년 3월 11일 그 무기대여법에 서명했다. 대가에 관한 이 법의 조건에 따라서 대통령은 그가 재검토할 수 있도록 재무성보다는 국무성이 케인스의 협력을 얻어 초안을 작성하라고 지시했다. 딘 애치슨(1893~1971, 미 국무장관)은, 영국이 미국의 방위 원조를 받고 따라서 그 대가로 양국간에 서로 유리한 경제교역을 증진시키며 또한 세계의 경제교역을 개선하는 데 동의할 것, 즉 미국 또는 영국은 다른 나라에서 생산되는 어떤 생산품의 수입에 대해서도 차별정책을 취하지 않을 것, 또 양국은 이러한 목적을 성취할 방법을 공식화할 것 등을 규정하는 무차별 조항을 작성했다. 이 조항은 상호원조협정 제7조가 되었다.

이 조항에 관해서 두 나라 사이에 있었던 난국은 국무성에서 작성한 용어에 의해서 종결되었다. 이 조항은 단지 근일 중 편리한 날짜에 상술한 목적을 달성하는 최선의 방법을 결정하기 위하여 양국 정부간에 대화를 가질 것을 정했을 따름이고 그때까지는 아무런 공약도 없었다.

케인스는 제7조에 관한 이 초안을 가지고 런던으로 돌아와서 그 조항의 미묘한 의미를 당국에 설명했다. 요컨대 단지 경제적 중요성만을 갖는 어떤 현금 또는 물품의 인도도 요구하는 조건이 없으므로 전쟁이 끝난 후 빚은 조금도 없으리라는 것을 그 조항은 의미한다고 그는 지적했다. 차별조항에 관해서 말하면 그 조항이 어떤 의미를 갖는다고 하더라도 그것은 다루기 힘든 특성을 지닌 것이며 그가 생각하기에는 애매모호한 조항이라고 말했다. 그러나 딘 애치슨은 케인스와 대화하면서 그 조항이 수입 및 환관리에 관한 제도뿐만 아니라 대영제국에 우선권을 주는 방식도 배제할 것이라고 시사했다. 코델 헐(1871~1955, 미 국무장관, 자유무역의 주창자, 1945년 노벨평화상 수상) 장관은 9년 동안 국제무역에 관한 그러한 제약에 반대하는 운동을 전개하고 있었다. 그리고 케인스는 그것을 그 장관이 좋아하는 개념이라고 말했다. 이 조항의 첫 번째 초안에 대해서 언급하면서 그는 그것을 '헐 씨의 어이없는 제안'이라고 했다.

1941년 8월의 대서양 헌장(1941년 8월 14일 루스벨트와 처칠이 대서양에서 만나 제2차 세계대전 및 전후 세계의 지도원칙을 발표한 공동선언)에서 영국은 이 표현법에 관하여 작은 승리를 거두었다. 그 차별 조항의 용어가 사용되지 않았기 때문이다. 영국 초안의 제4항에는 "필수품의 공정하고 균등한 분배를 위하여 노력할 것"이라고 쓰여 있었다. 루스벨트 대통령은 '차별 없이 균등한 조건으로'라는 표현을 넣기를 원했으나 처칠 총리는 영국 자치령들과 상의하지 않고는 그러한 용어를 수락할 수 없다고 주장했다. 대통령은 그 문제를 끝까지 주장하지 않았으므로 불쾌한 용어는 생략되었다.

케인스가 이전에 미국인들과 국제무역상 차별의 문제를 토의할 때 그는 무역관행상 차별을 단순히 제거하는 것만으로는 불충분하다는

528

견해를 취했다. 영국과 미국이 합동하여 무역균형을 회복하려는 많은 노력을 기울이지 않으면, 영국은 제한 조치를 취하지 않을 수 없을 것이라고 그는 주장했다. 케인스가 생각했던 것은 실업문제와 세계적 규모의 무역불황 및 또한 영국이 전후에 그 자신의 무역수지상 직면하게 될 무시무시한 문제의 해결을 위해서 미국인들의 도움으로 케인스 경제학의 구제책을 적용해 보는 것이었다.

이러한 문제들을 이해하려면 케인스가 《번영으로 가는 길》이라는 그의 소책자에서 불황기에 널리 채택되는 관세, 할당제, 환 제한조치 등은 주로 방어용 조치라는 견해를 취하면서, 이러한 일들이 신중한 국가 정책이나 또는 신중한 제국의 정책으로 나타나지 못하는 한 그러한 조치들은 어쩔 수 없이 자국의 보호수단으로 채택되었으며 또한 외한사정을 이롭게 하는 것이 아니라 외환사정을 불안하게 하는 조짐이 된다고 그가 서술했다는 것을 기억해야 한다. 그 당시 런던의 집회와 같이 단지 근본 결함을 그대로 방치하고 증후만을 개탄하는 위선적인 결의안을 가결하는 국제회의의 경향을 그는 계속 비판했다.

그러한 생각을 마음속에 품고 1941년 9월에 그는 국제통화[또는 청산]동맹안을 위한 첫 초안을 준비했다. 세계는 국가들간에 보통 인정되는 국제통화라는 결제수단을 필요로 하며 따라서 봉쇄수지(封鎖收支)나 또한 쌍무청산(雙務淸算)은 불필요하게 된다고 그 초안 속에 서술했다. 이 통화동맹은 기본적으로 회원국들의 중앙은행을 대리하여 중앙은행 노릇을 하는 국제청산은행을 관리한다. 각 회원국의 계정은 그 계획에 관한 네 번째 초안에서 그가 명명한 '방코르'(Bancor)라는 국제통화로 명칭이 바뀐다. 이 통화는 금으로만 환산되지만 그 가치가 고정된 것은 아니었다. 그 통화동맹이 그 가치를 변경하는 것이 바람직하다고 생각하면 그 동맹은 그 가치를 변경할 권한을 가지고 있었다. 영국은행에서와 같이 이 청산동맹은 특별대출을 일으키기보다는 당좌대월의 형식으로 신용을 공여하는 것이었다. 이 동맹안의 특징은 사려깊음이었다. 왜냐하면 그것은 국제수지 조정의 책임을 채권국에 맡기려는 케인스 계획의 일부였기 때문이다. 바꿔 말하면 그는 국제무역상 거액의 국제수지 잉여금에 대한 부정적 효과를 피하기 위해서 수취차액 잔고를 감소시키기를 원했을 뿐만 아니라 적자잔고도 관리해야 할 필요성을 강조했다.

　이 청산동맹안에 관한 이야기가 여기저기로 퍼져 나가고 있을 때와 동시에 그가 재무성에 배부한 〈전후의 통화정책〉이라는 각서에서 그는 샤흐트(1877~1970, 독일의 재정가, 독일 국립은행 총재, 히틀러의 경제고문) 박사가 계획한 물물교환 무역제에 대하여 주의를 환기시켰다. 만일 그의 계획이 없었다면 독일은 전쟁을 진행할 수 없었을 것이기 때문이다. 이 방법은 악(惡)의 편에 유리하게 사용되었지만 "우리들은 그 방법에서 대의를 실천하는 데도 도움이 되는, 실행 가능한 기술적 이점을 발견해야 할 것"이라고 말한 허버트 핸더슨의 의견에 케인스가 동의하고 있음을 시사했다. 그의 국제통화동맹계획에 대한 대안은 전시의 무질서한 통화제도로 복귀하는 것이 아니라 샤흐트의 계획을 정교하게 개량하는 것이었다. 그는 훨씬 더 강렬한 어조로 "우리들이 똑같이 만족하는 다른 해결책을 확신할 때까지 상술한 방침에 따라 행동할 수 있는 가능성을 우리들에게서 박탈한다면 우리측에는 미친 짓이 될 것이다. 이 단계에서 미래에 우리들이 자유롭게 행동할 권리를 포기하는 데 동의하는 사람은 누구나, 마치 그가 다른 보호대책에 대한 확신을 갖기도 전에 영국 해군을 포기하려는 사람처럼, 조국에 대하여 큰 반역자와 같은 인간이 될 것이다"라고 주장했다. 해러드가 설명한 것과 같이 그의 의견에 따라 영국이 청산동맹으로 더 활발한 국제무역의 자유화운동에 참가할 수 있는 최소한의 조건을 구현했다는 것은 분명한 사실이다. 지난 여름 토론할 때 미 국무성이 중점적으로 거론했던 것은 사실상 그 제안에 대한 그의 대답이었다.

　청산동맹에 관한 케인스의 문서는 재무성 안에서 유포되어 많은 초안으로 나타났다. 어떤 관리들은 그 안이 너무 과장되어 있고 심지어 현실성이 없다고까지 생각했다. 그러나 대외재정을 책임지고 있었던 제 2장관 리처드 홉킨스 경은 그의 권한으로 그 안을 지원해 주었다. 그뿐만 아니라 케인스 경제학을 대부분 포기했던 허버트 핸더슨마저도 약간의 건설적인 제안을 해 주었다. 재무성에서 헌신적으로 근무하고 있었던 데니스 로버트슨은 열광적이었다. 왜냐하면 그는 그 안이 지금보다 더 국가주의적이었던 전전의 케인스의 견해로부터 벗어난 것이라고 생각했기 때문이다. "나는 지난밤 대단히 흥분하여 밤늦도록 자지 않고 당신의 수정된 제안을 읽었습니다. 그리고 버크와 애덤 스미스의 정신이 지상에 재현되었다는 희망이 고조되고 있음을 느꼈습니다. 그리고 나서 우리들은 올바른 일을 선택할 것이며 우리들이 미국인들과 말다툼을 해야 하는 것과 같은 옳지 못한 일은 선택하지 않으리라는 희망이 점증함을 느꼈습니다."

확실히 미국인들과 말다툼을 하리라는 로버트슨의 예상은 옳았다. 왜냐하면 미국 재무성이 또한 연합국 간의 통화와 은행기능을 위해 제안된 계획이라는 환 안정을 위한 제안을 준비하고 있었기 때문이다. 이 안은 결국 화이트 안이라고 알려지게 되었는데 그것은 그 저자가 전시중에 모겐소 장관의 탁월한 경제고문이었던 해리 덱스터 화이트라는 인물이었기 때문이다.

젊은 시절의 화이트는 케인스를 대학교수로서, 이론가로서 존경했다. 그러나 지금 그들의 관계는 달랐다. 화이트에게는 사회계급과 문화적 배경이 다른 한 인간의 상대역으로서 주인공의 역할을 하는 소임이 가끔 맡겨졌다. 실제로 그는 의견이 여러 차례 대립했을 때 늘 불리하기만 한 것만은 아니었다. 그는 매우 총명하고 재치가 있으며 설득력이 있고 퉁명스러운 연설을 하는 능력을 지녔다. 또 그는 다른 케임브리지 출신의 경제학자들보다 훨씬 더 뛰어난 그 나이 든 경제학자와 용감히 맞서는 것을 두려워하지 않았다. 앞에서 말한 것과 같이 진실로 그 두 사람의 관계는 존경과 분노가 기묘하게 결합된 관계였다.

케인스의 통화계획이 세계무역의 재건과 회복에 그 역점을 둔 반면 화이트의 계획은 환율 안정, 복수통화율과 쌍무청산협정과 같은 제한적 관행의 폐지 등 더 좁은 범위에 초점을 맞추었다. 청산동맹안과는 달리 화이트 안은 최소한 총계로 50억 불에 달하는 최초 출자금으로 시작하는 출자계획이었다. 케인스는 그보다 훨씬 더 큰 금액으로서, 각국 정부들이 무역에 관한 그들의 차별적인 제한 조치를 종결시킬 수 있을 만큼 충분한 금액인 250억 불의 신용기금을 상정했다. 화이트 안은 또한 재무성 내의 회의 결과에서 발전된 산물이었다. 1942년 4월에 그 안이 배포되었을 때 거기에는 '국제연합 안정기금 및 국제연합국의 부흥과 개발을 위한 은행에 관한 예비초안'이라는 표제가 붙어 있었다. 그러므로 그 초안은 궁극적으로 국제통화기금과 국제부흥개발은행을 탄생시킨 모든 원리를 취급했다.

그 사이 케인스는 장점이 있는 모든 착상을 이용하고 새로운 개념에 대한 그의 독특한 수용성을 보여주면서 청산동맹안의 초안을 쓰고 또다시 고쳐 쓰고 있었다. 해러드는 케인스를 비범하게 도량이 넓은 사람이라고 기술하면서 "아주 흔히 저술을 자랑스럽게 생각하는 데서 나오는 일종의 고집이 그에게는 전혀 없었다"고 부언했다.

1938년 그가 완충재고(緩衝在庫)에 관하여 케임브리지의 영국학술협회에 제출한 논문에 주의를 돌리고, 열성을 보이면서 그 개념을 다시 취급하면서 그 주제에 관하여 완전한 각서를 썼다. 그는 또한 세부사항을 파악하는 열정을 보여주고, 그래서 때때로 하급위원회에 참석하거나 또는 그가 비밀공작 대원들에게서 정보를 지득(知得)할 용의가 있었기 때문에 사이 좋은 관계를 맺고 있었던 그들과 담화도 나누곤 했다.

화이트의 안정기금안이 1942년 7월 런던에서 입수되었을 때 케인스는 그 제안에 매우 호의를 품었다. 그는 미국인들이 추구하는 목적과 그가 추구해 온 목적이 동일하다는 것을 알고 용기를 얻었다. 그 반면에 그는 그 화이트 안이 금준비를 보유하고 있는 국가들에게만 도움이 될 뿐이고 또 그 정금준비에 비례하여 그 국가들에게 도움을 줄 것이라고 생각했다. 그 두 가지 제안의 다른 차이점은 다음과 같다. (1) 화이트 안에서는 그 기금이 그 후 '잡동사니 통화'라고 하는 국제화폐로 운영될 것이며, 청산동맹은 국제화폐 방코르로 운영될 것이다. (2) 안정기금은 부적절한 금 분배의 시정을 목적으로 하며 청산동맹은 금을 부차적인 지위로 끌어내린다. (3) 안정기금은 환관리제도를 폐지하지만 청산동맹은 환관리제도를 전혀 반대하지 않고 회원국의 자본 이동에 대한 관리를 실제로 허용한다. 또 다른 구조적 차이와 절차상의 차이가 있었으나 이러한 것들은 여기서 검토할 수 없다.

그 두 가지 계획을 연구한 결과로서 케인스는 이제 청산동맹안에 관한 또 한 가지 초안, 즉 다섯 번째 초안을 작성했다. 그는 서론에서 그가 미국안의 결점이라고 생각한 것들을 열거하고, 그 기금은 런던과 뉴욕에 행정사무소를 두며 이사회는 런던과 뉴욕에서 번갈아 개최해야 한다고 또한 제안했다. 이 무렵에는 그의 계획이 재무성의 공식안이 되었으며 그는 어머니에게 솔직하게 자랑하면서 다음과 같이 쓸 수 있었다. "미래의 세계통화제도에 관한 제 걸작의 최종안이 이제 인쇄되어 미국인들에게 전달될 준비를 마쳤습니다."

바로 이때 케인스는 미래의 세계통화제도를 위한 자신의 제안보다도 자랑할 일이 훨씬 더 많았다. 1942년 5월 그는 맨체스터 대학에서 또 한 가지 명예학위인 법학박사 학위를 받았다. 그런 다음 그 달 하순 그는 자신의 이름이 남작의 작위를 받을 대상으로 왕에게 제출되었다는 소식을 들었다. 그는 틸턴의 케인스 남작으로 예정되어 있었다. 그 명칭은 그 자신이 생각해 낸 것이었다. 그가 보여주었으리라고 짐작되는 반응을 해러드가 묘사한 것과 같이 그는 조상을 자랑했을 뿐만 아니라 앞에서 관찰한 것처럼 청년기에 때때로 나타났던 장구하고 심오한 환상을 이 명예로 실현할 수 있었을 것이다. 가족의 족보에 열중하고 있었던 그의 어머니도 물론 기뻐했다. 그가 선택한 문장(紋章)이 박힌 겉옷을 그녀가 좋아하며, "또 지금 너는 가족의 운수에 최고의 명예를 가져다주었구나!" 하고 감탄하며 소리쳤다고 그에게 편지를 적었다.

그가 이 명예로운 작위를 받자마자 많은 축하편지를 받았다. 그 가운데는 심지어 로이드 조지에게서 온 편지마저도 들어 있었다. 따라서 케인스는 짤막한 편지를 써서 이렇게 의견을 말하게 되었다. "그래서 우리들이 최근의 불화를 씻어내야 한다고 나는 생각합니다." 전 총리 볼드윈은 매우 다정한 편지를 보냈고 현 총리 윈스턴 처칠은 칭찬을 하면서 그를 위하여 건배를 하자고 제의했다. 케인스는 7월에 상원에 처음으로 등원했다. 그는 자유당원들과 함께 앉기로 했다. 그의 어머니와 리디아도 참석했다. 그의 아버지는 그의 옛 모교인 펨브룩 칼리지의 R. A. 버틀러 학장으로부터 현직 평의원 전원의 서명이 든 놀랄 만한 편지를 받았다. 이튿날 그의 어머니는 그에게 다시 편지를 써서 어제는 그녀에게 자랑스럽고 행복한 날이었다고 말하고 "내가 너에게 어떤 말을 해야 하는지를 알려 달라!"고 말하면서 끝을 맺었다.

그는 이듬해 5월이 되어서야 비로소 상원에서 첫 연설을 했다. 그 연설은 짧은 것이었으나, 그 스스로가 마땅히 여겼던 것처럼 많은 찬사를 받았다. 그동안 그는 총리의 별장인 체커스에서 총리와 함께 긴 주말을 보내고 난 뒤, 그 주말은 "매우 재미있는 주말이었다. 그(총리)는 현재와 같은 상황에서 초자연적인 존재다"라고 전했다. 그해 봄 케인스는 아주 열심히 일하고 있었으나 그의 건강은 놀랄 정도로 양호했다. 그는 이 무렵 그의 옛 친우인 스페인 대사 알바 공작과 함께 식사하기를 즐겼으며 또한 그의 클럽에서 재무성 동료들로 성황을 이룬

축하연을 베풀었다.

그는 친구들 사이에서 틸턴 지방의 명사가 되었고, 사실상 시골 신사 노릇을 하면서 어느 정도 만족하고 있었다. 그러나 한 젊은이로서 케인스의 농장에 관해서 연구했던 바네사의 아들 퀜틴 벨 교수에 따르면 시골 신사로서의 케인스에게는 모순된 점이 있었다. 그의 농장에서 일하는 일꾼들은 그를 존경했으나 어쩐지 그는 결코 그들과 유쾌한 관계를 맺지는 못했다. 그들을 기쁘게 하려는 그의 노력은 때때로 너무나 신중한 것이어서, 허물 없었고 그 의도를 미리 알 수 있을 만큼 우둔했던 전 주인에게 익숙해진 대부분의 일꾼들은 그렇게 훌륭한 주인에게 어떻게 반응해야 할지를 몰랐다. 일하는 데 있어서 그는 몽둥이만을 들고 농부들에게 대응해야 할 사람이 긴 칼을 들고 대응하는 사람과 같이 그들 사이로 들어왔다.

케인스 부부가 친구들이나 이웃 농장주들을 틸턴으로 초대해서 새 사냥을 하도록 했을 때도 약간 어색한 일이 있었다. 보통 그러한 모임에서는 대부분 영국식으로 안내했기 때문에 메이너드는 전문적인 사냥터지기와 많은 몰이꾼을 데리고 있었다. 그러나 그 다음 그 사냥꾼들이 틸턴에 있는 집의 현관 대청에 걸려 있는 마티스와 쇠라의 그림들 밑에 모여들었을 때 리디아는 화장실을 가리키고 "자, 젊은이들 당신들은 여기서 소변보고 싶을 것입니다"라고 말하면서 그들을 맞아들였을지도 모른다. 아아! 어쩌나! 그러한 일은 불가피했었다. 왜냐하면 남편이 고상한 영국인의 예절에 대하여 끊임없이 부인을 교육시키려고 했지만 천진한 장난꾸러기 같은 성품과 농담을 좋아하는 개성 때문에 리디아는 그와 같은 말을 내뱉곤 했었다.

케인스는 60회 생일을 맞아 명예로운 케임브리지의 하이 스튜어드 (High Steward Cambridge)가 되었다. 그 직함은 어떠한 의무도 요구하지는 않았지만, 잉글랜드의 과거사에서 많은 위대한 인물들의 이름과 관련이 있었다. 다시 전통을 사랑하는 그의 마음과 선출된 존재라는 그의 의식은 이 경우에도 지대한 만족감을 주는 원천이 되었음에 틀림없다. 그러나 세월은 재빨리 흘러 자신이 60세가 되었다는 것에 그는 더 염려하였다. 거의 비통에 가까운 심정으로 그는 어머니에게 이렇게 썼다. "참, 그렇습니다. 60세가 된다는 것은 충격입니다. 그러나 만일 [제가 공무원인 체하는 것처럼] 실제로 공무원이라면 이제 더 이상 계속 일할 수 없기 때문에 연금을 받고 강제로 퇴직해야 할 것입니다. 옛 친구들이 오늘 저녁 저에게 킹스 칼리지에서 생일축하 만찬을 베풀어 주고 있습니다."

그가 계속 일할 수 있다는 데는 의문의 여지가 없었다. 그해 봄철 내내 그는 예산 및 국제통화문제에 관해서 매우 열심히 연구했다. 그리고 가을에는 워싱턴에서 전후 재정계획을 공식화하는 일을 맡았는데 그 일은 훨씬 더 귀찮은 과업이었다. 다행히도 그는 여름철 한때를 틸턴에서 쉴 수 있었고 플레슈 박사로부터 건강이 양호하다는 보고를 받았다.

이 무렵 의학공부를 하고 있었기 때문에 군복무가 면제되었던 제프리의 아들, 밀로 케인스에게 그는 큰아버지로서 충고를 하지 않으면 안 되었다. 신분을 불안해하고 군대 문제를 생각하면서 밀로는 메너이드의 의견을 구하는 편지를 썼다. 이 일은 본질적으로 그가 메이너드에게 애착을 느끼고 있음을 보여주는 것이었다. 케인스는 이렇게 답서했다.

내가 해줄 수 있는 조언은 네가 현재 있는 곳에 양심을 가지고 머물러 있어야 한다는 것이다. 내가 생각하기에는 여하튼 보병만 많이 필요로 하는 식으로, 또 조국에 진실로 유용한 너의 일을 중단할 만큼 전쟁이 오래 계속되지는 않을 것 같다. 전시에는 행운이 어른들의 자식들에게 똑같이 분배될 수는 없는 것이다. 어떤 사람은 운이 좋고 또 어떤 사람은 불운하다. 즉 네가 출생시에 유복한 환경에서 태어난 점을 보거나 네가 우연히 선택한 직업으로 보아도 너는 운이 좋다. 그러므로 너의 행운을 향유하고 불평하지 마라. 아마도 추상적인 정의(正義)에 대한 몇가지 의견은 똑같은 고통을 요구한다. 그러한 일이 일어나지 않는 것은 아마도 다행한 일일 것이다. 네가 그 일로 조금 걱정했던 것을 나는 가엾게 생각하지 않는다. 그러나 만일 일이 일단 결정되면 그런 일로 더 이상 네 자신을 괴롭히지 마라. 너를 사랑하는 큰아버지로부터.

이 편지에 나타나는 감정이입은 케인스가 사랑하는 사람들과 관계를 맺으면서 감수성과 이해심을 보여준 한 실례이다.

케인스는 재무성에서 비공식적이고 보수를 받지 않는 역할을 했으므로 집행상의 책임을 지는 일도 없었다. 따라서 그는 광범위한 경제문제 및 재정문제에 관해서 자유롭게 조언할 수 있었다. 그는 고위직이건 하급직이건 많은 관리들과 상호간에 밀접한 영향을 미쳤다. 어떤 사람들은 그를 허영심이 대단히 강한 사람으로 생각한 것 같지만 그러한 성격묘사는 정당성이 없어 보였다. 그의 고문자격으로 케인스를 잘 알고 있었던 P. D. 프록터는, "케인스는 결점을 가지고 있었지만 약간의 그러한 결점을 아주 상냥하게 풀어나갔기 때문에 딱히 결점이라고 부르기가 어렵다. 그는 매우 파렴치한 주창자이며, 인도의 고무와 같이 많은 통계자료를 취급하고 예리하지만 신랄하지는 않은 말씨를 사용하여 상대방을 압도한다. 그는 터무니 없이 일관성이 없고, 두 가지 논지가 동시에 일치할 때 자기의 논지를 주장할 때와 똑같이 격렬하게 상대편의 논지를 주장하곤 했다. 그 자신이 한두 달 전에 동료에게 시행하도록 강요했던 정책 수행을 두고 그 동료를 심하게 나무랐다. 무슨 문제가 있었던가? 그러한 일들은 모두 일의 순서가 뒤집히는 유쾌한 과정을 이루는 부분들이었으며, 또한 무엇보다도 먼저 사람들이 전적으로 그 일을 믿기 전에 임기응변과 정신적 곡예로 된 신기한 구경거리가 끼어든 것이라고 제 스스로 생각하게 되는 유쾌한 과정을 이루는 부분들이었다"라고 회상했다.

앞 장에서 케인스의 거시경제적 연구방법이 국내예산을 편성하는 데 사용되었다는 것을 설명했다. 그러한 사실에 비추어서 그가 전후에 완전고용을 달성하는 문제와 그 전망에 대해서 예민한 관심을 가졌다는 것은 당연한 일이었다. 때마침 재무성이 전후 국내 문제에 관하여 그 위원회에 제출한 주요 문서가, 《뉴 스테이츠먼》지에서 케인스와 함께 일했던 전 동료 휴버트 핸더슨 경으로 하여금 준비되었다. 휴버트 핸더슨 경은 그럼에도 케인스의 신이론을 매우 비판했으며 전후 영국의 실업문제에 대해서도 비관적이었다. 핸더슨이 작성한 '고용을 유지하는 문제에 관한 각서'와 전시내각의 경제 부문에 관하여 J. E. 미드가 제출한 유사한 각서에 대해서 케인스가 쓴 논평을 보면, 전후 전망과 적절한 경제정책에 관한 그의 견해를 매우 흥미롭게 통찰할 수 있다. 그는 그 자신의 각서에서 전후에는 다음과 같이 세 단계가 있을 것이라고 주장했다.

1. 만일 투자유인이 억제되지 않으면, 투자량은 할당제나 다른 관리수단이 없을 경우 예상되는 저축 수준을 초과할 것 같다.
2. 긴급을 요하는 투자가 자유로운 상황에서 예상되는 저축 수준보다는 더 높아지지 않을 것이다. 그러나 조금 덜 긴급하지만 유용한 투자를 신중하게 장려하거나 촉진함으로써, 예상되는 저축 수준에 맞게 조정할 수 있다.
3. 지금까지 투자는 포화상태에 이르렀기 때문에 낭비를 한다거나 불필요한 사업에 착수하지만 않는다면 그것을 예상되는 저축 수준까지 높일 수 없다.

첫 단계는 종전 뒤 5년 동안 지속될 수 있을 것이며 그동안 투자와 소비에 대한 통제가 계속될 것이다. 두 번째 단계에서 (해외 대출에 대한 통제를 제외하고) 이 정부통제들은 중지될 수 있을 것이라고 발표했다. 그리고 나서 그는 만약 총투자의 3분의 2에서 4분의 3이 공공지출이나 그와 비슷한 형태로 이루어지거나 또는 좌우될 수 있다면, 가능

538

한 투자 변동폭[그 결과 고용 변동폭]은 좁힐 수 있다고 상정했다. 이에 덧붙여 그는 단기 관리로는 쉽사리 개선되지 않는 무역수지에 상당하는 투자비율은 전보다 적어질 수도 있다는 의견을 말했다. 이제 2단계의 기간은 예측하기 어려우나 또다시 5년에서 10년 정도 계속될 수 있을 것이며 그 후 국가는 알지 못하는 사이에 제3단계로 옮겨갈 것이라고 그는 생각했다. 그가 "황금시대"라고 명명했던 3단계가 시작되면서 "사회관습과 관행은 삶의 목적에 따라 서서히 변경될 것이므로 예상 저축수준도 줄어들 것이다. 결국 필요한 총투자량은 감가상각기금으로 거의 전부 충당될 수 있을 것이다." 이러한 의견 표명은 대단히 매력이 있다. 왜냐하면 그 성명은 그가 처음에 "경제적 가능성"이라는 논문에서 장기투자의 포화상태에 관하여 진술한 전망이 아직도 그의 상상력을 지배한다는 것을 밝혀주기 때문이다. 미국이 전시와 전후에 보정(補正)적 재정정책을 추진했던 점에 비추어 볼 때, 고용상태에 따라 사회보장분담금을 변경하는, 그가 지지했던 미드의 제안을 제외하고는, 단기적 투자변동을 상쇄하기 위하여 단기적 소비변동을 자극하는 가치에 대하여 그가 회의적인 견해를 표명했던 것에 주의하는 것이 똑같이 적절한 일이다. 그는 그 후 미드에게 보낸 편지에서 이 의견을 반복해서 말했으며 영란은행의 동료 이사인 조사이어 웨지우드에게 보낸 편지에서도 이 의견을 되풀이했다. 웨지우드에게 보낸 편지에서 그는 "전후의 투자규모가 가장 중요하네. 이러한 투자를 촉진하는 요소의 하나로서 저이자율에 관심이 있다네. 그러나 별도로 분리해서 생각하는 저이자율보다도 아마도 더 중요한 요소라고 생각하는 것은 국가의 간섭일세"라고 말했다. 그때의 사정으로 보아서 소비율에 영향을 미치는 것보다는 투자율에 영향을 미치는 편이 사회적으로나 정치적으로 훨씬 더 용이한 일이기 때문에 이 견해를 주장한다고 그는 덧붙였다. 현재 몇몇 경제학자들은 케인스가 재정을 세밀하게 조정하는 일을 신봉하는 사람이 아님을 증명하는 것으로서 이 구절을 이해하기 때문에 이 구절들은 중요하다. 케인스가 앞에서 언급한 각서에서 핸더슨이 인용한 두 가지 사항을 지지하고, "내가 보기에 그 의견들은 많은 지혜를 구현한 것 같다"고 말한 것을 또한 주목해야 할 것이다. 그 다음으로 핸더슨은 이렇게 기술했다. "만일 우리들이 이 사항을 우리들의 유일한 목표로 삼지 않거나 또는 더욱이 우리들의 제일의 목표로 삼지 않는다면 우리들은 완전고용을 달성하는 데 성공할 것 같다. 아마도 고용은 행복과 같이 그 자체만을 얻으려고 노력하지 않을 때 가장 쉽사리 찾아올 것이다." 그 결과 일어난 사태의 진전에 비추어 그러한 의견은 매우 곤란한 지지라고 생각될 수도 있다.

케인스가 이즈음에 서술한 각서를 보면, 전쟁 때문에 기술적 자극을 받은 결과로 직물공업, 석탄공업, 건축업 그리고 대규모이건 소규모이건 전반적인 토목업과 같은 영국 산업들이 교습을 받고 있으며 미국인들의 기술을 따라잡는 데 큰 도움을 얻었다. 그는 그 특유의 낙관적 견해로, 영국의 산업을 지원하는 현대적 방법을 적용함으로써 그 영국 산업들은 또다시 세계를 선도할 수 있을 것이라고 말했다. 그러나 그는 그 당시에 비교적 힘들이지 않고 가벼운 마음으로 그런 문제에 관여했다. 왜냐하면 그는 국제통화기금이 되었던 기구에 대한 안을 만드는 데 그의 정력을 기울였기 때문이다.

사실상 1943년 9월초 케인스 부부는 미국으로 항해했다. 그들은 이번에 두 번째로 워싱턴을 방문하는 것이어서 그 수도에 점점 더 익숙해지고 있었다. 그들은 친밀한 미국 친구들을 여럿 사귀고 있었다. 그들이 사귀는 사람들 가운데는 리프먼 부부, 프랑크푸르터 부부, 애치슨 부부, 채트필드 - 테일러 부부, 또 시인인 아치볼드 매클리시가 포함되어 있었다. "내가 케인스와 나눴던 우정은 내 생애에서 가장 행복한 우정 가운데 하나였다"고 월터 리프먼이 그 훗날 회상했다.

이즈음 제프리의 아들 가운데 하나인 퀜틴 케인스가 워싱턴에 배치되어 때때로 케인스 부부의 참모로 일하곤 했다. 또 그는 주말에 그들을 태우고 주변 시골 길을 통과하여 차를 몰았다. 그런 일은 케인스와 그의 동료들이 현재 관여하고 있는 매우 힘든 협상을 하는 사이에 긴장을 풀어주는 일과였다.

9월 15일부터 10월 9일 사이에 있었던 일을 설명하면 케인스가 이끄는 영국대표단과 해리 화이트가 인솔하는 미국대표단이 아홉 차례나 회담을 갖고 고도의 기술 문제를 폭넓게 다루었다. 이 회의 결과 결국 국제통화기금을 탄생시킨 첫 번째 초안이 나왔다. 그 토의에서는 두 나라 사이에 이견이 있었던 약 14개 항목에 초점을 맞추었다. 그들의 회합이 끝났을 때 이 논제들 가운데서 다만 6개 항목만이 합의에 도달했으나, 합의를 보지 못한 대부분의 논제들도 브레턴우즈 회합이 소집되기 전에 해결되었다. 이러한 의견차는 그들 각국의 경제적 정치적 구조뿐만 아니라 국제경제정책에 관한 그 두 나라의 서로 다른 목적을 반영했다. 미국은 주로 국제무역상 다변주의, 바꿔 말하면 무역국 상호간의 무차별주의를 달성하는 데 관심을 둔 반면, 영국은 전후의 국내 완전고용과 경제재건에 더 많은 관심을 두었다. 대외무역과 투자에 의존하는 정도에 관한 서로 다른 의견과 그리고 두 나라의 정체(政體)와 정치 과정에 관한 의견차가 또한 그 협상을 심각할 정도로 복잡하게 만들었다.

가장 크고 중요한 금융상의 의견차는 이미 설명한 케인스 안과 화이트 안 사이의 차이로 모아졌다. 두 계획의 가장 현저한 차이는 이용할 수 있는 유동 재원의 양에 관한 것이었다. 청산동맹의 당좌대월 한도는 250억 달러이고 다른 한편으로 화이트의 안정기금 한도는 50억 달러였다. 케인스는 그가 설명한 것과 같이, 국제 결제수단으로서 금화가 갖는 불편한 점을 없애고 그 이점을 얻기 위하여 국내 재정안정과 대외적인 재정안정 사이의 난점을 해결하고 싶었다. 화이트는 국제무역상의 제한적 관행을 금지하고 환율안정을 성취함으로써 경제전쟁을 종결하는 데 더 많은 관심을 가졌다. 그 계획들은 국제수지 조정기구에 관해서도 또한 의견을 달리하였다. 화이트의 제안에는 채권국과 채무국들이 화폐가치를 저락시키거나 또는 환관리에 의한 방법을 사용하지 않고 그들의 국제수지 균형을 달성하도록 그 양자 모두에게 제재조치를 취하는 내용이 들어 있었다. 케인스의 청산동맹안은 채무국에 보다 더 관대한 조치를 취했다. 채무국은 제재조치를 당하기 전에 동맹의 풍부한 당좌대월 한도액을 인출할 수 있었다. 그 두 가지 안 모두 계속되는 균형을 달성하기도 전에, 전시 말기의 어려운 과도기 문제에 대처할 적절한 조항을 마련하지 못했다. 그 두 가지 안을 공개적으로 토론할 때 미국인들은 화이트 안을 지지하는 경향이 있었고 영국인들은 케인스의 안을 지지하는 경향이 있었다는 것은 주목할 만한 일이다. 그러나 그 협상을 진행하는 동안에 데니스 로버트슨이 케인스에게 보낸 편지에서 두 안을 묶어 '와인스 계획'이라고 불렀는데 그것은 협상의 두 주역의 이름에서 딴 음절의 철자를 조합한 것이었다. 케인스 그 자신이 영국 상원에서 있었던 재정협력에 관한 토론에서 그 두 안이 본질상 유사함을 강조했다.

수많은 토론을 하고 새로운 초안을 더 많이 작성한 후 전문가들은 국제통화기금의 설립에 관한 타협안을 성안하고 1944년 4월에 발표했다. 케인스는 미국인들에게 많은 사항을 양보했으나 만약 미국 달러 공급이 부족하면 채무국이, 예를 들어 미국상품을 차별대우할 수 있도록 하는 '희소통화조항'에 관한 합의사항을 넣음으로써 영국인들의 감정을 부분적으로나마 누그러뜨렸다. 어떤 영국인들은 이 조항을 크게 환영했으나, 케인스는 분명히 처음부터 그 조항이 반쪽의 지지만 받는 제안으로서 결국에는 철회될 것이라고 생각했다. 그러나 실제로 그 후 그가 장관들에게 보고한 성명서에는 그 조항을 혁명적인 조치라고 말했으며 또 그것은 세계의 다른 국가들에 대한 미국의 공정성과 책임감을 표시하는 것이라고 생각했다. 이 몇 달 동안 케인스의 완충재고(공급의 변동에 대비하기 위한 재고)에 관한 제안, 통상정책, 그리고 국제투자 등과 같은 다른 논제를 논의한 회합이 열렸다. 이러한 문제들 중 몇 가지는 연기되었으며 다른 문제들도 미래의 사태 발전에 따라 또한 부수적으로 일어난다고 생각되었다. 그럼에도 통상정책에 관한 논의는 진전되어서 그것은 결국 '국제무역기구'(ITO)를 조직하게 되었다.

영국에 돌아온 케인스는 곧 재무성의 일에 몰두했다. 그는 1944년 초에 발간된 전후 고용에 관한 운영위원회의 보고서 초안을 작성하는 데 비교적 경미한 조력을 했지만, 그는 그것을 공식 견해로 표현된 '일종의 혁명'이라고 환영의 뜻을 나타내고 그 보고서에 관하여 상세한 논평을 했다. 그는 그 보고서가 투자자본예산에 대한 개념을 강조하지 못한 데 실망했으나 경제활동이 증진될 것이라고 예상하는 통계치를 보고 기뻐하면, 통계자료를 통한 새로운 환희의 시대가 시작될 수 있다고 말하고 이제 이론적 경제분석의 기법을 적용하기에 적절한 시점에 도달했다고 환호했다. 그가 대외경제정책을 수립하는 데 관여했고 건강이 좋지 못했기 때문에 진전된 보고서를 작성하는 데는 더 이상 기여할 수가 없었다. 국제부흥개발은행(IBRD)에 관한 화이트의 제안이 미국에서 그에게 도달했기 때문에 그 안을 검토하지 않으면 안 되었다. 1944년 3월에 영국자치령들과 회합이 있었으나 케인스는 플레슈 박사의 지시에 따라 참석할 수가 없었다. 그의 심장병이 재발하여 의사는 그가 침대에 누워서 휴식을 취할 것을 요구했다. 그 다음 달 그는 건강이 충분히 회복되어서 하원의 토론을 경청할 수 있었다. 하원에서는 국제통화기금에 반대하는 의견이 많이 나오고 있었다. 좌파에 속하는 정치인들은 그 기구가 완전고용의 달성을 방해할 것이라고 생각했다. 그 반면에 우파에 속하는 정치인들은 그 기구가 제국의 특혜제도[영연방국가 간의 상호특혜제도]를 파괴한다고 생각했고, 은행가들은 그 기구가 설립되면 금융 중심지인 런던은 몰락할 것이라고 생각했다. 하원에서 전개되는 논쟁을 경청하면서 케인스는 몹시 실망했다. "나는 그 가증스러운 방청석에서 일곱 시간을 허비하고 심신에 상처를 입었다." 이튿날 그는 상원에서 감동적인 연설을 하고 그 기구에 관한 타협안을 옹호했으며, 영국의 국내정책은 그 기금에 대한 비판에 면역이 될 것이라고 청중들에게 확신시켰다. 그는 그 제안이 금본위제로 복귀를 초래한다는 의견을 부인하고, 그 대신 "그 제안은 금본위제에 틀림없이 반대한다"고 주장했다. 그날 연설 가운데 중요한 한 대목에서 케인스는 "오늘날 많은 인습 타파론자들이 아직도 황금 송아지의 숭배자들이었을 때, '금이란 야만적인 유물'이라고 기술한 사람은 바로 제가 아니었습니까? 이 새로운 사상이 승리하는 바로 이 순간이 집회를 계기로 삼아 정부, 의회, 은행, 언론, 대중 그리고 심지어 경제학자들까지 드디어 이 새로운 원리를 수락했을 때, 제가 여러분들을 옛 지하감옥 안에 꼼짝 못하게 묶어둘 새로운 사슬을 만드는 데 도우러 갈 만큼 그렇게도 신의가 없고, 그렇게도 잘 잊어버리고, 또 그렇게도 망령이 들었을까요? 의원 여러분! 나는 여러분이 그렇게 생각하지 않기를 바랍니다"라고 질문했다.

그 기금의 제안을 계속 옹호하면서 그는 그 기구가 운영될 때 희소통화조항 때문에 미국이 달러부족에 대한 제일 큰 책임을 질 것이라고 주장했다. 영국은 환관리뿐만 아니라 타국과의 호혜무역협정도 포기하지 않을 터였다. 분명히 그는 회의론자들에게 폭넓은 양보를 하지 않으면 안 되었다. 그가 양보한 안(案) 모두가 미국인들에게 수용될 수 있을지는 더 두고 보아야 할 일이었다. 그가 호소할 때 화이트 안을 이해하는 데 불명확한 점과 견해의 차이가 상존하고 있는 것처럼 보였다.

1944년 봄 무렵 유럽의 전쟁은 절정에 이르고 있었다. 공격 개시일은 6월 6일로 정해졌다. 금융전선에도 의미심장한 움직임이 있었다.

4월 모겐소 장관이 다가오는 7월 뉴햄프셔 주의 브레턴우즈에서 열리는 통화협력에 관한 공식회의에 참석하도록 44개국 정부에 초청장을 발송했다. 따라서 케인스 부부는 6월 셋째 주에 퀸 메리호에 승선하여 그 달의 후반기 보름 동안 뉴저지의 애틀랜틱시티에서 열렸던 예비 기초회의에 참석할 수 있었다. 뉴욕으로 가는 도중에 그는 지금까지 많이 고려하지 못했던, 국제은행의 문제를 상의할 수 있는 다른 대표자들이 있다는 것을 알았다. 회의가 열리고 그는 그 안을 만드는 데 열중했으며 그리하여 한 초안이 준비되었다.

애틀랜틱시티에서 영국인들은 영국이 자유로운 조치를 더 많이 취할 수 있도록 하는 환 안정이나 과도기 문제와 같은 몇 가지 문제점에 대해서 합의에 도달하도록 노력했다. 미국인들이 조금 양보할 수 있어서 그 논의는 진전되었다. 이 회의에서 영국인들과 미국인들은 캐나다 참석자들로부터 약간의 도움을 얻어 가장 중요한 역할을 했다. 영국에서는 재무성과 외무성 고관들뿐만 아니라 로빈스 교수와 로버트슨 교수 그리고 주미 영국대사관의 경제고문으로 일하고 있었던 레드버스 오피 교수가 또한 참석하고 있었다. 케인스는 미국인들과 합동으로 가진 회의에서 그 은행에 관하여 연설했다. 로빈스 교수는 그의 일기에 그 연설에 대하여 이렇게 기록했다.

가장 명랑하고 명쾌한 기분에 젖어 있었다. 그 효과는 압도적이었다. 케인스는 지금까지 생존한 가장 탁월한 인물 가운데 한 사람임에 틀림없다는 생각, 즉 그는 보통 사람들이 성취할 수 있는 업적의 한계를 몇 배나 더 능가하는 업적을 이룩하는 데 필요한 재빠른 논리와 폭넓은 선견지명, 그리고 무엇보다도 가장 적합한 어휘를 사용할 줄 아는 유례없는 감각을 모두 구비하고 있는 인물이라는 생각이 그러한 경우에 나에게 자주 들곤 한다. 우리들 시대에는 다만 총리만이 확실히 그와 필적할 수 있는 인물이다. 그는 물론 케인스를 능가한다. 그러나 총리의 위대함은 케인스의 천재성을 이해하기보다는 훨썬 더 쉬운 어떤 것이다. 왜냐하면 총리의 특성은 우리들과 같은 종류의 전통적인 성질이 고결하게 발양된 것이라는 의견을 우리들은 최근 분석을 보고 알 수 있기 때문이다. 그에 반해서 케인스의 특성은 그 모든 전통적 성질의 밖에 존재하는 어떤 성질이다. 케인스는 우리들의 삶과 언어에 관한 전통적인 방법을 사용하지만 그것은 전통이 아닌, 우리들이 다만 순수한 천재라고 말할 수 있는 어떤 성질과 혼합되어 있는 것이 사실이다. 미국인들은 신(神)과 같은 방문객이 노래할 때 넋을 잃고 앉아 있었으며 황금빛이 온 사방에 비치었다. 그 모든 연설이 끝났을 때 토의할 일은 거의 없었다.

이 예비회의가 있은 뒤 뉴햄프셔 주 화이트 산맥 가운데 아름다운 배경을 두고 자리잡은 마운트 워싱턴 호텔에서 브레턴우즈 회의가 열려 국제통화기금과 국제은행에 관한 조항의 초안을 만들게 되었다. 미국 국회의원들과 미국 행정부의 관리들은 말할 것도 없이 44개국의 국제연합 가맹국들로부터 참석한 대표자들과 참모들은 모두 합해서 730명이었다. 3주 동안 열렸던 이 회의의 의제는 방대하였고 협의가 모두 끝났을 때 그 의제는 500편의 문서와 1200페이지가 넘는 책자로 탈바꿈했다. 그 일을 하고자 세 개의 위원회가 구성되었다. 화이트는 국제통화기금의 위원회를 맡았으며 케인스는 국제은행에 관한 또 하나의 위원회를 맡았고 제3위원회는 멕시코의 에두아르도 수아레스가 맡아서 이끌었다. 이 위원회들은 회합을 갖는 일이 거의 없었고. 주요 업무는 케인스와 해리 화이트가 속해 있는 위원회에서 처리했는데 케인스와 화이트는 그들의 방에 머물러서 필요한 쟁점사항을 해결하고 있었다. 훗날 케인스는 그때의 일들이 어떠했는지 다음과 같이 생생하게 묘사했다. "그일은 …… 마치 사람들이 부서간 위원회와 내각위원회의 많은 예비업무를 완성해야 하는 것과 같다. 즉 그 일은 입안자들이 …… 기초한 어려운 문제를 완성하는 것이며, 보청장치가 나쁜 몇 개의 방에 들어 있는 대표자들을 어떻든 200명까지 계산에 넣어서 두

546

가지의 복잡한 의안을 통과시키는 것이다. 대표자들은 마이크로폰을 통하여 소리치고 또 거기에 참석한 대부분의 사람들은 불완전한 영어 지식을 가지고 있다. 그들 각자는 고국의 언론에 잘 보이려는 어떤 의견을 기록에 남기기를 원한다. 단지 러시아인들만이 어떤 일이 진행되고 있는가를 간신히 이해할 뿐이다 …… 우리들 모두는 우리들이 눈 뜨고 있는 내내 일했다. 우리들 모두는 …… 지쳐 버렸다."

케인스는 자신의 생애에서 전에는 결코 그렇게 계속해서 열심히 일해 본 적이 없다고 어머니에게 소식을 전했다. 그의 노력은 실제로 다른 사람들의 노력보다는 덜 힘드는 것이었다. 왜냐하면 리디아는 정찬 후에는 그가 회의에 나가지 못하게 하였기 때문이다. 그러나 다른 대표자들은 늘 한밤중 3시 30분까지 지루한 회의를 하면서 앉아 있다가 오전 9시 30분에 다시 시작했다. 로버트슨 교수와 에드워드 번스타인이 필수불가결한 역할을 했다. 왜냐하면 그들은 여러 위원회에서 작성한 초안으로부터 최종안을 작성했기 때문이다. 케인스는 그의 어머니에게 이렇게 썼다. "데니스 로버트슨은 아마도 모든 사람 중에서 가장 유용한 사람입니다. 과연 제 일급의 수재들이 돕고 있어요!" 그가 과로하지 않도록 끊임없이 보살펴 주는 리디아가 없었다면 그는 살아남아 있지 못했을 것이라는 사실을 또 한 번 실토했다. 그런데 리디아의 보살핌은 결코 쉬운 일이 아니었다. 메이너드와는 달리 리디아는 300킬로미터 이내에서는 어디에도 물건 살 곳이 없었기 때문에 매우 지루한 시간을 보내고 있었다. 그때의 사정상 케인스가 대단히 주의하지 않으면 안 되었던 경우를 밝혀주는 한 사건이 그에게 일어났다. 고된 하루 일을 마치고 모겐소 장관과 정찬을 끝낸 뒤 그는 시간에 늦어버린 약속에 나가려고 호텔 2층으로 뛰어 올라갔다. 그 결과 가벼운 심장마비를 일으켜서 침대에 눕게 되었다. 이 심장마비의 결과로 영국에서 일어난 평판은 그를 몹시 괴롭혔다.

그 회의의 마지막 날 케인스는 그가 행한 연설 중 가장 멋진 한 차례 연설로 마지막 장면을 장식해 주도록 제안받았다. 독특하게도 그는 그 연설에서 작은 요정 및 퍽과 보텀(셰익스피어의 《한여름밤의 꿈》에 나오는 작은 요정)을 언급했으며 심지어 가까이서 도와주던 법률가들에게도 찬사를 보냈다. 그 연설이 끝났을 때 그 회의에 모인 모든 사람은 일어서서 몇 분 동안 그에게 박수갈채를 보냈다. 그가 문쪽으로 나갈 때 그들은 〈그는 굉장히 좋은 친구이기 때문에〉(For He's a jolly good Fellow)라는 노래를 불렀다. 로빈스 교수는 훗날 일기에 "어떤 의미에서 이번에 성취한 일은 그의 생애에서 가장 위대한 공적 가운데 하나이다. 그 자신의 지침을 신중하게 따르고 심신의 피로와 병마와 싸우면서 그는 시종일관 그 회의를 지배했다"고 적었다.

케인스 부부는 캐나다 고관의 리무진을 타고 브레턴우즈를 떠나 캐나다로 향했다. 그에게는 오타와에서 처리해야 할 공적인 재무성 업무가 있었다. 그리고 리디아는 물건을 사지 못하고 허송한 시간을 벌충하기를 원했다. "리디아는 매일 인도산 아마직물로 만든 옷 한 벌과 구두 한 켤레씩을 샀구나!"라고 케인스는 기록했다. 이제 거의 마치 휴가를 보내듯 그들은 휴식을 취할 수 있었다. 케인스는 다음과 같이 집으로 편지를 썼다. "캐나다는 무한한 약속의 땅이라고 말한 페이 [Fay: 케인스의 옛 이튼 친구]의 의견을 우리들이 확인하고 있다고 그에게 전해 주십시오. 우리들은 그 나라 사람들을 좋아합니다. 그리고 만약 우리들이 언젠가 이민가야 한다면 그 목적지는 미국이 아니라 캐나다가 될 것입니다. 언덕과 호수와 숲들이 그곳을 휴일을 보내기에 완전무결한 장소로 만들고 있습니다. 그러한 자연경관은 결과적으로 그 나라를 평화로운 곳이자 마음 편히 쉴 수 있는 장소로 만들고 있습니다. 사람들은 그런 곳을 미국에서는 결코 발견하지 못합니다."

그들 부부가 기선을 타고 귀국했을 때 그는 의기양양했고 대단한 성취감에 취해 있었다. 전쟁이 진행되는 동안 그의 이론적 견해는 양 대륙에 놀랄 만한 충격을 주고 있었다. 그리고 이제 실제 정치분야에서 케인스는 창의력과 설득력으로써 그 이론을 실천할 금융상의 협조 체제를 구축하고자 하는 제안을 안출하는 데 도움을 주었다. 동시에 그는 종전 뒤에 영국이 당면할 재정·경제 부담의 크기를 대부분의 관리들보다도 훨씬 더 잘 인식하고 있었다.

케인스는 영국에 오래 머무를 수 없었다. 그 가을에 케인스 부부는 그가 "나의 모든 임무 가운데 가장 중요하고 가장 어려운 임무"라고 부른 용무로 다시 미국에 가기로 되어 있었다. 사실 그는 독일의 패배 와 일본의 패배 사이의 기간을 칭하는 제2단계의 기간 동안 무기대여 문제에 관하여 미국인들과의 대화시에 재무장관의 대리역을 하게 되어 있었다. 논의해야 할 문제들은 현재와 미래의 영국경제에 대해서 지극히 복잡하고 중요한 사항들이었다. 어떤 영연방 회원국들은 전쟁을 수행하면서 런던에 거액의 파운드화 잔고를 축적해두고 있었다. 영국의 재정상 금과 달러의 준비금은 점차 떨어져 가고 있었으며, 독일 패배 후 영국이 재정 지불능력을 유지하려면 그 수출을 다섯 배로 늘려야 할 필요가 있다고 평가했다. 제2단계 협상은 루스벨트 대통령과 처칠 총리와 참모총장들이 참가한 (8각형 회의장의) 퀘벡회담에서 진행되었는데 회담 내용은 주로 군사전략에 관한 것이었다. 그러나 영국인들은 다소 중심적인 경제문제를 제기하게 되었다. 모겐소 장관은 독일 산업을 억제하는 것이 영국의 경제문제를 장기적으로 해결하는 데 도움을 줄 것이라는 생각을 분명히 하면서 독일을 목장화 하려는 계획을 추진하는 데 가장 많은 관심을 보였다. 해리 화이트는 독일을 영구히 5등국으로 격하시키는 종합계획을 기초하는 데 조력하면서 그러한 정책을 채택하도록 역설했다. 그러나 그의 노력은 미국 육군장관 헨리 L. 스팀슨(1867~1950, 법률가, 정치가, 국무장관 역임), 앤서니 이든, 영국 재무성의 반대에 부딪혀 제압당했다. 루스벨트 대통령과 처칠 총리는 그러한 잘못 구상된 계획으로부터 전략상 정치적 후퇴를 했다.

퀘벡회담에서 무기대여에 관한 몇 가지 문제가 타결되었고 영국의 수출을 자유롭게 할 필요성에 대해서도 합의를 보았다. 더욱이 미국은 영국이 복구 작업을 개시할 수 있도록 공급물자가 계속 영국에 유입되는 것을 허용하게 되었다. 이 문제들에 대한 세부사항은 영미 실무반이 작성할 일이었는데 케인스도 그 반의 일원이었다. 그런데 정치가들이 이 회의에서 매우 유연하게 변화하는 케인스의 정신을 이해하기가 어려웠다는 점을 설명해 주는 우스운 이야기가 전해 온다. 처칠은 다음과 같은 내용의 쪽지를 케인스에게 보냈던 것 같다. "나는 당신의 견해에 동조하려 하고 있어요." 그런데 다만 이런 대답을 되돌려 받았을 뿐이었다. "그 말을 듣고 섭섭합니다. 나는 내 생각을 바꾸기 시작했습니다."라는 말이었다.

9월 하순 케인스는 워싱턴에서 이 제2단계의 문제를 토의하는 데 참가하기 시작했다. 그 무렵 영국의 준비금 사정은 더 악화되었다. 그는 이 협상을 위해서 무기대여와 영국과 영국자치령의 경제상황에 대한 모든 세부사항에 정통하지 않으면 안 되었으나, 영국당(the British Party)의 당원이었으며 《이코노믹 저널》의 공동 편집자였던 그의 오랜 친구 오스틴 로빈슨을 포함하여 다수의 유능한 참모들이 도와준 덕택에 그 일을 감당해 낼 수 있었다. 그 일은 두 달이 걸리는 힘든 일이었다. 그러나 결국에 가서 영국 대표들은 복잡한 합의 사항에 대해서는 미국인들의 서명을 거의 받아내지 못했지만 만족하게 되었다. 약간의 영국인들이 이해하지 못했던 것과 같이 미국과 같은 정치질서에서는 행정부 관리들은 의회민주주의 제도에서처럼 이 법안을 국회에 손쉽게 제출할 수 없었다. 그 모든 일을 수행해 나가는 동안 케인스의 건강은 외부의 압박을 견뎌냈다. 그래서 그와 리디아는 그녀가 마련한 대량의 선물을 가지고 귀국해서 성탄절을 보냈다. 휴가철의 4일간을 틸턴에서 보내면서 그들은 농장 가족들을 위해서 그들 자신과 그들이 초대한 손님들이 준비한 나무를 세우고 오락을 즐기면서 구식 크리스마스 파티를 성대하게 치렀다.

1945년 초 케인스는 다른 견지에서 전후 고용정책에 관여하게 되었다. 총리 클레멘트 애틀리(재임기간 1945~1951년)가 전후에 자본과세를 부과할 수 있는 가능성에 대하여 재무성의 조언을 요청했다. 제임스 미드는 그러한 질문의 범위가 전후의 국채 부담에 관한 전반 문제를 포함하도록 넓혀져야 한다고 제의했다. 그 결과 1월에 정부는 에드워드 브리지 경이 주관하는 국채조사위원회를 설립했는데 거기에는 미드 교수와 로빈스 교수 그리고 케인스가 참여하고 있었다. 두 번째 회의에서 케인스는 저축과 투자의 관계에 관한 그의 신이론을 아주 철저히 설명하고 이자율 변동의 성질과 그 효과, 국가채무관리 정책을 전반적으로 검토했다.

제2차 세계대전의 마지막 해에 일어난 사건들은 영국과 그 밖의 많은 국가들에게 충격을 줄 만큼 갑작스럽게 닥쳐와서 전후 시기에 대한 경제 조정을 아주 복잡하게 했다. 첫째 1945년 4월 12일 루스벨트 대통령이 비극적으로 서거함으로써 백악관에는 영국문제를 밀접하게 접해 보지 못한 새 대통령이 들어오게 되었다. 새 행정부에 필요한 인사개편 및 과거와 단절되는 인사조치는 영국 협상대표자들에게 곤란한 문제를 야기했다. 둘째로 그 다음 달의 독일의 패전은 행정부와 의회를 휩쓴 경제 파문을 일으켰다. 따라서 무기대여법에 의한 무기 공급은 직접 일본에 사용하는 데 필요한 양으로 제한해야 한다는 결정이 내려지게 되었다. 다만 식량은 이 지령에서 면제되었다. 그리고 끝으로 8월 15일 일본이 무조건 항복함으로써 이 법령을 엄격하게 적용한 지 5일 뒤 모든 연합국에 대한 무기 대여는 갑자기 중단되었다. 마지막에 일어난 일은 영국이 미래에 공급받는 모든 군수물자의 값을 지불해야 한다는 것을 뜻했기 때문에 무엇보다도 가장 크게 놀랄 일이었다. 연합국들은 미국이 사전에 어떠한 협상도 하지 않고 일방적으로 공급을 중단하기보다는 원조를 조금씩 줄여 나갈 것을 기대했었다. 아직도 집권하고 있었던 처칠 총리는 광범한 문제에 관하여 미국인들과 즉시 대화를 시작하도록 할리팩스 경*과 케인스 경을 워싱턴에 다시 보내겠다고 의회에 알렸다.

케인스는 그해 봄과 여름 내내 절망스러운 영국의 경제사정을 고찰하고 한 편의 훌륭한 각서를 준비했는데 그 각서는 결국 그 사명에 착수할 때 애틀리 내각에서 승인되었다. 그가 생각한 바로는 영국이 받아들일 수 있는 길은 세 가지였다. 그 하나는 '기아에 허덕이는 입장'인데 그것은 영국의 외채에는 아무 영향을 미치지 않지만 [러시아형(型)을 다소 닮은] 완전한 통제 경제를 의미하는 것이었다. 그러나 그러한 경우는 아마도 보복을 유발할 것이다. 두 번째 선택은 '유혹'이라고 하는 경우로서 그것은 50억 달러에서 80억 달러까지 미국이 제시하는 조건으로 그들의 차관을 들여오는 것인데 그는 이것 또한 거부했다. 왜냐하면 그럴 경우 영국은 독일보다 더 많은 외채를 부담한다는 것을 의미하기 때문이었다. 세 번째로 택할 길은 '공정'이라고 이름 붙인 것인데 그것은 (1) 그 전쟁이 나중에는 공동전쟁이 되었기 때문에 무기대여법이 완전히 시행되기 전에 미국에서 소비된 30억 불 상당액의 전비를 돌려받고자 일종의 소급무기대여법에 따라 그 30억 달러를 청구하는 것이며 (2) 명목이자율과 값싼 상환조건에 따라 일정 기간이 지나서 즉시 상환할 수 있는 50억 달러를 추가 지불하도록 요구하는 것이었다. 만일 미국인들이 이러한 생각에 동의한다면 영국 또한 다각무역제도를 진행하겠다고 약속할 수 있을 것이다. 케인스는 영국의 미래의 세력이 미국과 캐나다의 주요 관심사가 될 것이라는 점을 그들에게 확신시켜야 한다고 이해하고 있었으나, 그는 또한 "우리

---

* 할리팩스 경(Lord Halifax, 1881~1959): 영국 요크셔 출신의 정치가. 1910년 하원의원으로 의회에 진출하고 상원 원내총무 역임. 외무장관(1938~1940), 주미대사(1940~1946) 역임.

들의 가장 큰 곤란은 불편한 부대조건을 붙이지 못하게 하는 일일 것"이라고 생각했다.

9월 초순 그와 리디아는 다시 거친 파도를 타고 항해길에 올라 처음에 퀘벡으로 향했다. 케인스는 그가 지닐 수 있는 모든 인내심과 건강을 필요로 했다. 왜냐하면 그 협상은 전시중에 일반적으로 알려졌던 것과는 다른 조건 아래서 시작되고 있었기 때문이다. 그 전쟁의 시련을 겪은 뒤 미국 국민들은 통제를 끝내고 세금을 줄여서 다시 정상상태로 돌아가려고 하는 기분에 젖어 있었다. 이러한 변화의 조짐은 트루먼 대통령이 취임한 직후, 동정적이었던 모겐소를 계승한 변경주(邊境州) 출신의 민주당원인 프레드 M. 빈슨이 현재 재무장관직을 맡고 있다는 사실로 알 수 있었다. 그는 보수적인 민주당원으로 전쟁 말기에 행정부 내에서 영향력이 커졌다. 그는 혁신적인 일을 꾀하는 사람이 아니었으나 그보다는 오히려 선거구민의 의사를 정부정책으로 옮기는 것을 자신의 의무라고 생각했다. 다른 한편 케인스는 더 많은 미국의 원조를 받아내기 위한 그의 주장의 근거를 동등한 희생의 원칙에 두어야 한다는 것과, 그러한 원조는 무상원조이거나 또는 적어도 무이자 차관의 형식으로 60억 달러가 될 수 있을 것이라는 생각을 갖게 되었다.

연방준비은행 건물의 위풍당당한 회의실에서 개최된 그 토의는 영국 사정에 대한 케인스의 설명으로 시작되어 3일간 계속되었다. 복잡한 문제들에 통달한 그는 명쾌하고 성실한 설명으로 청중들을 깊이 감동시켰다. 그의 개회 설명이 끝난 뒤 협상대표들은 재정문제, 통상정책, 무기대여 문제 그리고 잉여재산 처리문제 등에 관한 위원회들을 결성했다. 토의는 이런 절차로 3개월 이상 계속되었다. 드디어 무상원조 또는 무이자 차관은 미국인들이 수락할 수 없다는 것과 그들은 영국이 다각무역에 대해서 약속해야 할 뿐만 아니라 빠른 시일내에 파운드의 태환성에 대해서도 약속할 것을 주장하고 있음이 분명해졌다.

영국은 1942년 2월 상호원조협약 제 7조에 서명함으로써 전자, 즉 다각무역에 동의했다. 그러나 후자, 특히 조기에 파운드의 태환을 실시하는 것은 영국에 중대한 위험을 제기했다. 미국 대표 한 사람의 증언에 따르면 이러한 안이 언급되었을 때 케인스는 분통을 터뜨렸다. 결국 미국인들이 너무나 끈질기게 요구했으므로 그 협약의 발효일 이후 1년이 되는 날인 1946년 12월 31일에 파운드화를 태환한다는 데 합의했다. 이 조항은 영국에 대해서 대단히 위험한 요소를 지니고 있었다. 왜냐하면 그 조항은 영연방 회원국들이 전쟁기간 동안 런던에 축적했던 거액의 파운드 잔고에 대해서 적용되기 때문이었다. 그러나 케인스는 협의 후 태환을 연기하는 조항의 형태로 가능한 약간의 구제책을 확보했다. 그 결과로 나타난 것과 같이 영국인들이 1947년 파운드 태환에 대해서 성공적 조치를 취하지 못했을 때 그들은 이 특별한 조항을 실시하지 않았다.

케인스가 영국에 있었을 때 그는 아마도 미국인들에게서 유리한 해결책을 확보할 수 있으리라는 영국 국민들의 기대를 지나치게 불러일으켰다. 이제 그들은 마지막 해결책으로 그 원조자금이 2퍼센트 이자부, 상환기간 50년의 차관형식을 취해야 한다는 것을 알았다. 이자 지불에는 5년간의 유예기간이 인정되고, 영국의 상품수출 및 상품외 수출이 전쟁 전 수입량 정도를 구입할 만큼 충분하지 못한 해에는 그 어떤 해에도 이자를 지불할 수 없다는 것이었다. 케인스는 당초에 증여로 60억 달러를 요구했으나 그러한 협약이 미국인들에게 받아들여질 수 없다는 것이 분명해지자 이 규모가 축소되었다. 미국측 협상대표 한 사람은 40억 달러를 제시했으나 빈슨 장관은 의회가 35억 달러 이상은 승인하지 않으리라는 견해를 가지고 있었다. 트루먼 대통령은 타협 원칙에 따라 37억 5천만 달러로 정했다. 그 재정협정에 표현된 대로 이 대출한도액을 설정한 목적은, 영국이 미국의 재화와 용역을 쉽게 구입할 수 있도록 하고, 영국이 전후 과도기의 경상국제수지 결

554

손을 충당하는 데 도움을 주며, 또 영국이 적정한 금준비를 보유하도록 도와줄 뿐만 아니라 이러저러한 협약에서 규정한 것과 같이 영국 정부가 다각무역의 의무를 이행하도록 도와주는 것이었다. 사람들은 이들 목적 가운데 있는 마지막 조항이 중요한 한 가지 부대조건이기 때문에 그 마지막 조항에 유의한다. 그 협약에 들어있는 다른 전문용어는 영국이 무역차별정책과 환관리정책을 끝내도록 규정하고 있다. 마지막으로 무기 대여에 관한 영국의 의무조항이 완전히 면제되었다는 것을 상기해야 한다.

케인스는 여하튼 이 모든 조항에 만족하지 못했지만 그때의 상황 아래에서 취할 수 있는 최선의 조건이라고 생각했다. 그러나 고국의 정부당국은 그러한 현실을 수용하기를 주저하였다. 영국과 미국 그 양국의 여론은 갈라져서 협약체결을 이중으로 어렵게 만들고 있었다. 존경받는 시사문제 해설자 한 사람은, "협상자들이 당면한 가장 큰 어려움은 올바른 일과 현명한 일을 해야 하는 것이 아닐 것이다. …… 그들이 판단해야 할 일은 미국과 영국의 의회와 그들의 대중이, 그들이 그 문제를 해결하도록 어느 정도까지 허용해 줄 것인가 하는 점이다. 그런데 그들 모두는 그러한 판단 때문에 진정으로 곤란을 겪고 있다"고 말했다. 그러한 일화는 수년 전에 케인스가 《화폐개혁론》에서 분석했던 '내부의견'과 '외부의견'에 관한 옛이야기와 같은 것이었다. 그러나 이제 그런 의견이 국제무대에서 예증되고 있다.

그가 빈슨 장관과 친밀한 관계를 유지하지 못했던 사실 때문에 그의 곤란은 더 확대되었다. 그는 매우 친숙하게 상대하는 협상자들을 놀려대거나 계속 집적거리는 데 익숙해졌다. 그의 동료들은 그가 빈슨을 다루는 것이 "마치 켄터키 주를 취급하는 것과 같다"고 경고하려고 했다. "그래요, 켄터키는 그와 같이 하는 것을 틀림없이 좋아할 겁니다"라고 케인스는 도전적으로 대답했다. 그 두 사람 사이의 간격을 설명해 주는 한 사건이 있다. 요점을 설명하려고 하면서 빈슨은 케인스에게 하나의 가정적 질문을 했는데, 그것은 "만약 당신이 내일 갑자기 한 동굴 속에서 통화(通貨)를 발견한다고 해서 영국의 차관 상환능력이 제고되지는 않을 것"이라는 질문이었다. "그야 물론 그렇지요. 동굴 속에서 발견되는 어떤 통화도 우리들은 그 협약 속에 넣을 것입니다"라고 케인스는 맞받아쳤다. 이 예리한 응수에 왁자한 웃음소리가 터졌다. 빈슨은 분노하여 낯빛이 검어졌다. 그는 그 사건을 빨리 잊을 수 없었다.

두 나라 사이의 이 미묘한 외교에서 케인스가 전개한 역할은 부러운 것은 아니었다. 런던과 워싱턴 사이에서 그는 진퇴양난에 처하여 시달리고 있었다. 그의 어머니에게 보낸 이 초기의 편지에서와 같이 그는 처음에는 낙관적 성격의 일면을 지니고 있었다. "일과 책임감에서 오는 부담이 매우 무거웠습니다. …… 그러나 저는 리디아의 지시를 받으면서 그러한 부담감에 용감하게 맞서왔습니다. 리디아의 지시는 음식, 휴식, 얼음주머니, 그리고 수면에 관해서 엄격한 것이었습니다. 이번 임무는 제가 지금까지 경험했던 것 가운데 가장 어려운 임무였습니다. 그러한 임무는 썩 좋은 것이라고 생각되지는 않습니다. 그러나 저는 수용할 수 있는 결론에 도달하기를 기대합니다. 그래서 저는 여전히 낙관적이며, 노쇠현상이 시작됩니다마는 전에 늘 염려했던 것처럼 염려하지는 않습니다."

2주 뒤에 피로와 고통은 더 현저히 드러났다. "그러나 런던을 합리적인 타협안으로 끌어들이는 저의 어려움은 워싱턴을 움직이는 어려움보다 더 클 망정 적지는 않습니다. 지난주는 매우 걱정이 많았습니다. 그리고 저는 사방에서 저에게 다가오는 모든 조직적인 완고한 언동과 오해로부터 나 자신을 어떻게 구해내야 할지 잘 알 수 없었습니다. 미국인들은 완고하고 성가신 사람들이지만 선의와 친절이 가득한 사람들입니다. 우리들과는 너무나 많이 대조되는 국민이 아닙니까?" 다행히 그의 기분은 이때 눈부시게 아름다운 가을철, 버지니아에서 월터 리프먼과 함께 소풍을 갈 기대로 들떠 있었다. 2주 후에 그가 아직 건강하지만 피로를 더 많이 느끼고 있다고 말하고 나서 그는 이토록 슬프게 기록했다. "성공할 가망이 거의 없지만 내가 하고자 하는 일을 다른 사람이 하도록 설득하는 일이 내 운명에는 없었으면 좋았을지어다."

파운드화의 잔고에 관한 어떤 특정한 공약도 그 재정협정에 포함시키지 말라고 하는 지시를 그가 한때 받았을 때, 그는 런던에서 보여주는 몰이해에 격노하여 참을 수 없게 되었다. 그의 상관들에게서 특히 불쾌한 전보를 받자마자 그는 이러한 회신 전보를 쳤다. "우리들은 워싱턴에서 협상하고 있어요. 스레드니들가(은행이 밀집한 런던의 거리)의 영국은행들에게 알맞는 무화과 나무 잎사귀는 더 모진 풍토에서는 말라 죽습니다."

그러는 사이에 그 협상의 결론을 내려야 할 마지막 순간이 다가오고 있었다. 미국인들은 그해 말까지 모든 문제를 해결하기를 원했다. 그리고 이러한 희망 속에는 의회 승인이 포함되어 있었다. 그러나 지금 내각은 엄격한 다각무역 공약에 연계된 이자부(利子附) 차관의 전망에 대해서 주저하기 시작했다. 그리하여 협의를 더 진행하기 위해서 케인스를 다시 불러올 것을 고려했다. 케인스의 건강이 나빠서 비행기로 돌아오기가 어려웠기 때문에 그 대신 재무성의 주요관리인 에드워드 브리지스 경을 워싱턴에 파견했으나 그가 거기에 도착하자마자 그 또한 미국인들의 양보를 조금도 받아낼 수 없다는 것을 알았다. 그들은 함께 뭉쳐서 더 이상 양보하는 것에 반대하였다. 현재 협상조건을 수락하거나 그 협상을 완전히 실패로 돌리거나 해야 하는, 둘 중 하나를 골라야 하는 기로에 직면하여 영국 내각은 전자를 택하기로 했다. 그리하여 재정협정은 결국 12월 6일자로 조인되었다.

수년 전 케인스 밑에서 공부했던 재무장관 휴 달턴은 그 전날 다음과 같은 편지를 케인스에게 보냈다.

경애하는 메이너드.

거대한 적에 맞서서 지루하고 힘겨운 투쟁을 하여 귀하께서 성취한 모든 업적에 대해서 저는 충심으로 감사드립니다.

귀하께서 정신적으로 육체적으로 너무나도 과로하셨다는 것을 저는 알고 있습니다. 그리고 귀하께서는 우리들에게 달러를 가져다주셨습니다. 영국 재정은 아마도 틀림없이 파탄 상태에 이를 것이라고 저는 수차 생각했습니다만 달러가 없었다면 가까운 미래는 지옥과 같이 어두웠을 것입니다.

저는 귀하에게 심심한 감사를 표합니다. 저의 동료들 또한 그렇습니다. 심지어 그 협약의 세부사항을 상당 부분 가장 싫어했던 사람들까지도 귀하의 역량과 수완 그리고 인내심을 소리 높여 칭찬합니다.

이제 귀국하시어 휴식을 취하십시오.

다시 만나뵙고 악수하기를 학수고대합니다. 안녕히 계십시오.

며칠 뒤에 애틀리 내각은 재정협정, 무기대여 청산법안, 브레턴우즈 결의안 그리고 통상정책에 관한 제안을 포함한 총괄 결의안을 의회에 제출했다. 행정부는 하원에서 다수당을 차지하고 있었지만 상원은 보수당이 지배하고 있어서 보수당에 속하는 많은 상원의원들이 그 협정에 강하게 반대하였다. 상원의 그 어느 쪽 당도 그 협정에 대하여 거의 열성을 보이지 않았다. 그 협정은 경제면에서의 '뮌헨조약'이 되는 것이라고 말하고, 노동당 정부는 대영제국을 담배 한 갑과 같은 헐값에 팔아 넘길 권한이 없다고 정부에게 경고한 로버트 부스비의 의견에 따르면 그 협정에 반대하여 토론하는 목소리가 자주 들렸다.

다변무역주의를 비판하였던 사람들에게는 그 협정 모두가 공갈처럼 생각되었다. 보수당 원내총무였던 울턴 경은 "달러의 명령"이라고 말하고 "나는 차관 문제를 브레턴우즈 결의안에 이렇게 결부시키는 것을 좋아하지 않는다. 그러한 것은 한 위대한 국가를 존중하여 취급하는 방법이 아니다"라고 소리쳤다. 보수당 의원들이 미국의 목적을 제국의 우선권을 파괴하는 것으로 간주하는 동안 G. D. H. 콜과 같은 사회주의자는, 미국 정부가 전쟁 때문에 발생하는 우리 자체의 경제적 어려움을 우리 정부가 그 사회주의 원리를 국제무역에 적용하지 못하게 막는 기회로 이용하고 있다고 주장했다.

대체로 그때까지 그 재정협정을 옹호하는 의회의 세력은 극히 미약했다. 그랬을 때 케인스는 상원에서 매우 감동적인 연설을 하고 다변무역주의를 반대하는 자들을 무자비하게 야유하면서 공격했다. "그들이 얻지도 못한 돈을 우리에게 빌려주고 우리나라가 공급할 수도 없는 물품을 그들이 우리나라에서 수입하겠다고 하는 논거로 보면 우리들은 이미 지불능력을 넘어서 빚지고 있다"면서 캐나다를 제외한 몇 나라로 별도의 경제권을 구축하려는 계획을 그는 포기하도록 했다. 그 정부의 결의안은 343표 대 100표로 하원을 통과했으나 169명이 기권했다. 상원에서 있었던 반란은 케인스의 대가다운 명연설이 있은 후 진정되었다. 최종 결정을 하는 과정에서 대다수의 언론과 대중이 그 결의안을 찬성하고 나왔다. 국민은 어쩔 수 없이 그 재정협정을 감수한 것 같았다.

이듬해 봄 미국 의회에서 영국의 차관에 대한 토론이 있었다. 그리고 그 논쟁은 잉글랜드에서 벌어졌던 것보다 훨씬 더 신랄해졌다. 여론의 추세는 한결같이 그 안의 의회 통과에 반대하는 것이었다. 여론조사 결과도 대다수의 대중이 그 안에 반대하는 것으로 나타났다. 의회내의 고립주의자들은 야외집회를 열었고 그 협정을 옹호하는 사람들은 파운드 달러 연합을 해체하는 것에 대해서 경솔한 말을 하여 영국인들에게 적대감을 샀다. 브루클린 출신의 에마누엘 셀러라고 하는 한 하원의원은 "그 차관은 영국 국내에서는 사회주의를 너무나 많이 조장할 것이며 해외에서는 비난받은 제국주의를 과도하게 조장할 것이다"고 주장했다. 그러한 미국인들은 그 차관을 승인하는 것이 노동당의 사회주의를 지지하게 되는 것이라고 분명히 생각했으며, 다른 한편으로 배타적 애국주의를 신봉하는 또 다른 하원의원은 "영국인들이 런던에 왕위를 상징하는 의식용 보석류를 가지고 있는 한" 영국에 단 한푼을 주는 것에도 찬성하지 않을 것이라고 선언했다. 또 다른 사람들은 그 차관이 영미의 제국주의적 요소를 자극하며 러시아인들의 반감을 사거나, 또는 처칠이 미주리 주의 풀턴에서 행한 '철의 장막'이라는 연설에서 제안했던 것과 같이 영국과의 동맹체제로 미국을 억지로 끌어들이는 것이라고 우려했다. 회고해 보면 그러한 토론은 영미관계를 개선하거나 이해하는 데 거의 도움이 되지 못했다. 결국 그런 추세를 그 차관공여안(借款供與案)에 찬성하는 방향으로 돌려 놓은 것은 다변무역주의에 대한 토론이 아니라 미국과 소련의 관계가 점차 더 악화되었던 점과, '냉전'에 돌입한 불안정한 세계에서 영국을 지원하고 영국과 결속하는 것이 투자해야 할 가치가 있는 긴요한 일이라고 미국측이 생각했기 때문이었다. 트루먼 대통령은 1946년 7월 15일자로 영국차관을 승인하는 법안을 서명했다.

미국에서 장기간 체류한 뒤 고국에 돌아오자마자 케인스는 다시 해야 할 일이 많았다. 그는 예술, 특히 코벤트 가든 극장에서 새로운 계획을 추진하는 일에 관여했다. 게다가 이 무렵에 상당히 많은 명예학위가 그에게 와 있었다. 그는 1945년 4월에 에딘버러 대학에서 명예 법학박사 학위를 받는 사람으로 지명되었으며 새해에 들어선 지금에는 소르본 대학교에서 명예박사 학위를 받았다. 더 한층 만족했던 일은 같은 달 그가 모교에서 명예 이학박사 학위를 받은 것이었다. 그의 가족 또한 이 마지막 명예를 얻음으로써 매우 기분이 좋아서 그 학위 수여식 뒤에 모임을 가질 계획이었다. 이제는 나이가 꽤 많이 든 그의 부친까지도 그 축하행렬에 끼어 걷기를 원했으나 메이너드는 그런 일이 바람직한 일이 아니라고 생각했다.

국제통화기금(IMF)과 세계은행의 취임이사회가 3월 초 조지아 주

서배너에서 열릴 예정이었다. 서배너 회의의 의제는 아주 간단했다. 즉 그것은 그 기금과 은행의 위치를 선정하고 집행을 책임지는 임원들의 기능과 급여를 대충 정하는 일이었다. 그러나 이 모든 문제들의 배후에 신설되는 기구들의 기본 성격에 관한 더 중요한 문제가 있었다. 그 기구들은 공무원들이 운영하는 순수한 금융기관이 될 것인가, 그렇지 않으면 그 기관의 회원국 정부들이 엄격한 통제를 요구하는 것과 같은 중대한 정치·경제문제들을 그 기능 속에 포함시킬 것인가, 하는 문제였다. 케인스는 브레턴우즈에서 전자의 견해를 지지하는 주장을 했다. 그는 이들 기구가 비교적 소극적 입장을 취하기를 원했으며 거의 자동으로 대출해 줄 수 있으리라고 생각했다. 국회의 승인에 언제나 민감했고, 그 기금과 은행의 최대 기부자로서 지게 될 재정적 무한책임을 두려워한 미국인들은 후자의 개념을 지지했다. 케인스는 그 새로운 기구들이 의회정치에서 완전히 벗어나고 대사관 직원들과 공사관 직원들이 회랑에서 속삭이는 국가주의 기관이 전혀 되지 않기를 원했다. 그러나 미국인들은 대출하는 데서 정치경제적 견해를 분리할 수 없다는 결론을 내리게 되었다. 더욱이 뉴딜정책의 추진자들로서 모겐소 장관과 해리 화이트는 국제금융의 지배력이 월 스트리트에서 워싱턴으로 옮겨지는 것을 원했다. 그러나 브레턴우즈에서 그 기금과 은행의 사무소를 미국에 두기로 하는 결정을 유보했던 영국인들은 그 기관들이 들어설 자리로 뉴욕을 선호했다. 이보다 먼저 케인스는 뉴욕에 있는 연방준비은행 관리들과 이 후자의 문제를 논의하고 그들이 그 사무소를 뉴욕에 두는 안을 전적으로 찬성한다는 것을 알았다. 이제 서배너 회의가 열리기 바로 직전 케인스는 미국의 대표자들이 그 두 금융기관을 워싱턴에 두라는 대통령의 절대적인 명령을 받고 있으며 그들은 어떤 경우에서든지 이러한 입장에서 자유롭게 벗어날 수 없다는 것을 빈슨 장관을 통하여 알았다. 트루먼 행정부는 영국이나 다른 어떤 나라의 대표들과 상의하지 않고 단독으로 그 기관들의 위치를 정할 권리가 있다고 생각하는 것처럼 보이곤 했다.

서배너 해안에서 떨어져 있는 월밍턴 섬의 제너럴 오그리도프 호텔에서 열린 첫 회의에는 그 기금의 38개 회원국 대표자들이 참석하였다. 빈슨 장관이 의장을 맡았다. 케인스가 영국의 이사 자격으로 마지막 연설을 위해 연단에 설 때까지 그 회의의 의사는 순조롭게 진행되었다. 그는 그 두 기관이 탄생할 때 참석할 인사들의 특권에 대해서 말했는데 그 특권은 그가 쉽사리 버리지 못했을 것이다. 그는 가장 감명깊고 상상적인 연설을 했다. 즉 그는 소나무겨우살이(Spanish moss: 국남부에 생육하는 이끼의 일종)와 같은 턱수염으로 가장하고 괴상한 선물을 들고 다니는 평범한 요정들이 참석하는 세례식에 대해서 말했다. 그 첫 번째 요정은 이 아이들이 전 세계에 속하는 아이들이라는 것을 나타내고자 요셉이 입었던 것과 같은 다채로운 옷을 입을 것이고, 두 번째 요정은 허약한 어린아이들에게 영양분을 주려고 복합비타민이 든 상자를 들고 있을 것이며, 나이 든 셋째 요정은 사려 깊고 지혜로운 정신을 나타낼 것이다. 왜냐하면 만일 이 기관들이 의심 많은 세계의 완전한 신임을 얻으려면 모든 문제를 해결하는 방법에 편견과 편애가 없고 그 방법이 절대로 목적에 맞고 보편적이어야 할 뿐만 아니라 또 그렇게 보여야 하기 때문이다. 그러나 그런 다음 그의 연설에 좀더 암울한 논조가 나타났다. 그는 그 어떤 심술궂은 요정도 없기를 바라고 [그가 한 달 전에 〈잠자는 미녀〉에서 카라보스(심술궂은 곱추 할망구 요정) 역을 하는 로버트 헬프만을 보았다], 카라보스와 같은 사악한 요정이 잊혀지지 않고 주제넘게 나서서 그 어린아이들을 이렇게 저주하지 않기를 희망했다. "너희 두 꼬마 녀석들은 자라서 정치가가 될 것이다. 너희들의 모든 사고(思考)와 행동에는 속셈이 있을 것이고 너희들이 결정하는 모든 일은 그 자체를 위하거나 또는 그 자체의 가치를 위하는 것이 되지 않고 어떤 다른 것 때문에 결정될 것이다."

"만일 이런 일이 일어난다면 그 다음으로 일어날 수 있는 최선의 일은, 결국 그렇게 될 수도 있을 것이지만, 그 아이들이 영원히 잠들게 되어 인류의 궁전과 시장에서 결코 다시는 그 애들의 목소리를 들을 수 없는 일일 것이다." 그런 일은 그가 수년 전에 베르사유에서 했던 것과 같이 상상력이 풍부한 그의 정신에서 나타난 요정들의 가호를 얼마나 쉽게 빌 수 있는지를 보여주는 주목할 만한 실례이다. 그는 물론 그 연설을 함으로써 일이 되어 가는 방식에 대한 말없는 염려를 표시했다. 그리고 카라보스 요정을 언급한 것은 틀림없이 빈슨 장관을 겨냥한 것이었다. 빈슨 장관은 카라보스로 묘사된 인물이 그 자신이라고 생각했고 따라서 매우 불쾌했다. 대표자 한 사람은 "나는 나를 심술궂은 사람이라고 부르는 것에 유념하지 않는다. 그러나 나를 요정이라고 부르는 것은 싫다"고 빈슨이 불평한 사실을 회상했다.

케인스는 그 두 기관의 위치 선정 문제로 시간을 끌려고 했으나 허사였다. 두 번째의 논쟁점은 그 기금과 은행의 집행 책임을 맡는 이사들의 기능과 보수를 정해야 하는 문제였다. 미국인들은 각 기관에 12명씩 전임이사를 두고 교대제로 운영하며, 그들의 전임 신분을 반영하는 보수를 지급할 것을 원했다. 그 반면 영국인들은 그 기금의 매일의 영업활동에 미치는 각국 정부의 영향력을 최소화하기를 원하고, 이사들은 다른 직책을 보유할 수도 있으며 그에 따라서 보수를 받을 수도 있다고 생각했다. 미국안에 따르면 이사들은 책임은 가볍고 급료는 많이 받게 되는 것이라고 케인스는 생각했다. 미국인들은 그 기금을 여교장(女校長)과 같이 생각하는 그들의 옛 관념으로 다시 빠져 들어가고 있었으나 케인스는 전에 그런 생각을 비난했었다. 이러한 경영상 문제에 관하여 케인스는 두 기관의 이사들과 그들의 대리인들이 전임으로 근무할 필요가 없다는 취지를 담은 조항에 대한 타협안을 확보하는 데 성공했다.

마지막 세 번째 문제로 이사들의 보수에 관하여 미국인들은 이사들이 2만 5000달러는 받아야 한다고 제안했다가 결국 1만 7500달러의 급료에 대한 승인을 받았다. 케인스는 이러한 조치에 대항해서 굳세게 싸웠으나 또다시 허사였다. 그는 그 급료를 터무니없이 지급되는 급료라고 하고, 영국 정부가 그 급료를 승인하는 것을 끝까지 반대했다. 그에게 문제로 보였던 것은 많은 찬성표가 장래에 미국의 수혜국으로부터 나왔다는 것과 그러므로 그 나라들이 객관적 견지에서 이러한 문제점에 접근하지 못했다는 점이었다. 정치·경제적 세력 우위를 유지하고 있었던 미국인들은 그 회의를 통하여 그들의 결정을 일사천리로 통과시켰다. 미국의 호의와 협조를 얻기 위해서 그가 제기했던 이 모든 훌륭한 주장은 기대에 어긋나는 것처럼 보였다. 미국인들은 이제 더 이상 토의하지 않았고 미리 문제를 결정했다. 케인스의 아성들이 그의 주위에서 무너지고 있었다.

전체적인 상황에 대한 그의 비관론이 3월 13일자로 서배너에서 리처드 칸에게 보낸 마지막 편지에 분명히 나타나 있다. "미국인들은 국제 관심사를 처리하는 데 이 금융기관들을 어떻게 활용할 것인가 하는 것에 대하여 아무런 방안도 없다. 그리고 거의 모든 방침상 그들의 생각은 옳지 못하다. 그러나 그들은 분명히 우리들 중 나머지 사람들을 개의치 않고 그들의 계획대로 억지로 밀고 나가려고 한다. 그들은 실제로 모든 점에서 그들이 생각한 대로 지시할 권한을 가지고 있다고 생각한다. 만일 그들이 음악을 이해한다면 그러한 일은 그리 대수로운 문제가 될 것이 아니지만 불행히도 그들은 음악을 이해하지 못한다."

5일 후에 그와 리디아는 야간 열차를 타고 워싱턴으로 떠났다. 그가 호의를 갖게 되었던 서배너는 이제 그에게 저주스러웠다. 그의 침대차는 기차의 맨 앞에 있었다. 다음 날 아침 배가 고파서 그는 흔들리는 찻간을 통과하여 움직이는 승강구 건너편에 있는 식당차까지 갔다. 그렇게 건너가는 것이 마치 끝없는 여로와 같았다. 그는 피곤하고 지쳤으나 끝내 거기에 도착했고, 조반 후 기운을 회복하여 다시 되돌아오기 시작했으나 얼마 못 가서 쓰러졌다. 그리고 식당차로 옮겨져 두 시간 동안 거기에 누워 있었다. 그것은 지금까지 그가 겪었던 심장마비 가운데서 최악이었다.

케인스 부부는 퀸 메리호를 타고 뉴욕을 떠나 귀국하는 항해길에 올랐다. 불행하게도 그 정기여객선은 파도가 거센 항로를 택한 데다가 배 안의 상태가 불결했다. 왜냐하면 그 배는 이 전번 항해 때 유럽에서 귀환하는 미국병사들의 신부들을 운송하는 데 사용되었고 그때 그 신부들이 대부분 갓난아기를 데리고 있었기 때문이다. 그 결과 많은 여객들이 이질에 감염되었다. 케인스는 그 배가 출항할 때부터 건강이 좋지 못했는데 이튿날 먼 바다로 나왔을 때는 매우 허약해졌다. 설상가상으로 그는 서배너에서의 토의 사항들에 관해서 내각에 제출할 각서를 준비하지 않으면 안되었다. 그가 맨 처음에는 특히 잔인하게 미국의 정책을 비난하고 영국 정부가 그 기금과 은행에 관한 협정의 비준을 거부하도록 권고하는 각서를 썼던 것 같다. 이 무렵 미국 정부는 아직 그 차관제안을 비준하지 않았으므로 그러한 각서는 미국과 캐나다 양국의 차관 승인을 얻는데 아주 나쁜 영향을 미쳤을 것이다. 서배너에 왔었던 두 영국 관리, 영란은행 이사 조지 볼턴 경과 재무성관리 어니스트 로 더튼이 그 배에 타고 있었다. 그리고 그들은 케인스가 초안을 포기하도록 설득하는데 그 항해중 대부분의 시간을 보냈다. 드디어 그는 그 초안을 파기하는데 동의했고 로 더튼이 검토하고 찬성했던 그 최종각서를 그들이 도착한 이틀 뒤에 재무장관에게 제출했다. 그 결과 나타난 각서는 그가 전에 품었던 실망과 혐오감의 흔적이 거의 없는, 진지하고 잘 쓰여진 문서였다. 그 문서의 내용 가운데 일부는 다음과 같다.

"우리들이 이전에 기울였던 노력에 대하여 실망을 주고 그 새로운 기관들이 잘 운영될 것인가에 대하여 의심스러운 조짐이 보이지만 그럼에도 서바너 회의의 결과는 올바른 관점에서 보아야 한다. 특별히 영국의 이익이 훼손된 점은 전혀 없었다. 영국 대표단이 판단할 때 새로운 기관들의 힘은 효과를 노리는 조치나 현명하지 못한 간섭 때문에 그 양면에서 똑같이 약화되었다. 미국인들은 경험있는 전임이사와 그 대리인들로 경영진을 갖추도록 강요했다. 왜냐하면 그들은 그들 자신의 대표자들이 최고 등급에 속하여 그 새로운 기관들을 경영하는 데 중요하고 또 아마도 결정적인 역할을 자유롭게 수행하기를 원했기 때문이다."

"그 회의가 끝나갈 무렵까지는 미국인들이 우리들의 비판력과 그 비판의 타당성을 점점 더 의식하게 되었다. …… 그들은 그 신생 쌍둥이 기관들을 매일 능률적으로 운영하는 문제에 관하여 그들이 모색해 왔던 일의 효과에 대해서 낙담한다고 거의 은밀히 고백할 정도였다."

각서에서 케인스는 브레턴우즈 법령 하에서 미국의회가 의회와 비교적 독립되어 있는 경제·재정문제에 관한 국제 협력기구로서 역할을 할 국가자문위원회를 설치했다는 사실에 주목했다. 이러한 사태의 발전에 대하여 그는 찬성하였다. 그리고 그 기구 설립의 중요성은 과소평가될 수 없다고 언명했다. 그런 다음 그는 좀더 의미심장하게 이렇게 덧붙였다. "우리들이 이런 일을 더 일찍 생각해 내지 못했던 것은 차라리 우둔한 처사였을지도 모른다. 우리들이 제기한 약간의 비판과 반대는 유치하고 요점에서 좀 벗어난 것처럼 보였을지도 모른다. 그러나 우리들은 쉽게 이해되도록 하는 방법으로 취급받지 못했다."

재무장관에게 각서를 제출하면서 케인스는 "그 첫 구절이 너무 길고 내가 실제로 강조하려고 했던 것보다도 더 많이 강조하는 효과를 나타내고 있다. …… 더욱더 깊이 성찰함으로써 그 회의에 대한 내 자신의 반응이 변했다는 것은 사실이다"라고 시사했다. 그는 그 각서를 수정하자고 제의했으나 재무장관은 그가 그렇게 하도록 강요하지는 않았다. 그 각서가 내각 문서로 출판되었을 때 그 문서의 실질 내용이 변경된 것은 없었다. 집행담당 이사들에게 많은 급료를 주자는 데 찬성투표를 했던 일부 대표자들의 좋지 못한 동기를 언급하는 대목이 약간 수정되었고 다음 구절은 삭제되었다.

"내가 상술한 초기의 나쁜 분위기에도 불구하고 대개가 그렇듯 회의는 끝날 무렵 부드러웠다. 내 마지막 기억은 해리 화이트 박사에 관한 것이다. 그는 머리에 덩굴 잎[또는 그것이 칵테일이었던가?]을 달고 남미에서 온 취한 호색가들과 술꾼들의 무리를 이끌고 식당으로 들어가면서 〈전진하는 기독교 투사〉라는 노래를 큰소리로 부르고 있었다. 그래서 우리들은 최선을 기대할 수밖에 없다."

이와 같이 독특한 낙관적인 논조는 케인스가 죽기 전까지 나오지 못했던 〈미국의 국제수지〉라는, 마지막에 출판된 논문에도 또한 분명히 나타나 있다. 이 짧은 논문에서 그는 미국의 대외계정(對外計定)에 관한 통계치를 검토하고, 정확한 예측을 하는 것이 목적은 아니라고 말했다. 그럼에도 관련자료들을 정밀 조사한 뒤 이러한 수치들을 곰곰히 생각하고 나서, "앞으로 5년 내지 10년이 지나는 동안에는 위험할 정도로 달러 품귀현상이 일어날 가능성은 그리 높지 않다고 결론을 내리는 데 있어서 독자들이나 케인스를 정당하다고 생각하지 않을지도 모른다"고 언급했다. "만일 모든 일이 순조롭게 진행된다면 보다 더 많은 근본적인 세력들이 균형을 이루는 방향으로 작용할 수도 있다. 그리고 그 균형의 중요성은 궁극적으로 덧없이 변동하는 통계치를 초월하는 의미를 가질지도 모른다. 우리들이 많이 수정하지 않고는 수용할 수 없는 다른 학설과 고전학파의 학설을 관련시키기 때문에 오늘날 간과하기 쉬운 심원한 의미를 지닌 상당히 많은 영원한 진리를, 고전학파의 가르침이 구현했다는 것을 현대 경제학자들에게 상기시키고 싶은 마음이 나 자신에게 우러나는 것은 처음만은 아니다. 이 문제들 속에는 깊숙이 흐르는 저류가 작용하는데, 사람들은 그러한 요인을 자연적 제력(諸力), 또는 심지어 균형을 향하여 작용하는 보이지 않는 손이라고까지 명명할 수 있다. …… 미국은 이전에 경험했던 그 어떤 정도보다도 더 높은 생활수준을 유지하고 더 많은 비용을 지불하는 나라가 되고 있다. 그리고 그 결과 그 나라는 이 세계의 운이 없는 지역의 생활 방식과 비교할 때 대외균형을 이루는 데 틀림없이 도움이 되거나 또는 대외균형에서 동떨어지지 않는 생활 방식을 개발할 것 같다"고 그는 주장했다. 그는 계속해서, 미국은 고전경제학파의 처방이 그 효험을 보도록 하는 경제제도를 창출하는 데 노력을 기울이고 있다고 말하면서 그 당시 미국 국민들이 무역과 고용에 관한 국제회의를 열자고 하는 제안 속에서 희망과 일시적인 위안을 찾았다. 그러나 고전경제학파의 처방에 의존하는 것만으로는 불충분하다. 환율변동이나 전반적인 수입관리와 같은 더 신속하고 덜 고통스러운 보조수단들이 가장 중요한 방편이라고 그는 재빨리 말했다. "상호관련된 브레턴우즈와 워싱턴 제안의 위대한 가치는 그 제안들이 필요한 수단의 활용과 장기적으로 유익한 학설을 밀착시켰다는 것이다. 끝없이 변천하는 불확실한 시대에는 어떤 계획도 잘 되리라고 확신할 수 없다. 그러므로 그 사이에 우리들이 취한 최선의 정책은 그러한 정책이 틀렸다고 판명될 때까지 낙관적 가정에 따라 행동하는 것이다. 우리들은 미래를 지나치게 두려워하지 않는 것이 좋다."

케인스는 이 논문의 교정쇄를 워싱턴에 있는 화이트에게 보냈다. 그 교정쇄가 도착하자 화이트는 미국의 미래의 국제수지를 사정(査定)한 케인스의 의견에 대체로 동의한다고 말하고 다음과 같은 결론을 내렸다. "물론 국제정치상 바람직스럽지 못한 사태진전이 있는 경우를 제외하고, 대체로 향후 5년간 달러 품귀 현상이 발생할 가능성이 희박할 것 같다는 생각이 귀하가 그렇게 생각하는 바와 마찬가지로 나에게 듭니다." 전쟁이 끝날 무렵 워싱턴의 다른 인사들과 마찬가지로 화이트도 앞날을 희망적으로 내다보면서, 웬들 월키(1892~1944, 인디애나 주 엘우드 출신의 법률가, 공공사업 경영자)가 그 유명한 어구로 명명했던 그의 저서 《하나의 세계》를 향하여 인류는 빠르게 나아갈 것이라고 믿었다. 워싱턴의 유력 인사치고 그 누구도 미래의 국제관계가 악화될 것이라고 예견했던 사람은 아무도 없었다고 케인스는 그 후 기술했다.

전후 시대에 케인스의 마지막 논문이 상당한 논쟁 대상이 되었다. 해러드와 같은 몇몇 사람들은 케인스가 가까운 미래를 진단하고 있는 것이 아니라 다만 장기적인 추세를 진단하고 있는 것이라고 주장하는 반면, 바로 경은 케인스가 세계무역수지는 앞으로 2년 내에 회복될 것이라고 예언했다고 주장하고 "나는 사후(死後)까지 논란이 되는 그러한 글을 쓰지는 않았을 것"이라고 경멸조로 말한다. 그리고 리처드 칸마저도 전후 세계에 대한 케인스의 전망은 중대한 결점이 있는 것으로 판명되었다고 주장한다.

전후 수년간의 가혹하고 예기치 못한 현실에 의하여 브레턴우즈 기구들을 축조했던 건축가들의 희망은 갑자기 깨졌다. 이미 살펴본 대로 세계는 잠깐 동안의 조정기간을 거친 뒤 경제적으로는 물론 정치적으로도 적응하는 방향으로 나아갈 것이라고 그들은 희망했다. 그러나 영국의 경우 1946년 잠깐 동안 착각할 정도로 호황을 누린 뒤, 그 나라의 국제수지는 재앙에 가까운 적자를 기록했으며 달러 부족은 무서운 사실이 되고 말았다. 영미협정 아래서 영국은 1947년 7월 15일까지는 파운드 태환(兌換)을 실시하게 되어 있었다. 그리고 그들이 그렇게 했을 때 달러 유출이 너무나 막대해서 그들은 그 다음 달인 8월에 태환을 정지하지 않을 수 없었다. 다음으로 영국은 재정상태가 위험한 지경에 이르렀으므로 무차별무역주의를 즉시 폐기하지 않으면 안 되었다. 따라서 다변무역주의를 실시하려던 시도는 갑자기 실패로 끝나게 되었고 재정 파탄을 막으려고 노력하면서 미국 차관을 대부분 낭비해 버렸다.

1948년 미국은 영국 재정상태의 중대성과 전반적으로 악화된 유럽의 경제 사정을 궁극적으로 인식하고 이전의 모든 협정에 우선하여 마셜 플랜과 트루먼 독트린(자유와 독립을 위해 싸우는 나라에 원조를 주어 소련의 진출을 막아야 한다는 33대 트루먼 대통령의 외교노선)을 실시했다. 유럽부흥계획이 시작됨으로써 국제통화기금(IMF)은 그 활동을 중지했으며 세계은행은 부흥차관 제공을 중단했다. 세계는 냉전기로 들어섰으며 미국은 전 세계적인 다변무역주의에서 서유럽의 복구와 통합이라는 보다 더 제한된 목표로 그 세계전략을 바꿨다. 그 기금의 설립 초기에 트루먼 대통령에 의하여 미국의 전임이사로 임명되었던 해리 화이트는 "두 기관이 명시(明示)한 목적을 이루고자 지금까지 이룩한 공헌을 솔직히 평가하면 그 업적은 우리들이 예상했던 정도에 훨씬 더 못 미쳤다는 결론에 이르지 않을 수 없다"고 결론을 내렸다. 비극적인 일이지만 1945년 이후 세계는 화이트나 또는 케인스가 예상했던 것보다도 더 불확실하고 예측할 수 없는 상황으로 되고 있었다.

런던 미술가 협회, 카마고 무용단, 케임브리지 예술극장과 같은 예술 활동을 위하여 케인스가 기울였던 노력에 관해서는 앞 몇 장에서 설명했다. 그가 관여했던 예술활동의 영역은 제2차 세계대전 초기에 더욱더 넓어졌다. 엄밀히 말하면 1942년 2월 그 당시 교육국장이었던 R. A. 버틀러가 그를 C. E. M. A.(the Committee for the Encouragement of Music and Arts) 회장으로 초빙했다. 이 기구는 미국인 에드워드 S. 하크니스의 자선단체 가운데 하나인 '필그림 트러스트'에서 제공한 2만 5000파운드의 기금을 운용하기 위하여 1939년에 설립되었다. 케인스는 처음에 이 새로운 직책을 맡기를 주저하였다. 왜냐하면 그가 중요한 재무성의 일에 깊이 관여하고 있었음은 물론 그의 건강이 아직도 불확실했기 때문이다. 하지만 부분적으로는 그러한 활동이 그가 정부 청사에서 맡은 다른 임무를 보완해 줄 것이라고 생각했기 때문에 그 직책을 수락했다. 그러나 더욱 중요한 것은 해러드가 지적한 것과 같이 케인스가 C. E. M. A. 속에서 '위대한 사상의 씨앗'을 발견했다는 사실이었다. 〈우리의 자손들을 위한 경제적 가능성〉이라는 그의 논문에서 예언했던 것과 같이 미래에는 대중들이 훨씬 더 많은 여가를 누릴 것이다. 부자들과 특권층이 과거에 누렸던 것처럼 대중들도 미술품을 감상하는 즐거움을 향유할 수 있을 것이다. 이제 그러한 터전을 마련할 시간이었다.

바로 죽음으로 이어지는 그 후 수년 동안 케인스는 쇠잔해가는 정력과 기력의 대부분을 C. E. M. A.의 문제를 해결하고 그 기구를 운영하는 데 쏟았다. 그리고 재무성에 있을 때는 자신의 사무소에서, 해외에 있을 때는 어느 곳에 있든지 있는 그곳에서 케인스는 그 기구의 서기였던 메리 그라스고 양과 교신을 하면서 그 업무를 긴밀히 관리하고 있었다. 그는 놀라울 만큼 철저하게 C. E. M. A.의 운영을 감독했으나 회장으로서의 그의 직무 수행상 여러차례 발생한 논쟁과 불화로 그의 심신은 매우 지쳤다. 그러나 그의 직책의 모든 어려움에도 밝은 면이 있었다. 즉 그가 지원했던 손실보증제도가 정당한 평가를 받고 있었던 것이다. C. E. M. A.는 항구적으로 예술을 후원할 정부의 책임을 떠맡고 있었던 예술위원회의 선견지명과 그 방침에 따라 서서히 발전해 가고 있었다. 제2차 세계대전이 끝나기 전에 C. E. M. A.를 상설기구로 운영한다는 결정이 내려졌다. 케인스는 문교성에서 지급하는 공공보조금을 재무성으로 옮길 준비를 했다. 그렇게 함으로써 정부의 간섭을 덜 받는 방법을 보장하려고 했던 것이다. 그 위원회를 구성할 즈음에 그는 라디오 연설을 통하여 그 기구의 역사와 근본적인 철학에 대해서 이렇게 말했다.

아직까지 중요한 일이 발생했다는 사실을 우리들이 실감하지 못하고 있다고 생각한다. 국가가 소리없이 예술을 후원하게 되었다는 사실 말이다. 그러한 일은 말하자면 바로 영국답고 정통하며 소박하고 불완전한 방식으로 나타났다. 드디어 국가 재정당국은 생활을 교화하는 예술을 지원하고 장려하는 것을 그 의무로 인정하게 되었다. 그러나 우리들은 사회적 노력에 관한 이러한 측면을 국영화할 의도는 없다. …… [그는 여기서 특정한 산업을 국유화하려는 노동당의 계획에 관한, 최근에 있었던 방송토론에 대해서 언급한 뒤 이어서 말했다.] 예술가들의 작품이 모든 면에서 그 성질상 개성적이고 속박을 받지 않으며 규율이 없고 엄격한 통제를 받지 않는다는 것을 누구나 인정한다고 나는 생각한다. 예술가는 그에게 활기찬 정신을 불어 넣는 곳으로 걸어간다. 그가 갈 방향을 그에게 말할 수 없다. 그 자신도 그 방향을 모른다. 그러나 예술가는 우리들 중 나머지 사람들을 신선한 목장으로 인도해서 우리들이 불필요한 감성은 버리고 유용한 감성은 확대함으로써, 또한 우리들의 본능을 순화함으로써 창작하는 것을 사랑하고 향유하도록 우리들을 가르친다.

끝으로 그는 이 방송연설에서 런던이 현재 반쯤 폐허가 되었지만 예술의 중심지로서 런던의 미래에 대하여 말했다. 전쟁중에 퀸스 홀은 파괴되었으며 코벤트 가든의 오페라 극장은 무도장으로 바뀌었다. 그리고 크리스털 팰리스*는 잿더미가 되었다. 그러나 이제 런던 시의회가 국립극장을 세울 자리를 배정할 계획을 세우고 있었다. 예술위원회는 크리스털 팰리스를 다시 한번 위대한 국민의 전당으로 만들려는 크리스털 팰리스의 수탁자(受託者)들과 함께 일했다. 그리고 가장 시의 적절하게도 코벤트 가든이 이듬해 초 가극과 무용극의 본거지로서 다시 문을 열게 될 예정이었다.

코벤트 가든 수탁위원회 회장으로서 케인스는 이 역사적 행사를 준비하는데 거의 모든 방면에 관여하였다. 그 행사가 절정을 이루는 그의 예술지원활동이며, 미래에 인식될 것으로 그가 희망했던 하나의 상징적인 활동이라고 생각했던 것도 당연한 일이었다. 그는 그 행사의 재정적 뒷받침을 하고자 재무성의 특별 보조금을 얻는 협상을 벌였고 심지어 관람석을 다시 꾸미는 세부사항에까지 주의를 기울였다. 드디

---

* 크리스털 팰리스(Crystal Palace): 1851년 만국박람회용 건축물로 런던 하이드 파크에 세워진 철과 유리로 만든 건물. 1936년 파괴되었음.

어 1946년 2월 20일 그 가극장은 새로운 찬조를 얻어서 문을 열었다. 첫 공연작은 엄선되었다. 그 작품은 마곳 폰테인(영국의 무용수)이 공주 역을 하고 로버트 헬프만이 카라보스역과 왕자 역을 겸하는 〈잠자는 숲속의 미녀〉로 선정되었다.

결국 그날 저녁의 행사는 사실상 전국적인 성공을 거둔 셈이 되었다. 케인스는 그 뒤 그 경축행사에 대단히 큰 감동을 받았다고 말하는 여러 관객들로부터 편지를 받았다. 며칠 후 그는 어머니에게 그 자신의 반응을 이렇게 써서 전했다. "첫날 저녁은 대단히 성공리에 끝났습니다. 관중들은 자기들이 기대했던 것보다 정서적으로 더 강렬한 감명을 그 행사로부터 받은 것 같습니다. 많은 사람들이 구시대의 우아하고 고상한 모든 사물들이 영원히 사라졌다는 것을 그들 스스로 시인하면서 마음속에 두려움을 느끼게 되었다가 그러한 사물들이 아마도 완전히 사라진 것은 아니라는 판단이 갑자기 들었을 때 굉장히 고양된 감정이 일었다는 사실이 그러한 일을 설명해 주는 것이라고 저는 생각합니다."

그는 이와 같이 코벤트 가든을 재개하는 행사로 깊은 만족감을 느꼈다. 왜냐하면 그러한 행사는 생활예술을 장려하는 그의 사회철학과 너무나도 많이 일치했기 때문이다. 그는 바로 한 해 전에 한 차례 연설을 했는데 그 연설은 그의 견해를 설명하는 유명한 연설이 되었다. 그가 33년간 맡았던 《이코노믹 저널》의 편집자 지위에서 물러날 때 영국경제학회가 그에게 베풀어 준 정찬 모임에서 그 연설을 했던 것이다. 그 연설을 들은 사람들의 말에 따르면 그것은 재치 있고 유창하며 그가 그 경제학회의 서기로 일하면서 만났던 인사들뿐만 아니라 저명한 인사들에 관한 재미있는 일화들로 가득찬, 그의 가장 잘된 연설 가운데 하나였다. 마지막으로 그는 건배하게 되었다. "나는 영국 경제학회와 경제학, 그리고 수탁자들인 경제학자들을 위해서 [여기서 그는 잠시 멈추었다가] 문명을 위해서가 아니라 문명의 가능성을 위해서 건배하자고 여러분에게 제의합니다"라고 말했다. 그가 건배를 제의하면서 했던 표현은 단순히 꾸미려고 한 말이 아니었고 그가 매우 중요하다고 생각했던 구분을 구체적으로 나타냈던 것이다. 경제학은 중요하다[그는 경제학에 그의 일생을 바쳤다]. 그러나 경제학은 단지 더 높은 차원의 예술과 문화를 성취하기 위한 수단으로서만 존중되어야 한다고 그는 믿었다.

15장 열정적인 인생행로의 종말

인간은 이 세상에 태어나는 것을 감수해야 하는 것과 마찬가지로
이 세상을 떠나는 것도 감수해야 한다. 다만 성숙한 삶이 문제일 뿐이다.

† 윌리엄 셰익스피어

케인스의 일생을 다룬 이 책은 특히 그의 성적(性的) 관심의 본질과 그것이 그의 창의성에 미친 영향에 대하여 상당한 연구를 집중하였으나, 그의 복잡한 개성을 설명하는 데 그의 사회적 배경, 또는 해러드가 "하비 로드의 전제조건"이라고 표현한 것도 소홀함이 없이 다루었다. 안정적인 중산층 가정에서 태어나 이튼과 케임브리지에서 영재교육을 받고 블룸즈버리에서 세련된 인사들과 친교를 맺으며 부자나 권력자들과 긴밀한 관계를 유지해 온 케인스는, 자신의 지적 우월성에 극도로 또한 흔히 오만스러울 정도의 자신감을 가졌던 귀족주의적인 자유당원이 되었다. 이러한 선천적인 환경과 계급의식에도 케인스는 상류층의 사회 책임을 강하게 의식하는 사람이었는데 이는 정치문제나 사회복지문제에 관한 그의 성실과 헌신적인 태도에 잘 나타나 있다. 그는 중년기 이후에는 이전의 합리적 개인주의자에서 조금 바뀌어, 그의 수필 《나의 젊은 날의 신념》에서 인용한 "기술적으로 짜여 있고 교활할 정도로 잘 보존되어 내려온 사회적 규범이나 관습" 및 선배들의 훌륭한 업적을 점점 더 높이 평가하는 성향으로 변모되어 갔다. 간단히 말해서 그는 마음속으로부터 점차 보수성을 띠게 되어, 그가 행동하고 개성을 발휘하는 데 자유로운 신념을 갖도록 지지해 주었다고 생각한 사회생활의 전통적인 면을 보존하는 데 점점 더 많은 관심을 갖게 되었던 것이다.

우리가 그의 인생에서 이러한 허물없는 부분까지 되새겨 보는 것은 그것들이 사후에 어머니 플로렌스가 공개한 한 문서 내용과 맥락을 같이하기 때문이며, 또한 아주 이상하게도 그의 전기작가들이 그 문서에 나타난 사실들에 관하여 이제까지 언급하거나 논평하지 않았기 때문이다. 그 문서는 그가 일생동안 결코 완성할 시간을 갖지 못했던 책—아마도 자서전 같은—의 서문에서 인용한 부분이라고 플로렌스는 말했다. 그 문서의 내용은 다음과 같다.

조상에 관한 긍지는 이제 거의 지나간 이야기가 되었다. 급속히 부상한 민주주의의 물결이 날이 갈수록, 한때 중시되었던 예전의 주요사건이나 전통의 흔적을 지우기 때문이다. 그러나, 아직도 과거의 위대한 인물을 생생하게 기억하고, 세상에서 전통을 지켜야 한다는 깊은 책임감을 갖고 자기인생의 진로를 정해가는 그러한 사람도 있는 것이다. 그래서 그들은 맡은 직무를 이행하면서 조상들의 주시(注視)를 항상 느끼고, 그 말없는 지시를 따르는 것이다.

우리는 토크빌이나 에드먼드 버크의 감정 혹은 그들의 문체까지 연상시키는 이러한 엄숙한 글에 대하여 구체적으로 분석할 필요는 없다. 분명히 그 참조문서는 케인스의 가계에 관한 것인바, 그가 일찍이 그의 혈통에 대하여 조사해 본 이후로는 더욱더 그것을 의식하게 되어서 케인스의 머릿속에 지워질 수 없는 영향을 미친 형상이 된 것이다. 그럼에도 불구하고 누구나 '조상들의 말없는 주시'를 항상 의식하고 어디서나 극히 이상적인 형상과 함께 살게 된다면 정서적인 상충현상이 발생케 된다는 것을 우리는 쉽게 짐작할 수 있다. 그러나 케인스는 아마도 이런 글을 무엇보다 더 문학적 측면에서 썼을 것이다. 하여간 그는 이런 글을 출간하지는 않았다. 그러나, 우리가 그렇게 생각하더라도 그의 인생의 말년을 되돌아 보는 것은 상당히 가치 있는 일이다.

서배너에서 열린 통화문제에 관한 회의에서 돌아온 뒤에 케인스는 바로 규칙적인 일과 휴식의 생활로 되돌아갔다. 주중에는 런던에 있었고 주말에는 틸턴으로 가서 여가를 보냈다. 그는 재무성과 영란은행에 아직도 맡은 책임이 있었으며 프로빈셜 보험회사와 전국 미술관 운영위원회에 참석해야 했다. 물론 만찬행사나 전람회 구경 혹은 발레나 연극 관람도 했다. 그가 틸턴에 있을 때도 검토해야하는 서류 행낭이 재무성에서 매일 배달되어 왔기 때문에 완전히 휴식을 취할 수는 없었다. 그래도 그 생활은 만족스러웠고 그의 건강도 좋았다. 개인으로서 영광스러운 일이 그에게 계속 일어났으니 4월에는 왕립협회의 회원으로 추천되었고, 메리트 훈장을 받게 되었다. 그의 편지를 보면 그는 아직도 귀에 익은 농담을 곧잘 하고 쾌활함도 계속 유지하고 있었다. 예를 들면 그가 왕립협회 회원으로 선임된 것을 수락하는 사실을 그의 매제인 A. V. 힐에게 전하면서 다음과 같이 마감하였다.

날씨가 확실히 이상하네. 예전 잉글랜드 같지 않아. 태양의 흑점 때문인가? 어머님은 비정상적일 정도로 건강하고 아버님께서는 아주 길게 편지를 쓰시지. 태양 흑점 때문일거야.

인생 말년에 케인스는 가족과 함께 있는 것을 좋아했는데 특히 틸턴에 있을 때는 더욱 그랬다. 1945년 크리스마스 무렵에 케인스 부부는 조카들을 불러 사냥을 같이 했고, 크리스마스에는 이웃사람들을 위하여 큰 파티를 열어서 노래부르고, 토막극도 하고, 간단한 음료를 같이 했는데 찰스턴 사람들도 와서 거기에 참가했다. 리디아는 워싱턴에서 가져온 물건들을 싼 값으로 나누어 주었고 모두가 재미있는 시간을 보냈다. 다음해 봄에 케인스 부부는 부활절 휴일 전, 한 주일을 모두 틸턴에서 보낼 계획으로 그의 양친을 블룸즈버리에서 만나서 같이 차를 운전하고 서섹스에 있는 저택으로 갔다.

날씨가 너무 좋아서 온 가족이 잉글랜드 전원의 진수를 한껏 만끽할 수 있었다. 케인스는 그의 충실한 조력자인 로간 톰슨과 함께 그의 농장을 거닐면서 농부들을 위한 계획을 토의하는 일을 즐기곤 했다. 어느 날 아침 그가 시골에서 입기 좋아하는 파란색의 케임브리지 자켓을 입고 그늘지게 하는 밀짚모자를 쓰고 부활절 축제용으로 준비된 소고기를 그의 어머니에게 보여주었다. 암소 한 마리를 잡아서, 쇠고기 덩어리를 마굿간의 테이블 위에 갖다 놓고 가족 수에 따라 그것을 농부들에게 나누어준 것이다. 그때는 정말 전쟁의 괴로운 체험과 시련 이후에 갖는 평온과 평화의 시간이었던 것이다.

여가시간에 케인스는 정원에 앉아서 독서를 즐기곤 했다. 그는 귀한 서적, 특히 엘리자베스 1세 시대에 저술된 책들을 아직도 구입하고 있었다. 그리고 구입한 책을 숙독하였다. 또 다른 큰 기쁨 중의 하나는 그가 예전에 친구들과 산책하곤 했던 다운스의 펄 비컨 언덕에 가서 아름다운 시골 풍경과 바다 경치를 즐기는 것이었다.

그 주 동안에 두 번이나 그는 어머니와 함께 다운스의 언덕까지 차를 운전하고 갔다. 어느 화창한 토요일 오후도 거기까지 차를 운전하고 가기로 했다. 리디아도 같이 가기로 했고 올 때는 오솔길로 걸어서 둘이 같이 돌아오기로 그는 먼저 공표하였다. 그는 오랫동안 신병 때문에 그렇게 하지 못했으나 이제는 할 수 있을 것 같았다. 그의 어머니는 그 장면을 연민의 정을 가지고 이렇게 회상했다.

나는 거기에 서서 그들 두 사람이 산 언저리 밑으로 서서히 사라져 가는 모습을 바라보고 있었죠. 케인스는 리디아에게 몸을 굽혀 활기찬 모습으로 이야기를 했고 리디아는 아주 열렬한 반응을 보이면서 케인스를 올려다 보고 있었어요. 그때 케인스는 막 배달된 포프와 스위프트의 친구인 토머스 파넬* 이 쓴 시집의 초판에 실려 있는 시에 대하여 설명하고 있었다고 리디아가 나중에 말해 주더군요. 케인스는 다음과 같은 말로 대화를 마감하였죠. 그 시의 뜻은 결국 "걱정할 것 없다. 항상 신의 정의는 살아있는 것이니까"라고.

"부활절 아침식사 뒤에 갑자기 발생한 치명적인 심장마비가 남편을 덮쳐서 나는 내 모든 것을 잃게 되었다"라고 리디아는 뒷날 리프먼 부부에게 이야기했다. 그녀는 메이너드의 나이 62세 때 그를 잃게 되었으며, 그 후로도 35년을 더 살게 되었다.

케인스의 어머니는 회고록에서 아들의 죽음에 대한 깊은 슬픔을 셸

---

* 토머스 파넬(Thomas Parnell, 1679~1718): 아일랜드의 시인, 수필가로 서정시를 많이 썼음. 대표작 《An Elegy to an old Beauty》.

리의 시구로 이렇게 표현하였다.

그대는 살아 있는 자 가운데서 샛별과 같았고
이윽고 그대의 매력적인 빛이 사라져 버리고 난 뒤
이제 죽어서도, 그대는 새로운 광채를
사자(死者)에게 비춰주는 금성과 같도다
― 《아도네이스》(*Adonaise*) 가운데

며칠 뒤 웨스트민스터 사원에서 거행된 추도식에서 리디아와 케인스의 어머니는 당시 93세인 존 네빌 케인스와 함께 복도를 걸어가면서 그의 은혜에 감사하는 정부의 추도사와 케인스의 많은 친구들이 표하는 조사(弔詞)를 들었다. 그 전에 그들은 킹스 칼리지 예배당의 부채꼴 모양의 우아한 지하실에서 메이너드의 오랜 동료였던 존 셰퍼드 학장이 케인스의 저서 《순례자의 행진》(*Pilgrim's Progress*)에서 다음과 같이 인용하는 말을 들었다.

나는 지금의 내가 되기까지 겪은 모든 수고와 어려움에 대하여 후회하지 않는다. 내 인생 여정에서 나를 계승할 사람에게 내 칼을 줄 것이고, 용기와 기술은 그것들을 얻을 능력이 있는 사람에게 주어질 것이다.

후 기

어린이들의 정신과 신체의 성장과정은 같다.
아이들은 일단 태어나면 그들 자신의 존재법칙에 따라서 성장한다.
그리고 만약 부모가 그 아이들의 미래의 성장을 예견할 수 있다면
그 부모들의 심장은 터질 지경에 이를 것이다.
† 리처드 헨리 토니(Richard Henry Tawney)의 《종교와 자본주의의 번영》에서

제2차 세계대전 이후 사반세기 동안은 케인스 시대라고 명명되었지만, 그 창안자의 사상과 그 후계자들의 사상을 구분하는 의미에서 사실상 '케인스 학파 시대'라고 부르는 것이 더 정확하고 좋은 표현일 것이다. 《일반이론》의 마지막 페이지에서 케인스는, "이러한 내 이론을 실현하려는 것은 비현실적인 희망인가? 이러한 새로운 사상에는 정치사회의 진보를 뒷받침하는 충분한 근거가 있는가? 신이론은 이롭기보다는 오히려 이익을 저해하는 점이 더 강하고 명백하지 않는가?"라고 의문을 제기하면서 자본주의 사회가 그의 새로운 이론에 어떤 대접을 할 것인가에 대하여 곰곰히 생각했다. 그는 저서에서 이 질문들에 대한 답을 하려고 하지는 않았으나, 그 대신에 역사상 사상이 끼치는 영향력에 대한 유명한 찬사를 보냄으로써 결론을 내렸다. 따라서 그는 그의 신이론이 무시될 수는 있지만, 그 이론을 해설하는 과정에서 예사롭지 않은 근본적인 변형이 초래될 수도 있으리라는 가능성은 배제했다. 이러한 전례는 이미 애덤 스미스나 카를 마르크스 그리고 그 밖의 다른 이론에 관한 지적인 역사가 보여주었다.

케인스가 아직 살아있을 동안 케인스 학파의 사상은 미국, 영국, 그 밖의 많은 나라에서 발전되었고 제2차 세계대전 중에도 이 지적발전은 활발하게 이루어졌다. 그 결과 예를 들면 고용에 관한 영국 정부의 《백서(白書)》가 나왔으며, 1946년에는 미국의 고용법이 채택되었던 것이다. 이 두 국가는 그렇게 함으로써 공공정책의 목표로서 완전고용을 강력하게 추진했다. 캐나다, 뉴질랜드, 오스트레일리아, 스웨덴, 남아공과 같은 정부들도 마찬가지로 전쟁이 끝날 무렵 높은 수준의 고용을 유지하는 것이 정부의 책임이라고 인정했다.

고전경제학의 전제조건을 공격하는 데에서, 케인스는 그 이론의 '실질'관계의 기초가 되는 벤담의 '쾌락과 고통'의 계산에 대하여 사실상 도전하고 있었다. 케인스는 그가 '관찰한 사실'이라고 반복하여 불렀던 것에 호소함으로써 이 균형장치의 근본개념을 무너뜨리려고

했다. 그 공리(公理)를 창안하고 거기서 논리성을 도출하는 데 1세기의 전통을 가진 고전경제학의 가정을 비판하는 데에서, '오류를 견지하며, 쉬운 논리이지만 사실에 부적합한 가정에 의하여 명료하고 일관성 있게 결론에 도달하는 사상가들보다는 그 대신에 직관에 의존하며 애매모호하고 불완전하게 진실을 관찰하는' 사상가들과 그는 연합했다. 그렇게 함으로써 그는 다른 과학 분야의 20세기적 사고방식에 경제학을 방법론적으로 밀착시켰다. 그러나 경제학의 전통적 합리주의에 대한 그의 도전은 너무나 의미심장하여, 곡해되지 않고 그대로 살아남아 전해진다는 것이 경이로운 일이다.

케인스는 경제계를 정통파 동료학자들과는 다르게 보았다. 즉 세계대전의 경험에서 얻은 그의 인식방법 또는 인식론적 가정, 1920년대와 1930년대의 사회경제적 변혁, 유럽에서의 전체주의 정부들의 발흥, 그가 정부 재정문제에 개인적으로 관여했던 점, 그리고 상당히 농후한 그의 동성애 기질 등, 이러한 것들로 말미암아 그는 현실을 고찰하는 전통적인 방법에 회의를 품게 되었다. 이미 자행되어 현재 점점 더 많이 인식되고 있는, 《일반이론》에 대한 그릇된 해석이나 또는 경시는 [사실에 대한 관찰과 직관 및 바뀌는 경제문제의 불확실하고 역사적인 맥락을 대단히 강조하는] 그의 인식방법과 비교적 비역사적이고 수학을 많이 사용하는, 이른바 신케인스학파의 연구방법과의 차이로 설명될 수 있다. 다시 말해서 《일반이론》의 케인스 사상이 추종자들에게 전달되는 과정에서 그 방법론적 이론구성의 틀 속에 중대한 변화가 일어났다. 거시 경제학의 이러한 측면을 면밀히 연구한 알렉스 레이존 후퍼드 교수는 그러한 점에 관하여 다음과 같이 일반화했다.

"혁신자의 전망과 독자의 견해에 괴리가 있는 것은 대부분의 혁신에 따르는 일반적인 성질이다. 그러므로 결점이 있는 모형은 창안자의 견해에 일치하기보다는 해설자의 세속적인 견해에 일치하도록 교정되는 경향이 있다. 이러한 현상이 케인스의 경우에도 있었던 것 같다."

《일반이론》을 해설한 과정은 옥스퍼드 대학의 J. R. 힉스 교수가 쓴
〈케인스의 고전경제학〉이라는 중요한 논문과 더불어 즉시 시작되었
는데, 그 논문은 《일반이론》이 출간되고 6개월 정도 지난 1936년 9월
그가 그 대학교에서 해석한 논문을 기초로 한 것이었다. 케인스가 《쿼
털리 저널 오브 이코노믹스》에 〈고용에 관한 일반이론〉이라는 기사
를 쓰기 전에 쓴 이 유명한 논문에서 힉스는 케인스가 고전학파 경제
학을 공격하는 임무를 띠고 있다고 생각했으며, 《일반이론》은 고전학
파 경제학에 수정과 제한을 가했을 뿐 새로운 이론은 아니라는 것을
제시하려고 노력했다. 훗날 힉스 자신이 이름지었던 것처럼 《일반이
론》을 '화분에 이식한 이식판(移植版)'인 이 논문에서 그는 그 경제학
이 마샬의 《경제학 원리》와 크게 다르지 않다고 주장했다. 힉스는 논
문에서 역사적으로 19세기 프랑스 경제학자 레옹 발라스* 이름과 관
련되는 일반균형의 연구방법에 근거를 둔 한 도표를 제시하고, 이자율
과 산출량수준이 동시에 결정되는 경제의 실물부분과 화폐부문을 모
두 함께 설명했다. 소위 IS-LM**이라고 하는 이 구조는 케인스 이론
의 확실한 측면을 설명하는 데 교육적으로 유용한 것 같았다. 이 구조
는 한센 교수가 연구에 착수하여 보급한 구조이며 그 후 40년 동안
케인스 경제학의 고전적인 해설서가 되었다. 그렇다고 하더라도 이 해
설서에는 케인스 이론을 설명하는 데 다소 의심스러운 점이 있다.

케인스는 힉스가 쓴 논문을 보고 비교적 거의 동의한다는 편지르
써 보내서 힉스를 놀라게 했지만, 투자유인이 투자기간 동안의 기대소

---

* 레옹 발라스(Leon Walras, 1834~1910): 프랑스의 경제학자. 로잔느학파의 창시자이
  며 '일반균형이론'의 발견자로서 근대경제학 사상 최고의 학자임. 주요 저서로는
  《순수경제학요론》, 《응용경제학 연구》, 《사회경제학 연구》 등이 있음.
** IS-LM 도표: 화폐경제시장과 실물경제 시장에 주어진 조건의 결과로서 이자율과
  국민소득수준의 균형가치를 동시에 결정하는 원리를 설명하는 도표임. 이 도표는
  힉스와 한센이 거시경제적 균형의 결정사항을 나타내기 위하여 실물경제 부분과 화
  폐경제 부분을 종합한 것임.

득이라는 상관변수에 의하여 결정되기보다는 현재 소득에 의하여 결정된다는 이론에는 반대했다. 그러한 사실은 이때쯤 출판된 〈고용에 관한 일반이론〉이라는 논문에서 케인스가 강조했던 '불확실하고 알 수 없는 애매모호한 세력들'과 힉스의 분석이 거의 양립할 수 없음을 말해준다. 왜냐하면 힉스의 분석은 경제활동에 침투하는 불확실성이라는 개념을 숨기고 있기 때문이다. 간단히 말하여 경제체제 속에서 균형의 달성은 소위 특별한 경우라고 할지라도 보장되는 것이 아니다.

뒷날 1940년대에 '소득결정에 관한 단순한 수학'을 설명했던 앨빈 한센과 로렌스 클라인* 그리고 프랑코 모딜리아니,** 폴 새뮤얼슨과 같은 다른 경제학자들은 소위 '신고전파 종합'이라는 학파에 더 접근하고, 동시에 케인스의 분석과 현실적 역사적 시간과의 관계를 끊었다. 재정정책과 또 다른 유사한 정책을 통하여 수요관리의 요점들을 보급시키는데 유용한 도구가 되었던, 그 유명한 교과서에서 새뮤얼슨이 제시한 45도 도표는, 케인스의 독창적인 작품과 그 작품에 관한 경제학적 함의(含意)에서 나온 총공급분석을 무시하는 경향이 있었다. 1950년대까지 시드니 웨이트로브 교수는 이 전통 거시경제학이 케인스의 견해를 곡해한 것이라고 비판하기 시작했으며, 그 후 1968년에 레이존 후퍼드 교수는 케인스 경제학과 가장 유력한 케인스학파 경제학의 불일치를 강력하고 명석하게 설명했다.

마침내 1976년 지성의 역사에서 이 괴상한 사건에 관하여 간략한

---

* 로렌스 클라인(Lawrence Robert Klein, 1920~): 미국의 경제학자. MIT에서 박사학위. 펜실베이니아 대학 교수 및 와턴(Wharton)경제연구소 연구원으로 재직. 1980년 거시경제모형 및 경제예측모형을 개발한 공로로 노벨경제학상 수상. 특히 정부지출 및 조세 승수효과를 분석한 공로는 높이 평가됨 주저: 《The Keynesian Revolution》(1947), 《Wharton Econometric Forecasting Model》(1967).

** 프랑코 모딜리아니(Franco Modigliani, 1918~2003): 1939년 로마대학 졸업. 1952년 카네기 공과대학 경제학 교수로 취임. 케인스 및 케인스학파 경제학에 포함된 계량경제학적 이론의 검토와 확충에 중요한 업적을 이룸. 가계저축 및 금융시장에 관한 분석으로 1985년 노벨 경제학상 수상.

평가의 결론을 짓고자 이제 노벨상 수상자가 된 존 힉스 교수는 그의 유명한 도표를 사실상 철회하고, 신고전파 케인스 경제학자들이 케인스 이론에서 시간개념을 인식하지 못한 점이 곧 케인스 혁명은 실패했다는 것을 의미한다고 말했다. "일반균형론자들은 그들이 패배했다는 것을 몰랐다. 그들은 케인스가 말한 것이 그들의 균형체계 속에 흡수될 수 있다고 생각했다. …… 내가 생각하기에 그 도표[IS-LM곡선]는 아직도 많은 사람들에게 인기가 있지만 이제 그것은 나에게는 훨씬 더 인기가 없다고 나는 말하지 않을 수 없다. 그 도표는《일반이론》을 균형경제학으로 축소하고 있다. 시간이 지나고 보니 그 도표는 실제와 달랐다"고 그는 말했다.

힉스 교수의 그러한 성명은 거시경제학 이론에서 신고전파 혁명이나 케인스를 반대하는 혁명의 종말을 의미하는가? 존경받는 영국의 경제이론가인 셰클 교수는 일찍이 그러한 사정에 대한 그의 견해를 요약하고, "그 [케인스]는 고전학파가 이룩한 세계로부터 탈출했으나 그의 비판자들은 그렇지 못했다"고 서술했다.

제2차 세계대전 후 수년 동안 케인스 경제학을 설명하면서 이렇게 오해하고 왜곡했던 이야기를 고려한다면, 그와 미국의 경제학자 존 클라크가 미국의 케인스 학파의 발전에 관하여 일찍이 교환했던 서신 속에서 확실히 끌리는 사실을 발견할 수 있다. 그 미국의 경제학자는 케임브리지 경제학자에게 '소득의 유량분석(流量分析)'은 고도의 수법과 굉장한 분석력을 가진 조리 있고 논리적인 이론체계 또는 법칙이라고 말하면서 이 분석은 또한 너무 무차별하게 적용될 위험성이 있다고 부언했다. 케인스는 클라크에게 그 학파가 그 자신에 속하는 학파라고 할지라도 한 학파의 위험성에 동의한다고 대답했다. 자신의 독창 개념을 잘못 해석할 수 있으리라는 가능성에 대하여 그가 분명히 걱정하고 있었음에도 그 후 수년 동안 케인스 혁명은 이룩되었고, 드디어 '신고전파종합'은 그 절정에 달했다.

소득-지출 모형으로 된 이 케인스 이론은 수없이 많은 교과서에서 설명되었으며 전후 많은 학술논쟁의 근간이 되었다. 케인스 이론의 승리를 단정했음에도 공공정책 영역에서 이 무렵의 재정입법은 1964년 미국에서 있었던 조세 삭감 같은 예외를 제외하고는 실제로 좀 소극적이었고 상상할 수 없었다. 영국에서도 마찬가지로 보수당과 노동당 양 정부가 완전고용정책에 전력을 기울였지만, 대외수지에 대한 집착과 단기간의 긴축정책과 성장정책을 교대로 채택한 재정관리(stop-go)의 특성으로 인하여 초래된 경제적 성과는 케인스가 거의 인정할 수 없는 것이었다. 《이코노미스트》지가 1967년 날카롭게 비평했던 것과 같이 "미국에서 케인스 경제학을 적용하는 데 치명적인 결점은 …… 경제를 억제해야 할 필요가 있을 때 그 경제학을 이용하는 것이 아니라 경제를 자극해야 할 필요가 있을 때만 그것을 이용하게 되는 것으로서, 그 경제학이 언제나 일방통행로가 될 것이라는 점이다." 그러므로 케인스 사상을 학문적으로 해설하는 사람들은 케인스 자신의 개념에서 현저하게 벗어난 정적(靜的)이고 비역사적인 이론체계의 틀 속에 케인스의 사상을 집어넣고 있지만, 재정정책 형태로 그의 이론을 실행하는 방법은 통제경제학 측면에서 실행된다기보다는 확장적 수요관리의 한 방법에 국한되고 있었다. 케인스 스스로도 어느 정도 이론을 곡해하는 데 기여했다. 레이존 후퍼드가 지적한 대로 케인스는 "전통적인 정태도구(靜態道具)를 사용하여 기본적으로 동적(動的)이고 역사적인 성격을 지닌 개념을 분석하려고 했다." 어떤 의미로 보면 그는 놀라울 만큼 성공을 거두었다. 그러나 이러한 방법이 정말 전적으로 옳은 것이었다면, 케인스 학파의 이론이 신고전학파 종합이론에 아주 유순하게 굴복했으리라는 것을 어렵지 않게 상상할 수 있다. 나는 이러한 일이 사실이라고 생각한다. 그러나 소득을 억제하는 절차가 뒤따르는 비자발적 실업상태를 그가 집중적으로 연구했던 것은 또한 후기 경제학자들이 역사와 무관한 순수한 정태적 해석을 그의 이론체계 속에 잘못 끌어들이도록 하는데 도움이 되었다.

그러나 사람들은 이러한 비극적인 오해를 비난한다. 그 오해의 결과 경제의 진행과정에 대한 케인스의 전망과 목표를 근본부터 수정하게 되었으며 그의 옛 동료인 조운 로빈슨은 다음과 같이 선언하기에 이르렀다. "큰 경기후퇴 없이 지나간 전후 25년은 케인스 시대라고 불리었으나, 그 시대는 케인스의 전망과는 유사한 점이 그리 많지 않았다. 그 시대는 경기순환을 정치적으로 관리했던 체제에 관하여 칼레츠키가 냉소적으로 묘사했던 점과 더 가까웠다."

케인스의 전형적인 이론은 기본적으로 대공황에 대한 해결책으로서 형성되었다. 힉스가 주장했던 것과 같이, 그 이론은 '불황의 경제학'으로서 그 속에는 대량실업문제에 대한 해결책으로는 적절하지 않은 현실요인들에서 발췌한 단기 분석이 들어 있었다. 그런 사정을 알기에 아주 좋은 처지에 있었던 리처드 칸 또한 케인스의 개념은 불황의 상태에 들어선 경제를 위하여 계획되었다고 적고 있다. 특히 케인스의 경제 모형은 고정임금단위와 함께 작용함으로써 고려해야 할 사항에서 물가수준을 배제했다. 그렇지만 리처드는 그 문제에 관한 한 장을 할애해 완전고용에 도달하기 전에 반(牛)인플레이션 상태가 발생할 수 있다고 설명했다. "이 반인플레이션이 일어나는 위험한 시점에는 충분한 역사적 중요성이 있다. 그러나 그 역사적 중요성은 그 자체가 이론적으로 일반화되지 못했다"고 그는 썼다.

케인스 자신은 경제 불안정의 문제에 대처하는 데 통화정책에 상당한 중요성을 부여했으나, 케인스 학파의 경제학자들은 전후 수년 동안의 경제정책을 수립하면서 그것과는 다른 재정 구제책을 선호했다. 그 후 인플레이션이 더 중요한 문제로 부각되기 시작했던 1950년대 중반에 새로운 개념의 형식으로 '화폐수량이론'을 부활시킨 밀턴 프리드먼* 교수가 주도한 통화주의 반혁명에 의하여 '신경제학'은 도전을 받았다.

제2차 세계대전과 그 뒤의 경제이론에서 이러한 논쟁이 벌어지는 가운데 서방세계 산업경제의 제도적 구조는 계속 빠르게 변모하고 있었다. 전반적으로 정부는 그 국가 경제에서 더 큰 역할을 하게 되었고 미국의 사회보장제도나 실업보험제도와 같은 복지국가의 다른 요소들이 더 중요하게 되었다. 법인기업은 규모가 커졌고 노동조합은 많은 경제부문에서 더욱 강력해졌다. 일자리의 원천으로서 대량소비와 경제성장에 의지했던 서방 세계의 산업문화와 더불어 이 집단조직들은 제때에 케인스의 수요관리체제에 쉽사리 적응하고 국민소득 가운데서 안정적인 몫 또는 증가하는 몫을 확보하는 데 그들의 시장지배력을 이용했다. 예를 들면 미국에서 아이젠하워 대통령이 국민에게 전한 그의 마지막 교서에서 솔직하게 논평했던 것처럼, 거대한 법인기업과 그 노동조합들이 이른바 '군사적 케인스 경제학설'이라고 하는 것을 열렬하게 지지하게 되었으므로 그가 산군복합체(産軍複合體)라고 명명했던 경제현상이 나타났다. 요컨대 그 두 집단은, 정부가 그들과 다투지 않고 일자리와 유익한 신사업을 제공하는 한, 연방정부 예산의 적자재정을 기꺼이 수락했다. 또한 그러한 과점기업들과 교섭하는 거대한 노동조합들은 점점 더 높은 화폐임금이나 또는 더 후한 부가급부를 확보할 수 있었다. 왜냐하면 그 결과 상승한 단위원가는 최종소비자에게 전가될 수 있었기 때문이다. 그러한 제도적 발전에 비추어 갤브레이스 교수는 1973년 케인스 혁명은 사실상 거대기업의 계획체제 속으로 흡수되었다고 설득력 있게 주장할 수 있었다.

　제도가 부단히 변화하는 이 현실세계와 대비해 볼 때 경제이론계는

＊ 밀턴 프리드먼(Milton Friedman, 1912~2006): 미국의 경제학자. 시카고 대학에서 경제학과 수학과 통계학을 연구. 1946년 시카고 대학에 교수로 초빙된 이후 시카고 학파(the Chicago School)를 지도해 왔음. 그의 연구업적은 신화폐수량설, 자유변동환율제, 투기이윤과 투기의 안정성, 가격이론, 소비함수에서의 항상소득가설 등 다방면에 이름. 1976년 노벨 경제학상 수상. 주요 저서: 《Inflation, Causes and Consequences》(1963), 《The Optimum Quantity of Money and the other Essays》(1969) 외 다수.

두 갈래의 광범한 노선을 따라 발전해 왔다. 이미 살펴본 바와 같이 한 갈래의 길은 케인스의 거시경제학과 신고전학파의 미시경제학을 조정하는 노력을 기울여 신고전파 종합을 탄생시켰다. 이 학파에 속하는 학자들은 그들 스스로 "신케인스파" 경제학자라고 말했고, 조운 로빈슨 교수는 그들을 "가짜 케인스파" 경제학자들이라고 더 무례하게 명명했다.

케인스 사상으로부터 발전해 나온 다른 한 가지 이론적 진로는 리카도의 학설에 따라 그의 분석을 연장하는 형식을 취했다. 그러나 완전경쟁 이론 또는 분배의 한계생산성 이론에 기초를 두지 않았으므로 이 학파의 경제학자들은 그 두 가지 이론을 모두 포기했다. 이 집단은 전문 학술문헌 속에서 "후기 케인스 학파" 경제학자들이라고 불리게 되었다. 그 집단에 속하는 학자들은 그들이 생각하기에는 기본적으로 케인스 혁명이 실패했으므로 경제이론상 새로운 모형을 개발해야 할 것이라고 생각한다. 그들은 《화폐론》과 《일반이론》에 있는 케인스의 분석을 이론적 균형의 맥락에서보다는 실제 역사의 맥락에서 시간이 흐름에 따라 확장하는 경제조직에까지 연장하려고 한다. [이와 관련하여 재치 있는 영국의 이론경제학자인 셰클 교수는, 케인스가 일찍이 "균형은 무의미한 것이다"라고 했던 말을 전해준다.] 이 이론에 들어 있는 동태적 요소는 케인스가 아직 생존해 있을 때 해러드가 그와 함께 검토했던 경기순환에 관한 해러드의 초기작품의 결과이다. 또 다른 공헌은 조운 로빈슨의 《자본축적론》과 칼도 경의 중요한 논문인 《선택적 분배론》으로부터 나온다. 그 두 편은 다 함께 1956년에 출판되었다.

후기 케인스 학파 이론의 또 한 가지 현저한 특징은, 그 이론이 분배를 경제확장률과 연결된 하나의 변수로 취급하는 것이다. 더욱이 그 이론은 케인스가 앞에서 말한 두 편의 대작에서 개괄적으로 설명한 화폐경제에 대한 근본 접근방법을 계속 사용하고, 경제활동의 수준을 결정하는 데 임의로 지출하는 역할을 강조한다. 결국 이 접근방법은 신고전파 경제학에서 사용하는 방법보다는 아주 다른 개념으로 가격 결정에 영향을 미치고, 과점기업들의 가격정책에 더 많은 주의를 기울이며 그러한 기업들은 그들의 이윤으로 경상비용을 감당해야 할 뿐만 아니라 투자수요도 또한 고려해야 한다고 주장한다.

이 시점에서는 케인스가 서거한 이후 이론의 발전을 이렇게 꾸밈없이 개략적으로 묘사한 것[급진적인 정치경제학에 대해서는 전혀 설명하지 않았다]으로 만족해야 한다. 왜냐하면 공공정책은 그의 사상에 영향을 받았으므로 그러한 공공정책에 대하여 끝맺는 논평을 약간하는 것이 바람직하기 때문이다. 1945년 전후 수년 동안 케인스의 '수요관리정책'의 목적은 통화팽창을 수반하지 않는 완전고용을 달성하는 것이었다고 상술했으나《신경제학》에 기초를 둔 조치가 어느 정도 유익했던가에 대해서는 논쟁이 지속되고 있다. 케인스 학파 알맞은 조치를 지지하는 사람들은 제2차 세계대전 후 사반세기 동안 세계 경제는 주로 케인스가 주창했던 정책의 안정적 효과로 말미암아 어떤 유사한 기간에 성장했던 것보다도 더 빨리 성장했다고 주장한다. 그 반면에 정치인들이 과세정책이나 흑자재정보다는 공공지출과 적자재정을 더 좋아하기 때문에 케인스의 시대가 불가피하게 통화팽창의 시대를 초래했다고 똑같은 신념을 가지고 주장하는 사람들이 있다.

계속 급속하게 진행하는 통화팽창과 더불어 실업이 발생한다는 견지에서 심각한 경기후퇴라고 말하는 '스태그플레이션'이 1960년대에 출현함으로써 우리들이 '케인스 경제학의 위기' 또는 더 분명하게 말하면 '케인스 시대의 종언'을 목격하고 있다는 취지의 더 강렬한 비판이 있었다. 신케인스 학파와 같은 그의 추종자들의 이론체계와 케인스 경제학을 구별함으로써, 케인스 경제학을 옹호하는 사람들은 신케인스 학파와 같은 그의 추종자들의 학설의 정당성이 점차 없어지고 있는 원인은 그들의 학설에 역사적 통찰력이 결여되었기 때문이라고 말한다. 케인스 경제학의 견해로 보면, 이른바 그 경제학이 지출, 소득 또는 산출량의 분리된 동질적 흐름에 따라 경제를 이해하기 때문에, 케인스의 유체학설(流體學說)은 자본주의의 변화하는 제도적 구조를 정당하게 고려하지 않는다. 신케인스파 경제학자들은 그들의 모형을 오늘날의 경제적 현실에 부합하도록 다시 정의할 만큼의 통찰력 또는 역사적 상상력이 결여되었다는 말을 듣는다.

회고하건대 만일 케인스가 더 오래 살아서 전후시대의 복잡한 경제 문제에 대처하게 되었다면 그 자신 아마도 그와 같은 결점을 보여주었을 것이다. 그는 결코 전혀 잘못이 없는 사람은 아니었지만 생애중 여러 경우에 자기 이름으로 주장되고 있는 것을 수용하기 꺼렸다. 어떤 천재도 이제까지 자신의 이름을 따서 명명되는 주의(主義)의 진실한 제자가 된 적은 없다는 말이 전해져 왔다. 그의 동시대인들은 그의 이름으로 채택되어 있거나 또는 지지를 받고 있는 정책들에 대하여 그가 불안감을 표명했던 여러 가지 실례를 이용했다. 한 비평가는 정말로 "그가 만일 생존했다면 그는 케인스 반대파에 속하는 뛰어난 경제학자가 되었을 것이라고 말하는 것은 당연한 일이다'라고까지 말하고 있다.

만일 케인스가 아직 살아 있다면 그가 행하거나 말했을 일들에 대하여 이 모든 다소 무익한 토론을 하는 중에 사람들은 그 자신이 《일반이론》에서 "우리들의 분석의 목적은 전혀 오류가 없는 해답을 주는 맹목적인 조작기구나 또는 그러한 방법을 제공하는 것이 아니라 특정한 문제들에 대한 해결책을 생각해내는 조직적이고 질서정연한 방법을 갖추는 것이다. …… 이러한 것이 경제적 사고의 본질이다"라고 강조했던 구절을 회상할 필요가 있다.

만일 우리시대의 경제적 문화적 곤경을 극복하거나 또는 적어도 완화할 수 있다면, 그 방법은 틀림없이 그가 살았던 시대의 습관적인 표현방식 및 사고방식으로부터 도피하려는 그의 오랜 투쟁을 고무했던 그 정신속에 존재하는 것이지 케인스의 형식적 어의에 적응한다고 하여 그런 일이 해결되는 것이 아니다. 그가 이 자유정신을 지니고 일하는 동안 그는 더 좋은 해결책을 모색하는 데 결코 방해받는 일이 없었다. 일찍이 그는 종이 한 장에 몇 마디 말을 적어서 다음과 같은 그의 철학을 간단명료하게 표명했다. "나는 일이 정당하게 되기를 바라지 않는다. 나는 진보를 희망한다."

《일반이론》과 몇 가지 그의 초기 작품에 설명된 케인스의 사상은 대부분의 정치경제적 사상체계와 같이 분석적이고 규범적인 요소를 설명했다고 말할 수 있다. 케인스 그 본인의 분석적 전망이 '케인스학파 경제학'의 발전과정에서 어떻게 곡해되고 왜곡되었는지에 대해서는 앞에서 설명했다. 또 그의 규범적 전망과 좋은 생활 또는 좋은 사회에 대한 구상은 완전고용이라는 정책목표 속에 이념으로 흡수됨으로써 다소 애매하게 되었다고 비슷한 생각을 할 수 있다. 사실 그 자신 이러한 경향을 조장했다는 것은 사실이지만 또한 그가 단지 경제학과 경제수단을 문명 생활이라는 더 거대한 목적을 달성하려는 도구로서만 생각했다는 것도 분명한 일이다. 이러한 사회목적과 가치에 관한 그의 견해는 《평화의 경제적 귀결》이 출간된 뒤 수년 동안 많이 변화하지는 않았던 것 같다. 그러나 수단에 관한 그의 입장은 1920년대와 1930년대에 정부를 통한 집단 활동을 전개하는 적극적 정책을 수용하는 방향으로 근본적인 전환을 했다. 장기적으로 하락하는 한계소비성향과 선진자본주의 경제에서 감소하는 투자기회의 평준화 경향으로, 경제성장은 완만해지고 물자소비는 포만상태에 이를 수 있다는 전망을, 수용하는 경향이 그에게 있었다. 그 정상상태*의 개념에 대한 밀(Mill)과 같은 태도는 그의 철학적 보수주의와 완전히 일치하는 것이었다. 위에서 언급한 바와 같이 자유방임적 자본주의는 "전적으로 신앙심이 없으며, 내적 결합이 없고, 공공심도 별로 없고, 또 항상 그러한

---

* 정상상태(stationary state): 어떤 물리적 체계를 결정하는 변수가 시간과 더불어 변하지 않는 경우. 일반적으로 변화가 없어 정체되어 있는 상태.

것은 아니지만 소유자와 추구자의 단순한 집단에 불과한 경우가 허다
한 체제"라고 지적하면서 그는 벤담주의를 반대하는 태도를 아주 분
명하게 했다. 그는 이러한 견해를 가지고, 단호한 인간들이 주도하는
앞으로 100년간의 경제성장을 상정하면서 그가 《설득 평론집》(*Essays in Persuasion*)의 서문에서 기술한 것과 같이, "경제문제는 그 뒷전으로
물러나고 우리들의 진정한 문제들, 즉 창조적이고 종교적이며 행실에
관한 인생과 인간 관계의 문제들이 감정과 이성의 활동무대를 차지하
게 될 것"이라고 희망하고 또 그렇게 믿을 수 있었다.

　바로 위에 마지막으로 서술한 부분은 상당히 광범한 뜻을 지닌 설
명이다. 어떤 사람들은 그 설명이 경제학자에게는 이상한 관심이 된다
고 생각할 것이지만, 케인스는 단순한 경제전문가를 뛰어넘는 인물이
었음을 마음에 새겨야 한다. 그는 경제생활에 대한 전반적 연구방법상
그 자신을 마셜 학파의 한 사람으로 생각했다. 그러한 것은 그가 인간
의 궁극적인 목적에 관심을 가졌다는 것을 의미했다. 사도적 배경, 에
드먼드 버크와 콜리지의 사상에 대한 지식 그리고 아마도 에드워드
카펜터의 견해에 정통했던 점 등으로 미루어 사람들은, 그가 일과 저
축에 관한 낡은 윤리라고 생각했던 것 대신에 공동사회에서의 인간의
성취에 관한 인본주의적 윤리를 기꺼이 택했다는, 결론을 내리는 경향
이 있다.

　최근 케인스를 지극히 비판적으로 묘사하면서, 고(故) 해리 G. 존슨
과 그의 부인은 예술과 여가에 대한 케인스의 접근방법이 사회개량이
라는, 강력한 빅토리아 시대의 철학에 충실하려고 했던 귀족들의 접근
방법과 본질상 같은 것으로 표현했다. 그는 자신의 사회배경에 비추어
서 일처리를 더 많이 자동화하고 노동을 줄여서 국가가 부여하는 문
화 활동에 더 풍부한 여가시간을 향유하기를 고대하는 견지에서 이러
한 문제들을 생각했다고 그들은 주장했다. 케인스는 19세기 후기에 영
국에서 일어났던 유미주의 운동에 틀림없이 영향을 받았지만 존슨 부

부의 해석은 그가 나타내는 가치체계상 시각예술에 관심을 가진 블룸 즈버리 집단의 (인간을) 자유롭게 하는 효과를 완전히 간과하고 있다. 인간존재의 중요한 특질들이 빅토리아 시대의 산업사회에서 강하게 억제되었다고 그가 느꼈기 때문에 예술에 대하여 열광적이었다고 생각하는 것은 그럴듯한 말이 아닌가? 그는 그 자신의 생애 동안 예술이 상상력을 자극한다는 것을 알고 있었으며, 또 아마도 유익한 통찰력이 없다면 모든 문명의 기술 또는 문명의 기구는 아무런 의미를 갖지 못한다고 매튜 아널드가 《교양과 무질서》에서 서술한 내용에 그는 동감의 뜻을 나타냈다. 더 나아가서 국가가 부여하는 문화활동을 그가 찬성했다고 생각하는 것은 오해다. 왜냐하면 그는 인간사의 이 분야에서 약간의 국가 보조금을 받는 사기업을 강력하게 옹호하는 사람이었기 때문이다.

그렇게 말함으로써 〈우리의 자손들을 위한 경제적 가능성〉(Economic Possibilities for our Grandchildren)이라는 글에서 설명한 것과 같이, 사람들이 해방되어 생활예술 그 자체에 탐닉하게 될 다음 세대 또는 다음다음 세대의 풍요한 미래에 대한 케인스의 전망이 에드워드 시대의 유미주의자들의 가치관이나 간절히 바라는 사고까지도 반영한다는 것을 인정할 필요가 있다. 그러나 인류가 인구를 억제할 의지와 전쟁을 피할 결의와 당연히 과학적인 중요성이 있는 과학 문제에 의탁할 자발적 의사를 갖지 못하는 한, 그의 '이상 사회'는 그 기간이 지나서도 실현되지 못할 것이라는 소견으로 그의 예언을 한정했다는 것을 사람들은 주목해야 한다. 공장 안의 작업은 심리적으로 만족감과 성취감을 줄 수 없으므로 따라서 공장작업을 완전히 기계화하고 또한 여가시간에 자아를 성취할 조건들을 수립하도록 해야 한다는 것이 미래에 대한 그의 전망이었다. 이러한 개념은 이제 많은 현대의 사회과학자들에게는 용납될 수 없는 것이다. 현대 사회과학자들의 견해에 따르면 후기산업사회는 여가시간의 자아 완성뿐만 아니라 작업에 의한 자아 완성도 목표로 하기 때문이다. 케인스의 미래상은 그 시대의 제약을 받고 있었다. 그것은 1930년대에 형성된 것으로 세기의 전환기에 영국과 미국에서 나타났던 진보사상과 공통점이 있다. 그 중에서 아래에 검토할 몇 가지 중요한 견해는 아직도 크게 부각되고 있지만 전반적으로 그러한 미래상은 그 구상을 했을 때와 같이 여전히 실현 가능성이 희박하다. 제2차 세계대전 중 자연적·인공적 부(富)의 파괴가 극심하였고 영국의 혼란과 피폐상은 심각한 정도였으므로 경제와 문화의 미래에 관한 케인스의 예측은 분명히 수정할 필요가 있었다. 그러나 그는 그 기간 동안 너무 깊이 병들고 다른 임무에 몰두했으므로 그 일을 할 수가 없었다.

이 단계에 처한 케인스의 사상을 평가하면서 사람들은 그가 흔히 그의 잘못을 인정할 수 있었고 기꺼이 인정하려고 했으며 또한 그의 한계를 깨달았다는 것을 인정해야 한다. 죽기 4년 전에 그는 옛친구이며 동료였던 오스왈드 포크에게 보낸 몹시 가슴에 사무치는 편지 속에서 꼭 그렇게 말했다. "근본적인 곤란은 내가 너무 나이 들어서 충분히 시대에 앞서는 어떤 사상도 가질 수 없게 되는 것이라고 나는 생각한다네. 나는 내가 할 수 있는 한 빨리 달려왔지. 그리하여 이제 숨이 차다네. 만일 한 인간이 실제적 강제력에 의하여 붙잡힌다면 그러한 것에 대하여 내가 어떤 일을 할 수 있겠는가? 확실히 수도자와 같이 심사숙고하게 되는 것은 아무 소용없다네."

그 인간에 관한 실제 평가를 할 때 그의 도덕관에서 가장 중요한 가치는 무엇이었던가? 또는 대체로 우리들이 다시 한번 수단보다도 목적을 더 높이 평가하며 유익한 것보다는 오히려 선한 것을 택할 때 결국 우세하게 되리라고 그가 예언했던, 그의 생활양식에 내재하는 가치는 무엇이었던가? 예술에 대한 그의 관심과, 부도덕자들을 위해서도 생활의 다양성을 보호했던 개인주의를 옹호한 그의 활동을 별문제로 하더라도, 그러한 가치는 아마도 그가 사랑과 이성을 강조한 일일 터인데, 사랑과 이성은 그의 친구 딜리언 녹스의 생애를 매우 지배하는 역할을 했다고 그는 말했다. E. M. 포스터와 같이 그는 감정이 순화되지 못한 영국인을 비판했으며, 그 자신의 경우로 말하면 이러한 마음가짐은 타인들에 대한 순수한 관심, 곧 그의 어머니의 생애가 그렇게도 고상하게 예시했던 사회봉사에 대한 이상에 이르렀다. 〈우리의 자손들을 위한 경제적 가능성〉에서 그는 점점 풍요해지는 미래의 경제에서는 "자신을 위해서 합리적인 것은 이미 그 의미가 없어졌으므로 타인들을 위하여 경제적 목적을 부여하는 것이 도리에 맞는 일이 될 것이다"라고 말했다. 이것은 그가 2차 세계대전 기간과 그 후 공동선을 위하여 일하면서 보여준 매우 숭고한 동기였다. 그렇다고 할지라도 그의 개인적 수단은 그러한 동기를 완전히 불필요하게 만들었다.

그의 생애에서 눈에 띄는 또 다른 중요한 점은 여자들, 즉 그의 어머니와 그의 아내, 메리 마셜, 바네사 벨, 오토린 모렐 그리고 또 다른 여인들을 칭찬하고 올바르게 평가한 것이었다. [진 베이커 밀러가 최근 예민한 지각으로 설명한 것과 같이] 남성이 지배하는 사회가 가장 귀찮고 문제가 되는 약간의 필수적인 일들을 여성의 영역으로 방출하면서, "인류의 가장 저속한 욕구가 아니라 그 가장 고상한 필요성, 말하자면 인간 생활과 인간의 성장에 필요하고 정서적으로 관련된 열성적 협동과 창조성을 동시에 그리고 부지중(不知中)에 여성들에게 위임"했을지도 모른다는 것을 케인스가 납득할 수 있도록 한 그 자신의 이중성에서 틀림없이 이러한 공감과 이해는 비롯됐다.

계속되는 다음세대는 각각 다른 시각에서 역사상의 위인들을 관찰하는 경향이 있으므로 그들에 대한 평판도 시간이 흐름에 따라 변한다는 의견이 흔히 있었다. 이러한 예로서 현재 케인스는 그의 경제이론의 타당성과 유용성의 관점에서 주로 평가되고 있다. 즉 비평가들은 그에 관하여 《케인스의 환영》 또는 《케인스의 결과》와 같은 우울한 이름이 붙은 책을 쓰고 있다. 그러나 많은 경제이론의 타당성이 덧없이 사라짐을 볼 때, 그가 적자재정이나 또는 불균형예산이라는 관점에서보다는 그와 블룸즈버리 집단이 옹호했던 문화적인 또는 비경제적인 가치와 그 정신이라는 관점에서 비난받거나 또는 칭찬받을 때가 올지도 모른다. 전반적이고 철학적인 관점에서 그의 생애는 인본주의 세계관, 즉 시적인 상상력과 이성의 힘을 통합하는 능력에 도화선이 되는 인간관의 변형임을 암시한다.

이 궁극적인 목적과 관계하는 것으로서 경제학적 견지에서 보면, 케인스 학파의 경제학자들에게는 그렇지 않았다고 하더라도 케인스에게는 완전고용이 분명히 단기적인 주요 목표였다. 왜냐하면 그 이론은 서양 경제사상 특히 중대한 고비에 그 경제의 단기 분석에서 발생했기 때문이었다. 그 이론을 가장 중요하고 뛰어난 사회정책의 목적이 되게 하는 것이 그에게는 최대다수(最大多數)의 행복을 증진한다는 그 혐오의 대상이 되는 벤담주의가 정부 방침을 지배하는 유일한 기준이라는 것을 수락하는 것과 동등한 의미가 있을 것이다. 실제로 역사를 길게 바라볼 때, 앞뒤 관계없이 매우 자주 인용된 그의 경구에서 의미하는 것처럼 케인스는 우리들이 궁극적으로 지향하는 경제학의 목적을 전혀 쓸모없는 것으로 생각하지는 않았다. 왜냐하면 그는 경제학을 경제성장의 단순한 기준을 제시하는 지식으로 생각했다기보다는 오히려 문명에 도움이 되는 지식, 즉 모든 생활예술에 도움이 되는 지식으로 생각했기 때문이다. 다른 말로 표현하면 그의 저작을 이와 같은 표준으로 이해할 때 그는 앞뒤 안 가리는 성장숭배자가 아니었다.

과거의 경제성장은 이른바 도구적 가치*에 중점을 둠으로써 촉진되었는데, 그 대부분의 도구적 가치는 삶을 표현하는 가치를 경시하는 가부장 문화를 전승(傳承)함으로써 유래한다. 우리들이 누리는 문화는

---

* 도구적 가치: 존 듀이가 제창한 도구주의(instrumentalism)에서 나온 개념으로 여기서는 학문 또한 목적 달성을 위한 수단으로서만 가치를 지닌다는 뜻.

도구적 가치와 표현하는 가치 사이의 균형이 현재 큰 획을 그으면서 이동하는 과정에 있다는 것이 당대의 미국 사정에 관하여 논평하는 몇몇 해설자들의 신념이다. 미국의 가치변화에 대한 여론 조사가이며 철학적 분석자인 대니얼 양켈로비치는, "1970년대의 미국 국민의 대다수는 문화비평가들이 초기 산업문명에 대하여 내린 결론에 필적하는 결론에 도달했다. 말하자면 우리들의 문명은 수단이 되는 것을 지나치게 강조하고, 공동사회의 가치 및 표현의 가치와 보살피는 가치에 충분한 관심을 기울이지 않으며, 또한 종교 영역 때문에 균형을 잃고 있다"는 것을 발견해냈다. 수단보다 목적을 중요시했던 인간으로서 개혁에 대한 그의 노력으로 판단하건대 케인스는 그가 행했던 것과 같이 인생과 문명에 대한 도전에 대해서는 융통성이 있는 인내력을 가지고서만 대응할 수 있다고 생각하면서, 아마도 문화적 각성에 접하여 그러한 노력을 기울였을 것이다.

국내뿐만 아니라 국제적으로도 현재는 너무나 중대하고 철저하며 또한 급격한 변화가 일어나서 사사로운 혼란과 사회적 무질서가 광범하게 퍼져 있는 시대이다. 이와 같이 무질서한 세계에서는 사람들이 그들의 지도자들에게서 방침을 구하고 선견지명을 찾는다. 고대 중국인들은 그들이 "'개혁과 현인(賢人)의 진퇴양난'이라고 명명한 견지에서 이러한 문제를 고찰했다는 말이 있다. 그러나 세계에 질서가 없는 한 어떤 현인도 출현할 리 없다. 그러한 진퇴양난의 해결책은 무질서한 상황에서도 천재가 일어나서 해결책을 제시할 수 있다"는 역사상 흔히 판명된 사실에서 찾을 수 있다. 메이너드 케인스는 그의 인생에서 천재성을 보여주었으며 생존해 있는 동안에 대공황의 절망스러운 상황에서 해결책을 교시했다. 앞에서 설명한 것과 같은 그의 가치들이 현재의 문화 위기를 극복하는 방침을 지시하는지는 자기 스스로 결정해야 한다.

인용문 출처

뒤 따르는 주석에서 인용문 및 그밖의 내용의 출전은 각 장에 나타나는 연속되는 순서에 따라 표시된다. CW는 맥밀런 출판사와 캐임브리지 대학 출판부에서 영국 경제학회를 위하여 30권으로 출간한 존 메이너드 《케인스 기록모음집》(The Collected Writings of John Maynard Keynes)의 약자임.

서문
《Time》지의 발행일은 1965년 12월 31일자임. 또 《Business Week》 1966년 2월 5일자도 볼 것; M. Keynes가 펴낸 《Essays on John Maynard Keynes》. K. Martin의 해러드가 쓴 케인스 전기에 관한 서평(Review of Harrod's life of Keynes)은 《New Statesman and Nation》 1951년 2월 3일자 133쪽을 볼 것. 《the Oxford memoir on Harrod》는 W. A. Eltis 외 다른 사람들이 엮은 《Induction, Growth and Trade》(Oxford: Clarendon Press,1970) 14쪽을 볼 것. R. F. Harrod 저 《The Life of John Maynadrd Keynes》. A. Robinson의 〈John Maynard Keynes, 1883~1946〉는 1947년 3월 《Economic Journal》의 1~68쪽. Henry James에 관한 인용은 L. Edel이 쓴 《Henry James, 1843~1870, The Untried Years》(Philadelphia:J.B.Lippincott,1953)의 앞쪽에서 찾을 수 있음.

1장

Oxford University Press에서 간행한 《The Dictionary of National Biography》. F. A. Keynes의 《Gathering Up the Threads》 부록 I. M. Keynes 판《 Essays》. N. G. Annan in J. H. Plumb, Studies in Social History. King's College Library 소장 《Keynes Papers》. Harrod 저 《The Life》. Cambridge University Library 소장 《The Diary of John Neville Keynes. J. C. Gowan 저 《Development of the Psychedelic Individual(Buffalo, N.Y.: Creative Education Foundation, 1974)》 54~71쪽. J, T. Spence · R. L. Helmreich 공저 《Masculinity and Femininity, Their Psychological Dimensions, Correlates and Antecedents(Austin: University of Texas Press, 1978)》의 이곳저곳에서 인용.

2장

1951년 5월 7일 《The New Republic》에 기고한 D. Garnett의 글. J. Gathorne Hardy가 쓴 《The Old School Tie》. King's College Library 소장 Letters of J. M. Keynes. Diary of J. N. Keynes. J. Boswell 저 《Christianity, Social Tolerance and Homosexuality》. A. J. Ayer 저 《Part of My Life》. V. L. Bullough 저 《Sexual Variance in Society and History》. A. L. Rowse 저 《Homosexuals in History》. P. Fitzgerald 저 《The Knox Brothers》. J. Jaynes 저 《the Origins of Consciousness and the Breakdown of the Bicameral Mind》.

3장

B. Russell 저 《Autobiography of Bertrand Russell, 1872~1914》. M. Holroyd 저 《Lytton Strachey》. E. M. Forster 저 《Goldsworthy Lowes Dickinson》. Diary of J. N. Keynes. D. Proctor 판 《The Autobiography of G. Lowes Dickinson》. B. Askwith 저 《Two Victorian Families》. H. M. Hyde 저 《The Love That Dared Not Speak Its Name》. P. Levy 저 《Lytton Strachey, The Really Interesting Question and Other Papers》. F. M. Brookfield 저 《The Cambridge Apostles》. 《CW》 10권. B. Russell Autobiography. M. Keynes 편 Essays에 들어 있는 P. Levy의 글. R. F. Harrod 저 《The Life》. N. Annan 저 〈The Rise of the Cult of Homosexuality〉(등사판 인쇄물). J. Ronsley 저 《Yeats' Autobiography》.

4장

첫 번째 Erich Fromm의 인용문은 A. Maslow 판 《New Knowledge in Human Values》의 157쪽. 두 번째 Fromm의 인용문은 《Escape from Freedom》의 184쪽. Harrod 저 《The Life》, M. Holroyd 저 《Lytton Strachey》. J. M. Keynes의 Letters. Strachey의 Letters. R. Wohl 저 《The Generation of 1914》. M. Secrest 저 《Being Bernard Berenson》. M. Keynes의 《Essays》에 D. Grant와 함께 들어 있는 R. Shone. D. Crabtree와 A. P. Thirlwall 공편 《Keynes and the Bloomsbury Group》에 들어있는 R. Shone의 글은 L. S. Woolf에게 보낸 L. Strachey의 편지에 관한 것임(The Berg Collection, New York Public Library 소장). The British Library에 소장된 D. Grant에게 보낸 J. M. Keynes의 편지. CW 15권.

5장

J. M. Keynes의 Letters. CW 11권(XI) 및 15권(XV). G. Keynes 저 《Henry James at Cambridge》. G. Keynes 저 《The Gates of Memory》의 196~198쪽. J. M. Keynes와 G. L. Strachey의 서신 The British Library 소장. K. Pearson · E. M. Elderton 공저 《A First Study of the Influence of Parental Alcoholism on the Physique and Ability of the Offspring》(London, 1910). 케인스가 1911년 9월호 《the Economic Journal》에 기고한 글. W. M. Bartley Ⅲ 저 《Wittgenstein》. R. S. Sayers가 1972년 《The Ecomomic Journal》 6월호에 기고한 〈The YoungKeynes〉 592쪽.

6장

B. A. Corry의 인용문은 D. Crabtree와 A. P. Thirlwall 공저 《Keynes and the Bloomsbury Group》에 있음. V. Woolf 저 《Moments of Being》 속에 "Old Bloomsbury"라는 단어가 들어 있음. M. Holroyd 저 《Lytton Strachey and Bloomsbury Group: His work, Their Influences》. Gordon Square가 '사자의 집'(lion's house)으로 묘사된 글은 N. Nicolson과 J. Trautman 공저 《The Letters of Virginia Woolf》 제2권. Q. Bell이 쓴 《Bloomsbury》 및 《Virginia Woolf, A Biography》. P. Rose 저 《Woman of Letters, A Life of Virginia Woolf》. V. Woolf 저 《Roger Fry》. R. F. Harrod 저 《The Life》. R. Williams가

쓴 기사는 Crabtree와 Thirlwall, 공저 《Keynes》에 있음. L. Woolf 저 《Sowing》. Mill-Colridgean school에 관해서는 W. Stone 저 《The Cave and the Mountain》와 《A Study of E. M. Forster》. H. S. Hughes 저 《Consciousness an History》. CW, 10권. 호민테른(Homintern)에 관해서는 N. Annan 저 〈The Rise of the Cult of Homosexuality〉(등사인쇄물)를 보라. Bloomsbury의 남녀 양성갖춤에 대해서는 C. Heilbrun 저 《Toward the Recognition of Androgyny》를 볼 것. V. Woolf 저 《A Room of One's Own》. Bullough 저 《Sexual Variance》. 1979년 겨울호 《Signs》에 있는 B. Fassler의 글. 양성애와 독창성에 관해서는 S. Freud 전집 제5권 〈Dostoevsky and Parricide〉(1950년 뉴욕 Basic Books) 222~242쪽을 보라. 《Psychoanalytic Quarterty》 1941년 10월호에서 H. Lowenfeld가 쓴 〈Psychic Trauma and Productive Experience tn the Artist〉. E. Bergler 저 《The Writer and Psychoanalysis》(Doubleday, 1950). M. Besdine가 《Psychoanalytic Review》 1968년 5월 2일호에 쓴 〈The Jocasta Complex, Mothering and Genius〉. C. Martindale의 〈Femininity, Alienation in the Creative Personality〉는 《Psychology》 1972년호에 있음. 천재, 정신병리학 및 독창성 간의 상관관계에 관한 토의에 대해서는 《American Imago》(1967) 24호 1~2권. E. Carpenter 저 《The Intermediate Sex》. C. Tsuzuki 저 《Edward Carpenter》 154쪽. S. Freud 전집 가운데 〈Civilized Sexual Morality and Modern Nervousness〉. S. Arieti 저 《Creativity, the Magic Synthesis》. A. Koeatler 저 《The Act of Creation》. S. T. Coleridge 저 《Specimens from the Table Talk of Samuel Taylor Coleridge》. CW(케인스 전집) 10권에 있는 W. Stanley Jevons에 관한 Keynes's essay. B. Wiley 저 《Samuel Taylor Coleridge》. 동성연애자들의 양성갖춤에 관해서는 《Journal of Homosexuality》 1978년 겨울호에 게재된 L. C. Bernard와 D. J. Epstein의 공저 〈Androgyny Scores of Matched Homosexual and Heterosexual Males》을 볼 것. 케인스라는 인간 〈한 정신적인 남녀추니〉(a mental hermaphrodite)에 대한 L. Woolf의 논평은 L. Edel이 쓴 《Bloomsbury, A House of Lions》의 49쪽에서 인용했음. L. Edel 저 《Henry James: The Conquest of London, 1870~1881》. M. Keynes 편 《Essays》. 세 개의 B(three B's)에 관해서는 J. Jaynes이 쓴 《The Origin of Consciousness in the Breakdown of the Bicameral Mind》 44쪽을 보라.

7장

The Henry James의 인용은 P. Lubbock 편 《betters of Henry james》 제2권 384쪽에서 나왔음. 이것은 S. Hynes 저 《The Edwardian Turn of Mind》에 인용된 것과 같음. CW 제16권. 《Economic journal》 1914년 9·11·12월호. J. M. Keynes의 Letters. J. N. Keynes의 Diary. Keynes와 Strachey의 서신. C. Hassal 저 《Rupert Brooke, A Biography》. 1915년 5월로 표기된 N. Olivier에게 보낸 F. Bekassy의 편지는 1915년 10월 22일자로 N. Olivier가 J. M. Keynes에게 보낸 편지 속에 동봉되어 있음. Harrod 저 《The Life》. Nicolson과 Trautman 공편 《The Letters of Virginia Woolf》 제5권. 1945년 7월 8일에 J. M. Keynes가 Mrs. B. Bagenal에게 보낸 편지. M. Holroyd 저 《Lytton Strachey》 제2권. M. Keynes의 Essays에 게재된 P. Levy의 글. A. O. Bell 저 《The Diary of Virginia Woolf》 제1권. CW 제26권. Nicolson과 Trautman 공편 《Letters of V. W.》 제2권. 1917년 6월 13일 A. Marshall이 J. M. Keynes에게 보낸 편지. D. Garnett 저 《The Flowers of the Forest》.

8장

H. Elcock 저 《Portrait of a Decision》. CW 10권 및 16권. H. C, Hoover 저 《The Ordeal of Woodrow Wilson》. M. Keynes의 Essays에 있는 D. Garnett의 글. A. O. Bell 저 《The Diary of Virginia Woolf》 제2권. 1980년 3월호 《The Jounal of Economic Literature》에 들어있는 S. A. Schuker의 글. P. F. Drucker 저 《Adventures of a Bystander》. J. M. Keynes의 Letters. Harrod 저 《The Life》. S. G. Millin 저 《General Smuts》. E. Mantoux 저 《The Carthagindian Peace, or The Economic Consequences of Mr. Keynes》. CW 제2권 및 17권. A. S. Link 저 《The Higher Realism of Woodrow Wilson and Other Essays》. J. Campbell 저 《Lloyd George, The Goat in the Wilderness, 1922~1931》. 1919년 7월 17일에 J. M. Keynes가 D. Grant에게 보낸 편지. M. Lerner 저 《The Portable Veblen》에 Veblen의 essay가 들어 있음. A. Rothenberg 저 《The Emerging Goddess》. C. Barnett 저 《The Collapse of British Power》. W. Churchill 저 《The Aftermath》. Harrod 저 《The Life》. 1919년 9월 20일에 J. M. Keynes가 F. Frankfurter에게 보낸 편지. CW, 제17권. B. Baruch 저 《The Making of the Reparation and Economic Sections of the

Treaty》. CW 제10권 및 17권. W. B. Yeats의 《The Collected Poems》. Harrod 저 《The Life》. 병적인 사고에 관해서는 Arieti 저 《Creativity》를 보라. J. A. Schumpeter가 쓴 〈Science and Ideology〉는 1949년 3월호 《American Economic Review》 350쪽에 있음. Harrod 저 《The Life》. H. E. Jensen 저 〈J. M. Keynes as a Marshallian〉는 《Journal of Economic Issues》의 1983년 봄호에 게재됨. H. E. Phillips 저 《Felix Frankfurter Reminisces》.

9장

CW 제17권. H. Minsky 관련 기사는 《American Economic Association》에서의 구두평론에 들어 있음. Harrod 저 《The Life》. P. N. Furbank 저 《E. M. Forster, A Life》. 1922년 8월 27일에 "Sebastian" Sprott가 J. M. Keynes에게 보낸 편지. 또한 1922년 6월 6일에 G. L. Strachey가 S. Sprott에게 보낸 편지. M. Keynes의 Essays에 들어있는 R. B. Braithwaite의 글. CW 제8권 및 10권. 《Keynes's General Theory: Reports of Three Decades》 속에 들어 있는 P. Samuelson의 비평문. S. Hynes 저 《The Edwardian Turn of Mind》. M. Keynes의 Essays에 들어 있는 R. Buckle의 글. 《Dancing Life》 1921년 11월호에 실린 C. W. Beaumont의 〈The Return of Lopokova〉. D. Kramer 저 《Heywood Brown, A Biographical Portrait》. R. Buckle 저 《Diaghilev》. M. Keynes편 Essays. L. Woolf편 《A Writer's Diary》. Nicolson과 Trautman 공저 《The Letters of Virginia Woolf》 제2권. CW 제3권 및 17권. "문명의 가능성의 수탁자"(trustees of the possibility of civilization)에 관한 기사는 CW 제9권 322쪽의 〈Economic Possibilities for Our Grandchildren〉을 보라. Nicolson과 Trautman 공편 《The Letters of Virginia Woolf》 제3권. A. L. Rowse 저 《Homosexuals in History》 가운데 Chicherin에 관한 Rowse의 글이 있음. CW 제18권.

10장

CW 제9권. D. Dillard가 쓴 〈Revolutions in Economic Theory〉는 1978년 4월 《Southern Economic Journal》에 게재됨. R. Skidelsky가 쓴 〈The Reception of the Keynesian Revolution〉은 M. Keynes의 Essays에 들어 있음. J. R. Commons 저 《The Legal Foundations of Capitalism》. CW 제9권. W. Whitman

에 관한 대목은 J. Kaplan 저 《Walt Whitman, A Life》를 보라. CW 제4권 및 18권. the Moggridge 인용문은 D. E. Moggridge 저 《Keynes》 70쪽에서 인용하였음. Harrod 저 《The Life》. W. W. Bartley III 저 《Wittgenstein》. CW 10권. CW 9권. D. E. Moggridge 저 《British Monetary Policy, 1924~1931》. 계급의식과 충돌하는 Keynes에 대해서는 H. J. Sherman 저 《Elementary Aggregate Economics》를 볼 것. "자유의 창조적 가능성"(thecreative possibilities of freedom)에 관한 인용문은 S. E. Harris 저 《John Maynard Keynes, Economist and Policy Maker》로부터 나온 것임. C. W. Beaumont 저 《The Diaghilev Ballet in London》. 미국 기자가 Lopokova를 묘사한 글은 1981년 6월 30일 《New York Times》의 부고란에서 인용된 것임. 변호사에 대한 일화를 보기 위해서는 Harrod 저 《The Life》를 참조할 것. Nicolson과 Trautman 공편 《The Letters of Virginia Woolf》 제3권. CW 제10권. Lytton Strachey의 분명한 반유대주의 경향에 관해서는 1905년 8월 15일 G. L. Strachey가 D. Grant에게 보낸 편지를 볼 것. 그 편지에서 리튼 스트레이치는 "너는 모든 유대인들, 미국인들, 학생들, 그리고 여기저기로 살금살금 기어다니는 스파이 같은 비서들을 함께 실제로 그릴 수 있는가?" 하고 묻고 있다.

11장

Nicolson과 Trautman 공저 《The Letters of Virginia Woolf》 제3권. A. O. Bell 저 《The Diary of Virginia Woolf》 제3권. CW 제6권. 1927년 12월호 《Economic Journal》의 〈The British Balance of Trade, 1925~1927〉. CW 제9권. J. M. Buchanan과 R. E. Wagner 공저 《Democracy in Deficit》. J. K. Whitaker 저 《The Early Economic Writings of Alfred Marshall, 1867~1890》. A. C. Pigou 저 《The Theory of Unemployment》 252쪽. J. Robinson 저 《Contributions to Modern Economics》. CW 제4권. G. Mehta 저 《The Structure of the Keynesian Revolution》은 A. W. Marget이 그의 저서 《Theory of Prices》 제1장에서 서술한 "야만인들의 침공"(invasion by barbarians)에 관한 논평을 인용하고 있다. J. B. Conant 저 《On Understanding Science》. J. A. Schumpeter 저 《History of Economic Analysis》. A. W. Coat이 쓴 〈Sociological Aspects of British Economic Thought(1880~1930)〉(《Journal of Political

Economy, 1967》). J. A. Hobson 저 《Confessions of an Economic Heretic》. CW 제5~7권. Lord Annan 저 〈The Victorian Counter – Culture(등사판 인쇄물)〉. D. H. Robertson 저 〈The Monetary Doctrines of Foster and Catchings〉(《Quarterly Journal of Economics》 1929년 5월호). CW 제12, 13권. 《Economic Journal》 1929년 6월호 및 9월호에 게재된 B. Ohlin 저 〈The Reparation Problem〉. S. E. Harris 저 《John Maynard Keynes》. J. Robinson이 《Contributions to Modern Economics》에 게재한 〈Kalecki and Keynes〉. 〈Economic Possibilities for Our Grandchildren〉에 관한 케인스의 논문들은 CW 제9권을 볼 것. D. Dillard 저 〈The Influence of Keynesian Economics on Contemporary EconomIc Thought〉(《American Economic Review》 1957년 5월호). R. Skidelslky 저 《The End of the Keynesian Era》. 1937년 1월 14일자 《The (London) Times》. M. J. Weiner 저 《English Culture and the Decline of the Industrial Spirit, 1850~1980》. D. Patinkin 저 《Keynes's Monetary Thought, A Study of Its Development》. CW 제5권. G. L. S.Shackle 저 《The Years of High Theory》. CW 제7권. K. Wicksell 저 《Geldzins and Guterpreises》. 1931년 3월 22일자 《New York Times》에 게재된 H. Parker Willis의 글.

12장

Samuelson 인용문은 J. E. Stiglitz편 《The Collected Scientific Papers of Paul A. Samuelson》. D. Patinkin과 J. Clark Leith 공저 《Keynes, Cambridge, and the General Theory》. Harrod 저 《The Life》. R. F. Kahn 저 1931년 6월호 《Economic Journal》에 게재된 〈The Relation of Home Investment to Unemployment〉. 1931년 3월 7일자 《The New Statesman and Nation》. Lord Robbins 저 《Autobiography of an Economist》. CW 제9권. Patinkin과 Leith 공저 《Keynes, Cambridge, and the General Theory》의 여러 곳에서 인용. CW 5권 및 13권. 1921년 8월과 1932년 2월호 《Economica》에 실린 F. von Hayek의 논문. CW 제29권 및 13권. 1933년 2월호 《Economica》에 게재된 J. Robinson의 〈Parable on Savings and Investment〉. 《The New Statesman and Nation》에 A. Boyle이 쓴 〈The Fourth Man〉. 1939년 1월 28일자 《New Statesman and Nation》의 〈Democracy and Efficiency〉에 실린 J. M. Keynes의

글. Nicolson과 Trautman 공편 《The Letters of Virginia Woolf》 제5권. D. E. Moggridge 저 〈From the Treatise to The General Theory: An Exercise in Chronology〉는 《History of Political Economy》에 게재됨. Nicolson과 Trautman 공편 《Letters》 제5권. A. Bell 저 《The Diary of Virginia Woolf》 제5권. Q. Wright편 《Unemployment as a World Problem》. D. Patinkin 저 《Keynes's Monetary Thought》. CW 제13권. CW 제29권. W. B. Yeats의 시 전집. Y. Elkan편 《The Interaction between Science and Philosophy》에 실은 G. Holton 저 〈On Trying to Understand Scientific Genius〉. T. S. Kuhn 저 《The Structure of Scientific Revolutions》. 1980년 6월호 《Journal of Economic Issues》에 게재된 D. Dillard의 논문 〈A Monetary Theory of Production: Keynes and the Institutionalists〉. CW 제12권. A. Rothenberg 저 《The Emerging Goddess》. CW 제9권, 10권, 13권. 《Modern Economics》에 기고한 J. Robinson의 글. Harrod 저 《The Life》. F. Perkins 저 《The Roosevelt I Knew》. Yale University Library에 소장된 J. M. Keynes에게 보낸 W. Lippmann의 편지. CW 제24권. CW 제28권에 수록된 Keynes와 Shaw가 주고받은 편지. D. H. Robertson, A. C. Pigou와 케인스와의 관계를 알기 위해서는 J. C, Gilbert 저 《Keynes's Impact on Monetary Economics》을 볼 것. 이 책에서 본문의 많은 부분이 인용됨. G. R. Feiwell 저 《The Intellectual Capital of Michael Kalecki》. G. L. S. Shackle 저 《The Years of High Theory》. CW 제14권. Patinkin과 Leith 공저 《Keynes, Cambridge》에 수록된 Samuelson에 관한 글. Patinkin과 Leith 공저 《Keynes, Cambridge》에 수록된 A. Robinson에 관한 글. 1979년 9월호 《Journal of Economic Issues》에 게재된 D. C. Colander와 K. J. Koford 공저 〈Realitic and Analytic Syntheses of Macroeconomics and Microeconomics〉. J. Robinson 저 《What Are the Questions and Other Essays》. G. L. S. Shackle 저 《The Nature of Economic Thought》. CW 제13권. Council of King's College편 《John Maynard Keynes, A Memoir》. M. Keynes 편 《Essays》. "Art and the State"에 관해서는 CW 제28권을 보라.

13장

천재에 관한 제사(題詞)는 CW 제10권의 〈Keynes's essay on Isaac Newton〉. 1936sus 12월호 《Political Science Quarterty》에 실린 B. Beckhardt

에 관한 글. 케인스의 문학에 관해서는 Moggridge가 쓴 《Keynes》를 보라. 1936년 1월 《the Economic Journal》과 1937년 4월 《Econometrica》에 게재된 J. R. Hicks에 관한 글. 1937년 1월호의 《Econometrica》에 게재된 R. F. Harrod에 관한 글. M. Keynes편 《Essays》에 있는 J. K. Galbraith의 〈How Keynes Came to America〉. R. Lekachman 저 《The Age of Keynes》. H. Stein 저 《The Fiscal Revolution in America》. 1957년 5월 《American Economic Review》에 실린 D. Dillard의 〈The Influence of Keynesian Economics on Contemporary Economic Thought〉. R. V. Gilbert와 다른 사람들이 편찬한 《An Economic Program for American Democracy》. U. S. Printing Office 간행 《Hearings of the Temporary National Economic Committee》. 《American Economic Review》 29호(1930)에 실린 A. H. Hansen의 〈Economic Progress and Declining Population Growth〉. 1936년 7월 15일에 J. M. Keynes가 아버지 J. N. Keynes에게 보낸 편지. 1936년 7월 18일, 8월 8일과 15일, 29일, 9월 12일자 《The New Statesman and Nation》. 케인스와 "뉴딜정책이 신성모독과 같은 것"(synonomous profanities)에 대한 논평은 H. Stein 저 《The Fiscal Revolution》의 내용 속에 있음. Leontief, Robertson, Taussig, Viner 네 교수들이 쓴 논문은 1936년 11월호 《The Quarterly Journal of Economics》에 들어 있음. J. M. Keynes 저 〈The General Theory of Employment〉는 CW 제14권에 있음. G. L. S. Shackle에 관한 글은 《The Years》에 있음. R. Mortimer의 논평은 《The New Statesman and Nation》에 있음. J. M. Keynes 저 "How to Avoid a Slump"는 1937년 1월 12~14일자 《The Times》에 게재됨. T. W. Hutchison저 《Keynes versus the Keynesians》. J. M. Keynes 저 〈Some Economic Consequences of a Declining Population〉은 CW 제14권에 있음. 1937년 6월 11일 Sir Walter Langdon – Brown이 Mrs. F. A. Keynes에게 보낸 편지는 King's College Library에서 소장. Tinbergen에 관한 Keynes의 글은 CW 제14권에 있음. P. Samuelson에 관한 R. Lekachman 저 《Keynes's General Theory, Reports of Three Decades》. J. M. Blum 저 《From the Morgenthau Diaries, Years of Crisis, 1928~1938》에서 케인스의 인용문이 나옴. K. Martin 저 《Editor》. "결사대"(battalion of death)에 관한 W.Lippmann의 인용문에 관해서는 R. Steel 저 《Walter Lippmann and the American Century》. E. Wiskemann 저 《The Europe I saw》. Nicolson과 Trautmann 저 《The Letters of Virginia

Woolf》제6권. M. Keynes의 《Essays》에 관한 A. N. L. Munby에 관한 기록. Newton에 관해서는 CW 제10권을 보라. Isaac Newton에 관해서는 F. E. Manuel 저 《A Portrait of Isaac Newton》을 보라. 그 책은 저자에게 많은 영향을 끼쳤다. G. R. Feiwell 저 《The Intellectual Capital》 그리고 저자와의 사신(私信)은 1979년 7월 7일자의 것임. J. M. Keynes에게 보낸 D. Grant의 편지는 1937년 4월 21일자임. 어머니 F. A. Keynes에게 보낸 J. M. Keynes의 편지는 1938년 8월 29일자임. 1938년 10월 1일자로 K. Martin에게 보낸 J. M. Keynes의 편지는 K. Martin 저 《Editor》에 수록되어 있음. 1939년 9월 28일자 《The Times》. CW 제23권. 1939년 11월 14일과 15일자의 《The Times》. CW 제9권과 22권임. 1940년 7월 29일자 《New Republic》에 게재된 J. M. Keynes의 〈The United States and the Keynes Plan〉. CW 제22권에 들어 있는 J. M. Keynes가 어머니 F. A. Keynes에게 보낸 편지. J. M. Keynes가 Dr. Plesch에게 보낸 편지는 Harrod 저 《The Life》에 인용되었음. 1940년 6월 28일자 어머니 F. A. Keynes에게 보낸 편지. 1941년 7월 28일 W. Salant에게 J. M. Keynes가 보낸 편지가 Harrod 저 《The Life》에 인용되었음. 1941년 11월 19일 York의 대주교에게 보낸 케인스의 편지.

14장

R. S. Sayers 저 《Financial Policy, 1939~1945(Official History of the Second World War)》. R. N. Gardner 저 《Sterling – Dollar Diplomacy》. J. M. Blum 저 《From the Morgenthau Diaries》. Harrod 저 《The Life》. CW 제9권. J. K. Horsefield 저 《The International Monetary Fund, 1945~1965》 정기간행물 제1권. Lord Kahn이 쓴 〈Historical Origins of the International Monetary Fund〉는 D. Crabtree와 A. P. Thirlwall 공편 《Keynes and International Monetary Relations》에 들어 있음. H. D. White에 관해서는 Harry Dexter White 저 《A Study in Paradox》를 볼 것. Harrod 저 《The Life》. 1942년 8월 23일, 7월 2일과 9일에 J. M. Keynes가 어머니 F. A. Keynes에게 보낸 편지. Q. Bell이 쓴 〈Recollections and Reflections on Maynard Keynes〉는 Crabtree와 Thirlwall 공편 《Keynes and the Bloomsbury Group》에 들어 있음. 1943년 6월 5일, 7월 21일에 J. M. Keynes가 어머니 F. A. Keynes에게 보낸 편지. John Maynard Keynes 저 《A Memoir》에 들어 있는 P. D. Proctor에 관한 글. CW 제27권

(우리들의 분류). A. H. Meltzer의 논문 〈Keynes's General Theory: A Different Perspective〉는 1981년 3월 《The Journal of Economic Literature》에 게재됨. 또 1983년 3월호 같은 책에 같은 논문에 대한 논평이 있음. the Lippmann의 인용문은 R. Steel 저 《Walter Lippmann》에서 온 것임. 1943년 7월 13일 D. H. Robertson이 J. M. Keynes에게 보낸 편지는 the Franklin Roosevelt Library 에 소장되어 있음. 1943년 10월 18일 J. M. Keynes가 어머니 F. A. Keynes에 게 보낸 편지. CW 제27권. 케인스의 영국 상원에서의 연설문(Keynes's House of Lords speech)은 S. E. Harris 저 《The New Economics》에서 취한 것 임. 1944년 8월 7일자와 1945년 9월 7일자의 J. M. Keynes가 어머니 F. A. Keynes에게 보낸 편지. Keynes와 Vinson의 논쟁은 Gardner 저 《Sterling - Dollar》에 논의됨. 1945년 10월 21일, 같은 해 9월 7일자의 J. M. Keynes가 어머니 F. A. Keynes에게 보낸 편지들. H. Dalton이 Keynes에게 보낸 편지 는 CW 제27권에 들어 있음. 미국에서의 영국 차관에 관한 논쟁은 Gardner 저 《Sterling - Dollar》에서 뽑은 것임. 1946년 2월 15일에 J. M. Keynes가 어머니 F. A. Keynes에게 보내는 편지. Savannah에서의 Keynes의 연설은 Harrod 저 《The Life》에 들어 있음. J. M. Keynes가 R. F. Kahn에게 보낸 편지는 Thirlwall 저 《Keynes and International Monetary Relations》에 들 어 있음. 케인스가 그의 초안을 버린 것에 대해서는 1972년 11월호 《The Banker》에 G. Bolton이 기고한 〈Where Critics Are as Wrong as Keynes Was〉. 1946년 6월호 《Economic Journal》에 J. M. Keynes가 기고한 〈The Balance of Payments of the United States〉는 CW 제27권에 재수록됨. H. D. White에 관한 사항은 Rees 저 《Harry Dexter White》에서 인용함. Lord Balogh에 관한 사항은 Thirlwall편 《Keynes and International》에서 인용됨. R. F. Kahn에 관한 기사는 《Proceedings of the British Academy》 제9권에 실 린 R. F. Kahn의 〈On Re - reading Keynes〉에서 인용함. H. D. White에 관한 최종 인용문은 Gardner 저 《Sterling - Dollar》에서 온 것임. C. E. M. A.에서 Keynes의 활동에 관한 기록은 M. Keynes의 《Essays》에 수록된 M. Glasgow 의 〈The Concept of the Arts Council〉을 볼 것. Harrod 저 《The Life》. 1945년 7월 12일의 《The Listener》. 1946년 2월 23일 J. M. Keynes가 어머니 F. A. Keynes에게 보낸 편지.

15장

《In Memoriam, Papers of John Maynard Keynes》에 수록된 어머니 F. A. Keynes에 관한 기록은 King´s College Library에 소장되어 있음. 1946년 4월 15일 J. M. Keynes가 A. V. Hill에게 보낸 편지. 《In Memoriam》. 케인스 부인 Lydia가 Walter Lippmann과 그의 부인 Helen에게 보낸 편지는 Yale University Library의 The Lippmann Collection에 들어 있음.

후기

CW 제12권. 합리주의에 대한 케인스의 도전에 관해서는 P. V. Mini 저 《Philosophy and Economics, The Origins and Development of Economic Theory》 특집 228~230쪽을 볼 것. 1937년 4월호 《Econometrica》에 실린 J. R. Hicks 의 〈Mr. Keynes and the Classics, A Suggested Interpretation〉. CW 제14권에 들어 있는 Keynes와 Hicks가 교환한 편지들. 1957년 《Economic Journal》에 실린 S. Weintraub의 논문 〈Micro – Foundations of Aggregate Demand and Supply〉. 또한 Leijonhufvud 저 《On Keynesian Economics》. A. M. Tang과 다른 사람들이 쓴 《Evolution, Welfare and Time in Economics》에 들어 있는 Hicks의 개론(改論). 1973년 6월호 《Journal of Economic Literature》에 실린 G. L. S. Shackle의 논문 〈Keynes and Today´s Establishment in Economic Theory: A View〉. 1941년 7월 24일자 J. M. Clark가 J. M. Keynes에게 보낸 편지와 1941년 7월 26일 케인스가 보낸 답장은 the Roosevelt Library(N. Y. Hyde Park)에서 구해 본 것임. 1967년 9월 23일 《The Ecnomist》. J. Robinson 에 관한 글은 M. Keynes의 Essays에서 인용한 것. 1978년 6월호 《Journal of Economic Literature》에 수록된 R. F. Kahn의 논문 〈Some Aspects of the Development of Keynes´s Thought〉. 통화주의자의 반혁명에 관해서는 H. G. Johnson 저 《Further Essays in Monetary Economics》에 실린 〈The Keynesian Revolution and the Monetarist Counter – Revolution〉을 볼 것. 이 주제에 관해서는 또한 J. C. Gilbert 저 《Keynes´s Impact on Monetary Econommics》 특히 제6장을 볼 것. Galbraith의 인용문은 J. K. Galbraith 저 《Economics and the Public Purpose》에서 인용한 것임. 후기 케인스주의에 관해서는 A. S. Eichner 저 《A Guide to Post – Keynesian Economics》를 볼 것. 균형예산이 태평한 시기의 것이라는 Keynes의 논평은 G. L. S. Shackle 저 《Keynesian

Kaleidics》에서 인용한 것임. J. Robinson 저 《The Accumulation of Capital and The Review of Economic Studies, 1957, as (2)》. "케인스학파 시대의 종언"이 라는 어구는 J. R. Hicks 저 《The Crisis in Keynesian Economics》에서 인용한 것. 신 케인스학파 경제학의 역사적 전망의 결여에 관해서는 1975년 9월 호 《Journal of Economic Issues》에 수록된 R. X. Chase의 논문 〈Keynes and U. S. Keynesianism: A Lack of Historical Perspective and the Decline of the New Economics〉. 또한 1976년 12월 《Journal of Economic Literature》에 실린 A. Coddington의 논문 〈Keynesian Economics: The Search for First Principles〉를 볼 것. 케인스가 반 케인스학파의 지도자가 되리라는 가능성에 관해서는 H. W. Hutt 저 《The Keynesian Episode, A Reassessment》를 볼 것. Keynes의 인용문은 Johnson and Johnson 저 《The Shadow of Keynes》. 20년대 케인스 의 전환에 관해서는 1973년 3월호 《Journal of Economic Issues》에 실린 W. S. Gramm의 논문 〈Nature Selection in Economic Thought: Ideology, Power and the Keynesian Counter‐Revolution〉을 볼 것. 자유방임주의 경제학에 관해 서는 CW 제9권에 수록된 〈A Short Review of Russia〉를 볼 것. H. G. and E. Johnson 저 《The Shadow of Keynes》. 1942년 6월 2일 J. M. Keynes가 O. S. Falk에게 보낸 편지. Miller 인용문은 J. B. Miller 저 《Toward a New Psychology of Women》에서 나온 것임. D. Yankelovich 저 《New Rules, Searching for Self‐Fulfillment in a World Turned Upside‐Down》. 출구를 가 리키는 천재성에 관해서는 L. W. White 저 《The Universe of Experience》를 볼 것.

참고문헌

I. 1차 출전

지금까지 이 전기의 가장 중요한 출전은 킹스 칼리지 도서관에 소장되어 있는 케인스 경(卿) 부부의 편지들, 케임브리지 대학교 도서관이 존 네빌 케인스의 일기, 영국 국립 도서관에 있는 리튼 스트레이치의 방대한 편지 모음, 뉴욕 공립 도서관의 베르그 콜렉션(the Berg Collection)에 있는, 리튼 스트레이치가 레너드 울프 및 다른 사람들과 교환한 서신들이며, 또한 예일 대학의 스털링 메모리얼 도서관(the Sterling Memorial Library)에 있는 케인스와 리프먼의 서신들, 그리고 프린스턴 대학 도서관과 뉴욕 하이드 파크의 플랭클린 D. 루스벨트 도서관에 있는 케인스의 서신과 문서들이다.

II. 2차 출전

케인스 자신의 저작과 공식문서, 그리고 위에 언급한 것 이외의 편지들에 관한 가장 귀중한 출전은 오스틴 로빈슨과 도널드 모그리지가 편집하고, 맥밀런 출판사와 케임브리지 대학 출판부가 영국 경제학회를 위하여 발간한 존메이너드 케인스 전집 1권부터 30권이다.

케인스의 생애와 시대(Keynes's Life and Times)

A. Alpers, *The Life of Katherine Mansfield*, New York:Viking Press, 1980.

B. Askwith, *Two Victorian Families*, London:Chatto and Windus, 1971.

A. J. Ayer, *Part of My life*, New York:Harcourt Brace Jovanovich, 1977.

W. M. Bartley Ⅲ, *Wittgenstein*, Philadelphia:J. B. Lippincott, 1973.

N. T. Bazin, *Virginia Woolf and the Androgynous Vision*, New Brunswicks Rutgers University Press, 1973.

C. W. Beaumont, *The Diaghilev Ballet in London*, London: Putnam, 1940.

A. O. Bell, ed., *The Diary of Virginia Woolf*, 5 vols, New York:Harcourt Brace Jovanovich, 1977.

C. Bell, Old Friends, London:Chatto and Windus, 1956.

Q. Bell, Bloomsbury, London:Futura Publications, 1974.

_____, *Virginia Woolf, A Biography,* 2 vols, New York:Harcourt Brace Jovanovich, 1972.

A. Boyle, *The Fourth Man*, New York:Dial Press/James Wade, 1979.

F. M. Brooksfield, *The Cambridge Apostles*, London:Pitman, 1906.

S. T. Coleridge, Specimens of the Table Talk of Sammuel Talyor Coleridge, 2nd ed., London:John Murray, 1836.

Council of King's College, *John Maynard Keynes, A Memoir*, Cambridge: Cambridge University Press, 1949.

D. Crabtree and A. P. Thirlwall, eds., *Keynes and the Bloomsbury Group*, London:Macmillan, 1980.

S. J. Darroch, *Ottoline, The Life of Lady Ottoline Morrell*, New York:Coward, McCann and Geoghegan, 1975.

P. Delaney, *D. H. Lawrence's Nightmare*, New York:Basic Books, 1978.

P. F. Drucker, *Adventures of a Bystander*. New York; Harper and Row, 1980

L. Edel, Bloomsbury, *A House of Lions*, Philadelphia: J. B. Lippcott, 1979.

P. Fitzgerald, *The Knox Brothers*, New York:Coward, McCann and Genghegan, 1977.

E. M. Forster, *G. Lowes Dickinson*, London:Edward Anold, 1934.

P. N. Furbank, *E. M. Forster, A Life*, 2 vols., New York: Harcourt Brace

Jovanovich, 1977.

D. Garnett, *The Golden Echo*, London: Chatto and Windus, 1953.

_____, *The Flowers of the Forest*, London: Chatto and Windus, 1955.

_____, *The Old Familliar Faces*, London: Chatto and Windus, 1962.

J. C. Gilbert, *Keynes's Impact on Monetary Economics*, London:Butterworth, 1982.

M. Green, *Children of the Sun, A Narrative of "Decadence" in England after 1918*, New York:Basic Books, 1976.

P. Grosskurth, *John Addington Symonds*, London:Longmans, 1964.

R. F. Harrod, *The Life of John Maynard Keynes*, London:Macmillan, 1951.

C. Hassal, *Rupert Brooke*, New York:HarCourt Brace World, 1964.

M. Holroyd, *Lytton Strachey, A Critical Biography*, 2 vols., New York:Holt, Rinehart and Winston, 1968.

W. Houghton, *The Victorian Frame of Mind, 1830~1870*, New Haven:Yale University Press, 1957.

H. M. Hyde, *The Love That Dared Not Speak Its Name*, Boston:Little, Brown, 1970.

S. Hynes *The Edwardian Turn of Mind*, Princeton: Princeton University Press, 1968.

H. G. and E. Johnson, *The Shadow of Keynes: Understanding Keynes, Cambridge, and Keynesian Economics*, Chicago:University of Chicago Press, 1979.

J. K. Johnstone, *The Bloomsbury Group*, London:Secker and Warburg, 1954.

F. A. Keynes, *Gathering Up the Threads*, Cambridge:W.Heffer and Sons, 1950.

G. Keynes Kt., *Henry James at Cambridge*, Cambridge:Heffer, 1967

_____, The Gates of Memory, Oxford:Clarendon Press, 1981.

M. Keynes, ed., Essays on John Maynard Keynes, Cambridge:Cambridge UniversityUniversity Press, 1975.

D. Krammer, Heywood Brown, A Biographical Portrait, NewYork:Current Books, 1949.

P. Levy, *Lytton Strachy, The Really Interesting Question and Other Papers,* London:Weidenfeld and Nicolson, 1972.

_____, Moore, *G. E. Moore and the Cambridge Apostles*, London;Weidenfeld and

Nicolson, 1979.

J. D. R. McConnell, *Eton —How It Works,* London;Faber and Faber, 1967.

H. Marder, *Feminism and Art*: A Study of Virginia Wootf, Chicago; University of Chicago Press,1968.

K. Marttn, *Father Figures*, the Evolution of an Editor, 1897~1931. Chicago:H. Regnery, 1966.

_____, *A Second Volume of Autobiography, 1931 ~ 1945*, London:Hutchinson, 1968.

B. Mazlish, *James and John Stuart Mill, Father and Son in the Nineteenth Century*, New York:Books, 1975.

D. E. Moggridge, *Keynes*, London:Fontana/Collins, 1976.

H. G. Nicolson, *Diaries and Letters*, edited by N. Nicolson, New York:Atheneum, 1966~1968.

J. H. Plumb, *Studies in Social History, A Tribute to G. M. Trevelyan*, London:Longmans, Green, 1955.

J. B. Priestley, *The Edwardians,* New York:Harper and Row, 1970.

D. Proctor, ed., *The Autobiography of Lowes Dickinson and Other Unpublished Writings*, London:Duckworth, 1973.

G. Raverat, *Period Piece*, New York:Norton, 1976.

P. Rose, *Woman of Letters, A Life of Virginia Woolf,* New York:Oxford University Press, 1978.

B, Russell, *The Autobiography of Bertrand Russell, Vol. 1, 1873~1914*, London:Allen Unwin, 1967.

M. Secrest, *Being Bernard Berenson*, New York:Holt, Rinehart and Winston, 1979.

R. Shone, Bloomsbury Portraits, Vanessa Bell, Duncun Grant, and Their Circle, Oxford:Phaidon Press, 1976.

G. Spater and I. Parsons, *A Marriage of True Minds,* London:Jonathan Cape and Hogarth Press, 1977.

R. Steel, *Walter Lippmann and the American Century,* Boston:Little, Brown, 1980.

W. Stone, *The Cave and the Mountain, A Study of E. M. Forster,* Standford:Standford University Press, 1966.

618

D. Sutton, ed. The Letters of Roger Fry, London:Chatto and Windus. 1972.

L. Trilling, *E. M. Forster,* rev. ed. New York:New Directions, 1964.

C. Tsuzuki, *Edward Carpenter, 1844~1929, Prophet of Fellowship,* Cambridge University Press, 1980.

G. H. von Wright, *L. Wittgenstein:Letters of Russell, Keynes and Moore,* Oxford:Basil Blackwell, 1974.

M. J. Weiner, *English Culture and the Decline of the Industrial Spirit,* 1850~1980.

B. Willey, *Cambridge and Other Memories, 1920~1953.* London:Chatto and Windus, 1968.

_____, Samuel Taylor Coleridge, New York:Norton, 1972.

E. Wiskeman, The Europe I Saw. New Yorrk:St. Martin's Press, 1968.

R. Whol, *The Generation of 1914.* Cambrige:Harvard University Press, 1979.

L. Woolf, *Sowing,* New York:Harcourt, Brace & World, 1960.

_____, *Growing,* New York:Harcourt, Brace & World, 1961.

_____, *Beginning Again,* New York:Harcourt, Brace & World, 1964.

_____, *Downhill All the Way,* New York:Harcourt, Brace & World, 1967.

_____, *The Journey Not the Arrival Matters.* New York:Harcourt, Brace & World,1969.

_____, *A Writer's Diary,* New York:Harcourt, Brace & World,1954.

V. Woolf, *Rogers Fry: A Biography.* New York: Harcourt Brace Jovanovich, 1940.

_____, *A Room of One's Own,* Frogmore, St. Albans, Eng:Triad/Panther Books, 1977.

G. M. Young, *Victorian England, Portrait of an Age,* 2nd ed., London:Oxford University Press, 1953.

케인스의 경제학과 경제 정책(Keynes's Economics and Economic Policies)

C. Barnett, *The Collapse of British Power*, New York:Williams Morrow, 1972.

B. Baruch, *The Making of the Reparation and Economic Section of the Treaty,* New York:Harper, 1920.

J. M. Blum, *From the Mogenthau Diaries, Years of Crisis, 1928~1938*, Houghton

Mifflin, 1959.

K. E. Boulding, Ecodynamics, A New Theory of Societal Evolution. Beverly Hills:Sage Publications, 1978.

W. A. Brown, Jr., The International Gold Standard Reinterpreted, 1914~1934, 2vols. New York:National Bureau of Economic Research, 1940.

J. Buchannan et al., The Consequences of Mr. Keynes. London:The Institute of Economic Affairs(Hobart Paperback No. 78), 1978.

J. Campbell, Lloyd George, The Goat in the Wilderness, 1922~1931. London:Rowman, 1977.

P. Davidson, Money and the Real World, London:Macmillan, 1972.

A. S. Eichner, ed., *A Guide to Post −Keynesian Economics, White Plains*, N. Y.:M. E. Sharpe, Inc., 1979.

H. Elcock, Portrait of a Decision, The Council of Four and the Treaty of Versailles, London:Eyre Methuen, 1972.

G. R. Feiwell, The Intellectual Capital of Michal Kalecki, Knoxville:University of Tennessee Press, 1975.

J. K. Galbraith, *Economics and the Public Purpose,* Boston:Houghton Mifflin, 1973.

R. N. Gardner, *Sterling −Dollar Diplomacy,* rev. ed. New York:McGraw − Hill, 1969.

S. E. Harris, *The New Economics*, London:Dennis Dobson, 1948.

_____, *John Maynard Keynes, Economist and Policy Maker,* New York:Charles Scribners, 1955.

F. von Hayek, *The Road to Serfdom,* Chicago:University of Chicago Press, 1944.

_____, *A Tiger by the Tail,* London:Institute of Economic Affairs, 1972.

J. Hicks, *The Crisis in Keynesian Economics,* Oxford:Basil Blackwell, 1974.

H. C. Hoover, *The Ordeal of Woodrow Wilson,* New York:McGraw − Hill, 1958.

J. K. Horsefield, *The International Monetary Fund, 1945~1965,* 2 vols. Washington, D.C.:International Monetary Fund, 1969.

T. W. Hutchinson, *A Review of Economic Doctrines, 1870~1929,* Oxford:Clarendon Press, 1953.

_____, *Economics and Economic Policy in Britain, 1946~1966, Some*

Aspects of their Interrelations, London:Allen and Unwin, 1968.

_____, *Keynes v. the Keynesians,* London:Institute of Economic Affairs(Hobart Paperback No. 11), 1977.

_____, *On Revolutions and Progress in Economic Knowledge,* Cambridge:Cambridge University Press, 1978.

R. Kahn, *Selected Essays on Employment and Growth,* Cambridge:Cambridge University Press, 1972.

L. Klein, *The Keynesian Revotution,* New York:Macmillan, 1947.

A. Leijonhufvud, *On Keyneaian Economics and the Economics of Keynes, A Study in Monetary Theory,* New York:Oxford University Press, 1968.

R. Lekachman, ed., *Keynes s General Theory: Reports of Three Decades,* New York:St. Martin's Press, 1964.

A. S. Link, *The Higher Realism of Woodrow Wilson and Other Essays,* Nashville:Vanderbilt University Press, 1971.

E. Mantoux, *The Carthaginian Peace, or The Economic Consequences of Mr. Keynes,* New York:Charles Scribners, 1952.

P. Mattick, *Marx and Keynes: The Limits of the Mixed Economy,* London:Merlin, 1971.

G. Mehta, *The Structure of the Keynesian Revolution,* London:Martin Robertson, 1977.

S. G. Millin, General Smuts. Ldndon:

H. P. Minsky, *John Maynard Keynes,* New York:Columbia University Press, 1975.

D. E. Moggridge, *The Return to Gold, 1925: The Formation of Economic Policy and Its Critics,* London:Cambridge University Press, 1969.

_____, *British Monetary Policy, 1924~1931,* Cambridges:Cambridge University Press, 1972.

D. Patinkin, *Keynes s Monetary Thought, A Study of Its Development,* Durham:Duke University Press, 1976.

D. Patinkin and J. C. Leith, *Keynes, Cambridge and The General Theory,* Toronto:University of Toronto Press, 1978.

A. C. Pigou, *The Theory of Unemployment,* London:Macmillan, 1933.

J. R. Presley, *Robertsonian Economics, An Examination of the Work of D. H. Robertson on Industrial Fluctuations,* New York:Holmes and Meier, 1979.

L. C. Robbins, *The Autobiography of an Economist,* London:Macmillan and St. Martin's Press, 1971.

D. H. Robertson, *Banking Policy and the Price Level,* reprint of 1926 ed. New York:Kelley, 1969.

J. Robinson, *Problems of Ecommic Dynamics and Planning: Essays in Honor Of Michal Kalecki,* Warsaw: 1964.

_____, *Collected Economic Papers,* 4 vols, Oxford: Basil BIackwell, 1951~1979.

_____, *Contributions to Modern Economics,* Oxford:Basil Blackwell, 1978.

E. Roll, *The World After Keynes,* New York:Frederick A. Praeger, 1968.

R. S. Sayers, *Financial Policy, 1939~1945*(Official History of the Second World War). London: H. M. S. O., 1956.

S. A. Schuker, *The End of French Predominance in Europe,* Chapel Hill:University of North Carolina Press, 1976.

J. A. Schumpeter, *History of Economic Analysis,* New York:Oxford University Press, 1954.

G. L. S. Shackle, *The Years of High Theory, Invention and Tradition in Economic Thought, 1926~1939,* Cambridge:Cambridge University Press, 1967.

_____, *Epistemics and Economics: A Critique of Economic Doctrines,* Cambridge:Cambridge University Press, 1972.

B. Skidelsky, ed., *The End of the Keynesian Era, Essays on the Disintegration of the Keynesian Political Economy,* New York:Holmes and Meier, 1977.

H. Stein, *The Fiscal Revolution in America,* Chicago:University of Chicago Press, 1969.

J. E. Stiglitz, *The Collected Scientific Paper of Paul A. Samuelson,* 2 vols. Cambridge:M. I. T. Press, 1966.

A. M. Tang et al., *Evolution, Welfare and Time in Economics, Essays in Honor of Nicholas Georgescu −Roegen,* Lexington, MA: Lexington Books, 1976.

S. Weintraub, *Keynes, Keynes and the Monetarists,* Philadelphia:University of

Pennsylvania Press, 1978.

_____, *Capitalism's Inflation and Unemployment Crisis, Beyond Monetarism and Keynesianism,* Reading:Addison – Wesley, 1978.

J. K. Whitaker, *The Early Economic Writings of Alfred Marshall, 1867~1890,* New York: Free Press, 1975.

D. Winch, *Economics and Policy: A Historical Study,* rev. ed. London:Fontana, 1972.

동성애, 양성애, 그리고 독창성(Homosexuality, Androgyny, and Creativity)

S. Arieti, *Creativity, the Magic Synthesis,* New York:Basic Books, 1976.

F. Barron, *Creativity and Psychological Health,* New York:Van Nostrand, 1965.

C. Berg, *Homosexuality,* London:George Allen and Unwin, 1958.

A. A. Brill, ed., *The Basic Writings of Sigmund Freud,* New York:Modern Library, 1938.

J. Bronowski, *The Visionary Eye: Essays in the Arts, Literature and Science,* M. I. T. Press, 1978.

V. L. Bullough, *Sexual Variance in Society and History,* New York:John Wiley, 1976.

E. Carpenter, *The Art of Creation, Essays on the Self and Its Powers,* New York:Macmillan, 1917.

_____, *The Intermediate Sex,* London:George Allen and Unwin, 1918.

J. Gathorne – Hardy, *The Old School Tie, The Phenomenon of the English Public School,* New York:Viking Press, 1978.

W. J. Gordon, *Synectics: The Development of Creative Capacity,* New York:Harper and Row, 1961.

J. C. Gowan, *Development of the Psychodelic Individual,* Buffalo, N. Y.:Creative Education Foundation, 1974.

C. Heilbrun, *Toward the Recognition of Androgyny,* New York:Knopf 1973.

H. S. Hughes, *Consciousness and History,* New York:Knopf, 1958.

J. J. Jaynes, *The Origin of Consciousness in the Breakdown of the Bicameral Mind,* Boston:Houghton Mifflin, 1976.

A. C. Kinsey et al., *Sexual Behavior in the Human Male,* Philadelphia:W. B.

Saunders, 1948.

A. Koestler, *The Act of Creation,* New York:Macmillan, 1964.

E. Kris, *Psychoanalytic Explorations in Art,* New York:International Universities Press, 1969.

L. S. Kubie, *Neurotic Distortion of the Creative Process,* Lawrence:Universit Press, 1958.

J. Marmor, ed., *Homosexual Behavior, A Modern Reappraisal,* New York:Basic Books, 1980.

J. B. Miller, *Toward a New Psychology of Women,* Boston:Beacon Press, 1976.

R. E. Ornstein, *The Psychology of Consciousness,* Harmondsworth, Eng:Penguin Books, 1975.

A. Rothenberg, *The Emerging Goddess, The Creative Process in Art, Science and Other Fields,* Chicago:University of Chicago Press, 1979.

A. L. Rowse, *Homosexuals in History, A Study of Ambivalence in Society, Literature and the Arts,* London:Weidenfeld and Nicolson. 1977.

C. W. Soccarides, *The Overt Homosexual,* New York:Grune and Stratton, 1968.

J. T. Spence and R. L. Helmreich, *Masculinity and Femininity, Their Psychological Dimensions, Correlates and Antecedents,* Austin:University of Texas Press, 1978.

E. Wilson, *The Wound and the Bow, Seven Studies in literature,* New York:Oxford University Press, 1965.

일반사항(General)

E. Carpenter, *Towards Democracy,* New York:Mitchell Kennnerly, 1922.

_____, *Civilization, Its Cause and Cure and Other Essays,* Arden Library, 1978.

K. Clark, *Civilization, A Personal View,* New York:Harper and Row, 1969.

E. H. Erickson, *Identity: Youth and Crisis,* New York:W. W. Norton, 1968.

_____, *Life History and the Historical Moment,* New York:W. W. Norton, 1975.

C. E. Kerman, *Creative Tension, The Life and Thought of Kenneth Boulding,* Ann Arbor:University of Michigan Press, 1974.

F. Manuel, *A Portrait of Isaac Newton,* Cambridge:Belknap Press, 1968.

T. Parsons, *The Structure of Social Action,* 2 vols, New York:Free Press, 1968.

D. Rees, *Harry Dexter White, A Study in Paradox,* New York:Coward, McCann and Geoghegan, 1973.

F. J. Sulloway, *Freud, Biologist of the Mind: Beyond the Psychoanalytical Legend,* New York:Basic Books, 1979.

L. Trilling, *The Opposing Self,* New York:Viking Press, 1955.

L. W. White, *The Universe of Experience,* New York:Harper and Row, 1974.

N. I. White, *Harry Dexter White —Loyal American,* Waban, Mass.:Bessie(White) Bloom, no date.

찾아보기